Kurt A. Heller

Von der Aktivierung der Begabungsreserven zur Hochbegabtenförderung

Talentförderung
Expertiseentwicklung
Leistungsexzellenz

herausgegeben von

Prof. Dr. Kurt A. Heller
(Universität München)
und
Prof. Dr. Albert Ziegler
(Universität Ulm)

Band 2

LIT

Kurt A. Heller

Von der Aktivierung der Begabungsreserven zur Hochbegabtenförderung

Forschungsergebnisse aus vier Dekaden

LIT

Bibliografische Information der Deutschen Nationalbibliothek
Die Deutsche Nationalbibliothek verzeichnet diese Publikation in der
Deutschen Nationalbibliografie; detaillierte bibliografische Daten sind
im Internet über http://dnb.d-nb.de abrufbar.

ISBN 978-3-8258-1013-9

© LIT VERLAG Dr. W. Hopf Berlin 2008
Auslieferung/Verlagskontakt:
Fresnostr. 2   48159 Münster
Tel. +49 (0)251–620320   Fax +49 (0)251–231972
e-Mail: lit@lit-verlag.de   http://www.lit-verlag.de

Vorwort

Das Thema der sog. Begabungsreserven hat immer wieder Soziologen und Psychologen beschäftigt. Die Ergebnisse waren oft enttäuschend und in manchen Fällen geradezu katastrophal. So erschien in den Niederlanden im Jahre 1968 das Buch *Das verborgene Talent* (van Heek). Es handelte sich um eine soziologische Studie unter dem Namen *Talentenprojekt.* Diese Studie wurde von hohen Erwartungen getragen, da man davon ausging, dass vor allem in der sozialen Unterschicht noch große Reserven unter den Jugendlichen für den Sekundarschulbesuch zu entdecken seien. Allerdings wurden in dieser Studie kaum ‚verborgene Talente' in dieser Gruppe entdeckt, was wohl am unzureichenden Methodenansatz lag.

   Noch peinlicher waren die Forschungsergebnisse von K.V. Müller, die 20 Jahre früher publiziert worden waren. Müller (1949), ebenfalls ein Soziologe, ging von der Annahme aus, dass sozialer Fortschritt mit Begabungsschwund einhergehe. In den Jahren 1947/48 führte er in Niedersachsen (Hannover und Umgebung) eine groß angelegte begabungssoziologische Erhebung durch. Alle schulpflichtigen Jungen der Geburtsjahrgänge 1932-1937 wurden in diese Untersuchung einbezogen. Die Lehrer der betreffenden Klassen erhielten einen Fragebogen mit einer sechsstufigen Begabungseinteilung: I = gutbegabt, unbedingt oberschulfähig bis VI = schwachsinnig. Vom Geburtsjahrgang 1932 wurden 17,8% der Begabungsstufe I zugeordnet, beim Geburtsjahrgang 1937 war die Zahl auf 7,3% geschrumpft. Daraus leitete Müller einen jährlichen Begabungsrückgang von 2,1% ab. Die Konsequenz wäre gewesen, dass vom Geburtsjahrgang 1941 an kein Junge mehr als ‚gutbegabt' hätte eingestuft werden können. Theoretische bzw. konzeptuelle Unzulänglichkeiten (unrealistischer Begabungsbegriff) und methodologische Defizite (z.B. ausschließliche Verwendung von Lehrerratings unter Verzicht auf Intelligenz- oder Begabungstests) dieser Untersuchungen führten so zu absurden Schlussfolgerungen, denen Heller bereits 1966 mit zeitgemäßen Argumenten begegnete.

   Wie zutiefst vertraut Kollege Heller mit den angesprochenen Problemen ist, hat er also schon sehr früh gezeigt. Damals begann seine wissenschaftliche Laufbahn mit dem Thema ‚Bildungsreserven' (Heller, 1966, 1969, 1970). Dieses Thema sollte ihn nicht mehr loslassen. In der ihm eigenen Art hat er vor gut vierzig Jahren eine erschöpfende und kritische Analyse zum Problem der Begabungs- oder Bildungsreserven erstellt. Heute können wir sagen, dass Hellers wissenschaftliche Leidenschaft im Hinblick auf Begabung und Hochbegabung bereits in seiner Dissertation Gestalt bekam und zum lebenslangen Thema wurde. Nur mit Leidenschaft, der höchsten Form der Motivation, kann man so zäh und zielstrebig ein Forschungsgebiet unbeirrt bearbeiten und vorantreiben. Gut vierzig Jahre hat er nicht nur die Begabungsforschung und Begabtenförderung miterlebt, sondern oft entscheidend beeinflusst und ihr Richtung gegeben. Bahnbrechend sind vor allem auch seine Arbeiten zur Hochbegabungsdiagnostik, die mit der jüngsten Publikation der Münchner Hochbegabungstestbatterie (MHBT) ihren Höhepunkt finden; vgl. Heller und Perleth (2007).

   Das vorliegende Buch umspannt einen weiten Bogen von der Theorie zur Praxis, von Methodenproblemen der Hochbegabungsforschung zu Anwendungsgebieten der Identifikation, Beratung und Förderung. Dabei wird die traditionelle Begabungsforschung ebenso miteinbezogen wie die Kreativitäts- und Expertiseforschung. Und auch die sich entwickelnden synthetischen Annäherungen werden aufgegriffen. Zunächst wird im Teil I die Konzeptualisierung von (Hoch-)Begabung und verwandten Konstrukten dargestellt und kritisch bewertet. Dabei darf das Konstrukt ‚Kreativität' keineswegs ausgeschlossen werden. In fast allen gegenwärtigen Hochbegabungsmodellen hat es einen zentralen Stellenwert. Wer sich ernsthaft mit Begabungstheorie und -forschung befasst, weiß, dass seit dem bahnbrechenden Buch von Getzels und Jackson (1962) im Begabungskonzept immer auch Intelligenz und Kreativität tangiert werden.

Theoretische Auseinandersetzungen sind eng verbunden mit Fragen der Methodologie und Identifikation. Was sind im schulischen Alltag Möglichkeiten der Begabungs- bzw. Hochbegabungsdiagnose? Sind Lehrkräfte imstande, ‚richtig' (zuverlässig und gültig) Begabungen zu bestimmen? Unter welchen Umständen können sie diese erkennen? Jede Förderung setzt eine Identifizierung von Begabungshöhe und -schwerpunkten voraus, sei es in der Einzelfallhilfe (wozu individuelle Hochbegabungsdiagnosen notwendig sind) oder bei Talentsuchen für bestimmte Hochbegabtenförderprogramme. Diesen Methodenproblemen widmen sich die vier Kapitel im Teil II, wobei auch auf die Diagnosekompetenz von Lehrkräften (Kapitel 8) eingegangen wird.

In Teil III werden verschiedene Längsschnitt- und Evaluationsstudien zur Hochbegabungsentwicklung und zu einschlägigen Hochbegabtenförderprogrammen dargestellt. Neben der Untersuchung von Begabungs- oder Bildungsreserven in den 1960er Jahren dürften hier vor allem die Ergebnisse aus der 13jährigen Münchner Hochbegabungsstudie sowie die Evaluationsbefunde zum zehnjährigen G8-Schulmodellversuch in Baden-Württemberg (Akzelerationsmodell), einem anspruchsvollen Enrichmentmodell (Hector-Seminar), das seit 2001 wissenschaftlich begleitet wird, sowie der Schul-, Studien- und Berufslaufbahnanalyse der Vor- und Endrundenteilnehmer im Zeitraum 1977-1997 der Internationalen Schülerolympiaden im MINT-Bereich interessieren. Evaluation dient in diesem Kontext der Fördereffektkontrolle (summative Evaluation) und der Verbesserung von Diagnose- und Förderverfahren (formative Evaluation). Besondere Aufmerksamkeit bekommt hierbei der Bereich von Mathematik, Informatik, Naturwissenschaft und Technik (MINT). Dieser Bereich erweist sich als stark geschlechtsgebunden, d.h. weibliche Personen haben eher ein distanziertes Verhältnis zu MINT. Wie kann hier eine positivere Einstellung erreicht werden? Wie können MINT-Talente – insbesondere auch die MINT-Begabung von Schülerinnen – erkannt (identifiziert) werden?

Ausführlich werden dann in Teil IV wissenschaftliche Evaluationsbefunde im Hinblick auf individuelle Förderansätze und -konzepte analysiert und kritisch bewertet. Auch die aktuelle Diskussion um Elitebildung wird miteinbezogen, wobei erneut Begabung und Geschlecht thematisiert sind. Wie können hochbegabte Mädchen an MINT herangeführt werden? Was bewirkt ein Reattributionstraining im Unterricht, was Koedukation? Elitebildung und Universität, Mythen und Fakten im Hinblick auf Schullaufbahn und Bildungserfolg im Lichte von TIMSS und PISA oder Hochbegabtenförderung durch Differenzierung sind weitere Themen der Sektion IV.

Schließlich werden in Teil V Anlässe und Probleme bzw. Inhaltsbereiche der Hochbegabtenberatung erörtert. Gerade in den letzten Jahren hat die Nachfrage nach Gruppen- und Einzelfallberatung stark zugenommen. Gibt es genügend qualifizierte Spezialisten für Hochbegabtenfragen, die hinsichtlich der Erfordernisse für Unterricht, Erziehung und Begleitung von Hochbegabten Hilfe geben können? Insbesondere ist die Fort- und Weiterbildung von Lehrpersonen erforderlich, damit sie differenzierten, (hoch)begabungsgerechten Unterricht geben können. In der Grundausbildung von (Beratungs-)Lehrkräften und Schulpsychologen sollte auch die Erkennung (Identifikation), Beratung und Förderung besonders befähigter Kinder und Jugendlicher curricularer Bestandteil der Lehre sein. Diese Forderung gilt erst recht für pädagogisch-psychologische und diagnostische Fortbildungsprogramme mit dem Ziel der Qualifikation für Hochbegabtenfragen.

Wir können hier festhalten, dass auch nach vierzig Jahren noch sehr viel Arbeit verrichtet werden muss, damit Individualisierung, der Kern jeder Begabungsförderung, verwirklicht wird. Diese Buchpublikation kann entscheidend dazu beitragen, dass der Zeitgeist, der lange Zeit die Begabtenfrage blockierte und negierte, einer breiten gesellschaftlichen und politischen Tragfähigkeit und -willigkeit Platz macht. Das 21. Jahrhundert könnte somit zu einem Zeitalter der Individualisierung werden, in dem jedes Individuum die Möglichkeit erhält, die eigenen Fähigkeiten voll zur Entwicklung zu bringen.

Literatur

Getzels, J.W. & Jackson, Ph.W. (1962). *Creativity and Intelligence.* New York: Wiley.

Heek, H. van (1968). *Het verborgen talent (Das verborgene Talent).* Meppel: Boom.

Heller, K.A. (1966). Der gegenwärtige Stand der Ermittlung und Erschließung von Begabungsreserven unter besonderer Berücksichtigung des psychologischen Beitrages. *Schule und Psychologie, 13,* 321-338.

Heller, K.A. (1969). Zum Problem der Begabungsreserven. In H.-R. Lückert (Hrsg.), *Begabungsforschung und Bildungsförderung als Gegenwartsaufgabe* (2. Aufl. 1972, S. 352-430). München: Reinhardt.

Heller, K.A. (1970). *Aktivierung der Bildungsreserven.* Bern/Stuttgart: Huber/Klett.

Müller, K.V. (1949). *Die Begabung in der sozialen Wirklichkeit.* Göttingen: Vandenhoeck & Ruprecht.

Prof. Dr. Dr.h.c. Franz J. Mönks, President
The European Council for High Ability (ECHA)

Inhaltsverzeichnis

TEIL IV: Hochbegabungsspezifische Förderkonzepte und -modelle im Lichte wissenschaftlicher Evaluationsbefunde

TEIL V: Hochbegabtenberatung

Einführung

Mit dem Thema „(Hoch-)Begabung" und verwandten Konstrukten ist der Verfasser seit nunmehr über vier Dekaden befasst. Eine seiner frühesten Veröffentlichungen hierzu erschien bereits 1966 in der Zeitschrift *Schule und Psychologie*, die mit dem 20. Jahrgang 1973 in *Psychologie in Erziehung und Unterricht (PEU)* umbenannt worden ist und deren Mitherausgeber der Verfasser fast 20 Jahre lang (1978-1996) war. Die Begründer dieser Zeitschrift – der in der Entwicklungs- und Pädagogischen Psychologie in den 1950er Jahren führende Psychologe und Pädagoge Adolf Busemann, der renommierte Münchner (Persönlichkeits-)Psychologe Philipp Lersch sowie der vor allem in der Lehrerschaft bekannte Fritz Blättner und der Redaktionsassistent und spätere Mitherausgeber Heinz-Rolf Lückert – waren selbst ausgewiesene Experten in der *Intelligenz-* bzw. *Begabungsforschung*. Deren Konzepte wurden sehr stark von der in Deutschland bis in die frühen 1960er Jahre vorherrschenden phänomenologischen Intelligenzforschung beeinflusst, während im angelsächsischen Raum (sowie durch Richard Meili in der Schweiz) zur gleichen Zeit bereits empirisch basierte „Faktorenmodelle" die Szene beherrschten. Diese spielen auch in der aktuellen (Hoch-)Begabungsforschung eine wichtige Rolle.

Psychometrisch orientierte Forschungsparadigmen gewannen in Deutschland erst im Laufe der 1960er Jahre an Bedeutung; vgl. Heller (1966, 1976). Im Zuge der damaligen Bildungsreformdiskussion avancierten sog. *Begabungs-* oder *Bildungsreserven* – im Sinne von „hidden talents" – zum viel beachteten Gegenstand begabungspsychologischer und bildungssoziologischer Untersuchungen (siehe Kapitel 9 in diesem Buch). Diese Studien können als Vorläufer der heutigen *Hochbegabungsforschung* im Nachkriegsdeutschland betrachtet werden, zumal sie konzeptuell und methodisch an die von William Stern an der Universität Hamburg und von Lewis Terman an der Stanford Universität in Kalifornien im ersten Quartal des letzten Jahrhunderts initiierten Untersuchungsansätze (wieder) anknüpften.

Auch die fast zeitgleich um die Mitte des 20. Jahrhunderts einsetzende *Kreativitätsforschung* hat ihre Vorläuferin im Konzept „Produktives Denken", das vor allem von der (deutschen) Gestaltpsychologie seit den 1920er Jahren bis in die frühen 1960er Jahre in zahlreichen Experimenten erforscht worden ist (vgl. Wertheimer, <1945> 1957). Später wurde dieses Konstrukt sowohl in Guilfords (1956) Modell für die Gesamtstruktur des Verstandes als Denkoperation „Divergente Produktion" (DP-Faktoren) mitaufgenommen als auch von der Hochbegabungsforschung vereinnahmt – z.B. Cropley (1967), der Kreativität als substantielles Element von Hochbegabung (Cropley, 1994) betrachtet; siehe bereits Mönks (1963) sowie neuerdings Sternbergs (2003a/b) WICS-Modell u.a.

Schließlich trat in den 1980er und 1990er Jahren die *Expertiseforschung* auf mit dem Anspruch, die Hochbegabungsforschung abzulösen (z.B. Ericsson & Smith, 1991). Zum Überblick der damaligen Diskussion vgl. Bock und Ackrill (1993). Inzwischen zeichnet sich die Unentbehrlichkeit beider Forschungsparadigmen ab.

Der Bogen von der traditionellen *(Hoch-)Begabungsforschung* über die *Kreativitätsforschung* hin zur *Expertiseforschung* bzw. zu den aktuellen *Synthetic Approaches* ist somit weit gespannt, sowohl theoretisch als auch methodologisch. Erkenntnisfortschritte in der vierzigjährigen Zeitspanne bis heute (1966-2006) basieren zum einen auf konzeptuellen Erweiterungen und einer Neubestimmung des Hochbegabungsbegriffs und verwandter Konstrukte. Zum anderen

Hochbegabungsbegriffs und verwandter Konstrukte. Zum anderen korrespondieren damit innovative Verbesserungen einschlägiger Forschungs- und Diagnosemethoden. Dies soll beispielhaft mit den folgenden Buchkapiteln in Teil I bis III dokumentiert werden. Die Buchkapitel in Teil IV und V repräsentieren Beiträge zur Hochbegabtenförderung und Hochbegabtenberatung. Unter den insgesamt 20 Buchkapiteln sind drei Beiträge (Kapitel 7, 8 und 13) bisher unveröffentlicht.

Die 20 Buchkapitel sind fünf größeren Inhaltsbereichen zugeordnet. Es wurden Zeitschriftenartikel und vereinzelt auch Buchkapitel des Verfassers aus inzwischen vergriffenen Auflagen ausgewählt, die inhaltlich und methodisch nach wie vor aktuell sind sowie häufiger nachgefragt und nunmehr für Interessenten leichter zugänglich werden. Die im Quellenverzeichnis am Ende des Buches aufgeführten Originaltitel werden hier teilweise aktualisiert und/oder gekürzt wiedergegeben.

Zunächst sei dem Verleger Dr. W. Hopf, der diese Publikation angeregt hat, vielmals gedankt. Dank schulde ich auch meinem langjährigen Kollegen und ECHA-Präsidenten Prof. Dr. Dr. h.c. mult. Franz J. Mönks für die Übernahme des Vorworts. Als „Pionier der ersten Stunde" in der deutschsprachigen Hochbegabungsforschung ist er mit der Buchthematik bestens vertraut. Weiterhin habe ich meinen ehemaligen Mitarbeitern in Heidelberg, Bonn, Köln und München zu danken. Ohne deren engagierte und fachkompetente Mitwirkung bei zahlreichen Forschungsprojekten und Publikationen wäre das hier in Ausschnitten repräsentierte OEuvre kaum realisierbar gewesen. Zu besonderem Dank bin ich schließlich meiner Forschungsmitarbeiterin MA Psych. Angelika Senfter verpflichtet, die mit großer Sachkompetenz und Umsicht die Druckvorlage und das Sachregister erstellte.

Literatur

Bock, G.R. & Ackrill, K. (Eds.). (1993). *The origins and development of high ability.* Ciba Foundation Symposium 178. Chichester: Wiley.

Cropley, A.J. (1967). Divergent thinking and science specialists. *Nature, 215,* 671-672.

Cropley, A.J. (1994). Creative intelligence: A concept of „true" giftedness. *European Journal for High Ability, 5,* 6-23.

Ericsson, K.A. & Smith, J. (Eds.). (1991). *Toward a general theory of expertise: prospects and limits.* New York: Cambridge University Press.

Guilford, J.P. (1956). The structure of intellect. *Psychological Bulletin, 53,* 267-293.

Heller, K.A. (1966). Der gegenwärtige Stand der Ermittlung und Erschließung von Begabungsreserven unter besonderer Berücksichtigung des psychologischen Beitrages. *Schule und Psychologie, 13,* 321-338.

Heller, K.A. (1976). *Intelligenz und Begabung.* München: Reinhardt.

Mönks, F.J. (1963). Beiträge zur Begabtenforschung im Kindes- und Jugendalter. *Archiv für die gesamte Psychologie, 115,* 362-382.

Sternberg, R.J. (2003a). WICS as a model of giftedness. *High Ability Studies, 14,* 101-126.

Sternberg, R.J. (2003b). *Wisdom, intelligence, and creativity, synthesized.* New York: Cambridge University Press.

Wertheimer, M. (<1945>, 1957). *Produktives Denken* (2. Aufl.). Frankfurt/M.: Kramer.

München, im Sommer 2007   *Kurt A. Heller*

TEIL I

Theoretische Grundlagen

Einleitender Kommentar

Die vier Kapitel in Teil I perspektivieren konzeptuelle und theoretische Grundlagen der Begabung bzw. Hochbegabung. Zunächst werden in Kapitel 1 Definitionsprobleme diskutiert. Begabung, Kreativität, Intelligenz usw. sind hypothetische Konstrukte, d.h. Theoriebegriffe. Solche Theoriebegriffe bezeichnen keine Phänomene i.e.S. Vielmehr dienen sie der Beschreibung und Erklärung intelligenter, kreativer u.a. Verhaltensweisen, soweit diese konkret beobachtet werden können. So bezeichnet z.B. „Begabung" ein Fähigkeitspotential, das zur Beschreibung und ursächlichen Erklärung beobachteter Schülerleistungen in Mathematik oder im Fremdsprachenunterricht dient. Mitunter wird Begabung als „Regenschirm"-Begriff verwendet, der nicht nur intelligente sondern auch kreative und andere Verhaltensweisen umfasst. Schließlich gilt es zu beachten, dass mit solchen Begriffen der Theoriesprache (Begabung, Intelligenz, Kreativität, Kompetenz/en oder Expertise bzw. Interessen, Motivationen, Leistungsemotionen usw.) meistens *dimensionale* Merkmale, d.h. Merkmalsausprägungen auf einem Skalenkontinuum, indiziert sind. Entsprechend werden zwischen den Begriffskategorien „begabt", „gut begabt", „hochbegabt" oder „höchstbegabt" bzw. „genial" fließende (kontinuierliche) Übergänge angenommen. Unter diesem Gesichtspunkt sind exakte Grenzwerte – z.B. Hochbegabungsdefinitionen ab IQ = 130 oder auch 135 oder 140 Punkten in einem Intelligenztest – immer problematisch. Darauf und auf weitere Konzeptualisierungsprobleme wird in Kapitel 1 detaillierter eingegangen. Schließlich werden entwicklungspsychologische Voraussetzungen der Identifikation und Förderung hochbegabter Kinder und Jugendlicher diskutiert.

In Kapitel 2 werden wissenschaftlich bestätigte Zusammenhänge zwischen Hochbegabung und Kreativität thematisiert. Deren Kontextabhängigkeit gehört zu den wichtigsten Erkenntnisfortschritten der letzten beiden Dekaden. Dies soll hier am Beispiel der Domänen Naturwissenschaft und Technik aufgezeigt werden. Das hypothetische Konstrukt „Kreativität" ist wie kaum ein anderer Begriff der Psychologie und Pädagogik mit zahlreichen Mythen behaftet. Deshalb wird im folgenden Kapitel 3 die Erklärungsfunktion kreativer Verhaltensmerkmale umfassender im Hinblick auf den Schul-, Studien- und Berufserfolg behandelt. Die Nützlichkeit des hypothetischen Konstrukts „Kreativität" (neben jenem der Intelligenz bzw. der intellektuellen Begabung oder neuerdings auch der kognitiven Kompetenz u.ä.) wird in der Forschungsliteratur weit mehr als in Alltagstheorien nach wie vor kontrovers diskutiert. Die im Kapitel 3 referierten Forschungsbefunde erlauben eine differenziertere Stellungnahme zur aktuellen Kreativitätsdiskussion im Hinblick auf die sozialen Settings Schule, (Hochschul-)Studium und Beruf, die ja für hochbegabte Kinder, Jugendliche und Erwachsene die drei wichtigsten Sozialisationsinstanzen darstellen.

Das Überblickskapitel 4 fasst die aktuellen Erkenntnisse von der Hochbegabungsforschung bis hin zur Expertiseforschung zusammen. Demnach repräsentieren die in den beiden letzten Dekaden – national und international – publizierten Hochbegabungsmodelle fast ausnahmslos mehrdimensionale und/oder typologische Konzeptionen. Ähnliches gilt zunehmend für moderne Kreativitätskonzepte. Im „Vormarsch" sind weiterhin sogenannte *synthetic approaches*, z.B. Sternbergs WICS-Modell oder Perleths MDAA-Modell, eine Weiterentwicklung des Münchner Hochbegabungsmodells (MMG) von Heller et al. Solche mehrdimensionalen Hochbegabungsmodelle oder auch Hochbegabungs-Expertise-Kombinationsmodelle ermöglichen validere Beschreibungs- und Erklärungsansätze für komplexe Verhaltensweisen Hochbegabter sowie deren Kompetenz- bzw. Expertiseentwicklung als dies eindimensionale (z.B. IQ-basierte) Grenzwertmodelle erlauben. Zugleich sind die aktuellen (Hoch-)Begabungsmodelle praktischer als die älteren Modelle, insofern sie differenzierte Handlungsstrategien sowohl bei der Identifizierung als auch bei Beratungs- und Fördermaßnahmen ermöglichen.

So wird im MMG-Ansatz (Hoch-)Begabung als mehrdimensionales Fähigkeitskonstrukt (Prädiktoren) in einem Netz von nichtkognitiven (z.B. motivationalen und leistungsemotionalen) und sozialen (Lernumwelt-)Moderatorvariablen sowie kriterialen Leistungsbezugsvariablen definiert. Damit können nicht nur unterschiedliche Ausprägungsgrade von Begabungsprädiktoren (und Moderatoren), sondern auch verschiedene (Hoch-)Begabungsformen wie intellektuelle, kreative, soziale oder sprachliche, mathematische, musikalische u.a. Begabungen differentiell erfasst werden. Diese sind – so die Kernhypothese – in ein motivationales und soziales Bedingungsgefüge eingebettet, dessen Konfiguration oder Architektur sowohl für die individuelle Begabungsentwicklung als auch für die Transformation individueller Fähigkeitspotentiale in außergewöhnliche Leistungsmanifestationen relevant ist. Die Begabungs- bzw. Hochbegabungs*entwicklung* wird dabei als *Interaktion* bzw. die jeweils gemessene (getestete) Begabungs*ausprägung* als Interaktions*produkt* personinterner (kognitiver und motivationaler) Faktoren und externer Sozialisationsfaktoren aufgefasst. Ausführlicher vgl. Kapitel 4 in diesem Buch.

Kapitel 1

Zur Problematik des (Hoch-)Begabungsbegriffs
Konzeptuelle und entwicklungspsychologische Aspekte

Inhalt

Einleitung

In einem relativ weiten Begriffsverständnis lässt sich Begabung als das Insgesamt personaler (kognitiver, motivationaler) und soziokultureller Lern- und Leistungsvoraussetzungen definieren, wobei die Begabungsentwicklung als fortschreitender Interaktionsprozess (person)interner Anlagefaktoren und externer Sozialisationsfaktoren zu verstehen ist. Entwicklungspsychologisch stellt sich somit Begabung als jene Situation dar, die sich zu einem bestimmten Zeitpunkt der Ontogenese im Blick auf den Prozess der Fähigkeits- und Interessenentwicklung darbietet, d.h. eine Merkmalskonfiguration, die aus der Wechselwirkung von Lernbedingungen auf Seiten der Person (des Individuums) sowie der (sozialen) Umwelt resultiert.

1. Begabung als Beschreibungs- und Erklärungsbegriff

In der Psychologie findet Begabung sowohl als Beschreibungsbegriff (Fähigkeitskonzept) wie auch als Erklärungsbegriff (für Ursachen- oder Bedingungsanalysen) Verwendung. Diesem Begriffspaar entsprechen zwei unterschiedliche Forschungsparadigmen: a) nomothetisch orientierte psychometrische Untersuchungen, die quantitative inter- und intraindividuelle Fähigkeitsdifferenzen erfassen, b) idiographisch orientierte Informationsverarbeitungsansätze der Problemlöseforschung, die vor allem qualitative Prozesskomponenten (des Denkens) zu bestimmen versuchen. Von unmittelbar praktischer Bedeutung ist eine dritte Begriffsvariante: c) „Begabung" im Sinne des psychologischen Eignungs- oder Anforderungsbegriffs. Begabung wird hier als Merkmalsprofil bzw. Disposition einer Person für bestimmte Lern- und Leistungsanforderungen (z.B. in der Schul-, Studien- oder Berufsqualifikation) aufgefasst.

Während die psychometrische Bestimmung der Begabung auf allgemeine vs. differentielle (z.B. verbale, quantitative, technisch-konstruktive oder musische) Fähigkeitsfaktoren abzielt, sollen im kognitionspsychologischen Ansatz elementare Informationsprozesseinheiten als mentale Bedingungskomponenten der Begabungsaktivitäten erfasst werden. Obwohl in der neueren Begabungsforschung häufig kognitionspsychologische Ansätze – gegenüber psychometrischen – favorisiert werden, sollte man nicht übersehen, dass beide Forschungsparadigmen in jeweils spezifischer Weise zum Erkenntnisgewinn bezüglich des Verhaltens begabter oder auch hochbegabter Personen beitragen und somit nicht ohne weiteres austauschbar sind. So verspricht man sich von prozessanalytischen Begabungsuntersuchungen wichtige Aufschlüsse über förderliche vs. hemmende Bedingungsfaktoren der Begabungsentwicklung, während sog. statusdiagnostische (psychometrische) Befunde als nach wie vor unverzichtbare Grundlage für Leistungs- und Erfolgsprognosen jeglicher Art gelten. Begabungsdiagnosen (Heller, 1991/2000) erfüllen somit eine wichtige Funktion der Persönlichkeitsförderung, etwa in der individuellen Entwicklungsberatung, der Interventionshilfe oder auch im Sinne erzieherischer Präventionsmaßnahmen. Sowohl konzeptuelle als auch praktische Lösungen sind demnach nur in der Kombination von psychometrischen sowie kognitionspsychologischen Informationsverarbeitungs- bzw. experimentellen Denkprozess- und Problemlöseansätzen zu erreichen. Analog wird in der modernen Lern- und Unterrichtspsychologie die Notwendigkeit differentieller Curricula und begabungsspezifischer schulischer Lernumwelten betont.

Begabung gehört zu den sog. hypothetischen Konstruktbegriffen, deren Definition vom jeweiligen theoretischen Bezugssystem abhängt. Dies gilt auch für verwandte Begriffe wie Intelligenz oder Kreativität. Solche Konstruktbegriffe sind in der Psychologie sehr beliebt, erhofft man sich doch hiervon Aufschlüsse über bestimmte Verhaltensleistungen der Persönlichkeit bzw. entsprechender Kausalfaktoren. So wird etwa eine außergewöhnliche Leistung in Fremdsprachen oder Mathematik auf besonders gute verbale oder quantitative Fähigkeiten einer Person zurückgeführt, wobei motivationale und soziokulturelle Bedingungsfaktoren bei der Leistungsmanifestation von Begabungspotentialen mehr oder weniger stark beteiligt sein können. Daraus wird schon deutlich, dass sich jeder Begabungsbegriff auf relativ komplexe Verhaltensphänomene bezieht (ausführlicher vgl. Storfer, 1990; Waldmann & Weinert, 1990).

2. Intelligenz und Begabung

Sofern in der Psychologie überhaupt zwischen Intelligenz und Begabung ein begrifflicher Unterschied gemacht wird, kommt der Begabungsbegriff dem psychologischen Eignungsbegriff sehr nahe, z.B. als Begabung für das Erlernen eines Musikinstruments, die Fähigkeit, Fremdsprachen (leicht) zu lernen, besondere Leistungen im musisch-künstlerischen bzw. mathematisch-naturwissenschaftlichen Bereich zu erbringen usw. Hinter solchen Aussagen steckt die Annahme, dass es unterschiedliche Begabungsformen gibt, denen jeweils bestimmte Verhaltens- und Leistungsbereiche zugeordnet werden können. Beispielhaft stehen hierfür die multiple Intelligenztheorie von Gardner (1983) oder das Münchner (Hoch-)Begabungsmodell (Heller, 1990, 1992/2001).

Gagné (1985), der ebenfalls ein multidimensionales Modell favorisiert, unterscheidet zwischen allgemeinen bzw. spezifischen Begabungen auf der Dispositionsseite und bereichsspezifischen Talentformen auf der Verhaltens- bzw. Leistungsebene. Interessant an diesem Modell ist ferner die Annahme vermittelnder Faktoren, die er Katalysatoren nennt (z.B. Motive, Interessen, Einstellungen als Persönlichkeitsfaktoren sowie familiale, schulische und andere Sozialisationsfaktoren). Ähnlich hatte bereits Mierke (1963) in seiner Begabungstheorie von Hilfs- und Stützfunktionen der Intelligenz gesprochen, die im neueren Moderatorenkonzept bestätigt werden konnten (Heller, 1970, 1992).

Für einen Überblick aktueller Intelligenz- und Begabungskonzepte siehe u.a. noch Heller (1976), Heller, Mönks und Passow (1993) bzw. Heller, Mönks, Sternberg und Subotnik (2000/2002) oder Sternberg und Davidson (2005).

3. Konsequenzen für die Begabungsdiagnostik und Begabtenförderung

Die skizzierten Erkenntnisse erfordern Konsequenzen sowohl für die Konzeptualisierung als auch für die Begabungsdiagnose und die Begabtenförderung. Die wichtigsten Forderungen seien in sechs Thesen zusammengefasst:

(1) Das Begabungskonzept ist unter Berücksichtigung des jeweiligen Verwendungszweckes – seien es Forschungsfragestellungen oder pädagogische und ausbildungsspezifische Erfordernisse – zu bestimmen. Dieses Postulat gilt auch im Hinblick auf Talentsuchen und individuelle Begabungsdiagnosen, die neben kognitiven und motivationalen Persönlichkeitsvoraussetzungen unter pädagogischen Aspekten immer auch die Erfassung relevanter Sozialisationsfaktoren einschließen (müssen). Diagnostische Informationen über die individuelle Situation im sozialen Kontext bilden eine unverzichtbare Ausgangsbasis sowohl für präventive Maßnahmen als auch für die interventive Entwicklungsförderung und psychologische Beratung im Konfliktfall.

(2) Wir halten nichts von der Verteufelung der sog. Statusdiagnostik. Diese muss allerdings durch Prozessanalysen, z.B. im Rahmen der Lerntest- oder experimentellen Diagnostik, ergänzt werden. Eine solche Forderung gilt insbesondere dann, wenn Bedingungsanalysen notwendig werden, etwa zu Präventions- oder Interventionszwecken in der Begabungsförderung bei Kindern und Jugendlichen.

(3) Einigermaßen zuverlässige Prognosen über die Persönlichkeitsentwicklung begabter Kinder und Jugendlicher erfordern neben einem geeigneten Prädiktionsmodell und relevanten Entscheidungsstrategien (Klassifikation, Platzierung, Selektion) hinreichend zuverlässige und valide Begabungsindikatoren und Kriteriumsvariablen über das individuelle Leistungsverhalten sowie entsprechende Kontextbedingungen des sozialen Lernumfeldes.

(4) Zu den sog. Risikogruppen, d.h. jenen Jugendlichen, deren Begabung leicht übersehen oder nicht rechtzeitig erkannt wird, gehören neben körperlich oder psychisch Behinderten vor allem begabte Mädchen (vgl. Beerman, Heller & Menacher, 1992) sowie die – nach Expertenschätzung ca. 20-25% – begabten Underachiever. Darunter werden jene Schüler/innen subsumiert, die im Hinblick auf ihre intellektuellen Fähigkeiten deutlich in den (Schul-)Leistungen zurückbleiben, also erwartungswidrig schlechter abschneiden; deren psychische und/oder soziale Situation erlaubt es offenbar nicht, ihr Begabungspotential in adäquate Verhaltensleistungen umzusetzen. Das Risiko besteht hier darin, dass die betr. hochbegabten Schüler/innen als Underachiever unerkannt bleiben, somit also keine individuell angemessene Förderung erfahren. Das scheinbar unausrottbare Vorurteil, wonach hochbegabte Kinder und Jugendliche keiner besonderen Unterstützung oder Beratungshilfe bedürfen, gehört inzwischen zu den wissenschaftlich am besten widerlegten Annahmen.

(5) Untersuchungen belegen weiterhin, dass Früherkennung und Frühförderung besonders befähigter Kinder vor allem im Hinblick auf die Ermöglichung angemessener Lernumwelten bzw. günstiger Sozialisationsbedingungen außer-

ordentlich wichtig sind. Dabei muss man sich die Begabungsentwicklung von Anfang an als Interaktionsprozess vorstellen. Gerade hochbegabte Kinder nehmen sehr früh aktiv und häufig sehr spontan Einfluss auf ihre soziale Umgebung, um ihr ausgeprägtes Lern- und Informationsbedürfnis zu stillen. Neugier, spielerische Kreativität und Wissensdurst (als Basismotive für Erkenntnisstreben) sind hier wichtige Frühindikatoren von Hochbegabung sowie Prädiktoren für spätere Leistungsexzellenz.

Begabte Kinder und Jugendliche sind eine interessante gesellschaftliche Herausforderung, der sich Psychologen und Pädagogen, Lehrer und Eltern sowie nicht zuletzt die Bildungspolitiker stellen müssen.

(6) Wissenschaftliche Evaluationsergebnisse zur Förderung besonders befähigter Schüler belegen den Nutzen der Begabtenförderung für alle Schüler. Begabtenförderung muss nicht zu Lasten der Behindertenförderung gehen, wie manche Kritiker argwöhnen. Sie ist vielmehr eine notwendige Ergänzung hierzu, wobei nicht selten nützliche Erkenntnisse für den Regelunterricht oder auch die Sonderpädagogik erwartet werden können. Der Rechtsanspruch auf begabungsgerechte Bildungschancen im Sinne individuell angemessener Sozialisationsbedingungen konveniert mit der entwicklungs- und erziehungspsychologischen Begründung der Begabtenförderung.

4. Folgerungen für die Bildungspolitik

Abschließend seien zusammenfassend drei bildungspolitische Postulate formuliert:

- *Begabung* ist zunächst ein relativ unspezifisches individuelles Anlagepotential, das in seiner Entwicklung von Anfang an in Wechselwirkung tritt mit der sozialen Lernumwelt, d.h. mit konkreten Erziehungs- und Sozialisationseinflüssen interagiert. Begabung stellt sich somit zu jedem Zeitpunkt der Ontogenese (individuellen Entwicklung) als Interaktionsprodukt dar.

- Schon in den ersten Lebensmonaten und -jahren sind *Begabungsunterschiede* (zwischen Individuen) beobachtbar, die sich z.B. in der Spontaneität, in der Neugier und in der spielerischen Kreativität (als Basismotive für das spätere Erkenntnisstreben), aber auch im Lern- und Informationsbedürfnis, in speziellen Gedächtnisleistungen u.ä. äußern.

- Erkennt man die *Realität unterschiedlicher Begabungsformen* an und berücksichtigt man die inzwischen gesicherte Erkenntnis, wonach die meisten schulischen Lernprozesse nicht additiver, sondern kumulativer Art sind, dann stellt sich gleichermaßen die *pädagogische und bildungspolitische Forderung*, begabungsgerechte Erziehungs- und Sozialisationsbedingungen für jeden einzelnen zu ermöglichen. Konkret bedeutet dies u.a., differentielle – begabungsspezifische – schulische Lernumwelten und Curricula bereitzustellen. Egal wie die entsprechenden schulischen und organisatorischen Rahmenbedingungen hierfür aussehen mögen, sie werden sich in jedem Fall an den vorgenannten Prinzipien individueller, d.h. begabungsgerechter, Förderung der Persönlichkeitsentwicklung von Kindern und Jugendlichen orientieren müssen.

Literatur

Beerman, L., Heller, K.A. & Menacher, P. (1992). *Mathe: nichts für Mädchen? Begabung und Geschlecht am Beispiel von Mathematik, Naturwissenschaft und Technik.* Bern: Huber.

Gagné, F. (1985). Giftedness and talent: Reexamining a reexamination of the definitions. *Gifted Child Quarterly, 29*, 103-112.

Gardner, H. (1983). *Frames of mind. The theory of multiple intelligences.* New York: Basic Books.

Heller, K.A. (1970). *Aktivierung der Bildungsreserven.* Bern/Stuttgart: Huber/Klett.

Heller, K.A. (1976). *Intelligenz und Begabung.* München: Reinhardt.

Heller, K.A. (1990). Die Münchner Längsschnittstudie zur Hochbegabung und einige Folgeprojekte. In H. Wagner (Hrsg.), *Begabungsforschung und Begabtenförderung in Deutschland 1980-1990-2000* (S. 34-45). Bad Honnef: Bock.

Heller, K.A. (Hrsg.). (1991). *Begabungsdiagnostik in der Schul- und Erziehungsberatung. Lehrbuch* (2. Aufl. 2000). Bern: Huber.

Heller, K.A. (Hrsg.). (1992). *Hochbegabung im Kindes- und Jugendalter* (2. Aufl. 2001). Göttingen: Hogrefe.

Heller, K.A., Mönks, F.J. & Passow, A.H. (Eds.). (1993). *International Handbook of Research and Development of Giftedness and Talent.* Oxford: Pergamon Press.

Heller, K.A., Mönks, F.J., Sternberg, R.J. & Subotnik, R.F. (Eds.). (2000). *International Handbook of Giftedness and Talent* (2nd ed., rev. reprint 2002). Oxford: Pergamon Press / Amsterdam: Elsevier Science.

Mierke, K. (1963). *Begabung, Bildung und Bildsamkeit.* Bern/Stuttgart: Huber/Klett.

Sternberg, R.J. & Davidson, J.E. (Eds.). (2005). *Conceptions of Giftedness* (2nd ed.). New York: Cambridge University Press.

Storfer, M.D. (1990). *Intelligence and giftedness. The contributions of heredity and early environment.* San Francisco: Jossey-Bass.

Waldmann, M. & Weinert, F.E. (1990). *Intelligenz und Denken. Perspektiven der Hochbegabungsforschung.* Göttingen: Hogrefe.

Kapitel 2

Hochbegabung und Kreativität

Inhalt

Einleitung

Nach einem kurzen Problemüberblick wird der aktuelle Stand der Kreativitätsforschung im Kontext Hochbegabung unter besonderer Berücksichtigung von Wissenschaft und Technik diskutiert. Ausführlicher wird auf die Chance-Configuration-Theorie von Simonton (1988a) und verwandte Konzepte eingegangen, wobei der Selbstorganisation eine zentrale Bedeutung für die Redefinition beigemessen wird.

Wissenschaftliche Analysen richteten sich auf die kreative Persönlichkeit, die kreative (soziale) Umwelt, den kreativen Prozess und das kreative Produkt. Hierzu werden neuere Befunde der Forschungsliteratur berichtet und Konsequenzen für die Diagnose und Förderung kreativer Leistungen aufgezeigt. Schließlich wird auf die Investmenttheorie der Kreativität von Sternberg und Lubart (1991) eingegangen, bevor ein Acht-Punkte-Katalog zur Kreativitätsförderung in der Aus- und Fortbildung sowie im Forschungsbereich diskutiert wird.

Sind herausragende wissenschaftliche und technische Leistungen das Produkt genialer Einfälle, die auf „höhere" Eingebungen zurückzuführen sind, wie es die antike Dämonentheorie oder der Geniemythos seit dem 17. Jahrhundert nahe legen? Auch die von der Gestalt- und Denkpsychologie in der ersten Hälfte des 20. Jahrhunderts postulierten Überraschungs- bzw. Novitäts- und Einsichtseffekte beim produktiven Denken, das als Vorläufer heutiger Kreativitätskonzepte betrachtet werden kann, verweisen zumindest in ihrer naturalistischen Wurzel auf ältere Genievorstellungen, etwa wenn sog. Aha-Erlebnisse als plötzliche, mehr oder weniger irrationale versus in der Tradition der Psychoanalyse als aus dem Unbewussten auftauchende Erkenntnis*sprünge* gedeutet werden. Und selbst in zufallsbasierten Konzepten der Kreativität (z.B. Simonton, 1988b) ist der Geniegedanke noch erkennbar. Diese und andere „Mythen" werden von Weisberg (1986 bzw. 1989) einer kritischen Analyse unterzogen. Doch eine Antwort auf die folgenden Fragen kann auch er letztlich nicht geben, nämlich worin sich nachweislich besonders erfolgreiche Naturforscher und Erfinder wie Newton, Edison, Kekulé, Einstein oder Oberth von offensichtlich weniger kreativen unterscheiden. Sind es wirklich nur banale Merkmalsunterschiede in den Interessen, der Aufmerksamkeitszuwendung, Leistungsmotivation, Anstrengungsbereitschaft, Ausdauer usw., wie es in bekannten Thesen zum Ausdruck kommt: „Erfindung beruht zu 1% auf Inspiration und zu 99% auf Transpiration" (Edison) oder „Genie ist Fleiß" (Goethe)? Sind also alle großen wissenschaftlichen Leistungen und die epochemachenden Erfindungen letztlich auf triviale menschliche Ideen bzw. Anstrengungen und vielleicht noch zufallsbedingte Ursachen zurückzuführen, wie Weisberg und andere in jüngster Zeit nachzuweisen versuchten?

Auf diese und weitere Fragen soll im folgenden näher eingegangen werden. Dabei wird vor allem aus *psychologischer* Sicht versucht, Antworten zu finden. Diese reduktionistische Zugangsweise erfordert für eine umfassendere Problemerörterung eine Ergänzung durch neurobiologische Untersuchungen mentaler Prozesse oder neurowissenschaftliche, erkenntnistheoretische bzw. philosophische und ethische Fragestellungen, auf die an dieser Stelle nicht oder nur am Rande eingegangen wird. Vielmehr stehen hier folgende Problemaspekte im Fokus: (1) Kreativitätskonzepte, (2) psychologische Bedingungen kreativer Prozesse und Produkte, (3) Konsequenzen für die Kreativitätsförderung im Studium sowie im Beruf unter besonderer Berücksichtigung von Forschung und Entwicklung.

1. Kreativität: Mythos oder Realität?

Angesichts der inflationären Verwendung des Kreativitätsbegriffs (vgl. Sternberg, 1988; Sternberg & Davidson, 1986/2005; Waldmann & Weinert, 1990; Treffinger, Sortore & Cross, 1993; Csikszentmihalyi & Wolfe, 2000; Urban, 2004) ist jeder Versuch einer einheitlichen Definition von vorneherein zum Scheitern verurteilt. „Kreativität" lässt sich mindestens vier Bezugsgrößen zuordnen: a) der kreativen *Persönlichkeit* mit ihren individuellen Wissens- und Handlungskompetenzen, b) der kreativen (sozialen) *Umwelt* mit ihren anregenden vs. hemmenden Bedingungen, aber auch Bedürfnissen und Bewertungen bezüglich kreativer Leistungen, c) dem kreativen *Prozess* als Akt innovativen, schöpferischen Tuns, d) der kreativen *Produktion* in Form wissenschaftlicher Theoriebildung, empirischer Hypothesenprüfung und/oder technischer Erfindungen. Eine umfassende Kreativitätsdefinition müsste alle vier Komponenten berücksichtigen. Darüber hinaus wären mögliche Überschneidungen mit verwandten kognitiven Fähigkeitskonstrukten, etwa zur Intelligenz oder Hochbegabung, im Auge zu behalten.

1.1 Merkmale kreativer Persönlichkeiten

Sternberg (1985), der in einer seiner zahlreichen Studien implizite Theorien, d.h. *subjektive Kreativitätskonzepte* von Laien und Wissenschaftlern (Professoren der Physik, Philosophie, Ökonomie, Kunst und Wissenschaft) untersuchte, kam zu dem bemerkenswerten Befund, dass sowohl Wissenschaftler als auch Laien in folgenden Punkten weitgehend übereinstimmen:
- in der subjektiven Überzeugung der Richtigkeit ihrer intuitiven Theorie bezüglich Intelligenz und Kreativität;
- in der Heterogenität der kreativen Persönlichkeiten zugeschriebenen Eigenschaften als individuellen Voraussetzungen für kreatives Denken;
- in der deutlichen Unterscheidung von Intelligenz und Kreativität (der bereits Guilford [1950, 1956] in seinem Intelligenzstrukturkonzept durch die Differenzierung in konvergente und divergente Denkoperationen bzw. -produktionen, wobei die sog. DP-Faktoren der Kreativität zugeordnet werden, Rechnung trug).

Andererseits wurden unterschiedliche Akzentuierungen einzelner Kreativitätsmerkmale in den verschiedenen Wissenschaftsdisziplinen erkennbar, was auf teilweise bereichsspezifische Kreativitätskonzepte – neben allgemeinen Dispositionen – hinweist. So betonen Physikprofessoren als Kreativitätsmerkmale u.a. die Fähigkeit, Ordnung im Chaos zu finden und bekannte Gesetzmäßigkeiten in Frage zu stellen, nach originellen bzw. neuartigen Lösungswegen zu suchen und dabei methodische Standards zu verlassen. Philosophen heben den Mut, mit dem Hochkreative allgemein akzeptierte Positionen und Theorien hinterfragen, sowie die Fähigkeit, scheinbar Unvereinbares zu assoziieren und nützliche Analogieschlüsse zu etablieren, hervor. Betriebswirtschaftler verweisen auf die Fähigkeit, Denkfallen im konventionellen Vorgehen zu vermeiden und auch utopische Konzepte zu generieren. Vertreter der Kunstwissenschaft sehen insbesondere in der Imagination und originellen Ideenproduktion sowie der höheren Risikobereitschaft hervorstechende Persönlichkeitsmerkmale Kreativer.

Guilford (1956, 1959), der Kreativität im psychometrischen Paradigma erforschte, kommt zu folgendem *Merkmalskatalog*, der *für kreative Personen* in unterschiedlichen Bereichen charakteristisch sein soll:

- *Problemsensitivität.* Damit ist die (außergewöhnliche) Fähigkeit angesprochen zu erkennen, worin überhaupt ein Problem liegt, um anschließend die „richtigen" Fragen, d.h. lösungsrelevanten Hypothesen formulieren zu können. Einstein sah hierin den wichtigsten Ansatz zur Problemlösung.
- *Flüssigkeit.* Zweifellos ist die Ideenproduktion abhängig von der Fähigkeit, leicht und in kurzer Zeit viele unterschiedliche Ideen, Symbole und Bilder zu erzeugen oder auch Assoziationen zwischen diesen herzustellen. Ob tatsächlich die dabei häufig unterstellte Annahme zutrifft, wonach Quantität und Schnelligkeit der geistigen Produktion die Voraussetzung für qualitativ hochwertige Ideen bilden, sei hier dahingestellt. Zumindest lässt sich beobachten, dass auch seltener geäußerte Ideen hochwertig sein können und allein die Masse der Ideen noch keine inhaltliche Qualität garantiert. Andererseits ließ sich ein – keineswegs monotoner – Zusammenhang zwischen Quantität und Qualität in einigen (vorwiegend testdiagnostischen) Studien belegen.
- *Flexibilität.* Hiermit ist die Fähigkeit gemeint, gewohnte Denkschemata zu durchbrechen und Bezugssysteme zu wechseln, was mit der Hypothesengenerierung und der variablen Verwendung vorhandener Informationen zusammenhängt. Das bekannte Neun-Punkte-Problem erfordert zu seiner Lösung diese Fähigkeit der Umstrukturierung (vgl. Abbildung 1).

Abbildung 1: Neun-Punkte-Problem. Aufgabenstellung: Alle neun Punkte sind mit *vier* geraden Strichen (ohne den Bleistift abzusetzen) zu berühren! (Die Lösung findet sich am Ende des Kapitels.)

- *Redefinition.* Hier geht es darum, die Interpretation bekannter Objekte aufzugeben, damit diese auf neue Weise gebraucht werden können. Eine entsprechende Testfrage lautet z.B.: „Welche der folgenden Dinge (oder ein Teil davon) könnten am besten zur Herstellung einer Nadel dienen? (Bleistift, Schuh,

Fisch, Nelke)". Auch die Fähigkeit zur Improvisation wird mit solchen Fragen erfasst.

- *Elaboration.* Die Relevanz dieses Faktors zeigt sich etwa, wenn ein Plan nur im Umriss vorgegeben wird und der Proband nun alle Detailschritte aufzählen muss, die zum Funktionieren des Planes führen. Hierfür sind sowohl figurale als auch bedeutungsgeladene (inhaltliche) Fähigkeitsaspekte, die positiv miteinander korrelieren, notwendig.

- *Originalität.* Damit wird die Außergewöhnlichkeit, aber auch Seltenheit kreativer Ideen oder Lösungsvorschläge bzw. -methoden betont, z.B. nicht übliche Reaktionen auf eine Problemstellung, außergewöhnliche Assoziationen oder „clevere" Erfindungen usw.

Während sich die Originalität auf den kreativen Akt der Ideengeneration oder Hypothesenproduktion bezieht, ist mit dem Faktor der Elaboration die Realisierbarkeit der Idee oder das Funktionieren der Erfindung, eines Planes usw. hervorgehoben. Beide Aspekte sind sowohl im wissenschaftlichen als auch im technischen Bereich untrennbar miteinander verbunden, sofern der gesellschaftliche und/oder wirtschaftliche Nutzen nicht aus dem Auge verloren wird. Die beste Idee nützt nichts, solange nicht deren Nutzen nachgewiesen bzw. erkannt worden ist. Damit rückt ein weiteres Kriterium in den Mittelpunkt der Betrachtung: die gesellschaftliche Akzeptanz neuer (origineller) Ideen oder Erfindungen. Entsprechende Kriterien öffentlicher Anerkennung, z.B. Preise, Auszeichnungen, Publikationen, Erfinderpatente, sind freilich nicht unumstritten. Ersatzvorschläge für solche objektivierbaren Variablen sind allerdings sehr oft noch fragwürdiger, was indirekt die Bedeutung der genannten Kriterien unterstreicht. Das hiermit angesprochene Normenproblem wird später unter Abschnitt 1.4 erneut aufgegriffen.

Neben den kognitiven Merkmalen kreativer Personen kommt nach Guilford (1959) *non-aptitude Traits* (nichtkognitiven Persönlichkeitsmerkmalen) eine wichtige Rolle zu, z.B. spontane vs. adaptive Flexibilität. Diese meint die Freiheit von Perseverationen, also das Wegkommen von bekannten bzw. gelernten Lösungswegen, und ist im Gegensatz zum Rigiditätsfaktor zu sehen. Weiterhin werden in diesem Zusammenhang noch ästhetisches Feingefühl, ausgeprägte Fragelust, Neugier und Explorationsdrang bzw. Erkenntnisstreben, Toleranz gegenüber Ambiguität oder Nonkonformismus, ferner Zielbestimmtheit und Aufgabenpersistenz genannt, wie sie teilweise auch in den impliziten Kreativitätstheorien vorkommen.

Diese Kreativitätsmerkmale werden im psychometrischen Paradigma als relativ überdauernde, vorwiegend anlagebedingte Persönlichkeitskonstrukte betrachtet, die mit entsprechenden Kreativitätstests gemessen werden können. Solche Testergebnisse dienen der Schätzung des individuellen Kreativitätspotentials, wobei lange Zeit hierfür Bereichsunabhängigkeit angenommen wurde. Neuere kognitionspsychologische Forschungsansätze, die sowohl deklaratives als auch prozedurales Wissen (d.h. bereichsspezifische Kenntnisse und Verfahrensheurismen) miteinbeziehen, kritisieren nicht nur die durchwegs mangelhafte Reliabilität und schlechte (ökologische) Validität von Kreativitätstests, sondern versuchen auch, die Schwächen statusdiagnostischer Erhebungen durch Prozessanalysen zu kompensieren.

Auf diese Weise erhofft man sich wichtige Aufschlüsse über das Zustandekommen kreativer Leistungen sowie über förderliche vs. hemmende Bedingungen kreativer Denkakte. Sofern hierbei auch kulturelle Güter und Wissensbestände, die ja allgemein als Erfahrungsniederschläge und wissenschaftlich (über Generationen von Forschern) vermittelte Erkenntnisse interpretiert werden können, miteinbezogen werden, wären wir beim Problem sog. kreativer Lernumwelten angelangt.

1.2 Kreative Lernumwelten

Mit dem Konzept „Kreative Umwelt" ist zum einen die von bedeutenden Forschern und Erfindern immer wieder betonte Notwendigkeit anregender und unterstützender gesellschaftlicher Settings einschließlich sozialer Kontakte mit fachlich kompetenten Lehrern und Kollegen angesprochen, zum anderen aber auch das von anderen – früheren oder zeitlich präsenten Experten – erarbeitete Wissen im relevanten Problembereich, das fast immer die notwendige Ausgangsbasis für kreative Neuschöpfungen bildet. Die zunehmende Komplexität unserer Arbeitswelt erfordert in vielen Bereichen Teamarbeit, d.h. nicht nur intra-, sondern häufig auch interdisziplinäre Zusammenarbeit. Wenngleich hiervon keine einfache Maximierung individueller Kompetenzen erwartet werden darf, kann doch durch Kompensation der im Einzelfall stets begrenzten Wissens- und Handlungskompetenzen eine beträchtliche Steigerung der Forschungseffizienz bei schwierigen, komplexen Fragestellungen – unter der Voraussetzung qualifizierter Einzelbeiträge in der Gruppe – erzielt werden. Darüber hinaus werden die erforderliche Reflexion und kritische Bewertung von (Zwischen-)Ergebnissen durch die Gruppenarbeit vielfach erleichtert. Dies trifft besonders bei – praktisch unvermeidbaren – Sackgassen und Irrtümern zu, aber auch bei der Überwindung von Denkblockaden vs. sozialen und institutionellen Restriktionen.

1.3 Kreativer Prozess

Der kreative Prozess selbst wird somit als Interaktion zwischen Individuum und gesellschaftlichen Anforderungs- bzw. Förderungsbedingungen betrachtet. In der traditionellen Kreativitätsforschung findet sich dagegen häufig noch eine einseitige Individuumfixierung, die im Hinblick auf den vierten Aspekt (Produktbewertung) ohnehin verfehlt wäre. Die Notwendigkeit reicher Wissensbasen und deren flexiblen und originellen Verwertung bei der Lösung anspruchsvoller, komplexer Probleme wird vor allem von kognitionswissenschaftlicher Seite hervorgehoben. Expertise in einem bestimmten Inhaltsbereich würde demnach vom Umfang und von der Qualität einschlägiger Fachkenntnisse abhängen, während im psychometrischen Ansatz hierfür etwa die im Guilford-Modell benannten allgemeinen kognitiven Fähigkeiten reklamiert werden. Außerdem wird häufig ein logischer Widerspruch in der konvergenten vs. divergenten Denkproduktion gesehen. Erstere ist für die Lösung wohldefinierter Probleme (mit eindeutigen Lösungen) bedeutsam, während divergentes Denken für die Lösung offener Probleme (mit unbestimmten Lösungen) zuständig sein soll. Neuere Kreativitätsuntersuchungen in Wissenschaft und Technik (z.B. Facaoaru, 1985, 1991; vgl. auch Weisberg, 1986) stärken jedoch die

Vermutung, dass zur Lösung hochkomplexer Aufgaben beide Denkformen relevant sind. Erst der simultane Gebrauch dieser Komponenten auf der Grundlage umfangreicher Fachkenntnisse erhöht die Lösungsproduktivität, wobei am Anfang zur Hypothesengenerierung stärker divergentes Denken und dann zur Hypothesenprüfung bzw. -entscheidung zunehmend konvergentes Denken gefordert ist. Neben hoher Intelligenz und flexibel nutzbarem Wissen begünstigen weiterhin kognitive Merkmale wie Spontaneität und flüssiger Denkstil bei gleichzeitiger Persistenz und intrinsischer Leistungsmotivation kreative Problemlösungen in anspruchsvollen, d.h. das Individuum herausfordernden Leistungssituationen.

Exkurs: Simontons Chance-Configuration-Theorie

Nach der *Chance-Configuration-Theorie* von Simonton (1988a, S. 261ff.) sind kreative Prozesse vor allem im wissenschaftlichen (und technischen) Bereich durch *drei Phasen* charakterisiert: (1) einen zunächst mehr oder weniger zufälligen Prozess (chance permutation), wobei aus gedanklichen Elementen leicht verknüpfbare, stabile Muster ausgewählt werden und Metaphern, Analogien bzw. Modellen eine Schlüsselrolle zukommt; (2) eine anschließende Transformationsphase (configuration formation), in der diese Elemente durch semantische Kodierung fixiert bzw. mitteilbar werden; und (3) die Bewertungs- bzw. Akzeptanzphase (communication and acceptance). Dieser Ansatz stellt eine Weiterentwicklung des Modells zur Blindvariation und Selektionsspeicherung von D. Campbell aus dem Jahre 1960 dar. Die Erweiterung durch Simonton kommt vor allem im dritten Aspekt – einer sozialpsychologischen Interpretation von Kreativität – zum Ausdruck.

Als kleinste Kreativitätsbausteine werden gedankliche Elemente (mental elements) angenommen, die manipulierbar sind, indem sie etwa unterschiedliche Beachtung oder Aufmerksamkeit erfahren. Im Kontext der hier erörterten wissenschaftlichen Kreativität kommen als solche Elemente Fakten, Relationen, Regeln, Gesetze und ähnliche Kognitionen in Betracht, gelegentlich von Spontanempfindungen und/oder Gefühlen begleitet. Diese können frei oder zwangsläufig auftreten und sich mit anderen Elementen zusammenschließen. Deren *freie Verknüpfung* bildet die Basis für kreative Entstehungsmechanismen im Wissenschaftsbereich. Daraus resultieren im hierarchischen Kreativitätsmodell von Simonton (1988a/b) sog. wahrscheinliche Umstellungen (chance permutations), womit „chance" die Unvorhersagbarkeit im Auftreten indizieren soll. In Übereinstimmung mit der modernen Chaosforschung (vgl. Binnig, 1989; Schmidt-Denter, 1992) ist jedoch damit nicht notwendigerweise absolute Zufälligkeit gemeint. Vielmehr muss man sich eine riesige Zahl von Auftretensmöglichkeiten vorstellen, deren Wahrscheinlichkeit für alle *fast* – d.h. nur annähernd – null ist.

Simonton unterstellt somit dem Ausgangsprozess kreativer Handlungen viele Variationsmöglichkeiten, die durch anschließende personale und soziale Selektionsmechanismen entweder zu instabilen Permutationen (d.h. zusammenhanglosen Gedankenverbindungen im Sinne „geistiger Aggregate") oder zu stabilen Mustern (Konfigurationen) führen, wobei die Übergänge als kontinuierlich betrachtet werden. Für den folgenden Informationsverarbeitungsprozess werden nur die stabilsten

Permutationen berücksichtigt, weil mit zunehmendem Stabilitätsgrad die Auswahlwahrscheinlichkeit und damit die Zuwendung der Aufmerksamkeit wachsen.

„Musterbildung" wird von Simonton (1988b, S. 8) folgendermaßen definiert: "A configuration is thus a conformation or structural arrangement of entities and implies that the relative disposition of these entities is central to the configuration's identity." Aus der Verfeinerung solcher Muster entstehen weitere Permutationen und mit zunehmender Vernetztheit sog. Chunks, womit eine gewisse Konsolidierungsphase eintritt. Die Affinität dieses Modells zur (Atom-)Physik und Chemie, aber auch zu älteren Annahmen der Gestaltpsychologie, ist unverkennbar und wird von Simonton selbst hervorgehoben. Entgegen weiterreichenden Modellansprüchen dürfte jedoch auch für die Chance-Configurations-Theorie eine gewisse Bereichsspezifität gelten.

Modernen wissenspsychologischen Konzepten wird die hier angesprochene Theorie insofern gerecht, als Simonton zwischen A-posteriori-Annahmen und A-priori-Annahmen unterscheidet. Erstere beziehen sich auf (gelernte) kognitive und soziale Erfahrungen, letztere auf konventionell definierte Ordnungsregeln oder Gesetze. Damit korrespondiert die Dichotomie von empirisch gewonnenem Wissen und logischen Gesetzesaussagen. So entstehen Chunks über beobachtete Häufigkeiten (a posteriori) und/oder Musterverfeinerungen bzw. eine Vereinfachung komplexer Prozesse (a priori).

Die „One-to-one"-Passung der Elemente eines Sets von Elementen verstärkt nach Simonton die Stabilität entstehender Konfigurationen. Zusätzlich werden hierarchische Verbindungen angenommen, die einen schnelleren Zugriff auf relevante Informationen ermöglichen und somit den Wissenszuwachs unterstützen. Analoges Denken und Prozesse der Selbstorganisation steigern die Effizienz kreativer Problemlösungen, die nicht selten durch ihre Eleganz oder Schönheit beeindrucken (womit die Nähe dieses theoretischen Ansatzes zur Gestaltpsychologie oder zur aktuellen Chaosforschung in der Physik erneut deutlich wird).

Das Entstehen neuer Konfigurationen wird somit verständlich und nachvollziehbar. Dieser Vorgang ist auf evolutionäre Weise möglich, also durch Selektion und Weiterentwicklung, durch Strukturtransfer auf der Basis erweiterter Analogieschlüsse oder durch systematische Permutation über die Zerlegung eines Gegenstandes und Neuzusammenfügung seiner Elemente, z.B. im morphologischen Kasten (vgl. Zwicky, 1971). Psychologische Bedingungen der *Rekombination* sind hinreichende Vorstellungsbilder, differenzierte Codiersysteme und die Fähigkeit zu Mehrfachcodierungen des Wissens (z.B. in verbaler, numerischer oder bildhafter Form). *Strukturtransfer* erfordert die bereichsspezifische Übertragung von Ordnungsprinzipien von einem Feld in ein anderes, was auf der Basis sehr abstrakter Beziehungen der verglichenen Ordnungsschemata ermöglicht wird. Dieser Prozess erfordert nicht nur gute Kenntnisse der betreffenden Sachbereiche, sondern auch deren strukturelle Analyse, was durch generalisierende Abstraktion von den konkreten Inhalten erreicht wird. Schließlich können gelegentlich kreative Resultate auch durch glückliche *Zufälle* (vgl. Feldmans Koinzidenztheorie, 1986, zur Erklärung sog. Wunderkinder) oder gar *Irrtümer* zustande kommen (Dörner, 1989a). Allerdings macht Weisberg (1989, S. 96f.) darauf aufmerksam, dass sog. Außenseiter-Treffer lediglich auf einem Perspektivenwechsel beruhen, also keine echten Zufallsergebnisse darstellen. Auf keinen Fall könnten diese als Gegenargument zur Annahme wissensbasierter Kreativitätsprozesse gelten, da hierbei „die Unterschiede zwischen dem eigenen Problemlösen und dem Beobachten anderer beim Problemlösen nicht berücksichtigt" (S. 180) werden würden.

Die Forderung nach Symbolisierung (z.B. Versprachlichung oder Kodierung in mathematischen Symbolen) stellt ein grundsätzliches wissenschaftstheoretisches Postulat dar. Ohne dessen Verwirklichung wären Forschungsergebnisse nicht mitteilbar und somit letztlich auch nicht – durch andere Experten – kontrollierbar. Simonton fordert deshalb, dass die gewonnenen Musterbildungen symbolisiert werden müssen, um sie kommunizierbar zu machen. Dass dabei auch logische oder grammatikalisch-syntaktische Anforderungen beachtet werden müssen, wurde oben bereits erwähnt. Neben der prinzipiellen Überprüfbarkeit als Wissenschaftspostulat wird mit diesem Kriterium aber auch der Gefahr von „Mehrfachentdeckungen" oder „Mehrfacherfindungen" Rechnung getragen. Und schließlich kann durch geschickte und soweit als möglich verständliche Vermittlung kreativer Forschungsergebnisse nicht nur an die Forschergemeinde, sondern auch an die Gesamtgesellschaft (womit die Bedeutung des Wissenschaftsjournalismus unterstrichen wird) die Akzeptanz neuer Erkenntnisse und Produkte unterstützt werden. Das Akzeptanzproblem wird ja vor allem dann virulent, wenn die neuen Ideen mit herrschenden Lehrmeinungen oder liebgewordenen Gewohnheiten konfligieren.

Auf Wallas (1926) geht das bekannte *Vier-Stadien-Schema* zurück, das alle Formen kreativer Akte beschreiben soll: Auf die *Vorbereitungsphase* folgen die Stadien der *Inkubation*, der *Erleuchtung* und der *Verifikation*. Sowohl die damit verbundene Annahme, wonach die beiden mittleren Prozessphasen unbewusst, spontan und nach anderen Gesetzen als denen des logischen Denkens (konvergente Denkproduktion sensu Guilford) ablaufen, als auch die implizite Hypothese bereichsunspezifischer Kreativitätsprozesse sind nach heutiger Erkenntnis zweifelhaft – auch wenn solchen Vorstellungen in zahlreichen Selbstberichten berühmter Forscher oder Entdecker große Bedeutung zugemessen wird. Nach Weisbergs kritischer Bestandsaufnahme können diese jedenfalls nicht ohne weiteres als zuverlässige Informationsquellen gelten, was sich übrigens mit analogen Befunden aus der Expertiseforschung decken würde.

1.4 Kreative Produkte

Kreative Produkte sind immer auch von ihrer Bewertung durch die Gesellschaft abhängig, was vor allem dann zum Problem werden kann, wenn die neue Erkenntnis oder Erfindung dem aktuellen Stand der Forschung oder Technologie weit vorauseilt. Zugleich wäre damit das *Normenproblem* tangiert. Allgemeine Bewertungskriterien sind etwa der (gesellschaftliche) Nutzen einer neuen Erkenntnis oder Erfindung, zu dem sich natürlich auch individuelle Nutzenüberlegungen (Prestige- oder finanzieller Gewinn) gesellen können, Erkenntnisfortschritte einer Wissenschaftsdisziplin mit dem individuellen Pendant der Befriedigung von „Wissensdurst" oder Erkenntnisstreben, ästhetische, humanitäre und soziale Werte. Die Ge-

fahr der Normenverletzung besteht hier in einer zu großen Abweichung von Grup-
penstandards, so dass die neue Erkenntnis missachtet oder gar bekämpft wird. Die
Geschichte – nicht nur der Wissenschaft – kennt hierfür Beispiele zur Genüge.

Die psychologischen Bedingungen von Kreativitätsprodukten sollen hier am
Beispiel der *technischen Kreativität* verdeutlicht werden. Dieser Begriff wird der
technischen Intelligenz gegenübergestellt und bildet zusammen mit dieser das
Konstrukt „technische Begabung". Als umfassende Fähigkeitsdisposition für die
Bewältigung technischer Aufgaben in neuen Auforderungskontexten schließt sie
„die Befähigung zum theoretischen Entwerfen und praktischen Vergegenständli-
chen technischer Lösungen" ein (Lochner, 1988). Für die Lösung technischer Probleme werden zwei unterschiedliche, jedoch sich ergänzende Leistungsdispositionen
von Lochner (1988) verantwortlich gemacht: „Technische Intelligenz" im Sinne
der „Befähigung zur Bildung, Umstrukturierung und Speicherung technischer Wissensstrukturen" und „zur raschen Erkennung der wesentlichen Eigenschaften eines
gegebenen Problems in ihren Zusammenhängen" sowie „Technische Kreativität",
definiert als die „Befähigung zum Entwickeln, Variieren und Abbilden technischer
Lösungsideen". Für bereichsspezifische Kreativitätsprodukte werden somit gegen-
standsbezogene Problemlösestrategien auf der Basis guter Technik- bzw. Technologiekenntnisse postuliert, die mit Grundlagenkenntnissen in einzelnen Naturwissenschaften (z.B. Physik, Informatik, Chemie) interagieren bzw. in der Auseinandersetzung mit diesen individuell etabliert werden. Psychometrisch werden diese
durch verschiedene Testverfahren zu erfassen versucht, etwa mit Hilfe von Skalen
zur Messung praktisch-handwerklicher Begabungen, von physikalisch-technischem
Verständnis und Problemlösekompetenzen in bezug auf unterschiedliche Bereiche
oder konstruktiv-erfinderischer Denkfähigkeiten auf technischem Gebiet.

Technische Kreativität als Produktqualität beruht somit auf verschiedenen intraindividuellen Voraussetzungen wie technischem Verständnis, technischem Interesse und technischem Wissen. Der Denkprozess, der kreativen Leistungen hypothetisch zugrunde liegt, ist gekennzeichnet durch Assoziationsstrategien auf der Basis
induktiver Denkformen (Gegenstand der Transferforschung), verschiedene kognitive Stile (z.B. systematische Wechsel zwischen Impulsivität und Reflexivität) und
metakognitive Kompetenzen, etwa zeitweiliges Ausblenden der Selbstbewertung,
kontrollierte „Regression" zu primären oder auch bildhaften Denkprozessen u.ä.
Technisch-kreative Lösungen erweisen sich somit ebenfalls als Interaktionsprodukte von intraindividuellen divergenten und konvergenten Denkprozessen, kognitiven
Stilen und motivationalen Persönlichkeitsvoraussetzungen sowie einer herausfordernden bzw. stimulierenden „kreativen Umwelt"; vgl. Hany (1991, S. 125f.).

Unter dem Aspekt der Entwicklung und Förderung kreativer Kompetenzen wären Kreativitätsmodelle wünschenswert, die stärker als in den bisherigen theoretischen Konstrukten die Komponenten der „kreativen Umwelt", wie sie etwa oben
skizziert wurde, miteinbeziehen. Beispielhaft seien in Abbildung 2 die Beziehungen der Selbst- und Systemerkenntnis während eines Erfindungsprozesses dargestellt, die als wichtige Voraussetzungen für kreative Leistungsprodukte gelten; vgl.
noch Gruber (1981), Gruber und Davis (1988), Heller (1991, 1993), zur „techno-
ökonomischen Kreativität" Heister (1991) sowie zur mathematisch-naturwissen-

schaftlichen Hochbegabung van der Meer (1985).

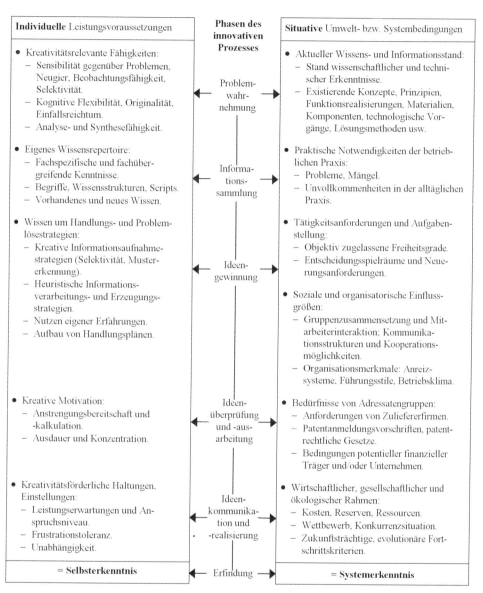

Individuelle Leistungsvoraussetzungen	Phasen des innovativen Prozesses	Situative Umwelt- bzw. Systembedingungen

• Kreativitätsrelevante Fähigkeiten:
  – Sensibilität gegenüber Problemen, Neugier, Beobachtungsfähigkeit, Selektivität.
  – Kognitive Flexibilität, Originalität, Einfallsreichtum.
  – Analyse- und Synthesefähigkeit.
	Problem-
	wahr-
	nehmung
		• Aktueller Wissens- und Informationsstand:
		  – Stand wissenschaftlicher und technischer Erkenntnisse.
		  – Existierende Konzepte, Prinzipien, Funktionsrealisierungen, Materialien, Komponenten, technologische Vorgänge, Lösungsmethoden usw.

• Eigenes Wissensrepertoire:
  – Fachspezifische und fachübergreifende Kenntnisse.
  – Begriffe, Wissensstrukturen, Scripts.
  – Vorhandenes und neues Wissen.
	Informa-
	tions-
	sammlung
		• Praktische Notwendigkeiten der betrieblichen Praxis:
		  – Probleme, Mängel.
		  – Unvollkommenheiten in der alltäglichen Praxis.

• Wissen um Handlungs- und Problemlösestrategien:
  – Kreative Informationsaufnahmestrategien (Selektivität, Mustererkennung).
  – Heuristische Informationsverarbeitungs- und Erzeugungsstrategien.
  – Nutzen eigener Erfahrungen.
  – Aufbau von Handlungsplänen.
	Ideen-
	gewinnung
		• Tätigkeitsanforderungen und Aufgabenstellung:
		  – Objektiv zugelassene Freiheitsgrade.
		  – Entscheidungsspielräume und Neuerungsanforderungen.
		
		• Soziale und organisatorische Einflussgrößen:
		  – Gruppenzusammensetzung und Mitarbeiterinteraktion; Kommunikationsstrukturen und Kooperationsmöglichkeiten.
		  – Organisationsmerkmale: Anreizsysteme, Führungsstile, Betriebsklima.

• Kreative Motivation:
  – Anstrengungsbereitschaft und -kalkulation.
  – Ausdauer und Konzentration.
	Ideen-
	überprüfung
	und -aus-
	arbeitung
		• Bedürfnisse von Adressatengruppen:
		  – Anforderungen von Zuliefererfirmen.
		  – Patentanmeldungsvorschriften, patentrechtliche Gesetze.
		  – Bedingungen potentieller finanzieller Träger und/oder Unternehmen.

• Kreativitätsförderliche Haltungen, Einstellungen:
  – Leistungserwartungen und Anspruchsniveau.
  – Frustrationstoleranz.
  – Unabhängigkeit.
	Ideen-
	kommunika-
	tion und
	-realisierung
		• Wirtschaftlicher, gesellschaftlicher und ökologischer Rahmen:
		  – Kosten, Reserven, Ressourcen.
		  – Wettbewerb, Konkurrenzsituation.
		  – Zukunftsträchtige, evolutionäre Fortschrittskriterien.

= Selbsterkenntnis	Erfindung	= Systemerkenntnis

Abbildung 2: Beziehungen von Selbst- und Systemerkenntnis während des Erfindungsprozesses nach Facaoaru (1985) bzw. Heller und Facaoaru (1986, S. 53).

2. Psychologische Voraussetzungen und Bedingungen kreativer Leistungen (in Wissenschaft und Technik)

Nach den bisherigen Ausführungen kann unser Wissen über das Zustandekommen kreativer Leistungen in folgenden Thesen zusammengefasst werden:

(1) Wissenschaftliche Entdeckungen und technische Erfindungen sind primär das Ergebnis divergenter *und* konvergenter Denkprozesse, wobei nichtkognitive und motivationale Prozessbedingungen wie die Suche nach originellen Lösungen, Erkenntnisstreben oder auch einfach die Lust an der Beschäftigung mit anspruchsvollen, individuell herausfordernden Problemen, gelegentlich auch Problemdruck und Notsituationen, in unterschiedlicher Gewichtung beteiligt sind.

(2) Unter lerntheoretischen, kognitionswissenschaftlichen und wissenspsychologischen Forschungsparadigmen kann der Prozess des Entdeckens oder Erfindens als kreative Stressbewältigung aufgefasst werden. Dabei kommt individuellen Lernerfahrungen sowie bereichsspezifischen Wissensbeständen und effektiven Handlungsstrategien zur Umsetzung individueller Ressourcen eine Schlüsselrolle (neben lokalen und situationalen Rahmenbedingungen) zu.

(3) Die Bewertung eines Denkproduktes (Erfindung, Entdeckung usw.) als „kreativ" ist von gesellschaftlichen bzw. Gruppen-Normen abhängig. Entsprechende Maßstabskriterien sind Originalität, Elaboration (d.h. Ausarbeitung zur Funktionstüchtigkeit), hoher Gebrauchs- und/oder ästhetischer Wert, idealler Nutzen und dergleichen mehr. Ferner sind damit öfters individuelle Wertzuwächse (Befriedigung wissenschaftlicher oder technologischer Neugier, Prestigegewinn, finanzieller Ertrag usw.) verknüpft, die nicht selten zu neuen Anstrengungen und Investitionen führen.

(4) Nach der kritischen Bestandsaufnahme von Weisberg (1986) und anderen neueren Literaturübersichten, insbesondere kognitionspsychologischer Provenienz (z.B. von Weinert, 1990), ist davon auszugehen, dass die Kombination von divergenten und konvergenten Denkakten unter Nutzung einer reichen Wissensgrundlage und in Verbindung mit einer positiven Arbeitshaltung und ausgeprägten Interessen für wissenschaftliche oder technische Fragestellungen, die als persönliche Herausforderung erlebt werden, günstige Voraussetzungen für kreative Leistungen darstellen. Kreatives Problemlösen erfordert demnach harte, andauernde Arbeit und beharrliche Zielfixierung, wobei Zufallsfaktoren dann zum Glücksfall werden können, wenn die sich bietenden Chancen konsequent genutzt werden. Ob dies ohne ausreichenden Kompetenzhintergrund möglich ist, muss nach heutigen Erkenntnissen wohl eher verneint werden. Analog gilt die Annahme von aus dem Unbewussten auftauchenden Erkenntnissprüngen ohne vorhergehende intensive Problemauseinandersetzung als höchst unwahrscheinlich.

(5) Herausragende kreative Leistungen in Wissenschaft und Technik entwickeln sich demnach allmählich und zumeist in kleinen Schritten. Nach Weisberg ist jeder kreative Akt fest in den vorangegangenen Werken der betreffenden Person und – so können wir hinzufügen – im jeweils vorhandenen Wissensschatz

verwurzelt. Dabei offenbart sich häufig ein Zusammenhang zwischen ausgeprägten Interessen an einem erkannten Problem und dem persönlichen (Soziali-
sations-)Hintergrund bei anfänglichen Lösungsversuchen sowie bei der Lö-
sungserarbeitung.

(6) Eine kreative Problemlösung muss *neu* sein (also dem Kriterium der Originalität genügen) und das Problem *lösen* (womit das Kriterium der Elaboration ins
Spiel kommt). Bei offenen Problemen wird vom Problemlöser erwartet, dass er
selbst die Kriterien für die Problemlösungen findet und festlegt (z.B. bei der
Parallelogramm-Aufgabe nach Wertheimer oder der Charlie-Geschichte (vgl.
Abbildung 3), während bei wohldefinierten Problemen, z.B. Intelligenztestaufgaben, die Merkmale der Problemlösung von vornherein bekannt sind. Kreativität und Rationalität wären somit keine echten, d.h. produktive Problemlösungen beeinträchtigenden Kontrahenten.

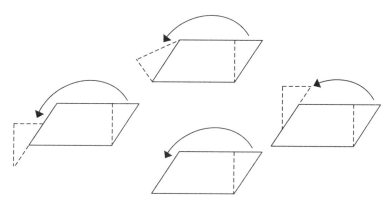

Abbildung 3: Lösen der Parallelogramm-Aufgabe nach Wertheimer (1957, S. 65) durch
Schneiden und Neuordnen.

Charlie-Aufgabe (Detektivgeschichte):
Wie allabendlich kommt Bill nach der Arbeit in sein Heim zurück. Als er die Wohnzim-
mertür öffnet, entdeckt er Charlie tot am Boden liegend. Er sieht außerdem eine Wasser-
pfütze und Glasscherben auf dem Fußboden. Milly kauert verstört auf dem Sofa. Als Bill
die Szene sieht, weiß er sofort, was passiert ist. Wie ist Charlie zu Tode gekommen? (Die
Lösung steht am Ende dieses Kapitels.)

(7) Kennzeichnend für kreative Problemlösungen ist eine komplexe Verflechtung
wahrnehmungs- und wissensbasierter Prozesse, sowohl hinsichtlich des Abrufs
von Informationen aus dem Gedächtnis als auch in bezug auf Variationen früherer Lösungen aufgrund bildhafter Vorstellungen und/oder verbaler Schlussfolgerungen. Es geht dabei also um die Anwendung vorhandenen Wissens auf
neue Problemstellungen, die vom Problemlöser selbsttätig definiert werden
müssen. Kreativitätsprodukte erweisen sich somit als bereichsspezifisch und
weitgehend situationsabhängig.

Exkurs: Investmenttheorie der Kreativität von Sternberg und Lubart

In der *Investmenttheorie der Kreativität* von Sternberg und Lubart (1991) werden sechs Quellen (resources) postuliert, deren Zusammenspiel kreative Produkte bewirke und somit Kreativität erklären soll. Die Ressourcen werden wiederum in kognitive (Intelligenz, Wissen, intellektueller Stil), affektiv-konative (Persönlichkeit und Motivation) und Umwelt-Bedingungen unterteilt, wobei der intellektuelle Stil sowohl der kognitiven als auch der affektiven Seite zugeordnet wird.

Mit „Intelligenz" sind hier Metakomponenten des Wissenserwerbs und der Handlungsausführung bzw. -kontrolle, aber auch Redefinitionen und Vergleichsprozesse sowie Kombinationen usw. angesprochen. „Wissen" bezieht sich auf relevante Vorkenntnisse und schließt sowohl deklaratives als auch prozedurales Wissen ein. „Intellektueller Stil" bezieht sich auf ein Konglomerat von Verhaltensstrategien, z.B. konservative vs. innovative Haltung, ganzheitlich-umfassend vs. detailliert-begrenzt, selbstkonzeptbezogene Einstellungen usw. „Persönlichkeit" umfasst Eigenschaften wie Ambiguitätstoleranz, Persistenz, Offenheit, Wachstums- und Risikobereitschaft. „Motivation" ist hier als aufgabenorientierte Motivation definiert. „Umwelt" beinhaltet anregende, förderliche vs. hemmende oder unterdrückende Sozialisationsbedingungen, aber auch Einflüsse des sog. Zeitgeistes u.ä.

Die *Qualität* kreativer Denkleistungen oder Produkte, innovativer Erfindungen usw. wird durch die Art des „Zusammenflusses" (confluence) der einzelnen Determinanten bestimmt. Also nicht so sehr quantitative (additive) als vielmehr *qualitative* Verbindungen, z.B. von Risikobereitschaft und Diversifikation, erklären ein geglücktes Zusammenspiel: "The degree to which a resource contributes to creative performance is determined by the level of the resource and the functional relationship of the resource to creativity" (Sternberg & Lubart, 1991, S. 18). Nach Auffassung der Autoren verfügen nur wenige Menschen über die ideale Menge der genannten sechs Voraussetzungen, möglicherweise weil vielen der Aufwand zum Erwerb dieser Kreativitätsfaktoren subjektiv zu aufwendig erscheint oder dieser durch die soziale Umwelt behindert wird.

Schließlich betonen die Autoren die Bereichsspezifität kreativer Produkte, räumen aber gleichzeitig deren teilweise Überlappung und somit Generalitätsansprüche mancher Kreativitätstheorien ein. Die Bewertung kreativer Leistungen wird als Interaktionsresultat gesehen, in das das kreative Produkt, der Beurteiler mit seinen Maßstäben sowie lokale und zeitliche Kontexte eingehen.

Die aufgezeigten Indikatoren für kreative Handlungen können zum einen zur Vorhersage kreativer Leistungen herangezogen, d.h. als Prädiktoren verwendet werden. Sie werden andererseits aber auch selbst zum Gegenstand verschiedener Trainingsprogramme zur Kreativitätsförderung. Inwieweit dies sinnvoll ist, soll im folgenden diskutiert werden. Im Gegensatz zu der relativ guten Prognosegültigkeit von Intelligenzprädiktoren weisen Kreativitätstests bislang nur unzureichende Reliabilitäts- und Validitätswerte auf. Diese Feststellung gilt nicht nur für psychometrische, sondern auch für kognitionspsychologische Versuche, kreative Leistungen vorherzusagen. Die Kritik richtet sich insbesondere auf die schwache ökologische Validität, also die Vorhersagegültigkeit in Real-Life-Situationen. Dies hängt u.a.

noch mit der Schwierigkeit zusammen, das Vorhersagekriterium (z.B. kreative Produkte) hinreichend eindeutig zu definieren. Auf der anderen Seite sind offenbar die in den üblichen Tests berücksichtigten Kreativitätsprädiktoren zu wenig repräsentativ für die intraindividuellen Kreativitätsvoraussetzungen. Der Hauptvorwurf gilt jedoch der impliziten Prämisse, wonach in den traditionellen Kreativitätsskalen stets *allgemeine*, bereichsunspezifische Potentiale postuliert werden.

Diese Annahme ist zumindest erheblich einzuschränken, d.h. gerade bei hochkomplexen, schwierigen Problemen dürften wissensbasierte Lösungskomponenten gegenüber reinen Basisfähigkeiten (etwa der Intelligenz) in ihrem Einfluss dominieren, wobei immer – wie schon mehrfach betont – eine Interaktion aller am Kreativitätsprozess beteiligten Komponenten unterstellt werden muss. Ob die Prognose kreativer Leistungen oder Produkte jemals den Präzisionsgrad beispielsweise von Leistungsprognosen intellektueller Art erreichen wird, muss zum gegenwärtigen Forschungsstand mehr als bezweifelt werden.

Eine ähnliche Skepsis ist gegenüber den bekannten Trainingskonzepten zur Steigerung einzelner Kreativitätsfaktoren angebracht. So soll das in der Praxis weit verbreitete *Brainstorming*, dessen Konzept auf Osborn (1953) zurückgeht, die Ideenproduktion steigern. Trotz häufig berichteter subjektiver Effizienzerlebnisse konnten die allgemein mit dem Brainstormingverfahren verknüpften Annahmen bezüglich Maximierung kreativer Ideenproduktion a) durch Betonung der Quantität vor der Qualität, b) durch Zurückstellung beurteilender Akte während des Ideationsprozesses und c) in der Gruppensituation (im Vergleich zur Einzelleistung) in wissenschaftlich kontrollierten Untersuchungen nicht bestätigt werden (ausführlicher dazu vgl. Weisberg, 1989, S. 75ff.). Nicht anders fällt das Urteil des gleichen Autors (und anderer Experten, z.B. Dörner, 1989b) bezüglich des von de Bono (1968, 1970, 1971) inzwischen weltweit propagierten „lateralen Denkens" als individueller Voraussetzung für kreative Prozesse aus. Entsprechende Trainingsprogramme sollen vor allem Denkblockaden aufbrechen und somit den Umstrukturierungsprozess unterstützen; doch ob dies durch „laterales" Denken, d.h. Aktivierung der rechten Hirnhälfte (allein) möglich wird, muss bezweifelt werden. Abgesehen davon bildet das Großhirn nur die neurobiologische Grundlage mentaler Prozesse. Weder die rechte noch die linke Hirnhälfte kann „denken", dies besorgt das logische Subjekt (und kein hirnorganisches Korrelat), d.h. das ganze personale System. Zur Unterscheidung von personaler und subpersonaler Beschreibungsebene sei u.a. auf Bieri (1989) verwiesen.

Der „Erfolg" solcher Trainingsmethoden hängt wohl mehr mit ihrer simplen theoretischen Grundlage und der leichten Durchführbarkeit zusammen, wobei der dabei erlebte Spaß den einzig gesicherten Effekt und damit wohl einen wichtigen subjektiven Verstärker repräsentiert. Wenn wir uns die komplizierten Zusammenhänge kreativer Prozesse und deren komplexe Bedingungsmechanismen vorstellen, wie sie oben skizziert wurden, dann müsste man wohl einen neuen Mythos bemühen, um die Wirksamkeit solcher oder ähnlicher Techniken zur Kreativitätssteigerung theoretisch zu erklären. Die Attraktivität reduktionistischer Modelle oder „Expresskurse" zur Denkschulung ist aber nicht nur in der Praxis, sondern auch in der Wissenschaft vielfach ungebrochen, was man vielleicht als Ausdruck unserer

Sehnsucht nach der „einfachen" Wahrheit oder – profaner – menschlicher Bequem-
lichkeit interpretieren könnte.

3. Konsequenzen für die (schulische und außerschulische) Kreativitätsförderung

Im folgenden werden einige pädagogische Konsequenzen, vorab unter der Perspektive *kreativitätsförderlicher Lernumwelten*, formuliert. Nicht nur aus Raumgründen
wird dieser Teil mehr aphoristisch ausfallen. Nach den bisherigen Erörterungen
sollte deutlich geworden sein, dass wir zwar relativ gut Bescheid wissen, welche
Theorien und bisherigen Annahmen offenbar nicht oder nur stark relativiert weiterhin Gültigkeit beanspruchen können. Gleichzeitig ist die aktuelle Kreativitätsforschung jedoch in großer Verlegenheit zu erklären, warum manche mit einem großen Wissen und auch sonst guten kognitiven Fähigkeitsvoraussetzungen hervorragende Kreativitätsleistungen erbringen und andere mit scheinbar vergleichbaren
Persönlichkeitsvoraussetzungen nicht. Ohne Zweifel ist das Bedürfnis nach der
Beantwortung dieser Frage enorm, was indirekt die Erfolgsserie smarter Vereinfa-
cher erklären mag.

Statt eines ohnehin fragwürdigen Maßnahmenkataloges seien thesenartig einige
im Hinblick auf die Kreativitätsförderung besonders relevante Forschungsbefunde
hervorgehoben. Bezüglich *schulischer Kreativitätsförderung* und entsprechender
Erziehungsmaßnahmen sei hier u.a. auf Cropley (1982, 1991), Landau (1990),
Renzulli und Reis (1991) sowie die Übersicht von Hany (1992) verwiesen. Zur
internationalen Situation siehe noch Treffinger et al. (1993), Cropley und Urban
(2000) oder Csikszentmihalyi und Wolfe (2000).

Für *Studium* und *Beruf* dürften besonders folgende Forschungsbefunde von
Nutzen sein (vgl. auch Weinert, 1990, bes. S. 36ff., sowie 1991, S. 30ff.):
(1) Vergleicht man nachweislich stimulierende Hochschulinstitute oder For-
    schungslabors mit solchen ohne oder geringerer Wirkung, dann fallen vor al-
    lem diese Charakteristika auf: hohes Maß an Aufgabenorientierung und über-
    durchschnittliches Anspruchsniveau, verbunden mit Aufgeschlossenheit ge-
    genüber neuen Ideen; offene und zugleich kritisch-konstruktive Diskussions-
    bereitschaft sowie eine ausbalancierte Gruppendynamik zwischen Solidarität
    und Wettbewerbsstreben der Teamangehörigen (Amabile, 1983; Weinert,
    1990). Von entscheidender Bedeutung dürfte darüber hinaus ein ausgewogenes
    Verhältnis von Geben und Nehmen zwischen den einzelnen Mitarbeitern sein,
    wobei individuellen Kompetenzen Rechnung getragen werden sollte.
(2) Diese Forderungen gelten auch für berufliche Fortbildungsveranstaltungen, wo
    auf unterschiedliches Erfahrungswissen der Teilnehmer Rücksicht zu nehmen
    ist. Darüber hinaus wäre hier das Hauptaugenmerk auf die Aktualisierung des
    Fachwissens zu richten. Unter dem Aspekt der Kreativitätssteigerung müsste
    beachtet werden, dass die Wissensvermittlung originelle Lösungen bei neuen
    Aufgabenstellungen erleichtern sollte.
(3) Da es offensichtlich weder eine kreativitätsspezifische Denkform noch den
    einheitlichen Kreativitätstyp gibt, andererseits bereichsspezifische Wissens-

basen gerade auch für kreative Problemlösungen unerlässlich zu sein scheinen, müssen wir davon ausgehen, dass jeweils bestimmte Konstellationen individueller und situationaler Komponenten unterschiedliche Kreativitätsprozesse auslösen, woraus die bekannten Leistungsdifferenzen resultieren. Unter der Förderungsperspektive betrachtet bedeutet dies, offen zu bleiben gegenüber vielfältigen Erscheinungsformen der Kreativität – auch innerhalb ein und desselben Problembereichs. Einzigartige Begabungsformen erfordern aber individuelle Erziehungs- und Ausbildungsmaßnahmen und sind kaum durch nivellierende Einheitsvorschriften in ihrer Entwicklung angemessen zu fördern. Das Postulat individualisierter Bildungs- und Förderangebote steht nicht – wie manche argwöhnen – im Widerspruch zum demokratischen Grundrecht auf gleiche Bildungschancen, solange niemand von jenen ausgeschlossen wird. Das öffentliche Ärgernis liegt vielmehr darin begründet, dass längst nicht alle die ihnen gebotenen Chancen nutzen. Deshalb die Engagierten und Leistungswilligen zu bestrafen, indem man sie zu Strebern oder sozialen Einzelgängern erklärt, zeugt weder von Demokratieverständnis noch von sozialer Verantwortung, der selbstverständlich alle verpflichtet sind.

(4) Kreativität lässt sich in dem umfassenderen Konzept der *kognitiven Kompetenz* begreifen. Diese bezieht sich auf komplexe Leistungsformen der Problemwahrnehmung, Informationsverarbeitung und Problemlösung durch Lerntransfer und divergent-konvergente Denkprozesse in unterschiedlichen Anforderungssituationen, wobei sich Kreativität im technischen Bereich vor allem in originellen Verfahrensweisen, neuen Methoden, nützlichen Erfindungen und wertvollen Produkten manifestiert. Aufgabe der Hochschulausbildung ist es deshalb, jungen Talenten die Voraussetzungen hierfür zu schaffen, indem das notwendige fachliche Wissen vermittelt und aufgezeigt wird, wie dieses flexibel zu nutzen und auch in unkonventioneller Weise in individuell herausfordernden Situationen anzuwenden ist. Wie kontrollierte Erfahrungen aus der Expertise- und der Hochbegabungsforschung belegen, kommt hierbei kreativen Modellen und Vorbildern eine wichtige Funktion in der Ausbildung kreativer Verhaltensweisen zu, insbesondere wenn entsprechende soziale und erzieherische Komponenten hinzukommen.

(5) Systematische Variationen bei der Kombination einzelner Elemente und Komponenten können als Problemlösestrategien aufgefasst werden. Sofern sich hierin Hochkreative von weniger Kreativen oder auch verschiedene Altersgruppen untereinander unterscheiden, könnte man vom intelligenz- oder altersabhängigen Strategiengebrauch auf *qualitative* Unterschiede in der Informationsverarbeitung schließen. In einer Reihe von empirischen Studien hierzu, so von Sternberg und Mitarbeitern (Sternberg & Davidson, 1983, 1986/2005; Davidson & Sternberg, 1984; Sternberg, 1985, 1988) oder Klix (1983) und Feldhusen (1986), wurde eine deutliche Komplexitätspräferenz intelligenterer Probanden bei der Bearbeitung von Testaufgaben, die induktives Denken erfordern, nachgewiesen. Ebenso berichtet Weinert (1990, S. 37ff.) von Untersuchungen, in denen alterskorrelierte Fähigkeitsveränderungen vor allem divergenter Denkproduktionen ermittelt wurden. Auch wenn sich eine etwas unter-

schiedliche Situation in den einzelnen Wissenschaftsdisziplinen ergibt und neuere Veröffentlichungen mitunter ältere Publikationen methodisch bemängeln, dürften die wesentlichen Befunde der Studie von Lehmann (1953) nach wie vor Gültigkeit beanspruchen. Demnach erzielten die meisten der untersuchten kreativen Wissenschaftler ihre bemerkenswertesten Forschungsbeiträge *vor* dem 40. Lebensjahr, wobei vor allem die Originalität mit zunehmendem Alter betroffen zu sein scheint. Ausnahmen von dieser Regel scheinen besonders in der Philosophie, den historischen Disziplinen sowie Teilen der Medizin vorzukommen.

Dass die durchschnittlichen Alterswerte auch innerhalb der anderen Disziplinen stärker variieren, konnten u.a. Mumford und Gustafson (1988) sowie Simonton (1988a) belegen. Wichtiger jedoch als diese Altersparameter sind im Zusammenhang unserer Problemerörterung die vermuteten Fähigkeitsveränderungen. So werden u.a. *qualitative* Unterschiede in der Strategieverwendung postuliert, wenn Mumford und Gustafson (1988) vermuten, dass „junge Erwachsene von ihrer gesamten kognitiven Einstellung her stärker als ältere Erwachsene dazu tendieren, schwierige Aufgaben durch Integration und Reorganisation von getrennten kognitiven Strukturen zu lösen – ein Denkstil, der in vielen Wissenschaften für das Finden neuer Erkenntnisse günstig ist. Demgegenüber tendieren Menschen im mittleren und höheren Lebensalter eher zu pragmatischen Aufgabenlösungen" (zit. n. Weinert, 1990, S. 40).

Diese Hypothese blieb jedoch ebenso wenig unwidersprochen wie die folgende Annahme, wonach der Rückgang der Forschungsproduktivität im mittleren Erwachsenenalter durch den Anstieg konkurrierender Verwaltungs- und Repräsentationsverpflichtungen bedingt sein soll. Auch wurden in diesem Zusammenhang variierende Einflüsse der Karrieremotivation, altersabhängige Zunahme der Arbeitsbelastung, Veralterung des früher erworbenen Fachwissens und dergleichen mehr als Ursachen für alterskorrelierte Kreativitätseinbußen diskutiert. Die Einflussgewichte dieser und weiterer Faktoren mögen im Einzelfall stärker variieren, können aber kaum über den allgemeinen Alterstrend hinwegtäuschen. Andererseits darf die berufliche Leistung nicht ausschließlich unter dem Kreativitätsaspekt beurteilt werden, wenngleich diesem im hier diskutierten Kontext prominente Bedeutung zukommt.

Für die *Forschungsförderung* lassen sich somit abschließend folgende Empfehlungen ableiten:

• Unter den zuletzt diskutierten Aspekten enthält eine offene, partnerschaftliche Kooperation von jüngeren und älteren Wissenschaftlern die Chance für wechselseitige Stimulierung, fruchtbaren Gedankenaustausch und wünschenswerte Kompensationseffekte bezüglich unterschiedlicher Erfahrungen und Kenntnisse. Im Idealfall wäre eine Kumulierung individueller Kompetenzen zu erwarten. Darüber hinaus müssten den jüngeren Mitarbeitern genügend Freiräume zugestanden werden, ohne diese bei der Risikohaftung „im Regen stehen" zu lassen. Gemeinsame Verantwortung, Aufgabenverpflichtung und entspannte Arbeitsatmosphäre tragen entscheidend zur Kreativitätsförderung und somit auch zur Forschungsproduktivität bei.

- Sofern zwischen den Gruppenmitgliedern ein Grundkonsens bezüglich Forschungsgegenstand, Forschungsideologie sowie Wissensstruktur und methodologischer Voraussetzungen besteht, bilden intradisziplinär heterogen bzw. interdisziplinär zusammengesetzte Forschungsteams günstige Bedingungen für kreative Leistungen. Als Hauptvorteil kann hier neben der Expertisesteigerung der dadurch ermöglichte ständige Perspektivenwechsel betrachtet werden, der ja – wie bereits ausgeführt – eine wichtige Bedingung für kreative Problemlösungen darstellt. Ferner sollten die Risikobereitschaft einzelner von der Gesamtgruppe, besonders aber den erfahreneren Kollegen, mitgetragen und der Mut zu unkonventionellen Lösungsversuchen unterstützt werden.
- Schließlich sei noch auf das Modell der forschungsprojektbezogenen Postgraduiertenkollegs hingewiesen. Ich sehe hierin eine konkrete Chance, auch an gegenwärtig überfüllten Hochschulen produktive Forschungsarbeit mit dem Qualifizierungsauftrag für besonders befähigte Nachwuchswissenschaftler sinnvoll zu verknüpfen. Durch den geforderten interdisziplinären Charakter dieser Kollegs bietet sich eine echte Chance im Sinne der skizzierten Kreativitätsförderung in Forschung und Lehre.

Lösungen zu den Aufgabenbeispielen

a) Neun-Punkte-Problem:

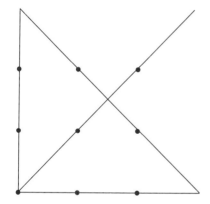

b) Detektivgeschichte:
   Das gläserne Aquarium mit dem Goldfisch Charlie war von der Katze Milly auf den Fußboden geworfen worden, wo es zerbrach und Charlie erstickte.

Literatur

Amabile, T.M. (1983). *The social psychology of creativity*. New York: Springer.
Bieri, P. (1989). Schmerz: Eine Fallstudie zum Leib-Seele-Problem. In E. Pöppel (Hrsg.), *Gehirn und Bewußtsein* (S. 125-134). Weinheim: VCH.
Binnig, G. (1989). *Aus dem Nichts. Über die Kreativität von Natur und Mensch*. München: Piper.
Bono, E. de (1968). *New Think*. New York: Basic Books.
Bono, E. de (1970). *In 15 Tagen denken lernen*. Reinbek: Rowohlt.

Bono, E. de (1971). *Laterales Denken*. Reinbek: Rowohlt.

Cropley, A.J. (1982). *Kreativität und Erziehung*. München: Reinhardt.

Cropley, A.J. (1991). *Unterricht ohne Schablone. Wege zur Kreativität* (2. Aufl.). München: Ehrenwirth.

Cropley, A.J. & Urban, K.K. (2000). Programs and Strategies for Nurturing Creativity. In K.A. Heller, F.J. Mönks, R.J. Sternberg & R.F. Subotnik (Eds.), *International Handbook of Giftedness and Talent* (2nd ed., pp. 485-498). Oxford: Pergamon Press / Amsterdam: Elsevier Science.

Csikszentmihalyi, M. & Wolfe, R. (2000). New Conceptions and Research Approaches to Creativity: Implications of a Systems Perspective for Creativity in Education. In K.A. Heller, F.J. Mönks, R.J. Sternberg & R.F. Subotnik (Eds.), *International Handbook of Giftedness and Talent* (2nd ed., pp. 81-93). Oxford: Pergamon Press / Amsterdam: Elsevier Science.

Davidson, J.E. & Sternberg, R.J. (1984). The role of insight in intellectual giftedness. *Gifted Child Quarterly, 28*, 58-64.

Dörner, D. (1989a). *Die Logik des Mißlingens*. Hamburg: Rowohlt.

Dörner, D. (1989b). *Kreativität und ihre Bedingungen*. Stellungnahme für den BMFT-Arbeitskreis „Innovation, Kreativität und gesellschaftliche Entwicklung", unveröffentl. Papier. Bonn: BMFT.

Facacaru, C. (1985). *Kreativität in Wissenschaft und Technik*. Bern: Huber.

Facaoaru, C. (1991). *Ergebnisse der Evaluationsstudie zum Förderkursprogramm „Technische Kreativität"*. Abschlußbericht zum Evaluationsteil des Forschungsprojektes „Entwicklung eines Beratungs- und Förderangebots für technisch besonders kreative Jugendliche (an den Bundesminister für Bildung und Wissenschaft in Bonn). München: LMU.

Feldhusen, J.F. (1986). A Conception of Giftedness. In K.A. Heller & J.F. Feldhusen (Eds.), *Identifying and Nurturing the Gifted. An International Perspective* (pp. 33-38). Toronto: Huber.

Feldman, D.H. (1986). *Nature's Gambit. Child Prodigies and the Development of Human Potential*. New York: Basic Books.

Gruber, H.E. (1981). *Darwin on man: a psychological study of scientific creativity* (2nd ed.). Chicago: University of Chicago Press.

Gruber, H.E. & Davis, S.N. (1988). Inching our way up Mount Olympus: the evolving-systems approach to creative thinking. In R.J. Sternberg (Ed.), *The nature of creativity* (pp. 243-270). New York: Cambridge University Press.

Guilford, J.P. (1950). Creativity. *American Psychologist, 5*, 444-454.

Guilford, J.P. (1956). The structure of intellect. *Psychological Bulletin, 53*, 267-293.

Guilford, J.P. (1959). Traits of Creativity. In H.H. Anderson (Ed.), *Creativity and Its Cultivation* (pp. 142-161). New York: Harper.

Hany, E.A. (1991). Modell technischer Kreativität. In. M.W.M. Heister (Hrsg.), *Techno-ökonomische Kreativität* (S. 125-127). Bonn: Köllen (DABEI).

Hany, E.A. (1992). Kreativitätstraining: Positionen, Probleme, Perspektiven. In K.J. Klauer (Hrsg.), *Kognitives Training* (S. 181-216). Göttingen: Hogrefe.

Heister, M.W.M. (Hrsg.). (1991). *Techno-ökonomische Kreativität. Möglichkeiten und Maßnahmen ihrer besonderen Förderung*. Bonn: Köllen (DABEI).

Heller, K.A. (1991). Förderangebote für technisch besonders kreative Jugendliche. In M.W.M. Heister (Hrsg.), *Techno-ökonomische Kreativität* (S. 114-123). Bonn: Köllen (DABEI).

Heller, K.A. (1993). Scientific Ability. In G.R. Bock & K. Ackrill (Eds.), *The Origins and Development of High Ability* (pp. 139-159). Ciba Foundation Symposium 178. Chichester: Wiley.

Heller, K.A. & Facaoaru, C. (1986). Selbst- und Systemerkenntnis. In Deutsche Aktionsgemeinschaft Bildung – Erfindung – Innovation (Hrsg.), *DABEI-Handbuch für Erfinder und Unternehmer* (S. 45-54). Düsseldorf: VDI-Verlag.

Klix, F. (1983). Begabungsforschung – ein neuer Weg in der kognitiven Intelligenzdiagnostik? *Zeitschrift für Psychologie, 191*, 360-386.

Landau, E. (1990). *Mut zur Begabung*. München: Reinhardt.

Lehmann, H.C. (1953). *Age and achievement*. Princeton/NJ: Princeton University Press.

Lochner, S. (1988). Zur Indikation der vorwissenschaftlich-technischen Begabung bei Schülern mittleren Schulalters – ein Beitrag zur Entwicklung einer Theorie der technischen Begabung. *Mathematisch-naturwissenschaftliche Reihe, 24*, 124-134.

Meer, E. van der (1985). Mathematisch-naturwissenschaftliche Hochbegabung. *Zeitschrift für Psychologie, 193*, 229-258.

Mumford, M.D. & Gustafson, S.B. (1988). Creativity syndrome: Integration, application, and innovation. *Psychological Bulletin, 103*, 27-43.

Osborn, A. (1953). *Applied imagination* (rev. ed.). New York: Charles Scribner's Sons.

Renzulli, J.S. & Reis, S.M. (1991). The Schoolwide Enrichment Model: A Comprehensive Plan for the Development of Creative Productivity. In N. Colangelo & G.A. Davis (Eds.), *Handbook of Gifted Education* (S. 111-141). Boston: Allyn and Bacon.

Schmidt-Denter, U. (1992). Chaosforschung: Eine neue physikalische Herausforderung an die Psychologie? *Psychologie in Erziehung und Unterricht, 39*, 1-16.

Simonton, D.K. (1988a). Age and outstanding achievement: What do we know after a century of research. *Psychological Bulletin, 104*, 251-267.

Simonton, D.K. (1988b). *Scientific genius: A psychology of science*. New York: Cambridge University Press.

Sternberg, R.J. (1985). Implicit theories of intelligence, creativity, and wisdom. *Journal of Personality and Social Psychology, 49*, 607-627.

Sternberg, R.J. (Ed.). (1988). *The nature of creativity*. New York: Cambridge University Press.

Sternberg, R.J. & Davidson, J.E. (1983). Insight in the gifted. *Educational Psychologist, 18*, 51-57.

Sternberg, R.J. & Davidson, J.E. (Eds.). (1986). *Conceptions of giftedness* (2nd ed. 2005). New York: Cambridge University Press.

Sternberg, R.J. & Lubart, T. (1991). An Investment Theory of Creativity and its Development. *Human Development, 34*, 1-31.

Treffinger, D.J., Sortore, M.R. & Cross, J.A. (1993). Programs and Strategies for Nurturing Creativity. In K.A. Heller, F.J. Mönks & A.H. Passow (Eds.), *International Handbook of Research and Development of Giftedness and Talent* (pp. 555-567). Oxford: Pergamon Press.

Urban, K.K. (2004). *Kreativität*. Münster: LIT.

Waldmann, M. & Weinert, F.E. (1990). *Intelligenz und Denken. Perspektiven der Hochbegabungsforschung*. Göttingen: Hogrefe.

Wallas, G. (1926). *The art of thought*. New York: Harcourt Brace.

Weinert, F.E. (1990). Der aktuelle Stand der psychologischen Kreativitätsforschung (und einige daraus ableitbare Schlußfolgerungen für die Lösung praktischer Probleme). In P.H. Hofschneider & K.U. Mayer (Hrsg.), *Generationsdynamik und Innovation in der Grundlagenforschung* (S. 21-44). München: MPI-Berichte und Mitteilungen, Heft 3/90.

Weinert, F.E. (1991). Kreativität – Fakten und Mythen. *Psychologie heute, 18* (Heft 9), 30-37.

Weisberg, R.E. (1986). *Creativity: Genius and other myths*. New York: Freeman. – Dt. Übersetzung (1989). *Kreativität und Begabung*. Heidelberg: Spektrum der Wissenschaft.

Wertheimer, M. (1957). *Produktives Denken*. Frankfurt/M.: Kramer.

Zwicky, F. (1971). *Entdecken, Erfinden, Forschen im Morphologischen Weltbild*. München: Droemer-Knaur.

Kapitel 3

Können wir zur Erklärung außergewöhnlicher Schul-, Studien- und Berufsleistungen auf das hypothetische Konstrukt „Kreativität" (neben jenem der Begabung) verzichten?

Inhalt

Einleitung

Zur Erklärung herausragender Leistungen in Schule, Studium und Beruf werden neben besonderen kognitiven Fähigkeiten sowie bereichsspezifischen Fertigkeiten und Kenntnissen (Fachwissen) häufig kreative Persönlichkeitseigenschaften reklamiert In der Tradition Guilfords fokussierte dabei die Forschung zunehmend auf konvergente versus divergente Denkproduktionen, d.h. eine vermutete Dichotomie von Intelligenz und Kreativität. Trotz wichtiger Einsichten hieraus in den Zusammenhang von intellektuellen und kreativen Denkprozessen blieb jedoch eine Reihe wichtiger Fragen ungeklärt. Diese betreffen vor allem Konzeptualisierungs- und Messprobleme im Hinblick auf das hypothetische Konstrukt „Kreativität", aber auch dessen Diagnose und Förderung im Kindes- und Jugendalter. Es scheint, als ob die Rolle von Intelligenz und Kreativität im Lichte aktueller Forschungsparadigmen neu definiert werden muss, um Leistungsexzellenz zuverlässiger als bisher erklären und prognostizieren zu können. Erkenntnisfortschritte werden vor allem von mehrdimensionalen Integrationsmodellen (synthetic approaches) erwartet. Neben aktuellen theoretischen Ansätzen kommen hier neuere empirische Forschungsbefunde zur Darstellung. Abschließend werden Konsequenzen für die Begabtenförderung diskutiert, wobei auch auf geschlechtsspezifische Probleme eingegangen wird. Siehe auch das vorstehende Kapitel 2 in diesem Buch.

1. Begabungs- und Kreativitätsmerkmale als individuelle Voraussetzungen für Leistungsexzellenz in Schule, Studium und Beruf

Mit dem heutigen Begabungsbegriff werden vor allem kognitive Fähigkeiten angesprochen, die zur Problemlösung allgemein oder auch in spezifischen Bereichen (z.B. Mathematik, Naturwissenschaften, Sprache/n, Schach oder Musik, Kunst, Sozialwesen) einen substantiellen Beitrag leisten. Während unter der intellektuellen Begabung vor allem Kompetenzen des sogenannten konvergenten Denkens verstanden werden, sind mit dem Begriff „Kreativität" zumeist Funktionen des sogenannten divergenten Denkens assoziiert. Diese Unterscheidung geht auf einen Vorschlag Guilfords (1950) zurück. Mit der inzwischen geläufigen Begriffsdifferenzierung werden jedoch nicht selten kontradiktorische Gegensätze postuliert, obwohl Guilford damit wohl eher komplementäre – also sich nicht ausschließende, sondern sich ergänzende – intellektuelle Denkkompetenzen intendierte. Charakteristisch sind demnach für *konvergente* Denkproduktionen die klassischen Intelligenztestaufgaben, die „eingleisiges" (induktives, schlussfolgerndes) Denken erfordern, während offene Problemstellungen mit relativ unstrukturierten Zielvorgaben – wie sie in Kreativitätstests verwendet werden – *divergente* Denkproduktionen provozieren. Die Problemstruktur ist dabei mehr oder weniger restriktiv, d.h. sie beinhaltet eher „geschlossene" oder „offene" Problemtypen. Wie Facaoaru (1985) jedoch zeigen konnte, gibt es nicht nur diese beiden Prototypen. Vor allem für schwierige, komplexe Probleme, etwa im Bereich von (Natur-)Wissenschaft und Technik, sind Mischtypen kennzeichnend (vgl. Tabelle 1).

Tabelle 1: Grundtypen von Problemsituationen, geordnet nach dem Strukturiertheitsgrad von Anfangs- und Endzustand einer Problemlösung (nach Facaoaru, 1985, S. 60; vgl. auch Krampen, 1993, S 13).

	Strukturiertheit einer Problemsituation am Ende des Problemlöseprozesses	
Strukturiertheit einer Problemsituation am Anfang des Problemlöseprozesses	*offen:* mehrere Lösungsalternativen	*geschlossen:* eine (richtige) Lösung
offen: wenige Restriktionen	**Feld A** Divergente Aufgaben (traditionelle Kreativitäts- skalen)	**Feld B** Entdeckungsaufgaben („divergentes Entdecken der einzig richtigen Lösung bei unvollständiger Ausgangs- information")
geschlossen: viele Restriktionen	**Feld C** Konstruktionsaufgaben („divergente Ausarbeitung einer Lösung unter gleich- zeitiger Berücksichtigung vieler Restriktionen")	**Feld D** Konvergente Aufgaben (traditionelle Intelligenz- skalen)

Die aufgezeigte Systematik verschiedener Problemtypen impliziert die Annahme *qualitativer* Unterschiede der entsprechenden Denkprozesse. Diese qualitativ unterschiedlichen Facetten der Problemlösung repräsentieren sich ergänzende Denk- und Handlungsstrategien. So werden am Anfang eines komplexen Problemlöseprozesses vor allem divergente (kreative) Fähigkeiten – etwa zur Hypothesengenerierung – erforderlich, während anschließend zunehmend divergent-konvergente bzw. konvergente Denkkompetenzen zur Hypothesenentscheidung benötigt werden. Zur Modellierung komplexer, anspruchsvoller Problemlösungen sind also mehrdimensionale Fähigkeits- und Kreativitätskonzepte notwendig. Eindimensionale Fähigkeitskonstrukte werden dem Facettenreichtum schwieriger Probleme nicht gerecht und spielen in neueren Intelligenz- und Kreativitätstheorien – entgegen der noch vielerorts anzutreffenden diagnostischen Praxis – kaum mehr eine Rolle. Beispielhaft sei hier auf Gardners (1983/1991) Rahmen-Theorie der vielfachen Intelligenzen, Sternbergs (1985, 1991) Triarchic Theory, Gagnés (1985, 1991, 1993) Differentiated Model of Giftedness and Talent oder das Münchner Hochbegabungsmodell (Heller & Hany, 1986; Heller, 1990, 1991b; Perleth, Sierwald & Heller, 1993; Perleth & Heller, 1994; Heller, Perleth & Lim, 2005) verwiesen.

Auch in Renzullis (1978, 1986) triadischem Interdependenzmodell (vgl. noch Mönks, 1991), in der von Sternberg und Lubart (1991) vorgestellten Investment-Theorie der Kreativität oder im Modell zur technischen Kreativität von Hany (1994) sind konvergente *und* divergente Denkfaktoren – neben nichtkognitiven Persönlichkeitsmerkmalen (z.B. Interessen und Motiven) sowie soziokulturellen Determinanten – konstituierende Elemente. Für eine interaktionistische Perspektive vgl. Sternberg und Wagner (1994). Einen guten Überblick über die wichtigsten Kreativitätstheorien bietet Urban (1990, 1993, 1994, 2004), zu den genannten (Hoch-)Begabungstheorien vgl. noch Heller (1986), Heller, Mönks und Passow (1993) bzw. Heller, Mönks, Sternberg und Subotnik (2000/2002).

Zu Intelligenz und Kreativität wurden zahlreiche empirische Untersuchungen im psychometrischen Paradigma durchgeführt. Seit einigen Jahren liegen auch kognitionspsychologische (experimentelle und quasi-experimentelle) Studien vor. Beispielhaft für mathematisch-naturwissenschaftlich-technische (intellektuelle bzw. kreative) Kompetenzen seien hier einige besonders interessante Forschungsergebnisse referiert.

Die in der Literatur am häufigsten genannten *aptitude-traits* (natur-)wissenschaftlicher Begabung und Kreativität betreffen formal-logische (konvergente) Denkfähigkeiten, Abstraktionsfähigkeit, systematisches und theoretisches Denken, aber auch Einfallsreichtum und Ideenflüssigkeit, Fähigkeit zur Umstrukturierung des Problemfeldes (Flexibilität), Originalität der Lösungsmethode und des Lösungsproduktes (im Sinne divergenter Denkproduktion). Hinzu kommen *non-aptitude-traits* wie intellektuelle Neugier oder Erkenntnisstreben, Explorationsdrang und kognitive Fragelust, intrinsische Leistungsmotivation bzw. Aufgabenverpflichtung (task commitment), Zielorientierung, Persistenz sowie Toleranz gegenüber Ambiguität, Unbestimmtheit und Komplexität, Nonkonformismus usw.

Neben diesen allgemeinen, d.h. mehr oder weniger bereichsübergreifend und situationsunabhängig postulierten Persönlichkeitsvoraussetzungen für Leistungseminenz konnte in neueren experimentalpsychologischen Studien der obige Merkmalskatalog um wichtige domänspezifische Prozesscharakteristika ergänzt werden.

So hat van der Meer (1985) im Klixschen Paradigma „Experimentelle Begabungsdiagnostik" prozessorientierte Analysen mathematisch-naturwissenschaftlicher Leistungen durchgeführt, die Aufschluss über individuelle Differenzen mathematisch-naturwissenschaftlicher Problemlösung vermitteln. Vor allem sollten jene psychischen Mechanismen isoliert werden, die für die solchen Leistungen zugrundeliegenden kognitiven Prozesse verantwortlich sind.

Substantielle Begabungsmerkmale sind nach Klix (1983) zum einen die individuelle Fähigkeit zur *Reduktion der Komplexität* eines Problems, zum anderen der *kognitive Aufwand* bei der Problemlösung. Dabei kommt der aufgabenorientierten Motivation eine Schlüsselrolle zu. „Die Rolle dieser *aufgabenorientierten Motivation* besteht vor allem in der Erzeugung und Aufrechterhaltung eines Aktivitätenniveaus, das für eine effektive Suche, Aufnahme und Verarbeitung relevanter Information bis hin zur Lösungsfindung notwendig ist" (van der Meer, 1985, S. 231).

Ähnlich wie bei Sternbergs Komponenten-Analyse verwendete van der Meer Aufgaben, zu deren Lösung induktives bzw. analoges Denken erforderlich ist. Analoge Schlussfolgerungsprozesse bestehen im Erkennen und Transferieren von Relationen zwischen Termen aus einem Bereich auf einen anderen. Als Analogieterme wurden schachbrettartige Muster von unterschiedlicher Komplexität verwendet.

Wichtigster empirischer Befund war der Nachweis, dass hochbegabte Sekundarstufenschüler (die in Mathematikspezialklassen an der Humboldt-Universität zu Berlin gefördert wurden) solche Analogietestaufgaben signifikant besser lösen

konnten im Vergleich zur Kontrollgruppe mit durchschnittlich begabten Alters-
kameraden. Weitere Kennzeichen für mathematisch-naturwissenschaftliche Begabung sind nach van der Meers Befunden eine signifikant höhere Informationsverarbeitungsgeschwindigkeit in bezug auf basale kognitive Prozesse sowie ein geringerer, d.h. ökonomischerer Lösungsaufwand. Dies deutet auf effektivere Lösungs-
strategien hin. Diese beinhalten minimale Zwischenspeicher von Teilresultaten (im
Arbeitsgedächtnis), was die höhere Qualität der Denkleistungen Hochbegabter
ausmacht. In der überlegenen Art der Verknüpfung basaler Operationen sowie in
der größeren Einfachheit und Effektivität der Lösungsfindung sieht van der Meer
wesentliche Merkmale von (natur-)wissenschaftlicher Begabung.

Auch Facaoaru (1985) sowie Rüppell, Hinnersmann und Wiegand (1987), die
auf kognitionspsychologischer Grundlage ähnliche Forschungsansätze verfolgen,
analysierten divergent-konvergente Denkprozesse, die im Hinblick auf innovative
Lösungen im technisch-kreativen Bereich von Bedeutung sind (vgl. noch Necka,
1994). Andere untersuchten kognitive Stilmerkmale, wobei sich ein *innovativer Stil*
des Problemlösens im Perspektivenwechsel, im Aufbrechen vorgegebener Prob-
lemstrukturen bzw. Umstrukturieren des Problemfeldes sowie in der Berücksichtigung von Lösungsalternativen während des Entscheidungsprozesses zeigt. Rüppell
(1992, 1994), der mit seinem DANTE-Test (DANTE = Diagnose außergewöhnlichen naturwissenschaftlichen/technischen Einfallsreichtums) relevante *Qualitäten*
der menschlichen Informationsverarbeitung in Wissenschaft und Technik zu messen versucht, sieht „the heart of complex problem solving and creative thinking" in
folgenden Prozesscharakteristika (Rüppell, 1994, S. 298): structural analogy sensibility, procedural analogy sensibility, selective elaboration, logical coordination
capacity, structural or spatial-visual flexibility, and synergetical thinking.

"As these Qualities of Information processing (QI) are poorly covered by clas-
sical tests of intelligence, DANTE can be regarded as their necessary complement.
'QI instead of IQ' or 'constructive processes instead of static abilities' must be the
paradigmatic motto if one tries to identify outstanding problem solvers or even
inventive geniuses" (Rüppell, 1992, S. 138).

Für die Fragestellung oder *Hypothesengenerierung* – nach Einstein der wichtigste Schritt im Problemlöseprozess – wurde das hypothetische Konstrukt „*science discovery"* von Langley et al. (1987) postuliert, wozu sie in ihrer Monographie
viele Befunde präsentieren. Ähnlich wie das im Life-span-Paradigma entwickelte
Konstrukt „Weisheit" (Baltes & Smith, 1990; für einen Überblick vgl. Sternberg,
1990; Pasupathi & Staudinger, 2000) repräsentiert das von Hassenstein (1988) vor-
geschlagene Konzept „Klugheit" einen synthetischen Ansatz für die hier diskutierten Begabungsphänomene. Gemeint ist damit eine Kombination von Wissen, Beo-
bachtungsgenauigkeit in der Wahrnehmung, gutem Gedächtnis und logisch-ab-
strakten Denkfähigkeiten, aber auch Einfallsreichtum, Assoziationsflüssigkeit und
Phantasie, Flexibilität, innerem Antrieb, Motivation usw. Cropley (1992) spricht in
diesem Zusammenhang von „true giftedness", um anzudeuten, dass Kreativität ein
integrativer Bestandteil von Hochbegabung ist; vgl. auch Csikszentmihalyi (1988),
Gardner (1988, 1993a), Matyushkin (1990), Runco und Albert (1990), Ramos-Ford
und Gardner (1991) sowie bereits Renzulli (1978, 1986).

Das Verdienst der Expertiseforschung ist es, auf die Rolle des *Wissenserwerbs* in der Entwicklung domänspezifischer Kompetenzen aufmerksam gemacht zu haben. Dabei wird für die Initialphase des Expertiseerwerbs der Vorrang von Motivation (Hayes, 1989) und Fachinteressen (Ericsson et al., 1990) gegenüber kognitiven Fähigkeiten betont. Andererseits darf nicht übersehen werden, dass Motivation *und* Kognition im Aufbau von Expertise, somit Performanz auf sehr hohem Niveau, unerlässliche individuelle Lernvoraussetzungen darstellen (Schiefele & Csikszentmihalyi, 1995), wobei Expertiseforscher die Bedeutung kognitiver Fähigkeiten oft unterschätzen (z.B. Ericsson et al., 1993). Weiterhin wird auf die *flexible Nutzung* des fachbezogenen Expertenwissens hingewiesen, ohne die innovative Lösungswege und kreative Produkte undenkbar erscheinen (Waldmann & Weinert, 1990; Weisberg, 1993). In Abbildung 1 wird ein von Hany (1994) vorgestelltes hypothetisches Modell zur Erklärung von *technischer Kreativität* wiedergegeben. Dieses diente als Basismodell für eine deutsch-chinesische (Münchner-Pekinger) Kulturvergleichsstudie, auf die später (S. 43ff.) noch näher eingegangen wird.

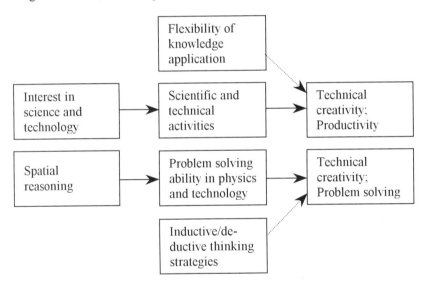

Abbildung 1: Modell der technischen Kreativität (von Hany, 1994, S. 143).

2. Soziale und kulturelle Bedingungsfaktoren der Entwicklung bereichsspezifischer Kompetenzen und Leistungen

Während in den bisher vorgestellten Untersuchungen der Fokus auf den *individuellen* Voraussetzungen für Leistungsexzellenz lag, rücken *synthetic approaches* soziokulturelle Determinanten ins Blickfeld, z.B. Gardner (1988), Haensly und Reynolds (1989), Sternberg und Lubart (1991). Neben der Bedeutung *situationaler* Kontextvariablen oder auch von *Zufallsfaktoren* (Simonton, 1988a/b, 1991, 1998; Binning, 1989; Heller & Hany, 1986; Heller, 1990, 1991b; Feldman, 1986, 1992; Perleth & Heller, 1994) wird die Rolle sozialer Einflüsse auf die Entwicklung kreativer Persönlichkeiten in neueren Studien sozialpsychologischer Provenienz hervorgehoben. Förderliche versus die Begabungsentwicklung hemmende Sozialisationseinflüsse sind vor allem in bezug auf die sozialen Settings der Familie, der Schule, der Freizeitressourcen und des Berufsumfeldes erforscht worden (Amabile, 1983; Tannenbaum, 1983; Gruber, 1981, 1986; Gruber & Davis, 1988; Csikszentmihalyi, 1988; Csikszentmihalyi & Robinson, 1986; Runco & Albert, 1990; Csikszentmihalyi & Csikszentmihalyi, 1993). Demnach sind für die Entwicklung kreativer Eigenschaften nicht nur stimulierende soziale Lernumwelten, Experimentiermöglichkeiten, verfügbare Informationen und materielle sowie institutionelle Ressourcen bedeutsam, sondern vor allem noch Experten als „kreative" Modelle. Diese und ähnliche Bedingungen werden in der Literatur gewöhnlich unter den Begriff „kreative Lernumwelt" subsumiert. Linn (1986) betont darüber hinaus die Notwendigkeit neuer schulischer Curricula, die auf die speziellen Bedürfnisse hochbegabter, kreativer Jugendlicher abgestimmt sein müssen. Das Konzept des selbstgesteuerten, entdeckenden Lernens wird von Unterrichtsexperten häufig als wichtigstes didaktisches Postulat genannt, z.B. Davis und Rimm (1985), Kirk und Gallagher (1986), Zimmerman und Schunk (1989), Colangelo und Davis (1991), Cohen und Ambrose (1993), Goldstein und Wagner (1993) und Neber (1998). Damit sollen individuelle Problemlösekompetenzen zusammen mit domänspezifischem Wissen über autonomes Lernen vermittelt und so kreative Leistungen unterstützt werden.

In wissenschaftlichen Evaluationsstudien konnte die Nützlichkeit selbstinitiierten, entdeckenden Lernens bei *hochbegabten* Kindern und Jugendlichen nachgewiesen werden (z.B. Hany & Heller, 1992; Heller, Neber & Wystrychowski, 1993; Heller & Neber, 1994). Gleichzeitig muss aber einschränkend auf einige Gefahrenmomente bei unkritischer Anwendung dieses Lehr-/Lernkonzeptes hingewiesen werden. So dürften begabtere Schüler davon mehr profitieren als weniger begabte. Darüber hinaus wächst beim ausschließlich spontanen, entdeckenden Lernen – besonders im Rahmen von Freizeitaktivitäten – das Risiko, dass falsche Konzepte und Wissensinhalte angeeignet werden. So ergaben einschlägige deutsche und amerikanische Studien, dass rund 50% des physikalischen Wissens von männlichen und sogar 80% der physikalischen Konzepte bei weiblichen Jugendlichen inkorrekt (erworben worden) waren; vgl. Hany und Kommissari (1992) bzw. Hany und Heller (1991a) oder Heller und Hany (1991) sowie Heller (1993). Diese Befunde unterstreichen nachdrücklich die Bedeutung (unverzichtbarer) formaler – schulischer, d.h. systematischer und kontrollierter – Lernprozesse, insbesondere in jenen Bereichen oder Fragestellungen, für die *wissenschaftliche* Problemlösungen erforderlich sind; vgl. auch F.E. Weinert im Vorwort zur deutschen Ausgabe des Buches von Howard Gardner (1993a). Wahrscheinlich sind solche Voraussetzungen für kreatives Schaffen in der Musik und in anderen Bereichen (Sprache/n, Kunst Sport, Wirtschaft, Politik, Sozialverhalten usw.) nicht weniger charakteristisch, wie Gruber (1981, 1986), Simonton (1988a/b, 1990, 1991, 1993, 1998) oder Gross (1993) in ihren biographischen Analysen dokumentiert haben. Ergänzend siehe noch Bloom (1985), Sternberg (1988), Runco und Albert (1990), Albert (1992) sowie Heller (1990, 1991b, 1994).

Im Rahmen der Münchner Längsschnittstudie zur Hochbegabungsentwicklung (Heller, 1992b/2001) ermittelten wir signifikante Unterschiede in den Freizeitaktivitäten hochintelligenter vs. hochkreativer Jugendlicher in bezug auf Literatur, Kunst, Sozialbereich, Theater, technische und musikalische Interessen, nicht aber in bezug auf den naturwissenschaftlichen Gegenstandsbereich sowie Sport (Abbildung 2).

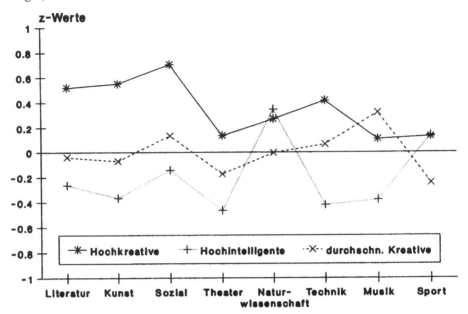

Abbildung 2: Unterschiede zwischen hoch- und durchschnittlich kreativen sowie hochintelligenten Schülern in Bezug auf außerschulische Freizeitaktivitäten (nach Perleth & Sierwald, 1992, S. 242 bzw. 2001, S. 247).

Damit korrespondiert ein anderer Befund aus der gleichen Studie, wonach die intellektuell hochbegabten Schüler die besten Schulnoten in Mathematik und Physik erzielten, während die hochkreativen Schüler nur im Fach Kunst tendenziell den hochintelligenten notenmäßig überlegen waren. Allerdings waren hier wie auch in den meisten anderen Schulfächern mit Ausnahme der (Schul-)Mathematik und Physik die intellektuell *und* kreativ Hochbegabten allen anderen überlegen (Abbildung 3). Vor einer voreiligen Pauschalierung dieser Ergebnisse muss jedoch – trotz der in den Abbildungen 2 und 3 wiedergegebenen Befunde – gewarnt werden. Die Realität ist nämlich komplexer als in vielen theoretischen Annahmen postuliert. Dies soll im folgenden näher erläutert werden.

Zunächst können wir festhalten, dass sich kreative Fähigkeiten vor allem auf dem Fundament solider, mehr oder weniger bereichsspezifischer Kenntnisse – deren Erwerb wiederum sehr stark von kognitiven bzw. intellektuellen Lernfähigkeiten bestimmt ist – in herausragenden Leistungen manifestieren (können). Dies scheint insbesondere in jenen Fällen zuzutreffen, wo selbstinitiierte Lernprozesse unter minimalen Restriktionen vorherrschen, etwa bei Freizeitaktivitäten oder auch im späteren Berufsleben (etwa in der Forschung). Ferner muss die relative Bedeutung von Intelligenz- und Kreativitätskomponenten teilweise domänabhängig interpretiert werden. Diese Folgerung lässt sich vor allem im Hinblick auf mathematische und naturwissenschaftliche Leistungsexzellenz (nur in der Schule?) – siehe Benbow und Stanley (1983), Stanley und Benbow (1986), Benbow und Lubinski (1993), Stanley (1993); zu weiteren Positionen in der Expertendiskussion vgl. noch Bock und Ackrill (1993) – sowie vielleicht noch die musikalische Hochbegabung (vgl. Heller, 1994, 2004) untermauern.

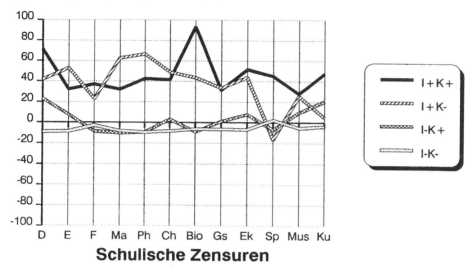

Schulische Zensuren

Abbildung 3: Schulleistungsunterschiede verschiedener Begabungsgruppen nach einer Gruppierungsanalyse von Hany (1992a, S. 105 bzw. 2001, S. 110).

Anmerkungen: I = Intellektuell hochbegabte Schüler (9. Kl.), K = Kreativ hochbegabte Schüler (9. Kl.).

Insoweit, aber weniger rigoros, könnte man dem einseitigen Plädoyer Rosts zur Vernachlässigung von Kreativitätsprädiktoren bei der Schulleistungsprognose beipflichten; zur Kontroverse vgl. Rost (1991a/b), Mönks (1991) sowie Hany und Heller (1991a). In der überwiegenden Anzahl der Fälle – im schulischen wie im außerschulischen Kontext – scheint jedoch am ehesten eine Kombination intellektueller und kreativer Fähigkeitskomponenten die Erfolgsaussichten zu maximieren. Diese Feststellung soll noch mit zwei weiteren Untersuchungsergebnissen belegt werden. Zugleich wird damit auf Fragen der Kulturabhängigkeit kreativer Leistungsentwicklung und -produkte eingegangen, die in der gegenwärtigen Diskussion eine Rolle spielen. Demnach bestätigt sich erneut die Annahme, dass eine Kombination von intellektuellen und kreativen Fähigkeiten bzw. konvergenten und divergenten Denkkompetenzen die individuell günstigsten Leistungsvoraussetzungen bietet.

Die Frage, inwieweit psychologische Theorien *universelle* Gültigkeit beanspruchen können, ist nicht neu; deren Relevanz im Hinblick auf Kreativitäts- oder auch Intelligenztheorien wurde jedoch lange Zeit unterschätzt. In neueren kulturvergleichenden Studien interessierte insbesondere, ob sich kulturelle Einflüsse auf die Begabungsentwicklung in Abhängigkeit von individualistischen versus kollektivistischen Gesellschaftssystemen nachweisen lassen. Markus und Kitayma (1991) unterscheiden in diesem Zusammenhang zwischen einer unabhängigen und einer abhängigen Selbst-Entwicklung in verschiedenen Kulturen (vgl. auch Oerter & Oerter, 1993). Analog spricht Triandis (1989) von Idiozentrismus versus Allozentrismus. Einschlägige Kulturvergleichsstudien beziehen sich aus plausiblen Gründen deshalb sehr oft auf westliche und fernöstliche Kulturen, so auch die hier reklamierten Untersuchungen.

Die wohl am häufigsten untersuchte Hypothese kultureller Kreativitätsunterschiede beinhaltet die Erwartung, dass Angehörige ostasiatischer Kulturen wegen der dort vorherrschenden hierarchischen Gesellschafts- und Familienstrukturen (in der Tradition der konfuzianischen Lehre) sowie der kollektiv funktionierenden Arbeitswelt weniger günstige soziokulturelle Entwicklungsbedingungen für kreative Begabungen bieten als etwa die westeuropäischen oder nordamerikanischen Gesellschaftsformen. Tatsächlich konnte in mehreren Untersuchungen (vgl. Liu, 1986 oder Vernon, 1987) belegt werden, dass chinesische und japanische Probanden in den klassischen Intelligenztestaufgaben, insbesondere bezüglich der quantitativen und nonverbalen Fähigkeitsdimensionen einschließlich des räumlichen Denkens, deutlich besser abschnitten als in Kreativitätstests, d.h. Skalen zur Messung divergenter Denkfähigkeiten sowie von Originalität, Flexibilität, Flüssigkeit u.ä., im Vergleich zu Probanden aus westlichen Kulturen. Morsbach (1980), Hsu (1983) oder auch Kornadt und Husarek (1989) erklären dies – zusätzlich zum Kollektivismus-Argument – mit spezifischen Unterschieden im Mutter-Kind-Bindungsverhalten bzw. der stärkeren Betonung nonverbaler Interaktionsformen in der frühen Kindheit und damit zusammenhängenden sozialen Rollenmustern. Demzufolge wird ein Schereneffekt erwartet, wonach die Kreativitätsentwicklung in westlichen Kulturen mit dem Alter einen linearen Anstieg des divergenten Denkvermögens aufweisen müsste, in ostasiatischen Kulturen jedoch eher ein Kreativitätsrückgang (Decline-Effekt) zu erwarten wäre.

In unserer deutsch-chinesischen Vergleichsstudie (Hany & Heller, 1993; Hany, 1994) konnten wir den ersten Teil der kulturbedingten Kreativitätsdifferenzhypothese im Großen und Ganzen bestätigen, nicht jedoch den zweiten Teil bezüglich des Decline-Effektes. Für detaillierte Informationen sowie zur Methodenproblematik kulturvergleichender Untersuchungen vgl. die Referenzliteratur, insbesondere Hany und Heller (1993, S. 103ff.). Dort wird auch auf entsprechende Geschlechtsunterschiede im Kontext der hier erörterten Thematik eingegangen (ausführlicher vgl. Beerman, Heller & Menacher, 1992). Soviel sei hier angemerkt, dass die häufiger in der Literatur aufgestellten Behauptungen zur Interaktion von Kultur- und Geschlechtsunterschieden in bezug auf die Kreativitätsentwicklung in der deutsch-chinesischen Vergleichsstudie nicht generell bestätigt werden konnten. Lediglich für die räumliche Verarbeitungsgeschwindigkeit ergab sich ein signifikanter Geschlechtsunterschied (erwartungsgemäß) zugunsten der männlichen Schüler.

Während sich die zuletzt berichteten Untersuchungsergebnisse auf die Altersgruppe der 11- bis 13jährigen bzw. (zum dritten Messzeitpunkt der Längsschnittstudie) 13- bis 15jährigen Schüler bezogen, repräsentieren die folgenden Daten Untersuchungsbefunde bei Erwachsenen (Ingenieurstudenten) aus verschiedenen Kulturkreisen, nämlich Japan, USA und Deutschland (Hany & Heller, 1993; Moritz, 1992, 1993; vgl. auch Tan, 1992). In Abbildung 4 sind die Mittelwerte der drei nationalen Gruppen in der verwendeten Skala zum konvergenten Denken („Abwicklungen" aus der WILDE-Intelligenztestbatterie von Jäger & Althoff, 1983) und den beiden Kreativitätsskalen (nonverbaler Analogietest mit geometrischen Aufgaben und verbaler Verwendungstest sensu Guilford) wiedergegeben.

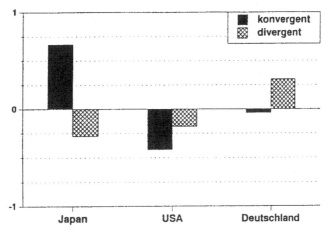

Abbildung 4: Unterschiede im konvergenten versus divergenten Denken bei japanischen, US-amerikanischen und deutschen Maschinenbaustudenten (nach Hany & Heller, 1993, S. 108).

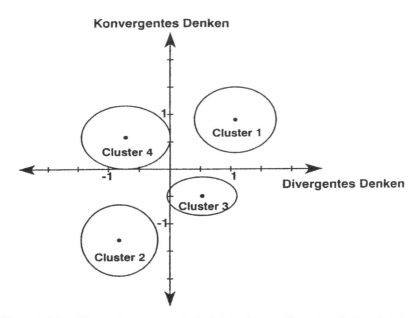

Abbildung 5: Vier-Cluster-Lösung (nach der Methode von Ward) für die Häufigkeitsverteilung auf den beiden Untersuchungsdimensionen „konvergentes" und „divergentes" Denken (nach Hany & Heller, 1993, S. 110).

Während mit den Intelligenztestaufgaben u.a. räumliche Verarbeitungsgeschwindigkeit gemessen wird, erfassen die Kreativitätstestaufgaben relevante Aspekte technischer Kreativität im hypothetischen Hany-Modell (vgl. Abbildung 1
auf S. 40 oben). Der Vergleich zwischen den deutschen und den japanischen Ingenieurstudenten fällt demnach einigermaßen erwartungskonform aus, während die
amerikanische Stichprobe den vielfach postulierten „Zusammenhang von Individu-
alismus auf kultureller und Kreativität auf individueller Ebene" (Hany & Heller,
loc. cit.) erschüttert, denn hier hätte man nach der Idiozentrismus-Hypothese
eigentlich die höchsten Kreativitätstestwerte erwartet.

Der – auch in anderen Studien bestätigte – japanische Befund (mit ungünstige-
ren Werten in den Kreativitätsskalen) gibt vor allem im Hinblick auf die derzeitige
technologische Vormachtstellung der Japaner in vielen Bereichen zunächst einige
Rätsel auf. Wie sind solche wirtschaftlichen und technischen Erfolge ohne ausgeprägte kreative Eigenschaften überhaupt möglich? Eine Clusteranalyse Hanys anhand der beiden Begabungsdimensionen führte zu einem überraschenden Ergebnis
(Abbildung 5).

Hieraus wird ersichtlich, dass die japanischen (nicht die deutschen) Probanden
den größten Anteil an Cluster 1 – also den hochintelligenten *und* hochkreativen
Probanden – stellen. Der Gesamtmittelwert in den Skalen zum divergenten Denken
fiel deshalb so niedrig aus (Abbildung 4), weil die japanischen Ingenieurstudenten
auch Cluster 4 (mit intelligenten, aber weniger kreativen Probanden) am stärksten
besetzen. Insgesamt verfügen also die Japaner über ein westlichen Kulturen ver-
gleichbares Potential kreativer Fähigkeiten. Darüber hinaus verstehen es aber offensichtlich viele von ihnen sehr gut, divergente *und* konvergente Denkkomponenten in idealer Weise zu kombinieren (Cluster 1). Die japanische Dominanz von
Cluster 1 kommt in Abbildung 6 anschaulich zum Ausdruck.

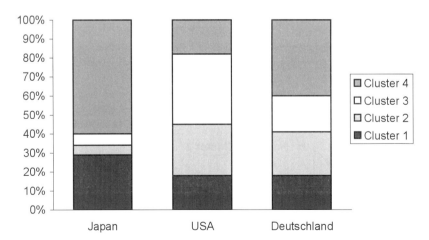

Abbildung 6: Relative Verteilung der kulturspezifischen Gruppen auf die empirisch ermittelten Cluster zum konvergenten und divergenten Denken (nach Hany & Heller, 1993, S. 110).

3. Entwicklung von Leistungsexzellenz im Lichte der modernen Life-span-Forschung

Während in früheren Dekaden die Entwicklungspsychologie ihr Hauptaugenmerk auf die Kindheit und Jugend richtete, ist in aktuellen Forschungsansätzen der gesamte Lebenslauf – von der Kindheit bis ins hohe Erwachsenenalter – Gegenstand psychologischer Entwicklungsanalysen; vgl. Baltes (1973, 1987), Baltes und Schaie (1973, 1976), Thomae (1976), Santrock (1983) sowie Baltes und Smith (1990).

Mönks und Spiel (1994, S. 137f.) resümieren die Hauptkennzeichen der Life-span-Perspektive folgendermaßen:

- *Life-long development.* Development as a process of change takes place throughout the whole life, no age period dominates development.
- *Multidimensionality.* Human development consists of different dimensions and different components within these dimensions.
- *Multidirectionality.* Some dimensions or components may increase, while others decrease.
- *Plasticity.* Development may take different paths, depending on the individual's life conditions.
- *Historical embeddedness.* Development is influenced by historical as well as economical and cultural conditions.
- *Contextualism.* The individual is responding to and acting on contexts; heredity is not a fate but is always "heredity in a specific environment" (Vossen, 1992, S. 92).
- *Multidisciplinarity.* Development needs to be studied in an interdisciplinary context.

Zur Illustration seien hier einige Befunde zu den ersten drei Kriterien kurz angesprochen. So wird seit geraumer Zeit auf das Phänomen des (messbaren) Kreativitätsrückgangs mit zunehmender Beschulungsdauer aufmerksam gemacht. Auch wir fanden in der Münchner Längsschnittstudie zur Hochbegabungsentwicklung (vgl. Heller, 1992b/2001) die genannte Tendenz eher gestützt als widerlegt. Allerdings ist bei einer solchen Interpretation die geringe Zuverlässigkeit der üblichen, auch von uns verwendeten, Skalen zur Kreativitätsmessung zu berücksichtigen, die keine eindeutigen Schlussfolgerungen erlaubt. Immerhin fanden auch Shoumakova und Stetsenko (1993) in ihrer Moskauer Untersuchung das Decline-Phänomen erneut bestätigt. Andererseits unterstreicht eine differenziertere Betrachtung der Befundlage die Relevanz von Kreativitätsprädiktoren zur Aufklärung der Leistungsvarianz, vor allem im Zusammenhang mit selbstgesteuerten Lernprozessen (Perleth & Sierwald, 1992/2001) und Leistungsexzellenz (vgl. Hany & Heller, 1991b), wie sie in Studien- und Berufsleistungen gewöhnlich stärker gefordert werden als im schulischen Kontext.

In der deutsch-chinesischen Kreativitätsstudie konnten die Hauptkomponenten der Problemlösekompetenz, divergentes und konvergentes Denken, bei jüngeren Sekundarstufenschülern deutlicher isoliert werden als bei älteren Schülern (etwa ab der 7./8. Jahrgangsstufe), wo diese beiden Aspekte stärker interagierten. Die *Quantität* kreativer Problemlösungen scheint hierbei vor allem von motivationalen Faktoren und praktischen Erfahrungen sowie der flexiblen Wissensanwendung abzuhängen, während die *Qualität* kreativer Produkte mehr durch Problemlösefähigkeiten, räumliches Denken und Denkstrategien beeinflusst wird (Hany, 1994, S. 144). Diese Befunde korrespondieren recht gut mit Ergebnissen der Expertiseforschung sowie neueren wissenspsychologischen Untersuchungen (z.B. Ericsson, Tesch-Römer & Krampe, 1990; Ericsson, Krampe & Heizmann, 1993; Gruber & Mandl, 1992; Schneider, 1992, 1993, 2000).

Während somit die Interaktion divergenter und konvergenter Problemlösekompetenzen einigermaßen gesichert erscheint, ist die Frage, *wie* diese beiden kognitiven Komponenten interagieren, bisher weniger aufgeklärt. Im Hinblick auf geschlechtsspezifische Unterschiede technischer Kreativitätsleistungen mag hier folgendes Untersuchungsergebnis interessant sein, das wiederum von der deutsch-chinesischen Studie stammt.

"There were clear differences in solution of the technical problems between averagely and highly intelligent girls. Whereas the less intelligent girls relied on general skills of thinking and combination, the more gifted girls used their practical experience with technical problems and their problem-solving competence. Thus the girls were able to score better than the boys in solution quantity, independent of their level of intelligence. Their failure to score better than the boys on solution quality seemed to be related to their clear deficit in spatial thinking and problem-solving ability in physics and technology" (Hany, 1994, S. 144f.).

Die meisten jüngeren Begabungs- und Kreativitätsmodelle sind durch zunehmende Komplexität gekennzeichnet, z.B. die bereits erwähnten Theorien von Gardner (1983) und Gagné (1991, 1993), das Münchner typologische Hochbegabungsmodell (Heller & Hany, 1986; Heller, 1991a, 1992b/2001; Perleth, Sierwald & Heller, 1993; Perleth & Heller, 1994) oder Sternbergs (1993) Pentagonal Implicit Theory of Giftedness. Diese Kennzeichnung gilt auch für die Investmenttheorie der Kreativität von Sternberg und Lubart (1991) sowie die Chance-Configuration-Theory von Simonton (1988a); siehe S. 19ff. und S. 26ff. in diesem Buch. Simonton, der die Beziehungen zwischen der Life-span-Entwicklung und kreativer (Lebens-)Leistung unter differentiellen Aspekten historiometrisch genauer analysierte, hebt folgende Charakteristika hochkreativer Persönlichkeiten hervor: „(a) the typical career trajectory, (b) the relative importance of career age versus chronological age, (c) the role of interdisciplinary differences, (d) the impact of individual differences in creative potential, (e) the possible resurgance of creativity displayed in the swan-song phenomenon" (1993, S. 26).

Mit Hilfe eines speziellen Algorithmus ermittelte Simonton (1990, 1991, 1998) erstaunliche Gesetzmäßigkeiten bezüglich individueller Höhepunkte kreativer Produktion im Lebenslauf (career landmarks of exceptionality in the life-span perspective). Es hat den Anschein, als ob noch weitere Überraschungen bei der statistischen Analyse individueller Schaffensperioden besonders kreativer Persönlichkeiten – in unterschiedlichen Domänen – zu erwarten wären.

4. Integrative Ansätze der Identifizierung von hochbegabten kreativen Jugendlichen

Das psychologische Erscheinungsbild kreativ Hochbegabter sowie deren Lebensumwelt zu erfassen, erfordert multimethodale diagnostische Ansätze. Da die neueren Begabungs- und Kreativitätstheorien von mehrdimensionalen Konzepten ausgehen, muss die – theoriebasierte – diagnostische Strategie hierauf Rücksicht nehmen. Diese Forderung gilt sowohl für Individualdiagnosen (z.B. in der Schul- und Erziehungsberatung) als auch für Talentsuchen im Rahmen der Schülerrekrutierung für bestimmte Förderprogramme. Im Hinblick auf die Begabtenförderung beinhalten *multiple* Begabungs- und Kreativitätskonzepte sowie entsprechende mehrdimensionale Diagnoseansätze deutliche Vorteile gegenüber eindimensionalen Modellen. Solche offenen, komplexen Ansätze riskieren jedoch eine Reihe von Messproblemen, insbesondere Reliabilitätseinbußen im Vergleich zu eindimensionalen IQ-Tests oder Kreativitätsskalen. Die Diskussion darüber lässt freilich sehr oft das Problem der ökologischen Validität außer acht, die im allgemeinen bei differentiellen Tests besser ist. Die Sicherung dieser Validität ist im Kontext der Kreativitätsförderung jedoch eine unerlässliche Voraussetzung. Multimethodale Vorgehensweisen können bei sorgfältiger Diagnoseplanung zudem die Reliabilitätsproblematik entschärfen (Krampen, 1993).

Schwerwiegender ist hier der Einwand von Shore und Tsiamis (1986), die Zweifel am Nutzen von Talentsuchen – also formellen Identifikationsverfahren – anmelden und deshalb informelle Verfahren wie Nominationen präferieren. Gagné (1989, 1991) konnte aber inzwischen überzeugend nachweisen, dass Peer-Nominationen und ähnliche Alternativen zu standardisierten Messverfahren psychometrischen Gütekriterien nur sehr unzulänglich genügen, somit also keinen wirklichen Ersatz für Tests darstellen. Bei älteren Jugendlichen oder Erwachsenen können Nominationsverfahren jedoch nützliche diagnostische Zusatzinformationen liefern, was analog für diagnostische Interviews oder Explorationen, Lehrer-Ratings und Checklisten zu gelten scheint (vgl. Funke et al., 1987; Hany & Heller, 1990; Hany, 1993a; Feldhusen & Jarwan, 1993; Krampen, 1993). Multimethodale Diagnostik beinhaltet ja die Nutzung unterschiedlicher Informationsquellen, d.h. Test-, Questionnaire- und Life-Daten sensu Cattell (1965). Sowohl die Auswahl der Begabungsindikatoren oder Kreativitätsprädiktoren als auch die Definition der Kriteriumsleistung, die erklärt oder vorhergesagt werden soll, müssen im Hinblick auf den Verwendungszweck diagnostischer Befunde erfolgen. Diese Forderung gilt allgemein und in besonderem Maße für die Identifikation außergewöhnlich Kreativer (Heller, 1989, 1994; Mönks & Heller, 1994). Dass die üblichen Teststandards auch hier eingehalten werden müssen, ist selbstverständlich. Obwohl inzwischen wissenschaftlich erprobte Identifikationsstrategien und Messinstrumente auf der Bezugsbasis differentieller Begabungsmodelle vorliegen (vgl. Heller & Feldhusen, 1986; Callahan, 1991b; Richert, 1991) und auch hochbegabungsspezifische Testbatterien (vgl. Heller, 1989, 1992b/2001; Hany, 1994; Perleth & Heller, 1994; Heller & Perleth, 2007a/b; Jäger, Holling et al., 2006) verfügbar sind, klafft immer noch häufig eine enorme Kluft zwischen dem aktuellen wissenschaftlichen Erkenntnisstand und der diagnostischen Praxis. Dies ist umso bedauerlicher, als von umfangreichen Langzeitstudien gesicherte Informationen über relevante Prädiktor-Kriteriums-Zusammenhänge vorliegen (Benbow & Stanley, 1983; Stanley & Benbow, 1986; Mönks et al., 1986; Stanley, 1993; Lubinski & Benbow, 1994; Zuckerman, 1967, 1977, 1987, 1992; Trost, 1986, 1993; Albert, 1992, 1994; Heller, 1992b/2001, 2002; Hany, 1993b; Perleth & Heller, 1994; Gross, 1993; Walberg et al., 1994; Subotnik & Arnold, 1993; Arnold & Subotnik, 1994; Yontar, 1994). Für einen aktuellen Überblick zur Hochbegabungsdiagnostik vgl. noch Koren (1994), der sowohl statusdiagnostische als auch prozessdiagnostische Ansätze referiert. Am wenigsten aufgeklärt sind bisher die Zusammenhänge zwischen frühen Anzeichen der Kreativität und Leistungseminenz im späteren Erwachsenenalter, wie u.a. die Fallanalysen Gardners (1993a/c) dokumentieren; siehe auch Bloom (1985) sowie Kapitel 5 bis 8 in Teil II unten.

5. Soziale Bedingungen der Augmentierung kreativer Leistungen

Die Entwicklung von Leistungsexzellenz hängt zunächst von *individuellen* Voraussetzungen wie intellektuellen und kreativen Potentialen, intrinsischer Leistungsmotivation, kognitiver Neugier und (bereichsspezifischen) Interessen ab. Mit zunehmenden Aktivitäten auf bestimmten Gebieten wird – mehr oder weniger bereichsspezifisch – deklaratives und prozedurales Wissen erworben, das auf unterschiedlichem Niveau zur Expertise und Leistungseminenz führen kann. Damit eine solche Entwicklung möglich wird, sind jedoch häufig sogenannte *kreative Lernumwelten* erforderlich. Darunter versteht man stimulierende und/oder unterstützende kognitive und sozialemotionale Beziehungen, d.h. den individuellen Lern- und Wissensbedürfnissen angepasste familiäre und schulische oder auch berufliche Sozialisationsbedingungen, stimulierende Peer-group-Interaktionen, aber auch Nutzungsmöglichkeiten materieller Ressourcen usw. Schließlich spielen Einstellungen, Erwartungshaltungen und Wertsysteme der sozialen Settings eine wichtige Rolle in der Entwicklung und Förderung hochbegabter, kreativer Jugendlicher (Gallagher, 1991). Zu den verschiedenen Förderungsansätzen vgl. Cropley (1991, 1992), Colangelo und Davis (1991), Walberg und Herbig (1991), Urban (1990, 1993, 1994, 2004), Hany (1992b), Necka (1992), Shore und Kanevsky (1993) und weitere Beiträge im Internationalen Handbuch der Hochbegabungsforschung (Heller et al., 1993, 2000/2002). Curriculumprobleme behandeln VanTassel-Baska (1985, 1993), Davis (1991), O'Neil et al. (1991), Gallagher und VanTassel-Baska (1992) und VanTassel-Baska et al. (1992). Wer sich für geschlechtsspezifische Probleme in diesem Bereich interessiert, sei auf Dix (1987), Callahan (1991a), Beerman et al. (1992), Benbow und Lubinski (1993), Lubinski et al. (1993), Stanley (1993), Wieczerkowski und Prado (1993), Brody et al. (1994), Goldstein und Stocking (1994) verwiesen.

Schließlich darf nicht übersehen werden, dass auch *social events* oder Zufallsfaktoren entscheidenden Einfluss auf schulische und berufliche Laufbahnen nehmen können. Zu deren Erklärung liegen sowohl theoretische Kreativitäts- und Begabungsmodelle als auch zahlreiche empirische Forschungsbefunde einschließlich biographischer Analysen genialer Forscher und Erfinder vor (Feldman, 1986, 1992; Simonton, 1988b, 1991, 1998). Im folgenden seien einige Rahmenbedingungen skizziert, die aus psychologischer Sicht für die Entwicklung kreativer Kompetenzen und Leistungen bedeutsam sind.

Kreativität lässt sich in dem umfassenderen Konzept der *kognitiven Kompetenz* begreifen. Diese bezieht sich auf komplexe Leistungsformen der Problemwahrnehmung, Informationsverarbeitung und Problemlösung durch Lerntransfer und divergent-konvergente Denkprozesse in unterschiedlichen Anforderungssituationen. Dabei kommt die Kreativität z.B. im technischen Bereich vor allem in originellen Verfahren, neuen Methoden, nützlichen Erfindungen und wertvollen Produkten zum Ausdruck. Analog würde sich wissenschaftliche Kreativität in originellen Fragestellungen und der Entwicklung lösungsrelevanter Hypothesen im Hinblick auf wissenschaftlich ungelöste Probleme, in der Entwicklung neuer Theorien und Methoden sowie originellen Problemlösungen manifestieren.

Eine primäre Aufgabe der formalen (schulischen und universitären) Ausbildung besteht deshalb darin, das für kreative Problemlösungen notwendige fachliche Wissen zu vermitteln und aufzuzeigen, wie dieses flexibel genutzt werden kann, d.h. in unkonventioneller Weise in individuell herausfordernden Situationen anzuwenden ist. Wie die Erfahrungen und Ergebnisse der Hochbegabungsforschung, aber auch der Expertiseforschung belegen, kommt bei solchen Prozessen wissenschaftlichen oder technischen Kompetenzerwerbs kreativen Modellen und Vorbildern eine wichtige Funktion zu.

Vergleicht man nachweislich stimulierende, erfolgreiche Hochschulinstitute oder Forschungslabors mit solchen ohne oder geringerer Wirkung, dann fallen folgende Charakteristika auf: hohes Maß an Aufgabenorientierung und hohes Anspruchsniveau, verbunden mit Offenheit gegenüber neuen Ideen; ferner eine kritisch-konstruktive Diskussionsbereitschaft und eine ausbalancierte Gruppendynamik zwischen Solidarität und Wettbewerbsstreben der Teammitglieder (Amabile, 1983; Weinert, 1990). Gut belegt ist auch der Befund, wonach eine Kombination von Aufgabenverpflichtung, gemeinsamer Verantwortung und entspannter Arbeitsatmosphäre zur Kreativitätssteigerung beiträgt.

6. Geschlechtsspezifische Aspekte

In den letzten Jahren ist die Frage nach geschlechtsspezifischen Begabungs- bzw. Kreativitätsunterschieden erneut in die wissenschaftliche und öffentliche Diskussion geraten. Beobachtete Geschlechtsunterschiede treten vor allem in den „harten" Naturwissenschaften (Physik, Astronomie), in Mathematik sowie in den Ingenieurwissenschaften auf. Von den kognitiven Fähigkeiten sind hier besonders die Space- und quantitativen Faktoren betroffen, in denen Mädchen und Frauen gegenüber Jungen und Männern gewöhnlich schlechter in entsprechenden Testleistungen abschneiden. Interessant sind hier die zahlreichen Befunde der neueren Hochbegabungsforschung, die belegen, dass sich die genannten Differenzen mit ansteigendem Fähigkeitsniveau vergrößern (Schereneffekt). Nach einer umfassenden Literaturrecherche zu dieser Problematik (Beerman et al., 1992; vgl. noch Benbow &

Lubinski, 1993; Lubinski et al., 1993; Stanley, 1993) verdichten sich die Hinweise, dass diese geschlechtsspezifischen Unterschiede primär motivationspsychologisch und soziokulturell verursacht, also weniger fähigkeitsbasiert, sind. Allerdings ist die gegenwärtige Diskussion darüber – auch im Expertenkreis – nach wie vor kontrovers (vgl. Bock & Ackrill, 1993). Nach bisheriger Erkenntnis müssten entsprechende Förderungsansätze für naturwissenschaftlich und technisch begabte Mädchen vor allem versuchen, die beim weiblichen Geschlecht (im Vergleich zum männlichen) signifikant häufiger beobachteten ungünstigen selbstbezogenen Kognitionen als Voraussetzung für Handlungserfolg positiv zu verändern. Dazu wurde von uns eine Serie quasi-experimenteller Reattributionsstudien durchgeführt (Heller, 1992a; Heller & Ziegler, 1996; Ziegler & Heller, 1998, 2000a/b/c). Ausführlicher vgl. Kapitel 18 in diesem Buch.

Schließlich sei noch kurz auf die Frage nach der Altersabhängigkeit kreativer Leistungen eingegangen. Häufig wird die Vermutung geäußert, dass alle Menschen „von Natur aus" kreativ seien und dieses anfängliche Kreativitätspotential bei vielen in der Ontogenese zunehmend verkümmere. Verantwortlich werden dafür in erster Linie fehlende oder ungünstige „kreative Lernumwelten" gemacht, etwa einseitige Betonung der konvergenten Denkkomponenten gegenüber den divergenten in schulischen Lernprozessen. Dazu wäre aus der gegenwärtigen Sicht der Kreativitätsforschung folgendes zu sagen.

Ohne hier die Annahme individueller Defizite zu strapazieren, sprechen kontrollierte Beobachtungen ziemlich eindeutig dafür, dass von Anfang an – nicht nur im späteren Jugend- und Erwachsenenalter – erhebliche Unterschiede individueller kreativer (und intellektueller) Fähigkeiten bestehen. Der gegenteilige Eindruck wird m.E. vor allem durch zwei Phänomene hervorgerufen: erstens die allgemeine Tendenz des Menschen, neue Aufgabenstellungen und (Anpassungs-)Probleme bei fehlender Rückgriffsmöglichkeit auf individuelle Erfahrungen oder auf Wissen durch verstärkte Aktivierung divergenter Denkkompetenzen zu bewältigen. Die Notwendigkeit hierfür besteht natürlich in den ersten Lebensjahren sowie zu Beginn der schulischen Laufbahn, d.h. während der häufig zum ersten Mal geforderten systematischen Wissensaneignung, viel stärker als später. Von hier aus betrachtet wäre der in den üblichen Kreativitätstests beobachtete Rückgang kreativer Leistungen nach dem ersten Grundschuljahr einigermaßen plausibel erklärbar. Zweitens hängt die Kreativitätseinschätzung aber auch vom Anforderungsmaßstab ab, der sich durch Bezugsgruppenwechsel bei der Einschulung ändern kann. So wird z.B. der im Vorschulalter häufig vorherrschende intraindividuelle oder ipsative Maßstab durch den lerngruppenbezogenen (interindividuellen) Bewertungsmaßstab oder auch durch lernzielbezogene (kriteriale) Standards in der Schule abgelöst. Schließlich wäre noch zu bedenken, dass bei fortschreitenden Erfahrungen und einem zunehmenden Wissensrepertoire die (relative) Notwendigkeit zum Einsatz kreativer Problemlösekompetenzen abnimmt, was möglicherweise den beobachteten Kreativitätsrückgang erklärt, zumindest aber mitbedingt.

Schwieriger, weil komplexer ist die Frage nach dem „Kreativitätsgipfel" in der Lebensspanne zu beantworten. Die von Lehmann bereits 1953 veröffentlichten Befunde, wonach die meisten der (untersuchten) herausragenden Wissenschaftler ihre bemerkenswertesten Forschungsbeiträge *vor* dem 40. Lebensjahr erzielt hatten, konnten trotz einer Reihe von methodischen Einwänden gegen die Lehmann-Studie in den nachfolgenden Erhebungen (z.B. Zuckerman, 1967, 1987, 1992) nicht wesentlich erschüttert werden. Auch die verschiedenen Erklärungsversuche wie etwa die Hypothese, wonach der Rückgang der Forschungsproduktivität im mittleren Erwachsenenalter durch den Anstieg konkurrierender Verwaltungs- und Repräsentationsverpflichtungen bedingt sein soll, kann kaum darüber hinwegtäuschen, dass mit zunehmendem Alter vor allem die Originalität zurückgeht. Andererseits mag es durchaus zutreffen, dass variierende Einflüsse der Karrieremotivation, die altersabhängige Zunahme der Arbeitsbelastung oder die Veralterung des früher erworbenen Fachwissens alterskorrelierte Kreativitätseinbußen bewirken, obwohl Simonton (1988a/b, 1991, 1993, 1998) und andere Forscher immer wieder die große individuelle Variation auch bezüglich der Kreativität betonen.

Um auf die Ausgangsfragestellung zurückzukommen bedeutet dies, dass ein Verzicht auf das Konstrukt „Kreativität" nicht nur diagnostische Restriktionen beinhalten, sondern auch gravierende Defizite der Kreativitätsförderung bzw. der kognitiven Kompetenzentwicklung als substantielle Voraussetzungen für Leistungsexzellenz nach sich ziehen würde. Wer möchte ein solches Risiko eingehen?

Literatur

Albert, R.S. (Ed.). (1992). *Genius and Eminence* (2nd ed.). Oxford: Pergamon Press.

Albert, R.S. (1994). The achievement of eminence: A longitudinal study of exceptionally gifted boys and their families. In R.F. Subotnik & K.D. Arnold (Eds.), *Beyond Terman: Contemporary longitudinal studies of giftedness and talent* (pp. 282-315). Norwood, NJ: Ablex.

Amabile, T.M. (1983). *The social psychology of creativity*. New York: Springer.

Arnold, K.D. & Subotnik, R.F. (1994). Lessons from contemporary longitudinal studies. In R.F. Subotnik & K.D. Arnold (Eds.), *Beyond Terman: Contemporary longitudinal studies of giftedness and talent* (pp. 437-451). Norwood, NJ: Ablex.

Baltes, P.B. (1973). Prototypical paradigms and questions in life-span research on development and aging. *Gerontologist, 13*, 458-467.

Baltes, P.B. (1987). Theoretical propositions of life-span developmental psychology: On the dynamics between growth and decline. *Developmental Psychology, 23*, 611-626.

Baltes, P.B. & Schaie, K.W. (1973). On life-span developmental research paradigms: Retrospects and prospects. In P.B. Baltes & K.W. Schaie (Eds.), *Life-span developmental psychology. Personality and socialization* (pp. 365-395). New York: Academic Press.

Baltes, P.B. & Schaie, K.W. (1976). On the plasticity of intelligence in adulthood and old age: Where Horn and Donaldson fail. *American Psychologist, 31*, 720-725.

Baltes, P.B. & Smith, J. (1990). The psychology of wisdom and its ontogenesis. In R.J. Sternberg (Ed.), *Wisdom: Its nature, origins, and development* (pp. 87-120). New York: Cambridge University Press.

Beerman, L., Heller, K.A. & Menacher, P. (1992). *Mathe: nichts für Mädchen? Begabung und Geschlecht am Beispiel von Mathematik, Naturwissenschaft und Technik*. Bern: Huber.

Benbow, C.P. & Lubinski, D. (1993). Psychological profiles of the mathematically talented: Some sex differences and evidence supporting their biological basis. In G.R. Bock & K. Ackrill (Eds.), *The Origins and Development of High Ability* (pp. 44-66). Chichester: Wiley.

Benbow, C.P. & Stanley, J.C. (1983). *Academic precocity: Aspects of its development.* Baltimore: Johns Hopkins University Press.

Binning, G. (1989). *Aus dem Nichts. Über die Kreativität von Natur und Mensch.* München: Piper.

Bloom, B.S. (Ed.). (1985). *Developing talent in young people.* New York: Ballantine.

Bock, G.R. & Ackrill, K. (Eds.). (1993). *The origins and development of high ability. Ciba Foundation Symposium 178.* Chichester: Wiley.

Brody, L.E., Barnett, L.B. & Mills, C.J. (1994). Gender differences among talented adolescents. In K.A. Heller & E.A. Hany (Eds.), *Competence and Responsibility, Vol. 2* (pp. 204-210). Seattle, Toronto: Hogrefe & Huber Publ.

Callahan, C.M. (1991a). An update on gifted females. *Journal for the Education of the Gifted, 14,* 284-311.

Callahan, C.M. (1991b). The Assessment of Creativity. In N. Colangelo & G.A. Davis (Eds.), *Handbook of gifted education* (pp. 219-235). Boston: Allyn and Bacon.

Cattell, R.B. (1965). *The scientific analysis of personality.* Chicago: Penguin.

Cohen, L.M. & Ambrose, D.C. (1993). Theories and practices for differentiated education for the gifted and talented. In K.A. Heller, F.J. Mönks & A.H. Passow (Eds.), *International handbook of research and development of giftedness and talent* (pp. 339-363). Oxford: Pergamon Press.

Colangelo, N. & Davis, G.A. (Eds.). (1991). *Handbook of gifted education.* Boston: Allyn and Bacon.

Cropley, A.J. (1991). Improving intelligence: Fostering creativity in everyday settings. In H.A.H. Rowe (Ed.), *Intelligence: Reconceptualization and measurement* (pp. 267-280). Hillsdale, NJ: Erlbaum.

Cropley, A.J. (1992). *More ways than one: Fostering creativity.* Norwood, NJ: Ablex.

Csikszentmihalyi, M. (1988). Society, culture, and person: A systems view of creativity. In R.J. Sternberg (Ed.), *The nature of creativity* (pp. 325-339). New York: Cambridge University Press.

Csikszentmihalyi, M. & Csikszentmihalyi, I.S. (1993). Family influences on the development of giftedness. In G.R. Bock & K. Ackrill (Eds.), *The origins and development of high ability* (pp. 187-206). Chichester: Wiley.

Csikszentmihalyi, M. & Robinson, R.E. (1986). Culture, time, and the development of talent. In R.J. Sternberg & J.E. Davidson (Eds.), *Conceptions of giftedness* (pp. 264-284). New York: Cambridge University Press.

Davis, G.A. (1991). Teaching Creative Thinking. In N. Colangelo & G.A. Davis (Eds.), *Handbook of gifted education* (pp. 236-244). Boston: Allyn and Bacon.

Davis, G.A. & Rimm, S.B. (1985). *Education of the gifted and talented.* Englewood Cliffs, NJ: Prentice-Hall.

Dix, L.S. (Ed.). (1987). *Women: their underrepresentation and career differentials in science and engineering.* Washington, DC: National Academy Press.

Ericsson, K.A., Krampe, R.Th. & Heizmann, S. (1993). Can we create gifted people? In G.R. Bock & K. Ackrill (Eds.), *The origins and development of high ability* (pp. 222-249). Chichester: Wiley.

Ericsson, K.A., Tesch-Römer, C. & Krampe, R. (1990). The role of practice and motivation in the acquisition of expert-level performance in real life: An empirical evaluation of a theoretical framework. In M.J.A. Howe (Ed.), *Encouraging the development of exceptional skills and talents.* Leicester: The British Psychological Society.

Facaoaru, C. (1985). *Kreativität in Wissenschaft und Technik.* Bern: Huber.

Feldhusen, J.F. & Jarwan, F.A. (1993). Identification of gifted and talented youth for educational programs. In K.A. Heller, F.J. Mönks & A.H. Passow (Eds.), *International handbook of research and development of giftedness and talent* (pp. 233-251). Oxford: Pergamon Press.

Feldman, D.H. (1986). *Nature's gambit. Child prodigies and the development of human potential.* New York: Plenum Press.

Feldman, D.H. (1992). The theory of co-incidence: How giftedness develops in extreme and less extreme cases. In F.J. Mönks & W.A.M. Peters (Eds.), *Talent for the future* (pp. 10-22). Assen/Maastricht: Van Gorcum.

Funke, K., Krauss, J., Schuler, H. & Stapf, K.H. (1987). Zur Prognostizierbarkeit wissenschaftlich-technischer Leistungen mittels Personvariablen: Eine Metaanalyse der Validität diagnostischer Verfahren im Bereich Forschung und Entwicklung. *Gruppendynamik, 18,* 407-428.

Gagné, F. (1985). Giftedness and talent: Reexamining a reexamination of the definitions. *Gifted Child Quarterly, 29,* 103-112.

Gagné, F. (1989). Peer nominations as a psychometric instrument: Many questions asked but few answered. *Gifted Child Quarterly, 33,* 53-58.

Gagné, F. (1991). Toward a differentiated model of giftedness and talent. In N. Colangelo & G.A. Davis (Eds.), *Handbook of gifted education* (pp. 65-80). Boston: Allyn and Bacon.

Gagné, F. (1993). Constructs and models pertaining to exceptional human abilities. In K.A. Heller, F.J. Mönks & A.H. Passow (Eds.), *International handbook of research and development of giftedness and talent* (pp. 69-87). Oxford: Pergamon Press.

Gallagher, J.J. (1991). Educational reform, values, and gifted students. *Gifted Child Quarterly, 35,* 12-19.

Gallagher, S. & VanTassel-Baska, J. (1992). Science curriculum for high ability learners. In F.J. Mönks & W.A.M. Peters (Eds.), *Talent for the future* (pp. 117-122). Assen/Maastricht: Van Gorcum.

Gardner, H. (1983). *Frames of mind. The theory of multiple intelligences.* New York: Basic Books. – Dt. Abschied vom IQ. Die Rahmen-Theorie der vielfältigen Intelligenzen. Stuttgart: Klett-Cotta, 1991.

Gardner, H. (1988). Creative lives and creative works: a synthetic scientific approach. In R.J. Sternberg (Ed.), *The nature of creativity* (pp. 298-321). New York: Cambridge University Press.

Gardner, H. (1993a). *Creating minds: An anatomy of creativity seen through the lives of Freud, Einstein, Picasso, Stravinsky, Eliot, Graham, and Gandhi.* New York: Basic Bocks.

Gardner, H. (1993b). *Der ungeschulte Kopf. Wie Kinder denken.* Stuttgart: Klett-Cotta.

Gardner, H. (1993c). The relationship between early giftedness and later achievement. In G.R. Bock & K. Ackrill (Eds.), *The origins and development of high ability* (pp. 175-186). Chichester: Wiley.

Goldstein, D. & Wagner, H. (1993). After school programs, competitions school olympics, and summer programs. In K.A. Heller, F.J. Mönks & A.H. Passow (Eds.), *International handbook of research and development of giftedness and talent* (pp. 593-604). Oxford: Pergamon Press.

Goldstein, S. & Stocking, V.B. (1994). TIP Studies of gender differences in talented adolescents. In K.A. Heller & E.A. Hany (Eds.), *Competence and responsibility, Vol. 2* (pp. 190-203). Seattle, Toronto: Hogrefe & Huber Publ.

Gross, M.U.M. (1993). Nurturing the talents of exceptionally gifted individuals. In K.A. Heller, F.J. Mönks & A.H Passow (Eds.), *International handbook of research and development of giftedness and talent* (pp. 473-490). Oxford: Pergamon Press.

Gruber, H. (1981). *Darwin on man: a psychological study of scientific creativity* (2nd ed.). Chicago: University of Chicago Press.

Gruber, H.E. (1986). The self-construction of the extraordinary. In R.J. Sternberg & J.E. Davidson (Eds.), *Conceptions of giftedness* (pp. 247-263). New York: Cambridge University Press.

Gruber, H.E. & Davis, S.N. (1988). Inching our way up Mount Olympus: the evolving-systems approach to creative thinking. In R.J. Sternberg (Ed.), *The nature of creativity* (pp. 243-270). New York: Cambridge University Press.

Gruber, H. & Mandl, H. (1992). Begabung und Expertise. In E.A. Hany & H. Nickel (Hrsg.), *Begabung und Hochbegabung* (S. 59-73). Bern: Huber.

Guilford, J.P. (1950). Creativity. *American Psychologist, 5*, 444-454.

Haensly, P.A. & Reynolds, C.R. (1989). Creativity and intelligence. In J.A. Glover, R.R. Ronning & C.R. Reynolds (Eds.), *Handbook of creativity* (pp. 111-134). New York: Plenum Press.

Hany, E.A. (1992a). Identifikation von Hochbegabten im Schulalter. In K.A. Heller (Hrsg.), *Hochbegabung im Kindes- und Jugendalter* (S. 37-163 bzw. 2. Aufl. 2001, S. 41-169). Göttingen: Hogrefe.

Hany, E.A. (1992b). Kreativitätstraining: Positionen, Probleme, Perspektiven. In K.J. Klauer (Hrsg.), *Kognitives Training* (S. 189-216). Göttingen: Hogrefe.

Hany, E.A. (1993a). How teachers identify gifted students: Feature processing or concept based classification. *European Journal for High Ability, 4*, 196-211.

Hany, E.A. (1993b). Methodological problems and issues concerning identification. In K.A. Heller, F.J. Mönks & A.H. Passow (Eds.), *International handbook of research and development of giftedness and talent* (pp. 209-232). Oxford: Pergamon Press.

Hany, E.A. (1994). The development of basic cognitive components of technical creativity: A longitudinal comparison of children and youth with high and average intelligence. In R.F. Subotnik & K.D. Arnold (Eds.), *Beyond Terman: Contemporary longitudinal studies of giftedness and talent* (pp. 115-154). Norwood, NJ: Ablex.

Hany, E.A. & Heller, K.A. (1990). How teachers find their gifted students for enrichment courses – describing, explaining, and improving their selection strategies. In S. Bailey, E. Braggett & M. Robinson (Eds.), *The challenge of excellence* (pp. 71-84). Melbourne: Barker & Co.

Hany, E.A. & Heller, K.A. (1991a). Freizeitgebundene Technikerfahrung von Kindern und Jugendlichen als Vorbedingung für technische Kreativität. In Bundesminister für Forschung und Technologie (Hrsg.), *Technikfolgenabschätzung: Projektpräsentation zum Förderschwerpunkt Wechselwirkung zwischen Arbeit, Technik und Freizeit* (S. 23-30). Bonn: BMFT.

Hany, E.A. & Heller, K.A. (1991b). Gegenwärtiger Stand der Hochbegabungsforschung. *Zeitschrift für Entwicklungspsychologie und Pädagogische Psychologie, 23*, 241-249.

Hany, E.A. & Heller, K.A. (1992). *Förderung besonders befähigter Schüler in Baden-Württemberg: Ergebnisse der Wissenschaftlichen Begleitforschung.* Heft 15 der Reihe "Förderung besonders befähigter Schüler", hrsg. vom Ministerium für Kultus und Sport (MKS) Baden-Württemberg. Stuttgart: MKS.

Hany, E.A. & Heller, K.A. (1993). Entwicklung kreativen Denkens im kulturellen Kontext. In H. Mandl, M. Dreher & H.J. Kornadt (Eds.), *Entwicklung und Denken im kulturellen Kontext* (S. 99-116). Göttingen: Hogrefe.

Hany, E.A. & Kommissari, B. (1992). Subjective misconceptions in physics in relation to intelligence, sex and instruction. *European Journal for High Ability, 3,* 218-235.

Hassenstein, M. (1988). *Bausteine zu einer Naturgeschichte der Intelligenz.* Stuttgart: Deutsche Verlags-Anstalt.

Hayes, J.R. (1989). Cognitive processes in creativity. In J.A. Gloover, R.R. Ronning & C.R. Reynolds (Eds.), *Handbook of creativity* (pp. 135-145). New York: Plenum Press.

Heller, K.A. (1986). Psychologische Probleme der Hochbegabungsforschung. *Zeitschrift für Entwicklungspsychologie und Pädagogische Psychologie, 18,* 335-361.

Heller, K.A. (1989). Perspectives on the diagnosis of giftedness. *The German Journal of Psychology, 13,* 140-159.

Heller, K.A. (1990). Goals, methods, and first results from the Munich longitudinal study of giftedness in West Germany. In C.W. Taylor (Ed.), *Expanding awareness of creative potentials worldwide* (pp. 538-543). New York: Trillium Press.

Heller, K.A. (Hrsg.). (1991a). *Begabungsdiagnostik in der Schul- und Erziehungsberatung* (2. Aufl. 2000). Bern: Huber.

Heller, K.A. (1991b). The nature and development of giftedness: A longitudinal study. *European Journal for High Ability, 2,* 174-188.

Heller, K.A. (1992a). Aims and methodological problems of an intervention study in gifted and talented girls. In F.J. Mönks & W.A.M. Peters (Eds.), *Talent for the future* (pp. 149-154). Assen/Maastricht: Van Gorcum.

Heller, K.A. (Hrsg.). (1992b). *Hochbegabung im Kindes- und Jugendalter* (2. Aufl. 2001). Göttingen: Hogrefe.

Heller, K.A. (1993). Scientific ability. In G.R. Bock & K. Ackrill (Eds.), *The origins and development of high ability* (pp. 139-159). Chichester: Wiley.

Heller, K.A. (1994). Aktuelle Trends, Paradigmen und Strategien der Hochbegabungsforschung unter besonderer Berücksichtigung der musikalischen Begabung. In H.G. Bastian (Ed.), *Interdisziplinäre Aspekte der Begabungsforschung und Begabtenförderung* (S. 13-26). Düsseldorf: Schwann.

Heller, K.A. (Hrsg.). (2002). *Begabtenförderung im Gymnasium. Ergebnisse einer zehnjährigen Längsschnittstudie.* Opladen: Leske + Budrich.

Heller, K.A. (2004). Musikalisches Talent im Lichte der Hochbegabungs- und Expertiseforschung. Theoretische Modelle, Identifikations- und Förderansätze. In K.-E. Behne, G. Kleinen & H. de la Motte-Haber (Hrsg.), *Musikpsychologie. Jahrbuch der Deutschen Gesellschaft für Musikpsychologie, Band 17: Musikalische Begabung und Expertise* (S. 9-31). Göttingen: Hogrefe.

Heller, K.A. & Feldhusen, J.F. (Eds.). (1986). *Identifying and nurturing the gifted. An international perspective.* Toronto: Huber.

Heller, K.A. & Hany, E.A. (1986). Identification, development and achievement analysis of talented and gifted children in West Germany. In K.A. Heller & J.F. Feldhusen (Eds.), *Identifying and nurturing the gifted* (pp. 67-82). Toronto: Huber.

Heller, K.A. & Hany, E.A. (1991). Freizeitgebundene Technikerfahrung von Kindern und Jugendlichen als Vorbedingung für technische Kreativität. In VDI-Technologiezentrum Physikalische Technologien (Hrsg.), *Technikfolgenabschätzung* (S. 23-27). Düsseldorf. VDI.

Heller, K.A. & Neber, H. (1994). *Evaluationsstudie zur BundesSchüler-Akademie 1993.* Endbericht an das Bundesministerium für Bildung und Wissenschaft (BMBW). Bonn: BMBW.

Heller, K.A. & Perleth, Ch. (2007a). *Münchner Hochbegabungstestbatterie für die Primarstufe (MHBT-P).* Göttingen: Hogrefe.

Heller, K.A. & Perleth, Ch. (2007b). *Münchner Hochbegabungstestbatterie für die Sekundarstufe (MHBT-S).* Göttingen: Hogrefe.

Heller, K.A. & Ziegler, A. (1996). Gender Differences in Mathematics and the Natural Sciences: Can Attributional Retraining Improve the Performance of Gifted Females? *Gifted Child Quarterly, 40,* 200-210.

Heller, K.A., Mönks, F.J. & Passow, A.H. (Eds.). (1993). *International handbook of research and development of giftedness and talent.* Oxford: Pergamon Press.

Heller, K.A., Neber, H. & Wystrychowski, W. (1993). *Statewide acceleration program for highly gifted students from the German Gymnasium: A longitudinal follow-up study (1991-2000).* Paper presented at the 10th World Congress on gifted and talented education in Toronto, Canada. Proceedings.

Heller, K.A., Perleth, Ch. & Lim, T.K. (2005). The Munich Model of Giftedness Designed to Identify and Promote Gifted Students. In R.J. Sternberg & J.E. Davidson (Eds.), *Conceptions of Giftedness* (2nd ed., pp. 147-170). New York: Cambridge University Press.

Heller, K.A., Mönks, F.J., Sternberg, R.J. & Subotnik, R.F. (Eds.). (2000). *International Handbook of Giftedness and Talent* (2nd ed., rev. reprint 2002). Oxford: Pergamon Press / Amsterdam: Elsevier Science.

Hsu, F.L.K. (1983). *Rugged individualism reconsidered.* Knoxville: University of Tennessee Press.

Jäger, A.O. & Althoff, K. (1983). *Der WILDE-Intelligenztest.* Göttingen: Hogrefe.

Jäger, A.O., Holling, H., Preckel, F., Schulze, R., Vock, M., Süß, H.-M. & Beauducel, A. (2006). *Berliner Intelligenzstrukturtest für Jugendliche: Begabungs- und Hochbegabungsdiagnostik (BIS-HB).* Göttingen: Hogrefe.

Kirk, S. & Gallagher, J.J. (1986). *Educating exceptional children* (5th ed.). Boston: Houghton Mifflin.

Klix, F. (1983). Begabungsforschung – ein neuer Weg in der kognitiven Intelligenzdiagnostik? *Zeitschrift für Psychologie, 191,* 360-386.

Koren, I. (1994). Identification of the gifted. In K.A. Heller & E.A. Hany (Eds.), *Competence and Responsibility, Vol. 2* (pp. 253-269). Seattle, Toronto: Hogrefe & Huber Publ.

Kornadt, H.J. & Husarek, B. (1989). Frühe Mutter-Kind-Beziehungen im Kulturvergleich. In G. Trommsdorff (Hrsg.), *Sozialisation im Kulturvergleich* (S. 65-99). Stuttgart: Enke.

Krampen, G. (1993). Diagnostik der Kreativität. In G. Trost, K. Ingenkamp & R.S. Jäger (Hrsg.), *Tests und Trends 10. Jahrbuch der Pädagogischen Diagnostik* (S. 11-39). Weinheim: Beltz.

Langley, P., Simon, H.A., Bradshaw, H.K. & Zytkow, J.M. (1987). *Scientific discovery.* Cambridge: The MIT Press.

Linn, M.C. (1986). Science. In R.F. Dillon & R.J. Sternberg (Eds.), *Cognition and instruction* (pp. 155-204). Orlando: Academic Press.

Liu, L.M. (1986). Chinese cognition. In M.H. Bond (Ed.), *The psychology of the Chinese people* (pp. 73-105). Hong Kong: Oxford University Press.

Lubinski, D. & Benbow, C.P. (1994). The study of mathematically precocious youth: The first three decades of a planned 50-year study of intellectual talent. In R.F. Subotnik & K.D. Arnold (Eds.), *Beyond Terman: Contemporary longitudinal studies of giftedness and talent* (pp. 255-281). Norwood, NJ: Ablex.

Lubinski, D., Benbow, C.P. & Sanders, C.R. (1993). Reconceptualizing gender differences in achievement among the gifted. In K.A. Heller, F.J. Mönks & A.H. Passow (Eds.), *International handbook of research and development of giftedness and talent* (pp. 693-707). Oxford: Pergamon Press.

Markus, H.R. & Kitayma, S. (1991). Culture and the self: Implications for cognition, emotion, and motivation. *Psychological Review, 98*, 224-253.

Matyushkin, A.M. (1990). A Soviet perspective on giftedness and creativity. *European Journal for High Ability, 1*, 72-75.

Meer, E. van der (1985). Mathematisch-naturwissenschaftliche Hochbegabung. *Zeitschrift für Psychologie, 193*, 229-258.

Mönks, F.J. (1991). Kann wissenschaftliche Argumentation auf Aktualität verzichten? *Zeitschrift für Entwicklungspsychologie und Pädagogische Psychologie, 23*, 232-240.

Mönks, F.J. & Heller, K.A. (1994). Identification and programming of the gifted and talented. In M.C. Wang (Ed.), *Education of children with special needs. International Encyclopedia of Education* (2nd ed., pp. 2725-2732). Oxford: Pergamon Press.

Mönks, F.J. & Spiel, C. (1994). Development of giftedness in a life-span perspective. In K.A. Heller & E.A. Hany (Eds.), *Competence and responsibility, Vol. 2* (pp. 136-140). Seattle, Toronto: Hogrefe & Huber Publ.

Mönks, F.J., van Boxtel, H.W., Roelofs, J.J.W. & Sanders, M.P.M. (1986). The identification of gifted children in secondary education and a description of their situation in Holland. In K.A. Heller & J.F. Feldhusen (Eds.), *Identifying and nurturing the gifted* (pp. 39-65). Toronto: Huber.

Moritz, E.F. (1992). Culture of manufacturing: A case study. In Y. Ito (Ed.), *Advanced manufacturing series. Human Intelligence-based manufacturing*. London: Springer.

Moritz, E.F. (1993). *A comparison of strategies and procedures in the product innovation in Japan and Germany*. Unpubl. Dissertation. Tokyo: Tokyo Institute of Technology.

Morsbach, H. (1980). Major psychological factors influencing Japanese interpersonal relations. In N. Warren (Ed.), *Studies in cross-cultural psychology, Vol. 2* (pp. 317-344). London: Academic Press.

Neber, H. (1998). Entdeckendes Lernen. In D.H. Rost (Hrsg.), *Handwörterbuch Pädagogische Psychologie* (S. 86-90). Weinheim: Beltz/PVU.

Necka, E. (1992). *Creativity training. A guidebook for psychologists, educators and teachers*. Kraków: Universitas.

Necka, E. (1994). Gifted people and novel tasks. In K.A. Heller & E.A. Hany (Eds.), *Competence and responsibility, Vol. 2* (pp. 68-80). Seattle, Toronto: Hogrefe & Huber Publ.

O'Neil, J. et al. (1991). *Raising our sights: Improving U.S. achievement in mathematics and science*. Alexandria, VA: Association for Supervision and Curriculum Development.

Oerter, R. & Oerter, R. (1993). Zur Konzeption der Identität in östlichen und westlichen Kulturen. *Zeitschrift für Sozialisationsforschung und Erziehungssoziologie, 13*, 296-310.

Pasupathi, M. & Staudinger, U.M. (2000). A „Talent" for Knowledge and Judgement about Life: The Lifespan Development of Wisdom. In K.A. Heller, F.J. Mönks, R.J. Sternberg & R.F. Subotnik (Eds.), *International Handbook of Giftedness and Talent* (2nd ed., pp. 253-267). Oxford: Pergamon Press / Amsterdam: Elsevier Science.

Perleth, Ch. & Heller, K.A. (1994). The Munich longitudinal study of giftedness. In R.F. Subotnik & K.D. Arnold (Eds.), *Beyond Terman: Contemporary longitudinal studies of giftedness and talent* (pp. 77-114). Norwood, NJ: Ablex.

Perleth, Ch. & Sierwald, W. (1992). Entwicklungs- und Leistungsanalysen zur Hochbegabung. In K.A. Heller (Hrsg.), *Formen der Hochbegabung im Kindes- und Jugendalter* (S. 165-350 bzw. 2. Aufl. 2001, S. 171-355). Göttingen: Hogrefe.

Perleth, Ch., Sierwald, W. & Heller, K.A. (1993). Selected results of the Munich longitudinal study of giftedness: The multidimensional/typological giftedness model. *Roeper Review, 15,* 149-155.

Ramos-Ford, V. & Gardner, H. (1991). Giftedness from a multiple intelligence perspective. In N. Colangelo & G.A. Davis (Eds.), *Handbook of gifted education* (pp. 55-64). Boston: Allyn and Bacon.

Renzulli, J.S. (1978). What makes giftedness? Reexamining a definition. *Phi Delta Kappan, 60,* 180-184.

Renzulli, J.S. (1986). The three-ring conception of giftedness: A developmental model for creative productivity. In R.J. Sternberg & J.E. Davidson (Eds.), *Conceptions of giftedness* (pp. 53-92). New York: Cambridge University Press.

Richert, E.S. (1991). Rampant problems and promising practices in identification. In N. Colangelo & G.A. Davis (Eds.), *Handbook of gifted education* (pp. 81-96). Boston: Allyn and Bacon.

Rost, D.H. (1991a). "Belege", „Modelle", Meinungen, Allgemeinplätze. Anmerkungen zu den Repliken von E.A. Hany & K.A. Heller und F.J. Mönks. *Zeitschrift für Entwicklungspsychologie und Pädagogische Psychologie, 23,* 250-262.

Rost, D.H. (1991b). Identifizierung von "Hochbegabung". *Zeitschrift für Entwicklungspsychologie und Pädagogische Psychologie, 23,* 197-231.

Rüppell, H. (1992). DANTE Test: Exceptional abilities of inventive and scientific thinking. In E.A. Hany & K.A. Heller (Eds.), *Competence and responsibility, Vol. 1* (pp. 138-139). Seattle, Toronto: Hogrefe & Huber Publ.

Rüppell, H. (1994). The DANTE Test. In K.A. Heller & E.A. Hany (Eds.), *Competence and responsibility, Vol. 2* (pp. 298-301). Seattle, Toronto: Hogrefe & Huber Publ.

Rüppell, H., Hinnersmann, H. & Wiegand, J. (1987). Problemlösen – allgemein oder spezifisch? In H. Neber (Hrsg.)), *Angewandte Problemlösepsychologie* (S. 173-192). Münster: Aschendorff.

Runco, M.A. & Albert, R.S. (Eds.). (1990). *Theories of creativity.* Newbury Park, CA: Sage.

Santrock, J.W. (1983). *Life-span development.* Dubuque, IA: Wm. C. Brown Publ.

Schiefele, U. & Csikszentmihalyi, M. (1995). Motivation and ability as factors in mathematics experience and achievement. *Journal for Research in Mathematics Education, 26,* 163-181.

Schneider, W. (1992). Erwerb von Expertise: Zur Relevanz kognitiver und nichtkognitiver Voraussetzungen. In E.A. Hany & H. Nickel (Hrsg.), *Begabung und Hochbegabung* (S. 105-122). Bern: Huber.

Schneider, W. (1993). Acquiring expertise: Determinants of exceptional performance. In K.A. Heller, F.J. Mönks & A.H. Passow (Eds.), *International handbook of research and development of giftedness and talent* (pp. 311-324). Oxford: Pergamon Press.

Schneider, W. (2000). Giftedness, Expertise, and (Exceptional) Performance: A Developmental Perspective. In K.A. Heller, F.J. Mönks, R.J. Sternberg & R.F. Subotnik (Eds.), *International Handbook of Giftedness and Talent* (2nd ed., pp. 165-177). Oxford: Pergamon Press / Amsterdam: Elsevier Science.

Shore, B.M. & Kanevsky, L.S. (1993). Thinking processes: Being and becoming gifted. In K.A. Heller, F.J. Mönks & A.H. Passow (Eds.), *International handbook of research and development of giftedness and talent* (pp. 133-147). Oxford: Pergamon Press.

Shore, B.M. & Tsiamis, A. (1986). Identification by provision: Limited field test of a radical alternative for identifying gifted students. In K.A. Heller & J.F. Feldhusen (Eds.), *Identifying and nurturing the gifted* (pp. 93-102). Seattle: Huber.

Shoumakova, N. & Stetsenko, A. (1993). Exceptional children: Promoting creativity in a school training context. In International Society for the Study of Behavioral Development (ISSBD) (Ed.), *Symposium Abstracts of the Twelfth Biennial Meetings of ISSBD* (pp. 23). Recife, Brazil: ISSBD.

Simonton, D.K. (1988a). Age and outstanding achievement: What do we know after a century of research? *Psychological Bulletin, 104,* 251-267.

Simonton, D.K. (1988b). *Scientific genius. A psychology of science.* New York: Cambridge University Press.

Simonton, D.K. (1990). History, chemistry, psychology, and genius: An intellectual autobiography of historiometry. In M.A. Runco & R.S. Albert (Eds.), *Theories of creativity* (pp. 92-115). Newbury Park, CA: Sage.

Simonton, D.K. (1991). Career landmarks in science: Individual differences and interdisciplinary contrasts. *Developmental Psychology, 27,* 119-130.

Simonton, D.K. (1993). Creative development from birth to death: The experience of exceptional genius. In International Society for the Study of Behavioral Development (ISSBD) (Ed.), *Symposium Abstracts of the Twelfth Biennial Meetings of ISSBD* (pp. 26). Recife, Brazil: ISSBD.

Simonton, D.K. (1998). Career paths and creative lives: A theoretical perspective on late-life potential. In C. Adams-Price (Ed.), *Creativity and successful aging: Theoretical and empirical approaches* (pp. 3-18). New York: Springer.

Stanley, J.C. (1993). Boys and girls who reason well mathematically. In G.P. Bock & K. Ackrill (Eds.), *The origins and development of high ability* (pp. 119-138). Chichester: Wiley.

Stanley, J.C. & Benbow, C.P. (1986). Youths who reason exceptionally well mathematically. In R.J. Sternberg & J.E. Davidson (Eds.), *Conceptions of giftedness* (pp. 361-387). New York: Cambridge University Press.

Sternberg, R.J. (1985). *Beyond IQ: A triarchic theory of human intelligence.* New York: Cambridge University Press.

Sternberg, R.J. (Ed.). (1988). *The nature of creativity.* New York: Cambridge University Press.

Sternberg, R.J. (1990). *Metaphors of mind.* New York: Cambridge University Press.

Sternberg, R.J. (1991). Theory-based testing of intellectual abilities: Rationale for the Triarchic Abilities Test. In H. Rowe (Ed.), *Intelligence: Reconceptualization and measurement* (pp. 183-202). Hillsdale, NJ: Erlbaum.

Sternberg, R.J. (1993). Procedures for Identifying Intellectual Potential in the Gifted: A Perspective on Alternative "Metaphors of Mind". In K.A. Heller, F.J. Mönks & A.H. Passow (Eds.), *International Handbook of Research and Development of Giftedness and Talent* (pp. 185-207). Oxford: Pergamon Press.

Sternberg, R.J. & Lubart, T. (1991). An investment theory of creativity and its development. *Human Development, 34,* 1-31.

Sternberg, R.J. & Wagner, R.K. (Eds.). (1994). *Mind in context. Interactionist perspectives on human intelligence.* New York: Cambridge University Press.

Subotnik, R.F. & Arnold, K.D. (1993). Longitudinal studies of giftedness: Investigating the fulfillment of promise. In K.A. Heller, F.J. Mönks & A.H. Passow (Eds.), *International handbook of research and development of giftedness and talent* (pp. 149-160). Oxford: Pergamon Press.

Tan, A.G. (1992). Some parameters and types of technical creativity. In E.A. Hany & K.A. Heller (Eds.), *Competence and responsibility, Vol. 1* (pp. 163-164). Seattle, Toronto: Hogrefe & Huber Publ.

Tannenbaum, A.J. (1983). *Gifted children: Psychological and educational perspectives.* New York: Mac Millan.

Thomae, H. (Ed.). (1976). *Patterns of aging.* Basel: Karger.

Triandis, H.C. (1989). *Cross-cultural studies of individualism and collectivism.* Nebraska Symposium on Motivation, 1989, 41-133.

Trost, G. (1986). Identification of highly gifted adolescents – Methods and experiences. In K.A. Heller & J.F. Feldhusen (Eds.), *Identifying and nurturing the gifted* (pp. 83-91). Toronto: Huber.

Trost, G. (1993). Prediction of excellence in school, university, and work. In K.A. Heller, F.J. Mönks & A.H. Passow (Eds.), *International handbook of research and development of giftedness and talent* (pp. 325-336). Oxford: Pergamon Press.

Urban, K.K. (1990). Recent trends in creativity research and theory in Western Europe. *European Journal for High Ability, 1*, 99-113.

Urban, K.K. (1993). Neuere Aspekte in der Kreativitätsforschung. *Psychologie in Erziehung und Unterricht, 40*, 161-181.

Urban, K.K. (1994). Recent trends in creativity research and theory. In K.A. Heller & E.A. Hany (Eds.), *Competence and responsibility, Vol. 2* (pp. 55-67). Seattle, Toronto: Hogrefe & Huber Publ.

Urban, K.K. (2004). *Kreativität.* Münster: LIT.

VanTassel-Baska, J. (1985). Appropriate curriculum for the gifted. In J.F. Feldhusen (Ed.), *Toward excellence gifted education* (pp. 45-68). Denver: Love Publ.

VanTassel-Baska, J. (1993). Theory and research on curriculum development for the gifted. In K.A. Heller, F.J. Mönks & A.H. Passow (Eds.), *International handbook of research and development of giftedness and talent* (pp. 365-386). Oxford: Pergamon Press.

VanTassel-Baska, J., Gallagher, S., Sher, B. & Bailey, J. (1992). *Developing science curriculum for high ability learners K-8.* Final project report. Washington, DC: U.S. Department of Education.

Vernon, P.E. (1987). Cognitive and motivational difference between Asian and other societies. In S.H. Irvine & S.E. Newstead (Eds.), *Intelligence and cognition: Contemporary frames of reference* (pp. 377-392). Dordrecht: Martinius Nijhoff.

Vossen, J.M.H. (1992). Psychobiological aspects of giftedness. In F.J. Mönks & W.A.M. Peters (Eds.), *Talent for the future* (pp. 87-97). Assen/Maastricht. Van Gorcum.

Walberg, H.J. & Herbig, M.P. (1991). Developing talent, creativity, and eminence. In N. Colangelo & G.A. Davis (Eds.), *Handbook of gifted education* (pp. 245-255). Boston: Allyn and Bacon.

Walberg, H.J., Zhang, G., Haller, E.P., Sares, T.A., Stariha, W.E., Walace, T. & Zeiscr, S.F. (1994). Early educative influences on later outcomes: The Terman data revisited. In K.A. Heller & E.A. Hany (Eds.), *Competence and responsibility, Vol. 2* (pp. 164-177). Seattle, Toronto: Hogrefe & Huber Publ.

Waldmann, M. & Weinert, F.E. (1990). *Intelligenz und Denken. Perspektiven der Hochbegabungsforschung.* Göttingen: Hogrefe.

Weinert, F.E. (1990). Der aktuelle Stand der psychologischen Kreativitätsforschung (und einige daraus ableitbare Schlußfolgerungen über die Lösung praktischer Probleme). In P.H. Hofschneider & K.U. Mayer (Hrsg.), *Generationsdynamik und Innovation in der Grundlagenforschung* (S. 21-44). München: MPI-Berichte und Mitteilungen, Heft 3/90.

Weinert, F.E. (1991). Kreativität: Fakten und Mythen. *Psychologie heute, 18* (9), 30-37.

Weisberg, R.E. (1986). *Creativity: Genius and other myths* (2nd ed. 1993). New York: Freeman.

Wieczerkowski, W. & Prado, T.M. (1993). Program and strategies for nurturing talents/ gifts in mathematics. In K.A. Heller, F.J. Mönks & A.H. Passow (Eds.), *International handbook of research and development of giftedness and talent* (pp. 443-451). Oxford: Pergamon Press.

Yontar, A. (1994). A follow-up study about creative thinking abilities of students. In K.A. Heller & E.A. Hany (Eds.), *Competence and responsibility, Vol. 2* (pp. 147-152). Seattle, Toronto: Hogrefe & Huber Publ.

Ziegler, A. & Heller, K.A. (1998). Motivationsförderung mit Hilfe eines Reattributionstrainings. *Psychologie in Erziehung und Unterricht, 45,* 216-229.

Ziegler, A. & Heller, K.A. (2000a). Approach and Avoidance Motivation as Predictors of Achievement Behavior in Physics Instructions among Mildly and Highly Gifted 8th Grade Students. *Journal for the Education of the Gifted, 23,* 343-359.

Ziegler, A. & Heller, K.A. (2000b). Conditions for Self-Confidence Among Boys and Girls Achieving Highly in Chemistry. *The Journal of Secondary Gifted Education, 11,* 144-151.

Ziegler, A. & Heller, K.A. (2000c). Effects of an Attribution Retraining With Female Students Gifted in Physics. *Journal for the Education of the Gifted, 23,* 217-243.

Zimmerman, B.J. & Schunk, D.H. (Eds.). (1989). *Self-regulated learning and academic achievement.* Berlin: Springer.

Zuckerman, H. (1967). The sociology of the nobel prizes. *Scientific American, 217* (5), 25-33.

Zuckerman, H. (1977). *Scientific elite.* New York: Free Press.

Zuckerman, H. (1987). Careers of men and women scientists: A review of current research. In L.S. Dix (Ed.), *Women: their underrepresentation and career differentials in science and engineering* (pp. 27-56). Washington: National Academy Press.

Zuckerman, H. (1992). The scientific elite: Nobel laureates' mutual influences. In R.S. Albert (Ed.), *Genius and eminence* (2nd ed., pp. 157-169). Oxford: Pergamon Press.

Kapitel 4

Begabtenförderung im Lichte der aktuellen Hochbegabungs- und Expertiseforschung

Inhalt

Einleitung

Die *Nützlichkeit* von Hochbegabung wurde bereits im 19. Jahrhundert erkannt. Stellvertretend hierfür sei ein im Kontext Hochbegabtenförderung vielleicht unvermuteter, zumindest aber unverdächtiger Zeuge zitiert:

„Hochbegabung ist ein Geschenk der Natur an die Gesellschaft" (Karl Marx, 1818-1883).

Um auch die *Notwendigkeit* der Hochbegabtenförderung zu erkennen, dauerte es weitere hundert Jahre. Auch dafür zwei historische Belege:

„Die Schule kann gewiss das Genie nicht schaffen; aber sie kann es ertöten oder doch schwer schädigen; sie soll es aber pflegen und ihm Bedingungen der Entwicklung so günstig als möglich gestalten" (Hugo Gaudig, 1860-1923).

„Viele Lehrer sind für Durchschnittsschüler geeignet, wenige für die ungewöhnlich Begabten" (Max Dessoir im „Buch der Erinnerungen" (S. 272), das 1946 im Ferdinand Enke Verlag, Stuttgart, erschienen ist).

Die hier reklamierten Instanzen „Gesellschaft", „Schule" und „Lehrer" wären aus aktueller Sicht wohl noch um die Repräsentanten der Bildungspolitik und der Massenmedien zu ergänzen. Wie lange wird es im 21. Jahrhundert dauern, bis endlich die letzten Vorurteile gegenüber außergewöhnlichen Talenten abgebaut und Chancengerechtigkeit im Bildungswesen auch hoch begabten Kindern und Jugendlichen eingeräumt werden? Auf diese und weitere Fragen wird im folgenden eingegangen. Im Zentrum stehen jedoch theoretische Erkenntnisse und empirisch kontrollierte Erfahrungen der Hochbegabungs- und Expertiseforschung. Erst in jüngster Zeit wurde der Versuch unternommen, beide Forschungsparadigmen zu kombinieren. Dies trug substantiell zum Erkenntnisgewinn über die Entwicklung Hochbegabter bei, wovon nicht zuletzt die Hochbegabtenförderung profitieren sollte.

1. Plädoyer für mehrdimensionale Hochbegabungskonzepte

Allgemein lässt sich „*Hochbegabung*" als *individuelles Fähigkeitspotenzial für außergewöhnliche Leistungen* definieren. IQ-Fetischisten assoziieren mit diesem Begriff meist eindimensionale Vorstellungen, was auch in Alltagsredewendungen wie „Fritz ist hoch begabt" oder „Otto ist unbegabt" zum Ausdruck kommt. Aktuelle Hochbegabungsmodelle konzeptualisieren hingegen „Hochbegabung" als mehrdimensionales oder auch typologisches Konstrukt. Nachdem bereits Renzulli (1978) in einem Zeitschriftenartikel unter dem Titel „What makes giftedness? Reexamining a definition" sein inzwischen berühmtes Drei-Ringe-Modell der Fachöffentlichkeit vorgestellt hatte, folgte in der ersten Hälfte der 1980er Jahre eine Reihe neuer Modellkonzeptionen, die sich fast ausnahmslos von eindimensionalen, IQ-basierten Hochbegabungsdefinitionen verabschiedeten, z.B. Gardner (1983), Gagné (1985), Sternberg (1985) oder Heller (1985) bzw. Heller und Hany (1986). Für einen aktuellen Überblick vgl. die kürzlich erschienene 2. Auflage von „Conceptions of Giftedness" (Sternberg & Davidson, 2005).

Paradigmatisch für moderne mehrdimensionale, typologische Hochbegabungskonzepte sei hier das *Münchner Hochbegabungsmodell* in der neuesten Fassung (vgl. Heller, 2001) bzw. dessen Erweiterung zum *Münchner Dynamischen Begabungs-Leistungs-Modell* (nach Perleth, 2001) kurz vorgestellt.

Im „klassischen" Münchner Hochbegabungsmodell – international als *Munich Model of Giftedness* (MMG) bekannt – werden verschiedene Hochbegabungsformen postuliert, ähnlich wie im *Multiplen Intelligenz-Modell* von Gardner oder im *Differentiated Model of Giftedness and Talent* (DMGT) von Gagné. Diagnostisch besonders relevant ist hierbei die Unterscheidung von drei Variablengruppen: *Prädiktoren* (Begabungsvariablen), *Kriteriums-* oder Leistungsvariablen und sog. *Moderatoren,* die die Beziehung zwischen den Begabungsprädiktoren und den Kriteriumsvariablen systematisch moderieren, d.h. variieren können.

Hochbegabung ist somit (im MMG) *als ein multifaktorielles Fähigkeitskonstrukt in einem Netzwerk von nichtkognitiven und sozialen Moderatoren sowie von mehr oder weniger domänspezifischen Leistungskriterien definiert.* Auf der theoretischen Bezugsbasis dieses Modells wurde auch die *Münchner Hochbegabungstestbatterie* (MHBT) entwickelt (Heller & Perleth, 2007a/b).

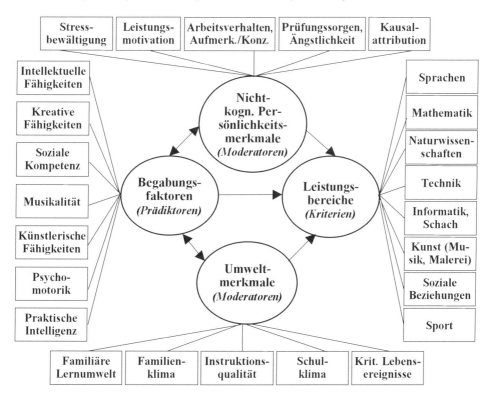

Abbildung 1: Das Münchner (Hoch-)Begabungsmodell (MMG) als Beispiel für mehrdimensionale, typologische Begabungskonzepte.

Legende:

Begabungsfaktoren (Prädiktoren), z.B.
- Intelligenz (sprachliche, mathematische, technisch-konstruktive Fähigkeiten usw.)
- Kreativität (sprachliche, mathematische, technische, gestalterische, usw.)
- Soziale Kompetenz
- Musikalität
- Musisch-künstlerische Fähigkeiten
- Psychomotorik
- Praktische Intelligenz

(Nichtkognitive) Persönlichkeitsmerkmale (Moderatoren), z.B.
- Leistungsmotivation, Lern- u. Aufgabenmotivation
- Hoffnung auf Erfolg vs. Misserfolgsängstlichkeit
- Anstrengungsbereitschaft
- Kontrollüberzeugung, Kausalattribution
- Erkenntnisstreben, Interessen
- Stressbewältigungskompetenz
- Selbstkonzept (allgemeines, schulisches, Begabungs-Selbstkonzept, usw.)

Umweltmerkmale (Moderatoren), z.B.
- Anregungsgehalt der häusl. Lernumwelt
- Bildungsniveau der Eltern
- Erziehungsstil, -ziele und -praktiken
- Häusliche Leistungsforderungen
- Soziale Reaktion auf Erfolgs-/ Misserfolgserlebnisse
- Geschwisterzahl und -position
- Familienklima
- Bildungsstandards, Unterrichtsqualität
- Lern- und Leistungsdifferenzierung
- Schulklima
- Kritische Lebensereignisse

Leistungsbereiche (Kriteriumsvariablen), z.B.
- Sprachen
- Mathematik
- Naturwissenschaften
- Technik, Gestaltendes Handwerk
- Informatik, Schach, usw.
- Musik
- Musisch-künstlerische Bereiche
- Sozialwissenschaften
- Führungsfunktionen in der Industrie, usw.
- Sportliche Tätigkeiten

Für *Talentsuchen* mit Hilfe der MHBT werden keine IQ-Grenzwerte mehr verwendet, sondern Hochbegabungsprofile. Profilanalysen dienen vor allem der Erkennung individueller Begabungsschwerpunkte zur Förderung im Sinne der präferentiellen Förderstrategie. Bei Individualdiagnosen in der *Einzelfallhilfe*, z.B. in der Underachieverdiagnose, wird demgegenüber der Schwerpunkt auf eine detaillierte Moderatoranalyse gelegt, um dysfunktionale Motivationen oder Kognitionen und/ oder ungünstige Sozialisationsbedingungen zu identifizieren. In solchen Fällen sind vor allem remediale Förderstrategien indiziert.

Das *Münchner Prozess-* oder *Dynamische Begabungs-Leistungs-Modell* (Munich Dynamic Ability-Achievement Model = MDAAM) ist ein Beispiel für *synthetic approaches* (vgl. Abbildung 2). Damit wird eine Brücke zwischen dem prospektiven Diagnose-Prognose-Ansatz der Hochbegabungsforschung einerseits und dem retrospektiven Experten-Novizen-Paradigma der Expertiseforschung andererseits geschlagen. Für beide Münchner Modellvarianten (MMG und MDAAM) gibt es inzwischen zahlreiche nationale und internationale Validierungsbelege; vgl. zusammenfassend Heller (2001, 2002, 2005), Heller und Perleth (2004, 2007a/b) sowie Heller, Perleth und Lim (2005). Deren Nutzen für die Hochbegabtenförderung wird vor allem auch im Zusammenhang mit relevanten Forschungsbefunden aus der Lehr-Lernforschung deutlich. Bevor hierauf näher eingegangen wird, sei noch kurz auf das in der Öffentlichkeit immer wieder diskutierte Thema der Chancengerechtigkeit im Kontext der Hochbegabtenförderung eingegangen.

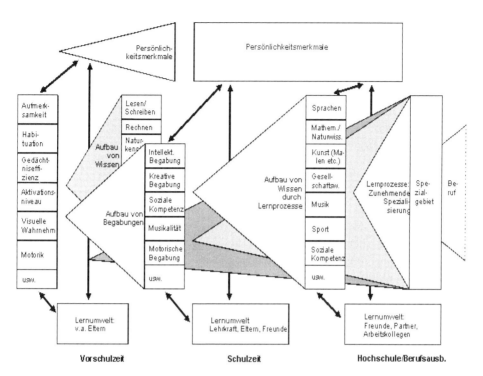

Abbildung 2: Das Münchner dynamische Begabungs-Leistungs-Modell (MDAAM).

2. Chancengerechtigkeit im Bildungswesen und Hochbegabtenförderung

Das in den meisten Länderverfassungen verbriefte individuelle Grundrecht auf Chancengerechtigkeit wird sehr oft falsch interpretiert und von Kritikern eines gegliederten Schulsystems gern als Gegenargument zur (gymnasialen) Begabtenförderung verwendet. Die in diesem Zusammenhang erhobene Forderung nach Gleichheit der Bildungschancen macht – angesichts unübersehbarer interindividueller Begabungsunterschiede – eine zweifache Nuancierung des Gleichheitsbegriffs notwendig. Zunächst bedeutet Gleichheit im Sinne des Art. 3 GG, dass allen jungen Menschen prinzipiell jeder Bildungsweg offen stehen muss. Es gibt keinen in objektiven Gegebenheiten (z.B. Rasse, Religion, sozialem Stand oder Geschlecht) wurzelnden Grund, jemanden von einem Bildungsweg auszuschließen. Zum anderen besagt die Sozialstaatsklausel des Grundgesetzes (Art. 20 Abs. 1, in Verbindung mit Art. 2 Abs. 1 und Art. 3), dass im Begriff der Gleichheit eine dynamische Komponente mitenthalten ist, die die jeweils unterschiedliche Situation des Einzelnen einbezieht. Und genau hier sind die aus unterschiedlichen Eignungsvoraussetzungen erwachsenden individuellen Lernbedürfnisse schulisch angemessen zu berücksichtigen. „Nichts ist ungerechter als die gleiche Behandlung Ungleicher" (Paul F. Brandwein).

Dem individuellen Anspruch auf gleiche Bildungschancen steht somit die gesellschaftliche Verpflichtung gegenüber, ein ausreichendes Spektrum von entwicklungsstimulierenden – d.h. das Individuum herausfordernden – schulischen Lernumwelten anzubieten. Inwieweit der einzelne Jugendliche von diesem Angebot tatsächlich Gebrauch macht, kann – jenseits der Sicherstellung einer obligatorischen Grundbildung für alle – staatlich nicht verordnet werden, sondern hängt von individuellen Interessen, Fähigkeiten und Bildungszielen bzw. persönlichen und natürlich auch familiären Werthaltungen ab. Letztlich aber liegt die Entscheidung, die angebotenen Bildungschancen wahrzunehmen oder zurückzuweisen, beim Sozialisanden selbst.

Dabei darf freilich nicht außer Acht gelassen werden, dass es eine Reihe von Fällen gibt, deren Persönlichkeitsentwicklung durch ungünstige Sozialisationsbedingungen, defizitäre Lernumwelten und/oder individuelle Behinderungen beeinträchtigt ist. Eine wichtige Aufgabe der Schule liegt deshalb in der Ermöglichung von maximalem Chancenausgleich für diese Jugendlichen, ohne die berechtigten Interessen der anderen zu vernachlässigen. Diese Verpflichtung resultiert aus dem Chancengerechtigkeitsprinzip, wobei die soziale Komponente der Chancengleichheit thematisiert wäre. Darauf haben alle Jugendlichen (unterschiedlicher Begabungsprofile) ein Anrecht.

Chancengerechtigkeit im Bildungswesen kann also nur Herstellung fairer Startbedingungen bedeuten, wobei bereits unterschiedliche Anlagepotentiale individuell völlig identische (Start-)Entwicklungschancen ausschließen. Erst recht sind Erwartungen gleicher Bildungserfolge für alle utopisch. Entsprechende bildungspolitische Forderungen führen – sofern tatsächlich umgesetzt – zur Nivellierung schulischer Bildungserfolge, was niemandem nützt und überdurchschnittlich begabten Schülern nachweislich schadet. Dies sei im folgenden mit Bezug auf aktuelle Erkenntnisse der Lehr-Lernforschung näher ausgeführt.

3. Das Postulat der Passung zwischen individuellen Lernbedürfnissen und effektiven sozialen (schulischen und familiären) Lernumwelten

Individuell unterschiedliche Begabungsvoraussetzungen und Lernbedürfnisse erfordern differenzierte schulische Curricula und Instruktionsstrategien. Dieses Postulat basiert auf der theoretischen – und empirisch gut belegten – Annahme, wonach zwischen den kognitiven Lernvoraussetzungen (aptitudes) der Schülerpersönlichkeit einerseits und der sozialen Lernumwelt der Schule bzw. der Unterrichtsmethode (treatment) andererseits spezifische Wechselwirkungen bestehen (*A*ptitude-*T*reatment-*I*nteraction-Modell). Demnach wären nicht alle Unterrichtsmethoden bzw. die didaktischen Konzepte gleichermaßen für alle Schüler geeignet.

Beispielsweise ist für weniger intelligente Schüler eine stärker strukturierte Unterrichtsform effektiver, während eine offene Unterrichtsform, die Gelegenheit zum selbstgesteuerten entdeckenden Lernen bietet, sich im allgemeinen für intelligentere Schüler als vorteilhaft erweist (Cronbach & Snow, 1977; Corno & Snow, 1986). Das hängt mit deren besser entwickelten metakognitiven Kompetenzen zusammen.

Unabhängig von der Methodenkritik am ATI-Ansatz gilt für hochbegabte Schüler, dass auf deren Lernbedürfnisse und Interessen genauso spezifisch einzugehen ist wie beispielsweise auf jene der mehr praktisch und/oder sozial Begabten. Bei intellektuell besonders befähigten Schülern führen länger andauernde Unterforderungen – etwa in undifferenzierten, heterogenen Begabungsgruppen – nicht selten zu Entwicklungsbeeinträchtigungen oder gar Verhaltensstörungen als Reaktion auf ungenügende individuelle Leistungsforderung. Diese Gefahr besteht in besonderer Weise für die 10-20% Begabtesten unter den Gymnasiasten (vgl. Heller & Rindermann, 1996; Heller, 1997, 2000a, 2002; Heller, Reimann & Rindermann, 2000; Rindermann, 2002). Diese zeichnen sich u.a. durch kognitive Neugier, Originalität, unstillbaren Wissensdurst sowie eine (nicht unbedingt schulfachbezogene) Interessenprofilierung aus. Deren hohes Lerntempo und besonders effektive Informationsverarbeitungs- und Gedächtnisstrategien, zusammen mit ausgeprägter Aufgabenmotivation gerade bei schwierigen, das Individuum herausfordernden Leistungssituationen, erfordern entsprechend offene und reichhaltige Lernumwelten. Wodurch sind solche „kreativen" bzw. „effektiven" schulischen Lernumwelten charakterisiert?

Diese Frage wurde empirisch dadurch zu beantworten versucht, dass man besonders erfolgreiche Lehrer mit weniger erfolgreichen verglich. Demnach zeichnen sich erstere durch hohe Flexibilität und stärker akzeptierende Haltung gegenüber ihren Schülern aus. Im Vergleich zu weniger erfolgreichen Kollegen weisen „effektive" Lehrer eine positivere Einstellung zu den besonders befähigten Schülern auf. Daraus resultiert auch ein verändertes Rollenverständnis. „Die Positionen Lehrer-Schüler sind im Vergleich zum üblichen Unterricht oftmals vertauscht. Der Lehrer findet sich in der Rolle des Mitlernenden in einem Kurs, den die Schüler zumindest teilweise selbst gestalten" (Grotz, 1990, S. 17).

Das Ziel, die Selbstständigkeit der Schüler im Denken, Lernen und Problemlösen zu fördern, lässt sich sehr gut mit dem Konzept des entdeckenden Lernens verbinden. Entdeckendes Lernen im Unterricht bedeutet, dass dem Schüler der Lernstoff nicht als ein fertiges Produkt dargeboten wird, sondern geeignete Lernumwelten die Wissenserwerbsprozesse beim Lernenden auslösen (vgl. Neber & Schommer-Aikins, 2002). Ziel des entdeckenden Lernens ist somit die Förderung der Selbstständigkeit des Lernenden. Die Schüler sollen auf diese Weise flexibel nutzbares Wissen erwerben.

Nach Neber (1999) wurde *entdeckendes Lernen* bisher in drei Grundformen realisiert:

- entdeckendes Lernen durch *Beispiele*, etwa zum Erwerb von Begriffen und Regeln;
- entdeckendes Lernen durch *Experimentieren*, etwa zum Erwerb von Regelwissen im naturwissenschaftlichen Unterricht;
- entdeckendes Lernen durch *Konfliktlösung*, wie es z.B. Rüppell (1981) im Bonner Lehr-Lern-System zu verwirklichen versucht.

Nach Zimmerman (1989) beinhaltet das Lernverhalten beim *selbstgesteuerten Lernen* folgende Aspekte:

- einen *metakognitiven* Aspekt: Selbstgesteuert Lernende planen und organisieren ihr Lernen mehr oder weniger autonom, wobei neben der Selbstinstruktion der Selbstevaluation während des Wissenserwerbsprozesses eine wichtige Rolle zukommt;
- einen *motivationalen* Aspekt: Selbstgesteuert Lernende nehmen sich als selbstwirksam, autonom und intrinsisch motiviert wahr;
- einen *Verhaltens*aspekt: Selbstgesteuert Lernende wählen, strukturieren und schaffen sich nach Möglichkeit solche sozialen und physischen Lernumwelten, die die Wissenserwerbsprozesse optimieren.

Solche fachübergreifenden Lern- und Denkkompetenzen rechnet man auch zu den kognitiven *Schlüsselqualifikationen*. Diese sowie weitere nichtkognitive und soziale Kompetenzen sollen nicht nur eigenverantwortliches Handeln in fachübergreifenden Zusammenhängen ermöglichen, sondern auch die notwendige Flexibilität angesichts rapider Veränderungen in vielen Berufsfeldern sichern. Vor allem in der Ober- bzw. Kollegstufe des Gymnasiums sind solche auf die Selbsterziehung der Lernenden ausgerichteten Schlüsselqualifikationen ein unerlässliches Sozialisationsziel im Hinblick auf die Vorbereitung der Studierfähigkeit. Dies setzt eine hohe Eigenverantwortlichkeit der Schüler voraus, die auch das Verständnis für interdisziplinäre Zusammenhänge weckt. Damit wird die Chance eröffnet, auf Veränderungen in Wissenschaft und Beruf angemessen vorbereitet zu sein. Darüber hinaus wird es darauf ankommen, die Balance zwischen der fachspezifischen Wissens- und Methodenvermittlung einerseits und der Allgemein- bzw. Persönlichkeitsbildung andererseits zu wahren – nicht zuletzt um dem „Qualifizierungsparadoxon" Rechnung zu tragen (Enders, 1995, S. 216). Bezogen auf die gymnasiale Ausbildung bedeutet dies, dass die dort vorbereitete Studierfähigkeit im Hinblick auf ein späteres Fachstudium an der Universität immer zugleich defizitäre und überschießende Kompetenzen beinhaltet.

Unterrichtliche oder schulische Differenzierungsmaßnahmen sollen die individuelle Persönlichkeitsentwicklung *aller* Kinder und Jugendlichen pädagogisch unterstützen, indem eine „Passung" zwischen der schulischen Lernumwelt und den jeweiligen Lern- und Leistungsvoraussetzungen der Schüler angestrebt wird (Heller, 1999). Hinter solchen Bemühungen steht die theoretisch (ATI-Modell sensu Corno & Snow, 1986 bzw. Snow & Swanson, 1992) und empirisch gut fundierte Annahme einer Wechselwirkung individueller und sozialer Entwicklungsbedingungen. Die Gestaltung adaptiver schulischer Lernumwelten verfolgt eine doppelte Zielsetzung: die Transformation individueller Lernpotenziale in entsprechende Schülerleistungen (Funktion der Persönlichkeitsentwicklung) und die Maximierung dieser Lernpotenziale durch die Befähigung zum selbstständigen Lernen (Bedeutung für das lebenslange Lernen).

In Übereinstimmung damit zielt der *adaptive* (an das individuelle Fähigkeits- und Leistungsniveau angepasste) *Unterricht* darauf ab, Unfähigkeit bei Schülern zu verhindern und persönliche Fähigkeitspotentiale voll zu entwickeln. Indem Lernprozesse durch individuell angemessene Leistungsforderungen (Aufgabenschwierigkeiten) angeregt und optimiert werden, sollen Unterforderung bei den einen und

Überforderung bei den anderen vermieden werden. Da schulische Lernprozesse gewöhnlich durch *kumulative* Leistungszuwächse gekennzeichnet sind, werden dabei die Chancen „aufzuholen" für Begabungsschwache in undifferenzierten Lerngruppen zunehmend geringer. Die Optimierung individueller Entwicklungschancen erfordert deshalb zwingend ausreichende unterrichtliche und schulische Differenzierungsmaßnahmen. Damit avanciert der Umgang mit Heterogenität zu einem pädagogischen bzw. bildungspolitischen Problem.

4. Hochbegabtenförderung und schulische Differenzierung

Der Begriff „Gruppierung" bzw. Homogenisierung von Lerngruppen beinhaltet in der Schulpraxis zahlreiche Varianten: vom „tracking" bis zum „within-class-grouping". Die im deutschsprachigen Raum anzutreffenden Sekundarschultypen wären Beispiele für solche *tracks*, wobei innerhalb derselben wiederum Gruppierungsvarianten auftreten, etwa im Gymnasialbereich altsprachliche, neusprachliche, mathematisch-naturwissenschaftliche oder auch Musik- und Sport-Gymnasien.

Charakteristisch für *tracking* ist die Art der Schülerrekrutierung für die verschiedenen Bildungsprogramme mit unterschiedlichen Anforderungsprofilen, und zwar sowohl inhaltlich-curricular als auch in Bezug auf den Schwierigkeitsgrad. Bei der Schülerzuordnung zu den einzelnen Schulprogrammen, die ja unterschiedliche schulische Lernumwelten repräsentieren, kann man sich entweder stärker an den individuellen Fähigkeitspotentialen (meist mit Hilfe von Intelligenztests oder – differentiellen – kognitiven Fähigkeitstests gemessen) oder am relevanten Vorwissen (etwa durch Schulnoten oder Schulleistungstests erfasst) orientieren, sofern nicht eine Kombination aus Potentialschätzung und Leistungsmessung bevorzugt wird. Im deutschsprachigen Raum wird meistens die zweite Variante, seltener die dritte und nur in Ausnahmefällen die erste Variante praktiziert. Kritiker des gegliederten Sekundarschulsystems haben jedoch überwiegend die erste Variante (Potentialschätzung als Zuteilungs- oder Auswahlkriterium) im Auge, obwohl diese hierzulande nur in Ausnahmefällen praktiziert wird.

Des Weiteren muss man bei der Schülerzuordnung zu verschiedenen *tracks* drei prinzipiell mögliche Entscheidungsstrategien auseinanderhalten: die Klassifikation, die Platzierung und die Selektion (ausführlicher vgl. Heller, 2000b, S. 227ff.). Kritiker schulischer Differenzierungsmaßnahmen etikettieren oft jede pädagogische und/oder schulorganisatorische Maßnahme der Zuordnung von Schülern (mit unterschiedlichen Lern- und Leistungsvoraussetzungen) in die für diese günstigsten (Aus-)Bildungsbedingungen (Treatments) als „Selektion". Dies ist nicht nur begrifflich unklar, sondern auch sachlich unzutreffend. Bei reinen *Selektions*entscheidungen geht es nämlich vorrangig um die Auswahl möglichst nur geeigneter Bewerber, z.B. für eine berufliche Position, ohne dass Alternativen für die betreffenden Kandidaten zur Verfügung stehen oder reflektiert werden. Solche Selektionsentscheidungen stellen sich im Bildungsbereich nicht oder nur selten. Für Bildungswegentscheidungen (z.B. Schullaufbahnen oder Studienfächer) bietet deshalb das *Klassifikations*modell oder notfalls auch die *Platzierungsentscheidung* die angemessenere Strategie, wie sie in der pädagogisch-psychologischen Diagnostik und teilweise auch in der Studien- und Berufseignungsdiagnostik seit über 30 Jahren postuliert wird (z.B. Heller, 1970; Heller, Rosemann & Steffens, 1978; Rosemann, 1975, 1978; Rosemann & Allhoff, 1982). Im Gegensatz zu univariaten Selektionsentscheidungen – etwa auf der Basis von IQ-Testwerten oder Noten*durchschnitten* – ermöglichen Klassifikationsentscheidungen auf multivariater Basis die Zuordnung individueller Merkmals*profile* zu relevanten schulischen Anforderungsprofilen bzw. Curricula, d.h. jenen Lernumwelten, die für die Persönlichkeits- und Leistungsentwicklung der betreffenden Jugendlichen (wahrscheinlich) am förderlichsten sind. Diese Annahme konnte auch in den neueren Studien von Sauer und Gamsjäger (1996) sowie Heller (2001, 2002) bestätigt werden.

"Although tracking is an attempt to group students of like ability in order to make instruction more effective, ... grouping without curriculum differentiation serves only to stratify, not to educate, students" (Borland et al., 2002, S. 101), womit erneut das ATI-Modell in den Blick rückt. Zugleich ist damit ein prinzipielles Problem von Tracking-Maßnahmen angesprochen, das mit der häufig beobachteten Reduzierung des Schulwechsels – vor allem in der Form des „Aufsteigens" – in Zusammenhang gebracht wird (z.B. Schümer, Tillmann & Weiß, 2002, S. 209f.). Obwohl hierfür in erster Linie lernpsychologische Ursachen (z.B. Akkumulierungseffekte) reklamiert werden müssen, ist für viele Schulpädagogen und „Advokaten" heterogener Lerngruppen am ehesten noch das „flexible grouping" akzeptabel. Dessen Vorteile gegenüber dem „klassischen" Tracking werden darin gesehen, dass hierbei die einzelnen Schüler je nach individuellen Lernfortschritten in unterschiedlichen Domänen bzw. Fachniveaukursen adäquater unterrichtet werden können, d.h. eine bessere Passung zwischen individuellem Merkmalsprofil und schulischer bzw. unterrichtlicher Lernumwelt erzielt wird. Implizit basieren solche Erwartungen auf der interindividuellen Differenzhypothese bzw. einer multiplen Begabungstheorie, also der Annahme individuell unterschiedlicher Lernvoraussetzungen in Bezug auf einzelne Schulfächer oder Lerngegenstände.

Flexible Schülergruppierungen sind somit mit den Annahmen des ATI-Modells vereinbar, sofern es tatsächlich gelingt, hinreichend individuell angepasste curriculare Lern- bzw. Unterrichtsbedingungen in ein und demselben Schulsystem anzubieten. Freilich gilt auch hier: "Flexible grouping is easier to advocate than it is to put into practice" (Borland et al., 2002, S. 101). Deshalb überrascht es kaum, dass selbst prominente Gegner von Schülergruppierungen in der „harten" Realität nicht ohne diese auskommen.

"Robert Slavin of the Johns Hopkins University is a vocal critic of most forms of ability grouping. However, in his lauded Success for All program that serves poor innercity students, he uses the Joplin Plan, a form of flexible cross-grade ability grouping in reading. So the issue is only clear-cut at the extremes" (loc. cit.).

Fazit: In der Realität wird sich niemand dem Differenzierungsproblem ohne die Gefahr von Bildungseinbußen entziehen können. Diese Feststellung gilt auch angesichts der gern von Befürwortern (nur) der Binnendifferenzierung vorgenommenen Vergleiche der deutschen TIMSS- und PISA-Ergebnisse mit jenen der internationalen Spitzenreiterländer, die bis in die Sekundarstufe I Gesamtschulsysteme praktizieren (vgl. Baumert, Lehmann et al., 1997; Deutsches PISA-Konsortium, 2001).

Aus solchen pauschalen Vergleichen abgeleitete Voten für die vermeintliche Überlegenheit von Gesamtschulsystemen gegenüber dem gegliederten Schulsystem (mit seinen zahlreichen Facetten der Schülergruppierung) sind in mehrfacher Hinsicht ungerechtfertigt.

Zum einen fehlen in den reklamierten Gesamtschulländern wie Finnland, Schweden oder China, Japan und Korea die Vergleichsgruppen eines gegliederten Schulsystems, wie es in Deutschland, Österreich und der Schweiz u.a. im europäischen Raum oder in Singapur (mit *vier* Tracks!) und in Hongkong praktiziert wird. Das Beispiel Singapur entspricht schulleistungsergebnismäßig voll den Erwartungen an ein hinreichend differenziertes Schulsystem, ähnlich wie in Hongkong oder in Österreich und der Schweiz (zum Spezialfall Finnland vgl. von Freymann, 2002).

Zum anderen erfüllt die PISA-E-Studie (Deutsches PISA-Konsortium, 2002) zumindest die Anforderungen an ein quasi-experimentelles Design, indem hier Bundesländer *mit* versus *ohne* Gesamtschulen zur Verfügung stehen. Solche Target Group/Comparison Group-Designs ermöglichen Trendaussagen über die Leistungsfähigkeit *deutscher* Gesamtschulen im Vergleich zum *deutschen* gegliederten Sekundarschulsystem; zur Methodenproblematik vgl. etwa Pekrun (2002). Die in PISA-E beobachteten (enormen) Leistungsvorsprünge allgemein jener Bundesländer mit einem ausgeprägten gegliederten Sekundarschulsystem und im besonderen auch der gymnasialen Schulform (sofern einigermaßen verbindliche Leistungsstandards eingehalten werden) sprechen für sich. Diese Feststellung darf aber nicht als monokausaler Erklärungsversuch missinterpretiert, sondern muss im Zusammenhang mit dem nachfolgend skizzierten Merkmalsmuster von Schulerfolg betrachtet werden. Dabei wird dieses Merkmalscluster im gegliederten Schulsystem – zumindest im deutschsprachigen Kontext – offenbar besser umgesetzt als an Gesamtschulen.

Hauptmerkmale für schulische Bildungserfolge sind nach den jüngsten nationalen und internationalen Schulleistungsvergleichsstudien (MARKUS, IGLU, TIMSS, PISA u.a.), jenseits systembedingter oder organisatorischer Rahmenbedingungen, folgende:

- *Individuell genutzte Lerngelegenheiten* (in und außerhalb der Schule), was häufig – jedoch nicht immer – mit dem Unterrichtsvolumen korreliert. Neben der Quantität ist vor allem auch die Qualität der Lernaktivitäten von entscheidender Bedeutung für den Bildungserfolg, wie TIMSS/II und TIMSS/III erneut bestätigten. Nach den Berechnungen von Helmut Fend (Universität Zürich) erklärt das akkumulierte Unterrichtsvolumen 40% der PISA-Leistungsunterschiede zwischen den einzelnen Ländern (persönliche Mitteilung an den Verf.). Zum qualitativen Aspekt sei insbesondere auf die Ergebnisse der Expertiseforschung, z.B. *Deliberate Practice*-Konstrukt (vgl. Ericsson, 1996; Schneider, 2000) oder *Akkumulierungseffekt* bzw. sog. Matthäuseffekt (s.u.), verwiesen. Danach ist Leistungsfähigkeit auf hohem Niveau (Expertise) nur durch qualitativ hochwertige, lang andauernde (*Zehn-Jahres-Regel* der Expertiseforschung) Lern- und Trainingsphasen in einer bestimmten Domäne zu erzielen, wobei höhere Expertisierungsgrade den genannten Akkumulierungseffekten unterliegen.

- *Unterrichtsqualität* und unterrichtliche bzw. schulische *Differenzierungsmaß-nahmen* (Helmke & Weinert, 1997; Heller, 1998, 1999).

- *Muttersprachliche Kompetenz* als Basis für Allgemeinbildung bzw. unerlässliche Voraussetzung für Wissenskernbereiche.

- *„Sekundärtugenden"* wie Selbstdisziplin, Zuverlässigkeit, Ausdauer sowie Lern- und Arbeitstechniken, Subroutinen und metakognitive Kompetenzen als unverzichtbare Elemente für den Erwerb von Basiskompetenzen und Expertise in unterschiedlichen Domänen.

- *Anstrengungsbereitschaft und Lernmotivation* („Anstrengungskultur") der Schüler (Stevenson & Stigler, 1992; Randel, Stevenson & Witruk, 2000; Stevenson, Hofer & Randel, 2000).

- *Hochbegabtenförderung*, d.h. Sensibilisierung für die Lernbedürfnisse Hochbegabter, Abbau von Vorurteilen usw. sowie Einsatz qualifizierter Identifikations- und Fördermaßnahmen bzw. Förderprogramme (vgl. Heller & Hany, 1996; Heller, Mönks, Sternberg & Subotnik, <2000> 2002; Borland et al., 2002).

- *Förderung begabter Underachiever* und anderer Risikogruppen (vgl. Peters, Grager-Loidl & Supplee, 2000; Kaufmann & Castellanos, 2000; Kerr, 2000).

- *Diagnosekompetenz von Lehrkräften* als Voraussetzung für gezielte Fördermaßnahmen (vgl. Weinert, 2001). Die Vermittlung entsprechender Methodenkenntnisse müsste Pflichtbestandteil im Curriculum für die Lehreraus- und Lehrerfortbildung sein. Siehe Kapitel 8 in diesem Buch.

- *Schulische Lern- und Leistungskontrollen* im Sinne formativer *und* summativer Evaluationen: Optimierungsfunktion und Qualitätskontrolle, wozu neben regelmäßigen (standardisierten) Orientierungsarbeiten zentralisierte Abschlussprüfungen und Zentralabitur unerlässlich sind. Aufschlussreich ist in diesem Zusammenhang, dass in fast allen Ländern außerhalb Deutschlands, gerade auch in den PISA-„Siegerländern" einschließlich Finnland, kontinuierliche Lernleistungskontrollen bereits in den ersten Grundschuljahren obligatorisch sind – für deutsche Grundschulpädagogen nicht selten eine Horrorvorstellung, zumal wenn Lernleistungskontrollen nur auf normative Messungen und summative Evaluationen (z.B. Zeugnisnoten) reduziert betrachtet werden; ausführlicher vgl. Heller und Hany (2001) sowie Kapitel 8 in diesem Buch.

- *Kombination unterschiedlicher Instruktionsmethoden*, z.B. von schülerzentriertem lehrergesteuerten Unterricht und schülerreguliertem entdeckenden Lernen, Entwicklung und Förderung metakognitiver Kompetenzen sowie kreativer Problemlösungsfähigkeiten, systematischer Erwerb von Fachkenntnissen im Sinne „intelligenten" Wissens zur Unterstützung von Transferleistungen usw. (Helmke & Weinert, 1997).

- *Vermittlung sog. Schlüsselqualifikationen* wie Sozial- und Medienkompetenzen, etwa durch Rhetorik-, Theater- und Informatikkurse.

- *Kooperation von Schule und Elternhaus*, insbesondere auch bei erforderlichen schulischen Förder- und flankierenden familiären Unterstützungsmaßnahmen (vgl. Zimmermann & Spangler, 2001; Baumert & Schümer, 2002).

- *Wertschätzung schulischer Bildung und Lernleistungen* in der Gesellschaft.

5. Das Phantom-Modell „Mastery Learning" und der empirisch vielfach bestätigte „Matthäus-Effekt"

Nachdem B.S. Bloom (1968, 1976, 1987) in Anlehnung an Carrolls *Modell schulischen Lernens* (1963) eine Erweiterung zum sog. *Modell zielerreichenden Lernens* (Mastery Learning) vorgestellt hatte, jagten viele hoffnungsvolle Schulpädagogen diesem offensichtlich äußerst attraktiven Ansatz jahrzehntelang nach. Im Mastery-Learning-Modell spielt der Zeitfaktor eine beherrschende Rolle. So ist nach Bloom der individuelle Lernerfolg dann gewährleistet, wenn ein Schüler soviel Lernzeit aufwendet, wie er für eine bestimmte Aufgabenbewältigung benötigt. Der Grad des Lernerfolgs ist demnach eine Funktion aufgewendeter und benötigter Zeit, wobei der Quotient den Wert von 1,0 nicht überschreiten kann, weil die Modellannahme impliziert, dass der Schüler bzw. die Schülerin sich nicht länger als benötigt mit einer Lernaufgabe beschäftigt. Soweit ist die Modellkonzeption durchaus nachvollziehbar, zumal die *benötigte Lernzeit* von Carroll bzw. Bloom durchaus in Abhängigkeit von der individuellen Begabung und Motivation sowie von der Unterrichtsqualität gesehen wird. Ausführlicher vgl. Heller und Nickel (1978, S. 90ff.).

Dass sich das Modell zielerreichenden Lernens in der Empirie aber letztlich als Phantom-Modell erwiesen hat, können wir heute besser als noch vor Jahrzehnten erklären. Zum einen konnte das *Faktum interindividueller Begabungsunterschiede* und somit unterschiedlicher individueller Lerngeschwindigkeiten (und Lernstrategien) trotz intensiver Unterrichtsbemühungen im Sinne des Postulats „Zielerreichendes Lernen für alle!" nicht außer Kraft gesetzt werden. Zum andern erfolgen schulische bzw. komplexere Wissenszuwächse *kumulativ*, nicht additiv. Damit lassen sich auch die häufig beobachteten „Schereneffekte" theoretisch gut erklären. Dies soll beispielhaft etwas näher erläutert werden.

Die – in allen Schulsystemen – häufiger beobachtete Durchlässigkeit „nach unten" im Vergleich zu jener „nach oben" ist weniger systembedingt als vielmehr lernpsychologisch mit dem sog. Matthäuseffekt (Merton, 1968) zu erklären. Der *Matthäuseffekt* bezeichnet – in Anlehnung an die neutestamentliche Parabel bei Mt 13.12-13 („Wer hat, dem wird – noch mehr – gegeben") – eine uralte Menschheitserfahrung in unterschiedlichen Domänen. Im schulischen Kontext ist damit die *Kumulierung* von Lern- und Wissenszuwächsen bzw. nach Merton (1973) ein „Prozess der Akkumulierung der [individuellen] Chancen" charakterisiert.

Da Schulleistungen vor allem im späteren Kindes- und Jugendalter durch *kumulative* – auf dem Vorwissen aufbauende – Lern- und Wissenszuwächse gekennzeichnet sind, werden die Chancen „aufzuholen" für Begabungsschwache in undifferenzierten Lerngruppen zunehmend geringer. Eine Optimierung individueller Entwicklungschancen erfordert somit zwingend ausreichende unterrichtliche und schulische Differenzierungsmaßnahmen. Dieses Postulat gilt auch im Hinblick auf die Chancengerechtigkeit im Schulwesen. Die Annahme (und verständliche pädagogische Hoffnung), dass in begabungs- und leistungsheterogenen Schulklassen eine Divergenzminderung bei gleichzeitiger Schulleistungsförderung aller möglich sei, wurde bereits in den 1980er Jahren widerlegt (z.B. von Treiber & Weinert, 1982, 1985 bei Hauptschülern und von Baumert et al., 1986 bei Gymnasiasten) und neuerdings auch in der Hamburger LAU-Studie (Lehmann et al., 1997, 1999), ferner in den Studien PISA und IGLU (z.B. Baumert & Schümer, 2002; Köller & Baumert, 2002; Köller, Watermann, Trautwein & Lüdtke, 2004; Köller, 2005) oder in der baden-württembergischen G8-Studie (Heller, 2002). Siehe auch Ditton (1992).

6. Bildungspolitische Rahmenbedingungen für eine effektive schulische Begabtenförderung

Die Qualität *gymnasialer* Bildung als „Lernumwelt" für intellektuell besonders befähigte Schüler/innen – analoge Bedingungsstrukturen gelten für die Begabtenförderung in der Real- und Haupt- bzw. Gesamtschule – hängt vor allem von vier Bedingungskomponenten ab: (1) dem Gymnasium mit seinen Bildungszielen, Bildungsinhalten bzw. Lernanforderungen, (2) der Unterrichtsqualität und Lehrerkompetenz, (3) der Schülerschaft mit ihren Eignungsvoraussetzungen für diesen Bildungsgang sowie (4) der Qualitätskontrolle. Im Hinblick auf die Qualitätssicherung schulischer und außerschulischer Fördermaßnahmen erfordert dies eine *Kontext*evaluation, eine *Input*evaluation, eine *Treatment*evaluation und eine *Output*evaluation (vgl. Tabelle 1).

Tabelle 1: Evaluationstypen nach dem CIPP-Modell von Stufflebeam[1].

	Kontext-evaluation	Input-evaluation	Prozess-evaluation	Produkt-evaluation
Gegen-stände und Kom-ponenten	Förderbedarf und Ziele für ein Programm	Menschliche und materielle Ressourcen eines Programms	Durchführung, tatsächlicher Ablauf, Implementierung eines Programms	Effekte und Ziel-erreichungen eines Programms
Teilfunk-tionen	Beurteilungs-kriterien, Ziele und zu messende Kriteriumsvariablen für ein Programm festlegen	Ressourcen und Methoden eines Programms beurteilen	Programmdurch-führung über-wachen, auch um Informationen zur weiteren Optimierung des Programms zu gewinnen	Effekte messen (positive und negative) und das Programm durch Vergleich von Effekten mit Zielen beurteilen

Anmerkung:[1] z.B. Stufflebeam (2000); *CIPP* ist ein Akronym aus *C*ontext, *I*nput, *P*rocess und *P*roduct. Tabelle 1 stammt aus Heller und Neber (2004).

Eine umfassende Qualitätssicherung muss alle vier Evaluationsaspekte berücksichtigen. So ist beispielsweise im Hinblick auf die (abiturnotenabhängige) NC-Regelung für viele Studienfächer die Gültigkeit des Abiturzeugnisses als Bescheinigung der „Hochschulreife" zu gewährleisten. Wenn jedoch ein und dieselbe Note reale Leistungsunterschiede von einer oder gar zwei Notenstufen repräsentiert, wie eine Analyse der Abiturnoten von Gesamtschülern versus Gymnasiasten in Nordrhein-Westfalen in der Studie von Köller, Baumert und Schnabel (1999) offenbarte, sind nicht nur Abiturzeugnisse obsolet, sondern auch die häufig reklamierte Chancengerechtigkeit massiv beeinträchtigt. Allen Gegenargumenten zum Trotz dürfte die Sicherung vergleichbarer Standards – hier im Hinblick auf die „Rettung" des Abiturs als Hochschulzugangsberechtigung – nur über zentrale (Abitur-)Prüfungen realisierbar sein. Andernfalls werden wir in absehbarer Zeit amerikanische Verhältnisse in Deutschland vorfinden, d.h. Hochschuleingangsprüfungen mit den bekannten – unerwünschten – Nebeneffekten. Und die Gegner zentraler Abiturprüfungen sind dann die ersten Kritiker universitärer Aufnahmeprüfungen. In Deutschland sind spätestens seit den Ergebnissen aktueller internationaler Schulvergleichsstudien vorliegende Gesamtschulevaluationen vielfach unbrauchbar.

Vergleichbare US-Erfahrungen äußerte jüngst Dr. James Comer von der Yale Universität, der im Septemberheft 2004 von *APA-Monitor on Psychology (Vol. 35, No. 8)* auf Seite 67 resümiert: „While desegregation was good social policy, it was not good educational policy. The implementation was flawed and fragmented and ignored what children need to be successful."

Somit lassen sich zusammenfassend die folgenden bildungspolitischen Konsequenzen für die Hochbegabtenförderung reklamieren.

7. Resümee: Sechs Thesen zur Hochbegabtenförderung

(1) Ein effektives Bildungssystem ist nur auf der Grundlage ausreichender unterrichtlicher und schulischer *Differenzierungsmaßnahmen* möglich. Das theoretische Postulat der „Passung" zwischen individuellen Lernfähigkeiten bzw. Lernbedürfnissen einerseits und schulischen bzw. sozialen Lernumwelten andererseits kann als empirisch sehr gut bestätigt gelten.

(2) Eine zeitliche Verlängerung der vierjährigen Grundschule und damit ein *Aufschub schulischer Differenzierung* über die 4. Jahrgangsstufe hinaus ist für die weitere Schulleistungs- und Schülerpersönlichkeitsentwicklung nicht nur abträglich (wie u.a. einschlägige empirische Datenanalysen in Berlin und Dänemark oder in der früheren DDR belegen; ausführlicher vgl. Roeder, 1997, 2003; Köller & Baumert, 2002; Heller, 2002, 2003a/b, 2004), sie bringt auch keinerlei Vorteile im Hinblick auf die Schulerfolgsprognose am Ende der sechsten (gegenüber der vierten) Jahrgangsstufe. Eher sind hiervon Nachteile besonders für die besseren vs. die schlechteren Schüler wegen des Schereneffektes zu erwarten, der bei geringerem schulischen Differenzierungsgrad deutlicher in Erscheinung tritt als in gegliederten Schulsystemen. Siehe Kapitel 15 unten.

(3) *Differenzierung* kann vor allem über die Anpassung des Lerntempos und der Aufgabenschwierigkeit des Lernstoffs an die individuellen Lernvoraussetzungen erreicht werden. Während in der Grundschule „innere" Differenzierungsmaßnahmen wie Curriculum Compacting oder Compressing, Pull-out-Programme oder auch einzelne externe Fördereinrichtungen wie Kinderakademien oder spezielle Hochbegabtenförderkurse im Sinne des Enrichmentprinzips für die meisten Schüler ausreichen (ergänzt durch flexible Regelungen zur Ein-

schulung und Versetzung bzw. zum Klassenüberspringen), sind spätestens ab
der 5. Jahrgangsstufe darüber hinaus „äußere" (d.h. schulische) Differenzie-
rungs- bzw. Gruppierungsmaßnahmen zur Sicherung einer optimalen Leis-
tungs- und Persönlichkeitsentwicklung erforderlich (vgl. noch Köller, 2005).
Beim Zugang zum, nach unterschiedlichen Anforderungsprofilen gegliederten,
Sekundarschulsystem muss wiederum sehr sorgfältig auf die *Passung* zwischen
individuellem Eignungsprofil und schulischem Anforderungsprofil geachtet
werden. Eine Missachtung dieser Forderung gefährdet nicht nur den Schulerfolg, sondern produziert auch (unnötigen) Schulstress, Schulunlust und oft auch
Zweifel an der eigenen Leistungsfähigkeit mit allen negativen Konsequenzen
für die weitere Persönlichkeitsentwicklung. Dass damit letztlich auch Berufs-
und Lebenschancen gemindert werden, wird von den Verfechtern undifferen-
zierter Gesamtschulsysteme häufig übersehen.

(4) Die Effizienz eines Schulsystems ist natürlich nicht nur von einem geregelten
Zugang (Input-Kontrolle) und von verbindlichen Standards für die Abschluss-
qualifikationen (Output-Kontrolle) abhängig, sondern vor allem auch von der
Qualität der Lehr-Lernprozesse und praktizierter Erziehungsmaßnahmen
(Treatment-Kontrolle). Eine seriöse *Schulevaluation* muss alle drei Komponenten, eine „vollständige" Programmevaluation sogar noch eine vierte Komponente, die Kontextevaluation, miteinbeziehen.

Ergebnisse der wissenschaftlichen Evaluation von neuen Schulmodellen
oder Förderprogrammen bestätigen die praktische Erfahrung, wonach eine en-
ge, vertrauensvolle Zusammenarbeit von Eltern und Lehrkräften die Entwicklungschancen der Jugendlichen nachhaltig unterstützt. Allerdings können Lehrkräfte bzw. Beratungslehrer und Schulpsychologen versäumte Erziehungsfunk-
tionen im Elternhaus nur begrenzt kompensieren, weshalb gleichzeitig vor einer Überfrachtung des schulischen Erziehungsauftrags gewarnt werden muss.

(5) Die *Durchlässigkeit* eines Schulsystems wird in der öffentlichen Diskussion
häufig verkürzt nur in Abhängigkeit von strukturellen Systemmerkmalen gesehen. Dass die „Durchlässigkeit nach unten" viel häufiger als die „Durchlässigkeit nach oben" – nicht nur im gegliederten Sekundarschulsystem, sondern
auch in der leistungsdifferenzierten Gesamtschule – zu beobachten ist, wird
gern dem betr. Schulsystem angelastet. So berechtigt diese Kritik vielleicht bis
weit in die zweite Hälfte des letzten Jahrhunderts noch gewesen sein mag, inzwischen kann sie angesichts der in jedem Bundesland nahezu perfekt geregelten Durchlässigkeit nur selten noch als Ursache für „Schulversagen" betrachtet
werden (vgl. auch Dohn, 1991; Roeder, 1997, 2003). Vielmehr bietet sich in
solchen Fällen eine lernpsychologische Erklärung an: Danach erfolgt der *Wissensaufbau* bzw. *Lernzuwachs* in den meisten Schulfächern kumulativ. Individuelle Lernleistungsdefizite bei den einen und Lernleistungszuwächse bei den
anderen Schülern tendieren somit auseinander (wenn nicht rechtzeitig die Wissenslücken geschlossen werden), was den oben erwähnten Schereneffekt bedingt. Der zunehmenden Leistungsverschlechterung auf der einen Seite steht
die Maximierung des Wissenszuwachses auf der anderen Seite gegenüber. Im
ersten Fall wird der Anschluss an das Leistungsniveau der Klassengruppe zu-

nehmend schwieriger, im zweiten Fall wird der „Prozess der Akkumulierung der Chancen" (Merton) bzw. der sog. Matthäus-Effekt (siehe S. 77 oben) wirksam. Damit soll hier nicht gegen eine elaborierte Durchlässigkeitsregelung im schulischen Bildungssystem argumentiert, sondern nur illusionären Hoffnungen bzw. irrealen Erwartungen vorgebeugt werden. Analoge Vorbehalte gelten allzu naiven, im Zusammenhang mit der Interpretation der „sozialen Schere" in den deutschen PISA-Befunden in der Öffentlichkeit kolportierten, „Erklärungen", ohne damit die wirklichen Ursachen zu benennen. Siehe auch den Leitartikel „Neues aus PISA" von Konrad Adam in *Die Welt* vom 1.11.2005 (S. 8).

Jede Entwicklung, auch die kognitive Entwicklung, unterliegt von Anfang an einem Wechselwirkungsprozess im Sinne einer Interaktion von personinternen und -externen (sozialen) Einflussfaktoren. Entsprechend beobachten oder testen wir immer nur ein *Interaktionsprodukt*, das dann als Leistungsstand oder Expertisierungsgrad, als Fähigkeits- oder Begabungsniveau usw. bezeichnet wird. Genau betrachtet messen wir nicht Fähigkeits- oder Leistungs*merkmalsausprägungen*, sondern die Varianz, d.h. sog. *interindividuelle Unterschiede* bezüglich Begabung und Leistung. Wenn aber die beobachteten interindividuellen Differenzen bereits in der Entwicklung ab ovo durch die Wechselwirkung internaler Anlage- und externaler Sozialisationsfaktoren bestimmt sind, kommt der *elementaren* Begabungs- und Leistungsförderung eine prominente Rolle zu. Was in der familiären Sozialisation und im Grundschulalter erzieherisch versäumt worden ist, lässt sich im Sekundarstufenalter meist nur unter erschwerten Bedingungen „kompensieren". Deshalb muss im Hinblick auf die Reduzierung gewiss ärgerlicher Sozialisationsdefizite eine möglichst frühe Förderung einsetzen, die auch die Förderung der elterlichen Erziehungskompetenz miteinbezieht. Diese Forderung gilt verstärkt für Familien mit leistungsschwachen vs. leistungsstarken Schülern, wenngleich dabei *unterschiedliche* (begabungsspezifische) Maßnahmen indiziert sind.

Dies ist freilich häufiger ein virulentes Problem „bildungsferner" Sozialschichten als bildungsaufgeschlossener Familien und – zumindest in Deutschland – nur teilweise mit finanziellen Ressourcen der betr. Sozialschichten konfundiert. Diese Erkenntnis ist nicht neu, trotzdem offensichtlich – auch manchen OECD-Repräsentanten gegenüber – schwer zu vermitteln. Sie wurde bereits in den 1960er Jahren im Kontext bildungssoziologischer und psychologischer Studien in Deutschland zum Thema Begabungs- oder Bildungsreserven eingehend diskutiert; vgl. etwa Dahrendorf (1965, 1966), Peisert (1967), Aurin et al. (1968) oder Heller (1969, 1970) sowie ausführlicher das Buchkapitel 9 unten. Mit dieser Anmerkung sollen nicht die verdienstvollen OECD-Bemühungen im letzten halben Jahrhundert geschmälert, sondern nur einer Unterschätzung der Wirkung psychosozialer Einstellungen und Vorurteile sowie der Vernachlässigung entwicklungsförderlicher Erziehungsziele und -praktiken durch die Sozialisationsagenten begegnet werden.

(6) Die zunehmende *Globalisierung des Arbeitsmarktes* erfordert auch im Bildungssektor nationale Konsequenzen, um im internationalen Wettbewerb bestehen zu können. Der technologische und volkswirtschaftliche Erfolg eines

Landes wird immer stärker von der Qualität seines (Aus-)Bildungssystems im Primar-, Sekundar- und Tertiärbereich bestimmt. *Internationale Schulleistungs- vergleichsstudien* wie TIMSS (Third International Mathematics and Science Study) und das OECD-Projekt PISA (Programme for International Student Assessment) erfüllen deshalb eine wichtige Funktion zur Qualitätssicherung und Zukunftsfähigkeit unseres Bildungssystems im internationalen Vergleichsmaßstab. In einem föderativen System wie der Bundesrepublik Deutschland sind darüber hinaus einheitliche Qualifikationsstandards länderübergreifend gefordert, sofern man das im Art. 3 GG verbriefte Grundrecht *aller* auf individuell angemessenen Bildungsanspruch – egal ob in Bremen, Hamburg, Nordrhein-Westfalen, Bayern, Baden-Württemberg oder in Berlin und Brandenburg – beherzigt. Im Zusammenhang damit ist auch die *Hochbegabtenförderung* bildungspolitisch zu rechtfertigen, genauso wie die Behindertenförderung oder die besondere Förderung sozial benachteiligter Gruppen. Angesichts der wissenschaftlichen, technologischen und wirtschaftlichen Vernetzung moderner Informations- und Wissensgesellschaften kann kein Land mehr auf die nachhaltige Förderung seiner *Leistungselite* verzichten. Nur so sind auch die Ansprüche an das soziale Netzwerk einer Gesellschaft zu sichern.

Während aus Art. 3 GG die *gesellschaftliche Verpflichtung* gegenüber einer optimalen individuellen Ausbildung zur Sicherung der Berufs- und Lebenschancen resultiert, besteht umgekehrt die *individuelle Verpflichtung* gegenüber der Gesellschaft, hierfür einen je nach Vermögen angemessenen Beitrag zu leisten. Insoweit sind Begabung und Talente nicht „Privateigentum", sondern individuell und sozial verpflichtende „Aufgaben". Auch diese Forderung findet bereits in der Parabel von den Talenten bei Mt 25,14-30 ihren Niederschlag. Zugleich lehrt uns diese alte Menschheitserfahrung, dass die Umsetzung außergewöhnlicher Begabungen in adäquate Schul-, Studien- oder Berufsleistungen der eigenen *Anstrengung* bedarf. Die in der modernen Expertiseforschung formulierte „Zehnjahresregel" besagt, dass – außergewöhnliche Fähigkeiten vorausgesetzt – Hochleistungen nur durch tägliches (sechs- bis achtstündiges) Lernen oder Training über einen Zeitraum von ca. 10 Jahren zu erreichen sind. Auch die jüngsten TIMSS- und PISA-Studien belegen eindrucksvoll, dass neben Lern- und Leistungsmotiven sowie Interessen der *Anstrengungsvariable* eine Schlüsselrolle bei der Kompetenzentwicklung zukommt. Begabtenförderung bedeutet somit, das Individuum in seinen Fähigkeiten herauszufordern. Oder wie Hartmut von Hentig es (in einem Interview in der Zeitschrift „Pädagogik", Heft 9/1995, S. 37) treffend formuliert hat: „Wo Kindheit Glück ist, ist sie es durch Anspruch, nicht durch everything goes."

Literatur

Aurin, K. et al. (1968). *Gleiche Chancen im Bildungsgang. Bericht der Bildungsberatungs- stellen von Baden-Württemberg über Begabung und Schuleignung.* Schriftenreihe A Nr. 9 des KM Baden-Württemberg zur Bildungsforschung, Bildungsplanung und Bildungspolitik. Villingen: Neckar-Verlag.

Baumert, J. & Schümer, G. (2002). Familiäre Lebensverhältnisse, Bildungsbeteiligung und Kompetenzerwerb im nationalen Vergleich. In Deutsches PISA-Konsortium (Hrsg.), *PISA 2000* (S. 159-202). Opladen: Leske + Budrich.

Baumert, J., Lehmann, R. et al. (1997). *TIMSS – Mathematisch-naturwissenschaftlicher Unterricht im internationalen Vergleich. Deskriptive Befunde.* Opladen: Leske & Budrich.

Baumert, J., Roeder, P.M., Sang, F. & Schmitz, B. (1986). Leistungsentwicklung und Ausgleich von Leistungsunterschieden in Gymnasialklassen. *Zeitschrift für Pädagogik, 32,* 639-660.

Bloom, B.S. (1968). Learning of mastery. *Evaluation Comment, 1* (2).

Bloom, B.S. (1976). *Human characteristics and school learning.* New York: McGraw-Hill.

Bloom, B.S. (1987). A response to Slavin's mastery learning reconsidered. *Review of Educational Research, 57,* 507-508.

Borland, J.H. et al. (Guest Eds.). (2002). A quarter century of ideas on ability grouping and accelerations. Special issue. *Roeper Review, 24,* 100-177.

Carroll, J.B. (1963). A model of school learning. *Teacher College Record, 64,* 723-733.

Corno, L. & Snow, R.E. (1986). Adapting teaching to individual differences among learners. In M.C. Wittrock (Ed.), *Handbook of research on teaching* (3rd ed., pp. 605-629). New York: Macmillan.

Cronbach, L.J. & Snow, R.W. (1977). *Aptitudes and Instructional Methods: A Handbook for Research on Interactions.* New York: Irvington.

Dahrendorf, R. (1965). Arbeiterkinder an deutschen Universitäten. *Recht und Staat, Heft 302/303,* Tübingen: Mohr.

Dahrendorf, R. (1966). *Bildung ist Bürgerrecht. Plädoyer für eine aktive Bildungspolitik.* Hamburg: Nannen.

Deutsches PISA-Konsortium (Hrsg.). (2001). *PISA 2000 – Basiskompetenzen von Schülerinnen und Schülern im internationalen Vergleich.* Opladen: Leske + Budrich.

Deutsches PISA-Konsortium (Hrsg.). (2002). *PISA 2000 – Die Länder der Bundesrepublik Deutschland im Vergleich.* Opladen: Leske + Budrich.

Ditton, H. (1992). *Ungleichheit und Mobilität durch Bildung. Theorie und empirische Untersuchung über sozialräumliche Aspekte von Bildungsentscheidungen.* Weinheim/München: Juventa.

Dohn, H. (1991). Drop-out in the Danish High School (Gymnasium): An Investigation of Psychological, Sociological and Pedagogical Factors. *International Review of Education, 37,* 415-428.

Enders, J. (1995). „Schlüsselqualifikationen" in Studium und Beruf. *Das Hochschulwesen (HSW), 43,* 214-219.

Ericsson, K.A. (Ed.). (1996). *The road to excellence: The acquisition of expert performance in the arts and sciences, sports, and games.* Hillsdale, NJ: Erlbaum.

Freymann, Th. von (2002). PISA-Ergebnisse differenzierter betrachten. *Profil, 3/2002,* 29-31.

Gagné, F. (1985). Giftedness and talent: Reexamining a reexamination of the definitions. *Gifted Child Quarterly, 19,* 103-112.

Gardner, H. (1983). *Frames of mind. The theory of multiple intelligences.* New York: Basic Books.

Grotz, P. (1990). Arbeitsgemeinschaften für besonders befähigte Schüler. Erfahrungen mit einem Förderprogramm an Schulen in Baden-Württemberg. In H. Wagner (Hrsg.), *Begabungsförderung in der Schule* (S. 13-28). Bad Honnef: Bock.

Heller, K.A. (1969). Zum Problem der Begabungsreserven. In H.R. Lückert (Hrsg.), *Bega-bungsforschung und Bildungsförderung als Gegenwartsaufgabe* (S. 352-430). Mün-chen: Reinhardt.

Heller, K.A. (1970). *Aktivierung der Bildungsreserven.* Bern: Huber / Stuttgart: Klett.

Heller, K.A. (1985). Identification and guidance of highly gifted children: Information about a longitudinal research project. *Internationally Speaking. Journal of the AACD in-ternational relations committee, 10*, 7-9.

Heller, K.A. (1997). Individuelle Bedingungsfaktoren der Schulleistung: Literaturüberblick. In F.E. Weinert & A. Helmke (Hrsg.), *Entwicklung im Grundschulalter* (S. 181-201). Weinheim: Beltz/PVU.

Heller, K.A. (1998). Förderung durch Differenzierung. Für einen realistischen Begabungs-begriff. *Zeitschrift zur politischen Bildung, 35*, 34-43.

Heller, K.A. (1999). Hochbegabtenförderung: Individuelle und soziale Bedingungsfaktoren akademischer Leistungsexzellenz im Jugend- und frühen Erwachsenenalter. In W. Ha-cker & M. Rinck (Hrsg.), *Zukunft gestalten. Bericht über den 41. Kongreß der DGPs in Dresden* (S. 288-302). Lengerich: Pabst.

Heller, K.A. (2000a). Begabungsdefinition, Begabungserkennung und Begabungsförderung im Schulalter. In H. Wagner (Hrsg.), *Begabung und Leistung in der Schule. Modelle der Begabtenförderung in Theorie und Praxis* (2. Aufl., S. 39-70). Bad Honnef: Bock.

Heller, K.A. (2000b). Schuleignungsdiagnose und Schulerfolgsprognose. In K.A. Heller (Hrsg.), *Begabungsdiagnostik in der Schul- und Erziehungsberatung* (2. Aufl., S. 217-240). Bern: Huber.

Heller, K.A. (Hrsg.). (2001). *Hochbegabung im Kindes- und Jugendalter* (2. Aufl.). Göttin-gen: Hogrefe.

Heller, K.A. (Hrsg.). (2002). *Begabtenförderung im Gymnasium. Ergebnisse einer zehnjäh-rigen Längsschnittstudie.* Opladen: Leske + Budrich.

Heller, K.A. (2003a). Begabungsförderung und Leistungsentwicklung im gegliederten Schulwesen. *Realschule in Deutschland, 111*, 13-18.

Heller, K.A. (2003b). Das Gymnasium zwischen Tradition und modernen Bildungsansprü-chen. *Zeitschrift für Pädagogik, 49*, 213-234.

Heller, K.A. (2004). Schullaufbahnentscheidung und Bildungserfolg: Mythen und Fakten. *Das Gymnasium in Bayern. Zeitschrift des Bayerischen Philologenverbandes, Heft 12 (Dez.) 2004*, 23-26. – Dieser Artikel erschien außerdem in *Profil. Das Magazin für Gymnasium und Gesellschaft, 12/2004*, 16-22.

Heller, K.A. (2005). The Munich Model of Giftedness and Its Impact on Identification and Programming. *Gifted and Talented International, 20*, 30-36.

Heller, K.A. & Hany, E.A. (1986). Identification, Development and Achievement Analysis of Talented and Gifted Children in West Germany. In K.A. Heller & J.F. Feldhusen (Eds.), *Identifying and Nurturing the Gifted* (pp. 67-82). Toronto: Huber Publ.

Heller, K.A. & Hany, E.A. (1996). Psychologische Modelle der Hochbegabtenförderung. In F.E. Weinert (Hrsg.), *Psychologie des Lernens und der Instruktion, Bd. 2 der Pädagogi-schen Psychologie (Enzyklopädie der Psychologie)* (S. 477-513). Göttingen: Hogrefe.

Heller, K.A. & Hany, E.A. (2001). Standardisierte Schulleistungsmessungen. In F.E. Wei-nert (Hrsg.), *Leistungsmessungen in Schulen* (S. 87-101). Weinheim: Beltz.

Heller, K.A. & Neber, H. (Gast-Hrsg.). (2004). Hochbegabtenförderung auf dem Prüfstand. Themenheft. *Psychologie in Erziehung und Unterricht, 51*, 1-51.

Heller, K.A. & Nickel, H. (Hrsg.). (1978). *Psychologie in der Erziehungswissenschaft, Bd. 3: Unterrichten und Erziehen* (2. Aufl.). Stuttgart: Klett-Cotta.

Heller, K.A. & Perleth, Ch. (2004). Adapting Conceptual Models for Cross-cultural Applications. In J.R. Campbell, K. Tirri, P. Ruohotie & H. Walberg (Eds.), *Cross-cultural Research: Basic Issues, Dilemmas, and Strategies* (pp. 81-101). Hämeenlinna, FL: Research Centre for Vocational Education / University of Tampere, Finland.

Heller, K.A. & Perleth, Ch. (2007a). *Münchner Hochbegabungstestbatterie für die Primarstufe (MHBT-P)*. Göttingen: Hogrefe.

Heller, K.A. & Perleth, Ch. (2007b). *Münchner Hochbegabungstestbatterie für die Sekundarstufe (MHBT-S)*. Göttingen: Hogrefe.

Heller, K.A. & Rindermann, H. (1996). Der baden-württembergische Schulmodellversuch „Gymnasium mit achtjährigem Bildungsgang" – Ergebnisse der ersten vier Untersuchungswellen (1992-1995). *Labyrinth, 19*, (49), 3-13.

Heller, K.A., Perleth, Ch. & Lim, T.K. (2005). The Munich Model of Giftedness designed to identify and promote gifted students. In R.J. Sternberg & J.E. Davidson (Eds.), *Conceptions of Giftedness* (2nd ed., pp. 147-170). New York: Cambridge University Press.

Heller, K.A., Reimann, R. & Rindermann, H. (2000). Evaluationsbefunde zum Gymnasium mit achtjährigem Bildungsgang in Baden-Württemberg. *Pädagogisches Handeln, 4*, 9-15, 33-36.

Heller, K.A., Rosemann, B. & Steffens, K. (1978). *Prognose des Schulerfolgs*. Weinheim: Beltz.

Heller, K.A., Mönks, F.J., Sternberg, R.J. & Subotnik, R.F. (Eds.). (2002). *International Handbook of Giftedness and Talent* (2nd ed., revised reprint). Oxford/Amsterdam: Pergamon/Elsevier.

Helmke, A. & Weinert, F.E. (1997). Bedingungsfaktoren schulischer Leistungen. In F.E. Weinert (Hrsg.), *Psychologie des Unterrichts und der Schule, Bd. 3 der Pädagogischen Psychologie (Enzyklopädie der Psychologie)* (S. 71-176). Göttingen: Hogrefe.

Kaufmann, F.A. & Castellanos, F.X. (2000). Attention deficit/hyperactivity disorder in gifted students. In K.A. Heller, F.J. Mönks, R.J. Sternberg & R.F. Subotnik (Eds.), *International handbook of giftedness and talent* (2nd ed., pp. 621-632). Amsterdam: Elsevier.

Kerr, B. (2000). Guiding gifted girls and young women. In K.A. Heller, F.J. Mönks, R.J. Sternberg & R.F. Subotnik (Eds.), *International handbook of giftedness and talent* (2nd ed., pp. 649-657). Amsterdam: Elsevier.

Köller, O. (2005). *Begabungsgerechte Bildungsangebote*. Vortrag auf dem 2. Bildungsforum des KM Baden-Württemberg „Bildung für Europa" am 17. Oktober 2005 in Karlsruhe.

Köller, O. & Baumert, J. (2002). Entwicklung schulischer Leistungen. In R. Oerter & L. Montada (Hrsg.), *Entwicklungspsychologie* (5. Aufl., S. 756-786). Weinheim: Beltz/PVU.

Köller, O., Baumert, J. & Schnabel, K.J. (1999). Wege zur Hochschulreife: Offenheit des Systems und Sicherung vergleichbarer Standards. *Zeitschrift für Erziehungswissenschaft, 2*, 385-422.

Köller, O., Watermann, R., Trautwein, U. & Lüdtke, O. (Hrsg.). (2004). *Wege zur Hochschulreife in Baden-Württemberg. TOSCA – Eine Untersuchung an allgemein bildenden und beruflichen Gymnasien*. Opladen: Leske + Budrich.

Lehmann, R.H., Gänsfuß, R. & Peek, R. (1999). *Aspekte der Lernausgangslage und der Lernentwicklung von Schülerinnen und Schülern an Hamburger Schulen – Klassenstufe 7*. Berlin: Humboldt Universität.

Lehmann, R.H., Peek, R. & Gänsfuß, R. (1997). *Aspekte der Lernausgangslage von Schülerinnen und Schülern der fünften Klassen an Hamburger Schulen*. Berlin: Humboldt Universität.

Merton, R.K. (1968). The Matthew effect in science. *Science, 159*, 56-63.

Merton, R.K. (1973). *The sociology of science*. Chicago: University Press.

Neber, H. (1999). Entdeckendes Lernen. In Ch. Perleth & A. Ziegler (Hrsg.), *Pädagogische Psychologie* (S. 227-235). Bern: Huber.

Neber, H. & Schommer-Aikins, M. (2002). Self-regulated science learning with gifted students: The role of cognitive, motivational, epistemological, and environmental variables. *High Ability Studies, 13*, 59-74.

Peisert, H. (1967). *Soziale Lage und Bildungschancen in Deutschland*. Band 7 der Studien zur Soziologie, hrsg. von R. Dahrendorf. München: Piper.

Pekrun, R. (2002). Vergleichende Evaluationsstudien zu Schülerleistungen: Konsequenzen für die Bildungsforschung. *Zeitschrift für Pädagogik, 48*, 111-128.

Perleth, Ch. (2001). Das Münchner dynamische Begabungs-Leistungs-Modell. In K.A. Heller (Hrsg.), *Hochbegabung im Kindes- und Jugendalter* (2. Aufl., S. 367-372). Göttingen: Hogrefe.

Peters, W.A.M., Grager-Loidl, H. & Supplee, P. (2000). Underachievement in gifted children and adolescents: Theory and practice. In K.A. Heller, F.J. Mönks, R.J. Sternberg & R.F. Subotnik (Eds.), *International handbook of giftedness and talent* (2nd ed., pp. 609-620). Amsterdam: Elsevier.

Randel, B., Stevenson, H. & Witruk, E. (2000). Attitudes, beliefs, and mathematics achievement of German and Japanese high school students. *International Journal of Behavioral Development, 24*, 190-198.

Renzulli, J.S. (1978). What makes giftedness? Reexamining a definition. *Phi Delta Kappan, 60*, 180-184, 261.

Rindermann, H. (2002). Modelle und Ergebnisse der Potentialschätzung für das achtjährige Gymnasium. In K.A. Heller (Hrsg.), *Begabtenförderung im Gymnasium. Ergebnisse einer zehnjährigen Längsschnittstudie* (S. 179-216). Opladen: Leske+Budrich.

Roeder, P.M. (1997). Literaturüberblick über den Einfluß der Grundschulzeit auf die Entwicklung in der Sekundarstufe. In F.E. Weinert & A. Helmke (Hrsg.), *Entwicklung im Grundschulalter* (S. 405-421). Weinheim: Beltz/PVU.

Roeder, P.M. (2003). TIMSS und PISA – Chancen eines neuen Anfangs in Bildungspolitik, -planung, -verwaltung und Unterricht. *Zeitschrift für Pädagogik, 49*, 180-197.

Rosemann, B. (1975). Prognosemodell für die Bildungsberatung. In K.A. Heller (Hrsg.), *Handbuch der Bildungsberatung, Bd. 2* (S. 429-447). Stuttgart: Klett.

Rosemann, B. (1978). *Prognosemodelle in der Schullaufbahnberatung*. München: Reinhardt.

Rosemann, B. & Allhoff, P. (1982). *Differentielle Prognostizierbarkeit von Schulleistungen*. Opladen: Westdeutscher Verlag.

Rüppell, H. (1981). Ein ökologisches Förderungsmodell für Hochbegabte. Eine Modifikation des Bonner Lehr- und Lernsystems. In W. Wieczerkowski & H. Wagner (Hrsg.), *Das hochbegabte Kind* (S. 171-181). Düsseldorf: Schwann.

Sauer, J. & Gamsjäger, E. (1996). *Ist Schulerfolg vorhersagbar?* Göttingen: Hogrefe.

Schneider, W. (2000). Giftedness, expertise, and (exceptional) performance: A developmental perpective. In K.A. Heller, F.J. Mönks, R.J. Sternberg & R.F. Subotnik (Eds.), *International handbook of giftedness and talent* (2nd ed., pp. 165-177). Amsterdam: Elsevier.

Schümer, G., Tillmann, K.-J. & Weiß, M. (2002). Institutionelle und soziale Bedingungen schulischen Lernens. In Deutsches PISA-Konsortium (Hrsg.), *PISA 2000* (S. 203-218). Opladen: Leske + Budrich.

Snow, R.E. & Swanson, J. (1992). Instructional psychology: Aptitude, adaptation, and assessment. *Annual Review of Psychology, 43*, 583-626.

Sternberg, R.J. (1985). *Beyond IQ: A Triarchic Theory of Intelligence.* Cambridge: Cambridge University Press.

Sternberg, R.J. & Davidson, J.E. (Eds.). (2005). *Conceptions of giftedness* (2nd ed.). New York: Cambridge University Press.

Stevenson, H.W. & Stigler, J.W. (1992). *The learning gap. Why our schools are failing and what we can learn from Japanese and Chinese education.* New York: Summit Books.

Stevenson, H.W., Hofer, B.K. & Randel, B. (2000). Mathematics Achievement and Attitudes about Mathematics in China and the West. *Journal of Psychology in Chinese Societies, 1*, 1-16.

Stufflebeam, D.L. (2000). The CIPP model for evaluation. In D.L. Stufflebeam, G.F. Madaus & T. Kellaghan (Eds.), *Evaluation models* (pp. 279-317). Boston, MA: Kluwer.

Treiber, B. & Weinert, F.E. (Hrsg.). (1982). *Lehr-Lern-Forschung. Ein Überblick in Einzeldarstellungen.* München: Urban & Schwarzenberg.

Treiber, B. & Weinert, F.E. (Hrsg.). (1985). *Gute Schulleistungen für alle? Psychologische Studien zu einer pädagogischen Hoffnung.* Münster: Aschendorff.

Weinert, F.E. (Hrsg.). (2001). *Leistungsmessungen in Schulen.* Weinheim: Beltz/PVU.

Zimmerman, B.J. (1989). A Social Cognitive View of Self-Regulated Academic Learning. *Journal of Educational Psychology, 81*, 329-339.

Zimmermann, P. & Spangler, G. (2001). Jenseits des Klassenzimmers. Der Einfluss der Familie auf Intelligenz, Motivation, Emotion und Leistung im Kontext der Schule. *Zeitschrift für Pädagogik, 47*, 461-479.

TEIL II

Methodenprobleme

Einleitender Kommentar

Überblicksartig werden in Kapitel 5 zentrale Themen der Hochbegabungsdiagnostik behandelt. Am Anfang stehen konzeptuelle Überlegungen. Es wird dafür plädiert, das Konstrukt Hochbegabung nicht nur als Disposition (Fähigkeitskonzept), sondern auch als dynamisches Potential zu konzeptualisieren. Fragwürdig erscheint die Trennung von Intelligenz und Kreativität im Hinblick auf die Konstituierung des Hochbegabungsbegriffs. Vieles spricht dafür, „Hochbegabung" als hierarchisches Konzept differentieller Fähigkeits- und Kreativitätskonstrukte zu betrachten.

Für die Hochbegabungsdiagnostik werden vor allem zwei Aufgabenbereiche reklamiert: (1) Einzelfalldiagnose als Beratungsgrundlage der Intervention und (erzieherischen) Prävention, (2) Talentsuche für hochbegabtenspezifische Förderprogramme. Hochbegabtenidentifizierungsmaßnahmen sind nicht nur vom jeweiligen Verwendungszweck diagnostischer Daten abhängig, sie sollten auch begabungstheoretisch abgesichert, d.h. mit dem betr. Bezugsmodell kompatibel sein.

Die Erörterung relevanter Methodenfragen erstreckt sich auf das Messproblem unter besonderer Berücksichtigung der Indikatorisierung, die Kontroverse von Produkt- vs. Prozessanalysen sowie die Wahl der Entscheidungsstrategien im Identifikationsprozess. Schließlich werden einige Forschungsdesiderata und Empfehlungen für die Praxis der Hochbegabungsdiagnostik diskutiert.

Im folgenden Kapitel 6 wird zunächst der diagnostische Erfassungsgegenstand „Hochbegabung" problematisiert. Ausführlich werden sodann Pro- und Contra-Argumente ausgetauscht, d.h. Nutzen und Risiken der Hochbegabtenidentifizierung gegeneinander abgewogen. Weitere Fragen werden im Hinblick auf den Zeitpunkt der Identifikation und damit verknüpfte Probleme der Frühdiagnostik diskutiert. Sollen hochbegabungsdiagnostische Untersuchungen kontinuierlich durchgeführt und im Schulalter verpflichtend gemacht werden? Entsprechende Konsequenzen für die diagnostische Praxis werden aufgezeigt und mögliche Folgen diagnostischer Versäumnisse abschließend diskutiert.

Die Talentsuche für verschiedene Hochbegabtenförderprogramme ist Gegenstand von Kapitel 7. Am Beispiel eines Enrichmentprogramms zur Förderung gymnasialer Talente im Bereich von Mathematik, Informatik, Naturwissenschaft/en und Technik (MINT), den sog. Hector-Seminaren, wird das Verfahren der Talentsuche detailliert beschrieben. Nach einer kurzen Skizzierung des Hector-Fördermodells wird das zweistufige Auswahlverfahren zur Rekrutierung der Förderschüler (Hectorianer) detailliert dargestellt. Dieses Modell der Talentsuche hat sich in modifizierter Form (auch) im Grundschulbereich bewährt, weshalb es sich generell für Talentsuchen im Schulalter empfiehlt. Auf der Bezugsbasis eines elaborierten Evaluationsmodells zum Hector-Seminar werden förderdiagnostisch relevante Validierungsbefunde mitgeteilt und Konsequenzen für Talentsuchen im Schulalter diskutiert.

Die Diagnosekompetenz von Lehrkräften ist seit TIMSS und PISA erneut Gegenstand pädagogischer und öffentlicher Diskussionen, nachdem dieses Thema in Deutschland über zwei Jahrzehnte lang weitgehend „tabuisiert" worden war. Natürlich sind pädagogisch-psychologische Diagnosen und schulische Leistungsmessungen in ihrer subsidiären Funktion für übergeordnete pädagogische bzw. schulische oder außerschulische Fördermaßnahmen zu sehen. Doch daraus abzuleiten, dass

diagnostische Informationen entbehrlich seien, ist spätestens seit TIMSS als Trug-
schluss entlarvt worden. Zurückliegende Versäumnisse in der I. Ausbildungsphase
von Lehrkräften müssen deshalb verstärkt in der II. Ausbildungsphase sowie in der
Lehrerfortbildung „kompensiert" werden.

In Kapitel 8 wird zunächst ausführlicher das Kriterium „Schulerfolg" aus bega-
bungs-, lern- und unterrichtspsychologischer Perspektive behandelt. Theoretische
Bezugsbasis ist ein allgemeines Bedingungsmodell der Schüler- bzw. Schulleistung. Sodann werden pädagogische Aufgaben und Funktionen schulischer Leis-
tungsdiagnosen aufgezeigt und damit zusammenhängende Maßstabsprobleme erörtert. Im Zentrum der folgenden Ausführungen stehen Methodenprobleme der
Schulleistungsdiagnostik. Neben relevanten Bezügen zu TIMSS und PISA werden
abschließend Konsequenzen für die Lehreraus- und -fortbildung diskutiert.

Kapitel 5

Methodologische Aspekte der Hochbegabungsdiagnostik

Inhalt

1. Konzeptionelle Überlegungen

Wer sich mit Fragen der Hochbegabungsdiagnostik beschäftigt, muss zunächst Klarheit über den Erfassungsgegenstand gewinnen. Die häufig anzutreffende – naive – Vorstellung, wonach Hochbegabung an und für sich existiert, ist wissenschaftlich betrachtet nicht haltbar. Aus Beobachtungen über interindividuelle Unterschiede im Leistungsverhalten und bei der Bewältigung besonders anspruchsvoller Aufgabenstellungen leiten wir vielmehr die Vermutung ab, dass solche Differenzen durch individuell unterschiedliche Kompetenzen, die wir zusammenfassend „Hochbegabung" nennen, zustande kommen. Zwar ist diese (Erklärungs-)Hypothese durchaus plausibel, doch ist es bis heute strittig, ob Hochbegabung mehr durch kognitive und/oder motivationale bzw. soziokulturelle Faktoren determiniert sei. Damit ist eine prinzipielle Problematik sog. hypothetischer Konstrukte angesprochen. Deshalb wird mitunter vorgeschlagen, auf den Dispositionsbegriff „Hochbegabung" gänzlich zu verzichten und stattdessen Verhaltensbegriffe wie Hochleistung, Exzellenz u.ä. zu verwenden oder „Hochbegabung" überhaupt mit dem Leistungskriterium gleichzusetzen. Allerdings würde man hiermit wichtigen Funktionen der Hochbegabungsdiagnostik nicht gerecht werden, wie später noch zu zeigen sein wird. So ist eine differenzierte Betrachtung des diagnostischen Erfassungsgegenstandes „Hochbegabung" vonnöten, wobei prinzipiell zwischen Beschreibungs- und Erklärungsbegriffen zu unterscheiden wäre.

Mit Hilfe von *Beschreibungsbegriffen* soll das Phänomen „Hochbegabung" inhaltlich definiert werden, etwa als mathematische, technisch-konstruktive, sprachliche, musikalische Hochbegabung usw. oder als vielseitige (universelle) versus einseitige Begabungsform (Talent i.e.S.). Während in der Tradition Termans lange Zeit die Auffassung herrschte, dass „Hochbegabung" weitgehend mit hoher allgemeiner Intelligenz (g-Faktor) identisch sei, überwiegen heute differentielle oder mehrdimensionale Konzepte der Hochbegabung (vgl. Sternberg & Davidson, 1986 bzw. 2005). So liegt z.B. der Münchner Hochbegabungsstudie (Heller & Hany, 1986; Heller, 1992/2001) ein klassifikatorischer Ansatz mit den Dimensionen Intelligenz, Kreativität, psychomotorische Begabung, soziale Kompetenz und musische (musikalische) Fähigkeiten zugrunde; vgl. auch Gardners (1983) multiple Intelligenztheorie. Ferner ist die Hochbegabungsdefinition abhängig vom jeweiligen Verwendungszweck, z.B. von der Intention und Art des Förderprogramms, wissenschaftlichen Zielsetzungen oder auch von gesellschaftlichen Bedürfnissen und Normen, worauf besonders Tannenbaum (1983) hingewiesen hat. Und nicht zuletzt wird die Definition des Erfassungsgegenstandes „Hochbegabung" von der Wahl der Messinstrumente, d.h. der Operationalisierung der Untersuchungsvariablen, bestimmt. Hierauf werden wir im Methodenteil bei der Erörterung des Indikatorenproblems zurückkommen. Im Zusammenhang damit stehen auch Fragen nach dem Entscheidungsalgorithmus, was erneut die Interdependenz von Gegenstand und Methode bei Definitionsversuchen beleuchtet.

Kaum weniger Schwierigkeiten bereiten *Erklärungsbegriffe* über Hochbegabung. Diese unterscheiden sich vor allem in der Bedeutung, die sie persönlichkeitspsychologischen und/oder soziokulturellen Determinanten bei der Konstituierung von Hochbegabung(en) versus deren Manifestation in außergewöhnlichen Leistungen zuerkennen (z.B. Renzulli, 1978; Tannenbaum, 1983; Gagné, 1985; Mönks, 1985). Ein Sonderproblem stellt hier die Begabungsentwicklung dar, die sowohl prozessanalytisch als auch statusdiagnostisch (als Interaktionsprodukt) erfasst werden kann; vgl. etwa Csikszentmihalyi und Robinson (1986) oder auch Haensly, Reynolds und Nash (1986). Deren Ergänzungsfunktion kommt in der Gegenüberstellung von kognitions- bzw. denkpsychologischen und psychometrischen bzw. traitorientierten Ansätzen zum Ausdruck. Zum besseren Verständnis der bisherigen Ausführungen sollen einige Modelle der aktuellen Hochbegabungsforschung kurz angesprochen werden.

Fast allen Hochbegabungstheorien gemeinsam ist die Berücsichtigung intellektueller Fähigkeiten, wenngleich die von Terman fast bis zuletzt betonte Gleichsetzung von Hochbegabung mit sehr hoher Intelligenz (1954 räumte er auch nicht-kognitiven Persönlichkeitsvariablen und sozialen Umgebungsbedingungen eine stimulierende Wirkung in Bezug auf Hochbegabungs*leistungen* ein!) heute kaum mehr beibehalten wird. So resultiert „Hochbegabung" in dem bekannten *Drei-Ringe-Modell* von Renzulli (1978; vgl. auch Renzulli, Reis & Smith, 1981) „aus einer glücklichen Fügung" von a) überdurchschnittlicher Intelligenz, b) Kreativität und c) Aufgabenverpflichtung/Motivation („task commitment"). Dieses trait- bzw. personzentrierte Hochbegabungskonzept wurde von Mönks (1985) um die *sozialen* Settings d) Familie, e) Schule und f) Peers zu einem *Sechs-Faktorenmodell* erweitert. Beiden Modellen gemeinsam ist die Vorstellung, dass Hochbegabungsentwicklung und Hochbegabungsleistung ein Interaktionsprodukt (aus drei bzw. sechs Bedingungskomponenten) darstellen. Mit seiner neuerlichen Unterscheidung von „Schulbegabung" (schoolhouse giftedness) und „kreativer Hochbegabung" (creative-productive giftedness), wie sie vor allem für kreativ-produktive Hochleistungen im Erwachsenenalter kennzeichnend sei (Renzulli, 1986), wird jedoch die fähigkeitsorientierte Hochbegabungsform gegenüber der kreativ-produktiven abqualifiziert und – implizit – die Guilfordsche Schwellenhypothese bezüglich des Zusammenhangs von Intelligenz und Kreativität in Frage gestellt. Nicht nur unter diesem Gesichtspunkt, sondern auch im Hinblick auf trait- versus kognitionspsychologische Ansätze in der Hochbegabungsdiagnostik erscheint diese Unterscheidung problematisch und interessant zugleich. Die beiden Hochbegabungsformen („two levels of giftedness") sind deshalb auch Gegenstand mehrerer Beiträge in dem bereits erwähnten Sammelband von Sternberg und Davidson (1986).

So weisen Siegler und Kotovsky (1986, S. 419) auf folgende Unterschiede hin: *Schulbegabungen* treten vorab im Kindes- und Jugendalter in Erscheinung, wobei Aneignung von Wissen im Vordergrund stehe und Hochbegabte sich hier durch sehr gute Leistungen auszeichneten. Die erforderliche Zeit bis zur Zielerreichung sei mehr oder weniger kurz (Minuten bis Monate) und Kreativität häufig nicht erforderlich, ebenso genügten eine variable Leistungsmotivation und ein variables Selbstkonzeptniveau. Demgegenüber kommen *kreativ-produktive Hochbegabungen* vor allem im Erwachsenenalter vor, wofür das selbsttätige entdeckende Lernen charakteristisch sei. Das Leistungsniveau solcher Personen sei profund, der erforderliche Aufwand zur Zielerreichung erstrecke sich meist über einen längeren Zeitraum (Monate bis Jahre). Kreativität sei hier unabdingbar, ebenso würden eine beständige (hohe) Leistungsmotivation und ein gefestigtes Selbstkonzept wichtige Voraussetzungen der kreativen Produktivität darstellen. Zugleich betonen die Autoren die Passung (fit) zwischen den intellektuellen und motivationalen Persönlichkeitsvoraussetzungen einerseits sowie zwischen Individuum und (gefordertem) Leistungsbereich andererseits.

Die Hervorhebung dieser beiden Hochbegabungsformen impliziert folgende – diagnostisch relevanten – Fragen: (1) *Welche Beziehung besteht zwischen der sog. Schulbegabung und Kreativität?* Diese ist nach den vorliegenden empirischen Befunden noch unklar (Siegler & Kotovsky, 1986, S. 420), wenngleich allgemein eher eine lockere Beziehung angenommen wird. (2) *In welcher Beziehung stehen die Kreativität in der Kindheit und die Kreativität Erwachsener?* Auch hierauf gibt die aktuelle Forschungslage keine eindeutige Antwort. So vermutet z.B. Tannenbaum (1983, 1986), dass echte kreative Leistungen nur bei Erwachsenen möglich seien. Feldhusen (1986) gibt zu bedenken, dass aus den Validitätsangaben von Kreativitätstests keine eindeutigen Beweise für eine Korrelation von Testprädiktor im Kindesalter und kreativer Produktion im Erwachsenenalter herzuleiten sind. Hierzu bedarf es (mindestens quasi-)experimenteller Designs im Rahmen von Längsschnittstudien. Die vorliegenden Ergebnisse könnten bedeuten, dass die betr. Tests kein adäquates Diagnostikum darstellen oder aber, dass es keine systematische Beziehung zwischen der Kreativität im Kindesalter und jener im Erwachsenenalter gibt. (3) *Analog müsste nach der Beziehung von „Schulbegabung" und Leistungseminenz im Erwachsenenalter gefragt werden*, wobei Kritiker des fähigkeitsorientierten (psychometrischen) Ansatzes hier sehr schnell auf die unbefriedigenden Prädiktor-Kriteriumskorrelationen verweisen. Unterschlagen wird dabei oft, dass nach wie vor die relativ engsten Beziehungen auf psychometrischer Grundlage nachgewiesen werden konnten (vgl. Jäger, 1984, 1986; Siegler & Kotovsky, 1986; Trost, 1986), wenngleich das grundsätzliche Problem *langfristig* gültiger Prognosen damit nicht gelöst ist. Aber wie sinnvoll ist ein solcher Anspruch überhaupt angesichts der Erwartung, dass sich – zumindest in der Kindheit und Jugend – Fähigkeits- und Kreativitätsmerkmale entwickeln, d.h. verändern, und angesichts der Hoffnung, pädagogisch solche Entwicklungen positiv beeinflussen zu können? Bevor wir hierauf näher eingehen, sei folgende Erweiterung des zuletzt beschriebenen Hochbegabungsmodells vorgeschlagen (Abbildung 1).

Dieses (heuristische) Modell kommt m.E. der Wirklichkeit näher, ohne das fruchtbare Spannungsverhältnis von Intelligenz und Kreativität aufzugeben. Darüber hinaus wird dem Problem des Underachievement Rechnung getragen sowie dem Tatbestand, dass es neben Universalbegabungen auch einseitig Hochbegabte in mannigfacher Form gibt, was multiple Hochbegabungstheorien (z.B. Gardner, 1983; Tannenbaum, 1983; Heller & Hany, 1986; ausführlicher vgl. Hany, 1987) berücksichtigen. Dabei muss aber die Gefahr inflationärer Faktorentheorien, etwa nach dem Motto „Jeder ist hochbegabt", gesehen werden. Unter den kreativ-produktiven Hochbegabungen finden sich nicht nur erfolgreiche Forscher, Künstler oder Schüler, sondern auch weniger erfolgreiche. Wegen größerer Merkmalsüberschneidungen vielseitig Hochbegabter mit der Gruppe der kreativen Schüler

(Mönks et al., 1986) wurde hier die Trennlinie in Abbildung 1 unterbrochen. Ebenso dürfte Underachievement auch bei erwachsenen Hochbegabten – etwa in der Form „verkannter Genies" oder auch inaktivierter Begabungspotentiale – vorkommen. Beratungspsychologisch und pädagogisch wird die (heterogene) Gruppe hochbegabter Underachiever im Schulalter besonderes Interesse abverlangen; förderungsdiagnostisch sind prinzipiell alle Hochbegabungsformen relevant, wobei die kreativ-produktiv hochbegabten Jugendlichen ohne entsprechende Schulleistungen spezielle Aufmerksamkeit verdienen. So nützlich leistungsorientierte Hochbegabungsmodelle für Forschungszwecke, etwa im Experten-Novizen-Paradigma, sein mögen, sie finden ihre Grenzen im Hinblick auf die Identifizierung jener Hochbegabten (sub specie Fähigkeits- bzw. Kreativitätspotential), die – aus welchen Gründen auch immer – nicht zu außergewöhnlichen Leistungen in der Lage sind. Aus pädagogischen Gründen der Begabungsförderung gilt dieses Postulat selbst dann, wenn man jede Entwicklung als Interaktionsprodukt betrachtet.

Abbildung 1: Diagnostisch relevante Hochbegabungsformen in der Kindheit/Jugend vs. im Erwachsenenalter.

Es ist hier nicht der Ort für eine ausführlichere Darstellung von Hochbegabungstheorien, zumal dazu umfassende Publikationen vorliegen, z.B. Tannenbaum (1983); Sternberg (1985); Wolman (1985); Heller (1986, 1992/2001); Heller und Feldhusen (1986); Sternberg und Davidson (1986/2005); Heller, Mönks und Passow (1993); Heller, Perleth und Lim (2005); Heller, Mönks, Sternberg und Subotnik (2000/2002). Stattdessen sollen – dieses Thema abschließend – einige Kernprobleme zum aktuellen Forschungsstand formuliert werden:
(1) Die Ablösung von Globalmaßen, etwa des IQ, durch *differenzierte Konstrukte der Hochbegabung* ist überfällig. Obwohl in der Theoriediskussion darüber international weitgehend Einmütigkeit herrscht, ist die Praxis der Hochbegabtenidentifikation vielfach immer noch an eindimensionalen Bestimmungsmaßen (z.B. IQ-Wert) orientiert.

(2) Für die Konzeptualisierung zumindest der sog. akademischen Hochbegabungs-
    formen sind gute intellektuelle *und* kreative Begabungsfaktoren (konvergente
    und divergente Denkoperationen sensu Guilford) bzw. im weiteren Sinne kog-
    nitive Kompetenzen erforderlich. Was den Zusammenhang von Intelligenz und
    Kreativität betrifft, so konnte m.E. Guilfords Schwellenhypothese bislang nicht
    überzeugend widerlegt werden. Dies bedeutet, dass außergewöhnliche kreative
    Produktion ohne überdurchschnittliche intellektuelle Fähigkeiten eher unwahr-
    scheinlich ist; wohl aber ist der umgekehrte Fall einer hohen Intelligenz in
    Kombination mit mäßig ausgeprägten Kreativitätsmerkmalen denkbar.
(3) Analog zu Jägers Einschätzung der Intelligenzforschung könnte man *Hochbe-
    gabung als „Hierarchie korrelierender, aber deutlich unterscheidbarer Fähig-
    keitskonstrukte* (1986, S. 286) *und flexibler Kreativitätspotentiale"* konzeptua-
    lisieren. In dieser Sichtweise käme dem g-Faktor, also der sog. allgemeinen In-
    telligenz (wie sie im IQ zum Ausdruck kommt), als oberster Hierarchieebene
    möglicherweise eine Mittlerfunktion zu zwischen der Position der Generalisten
    einerseits und jener der Strukturalisten andererseits.
(4) Notwendig erscheint in jedem Fall die Balance zwischen der Tendenz zu im-
    mer differenzierteren Hochbegabungskonstrukten mit teilweise inflationären
    Tendenzen, wie sie etwa in der Position von Taylor (1978) deutlich werden,
    und der Integration fähigkeits- bzw. traitorientierter versus kognitions- bzw.
    denkpsychologischer Theorieansätze.
(5) Als Scheinproblem erweist sich hingegen m.E. die Streitfrage, ob das Kon-
    strukt „Hochbegabung" eher als statische Disposition (trait) oder als dynami-
    scher (Leistungs-)Prozess aufzufassen sei. Abgesehen davon, dass eine solche
    Unterscheidung zunächst kaum mehr als eine (unterschiedliche) Aspektierung
    des Gegenstandes bedeutet, erfüllt sie auch methodisch nicht die in sie gesetz-
    ten Erwartungen: Genau besehen liefern nämlich alle sog. prozessdiagnosti-
    schen Verfahren – z.B. Lerntests – auch nur *punktuelle* Ergebnisse, die im Prä-
    test-Treatment-Posttest-Design oder in der Zeitreihenanalyse indirekt Schluss-
    folgerungen über das zwischenzeitliche Geschehen gestatten. Dass etwa Lern-
    testmaße im Vergleich zu herkömmlichen („statusdiagnostisch" gewonnenen)
    Testprädiktoren zumeist nicht den erhofften großen Durchbruch brachten, liegt
    vermutlich weniger an häufig reklamierten Methodenmängeln sog. prozessdia-
    gnostischer Verfahren begründet als vielmehr darin, dass sich im punktuell er-
    fassten Status-quo-Testergebnis bereits mehr dynamische Potenz manifestiert,
    als einseitige Verfechter der Prozessdiagnostik wahrhaben wollen. Deren Vor-
    teile dürften vor allem in der Verbesserung der (Konstrukt-)Validierung sowie
    im Aufschluss über situationale und soziale Einflüsse auf die Hochbegabungs-
    entwicklung und Sozialisationsbedingungen Hochbegabter liegen, d.h. im Kon-
    text prophylaktischer oder interventiver Fragestellungen der Erziehungs- und
    Beratungspsychologie. Siehe auch Guthke (1992), Klauer (1992) und Korn-
    mann (1992) sowie Kapitel 20 in diesem Buch.

2. Funktionen der Hochbegabungsdiagnostik

Wieczerkowski und Wagner (1985) stellen zwei unterschiedliche Formen heraus: die *Einzel(fall)diagnose* und die *Talentsuche*. Während im ersten Fall zumeist ein individueller Beratungsanlass entsprechende Begabungsdiagnosen auslöst, zielen Talentsuchen auf die Rekrutierung geeigneter Kandidaten für inhaltlich mehr oder weniger spezifische Förderprogramme. Sofern man überhaupt eine begriffliche Differenzierung zwischen Hochbegabungs*diagnose* (vgl. Buchkapitel 6) und Hochbegabten*identifizierung* o.ä. vornehmen möchte (was zuweilen in der Literatur geschieht, hier aber nicht beabsichtigt ist), sollte man den Terminus „Identifikation" für Talentsuchen reservieren (vgl. Kapitel 7 unten). Da Einzelfalldiagnosen versus Talentsuchen gewöhnlich unterschiedliche diagnostische Entscheidungsstrategien zugrunde liegen, erhält diese Begriffsdifferenzierung ihre Berechtigung. Allerdings sind damit längst nicht alle pädagogisch-psychologischen Funktionen der Hochbegabungsdiagnostik benannt. Folgende *Aufgaben* seien hier hervorgehoben:

2.1 Hochbegabungsdiagnostik als Präventions- und Interventionsfunktion

Einzelfalldiagnosen als Beratungsgrundlagen dienen der Aufklärung – oder Vorbeugung – individueller Verhaltens- und Leistungsprobleme, sozialer Konflikte, von Erziehungs- und (allgemeinen) Sozialisationsproblemen, soweit hierfür direkt oder mittelbar „Hochbegabung" verantwortlich gemacht werden kann. Entsprechende Annahmen sind diagnostisch zu erhärten versus zurückzuweisen, bevor rational begründete Erziehungsentscheidungen, Beratungs- oder Interventionsmaßnahmen geplant und realisiert werden. So ist hinreichend belegt, dass andauernde Unterforderung (aufgrund nicht erkannter Hochbegabung), Zwang zur Konformität (z.B. aus Angst vor negativen Etikettierungseffekten), Unsicherheiten Erwachsener im Umgang mit außergewöhnlich begabten Kindern und Jugendlichen oder auch Gefühle der Bedrohung und Neidkomplexe zu Verhaltensproblemen und Konflikten zwischen Hochbegabten und ihrer sozialen Umgebung führen können. Dabei mag häufiger Unkenntnis über die Situation Hochbegabter als „böse" Absicht im Spiel sein. Wenn Expertenschätzungen zutreffen, wonach die Dunkelziffer nicht erkannter Hochbegabungen bei 30 bis 50% liegt (was wohl etwas zu hoch gegriffen ist), dann lässt sich unschwer ermessen, welche Versäumnisse zumindest in Bezug auf eine individuell angemessene Entwicklungsförderung der Verzicht auf Begabungs- und Entwicklungsdiagnosen bedeuten kann. Diese Befürchtung gilt insbesondere bei Angehörigen sog. Risikogruppen (vgl. Kapitel 20).

2.2 Talentsuche als Funktion der Hochbegabtenförderung

Die Suche nach Talenten für bestimmte Förderprogramme erfährt ihre Legitimation a) durch das Recht jedes einzelnen auf eine optimale Begabungs- bzw. Entwicklungsförderung, b) durch gesellschaftliche Ansprüche an jeden einzelnen, somit auch an Hochbegabte, einen angemessenen Beitrag für andere zu leisten. Im Zusammenhang damit wird gelegentlich noch auf die Pflicht zu besonderen Leistungen Hochbegabter („Bringschuld") abgehoben, die aus gesellschaftlichen Bedürf-

nissen und Notwendigkeiten erwächst. Bei der Realisierung dieses Postulates wird jedoch darauf zu achten sein, dass individuelle und gesellschaftliche Ansprüche sich in einer vernünftigen Balance bewegen und das Prinzip individueller Entscheidungsfreiheit nicht verletzt wird.

Bezüglich der *individualdiagnostischen* Funktion von Talentsuchen wäre darauf zu achten, dass zwischen den individuellen Lernvoraussetzungen bzw. dem „sachstrukturellen Entwicklungsstand" (Heckhausen) und den Anforderungen der neuen Lerninhalte im Förderprogramm für die einzelnen Kandidaten „Passung" erzielt wird. Talentsuche bedeutet somit zuallererst individuelle *Entwicklungshilfe*.

3. Methodenfragen

3.1 Messprobleme

Die Auffassung, Hochbegabung ließe sich durch einen einzigen IQ-Wert erfassen, muss nach der vorangegangenen Diskussion zurückgewiesen werden. Geht man von mehrdimensionalen Konstrukten aus, d.h. multiplen Qualitäten und komplexen Formen der Hochbegabung, dann sind neben verschiedenen *kognitiven* eine Reihe von *nichtkognitiven* (z.B. motivationalen) Persönlichkeitsmerkmalen und hinreichend differenziert *soziale* Entwicklungsbedingungen (vgl. die drei Settings im erweiterten Renzulli-Modell von Mönks) als *diagnostische Untersuchungsvariablen* zu berücksichtigen. Diese lassen sich folgenden Variablengruppen zuordnen, nämlich 1) personbezogenen Begabungsindikatoren oder Prädiktoren, 2) den nichtkognitiven (z.B. motivationalen) und sozialen Moderatorvariablen oder Katalysatoren sensu Gagné (1985) und 3) dem (Leistungs-)Kriterium.

Abbildung 2 veranschaulicht die Zusammenhänge am Beispiel des Diagnose-Prognose-Ansatzes in der Hochbegabungsdiagnostik.

Als *kognitive Persönlichkeitsmerkmale* Hochbegabter wären hier etwa die folgenden Fähigkeitskonzepte psychometrisch relevant:
- Intelligenz im Sinne differentieller (verbaler, quantitativer, nonverbaler, technisch-konstruktiver usw.) Fähigkeiten bzw. konvergenter Denkoperationen sensu Guilford (1967);
- Kreativität im Sinne divergenter Denkoperationen sensu Guilford bzw. divergent-konvergenter Problemlösestile sensu Facaoaru (1985);
- psychomotorische/praktische Intelligenz sensu Jäger (1984);
- Selbstkonzept, Kontrollüberzeugung usw. (vgl. Heller, 1992/2001).

Demgegenüber eigneten sich für den *denk- und kognitionspsychologischen Diagnoseansatz* Prozessvariablen im Sinne von Metakomponenten der kognitiven Kontrolle, wie:
- Problemsensitivität;
- Planungs- und Auswahlkriterien für zweckmäßige Lösungs- und Handlungsschritte (bei der Bearbeitung anspruchsvoller, komplexer Denkprobleme bzw. Aufgabenstellungen);
- Aufmerksamkeitszuwendung;

- Handlungskontrolle usw. (vgl. hierzu noch Facaoaru & Bittner, 1987; Putz-Osterloh & Schroiff, 1987).

Als *nichtkognitive Persönlichkeitsmerkmale* wären etwa hier zu nennen:
- Interessen, Aufgabenverpflichtung (task commitment) u.ä.;
- Erkenntnisstreben und Leistungsmotivation (Erfolgsorientierung vs. Misserfolgsängstlichkeit);
- Arbeits- und Stressbewältigungsstrategien;
- Lernstile, Strategien des Arbeitsgedächtnisses usw.

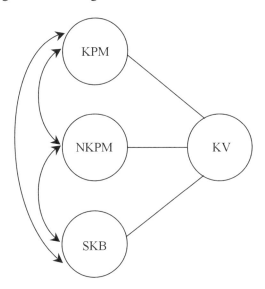

Abbildung 2: Bedingungsmodell für das Leistungsverhalten Hochbegabter.

Legende:
KPM   = Kognitive Persönlichkeitsmerkmale Hochbegabter (Prädiktoren)
NKPM = Nichtkognitive Persönlichkeitsmerkmale Hochbegabter (Moderatoren)
SKB   = Soziokulturelle Bedingungsvariablen (Moderatoren)
KV   = Kriteriumsvariablen (des Leistungsverhaltens Hochbegabter)

Als *soziokulturelle Bedingungen des Lernumfeldes* bzw. ökopsychologische Determinanten der Begabungsentwicklung und des Leistungsverhaltens hochbegabter Kinder und Jugendlicher müssten in der Hochbegabungsdiagnostik z.B. folgende Variablen Berücksichtigung finden:
- Anregungsqualität und Erwartungsdruck der sozialen Umgebung;
- Reaktionen Gleichaltriger sowie von Lehrern, Eltern und Geschwistern auf Erfolge vs. Misserfolge Hochbegabter;
- sozial-emotionales Klima in der Familie und Schule;
- soziometrischer Peerstatus, Lehr- und Instruktionsstile (Mönks et al., 1986);
- Zufallsfaktoren, kritische Lebensereignisse u.ä. (Tannenbaum, 1983; Heller & Hany, 1986).

Schließlich kämen als *Kriterien* in der Hochbegabungsdiagnostik – je nach Zielsetzung und Untersuchungszweck – etwa folgende Variablen in Frage:

- Schulleistungszensuren oder andere Leistungsindikatoren (Testurteile, Lehrerurteile, Ratings);
- Erfolgskriterien bezüglich bestimmter Förderprogrammziele für besonders befähigte Schüler (Leistungsvariablen);
- Indikatoren für subjektiv erlebten Persönlichkeitsgewinn, Zufriedenheit mit dem Förderkurs usw.

Nach Möglichkeit sollten in der Hochbegabungsdiagnostik Life-, Questionnaire- und Testdaten (sensu Cattell) Verwendung finden, wobei in der Datenverarbeitung die unterschiedliche Skalenqualität berücksichtigt werden muss. Zu den verschiedenen Informationsquellen und Messverfahren vgl. Heller und Perleth (1991/ 2000). Spezialprobleme wie Ceiling-Effekte psychometrischer Messungen oder das Bandbreite-Fidelitäts-Dilemma sowie die Messgütekriterien werden in der Hochbegabungsdiagnostik in einschlägigen Lehrbüchern (z.B. Heller, 1991/2000) behandelt und sollen deshalb hier weitgehend ausgespart werden; siehe aber auch Abschnitt 3.3 unten.

3.2 Zur Kontroverse von Produkt- versus Prozessanalysen in der Hochbegabungsdiagnostik

Während psychometrische (traitorientierte) Ansätze in der Hochbegabungsdiagnostik zur Identifizierung förderungswürdiger – oder auch förderungsbedürftiger – Kinder und Jugendlicher unentbehrlich sind, erhofft man sich von kognitionspsychologisch orientierten Analysen wichtige Aufschlüsse über die Art von Lern- und Denkprozessen Hochbegabter. Entsprechende Modelle zielen in erster Linie auf den Nachweis vermuteter *qualitativer* Unterschiede zwischen Hochbegabten und Nichthochbegabten, vor allem bezüglich der Informationsverarbeitungsprozesse bei der Lösung schwieriger, komplexer Probleme. Gegenüber der als nachteilig empfundenen restriktiven Problemlösesituation vieler Fähigkeitstests (im psychometrischen Paradigma) wird hier bewusst eine offene, wenig strukturierte Aufgabenstellung intendiert. Solche Untersuchungsdesigns, zumal wenn sie der experimentellen Versuchsplanung nachgebildet werden, sollen nicht nur Produktanalysen (wie beim psychometrischen Ansatz üblich), sondern darüber hinaus auch Prozessanalysen ermöglichen. Zweifellos liegt hierin ein Desiderat, etwa bezüglich der Erfassungsdimension *Kreative Produktion* (vgl. Abbildung 1 oben). Darüber hinaus erhofft man sich hiervon Einsichten u.a. in jene Lern- und Denkvorgänge, die für den Expertiseaufbau verantwortlich sind bzw. allgemein in förderliche vs. hemmende Entwicklungs- und Sozialisationsbedingungen Hochbegabter bzw. Aufschlüsse über notwendige Maßnahmen zur Entwicklungsförderung. Dass solche Erkenntnisse nicht zuletzt der schulischen und außerschulischen (kognitiven) Förderung aller Kinder und Jugendlichen zugute kommen können, haben Weinert und Waldmann (1985) eindrucksvoll dokumentiert; vgl. auch Weinert und Wagner (1987). Diese Ziele rechtfertigen zweifellos die in den letzten Jahren unternommenen Anstrengungen auf diesem Gebiet. Gerade aber, um unliebsamen Enttäuschungen in der diagnostischen Praxis vorzubeugen, dürfen einige Schwachstellen nicht übersehen werden.

Eine vorläufige Bilanzierung betrifft vor allem folgende *Kritikpunkte* des kognitionspsychologischen bzw. prozessdiagnostischen Ansatzes im Rahmen der Hochbegabungsdiagnostik:

(1) Das Hauptziel, die Erfassung von Lern- und Denk*prozessen*, ist technologisch noch nicht oder zumindest nicht befriedigend verwirklicht. Diese Bewertung gilt trotz hoffnungsvoller Ansätze, wie sie beispielhaft von Facaoaru und Bittner (1987) oder Putz-Osterloh und Schroiff (1987) beschrieben worden sind. Inwieweit Computerhilfen (z.B. zur Registrierung von Problemlösungsprozessen, Computersimulationen u.ä.) hier echte Fortschritte für die Hochbegabungsdiagnostik bringen, bleibt abzuwarten. Sie sollten verstärkt erprobt werden, zumal die rasante Entwicklung auf dem PC-Markt hier neue Möglichkeiten erschließen dürfte.

(2) Ein weiteres Problem liegt in der bislang defizitären Validierung dieser neuen testdiagnostischen Verfahren, z. B. des TZRA oder TRE von Facaoaru (1985) oder des QI-Tests von Rüppell. QI steht hier für „Qualitäten der menschlichen Informationsverarbeitung". Mit den QI-Skalen soll eine Art von konzertierter Aktion bei der Bewältigung komplexer Problemsituationen erfasst werden. Dazu gehören die Koordination verschiedener Intelligenzoperationen, flexible Strukturierfähigkeit, Einsicht in die hierarchische Struktur von Zwischenzielen, Kapazitätsmanagement des Arbeitsgedächtnisses u.a. (Rüppell, Hinnersmann & Wiegand, 1987, S. 185f.). Ohne empirische Gültigkeitsnachweise kann damit aber allenfalls in der Forschung, nicht aber in der Praxis der Hochbegabungsdiagnostik gearbeitet werden. Dies ist das wichtigste methodologische Postulat (vgl. Jäger, 1986).

(3) Auch der Anspruch, mit Hilfe kognitionspsychologischer Ansätze in der Hochbegabungsdiagnostik *qualitative* Unterschiede z.B. in der Wissensaneignung und -anwendung zwischen Hochbegabten und Nichthochbegabten zu erfassen, muss bisher als nicht eingelöst betrachtet werden (Siegler & Kotovsky, 1986). Dies könnte natürlich auch daran liegen, dass solche qualitativen Unterschiede überhaupt nicht existieren, sondern lediglich psychometrisch nachweisbare (quantitative), z.B. in Form akzelerierter Entwicklungen oder reduzierter Lernzeiten.

Dieses kurze Resümee deutet bereits an, dass in absehbarer Zeit kein äquivalenter Ersatz für psychometrische Verfahren der Hochbegabungsdiagnostik zur Verfügung stehen wird. Allein die bessere, wenngleich keineswegs schon befriedigende Konstrukt- und Kriteriumsvalidierung (Prognosegültigkeit) herkömmlicher diagnostischer Verfahren machen diese – vorläufig noch – unentbehrlich. Ihre spezifische Schwäche, die fehlende Erklärungsfunktion psychometrischer Ansätze, unterstreicht andererseits die Notwendigkeit neuer Diagnosemethoden. So bleibt die Hoffnung, dass die Forschung in diese Richtung forciert wird und praxistaugliche Instrumente bald zur Verfügung stehen, siehe noch Guthke (1992), Guthke, Beckman und Dobat (1997) oder Kanevsky (2000).

3.3 Entscheidungsstrategien

In der Literatur, die Probleme der Datenkombination und Entscheidungsfindung in der Hochbegabungsdiagnostik behandelt, finden sich fast nur Vorschläge zur *Identifikationsstrategie*. Da Hany (1987, 1993) hierzu einen guten Überblick gegeben hat, genügt es an dieser Stelle, nur auf einige grundsätzliche Fragen einzugehen.

Die Identifikation hochbegabter Kinder und Jugendlicher erfolgt zumeist in einem mehrstufigen Verfahren: Zu Beginn steht eine *Grobauslese (Screening)*, etwa aufgrund von Lehrernominationen bei Schülern oder Elternnominationen bei Vorschulkindern, bei älteren Jugendlichen gelegentlich zusätzlich auch via Selbstnomination. Am verbreitetsten sind wohl Lehrer- und Elternchecklisten (mit oder ohne Ratingskalen), die sich auf operationalisierte hochbegabungsspezifische Verhaltensmerkmale beziehen. Dabei soll ein möglichst breites Universum von (kognitiven und motivationalen) Verhaltensweisen, die Aufschlüsse über die – vermutete – Hochbegabung des Kindes oder Jugendlichen vermitteln könnten, erfasst werden. Da Ratings und andere „weiche" Daten in der Regel weniger messgenau sind als Testdaten, kann es beim Screening nur darauf ankommen, möglichst keine hochbegabten Kandidaten (z.B. für ein bestimmtes Förderprogramm oder eine wissenschaftliche Untersuchungsstichprobe) zu „verlieren" – unter bewusster Inkaufnahme einer möglicherweise nicht geringen Quote Fehlplatzierter. Erst in einer zweiten oder gar dritten Auslesestufe mit Hilfe messgenauerer, aber in der inhaltlichen Erfassungsbreite stärker eingeengten, Diagnoseinstrumente (Tests) erfolgt dann sukzessive die Endauswahl (vgl. noch Wieczerkowski, Wagner & Birx, 1987 oder Heller, 1992/2001).

Mit der skizzierten Strategie begegnet man dem *Bandbreite-Fidelitätsdilemma*, wie es sich bei Personalentscheidungen dieser Art oft ergibt (Cronbach & Gleser, 1965). Damit ist das Methodendilemma angesprochen, die wünschenswerte Breite und Vielfalt der Erfassungsdimensionen (Inhalts- und Konstruktvalidität) mit der erforderlichen Messgenauigkeit bzw. Zuverlässigkeit bei der Hochbegabungsdiagnostik zu sichern. Im Zusammenhang damit ist die Frage zu klären, welches Fehlerrisiko am ehesten tolerierbar erscheint. Bekanntlich sind alle Selektionsentscheidungen fehlerbehaftet, so dass es nur darum gehen kann, sich für das in der konkreten Entscheidungssituation kleinere Übel festzulegen.

Das *Risiko erster Art* (der Alpha-Fehler) besteht hier darin, dass eine Person als hochbegabt identifiziert wird, obwohl sie es nicht ist. Das *Risiko zweiter Art* (der Beta-Fehler) zeigt sich darin, dass eine Person verkannt, d.h. trotz tatsächlicher Hochbegabung nicht identifiziert wird. Der erste Fehler lässt sich durch Verschärfung, der zweite Fehler durch Lockerung des Anforderungsmaßstabes reduzieren, wobei die gleichzeitige Minimierung beider Fehlerrisiken nicht möglich ist. Sofern der *individuelle* Nutzen maximiert werden soll, etwa im Rahmen von Fördermaßnahmen, wird man danach trachten, den Beta-Fehler zu minimieren. Gelegentlich, z.B. bei der Gewinnung von Hochbegabtenstichproben zu wissenschaftlichen Untersuchungszwecken (unter selbstverständlicher Wahrung des Freiwilligkeitsprinzips für die Teilnahme), ist auch eine Festlegung auf den ersten Fehler sinnvoll und vertretbar. Dabei sollte man jeweils sorgfältig überlegen, ob der Untersuchungsfragestellung nicht ebenso gut oder noch besser (auf der Basis eines multivariaten Ansatzes) durch eine *Klassifikations- anstelle der Selektionsstrategie* gedient ist; ausführlicher zu den hier angesprochenen – und weiteren – Entscheidungsparadigmen vgl. Cronbach und Gleser (1965); Magnusson (1969); Wiggins (1973); Pawlik (1976); Wieczerkowski und zur Oeveste (1978); Wieczerkowski und Wagner (1985) oder Hany (1993). Schließlich wäre noch auf das bei Retestungen relevante *Regressionsphänomen* hinzuweisen, das gegebenenfalls in sukzessiven Identifikationsprozeduren beachtet werden muss.

Die Güte einer solchen Identifikationsstrategie lässt sich an Hand der von Pegnato und Birch (vgl. Feger, 1980) vorgeschlagenen Kriterien der Effektivität und der Ökonomie überprüfen. Die *Effektivität* (oder Ausschöpfungsquote) wird als Prozentsatz der bereits im Screening erfassten „echten" Hochbegabten definiert. Die *Ökonomie* (oder Effizienz) kann als Maß für den Aufwand und somit für die Trennschärfe des gesamten Identifikationsverfahrens betrachtet werden. Im Hinblick auf die Bemühung, möglichst alle Hochbegabten zu erfassen, wird man dem ersten Kriterium (Effektivität) Priorität einräumen. Zur Problematik dieser Gütekriterien vgl. ausführlicher Hany (1987, S. 113ff.). Spezielle Fragestellungen, die sich bei der Identifizierung Hochbegabter aus sog. Risikogruppen ergeben, behandelt Feger (1987). Siehe auch die folgenden Buchkapitel 6 und 7.

4. Forschungsdesiderata

Mit der Hochbegabungsdiagnostik ist eine Reihe von Problemen verknüpft, die hier resümierend kurz angesprochen werden sollen. Diese betreffen Fragen nach der Konzeptualisierung von Hochbegabungskonstrukten, Indikatorisierungs- und Messprobleme, Verfahrensfragen und Entscheidungsparadigmen, Validierungs- und nicht zuletzt Evaluationsprobleme. Zu deren Lösung wären nicht nur die Differentielle und Diagnostische Psychologie aufgerufen, auch von der Entwicklungs- und Pädagogischen Psychologie, der Sozial- und Klinischen Psychologie sowie der (Empirischen) Pädagogik dürfen wichtige Beiträge erwartet werden. Vordringlich erscheinen sub specie Hochbegabungsdiagnostik folgende *Forschungsaufgaben:*

(1) Elaborierung und Präzisierung eines differentiellen Diagnoseinstrumentariums zur Erfassung unterschiedlicher Formen der Hochbegabung. Dabei sollten sowohl psychometrische (fähigkeitsorientierte) als auch kognitionspsychologische Ansätze der experimentellen Diagnostik hinreichend berücksichtigt werden. Die Streitfrage, ob in der Hochbegabtenförderung eher inhaltsunabhängige (generalisierte) kognitive Kompetenzen bzw. allgemeine Denkoperationen versus inhaltsspezifische Fertigkeiten und Fähigkeiten (Wissenskompetenzen) Berücksichtigung finden sollen, beeinflusst natürlich auch die Operationalisierung des Hochbegabungskonstrukts als Erfassungsgegenstand. Folgt man der Investment-Theorie von Cattell (1971), wonach die kristallisierte Intelligenz (d.h. hier der Wissenserwerb) von der flüssigen Intelligenz (d.h. allgemeinen Denkoperationen) profitiert bzw. – teilweise – abhängig ist, ist die Lösung dieses Problems nur in der Berücksichtigung beider Ansätze zu finden. In diesem Sinne fordern auch Rüppell et al. (1987, S. 187ff.) eine Revision herkömmlicher

Intelligenztestaufgaben nicht durch Aufgabe des Fähigkeitskonzepts, sondern indem „zusätzliche Anforderungen" ins Spiel gebracht werden, z.B. Testaufgaben zur Problemlösung in „mikrostruktureller Analogie zu Prozessen wie Erfinden und Entdecken". Damit wird ein weiteres Problem angesprochen: die Alternative von status- vs. prozessdiagnostischem Vorgehen.

(2) Im Hinblick auf optimale Identifikationsergebnisse wird man Verlaufsanalysen gegenüber punktuellen diagnostischen Erhebungen den Vorzug geben. Dabei stellt sich freilich das bislang weithin ungelöste Problem, tatsächlich damit Prozessanalysen und nicht nur (wieder) Produktanalyseresultate zu erhalten. Die prozessorientierte Hochbegabungsdiagnostik findet sich hier in einer analogen – unbefriedigenden – Situation wie die Lerntest- oder sog. Förderdiagnostik. Nicht weniger defizitär stellt sich die Entwicklungsdiagnostik dar, die gerade im Kontext einer individuellen Hochbegabtenförderung interessante Aufgaben vorfindet (vgl. Bamberger, 1982, 1986; Feldman, 1982, 1986; Horowitz & O'Brien, 1985; Csikszentmihalyi & Robinson, 1986; Stapf & Stapf, 1987). Immerhin existieren inzwischen einige methodisch sorgfältig geplante Längsschnittstudien zur Hochbegabungsentwicklung (auch im deutschsprachigen Raum), z.B. Heller und Hany (1986), Mönks et al. (1986), Zha (1986), Heller (1992/2001, 2002), Rost (1993, 2000).

Da Hochbegabte sowohl im Entwicklungsverlauf als auch im Leistungsverhalten vielfältige Charakteristika aufweisen können, muss dem auch diagnostisch Rechnung getragen werden. Neben multivariaten, klassifikatorischen Ansätzen zur Erfassung hochbegabungsspezifischer Merkmalskonfigurationen empfehlen sich ergänzend idiographische Ansätze, z.B. biographische Analysen (vgl. Bloom, 1985). Eine systematische Erfassung hochbegabungsspezifischer Beratungsanlässe als Grundlage für Interventions- und Präventionsmaßnahmen ist bislang ebenso Desiderat wie die Entwicklung und Erprobung geeigneter Fortbildungsmaßnahmen zur Sicherung der diagnostischen Kompetenz des Beratungspersonals (Heller, 1985, 1987). Obwohl bereits viele brauchbare Ansätze zur Hochbegabungsdiagnostik vorliegen, sind diese sehr oft nicht bekannt und nur in seltenen Fällen curricularer Bestandteil in der Aus- und Fortbildung von Psychologen. Siehe auch die Buchkapitel 19 und 20 unten.

(3) Die größte Herausforderung dürfte in der Etablierung einer Interaktionsdiagnostik und ihrer Validierung liegen. Im Zusammenhang damit wären weitere Probleme der Evaluierung sowie – indirekt wiederum – einer erweiterten Konstruktbildung zu bewältigen. Es scheint, als ob das Thema „Hochbegabungsdiagnostik" als Forschungsaufgabe wiederentdeckt (vgl. Stern, 1916) und zunehmend – gerade auch international – Interesse finden würde. So sind in allerjüngster Zeit zwei bemerkenswerte Testbatterien erschienen: der BIS-HB von Jäger et al. (2006) und die MHBT von Heller und Perleth (2007a/b).

Literatur

Bamberger, J. (1982). Growing up prodigies: The midlife crisis. *New Directions for Child Development, 17*, 61-78.

Bamberger, J. (1986). Cognitive issues in the development of musically gifted children. In R.J. Sternberg & J.E. Davidson (Eds.), *Conceptions of giftedness* (pp. 388-413). New York: Cambridge University Press.

Bloom, B.S. (Ed.). (1985). *Developing talent in young people.* New York: Ballantine Books.

Cattell, R.B. (1971). *Abilities: Their structure, growth, and action.* Boston: Houghton Mifflin.

Cronbach, L.J. & Gleser, G.C. (1965). *Psychological tests and personnel decisions* (2nd ed.). Urbana: University of Illinois.

Csikszentmihalyi, M. & Robinson, R.E. (1986). Culture, time, and the development of talent. In R.J. Sternberg & J.E. Davidson (Eds.), *Conceptions of giftedness* (pp. 264-284). New York: Cambridge University Press.

Facaoaru, C. (1985). *Kreativität in Wissenschaft und Technik. Operationalisierung von Problemlösefähigkeiten und kognitiven Stilen.* Bern: Huber.

Facaoaru, C. & Bittner, R. (1987). Kognitionspsychologische Ansätze der Hochbegabungsdiagnostik. *Zeitschrift für Differentielle und Diagnostische Psychologie, 8,* 193-205.

Feger, B. (1980). Identifikation von Hochbegabten. In K.J. Klauer & H.J. Kornadt (Hrsg.), *Jahrbuch für empirische Erziehungswissenschaft* (S. 87-112). Düsseldorf: Schwann.

Feger, B. (1987). Förderprogramme für Hochbegabte. *Psychologie in Erziehung und Unterricht, 34,* 161-170.

Feldhusen, J.F. (1986). A conception of giftedness. In K.A. Heller & J.F. Feldhusen (Eds.), *Identifying and nurturing the gifted* (pp. 139-148). Toronto: Huber Publ.

Feldman, D.H. (Ed.). (1982). *Developmental approaches to giftedness and creativity.* San Francisco: Jossey-Bass.

Feldman, D.H. (1986). Giftedness as a developmentalist sees it. In R.J. Sternberg & J.E. Davidson (Eds.), *Conceptions of giftedness* (pp. 285-305). New York: Cambridge University Press.

Gagné, F. (1985). Giftedness and talent: Reexamining a reexamination of the definitions. *Gifted Child Quarterly, 29,* 101-112.

Gardner, H. (1983). *Frames of mind. The theory of multiple intelligences.* New York: Basic Books.

Guilford, J.P. (1967). *The nature of human intelligence.* New York: Mc Graw Hill.

Guthke, J. (1992). Lerntests auch für Hochbegabte? In E.A. Hany & H. Nickel (Hrsg.), *Begabung und Hochbegabung* (S. 125-141). Bern: Huber.

Guthke, J., Beckman, J.G. & Dobat, H. (1997). Dynamic testing – problems, uses, trends and evidence of validity. *Educational and Child Psychology, 14,* 17-32.

Haensly, P., Reynolds, C.R. & Nash, W.R. (1986). Giftedness: coalescence, context, conflict, and commitment. In R.J. Sternberg & J.E. Davidson (Eds.), *Conceptions of giftedness* (pp. 128-148). New York: Cambridge University Press.

Hany, E.A. (1987). *Modelle und Strategien zur Identifikation hochbegabter Schüler.* Unveröff. Diss., Universität München (Fak. 11).

Hany, E.A. (1993). Methodological Problems and Issues Concerning Identification. In K.A. Heller, F.J. Mönks & A.H. Passow (Eds.), *International Handbook of Research and Development of Giftedness and Talent* (pp. 209-232). Oxford: Pergamon Press.

Heller, K.A. (1985). Identification and guidance of highly gifted children. *Internationally Speaking, 10,* 7-9.

Heller, K.A. (1986). Psychologische Probleme der Hochbegabungsforschung. *Zeitschrift für Entwicklungspsychologie und Pädagogische Psychologie, 18,* 335-361.

Heller, K.A. (1987). Möglichkeiten und Grenzen der Diagnostik von Hochbegabung. In F.E. Weinert & H. Wagner (Hrsg.), *Die Förderung Hochbegabter in der Bundesrepublik Deutschland: Probleme, Positionen, Perspektiven* (S. 106-120). Bad Honnef: Bock.

Heller, K.A. (Hrsg.). (1991). *Begabungsdiagnostik in der Schul- und Erziehungsberatung* (2. Aufl. 2000). Bern: Huber.

Heller, K.A. (Hrsg.). (1992). *Hochbegabung im Kindes- und Jugendalter* (2. Aufl. 2001). Göttingen: Hogrefe.

Heller, K.A. (Hrsg.). (2002). *Begabtenförderung im Gymnasium. Ergebnisse einer zehnjährigen Längsschnittstudie.* Opladen: Leske + Budrich.

Heller, K.A. & Feldhusen, J.F. (Eds.). (1986). *Identifying and nurturing the gifted. An international perspective.* Toronto: Huber Publ.

Heller, K.A. & Hany, E.A. (1986). Identification, development, and achievement analysis of talented and gifted children in West Germany. In K.A. Heller & J.F. Feldhusen (Eds.), *Identifying and nurturing the gifted* (pp. 67-82). Toronto: Huber Publ.

Heller, K.A. & Perleth, Ch. (1991). Informationsquellen und Meßinstrumente. In K.A. Heller (Hrsg.), *Begabungsdiagnostik in der Schul- und Erziehungsberatung* (2. Aufl. 2000, S. 94-212). Bern: Huber.

Heller, K.A. & Perleth, Ch. (2007a). *Münchner Hochbegabungstestbatterie für die Primarstufe (MHBT-P).* Göttingen: Hogrefe.

Heller, K.A. & Perleth, Ch. (2007b). *Münchner Hochbegabungstestbatterie für die Sekundarstufe (MHBT-S).* Göttingen: Hogrefe.

Heller, K.A., Mönks, F.J. & Passow, A.H. (Eds.). (1993). *International Handbook of Research and Development of Giftedness and Talent.* Oxford: Pergamon Press.

Heller, K.A., Perleth, Ch. & Lim, T.K. (2005). The Munich Model of Giftedness designed to identify and promote gifted students. In R.J. Sternberg & J.E. Davidson (Eds.), *Conceptions of Giftedness* (2nd ed., pp. 147-170). New York: Cambridge University Press.

Heller, K.A., Mönks, F.J., Sternberg, R.J. & Subotnik, R.F. (Eds.). (2000). *International Handbook of Giftedness and Talent* (2nd ed., revised reprint 2002). Oxford: Pergamon Press / Amsterdam: Elsevier Science.

Horowitz, F.D. & O'Brien, M. (Eds.). (1985). *The gifted and talented. Developmental perspectives.* Washington, DC: APA.

Jäger, A.O. (1984). Intelligenzstrukturforschung: Konkurrierende Modelle, neue Entwicklungen, Perspektiven. *Psychologische Rundschau, 35,* 21-35.

Jäger, A.O. (1986). Validität von Intelligenztests. *Diagnostica, 32,* 272-289.

Jäger, A.O., Holling, H., Preckel, F., Schulze, R., Vock, M., Süß, H.-M. & Beauducel, A. (2006). *Berliner Intelligenzstrukturtest für Jugendliche: Begabungs- und Hochbegabungsdiagnostik (BIS-HB).* Göttingen: Hogrefe.

Kanevsky, L. (2000). Dynamic Assessment of Gifted Students. In K.A. Heller, F.J. Mönks, R.J. Sternberg & R.F. Subotnik (Eds.). (2000). *International Handbook of Giftedness and Talent* (2nd ed., pp. 283-295). Oxford: Pergamon Press / Amsterdam: Elsevier Science.

Klauer, K.J. (1992). Zur Diagnostik von Hochbegabung. In E.A. Hany & H. Nickel (Hrsg.), *Begabung und Hochbegabung. Theoretische Konzepte, empirische Befunde, praktische Konsequenzen* (S. 205-214). Bern: Huber.

Kornmann, R. (1992). Förderdiagnostische Ansätze in der Hochbegabungsdiagnostik. In E.A. Hany & H. Nickel (Hrsg.), *Begabung und Hochbegabung* (S. 143-158). Bern: Huber.

Magnusson, D. (1969). *Testtheorie.* Wien: Deuticke.

Mönks, F.J. (1985). Hoogbegaafden: een situatieschets. In F.J. Mönks & P. Span (Eds.), *Hoogbegaafden in de samenleving* (pp. 17-31). Nijmegen: Dekker & van de Vegt.

Mönks, F.J., van Boxtel, H.W., Roelofs, J.J.W. & Sanders, M.P.M. (1986). The identification of gifted children in secondary education and a description of their situation. In K.A. Heller & J.F. Feldhusen (Eds.), *Identifying and nurturing the gifted* (pp. 39-65). Toronto: Huber Publ.

Pawlik, K. (Hrsg.). (1976). *Diagnose der Diagnostik.* Stuttgart: Klett.

Pegnato, C.W. & Birch, J.W. (1959). Location gifted children in junior high schools – a comparison of methods. *Exceptional children, 25,* 300-304.

Putz-Osterloh, W. & Schroiff, M. (1987). Komplexe Verhaltensmaße zur Erfassung von Hochbegabung. *Zeitschrift für Differentielle und Diagnostische Psychologie, 8,* 207-216.

Renzulli, J.S. (1978). What makes giftedness? Reexamining a definition. *Phi Delta Kappan, 60,* 180-184.

Renzulli, J.S. (1986). The three-ring conception of giftedness: A developmental model for creative productivity. In R.J. Sternberg & J.E. Davidson (Eds.), *Conceptions of giftedness* (pp. 53-92). New York: Cambridge University Press.

Renzulli, J.S., Reis, S.M. & Smith, L.H. (1981). *The revolving door identification model.* Mansfield Center/Connecticut: Creative Learning Pr.

Rost, D.H. (Hrsg.). (1993). *Lebensumweltanalyse hochbegabter Kinder.* Göttingen: Hogrefe.

Rost, D.H. (Hrsg.). (2000). *Hochbegabte und hochleistende Jugendliche: Neue Ergebnisse aus dem Marburger Hochbegabungsprojekt.* Münster: Waxmann.

Rüppell, H., Hinnersmann, H. & Wiegand, J. (1987). Problemlösen – allgemein oder spezifisch? In H. Neber (Hrsg.), *Angewandte Problemlösepsychologie* (S. 173-192). Münster: Aschendorff.

Siegler, R.S. & Kotovsky, K. (1986). Two levels of giftedness: Shall ever the twain meet? In R.J. Sternberg & J.E. Davidson (Eds.), *Conceptions of giftedness* (pp. 417-435). New York: Cambridge University Press.

Stapf, A. & Stapf, K. (1986). Entwicklungspsychologische und sozialisationstheoretische Perspektiven der Hochbegabtenforschung. In M. Amelang, M. (Hrsg.). (1987), *Bericht über den 35. Kongress der Deutschen Gesellschaft für Psychologie in Heidelberg 1986, Bd. 2* (S. 433-445). Göttingen: Hogrefe.

Stern, W. (1916). Psychologische Begabungsforschung und Begabungsdiagnose. In P. Petersen (Hrsg.), *Der Aufstieg der Begabten* (S. 105-120). Leipzig: Teubner.

Sternberg, R.J. (1985). *Beyond IQ. A triarchic theory of human intelligence.* New York: Cambridge University Press.

Sternberg, R.J. & Davidson, J.E. (Eds.). (1986). *Conceptions of giftedness* (2nd ed. 2005). New York: Cambridge University Press.

Tannenbaum, A.J. (1983). *Gifted Children, psychological and educational perspectives.* New York: Macmillan.

Tannenbaum, A.J. (1986). Giftedness: a psychosocial approach. In R.J. Sternberg & J.E. Davidson (Eds.), *Conceptions of giftedness* (pp. 21-52). New York: Cambridge University Press.

Taylor, C.W. (1978). How many types of giftedness can your program tolerate? *Journal of Creative Behavior, 12,* 39-51.

Trost, G. (1986). Identification of highly gifted adolescents – methods and experiences. In K.A. Heller & J.F. Feldhusen (Eds.), *Identifying and nurturing the gifted* (pp. 83-91). Toronto: Huber Publ.

Weinert, F.E. & Wagner, H. (Hrsg.). (1987). *Die Förderung Hochbegabter in der Bundesrepublik Deutschland: Probleme, Positionen, Perspektiven.* Bad Honnef: Bock.

Weinert, F.E. & Waldmann, M.R. (1985). Das Denken Hochbegabter – intellektuelle Fähigkeiten und kognitive Prozesse. *Zeitschrift für Pädagogik, 31,* 789-804.

Wieczerkowski, W. & zur Oeveste, H. (1978). Zuordnungs- und Entscheidungsstrategien. In K.J. Klauer (Hrsg.), *Handbuch der Pädagogischen Diagnostik, Bd. 4* (S. 919-951). Düsseldorf: Schwann.

Wieczerkowski, W. & Wagner, H. (1985). Diagnostik von Hochbegabung. In R.S. Jäger, R. Horn & K. Ingenkamp (Hrsg.), *Tests und Trends 4, Jahrbuch der Pädagogischen Diagnostik* (S. 109-134). Weinheim: Beltz.

Wieczerkowski, W., Wagner, H. & Birx, E. (1987). Die Erfassung mathematischer Begabung über Talentsuche. *Zeitschrift für Differentielle und Diagnostische Psychologie, 8,* 217-226.

Wiggins, J.S. (1973). *Personality and prediction. Principles of personality assessment.* Reading/Mass.: Addison-Wesley.

Wolman, B.B. (Ed.). (1985). *Handbook of intelligence. Theories, measurements, and applications.* New York: John Wiley.

Zha, Z. (1986). A study of the mental development of supernormal children in China. In A.J. Cropley et al. (Eds.), *Giftedness: a continuing worldwide challenge* (pp. 31-33). New York: Trillium Press. – Deutsch erschienen unter nachstehendem Titel: Zur kognitiven Entwicklung hochbegabter Kinder in China. Eine empirische Studie. In W. Wieczerkowski et al. (Hrsg.), *Hochbegabung – Gesellschaft – Schule. Ausgewählte Beiträge aus der 6. Weltkonferenz über hochbegabte und talentierte Kinder in Hamburg vom 5. bis 9. August 1985* (S. 131-135). Bad Honnef: Bock.

Kapitel 6

Möglichkeiten und Grenzen der Identifikation hochbegabter Kinder und Jugendlicher

Inhalt

Einleitung

Themen über Hochbegabung sind sehr oft Gegenstand kontroverser Auseinandersetzungen. Es gibt nur wenige Fragen, die so unterschiedliche Meinungen bei Experten und Laien provozieren. Davon ist auch die Problematik der Identifikation hochbegabter Kinder und Jugendlicher betroffen.

Andererseits lehrt die praktische Erfahrung, dass mit dem Phänomen Hochbegabung zahlreiche Erziehungs- und Sozialisationsprobleme verknüpft sein können, die ohne fundierte diagnostische Informationen kaum befriedigend zu bewältigen sind. Dies gilt auch für die Hochbegabtenförderung. Sowohl in der Einzelfallhilfe (der Schul- und Erziehungsberatung) als auch in der Talentförderung im engeren Sinne ist man vielfach auf gesicherte Diagnosen und/oder Prognosen angewiesen. Die Identifikationsproblematik enthält somit folgende Fragen:

(1) *Was* soll diagnostiziert werden? Neben Definitionsproblemen ist damit die Frage nach dem diagnostischen Erfassungsgegenstand angesprochen.

(2) *Wozu* dienen Hochbegabungsdiagnosen? Prinzipiell wäre hier zwischen der Einzelfalldiagnose (z.B. in der Beratungssituation) und der Talentsuche (für Begabtenförderprogramme) zu unterscheiden. Dabei sind Nutzen und Gefahren gegeneinander abzuwägen.

(3) *Wie* kann Hochbegabung diagnostiziert werden? Diese Frage zielt sowohl auf die Informationsquellen bzw. Messinstrumente und Untersuchungsstrategien als auch auf hochbegabungsspezifische Methodenprobleme der Datenverarbeitung und diagnostischen Urteilsbildung.

(4) *Wann*, d.h. zu welchem Zeitpunkt, sollen hochbegabte Kinder und Jugendliche erfasst werden? Identifikationsversuche im Vorschul- oder erst im Schulalter? Punktuelle versus kontinuierliche diagnostische Begabungsuntersuchungen? Freiwillige oder obligatorische Beteiligung? Hochbegabtenerfassung innerhalb oder außerhalb der Schule? Diese und weitere Fragen gilt es zu klären, wobei insbesondere der Bezug zur zweiten Fragestellung oben beachtet werden muss.

(5) Schließlich sollen *praktische Empfehlungen* für eine beratungs- und förderungsspezifische Hochbegabungsdiagnose, soweit sich diese aus den Erkenntnissen der aktuellen Begabungsforschung herleiten und begründen lassen, zusammenfassend diskutiert werden.

Nachstehend wird – mit unterschiedlicher Ausführlichkeit – auf die einzelnen Punkte eingegangen.

1. Zum diagnostischen Erfassungsgegenstand „Hochbegabung"

Hinter der lange Zeit und zum Teil auch heute noch praktizierten Methode der Bestimmung von Hochbegabung mittels IQ-Grenzwert steckt die (meist unausgesprochene) Annahme, dass es *die* Hochbegabung bzw. nur vielseitig Hochbegabte gibt. Demgegenüber repräsentieren neuere Theorien der Hochbegabung fast ausnahmslos mehrdimensionale Faktorenmodelle. So definiert Renzulli (1978) Hochbegabung als „glückliche Fügung" von überdurchschnittlicher Intelligenz, Kreativität und Aufgabenverpflichtung (task commitment). Andere Autoren betonen dar-

über hinaus die Bedeutung des Selbstkonzeptes oder auch der Gesamtpersönlich-
keit versus die Rolle von Zufallsfaktoren bzw. kritischer Lebensereignisse (also
Umwelteinflüsse) im Hinblick auf die Begabungsentwicklung. Analog zu Gardners
Theorie der multiplen Intelligenzen werden z.B. in der Münchner Hochbegabungsstudie (vgl. Heller, 1986, 1992/2001) folgende Aspekte bzw. Formen von Hochbegabung unterschieden: überdurchschnittliche intellektuelle Fähigkeiten (als unab-
dingbare Voraussetzung von Hochbegabung) in Verbindung mit besonderen kreativen Fähigkeiten bzw. Kreativität, soziale Kompetenz, psychomotorische sowie
musische (musikalische) (Hoch-)Begabung. Die Begriffe „Hochbegabung" und
„besondere Befähigung" werden hier synonym gebraucht. Der vom Wissenschafts-
rat in seiner „Empfehlung zur Förderung besonders Befähigter" (1981) in die öffentliche Diskussion eingeführte Terminus wird seitdem mehr oder weniger bedeu-
tungsgleich mit „Hochbegabung" oder auch „Talent" verwendet. Ferner wird hierbei ein Interaktionsgefüge zwischen den Persönlichkeitsmerkmalen einerseits, d.h.
kognitiven und motivationalen Bedingungskomponenten im Leistungsverhalten
Hochbegabter, sowie zwischen diesen und charakteristischen Sozialisations- bzw.
Umwelteinflüssen andererseits angenommen.

Zur Konkretisierung dieses Ansatzes seien hier beispielhaft die wichtigsten Untersuchungsvariablen der erwähnten Längsschnittstudie aufgelistet (Heller, 1992).
a) Kognitive und motivationale *Persönlichkeitsmerkmale* Hochbegabter:
   – Intelligenz im Sinne differentieller (verbaler, quantitativer, nonverbaler)
     Fähigkeitskonstrukte bzw. konvergenter Denkoperationen (sensu Guilford),
   – Kreativität im Sinne divergenten Denkens (Guilford) bzw. divergent-konver-
     genter Problemlösungsprozesse (sensu Facaoaru),
   – soziale Kompetenz im Sinne der Handlungsplanung und -steuerung bzw.
     sozialer Fertigkeiten (Einfühlungskraft, Führungsqualitäten u.ä.),
   – psychomotorische und praktische Intelligenz,
   – musikalische bzw. musische Begabung,
   – Selbstkonzept und Kontrollüberzeugung,
   – Interessen, Erkenntnisstreben und Leistungsmotivation,
   – Arbeits- und Stressbewältigungsstrategien, Lernstile usw.

b) *Ökopsychologische Determinanten* der Begabungsentwicklung und des Leistungsverhaltens Hochbegabter:
   – Anregungsqualität und Leistungsdruck der sozialen Umwelt;
   – Reaktionen von Eltern, Lehrern und Gleichaltrigen bzw. (nicht hochbegab-
     ten) Geschwistern auf Erfolge vs. Misserfolge Hochbegabter;
   – sozial-emotionales Klima in der Schule, Familie usw.

Während die bisher genannten Dimensionen und Bedingungsfaktoren der
Hochbegabung eher statusdiagnostisch erfasst werden, zielen prozessdiagnostische
Ansätze mehr auf die zur Lösung schwieriger, komplexer Denkprobleme notwendigen Planungs- und Steuerungskompetenzen. Entsprechende *Informationsprozesse
sog. Metakomponenten der kognitiven Kontrolle* (Problemsensitivität, Planung und
Auswahl zweckmäßiger Lösungs- und Handlungsschritte, Aufmerksamkeitszuwendung und Handlungskontrolle) konnte beispielsweise Sternberg (1977) nachweisen.

Sein Komponentenmodell erscheint gerade im Hinblick auf die Erfassung qualitativer Unterschiede im Denken Hochbegabter im Vergleich zu Nichthochbegabten als besonders geeignet. Demgegenüber ist die Rolle der Informationsverarbeitungsgeschwindigkeit (Lösungszeit) sowie basaler psychophysiologischer Funktionen bei der Bestimmung von Hochbegabungsmerkmalen zur Zeit noch umstritten (Eysenck, 1982).

Zusammenfassend wäre festzuhalten, dass Hochbegabung ein vielseitiges Phänomen bzw. sehr komplexes Bedingungsgefüge darstellt, zu dessen Identifikation klassifikatorische (mehrdimensionale) Methoden erforderlich sind. Produktanalysen und statusdiagnostische Verfahren müssen hierbei durch prozessdiagnostische Ansätze ergänzt werden.

2. Nutzen und Risiken der Hochbegabtenidentifizierung

Welcher praktische *Nutzen* ist von der Identifizierung hochbegabter Kinder und Jugendlicher zu erwarten? Mit welchen Nachteilen ist zu rechnen, wenn Hochbegabungsdiagnose und Talentsuche unterbleiben?

Im Hinblick auf das Postulat der Chancengerechtigkeit und den (berechtigten) Anspruch auf individuell angemessene Erziehungs- und Ausbildungsbedingungen ergibt sich für die Hochbegabtenförderung eine Reihe unterschiedlicher Probleme, die vorab der diagnostischen Klärung bedürfen. Hochbegabte Schüler werden – entgegen manchen Vorstellungen – keineswegs immer leicht und zuverlässig erkannt. Unterstellt man einmal den guten Willen aller Beteiligten (Eltern, Pädagogen bzw. Lehrer), Hochbegabung zu erkennen, dann sind als erschwerende Bedingungen hierfür vor allem die folgenden Ursachen auszumachen:
- Wahrnehmungsverzerrungen aufgrund von falschen Einstellungen und Vorurteilen, Beobachtungsfehlern u.ä. oder auch schlichte Unkenntnis über Erscheinungsformen und Entwicklungsbedingungen von Hochbegabung;
- „Risikogruppen", z.B. hochbegabte verhaltensauffällige Schüler oder hochbegabte behinderte Kinder und Jugendliche, hochbegabte Mädchen und sogenannte Underachiever, Immigrantenkinder u.a.;
- ungünstige familiäre und schulische Sozialisationsbedingungen für die betreffenden hochbegabten Jugendlichen, so dass der Identifikationsversuch ausschließlich an Leistungs- und Produktkriterien zum Scheitern verurteilt ist, also die Chancen zum Erkennen einer besonderen Befähigung gering sind.

Diese Aufzählung ließe sich unschwer fortsetzen. Wichtiger als Vollständigkeit erscheint hier das Argumentationsgewicht dieser inzwischen vielfach und zuverlässig belegten Fakten im Hinblick auf den Erziehungs- und Bildungsanspruch hochbegabter Kinder und Jugendlicher. Damit werden keine Sonderrechte, sondern nur gleiche Rechte für alle, auch für die Hochbegabten, reklamiert.

Wie steht es nun mit den *Gefahren* und Nachteilen, die im Zusammenhang mit der Hochbegabtenidentifizierung vermutet werden? Hierzu liegen weit mehr unkontrollierte Erfahrungen und nicht bestätigte Hypothesen vor als gesicherte Erkenntnisse. So wird z.B. immer wieder das Etikettierungsproblem genannt. Einschlägige Untersuchungen (Heller & Feldhusen, 1986) haben jedoch nur zum geringeren Teil die befürchteten negativen Wirkungen, die mit der Hochbegabungs-diagnose bzw. Talentsuche verbunden sein können, bestätigt. Interessanterweise wurden in Befragungen die stärksten Vorbehalte gegenüber solchen Identifikati-onsversuchen nicht auf seiten der Hochbegabten oder ihrer Eltern, sondern vorab von Psychologen (Beratern) und – teilweise – nicht hochbegabten Geschwistern geäußert. Die meisten Mitschüler reagierten, wie auch die Eltern, positiv auf das Etikett „Hochbegabung". Unterschiedlich sind die erfassten Lehrereinstellungen (siehe hierzu die Buchkapitel 12, 19 und 20).

Folgende Gefahren werden gewöhnlich mit dem Etikettierungsproblem inhalt-lich assoziiert: soziale Isolierung, Ausbildung egozentrischer Einstellungen und Haltungen, Gefährdung oder Störung der Persönlichkeitsentwicklung und des Selbstkonzeptes durch überhöhten Erwartungsdruck bzw. aufgebürdete Verantwor-tungen usw. Sicherlich müssen beim Identifikationsprozess diese Gefahren im Auge behalten und erforderlichenfalls durch flankierende Beratungsmaßnahmen (der Intervention vs. Prävention) begleitet werden. Vergegenwärtigt man sich je-doch die Versäumnisse und ihre Folgen, die beim Ausbleiben von Identifikations-bemühungen zu erwarten sind, dann spricht fast alles für die erste Alternative: nämlich die Anstrengung, Hochbegabte möglichst umfassend zu identifizieren, um gegebenenfalls Hilfen für deren Erziehung und Ausbildung bereitzustellen. Auch wenn nicht alle hochbegabten Kinder eine solche Unterstützung benötigen, kann andererseits kaum verantwortet werden, dass viele der besonders befähigten Ju-gendlichen (einschließlich deren Eltern und Lehrer) mit ihren persönlichen und sozialen Problemen allein gelassen werden. Die Palette der Beratungs- und Be-handlungsanlässe reicht hier von der Asynchronie (Disharmonie-Syndrom) zwi-schen beschleunigter Intelligenzentwicklung und „unreifen" (aber dem chronologi-schen Alter entsprechenden) Gefühlen, Verhaltensstörungen aufgrund permanenter Unterforderung (besonders in der Grundschule), sozialer Isolierung wegen fehlen-der Kontaktmöglichkeiten mit hochbegabten Gleichaltrigen und Mangel an Heraus-forderung über mädchenspezifische Hochbegabungsprobleme aufgrund von (nicht selten sozialschichtspezifischen) Rollenklischees und Erziehungseinstellungen, indifferenter oder gar ablehnender Haltung von Eltern oder Geschwistern und Leh-rern bis hin zu psychiatrischen Risikofaktoren, z.B. Anorexia Nervosa. Eine geziel-te Begabungsförderung ist in vielen Fallen ohne gesicherte diagnostische Informa-tionsgrundlage kaum erfolgversprechend.

Was hier für die Einzelfalldiagnose aufgezeigt wurde, gilt in ähnlicher Weise für die Talentsuche (siehe das folgende Buchkapitel 7). Die wenigen in der Litera-tur berichteten Studien hierzu sind in den Ergebnissen oft widersprüchlich und wegen ihrer Methodenmängel wenig beweiskräftig. Meist wurden Nomination (Eltern- und Lehrereinschätzungen) und Test (Psychologenurteile) miteinander ver-glichen, nur selten entsprechende Kombinationsmöglichkeiten untersucht.

Alles in allem sprechen die gewichtigeren Argumente ziemlich eindeutig für die diagnostische Erfassung von Hochbegabung im Kindes- und Jugendalter. Dabei müssen jedoch immer prophylaktische Maßnahmen zur Verhinderung unerwünsch-ter oder gar schädlicher Nebenwirkungen im Einzelfall mitbedacht werden.

3. Zu welchem Zeitpunkt soll die Identifikation einsetzen?

Die Frage nach dem Zeitpunkt der Hochbegabtenidentifikation enthält mindestens
zwei Problemaspekte, die in folgenden Alternativen zum Ausdruck kommen:
a) Identifikation bereits im Vorschulalter oder erst im Schulalter, d.h. Hochbegabungsdiagnostik so früh wie möglich?
b) Punktuelle (sporadische) oder kontinuierliche (systematische) Begabungsdiagnosen?
Damit eng verknüpft ist
c) die Frage, ob die Identifikation hochbegabter Kinder und Jugendlicher auf frei-
williger Beteiligung basieren oder für alle obligatorischer Bestandteil – etwa der
schulischen Ausbildung – sein soll.

Für eine möglichst frühzeitige Identifikation sprechen vor allem Überlegungen,
die auf die Optimierung individueller Erziehungs- und Sozialisationschancen
abzielen. Davon sind nicht nur kognitive, sondern auch motivationale und sozialemotionale Bereiche der Persönlichkeitsentwicklung betroffen. Lehwald (1986),
der in diesem Zusammenhang die Bedeutung der *Frühdiagnostik* hervorhebt, meint
hierzu: „Es geht vor allem um gesicherte Entscheidungen, damit eine optimale
Förderung und Entwicklung des Kindes gewährleistet werden kann. Begabungsförderung i.w.S. ist ohne ausreichende diagnostische Informationen über Stand und
Prognose der Persönlichkeitsentwicklung nicht möglich. Prozessual erhobene Le-
benswegdaten eröffnen ferner die Möglichkeit, individuelle Entwicklungsverläufe
hochbegabter Kinder zu bestimmen und damit für den Einzelfall konkrete Erziehungsmaßnahmen festzulegen. Frühprognosen helfen also nicht nur dem Kinder-
psychologen, sie sind ebenso für den Vorschulpädagogen unerlässlich."

Ähnlich sehen Bartenwerfer (1978), Casey und Quisenberry (1982) oder Feger
(1980) die Chancen der Früherkennung besonders befähigter Schüler im Hinblick
auf deren Persönlichkeitsentwicklung. Nach Mehlhorn und Mehlhorn (1982) ist das
Zusammenwirken von Schule und Elternhaus bzw. der gesellschaftlichen Institutionen eine notwendige Voraussetzung für das Erkennen möglichst aller hochbefä-
higten Schüler. In der Schule erfordert das Erkennen und Fördern solcher Schüler
die Berücksichtigung individueller Besonderheiten und einen darauf abgestimmten
Unterricht (vgl. Heller, 1999).

Schwierigkeiten für eine Frühdiagnose ergeben sich einmal aus dem Fehlen zuverlässiger und für Eltern wie Lehrer praktikabler Kriterien zur Identifizierung
hochbegabter Kinder, zum anderen aus unserem dürftigen Wissen über hochbegabungsspezifische Problemlösungsprozesse und deren Genese. Die Verbesserung
dieser Wissensgrundlage ist aber eine notwendige Voraussetzung für die Konstruktion besserer Diagnoseinstrumente bzw. eine umfassendere „kognitive Intelligenzdiagnostik" im Sinne von F. Klix. Die im Methodenabschnitt 3.2 von Kapitel 5
oben diskutierten prozessdiagnostischen Ansätze sind Versuche in diese Richtung,
ebenso sequentielle Entscheidungsstrategien. Darüber hinaus müssten solche Diagnoseinstrumente nicht nur die interindividuellen Unterschiede, sondern auch intraindividuelle Entwicklungsfortschritte in Bezug auf formale Problemlöse- und Lern-
kompetenzen erfassen.

Weniger stichhaltig sind wohl Einwände, die auf die mangelnde Zuverlässigkeit von Intelligenzdiagnosen im Vorschul- oder frühen Schulalter zielen. Nach den Befunden von Casey und Quisenberry (1982) sind bei gut bzw. hoch begabten Kindern Intelligenz(test)prädiktoren bereits im Vorschulalter relativ zuverlässig, so dass eine Frühdiagnostik wichtige Hinweise für die individuelle Begabungsförderung geben könnte; ausführlicher vgl. Perleth, Lehwald und Browder (1993) sowie Perleth, Schatz und Mönks (2000). Gravierender sind demgegenüber Vorbehalte vieler Erziehungswissenschaftler und Vorschulpädagogen, zumindest im Hinblick auf die Realisierungschance frühdiagnostischer Maßnahmen hierzulande. Manchmal drängt sich allerdings dem unvoreingenommenen Beobachter öffentlicher Diskussionen der Verdacht auf, dass mehr ideologische Motive als sachlich begründete Argumente die Auseinandersetzung leiten. Wie sonst wäre beispielsweise zu erklären, dass von den Eltern hochbegabter Kinder oft ganz andere Probleme in den Vordergrund gerückt werden (z.B. Gefahr der Unterforderung, Hilflosigkeit in Bezug auf angemessene Anregungs- und Gestaltungsmöglichkeiten usw.)? Dies weist aber doch darauf hin, dass für gezielte Hilfen oder prophylaktische Maßnahmen unser derzeitiges Wissen um förderliche versus hemmende Entwicklungsbedingungen hochbegabter Kinder und Jugendlicher in vielen Fällen nicht ausreicht. Ideologische Voreingenommenheiten werden diese Situation kaum ändern, geschweige denn Ratlosigkeit ersetzen können. Hierzu bedarf es vorab entwicklungs- und pädagogisch-psychologischer Forschungsarbeit, von deren Ertrag letztlich auch die Hochbegabungsdiagnostik profitieren wird.

Die Frage nach dem richtigen Zeitpunkt einsetzender Identifikationsbemühungen verliert an Brisanz, wenn man sich für *kontinuierliche*, die Persönlichkeitsentwicklung begleitende Diagnosen/Prognosen entscheidet. Damit wäre nicht nur altersgemäßen Entwicklungsfortschritten, sondern vor allem auch individuellen Besonderheiten (z.B. der Akzeleration in bestimmten Bereichen) diagnostisch besser Rechnung zu tragen. Gleichzeitig ließe sich so die Begabungs- bzw. – umfassender – Persönlichkeitsförderung im Sinne der formativen Evaluation wirksam unterstützen, wobei die Ausbildung eines realistischen Selbstkonzeptes in der Hochbegabtenförderung ein wichtiges Erziehungsziel darstellt. Auf diese Weise können fehlerhafte Begabungsdiagnosen frühzeitig erkannt und korrigiert werden, so dass eine laufende Anpassung der praktischen Fördermaßnahmen an die individuellen Erfordernisse möglich ist. Nachteilig hierbei kann allerdings der Evaluationsaufwand sein, der deshalb in einer vernünftigen Relation zum diagnostischen Informationsgewinn für die Begabungsförderung definiert werden muss.

Schließlich wäre das Recht auf Entscheidungsfreiheit jedes einzelnen, auch der Hochbegabten, zu respektieren. Das *Freiwilligkeitsprinzip*, d.h. die persönliche Entscheidung über die Nutzung förderdiagnostischer Angebote, darf nicht verkommen zur individuellen Entmündigung. Hierüber, so scheint es, besteht zumindest in den westlichen Demokratien weitgehend Konsens. Eine Begrenzung dieses Anspruchs kann nur aus der erzieherischen Verantwortung für individuell optimale Sozialisationschancen – wie sie für *alle* Heranwachsenden gilt – abgeleitet werden. Insoweit ist die Frage der persönlichen Entscheidungsfreiheit kein hochbegabtenspezifisches Problem.

4. Praktische Konsequenzen

Im Hinblick auf die Frage nach dem (individuellen) Nutzen vs. entsprechenden Versäumnissen bei Verzicht auf die Identifikation von Hochbegabten kommen wir abschließend zu folgendem Resümee:

(1) Sowohl für Einzelfalldiagnosen als auch für Identifikationen im Rahmen der Talentsuche ist ein stufenweises Vorgehen am effektivsten. Auf diese Weise wird sowohl individuellen als auch institutionellen Bedürfnissen am besten Rechnung getragen, d.h. die größtmögliche Chance zur Erkennung (und Förderung) aller hochbegabten Kinder und Jugendlichen gewahrt. Die *sequentielle Diagnosestrategie* mindert die Gefahr falscher Diagnosen bzw. Prognosen, in dem sie den Einsatz von Messinstrumenten unterschiedlicher Güte (Skalenqualität) ermöglicht, also auch von ungenaueren Verfahren mit gleichzeitigen Vorzügen in Bezug auf die Breite und Komplexität des Erfassungsgegenstandes Hochbegabung. Da die neueren Begabungstheorien fast durchweg von komplexen, mehrdimensionalen Hochbegabungskonstrukten ausgehen, sind entsprechend *mehrdimensionale Messmethoden und klassifikatorische Ansätze* (der Datenverarbeitung) eindimensionalen, linearen Modellen (Grenzwertmethode) vorzuziehen. Solange elaborierte Hochbegabungstestbatterien für diesen Zweck noch nicht zur Verfügung stehen, kann man etwa nach dem Drehtür-Modell Renzullis zunächst via Grobauslese (Screening) *status*diagnostisch einen Talentpool gewinnen. Die betreffenden Schüler erhalten dann differenzierte Förderungsangebote (z.B. in freiwilligen Arbeitsgemeinschaften nach dem baden-württembergischen Fördermodell; vgl. Hany & Heller, 1992), wobei in Anlehnung an das Lerntestparadigma (Prätest-Treatment-Posttest-Design) in der Folgezeit stärker *prozess*diagnostische Informationen in die Hochbegabungsdiagnose einfließen können. Analog würde man in der Einzeldiagnose eine schrittweise Absicherung des Urteils (mit anfangs messungenaueren zu fortschreitend genaueren Erfassungs- bzw. Analysemethoden) anstreben, wobei hier das Individuum in seiner Einzigartigkeit in den Mittelpunkt des Identifikationsprozesses rückt, ohne dass sich prinzipielle Methodenunterschiede ergeben müssen. Siehe auch Buchkapitel 7 unten, wo Talentsuchen mit Hilfe der neuen Münchner Hochbegabungstestbatterie von Heller und Perleth (2007a/b) ausführlich besprochen werden.

Trotz messtheoretischer Unzulänglichkeiten vieler *informeller* Diagnoseinstrumente wird man auf Eltern- und Lehrernominationen bzw. Ratings, Verhaltensbeobachtungen und diagnostische Interviews nicht verzichten wollen. Darüber hinaus können (bei älteren Jugendlichen) Selbstnominationen und Schülerwettbewerbe einen Beitrag zur Hochbegabtenidentifikation leisten, wobei allerdings das Moment der Selbstselektion für viele die diagnostischen Möglichkeiten von vorneherein einschränkt. In Kombination mit *formellen* Verfahren (z.B. Intelligenz- und Kreativitätstests) bieten sie aber eine wichtige Informationsgrundlage für geplante Fördermaßnahmen oder einzelne Beratungshilfen. Bei der Auswahl von Fähigkeits- und Leistungstests muss darauf geachtet werden, dass sie im oberen Skalenbereich genügend trennscharf sind. Differentielle

Tests sind für die Hochbegabungsdiagnose im allgemeinen besser geeignet als Verfahren zur Erfassung der sogenannten allgemeinen Intelligenz.

(2) Stellt man die Vorteile von Hochbegabungsdiagnosen ihren möglichen Nachteilen gegenüber, dann überwiegt eindeutig der Nutzen. Weder haben sich die vielfach angenommenen Etikettierungsprobleme in dem befürchteten Ausmaß empirisch bestätigen lassen, noch sind aufgrund der Hochbegabungsdiagnose außergewöhnliche Persönlichkeits- oder soziale Konflikte nachweisbar. Der Tatsache, dass solche unerwünschten Folgen gelegentlich auftreten können, sollte durch flankierende Beratungshilfen (vgl. Buchkapitel 20) begegnet werden, nicht aber durch Verzicht auf diagnostische Aufklärung überhaupt.

Demgegenüber werden von vielen Experten die Folgen diagnostischer *Versäumnisse* für die Erziehung und Ausbildung bzw. Persönlichkeitsentwicklung der betreffenden Jugendlichen als weitaus gravierender eingeschätzt. Hochbegabungsdiagnosen sind häufig ein unentbehrliches Element im Hinblick auf die Realisierung individueller Entwicklungschancen. So wird vermutet, dass zur Zeit viele besonders befähigte Schüler nicht oder zu spät erkannt werden. Davon sind vor allem die sogenannten Risikogruppen (hochbegabte Mädchen, Behinderte, Immigrantenkinder, aber auch Underachiever, Verhaltensauffällige u.a.) betroffen. Möglichst frühzeitige, kontinuierliche Begabungsuntersuchungen wären hier das beste Gegenmittel, nicht zuletzt unter prophylaktischen Gesichtspunkten.

Das Problem unzuverlässiger Fähigkeitsmessungen im *Vorschulalter* stellt sich bei Hochbegabten gewöhnlich nicht in der gleichen Schärfe wie bei Nichthochbegabten. Insofern ist hier im allgemeinen die prädiktive Validität von Intelligenztests etwa ab dem 5. Lebensjahr besser als in der nicht ausgelesenen Altersgruppe. Allerdings involviert die Hochbegabungsdiagnose bereits im Vorschulalter noch Probleme anderer Art. So sind gegenwärtig in der Bundesrepublik Deutschland viele Erziehungswissenschaftler und Vorschulpädagogen sehr skeptisch oder gar ablehnend gegenüber der Hochbegabtenförderung und entsprechenden Identifikationsbemühungen – vorab im Elementar- und Primarbereich – eingestellt (vgl. Heller, Reimann & Senfter, 2005). Neben der Sorge um (vermutete) negative Wirkungen solcher Aktivitäten mögen hierfür vielfach auch ideologische Gründe maßgeblich sein. Die Eltern der hochbegabten Kinder äußern solche Befürchtungen der „Verfrühung" allerdings seltener; bei ihnen überwiegen die Sorgen um unterlassene oder versäumte Hilfestellungen im Hinblick auf die Persönlichkeitsentwicklung ihrer Kinder oder auch Ratlosigkeit in Bezug auf geeignete Erziehungs- und Fördermaßnahmen.

(3) Der Erfolg von Identifikationsbemühungen hängt auch von *allgemeinen Voraussetzungen* ab. Zu nennen wäre vor allem die Bereitschaft der Eltern und Lehrer, sich ohne Vorurteile oder Ängste der Aufgabe zu stellen, hochbegabte Kinder und Jugendliche zu erkennen und zu fördern. Diese Herausforderung ist alles andere als bequem. Sie verlangt nicht nur außergewöhnliches Engagement, sondern auch die Intention, sich über die Sozialisationsbedingungen Hochbegabter kundig zu machen. Hier liegt eine wichtige Aufgabe für die Aus- und Fortbildung von Lehrkräften bzw. Pädagogen sowie Psychologen, vorab

der Schul- und Erziehungsberatung (vgl. Heller, 1992, S. 34ff. bzw. 2001, S. 38ff.; Heller et al., 2005, S. 79ff.).

Schließlich gilt es, durch informierende Gespräche in einer breiteren Öffentlichkeit Aufklärungsarbeit zu leisten. Dabei wären Sinn und Zweck der Hochbegabtenerkennung, vor allem aber praktische Möglichkeiten der Begabtenförderung im Kindes- und Jugendalter zu vermitteln.

Eine gezielte Begabungsförderung ohne hinreichend gesicherte diagnostische Informationen ist schwer vorstellbar, zumindest aber deren Möglichkeit bisher nicht erwiesen. Belegt sind hingegen zahlreiche Probleme und Beratungsanlässe bezüglich der Entwicklung, Erziehung und Sozialisation Hochbegabter, die als Folgen diagnostischer Versäumnisse im Kindes- und Jugendalter plausibel interpretiert werden können. Hochbegabungsdiagnostik erfüllt nicht nur eine wichtige Funktion im Hinblick auf die (kognitive) Persönlichkeitsentwicklung, sie dient auch der Prävention und der Intervention in Krisensituationen.

Literatur

Bartenwerfer, H. (1978). Identifikation der Hochbegabten. In K.J. Klauer (Hrsg.), *Handbuch der Pädagogischen Diagnostik, Bd. 4* (S. 1059-1069). Düsseldorf: Schwann.

Casey, J.P. & Quisenberry, N.L. (1982). Hochbegabung in der Kindheit – ein Forschungsüberblick. In K.K. Urban (Hrsg.), *Hochbegabte Kinder. Psychologische, pädagogische, psychiatrische und soziologische Aspekte* (S. 73-91). Heidelberg: Schindele.

Eysenck, H.J. (Ed.). (1982). *A model for intelligence.* Berlin: Springer.

Feger, B. (1980). Identifikation von Hochbegabten. In K.J. Klauer & H.-J. Kornadt (Hrsg.), *Jahrbuch für empirische Erziehungswissenschaft* (S. 87-112). Düsseldorf: Schwann.

Hany, E.A. & Heller, K.A. (1992). *Förderung besonders befähigter Schüler in Baden-Württemberg: Ergebnisse der Wissenschaftlichen Begleitforschung.* Heft 15 der Reihe „Förderung besonders befähigter Schüler", hrsg. vom Ministerium für Kultus und Sport (MKS) Baden-Württemberg. Stuttgart: MKS.

Heller, K.A. (1986). Psychologische Probleme der Hochbegabungsforschung. *Zeitschrift für Entwicklungspsychologie und Pädagogische Psychologie, 18,* 335-361.

Heller, K.A. (Hrsg.). (1992). *Hochbegabung im Kindes- und Jugendalter* (2., stark erweiterte Aufl. 2001). Göttingen: Hogrefe.

Heller, K.A. (1999). Individual (Learning and Motivational) Needs versus Instructional Conditions of Gifted Education. *High Ability Studies, 9,* 9-21.

Heller, K.A. & Feldhusen, J.F. (Eds.). (1986). *Identifying and nurturing the gifted. An international perspective.* Toronto: Huber Publ.

Heller, K.A. & Perleth, Ch. (2007a). *Münchner Hochbegabungstestbatterie für die Primarstufe (MHBT-P).* Göttingen: Hogrefe.

Heller, K.A. & Perleth, Ch. (2007b). *Münchner Hochbegabungstestbatterie für die Sekundarstufe (MHBT-S).* Göttingen: Hogrefe.

Heller, K.A., Reimann, R. & Senfter, A. (2005). *Hochbegabung im Grundschulalter: Erkennen und Fördern.* Münster: LIT.

Lehwald, G. (1986). Frühdiagnostik als Voraussetzung für eine entwicklungsgerechte Förderung begabter Kinder. In U. Schaarschmidt, M. Berg & K.-D. Hänsgen (Hrsg.), *Diagnostik geistiger Leistungen.* Tagungsbericht des psychodiagnostischen Zentrums der Sektion Psychologie der Humboldt-Universität zu Berlin (S. 160-167). Berlin: Dt. Verlag d. Wissenschaften.

Mehlhorn, G. & Mehlhorn, H.-G. (1982). *Spitzenleistungen im Studium*. Berlin: Volk und Wissen.

Perleth, Ch., Lehwald, G. & Browder, C.S. (1993). Indicators of High Ability in Young Children. In K.A. Heller, F.J. Mönks & A.H. Passow (Eds.), *International Handbook of Research and Development of Giftedness and Talent* (2nd ed., pp. 283-310). Oxford: Pergamon Press.

Perleth, Ch., Schatz, T. & Mönks, F.J. (2000). Early Identification of High Ability. In K.A. Heller, F.J. Mönks, R.J. Sternberg & R.F. Subotnik (Eds.), *International Handbook of Giftedness and Talent* (2nd ed., rev. reprint 2002, pp. 297-316). Oxford: Pergamon Press / Amsterdam: Elsevier Science.

Renzulli, J.S. (1978). What makes giftedness? Reexamining a definition. *Phi Delta Kappan, 60*, 180-184, 261.

Sternberg, R.J. (1977). *Intelligence, information processing, and analogical reasoning: A componential analysis of human abilities*. Hillsdale: Erlbaum.

Kapitel 7

Talentsuche für Hochbegabten-förderprogramme

Inhalt

Einleitung

Talentsuchen dienen der Erfassung hochbegabter Kinder und Jugendlicher für bestimmte Förderprogramme wie Enrichmentkurse (z.B. Freizeit-AGs, Kinder- und Jugendakademien, Sprach- oder Mathematikwettbewerbe u.ä.) oder Akzelerationsprogramme (z.B. Spezialkurse bzw. -klassen, Spezialschulen). Um eine optimale Passung zwischen dem jeweiligen Förderprogrammcurriculum und den individuellen Lern- bzw. Förderbedürfnissen hochbegabter Kinder und Jugendlicher zu erzielen, ist man auf testdiagnostisch abgesicherte Informationen über die individuellen Begabungs- und Lernleistungsvoraussetzungen angewiesen. Das entsprechende Vorgehen wird hier paradigmatisch mit Bezug auf die im Manual zur Münchner Hochbegabungstestbatterie (MHBT) von Heller und Perleth (2007a/b) wiedergegebenen Falldarstellungen erläutert.

Prinzipiell empfiehlt sich bei Talentsuchen eine *mehrstufige (sukzessive) Auswahlstrategie*, die gegenüber der einstufigen Kandidatenauswahl eine Reihe von Vorzügen aufweist. Sofern die im Screening (Grobauslese) verwendeten Checklisten verhaltensnahe, beobachtbare Schülermerkmale beinhalten und ein relativ breites Universum kognitiver (intellektueller), kreativer, sozialer usw. Verhaltenseigenschaften betreffen, fungieren diese als sog. *Breitbandverfahren*. Damit wird bewusst das Risiko erster Art (Alpha-Fehler) bei Selektionsentscheidungen in Kauf genommen, d.h. eine eventuell größere Quote (zunächst) Fehlplatzierter toleriert, um möglichst wenig geeignete Schüler für ein bestimmtes Begabtenförderprogramm zu „verlieren". Erst in der folgenden zweiten oder gar einer dritten Stufe wird unter Einsatz sog. *Schmalbandverfahren*, d.h. von messgenaueren Diagnoseinstrumenten (z.B. MHBT-P bzw. MHBT-S) versucht, das Risiko zweiter Art (Beta-Fehler) zu reduzieren. Die höhere Messgenauigkeit standardisierter Tests ermöglicht dies, freilich unter Inkaufnahme einer Verengung der inhaltlichen Erfassungsbreite. Die simultane Verringerung beider Fehler (Alpha *und* Beta) ist methodisch nicht möglich, weshalb man auf sukzessive Entscheidungen bei der Optimierung von Talentsuchen – wie auch bei vergleichbaren diagnostischen Auswahlverfahren in anderen Bereichen – angewiesen ist. Ausführlicher vgl. Heller (2000, S. 250ff.).

1. Festlegung der diagnostischen Untersuchungsdimensionen und Messinstrumente bei Talentsuchen im *Grundschulalter*

Die in der Talentsuche berücksichtigten Untersuchungsvariablen und deren Operationalisierung (d.h. Auswahl entsprechender Messinstrumente) sollte grundsätzlich theoriebasiert und förderzielorientiert erfolgen. Dies soll beispielhaft mit der Münchner Hochbegabungstestbatterie für Grundschüler (MHBT-P) auf der Bezugsbasis des Münchner Hochbegabungsmodells (MMG) erläutert werden. Zum MMG siehe Abbildung 1 in Kapitel 4 oben.

1.1 Diagnostische Untersuchungsvariablen und Entscheidungsstrategien

Ergänzend zu einer repräsentativen Fragebogenerhebung zur Erfassung des Kenntnisstandes bayerischer Grundschullehrkräfte zum Erkennen und Fördern hochbegabter Grundschulkinder wurde 2002 in einer größeren Testuntersuchung die hochbegabungsdiagnostische Handlungskompetenz von Grundschullehrkräften überprüft. Dazu wurden *unabhängig* voneinander Lehrer- und Testurteile erfasst (Heller, Reimann & Senfter, 2005). Die Erhebung der Lehrerurteile mittels Checklisten repräsentiert hier die erste Phase, das sog. Screening bei mehrstufigen Talentsuchen. Im Hinblick auf die Förderzielgruppe der intellektuell hochbegabten, im Beispielfall der 10% intellektuell begabtesten Grundschüler/innen, wurde die in Abbildung 1 wiedergegebene Checkliste eingesetzt. Analoge Checklisten fanden zur Erfassung kreativ und sozial hochbegabter Grundschulkinder Verwendung (Heller et al., 2005, S. 110f.).

In der zweiten Untersuchungsphase wurden die Skalen der MHBT-P von Heller und Perleth (2001; publiziert 2007a) eingesetzt, und zwar zur Erfassung aller drei (Hoch-)Begabungstypen (intellektuell, kreativ, sozial Begabte) einschließlich sog. Moderatorvariablen:

- Der KFT-HB 3 bzw. KFT-HB 4 misst *kognitive* Fähigkeiten in der 3. und 4. Jahrgangsstufe, und zwar verbale (KFT-V), mathematische bzw. quantitative (KFT-Q) und nichtsprachliche, technisch-konstruktive (KFT-N) Denkfähigkeiten einschließlich Space-Faktoren (räumliches Wahrnehmen, Vorstellen und Denken).
- KRT-P (Kreativitätsskala in der MHBT-P sowie TKT (Torrance Kreativitäts-Test) zur Erfassung kreativer Komponenten.
- SK-P (Soziale Kompetenzskala in der MHBT-P) zur Erfassung sozialer Kompetenzen.

Neben diesen Prädiktorvariablen wurden noch folgende Moderatorvariablen (vgl. Legende zur Abbildung 1 in Kapitel 4 auf S. 67f. oben) in die testdiagnostische Untersuchung einbezogen:

- Motivation (Leistungsmotivation, Kausalattribution): LM-P und KA im MHBT-Inventar.
- Arbeitsverhalten, Aufmerksamkeit, Konzentration, Denkabläufe, Leistungsemotionen wie allgemeine Ängstlichkeit, Prüfungsangst und Prüfungssorgen etc.: AV-P.

Ein Modell für die mehrstufige Auswahl begabter bzw. hochbegabter Grundschüler/innen im Hinblick auf unterschiedliche Förderprogrammangebote findet sich in Abbildung 2. Die dort genannten Prozentwerte (10% bzw. 2-5%) können selbstverständlich erforderlichenfalls modifiziert werden. Bei dieser Gelegenheit sei daran erinnert, dass Subgruppeneinteilungen wie begabt, besonders begabt, hochbegabt usw. nach mehr oder weniger willkürlich gesetzten Cut-offs erfolgen, also keine kategorialen Unterscheidungen i.e.S. markieren. Siehe auch Mayer (2005, S. 438), der z.B. eine Hochbegabtenquote von 5% konstatiert.

Klasse:		Intelligenz								
Schüler/in: Name oder Code-Nr.	Merkmalsgrad und Urteilssicherheit	Logisch-analytisches Denken	Abstraktes Denken	Mathematische Denkfähigkeiten	Technisch-naturwissenschaftliche Denkfähigkeiten	Sprachliche Fähigkeiten (reichhaltiger Wortschatz, Ausdrucksgewandtheit, Fremdspracheneignung)	Lernfähigkeit (schnelle Auffassungsgabe, gutes Behalten, fehlerfreie Wiedergabe, aktives und entdeckendes Lernen)	Kombinationsfähigkeit	Breites Allgemeinwissen	Fundiertes Spezialwissen auf einem oder mehreren Gebiet/en
Schüler-Code:	Merkmalsausprägung [+ oder O oder -]									
m/w *)	Sicherheit [a oder b oder c]									
Schüler-Code:	Merkmalsausprägung [+ oder O oder -]									
m/w *)	Sicherheit [a oder b oder c]									
Schüler-Code:	Merkmalsausprägung [+ oder O oder -]									
m/w *)	Sicherheit [a oder b oder c]									

Merkmalsausprägung: + = stark, O = durchschnittlich, - = schwach ausgeprägt.
Unsicherheit: a = sicher, b = weniger sicher, c = von außen (z.B. Eltern) verwertete Info.
*) Zutreffendes bitte ankreuzen! Ferner links oben die Klasse eintragen, z.B. 4a oder 3b!

Abbildung 1: Checkliste zur Erfassung der 10% intellektuell begabtesten Grundschüler/innen (Heller et al., 2005, S. 109).

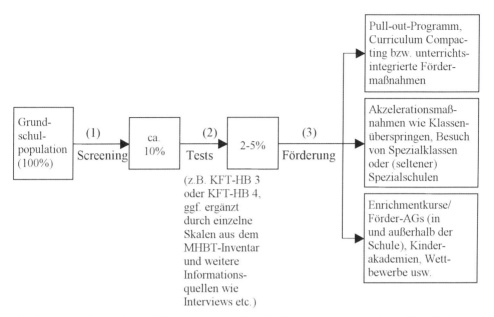

Abbildung 2: Beispielmodell für sukzessive Entscheidungsstrategien bei der Identifizierung besonders befähigter Grundschüler/innen (Talentsuche) für bestimmte Fördermaßnahmen oder Förderprogramme (nach Heller, 2000, S. 252).

Legende:
(1) = Nomination der ca. 10% Klassenbesten in bezug auf einzelne Begabungsdimensionen, z.B. mit Hilfe von (Lehrer-)Checklisten.
(2) = (Bereichsspezifische) Begabungstests, z.B. Skalen des KFT-HB 3 oder KFT-HB 4 und eventuell noch einzelner Skalen aus dem MHBT-Inventar, bei den 10% vorausgewählten Schülern (und evtl. zusätzliche Informationsquellen, z.B. Auswahlgespräche) zur Rekrutierung der Förderschüler.
(3) = Schülerzuweisung der 2-5% Begabtesten zu verschiedenen Förderbedingungen (z.B. Pull-out-Programm, Enrichment- und/oder Akzelerationsprogramm, Kinderakademie, Förder-AGs in und außerhalb der Schule) und Inhaltsbereichen (z.B. Mathematik, Sprache/n, kreatives Schreiben).

1.2 Auswahlalgorithmus

Zur endgültigen Schülerauswahl für ein bestimmtes (Hoch-)Begabtenförderprogramm muss dann noch ein datenadäquater *Auswahlalgorithmus* festgelegt werden. Sofern mehrere Datenquellen bzw. diagnostische Untersuchungsvariablen – wie in dem oben angeführten Beispiel – zur Verfügung stehen, bieten sich prinzipiell zwei (alternative) Auswahlstrategien an: die kombinatorische versus die kompensatorische Strategie.

Bei der *kombinatorischen* Datenaggregierung kann jede einzelne Variable entweder gleich oder unterschiedlich gewichtet werden. Die Gleichgewichtung empfiehlt sich vor allem zur Schülerauswahl für inhaltlich-thematisch heterogene Förderprogramme (Enrichmentprogramme). So lässt sich etwa der *Summenwert* aus

den (gleichgewichteten) Ergebnissen im KFT-HB 3 oder 4 (V, Q, N, GL) und im
KRT-P für die Platzierungsentscheidung im Hinblick auf ein Förderprogramm für
intellektuell *und* kreativ hoch begabte Kinder heranziehen. Unterschiedliche Ge-
wichtungen bieten sich für inhaltsspezifische (z.b. mathematische vs. sprachliche)
Fördercurricula an. So könnte beispielsweise bei der Auswahl für ein *Mathematik*-
Förderprogramm folgender Gewichtungsschlüssel für die Variablen im KFT-HB 3
oder 4 Verwendung finden: $Q = 3$, $N = 2$, $V = 1$ und gegebenenfalls zusätzlich GL
$= 1$ oder 2. Für die Schülerauswahl zu einem *sprachlichen* Hochbegabtenförder-
programm wäre etwa folgender Gewichtungsschlüssel sinnvoll: $V = 3$, $GL = 2$, $N =$
1 und eventuell noch $Q = 1$ im KFT-HB 3 oder 4 sowie unter stärkerer Berücksichtigung kreativer Aspekte zusätzlich für die MHBT-Inventarskala $KRT-P = 1$ oder $=$
2 (je nach gewünschter Betonung kreativer Kompetenzen). Anschließend müsste
man den gewichteten Summenwert für die Platzierung bestimmen.

Bei der *kompensatorischen* Datenaggregation werden für jede einzelne Variable
bzw. Erfassungsdimension kritische Werte a priori festgelegt, die mindestens erreicht werden müssen, um im Entscheidungsalgorithmus Berücksichtigung zu finden. Dies soll am Beispiel eines Förderprogramms für *kreativ* hoch begabte Grundschulkinder illustriert werden, wozu sich etwa folgender Auswahlalgorithmus an-
bietet: *Mindestwert* von T-U = 70 im KRT-P sowie *Mindestwerte* im KFT-HB 3
oder 4 von T-U = 60 in V, Q, N und GL, wobei einzelne Testwerte unter dem kritischen Wert durch höhere Testwerte in anderen KFT-Dimensionen kompensiert
werden können. Anschließend wäre wieder der Summenwert für die Platzierungsentscheidung zu bilden.

Theoretisch lässt sich dieser kompensatorische Auswahlalgorithmus etwa mit
Guilfords *Schwellenhypothese* zur Kreativität begründen. Damit postulierte Guilford (1967) die Relation von (allgemeiner) Intelligenz und Kreativität dahingehend,
dass Intelligenz bis zu einer bestimmten Höhe (Schwelle) eine notwendige, darüber
hinaus aber keine hinreichende Voraussetzung für Kreativität sei. Demnach müssten besonders kreative Individuen mindestens auch überdurchschnittliche Intelligenz aufweisen, wohingegen das Umkehrverhältnis nicht gilt, d.h. hoch intelligente
Individuen ohne besondere kreative Eigenschaften denkbar wären. Während hoch
intelligente Schüler auch ohne stark ausgeprägte kreative Fähigkeiten durchaus zu
guten oder sehr guten Schulleistungen – vor allem in Mathematik und später auch
in Physik (vgl. Abbildung 3 auf S. 43 oben) – in der Lage sind, erzielen hoch kreative, aber unterdurchschnittlich intelligente Schüler eher selten gute oder gar sehr
gute Schulleistungen – ausgenommen vielleicht in musisch-künstlerischen Fächern
oder im sportlichen Bereich (vgl. Heller, 2002, 2004). Hoch intelligente *und* hoch
kreative Schüler haben allerdings meistens die besten Schulerfolgsaussichten; ausführlicher vgl. Perleth & Sierwald (2001).

Die skizzierten Algorithmen können selbstverständlich in Abhängigkeit von den
konkreten Förderprogrammzielen, den verfügbaren Programmplätzen usw. modifiziert werden; vgl. Hany (2001) sowie Heller und Perleth (2007a). Die Argumente
für den Auswahlalgorithmus, der a priori (vor Beginn der Auswahlprozedur) zu
bestimmen ist, sollten mit allen Beteiligten diskutiert werden und eine Festlegung
möglichst einvernehmlich erfolgen.

Bei Grenz- oder „Härte"-Fällen kann das skizzierte Auswahlverfahren durchaus flexibel gehandhabt werden, ohne dass die Transparenz der sukzessiven Entscheidungsstrategie verletzt werden muss. So könnte man etwa bei der Identifizierung begabter *Underachiever* (Minderleister trotz hoher Begabung) der *Potentialschätzung* Vorrang – z.B. durch die Gewichtszahl 3 für das N-Ergebnis im KFT-HB 3 oder 4 (als Indikator der sog. flüssigen Intelligenz) – gegenüber dem Q-Ergebnis (Gewichtszahl 2) und V-Ergebnis (Gewichtszahl 1) im KFT-HB 3 bzw. 4 einräumen, da letztere als Indikatoren der sog. kristallisierten (stärker sozialisationsabhängigen) Intelligenz betrachtet werden. Allerdings sollte der – im Konsens aller Beteiligten – festgelegte Algorithmus für das betr. Auswahlverfahren dann einigermaßen verbindlich sein.

2. Festlegung der diagnostischen Untersuchungsdimensionen und Messinstrumente bei Talentsuchen im *Sekundarstufenalter*

Als Beispiel für Talentsuchen im Sekundarstufenalter sei hier die Rekrutierung besonders befähigter Gymnasialschüler/innen für die nordbadischen Hector-Seminare näher ausgeführt. Das aktuelle Förderprogramm „Hector-Seminar" zielt auf die außerschulische Förderung hochbegabter Gymnasiasten im Bereich von Mathematik, Informatik, Naturwissenschaften und Technik (MINT). Dieses anspruchsvolle Enrichmentprogramm wird im Buchkapitel 13 noch ausführlicher beschrieben. Hier interessiert zunächst nur das seit 2001 praktizierte (jährliche) Auswahlverfahren als Paradigma für Talentsuchen.

2.1 Operationalisierung der diagnostischen Untersuchungsvariablen

Die folgenden Ausführungen sind dem 2. Zwischenbericht der Pilotstudie (Heller, Senfter & Linke, 2006) entnommen. Im Hinblick auf die Förderziele des Hector-Seminars werden hier in der Talentsuche vor allem MINT-relevante Prädiktor- und Moderatorvariablen bzw. die entsprechenden Messskalen aus der Münchner Hochbegabungstestbatterie für die Sekundarstufe (MHBT-S) von Heller und Perleth (2001; publiziert 2007b) berücksichtigt.

Die erste Stufe des Auswahlverfahrens zu den Hector-Seminaren stellt die Einschätzung der Schüler gegen Ende der 5. Klasse durch die gymnasialen Lehrkräfte für die Fächer Mathematik, Naturphänomene, Biologie und Erdkunde dar. Hierbei gilt es, diejenigen Schüler zu finden, welche in den drei Begabungsbereichen Intelligenz, Kreativität und soziale Kompetenz zu den besten 10% eines Gymnasialjahrgangs (N = ca. 7000) gehören. Zur Erleichterung der Einschätzung mittels Checklisten (vgl. Tabelle 1) werden den betreffenden Lehrkräften die nachfolgend abgedruckten Beobachtungskriterien an die Hand gegeben (Tabelle 2).

Tabelle 1: Auszug aus dem Lehrereinschätzbogen.

	Fachlehrerin/ Fachlehrer				Fachlehrerin/ Fachlehrer				
Mathematik:					**Biologie:**				
Naturphänomene:					**Erdkunde:**				

Nr.	Name Schülerin/ Schüler	m/w	Intelli-genz		Kreati-vität		Soziale Kompetenz		Urteil		
			1	2	1	2	1	2	sicher	wenig sicher	Inf. v. außen

Anmerkung zur Einstufung: 1 = gehört zu den besten 10%
2 = gehört zu den besten 20%, jedoch nicht zu den
besten 10%

Zur Abschätzung der Urteilssicherheit sollten die Lehrkräfte zusätzlich eine der drei Kategorien in der rechten Spalte ankreuzen.

In der zweiten Stufe des Auswahlverfahrens werden die in der ersten Stufe vorausgewählten Schüler dem so genannten Eingangstest (ET) unterzogen. Die standardisierten Testverfahren (MHBT-S) werden von den Testleitern (trainierten Beratungslehrkräften) an zwei Schulvormittagen – ab 2007 an *einem* Halbtag – administriert. Für die Auswahl der „Hectorianer" (Förderschüler) sind folgende Fähigkeitsdimensionen ausschlaggebend:
- Verbale Denkfähigkeiten: KFT-HB 5/6, V-Skalen.
- Quantitative (mathematische) Denkfähigkeiten: KFT-HB 5/6, Q-Skalen.
- Nonverbale (technische) Denkfähigkeiten: KFT-HB 5/6, N-Skalen.
- Räumliches Vorstellungsvermögen: AW im MHBT-Inventar.
- Räumliches Wahrnehmen und Denken: SP im MHBT-Inventar.
- Physikalisch-technische Problemlösekompetenzen: APT im MHBT-Inventar.
- Spezifische kreative Fähigkeiten (Originalität, Flexibilität usw.), besonders für MINT: KRT-S im MHBT-Inventar.
- Mathematisches Vorwissen: hier durch einen anspruchsvollen Mathe-Leistungstest erfasst.

Tabelle 2: Checklisten-Beispiel (Kriterien) für Lehrereinschätzungen im Rahmen der Talentsuche für die Hector-Seminare.

Mögliche Kriterien für		
Intelligenz	**Kreativität**	**Soziale Kompetenz**
o Logisch-analytisches Denken o Abstraktes Denken o Mathematisches Denken o Technisch-naturwissenschaftliches Denken o Sprachliche Fähigkeiten (reichhaltiger Wortschatz, Ausdrucksgewandtheit, Fremdspracheneignung) o Lernfähigkeit (schnelle Auffassungsgabe, gutes Behalten, fehlerfreie Wiedergabe, aktives und entdeckendes Lernen) o Kombinationsfähigkeit o Breites Allgemeinwissen o Fundiertes Spezialwissen auf einem oder mehreren Gebieten	o Neugier, Wissbegier o Einfallsreichtum, Phantasie, Vorstellungsgabe o Denken in Alternativen o Schöpferisches und erfinderisches Denken o Originalität, Ausschau nach ungewöhnlichen Lösungen o Flexibilität im Denken, geistige Wendigkeit, ein Problem aus unterschiedlichen Blickwinkeln betrachten o Eigenständigkeit und Unabhängigkeit im Denken und Urteilen o Vom Interesse gesteuertes, selbstständiges Auseinandersetzen mit Aufgaben o Vielzahl der Interessen o Beständigkeit von Interessen	o Anpassungsfähigkeit an unter-schiedliche soziale Situationen o Selbstbehauptung, Selbstvertrauen, Durchsetzungsvermögen o Initiative in sozialen Situationen o Einfühlungsvermögen, Umgang mit anderen o Kooperations- und Konfliktlösungsfähigkeit o Führungsqualität und Bereitschaft zur Verantwortungsübernahme o Beliebtheit in der Klasse o Fähigkeit, in der Gruppe integrativ zu wirken

2.2 Auswahlalgorithmus

Im Hinblick auf die Hauptförderziele der Hector-Seminare werden die Testergebnisse mit einem vom beteiligten Evaluationsteam und den AK-Leitern (Kurstrainern) vereinbarten Gewichtungsschlüssel verrechnet: Die Testwerte der Schüler werden für sämtliche Skalen stichprobenbezogen flächentransformiert. Anschließend werden Summenwerte gebildet, die wiederum flächentransformiert werden. Für die Errechnung des endgültigen Gesamtwertes werden der Summenwert aus den verbalen, quantitativen und nonverbalen Denkfähigkeiten (KFT-HB) dreifach gewichtet, der Test-Wert des mathematischen Vorwissens (Mathematik-Test) zweifach gewichtet und der Summenwert aus den Skalen des räumlichen Vorstellungsvermögens, des räumlichen Wahrnehmens und Denkens, der physikalisch-technischen Problemlösekompetenz sowie der kreativen Fähigkeiten (AW, SP, APT, KRT-S im MHBT-S-Inventar) einfach gewichtet. Abschließend wird auch dieser Gesamtwert flächentransformiert. Der daraus resultierende Platzierungswert entscheidet im Einzelfall über die Aufnahme in das Hector-Seminar, und zwar abhängig von den verfügbaren Plätzen in den Hector-Kursen. Konkret bedeutet dies, dass vom höchsten Gesamtwert beginnend in absteigender Reihenfolge in der Regel die nächsten rd. 60 Förderschüler (Hectorianer) seit 2001 jährlich ausgewählt werden. Davon entfallen jeweils ca. 20 Hectorianer auf die Arbeitskreise (AK) Heidelberg, Mannheim und Karlsruhe. Diese repräsentieren etwa 1% der gymnasialen Neuzugänge im nordbadischen Raum, d.h. von den 10% im Screening vorausgewählten Gymnasiasten (ca. 750 Schüler/innen) gelangen wiederum knapp 10% in die Treatmentgruppe (TG) (Hector-Seminare). Siehe Ausschnitt der Rankingliste für die Talentsuche 2002/03 in Tabelle 3.

Tabelle 3: Ausschnitt aus der Rankingliste für die Hectorianer-Rekrutierung 2002/03.

ID	TGESAMT	TKFTGES	TMHBT	TMATHE	TKFTV	TKFTQ	TKFTN	TSP	TAW	TAPT	TKRT-S
02055650	67	66	55	67	62	65	59	50	54	59	46
02002558	68	69	53	64	63	61	66	62	61	29	53
02005606	68	60	67	71	47	67	58	47	74	68	48
02010602	68	63	81	60	54	52	72	62	77	73	62
02015601	68	66	62	64	67	56	62	54	61	59	52
02048501	68	64	62	67	54	61	66	62	54	59	52
02050603	68	67	56	67	68	57	63	62	47	63	38
02021551	69	69	57	64	65	67	58	62	61	49	44
02024553	69	63	64	71	59	65	54	50	68	63	50
02028653	69	65	78	60	51	61	72	62	68	73	68
02056502	69	64	72	64	61	67	53	62	68	68	50
02009504	70	56	74	78	52	56	55	62	68	54	66
02013602	70	73	64	60	75	55	67	41	61	63	64
02016651	70	69	64	67	52	79	58	62	64	63	40
02028553	70	76	57	56	71	68	63	45	61	49	61
02037500	70	72	53	64	72	64	58	50	58	49	50
02012650	71	64	73	71	63	64	53	62	68	59	61
02040503	71	67	57	75	70	55	62	62	47	42	62
02112500	71	71	51	71	70	61	62	47	61	54	40
02018551	72	65	75	71	63	63	58	54	74	73	50
02046650	72	64	68	75	54	70	56	62	68	59	52
02051503	73	67	70	71	63	67	58	62	54	63	62
02057502	73	70	69	67	65	64	62	62	68	54	57
02021651	74	71	46	81	79	59	55	54	39	63	36
02021704	74	78	60	60	70	73	72	62	58	54	48
02027550	75	75	64	71	67	61	72	62	47	54	68
02012552	76	70	73	75	62	63	67	54	68	68	57
02057504	77	73	66	75	54	70	72	62	54	63	56
02048502	78	74	58	78	63	64	72	62	64	36	56
02047602	81	81	60	67	75	69	72	54	68	54	46

Anmerkung: Der Ausschnitt repräsentiert das Tabellenende, d.h. der T-Gesamt-Wert von 81 markiert hier den Testbesten, jener von 78 Punkten den Zweitbesten usw. Im Herbst 2002 wurden von 636 getesteten Pbn (verwertbaren Testprotokollen) die 63 Testbesten als „Hectorianer" ins MINT-Förderprogramm aufgenommen. Diese repräsentieren rd. 1% der (nordbadischen) Gymnasialpopulation in der 6. Klasse. Die folgenden 65 rangplatzierten Pbn bilden die „Kontrollgruppe", sodass die Datenbasis für beide Gruppen (Hectorianer und Kontrollgruppenschüler) aus den ca. 2% MINT-Testbesten der Gymnasialpopulation resultiert.

3. Zur Validität von Talentsuchen

Während der Pilotphase (2001-2009), in der das Förderprogramm „Hector-Semi-nar" wissenschaftlich evaluiert wird, werden – zusätzlich zur Hectorianerauswahl – die nächsten 1% Testbesten für die Kontrollgruppe (KG) rekrutiert. TG *und* KG repräsentieren somit die 2% Testbesten. Eingangstestvergleiche der TG (Hectoria-ner) und KG (aus Platzgründen nicht im Hector-Seminar geförderte Kontrollgrup-penschüler) ermöglichen erste Hinweise auf die Validität der skizzierten Talent-suche. In den Abbildungen 3a und 3b sind die (aus den ersten fünf Talentsuchen 2001-2005) zusammengefassten TG- und KG-Eingangstestergebnisse wiedergege-ben.

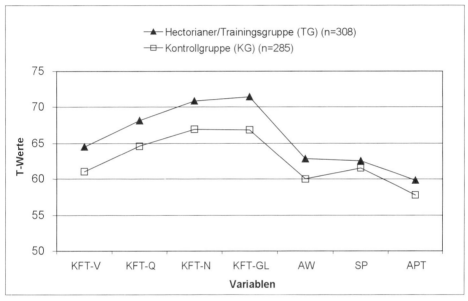

Abbildung 3a: Eingangstestergebnisse im KFT-HB und MHBT-Inventar bei den ersten fünf Kohorten des Hector-Seminars (TG und KG).

Daraus wird ersichtlich, dass sich beide Testgruppen vor Beginn der Förderung (der Hectorianer) vor allem in den MINT-relevanten Anforderungskompetenzen unterscheiden (KFT-Dimensionen und Mathetest). Hingegen treten keine oder nur geringe TG/KG-Unterschiede im Eingangstest (ET) bezüglich der bis dahin noch nicht schulisch geförderten naturwissenschaftlich-technischen Kompetenzen auf (APT), was sich aber später im Verlauf der Förderung ändern wird. Dieses Befund-muster kann als hinreichender Beleg für die Validität des Auswahlverfahrens zu den Hector-Förderkursen im MINT-Bereich gewertet werden. Die *Prognose*gültig-keit lässt sich allerdings erst aus späteren Befunden zur Fördereffektivität des Hec-tor-Seminars bzw. den Evaluationsdaten zum Entwicklungsgewinn in beiden Grup-pen (TG und KG) bestimmen. Siehe hierzu Kapitel 13 in diesem Buch. Immerhin bestätigen die vorliegenden Dateninformationen eine zufriedenstellende Gültigkeit des Auswahlverfahrens zur Rekrutierung der Förderschüler (sog. Hectorianer).

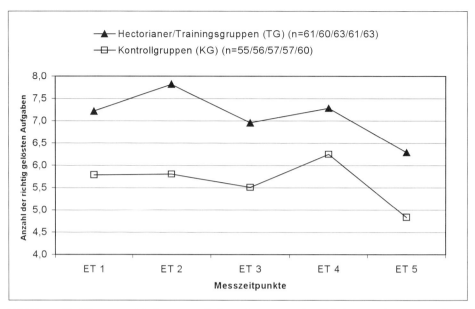

Abbildung 3b: Eingangs-Mathetestergebnisse der ersten fünf Kohorten des Hector-Seminars (TG und KG).

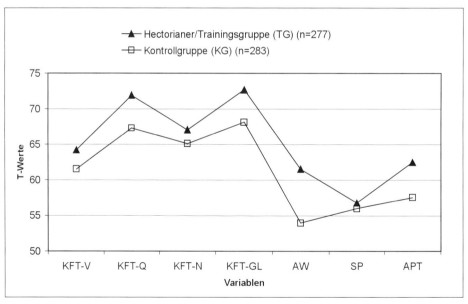

Abbildung 4: Retestergebnisse (nach ca. 15 Monaten) im KFT-HB und MHBT-Inventar bei
den ersten fünf Kohorten des Hector-Seminars (TG und KG).

Die Testskalen „Abwicklungen" (AW) und „Spiegelbilder" (SP) aus dem
MHBT-Inventar messen MINT-relevante Space-Faktoren, z.B. Raumwahrnehmung, räumliches Vorstellen und Denken. Diese Faktoren sind stärker anlagebe-

dingt, teilweise jedoch durchaus trainierbar, wie der AW-Befund im ersten Retest bei den Hectorianern in Abbildung 4 im Vergleich zum Eingangstest in Abbildung 3a oben illustriert. Zudem sind diese Space-Komponenten geschlechtsspezifisch, insofern sich hierin die Jungen den Mädchen gegenüber (erst) ab der Pubertät – durchschnittlich – überlegen erweisen. Der „Pubertätsknick" wird besonders in SP und im KFT-N (der u.a. kognitive Fähigkeiten im Umgang mit figuralem Material erfasst, deutlich; die Korrelation zwischen AW und KFT-N variiert je nach Altersstufe zwischen r = .36 und .54 bzw. zwischen SP und KFT-N zwischen r = .38 und .46 (Heller & Perleth, 2007b, S. 31 im Testmanual zur MHBT-S). Immerhin konnte der AW-Knick bei den Hectorianern (TG) – nicht jedoch bei den Kontrollgruppenschülern (KG) – weitgehend vermieden werden.

Abgesehen vom intellektuellen Fähigkeitszuwachs (KFT-GL) sind die deutlichsten Fördereffekte des Hector-Seminars erwartungskonform bezüglich quantitativer bzw. mathematischer Kompetenzen (KFT-Q) und physikalisch-technischer Kompetenzen (APT) zu beobachten; siehe Abbildung 4 oben. Weitere Informationen zum Hector-Seminar und zu dessen Fördereffizienz im Bereich von Mathematik, Informatik, Naturwissenschaft/en und Technik (MINT) finden sich im Buchkapitel 13 unten.

Literatur

Guilford, J.P. (1967). *The nature of human intelligence*. New York: McGraw Hill.

Hany, E.A. (2001). Identifikation von Hochbegabten im Schulalter. In K.A. Heller (Hrsg.), *Hochbegabung im Kindes- und Jugendalter* (2. Aufl., S. 41-169). Göttingen: Hogrefe.

Heller, K.A. (2000). Hochbegabungsdiagnose (Identifikation). In K.A. Heller (Hrsg.), *Begabungsdiagnostik in der Schul- und Erziehungsberatung. Lehrbuch* (2. Aufl., S. 241-258). Bern: Huber.

Heller, K.A. (2002). Theoretische Ansätze und empirische Befunde zur Hochbegabungs- und Expertiseforschung unter besonderer Berücksichtigung sportlicher Talente. In A. Hohmann, D. Wick & K. Carl (Hrsg.), *Talent im Sport* (S. 52-66). Schorndorf: Karl Hofmann.

Heller, K.A. (2004). Musikalisches Talent im Lichte der Hochbegabungs- und Expertiseforschung. Theoretische Modelle, Identifikations- und Förderansätze. In K.-E. Behne, G. Kleinen & H. de la Motte-Haber (Hrsg.), *Musikpsychologie. Jahrbuch der Deutschen Gesellschaft für Musikpsychologie, Band 17: Musikalische Begabung und Expertise* (S. 9-31). Göttingen: Hogrefe.

Heller, K.A. & Perleth, Ch. (2007a). *Münchner Hochbegabungstestbatterie für die Primarstufe (MHBT-P)*. Göttingen: Beltz Test (Hogrefe).

Heller, K.A. & Perleth, Ch. (2007b). *Münchner Hochbegabungstestbatterie für die Sekundarstufe (MHBT-S)*. Göttingen: Beltz Test (Hogrefe).

Heller, K.A., Reimann, R. & Senfter, A. (2005). *Hochbegabung im Grundschulalter: Erkennen und Fördern*. Münster: LIT.

Heller, K.A., Senfter, A. & Linke, S. (2006). *Zweiter Evaluationsbericht zum MINT-Projekt Nordbaden*. München: LMU, Zentrum für Begabungsforschung.

Mayer, R.E. (2005). The Scientific Study of Giftedness. In R.J. Sternberg & J.E. Davidson (Eds.), *Conceptions of Giftedness* (2nd ed., pp. 437-447). New York: Cambridge University Press.

Perleth, Ch. & Sierwald, W. (2001). Entwicklungs- und Leistungsanalysen zur Hochbega-
    bung. In K.A. Heller (Hrsg.), *Hochbegabung im Kindes- und Jugendalter* (2. Aufl., S.
    171-355). Göttingen: Hogrefe.

Kapitel 8

Zur Diagnosekompetenz von Lehrkräften

Inhalt

Einleitung

Schulerfolg ist natürlich immer multikausal bedingt. Eine prominente Rolle kommt dabei den individuellen Begabungs- und Lernleistungsvoraussetzungen zu, die in Wechselwirkung zu den sozialen – familiären und schulischen – Lernumweltbedingungen zu sehen sind. Dabei interessiert die Frage, wie „effektive" schulische Lernumwelten gestaltet sein müssen, um eine optimale Persönlichkeits- und Leistungsentwicklung der Jugendlichen zu unterstützen. Eine Beantwortung dieser Frage erfordert u.a. differenzierte diagnostische Informationen über die Begabungsvoraussetzungen und Lernleistungen der Schüler bzw. deren Schulerfolg. Die von der Lehrkraft erforderlichen Diagnosekompetenzen erstrecken sich somit zum einen auf individuelle Potentialdiagnosen bzw. Schulerfolgsprognosen, zum andern auf curriculumbezogene Lernstandsdiagnosen im Einzelfall und Schulleistungseffekte im Klassenverband. Bei Lern- und Leistungsschwierigkeiten oder auch Verhaltens- bzw. sozialen Problemen können neben deskriptiven Methodenansätzen noch Ursachenanalysen indiziert sein. In diesen Fällen müssen erforderlichenfalls Beratungslehrkräfte und/oder Schulpsychologen hinzugezogen werden (siehe Buchkapitel 20).

Unter dem Postulat der Chancengerechtigkeit im Bildungswesen wird der praktische Umgang mit dem Differenzierungsproblem virulent. Taugliche Lösungen dieses Problems sind nur von begabungsgerechten Lernanforderungen, verbindlichen schulischen Lerninhalten und kontinuierlichen Lernleistungskontrollen zu erwarten. Die Diagnosekompetenz von Lehrkräften erfährt hier ihre eigentliche pädagogische Legitimation.

1. Begabungs- und lernpsychologische Voraussetzungen des Schulerfolgs

Wie aus Abbildung 1 hervorgeht, sind Schulleistungen vor allem durch fünf Faktorengruppen erklärbar: individuelle Anlagefaktoren (kognitive Fähigkeiten bzw. Kompetenzen), bisherige Schulleistungen (d.h. lernbereichs- oder fachspezifisches Vorwissen), Moderatorvariablen wie nichtkognitive Persönlichkeitsmerkmale (Interessen, Motive, Leistungsemotionen, Einstellungen und Werthaltungen sowie Begabungsselbstkonzepte usw.), schulische Sozialisationsfaktoren und familiäre bzw. außerschulische Sozialisationsfaktoren.

Die sog. Moderatorvariablen unterstreichen die Bedeutung nichtkognitiver (vor allem motivationaler) Einflussgrößen auf den individuellen Schulerfolg. Dieses theoretische Konstrukt impliziert die Annahme, dass der Zusammenhang von kognitiven Fähigkeiten bzw. Kompetenzen (sog. Prädiktorvariablen) und Schulleistungen bzw. Schulerfolg (sog. Kriteriumsvariablen) mehr oder weniger systematisch durch nichtkognitive (z.B. motivationale) Schülermerkmale moderiert, d.h. verändert werden kann. Diese Annahme ist plausibel und wurde in vielen empirischen Studien bestätigt (zum Überblick vgl. Heller, 1997). Im Hinblick auf das Kapitelthema seien hier nur einige begabungs- und lernpsychologisch besonders relevante Aspekte angesprochen.

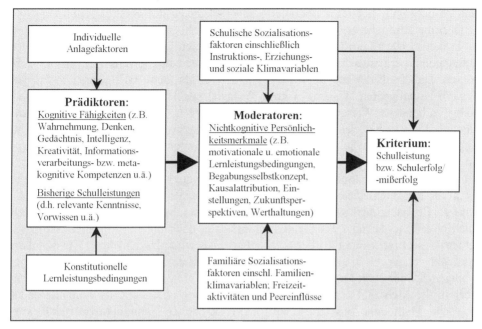

Abbildung 1: Allgemeines Bedingungsmodell der Schulleistung bzw. des Schulerfolgs (n. Heller, ²2000, S. 220).

Nur wenige Hypothesen sind in der Forschung so eindeutig belegt wie die *Annahme interindividueller Fähigkeits- und Leistungsunterschiede*. Diese unterstellt, dass individuelle Fähigkeits- und Lernleistungsunterschiede innerhalb einer Jahrgangsgruppe etwa ab dem 9. Lebensjahr weitgehend stabil sind. Während sich also ab diesem Zeitpunkt die individuelle Fähigkeits- bzw. Schulleistungsposition innerhalb derselben Bezugsgruppe relativ selten noch gravierend verändert (nur hierauf bezieht sich die Konstanzannahme sog. *inter*individueller Differenzen), sind *intra*individuelle Veränderungen, also individuelle Lernleistungsfortschritte versus -rückschritte, weiterhin möglich. Diese sind von der Quantität und Qualität von Lernprozessen abhängig, im schulischen Kontext somit auch von effektiven bzw. kreativen sozialen Lernumwelten.

Die im Einzelfall oder in der Lerngruppe erbrachten Schulleistungen sind stets *Interaktionsprodukte*. Nach den umfangreichen Metaanalysen von Wang, Haertel und Walberg (1993) kommt *proximalen* Merkmalen wie den kognitiven und motivationalen Schülermerkmalen – in unserem Schulleistungsbedingungsmodell den Prädiktorvariablen (d.h. kognitiven Fähigkeiten, curriculumbezogenem Vorwissen usw.) und den Moderatorvariablen (d.h. hier nichtkognitiven Persönlichkeitsmerkmalen wie schulleistungsrelevanten Emotionen und Motivationen) – ein deutlich größeres Einflussgewicht zu als *distalen* Merkmalen wie sozioökonomischen Merkmalen der familiären Herkunft und schulorganisatorischen Rahmenbedingungen. Unter den sozialen Lernleistungsbedingungen rücken im Hinblick auf den Schulerfolg insbesondere pädagogisch-didaktische Qualitäten des Unterrichts in den Vordergrund. Letzterer Bedingungszusammenhang gilt verstärkt für Lernerfolge leistungsschwächerer bzw. unterdurchschnittlich begabter Schüler.

In den meisten Lernfächern bzw. bei komplexeren Lerngegenständen erfolgt der individuelle Lernzuwachs *kumulativ*, d.h. aufbauend auf jeweils relevantem Vorwissen. Dabei gilt der sog. *Matthäuseffekt* („Wer hat, dem wird gegeben") für den Erwerb „intelligenten Wissens" (sensu Weinert) und Handelns. Sofern nicht rechtzeitig vorhandene Wissenslücken geschlossen werden, tendieren individuelle Lernleistungsdefizite bei den einen und Lernleistungszuwächse bei den anderen im Sinne des bekannten Schereneffektes auseinander. Vor allem in heterogenen Lerngruppen wird somit der Anschluss der leistungsschwächeren Schüler an das Leistungsniveau der betr. Schulklasse immer schwieriger. Der Matthäuseffekt (siehe S. 77 in diesem Buch) bietet auch eine plausible lernpsychologische Erklärung für die häufige Beobachtung (so auch in der PISA-Studie), wonach die „Durchlässigkeit nach oben" viel seltener als die „Durchlässigkeit nach unten" – in allen Schulsystemen – in Erscheinung tritt. Fälschlicherweise wird das seltenere Klassenüberspringen versus das häufigere Repetieren einer Klassenstufe oft einseitig dem jeweiligen Schulsystem angelastet (was natürlich in Einzelfällen zutreffen mag, nicht aber in der Mehrzahl – sofern Klassenwiederholung überhaupt als sinnvolle pädagogische Maßnahme praktiziert wird). Die skizzierten Kumulierungseffekte wurden in neueren Studien zur Kompatibilität unterrichtlicher Leistungsförderung und Divergenzminderung in Schulklassen immer wieder bestätigt (vgl. etwa Treiber & Weinert, 1985; Weinert, 1988; Baumert et al., 1986, 1987, 2002, 2003; Heller, 2002a/b, 2003a/b; Roeder, 2003).

Dem individuellen Anspruch auf gleiche Bildungschancen steht die gesellschaftliche Verantwortung gegenüber, ein ausreichendes Spektrum von entwicklungsstimulierenden, d.h. das einzelne Individuum herausfordernden, schulischen Lernanforderungen einerseits und soziale Ausgleichsbemühungen andererseits zu ermöglichen. Letzteres kann insbesondere bei sog. Underachievern (d.h. Schülern, die deutlich weniger leisten als aufgrund ihrer Begabung zu erwarten wäre) und familiären Sozialisationsdefiziten notwendig werden. Beiden Anliegen ist am ehesten durch *differenzierte* schulische Lernumwelten zu entsprechen. Die theoretische Begründung hierfür liegt in der *Wechselwirkung* von *individuellen* (kognitiven sowie motivationalen bzw. emotionalen) Lernvoraussetzungen einerseits und den jeweiligen *sozialen* Lernmilieus andererseits; ausführlicher vgl. Heller (1999).

Beim Vergleich der im allgemeinbildenden Schulwesen Deutschlands anzutreffenden Sekundarschulformen (Gesamtschule versus Hauptschule, Realschule und Gymnasium) sind unabhängig von der jeweiligen Bildungsstudie und über einzelne Bundesländer hinweg schultypspezifische Begabungs- und Leistungsprofile zu beobachten, z.B. Baumert, Lehmann et al. (1997, S. 131-137); Baumert et al. (2001, S. 121-126 u. 180 f.), Heller (2002b, S. 35).

So zeigen sich deutliche Unterschiede der Schultypen, sowohl in den kognitiven Fähigkeitsausprägungen als auch in Schulleistungsmerkmalen (Leseleistung, Mathematik- und Naturwissenschaftsleistungen). Welche Konsequenzen ergeben sich daraus für eine effektive Unterrichtsgestaltung und damit verknüpfte diagnostische Funktionen?

Hauptcharakteristika für Schulerfolg sind nach den Befunden von TIMSS, PISA, MARKUS u.a.

- *individuell genutzte Lerngelegenheiten*, wobei neben dem Unterrichtsvolumen vor allem auch die Qualität des Unterrichts und der Lernprozesse bedeutsam werden;
- Ausmaß und Qualität unterrichtlicher bzw. schulischer *Differenzierungsmaß-nahmen* sowie *Diagnosekompetenz* von Lehrkräften;
- *Förderung begabter Underachiever* und anderer Risikogruppen, z.B. hochbe-gabter Mädchen;
- *Hochbegabtenförderung* im Sinne begabungsgerechter Instruktionsmethoden;
- *Förderung der muttersprachlichen Kompetenz*, die als Basisqualifikation so-wohl für den Fremdsprachenerwerb als auch für die Grundbildung in den übri-gen Schulfächern von Bedeutung ist;
- *„Sekundärtugenden"* wie Selbstdisziplin, Arbeitshaltung und sog. Subroutinen einschließlich metakognitiver Kompetenzen;
- *Anstrengungsbereitschaft* und *Lernmotivation*;
- *Wertschätzung schulischer Bildung* und Leistungen;
- regelmäßige *Lern- und Leistungskontrollen* im Sinne formativer und summati-ver Evaluationen;
- Qualität der *Kooperation von Schule und Elternhaus*.

Betrachtet man nun die *Leistungsbefunde* aus TIMSS und PISA (PISA 2000 bzw. der deutschen Ergänzungsstudie dazu: PISA-E), so fällt auf, dass die nationa-len (vorab Bayern, Baden-Württemberg, Sachsen, Thüringen) und internationalen Spitzenreiter (voran die Länder aus dem ostasiatisch-pazifischen Raum, aber auch die skandinavischen Länder und Kanada) dem skizzierten Merkmalskatalog am besten entsprechen – Ausnahmen bestätigen die Regel! Dabei bestehen natürlich keine monotonen, linearen Zusammenhänge; vielmehr muss man das gesamte Merkmalsmuster im Auge behalten. Immerhin können jene Bundesländer, die das gegliederte Schulsystem traditionell am nachhaltigsten „pflegen" (Bayern, Baden-Württemberg) oder nach der Wiedervereinigung einführten (Sachsen, Thüringen), in der internationalen Oberliga (d.h. im oberen Drittel) „mitspielen", während die Bundesländer mit exponierten Gesamtschulen weit abgeschlagen im unteren Leis-tungsdrittel liegen (vgl. Baumert et al., 2001, 2002, 2003; Baumert, Lehmann et al., 1997). Zur nationalen und internationalen Förderbilanz der PISA-Spitzengruppen siehe noch Zimmer, Brunner, Lüdtke, Prenzel und Baumert (2007).

Um die diagnostischen Aufgaben von Lehrkräften im Kontext ihrer unterrichtli-chen bzw. schulpädagogischen Arbeit zu verankern, wurde auf begabungs-, lern- und instruktionspsychologische Bedingungen des Schulerfolgs etwas ausführlicher eingegangen. Im Zentrum der folgenden Ausführungen steht nun die Diagnose-kompetenz von Lehrkräften.

2. Hauptfunktionen der Diagnosekompetenz von Lehrkräften

Wie bereits einleitend erwähnt, lassen sich drei Hauptfunktionen pädagogisch-psychologischer Diagnosen im Kontext der Schule unterscheiden: a) individuelle

Potentialschätzungen bzw. Schulerfolgsprognosen, b) individuelle und kollektive *Lernstandsdiagnosen,* c) *vergleichende nationale und internationale Schulleistungsmessungen.*

Schulerfolgsprognosen sind vor allem beim Schuleintritt und bei Systemübergängen erforderlich, mitunter auch am Schuljahrende oder in anderen kritischen Entwicklungsstadien. Schulerfolgsprognosen sollen die individuellen Bildungschancen augmentieren, indem sie auf eignungsdiagnostischer Informationsgrundlage eine optimale Passung zwischen den individuellen Lernleistungsvoraussetzungen und adäquaten sozialen (hier schulischen) Lernumwelten ermöglichen. Sie tragen dazu bei, Überforderung bei den einen und Unterforderung bei den anderen Schülern zu vermeiden. Damit wird dem Differenzierungsproblem angesichts interindividueller Fähigkeits-, Lern- und Schulleistungsunterschiede Rechnung getragen.

Lernstandsdiagnosen sind dagegen kontinuierlich erforderlich, um individuelle Lernfortschritte versus -rückschritte oder auch Leistungsstagnationen rechtzeitig zu erkennen und angemessen pädagogisch reagieren zu können. Individuelle Lernstandsdiagnosen beinhalten nicht nur deskriptive Ansätze (z.B. zum Zweck der Ergebnisrückmeldung an die betr. Lehrkraft sowie an Schüler und Eltern), sondern bei auftretenden Leistungsproblemen auch Ursachenanalysen (vor allem diagnostische Informationen über sog. Moderatorvariablen und/oder soziale Bedingungen; vgl. Abbildung 1 auf S. 139 oben. Kollektive Lernstandsdiagnosen zielen auf die Optimierung von Unterricht, etwa bezüglich der Notwendigkeit weiterer Vertiefungen des bereits gelernten Lernstoffs oder eines schnelleren Übergangs zu neuen Unterrichtseinheiten.

Vergleichende Schulleistungsmessungen dienen vorab der Qualitätssicherung. Wie die Erfahrungen mit TIMSS und PISA zeigen, sind sie sowohl auf nationaler als auch auf internationaler Ebene notwendig. Ihr Nutzen wird sich jedoch nur dann erschließen, wenn die beteiligten Schulen und ihre Lehrkräfte sowie die Schuladministration und die Bildungspolitiker ohne ideologische Vorurteile die empirisch gesicherten Befunde vergleichender Schulleistungsmessungen zur Kenntnis nehmen und notwendige pädagogische Konsequenzen daraus ableiten.

3. Maßstabs- und Methodenprobleme

3.1 Zur Maßstabsproblematik

Beim diagnostischen Prozess muss man zwischen dem *deskriptiven* Zugang zum Erfassungsgegenstand (z.B. der Beobachtung und Beschreibung von Schülerleistungen) und der *Bewertung* (z.B. Benotung) unterscheiden. Schulleistungsbeurteilungen erfordern Bewertungs- oder Beurteilungs*maßstäbe.* Im Kontext schulischer Leistungsbeurteilungen sind vor allem drei *Vergleichsmaßstäbe* relevant: a) die lernziel- oder kriteriumsorientierte Leistungsbewertung, b) die normorientierte oder soziale, z.B. schulklassenbezogene, Leistungsbewertung und c) die individuumbezogene oder ipsative Leistungsbewertung. Unter dem Gesichtspunkt des jeweiligen Bezugssystems spricht man im ersten Fall von *kriterialer oder sachlicher* Bezugsnorm, im zweiten Fall von *sozialer* Bezugsnorm und im dritten Fall von *individueller* Bezugsnorm. Diese Unterscheidung ist den meisten Lehrkräften geläufig. In der Praxis wird jedoch oft nicht sorgfältig genug die unterschiedliche Funktion dieser drei Bewertungsmaßstäbe beachtet. Zur Erfassung des Lernstandes eines Individuums oder auch der gesamten Lerngruppe bzw. Schulklasse sowie bei Schulerfolgsprognosen empfiehlt sich – ähnlich wie beim schriftlichen Fahrschultest – die kriteriale Bezugsnorm. Zur Lernmotivierung der schwächeren Schüler eignet sich besonders die individuelle Bezugsnorm, zur Motivierung der leistungsstarken hingegen die soziale oder auch die kriteriale Bezugsnorm. Häufig wird jedoch in der Schule der schulklassenbezogene Maßstab (d.h. die Orientierung am Leistungsdurchschnitt der betr. Lerngruppe – sog. Normorientierung) oder eine Kombination von kriterialer und sozialer Bezugsnorm praktiziert (vgl. ausführlicher Rheinberg, 2001). (Schulleistungs-)*Testnormen* beinhalten gewöhnlich kriteriale (lernzielorientierte) oder soziale Bezugsnormen (vgl. noch Rosemann, 1984).

3.2 Zur Methodenproblematik

Die zentrale Frage lautet hier: Wofür soll was wie gemessen werden? Die Auswahl der Methode bzw. Messinstrumente hängt zunächst von der Zielbestimmung bzw. dem Verwendungszweck, des weiteren vom intendierten Erfassungsgegenstand ab. Der Verwendungszweck solcher Lern-Leistungsdiagnosen bestimmt wiederum den adäquaten Bewertungsmaßstab, d.h. die für den Leistungsvergleich angemessene Bezugs- oder Referenzgruppe.

Bei Potentialschätzungen bzw. *Schulerfolgsprognosen* sind möglichst alle schulerfolgs- oder kriteriumsrelevanten Prädiktor- und Moderatorvariablen (s. Abbildung 1 auf S. 139) zu erfassen. Bei *Lernstandsdiagnosen* bzw. Leistungskontrollen rücken proximale Bedingungsfaktoren der Schulleistung, vor allem individuelle kognitive und motivationale Lernleistungsvoraussetzungen (vgl. Wang, Haertel & Walberg, 1993; Heller, 1997), in den Mittelpunkt diagnostischer Analysen. Bei *vergleichenden* (nationalen und internationalen) *Schulleistungsmessungen* zur Erfassung der Wirksamkeit unterschiedlicher Schulsysteme und/oder zur Sicherung der Bildungsqualität auf Unterrichts-, Schul- oder Landesebene ist der Fokus auf die Beschreibung und Erklärung (Bedingungsanalyse) sozialer Lernmilieus innerhalb und außerhalb der Schule gerichtet (vgl. Weinert, 2001b). Unter dem Aspekt der Diagnosekompetenz von Lehrkräften werden individuelle und kollektive Schulleistungsbeurteilungen bzw. -messungen besonders relevant, weshalb sich die folgenden Ausführungen hierauf konzentrieren.

3.3 Lehrzielanalysen

Ausgangspunkt individueller oder kollektiver Lernleistungskontrollen ist eine *Lehrzielanalyse*. Damit soll die Übereinstimmung von Unterrichtszielen und Prüfungsaufgaben im Schulleistungstest oder in Klassenarbeiten bzw. Schulaufgaben (so die bayerische Bezeichnung für Klassenarbeiten) und bei mündlichen Prüfungen gesichert werden. Um die inhaltliche oder curriculare Validität von Schulleistungstests oder anderen Lernkontrollverfahren zu gewährleisten, empfiehlt sich eine umfassende Abdeckung aller Teillernziele, idealerweise durch Erzeugung einer Zufalls- oder stratifizierten Stichprobe von Test- oder Prüfungsaufgaben (Items). Diese werden dann mit Hilfe einer Spezifikationstabelle – etwa auf der Basis der Bloomschen Taxonomie für kognitive Lehr-Lernziele – entlang einer Inhaltsdimension versus Verhaltensdimension in Teillernziele gegliedert, wie das Beispiel in Tabelle 1 illustriert. In der Schulpraxis beschränkt man sich häufig auf die ersten drei der insgesamt sechs Bloomschen Verhaltenskategorien: Wissen, Verstehen, Anwendung/Transfer.

Die Lehrzielmatrix in Tabelle 2 enthält eine Verhaltens-Inhaltskombination von 3 Spalten und 3 Zeilen, woraus neun Teilkompetenzen A bis I resultieren. Ähnlich wurden in der PISA-Studie zur Überprüfung der Lesekompetenz 12 Teilkompetenzen (Matrix mit vier Spalten und drei Zeilen) und zur Überprüfung der mathematischen Grundbildung acht Teilkompetenzen berücksichtigt. Ausführlicher vgl. Baumert et al. (2001, 2002, 2003) und Klauer (2001).

Tabelle 1: Spezifikationstabelle für einen informellen Test im Geschichtsunterricht (aus TBR 9, Institut für Film und Bild, München), nach Rosemann (1984, S. 165).

Inhalt	Verhalten			
	1	2	3	
	Wissen	Verständnis	Anwendung	Total
1. Grundherr und Bauer	4	4	4	12
2. Mittelalterliche Stadt, Bauten	2	2	3	7
3. Bürger, Bauern, Mönche im Osten	5	7	6	18
4. Die Hanse in Europa	6	4	3	13
Total	17	17	16	50

Tabelle 2: Beispiel einer Lehrzielmatrix für Physik nach Klauer (2001, S. 104).

Inhalte	Wissen	Verstehen	Anwenden
Elektrischer Strom; Stromkreis	A	B	C
Stromstärke und Spannung	D	E	F
Das Ohmsche Gesetz	G	H	I

Neben fachlichen (mutter- oder fremdsprachlichen, mathematischen, naturwissenschaftlichen usw.) Kompetenzen sind je nach Untersuchungsanlass bzw. Verwendungszweck diagnostischer Analysen auch fachübergreifende Denkkompetenzen (z.B. kreative Problemlösefähigkeiten), soziale Kompetenzen (z.B. Teamfähigkeit, Kooperationsbereitschaft) oder sog. Schlüsselqualifikationen wie Medienkompetenz sowie Werthaltungen und Handlungskompetenzen von Interesse. Diese lassen sich testmäßig nur unzulänglich erfassen, weshalb hierfür auf bewährte

Techniken der Verhaltensbeobachtung und Werk- bzw. Produktanalyse zurückgegriffen werden muss.

3.4 Testaufgaben

Prinzipiell empfiehlt es sich, das gesamte Repertoire verfügbarer Aufgabenformen – sowohl für schriftliche als auch für mündliche Schulleistungskontrollen – auszuschöpfen. So werden in der einschlägigen Literatur Aufgaben mit gebundenen versus nichtgebundenen (freien oder offenen) Antwortmöglichkeiten sowie Interpretationsübungen unterschieden. Beispiele für *gebundene* Antworten sind die bekannten Auswahlantworten (z.B. im Multiple Choice-Format), ferner Zu- oder Umordnungsantworten. Beispiele für *freie* Aufgabenformen sind Ergänzungsantworten (z.B. Kurzantworten oder Kurzaufsätze). Bei *Interpretationsübungen* sind sowohl gebundene als auch freie Antworten möglich (ausführlicher vgl. Rosemann, 1984, S. 166ff. und/oder Klauer, 2001, S. 107ff.).

Die zu einem mehr oder weniger umfangreichen (mehr- vs. eindimensionalen) Aufgabenset gruppierten Items bilden dann den eigentlichen Schulleistungstest. In der Fachliteratur wird noch zwischen formellen versus informellen Tests und zwischen normorientierten vs. kriteriumsorientierten Tests unterschieden.

3.5 Formelle vs. informelle Tests

Formelle Schulleistungstests sind von Testexperten entwickelte, vollstandardisierte Leistungsprüfverfahren, die eine oder mehrere Itemanalyse/n (zur empirischen Bestimmung der Aufgabenschwierigkeiten und Trennschärfeindizes bei normorientierter Leistungsmessung bzw. modifizierten statistischen Item- und Testanalysen bei kriteriumsorientierter Leistungsmessung) durchlaufen haben und voll standardisiert sind, d.h. hinsichtlich der Testgütekriterien (Objektivität, Reliabilität, Validität, Testfairness usw.) kontrolliert und dann noch normiert wurden; vgl. Heller (1984), Langfeldt und Tent (1999), Sanders (2000), Heller und Hany (2001).

Informelle Schulleistungstests, auch *teacher-made tests* genannt, sind meist nur zum Teil standardisiert und umfassen praktisch alle Formen schriftlicher Leistungsprüfung im schulischen Kontext. Minimale testmethodische Voraussetzungen für die Konstruktion informeller Tests sind die Bestimmung der zu überprüfenden Lehr-Lernziele (die mit Hilfe einer Spezifikationstabelle operationalisiert werden), die Wahl inhaltlich adäquater Aufgabenformen und die Explikation der Bewertungsmaßstäbe. Bei *norm*orientierter Leistungsmessung dient gewöhnlich die Durchschnittsleistung der sozialen Lerngruppe (Schulklasse oder Jahrgangsgruppe) als Vergleichsmaßstab für die Interpretation des individuellen Testergebnisses (Testrohwertes) in Form von Plus- oder Fehlerpunkten. Bei *kriteriums*orientierter Leistungsmessung wird die individuell erzielte Rohpunktleistung mit einem absoluten Zielwert (d.h. einem vorher definierten Lehr-Lernzielkriterium) verglichen, also überprüft, inwieweit (z.B. zu welchem Prozentwert) ein bestimmtes Lernziel tatsächlich erreicht worden ist.

3.6 Norm- vs. kriteriumsorientierte Messungen

Während bei normorientierter Leistungsmessung eine Testwerteverteilung in Form der Gaußschen Glockenkurve erwartet wird (vgl. Abbildung 2a), ist die Testwertestreuung bei kriteriumsorientierter Leistungsmessung mehr oder weniger stark reduziert (vgl. Abbildung 2b), je nachdem wie erfolgreich die betr. Schüler die Lernaufgaben bewältigt haben. Der Lernleistungserfolg kann entweder nach dem Pass-Fail-Kriterium (Lernziel erreicht vs. verfehlt) oder als Prozentsatz der Lernzielerreichung bestimmt werden. Für die zweite Alternative gibt es zur Vermeidung von Rechenaufwand Hilfstabellen zur Umwandlung der (absoluten) Rangplätze in T-Standardwerte. Diese können anschließend leicht in Zensuren umgewandelt werden (vgl. Heller, 1984, S. 195ff.).

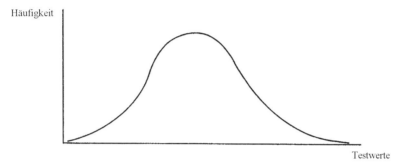

Abbildung 2a: Streuung der Testwerte bei normorientierten Tests (nach Büscher, 1984, S. 103).

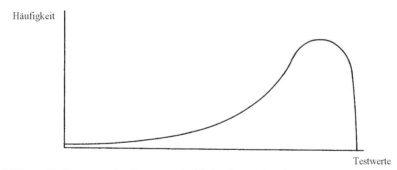

Abbildung 2b: Streuung der Testwerte bei kriteriumsorientierten Tests (nach Büscher, 1984, S. 103).

Seit TIMSS und PISA ist (wieder) ein wachsendes Interesse an Schulleistungsmessungen zu verzeichnen. Von *landesweiten nationalen und internationalen Schulleistungsstudien* werden insbesondere brauchbare Dateninformationen und Vergleichsstandards für bildungspolitische Entscheidungen erwartet. Solche Orientierungsstudien können zur unterrichtlichen und schulischen Qualitätsentwicklung beitragen, wenn ihre Befunde ohne ideologische Scheuklappen objektiv und differenziert ausgewertet und daraus die notwendigen Konsequenzen gezogen werden.

Mit Blick auf die öffentliche Diskussion der jüngsten Befunde zum PISA-Ländervergleich ist allerdings eine gewisse Skepsis angebracht. Entgegen wohlfeiler Medienberichte belegen methodisch sorgfältig geplante Evaluationsstudien im Bildungsbereich innerhalb der letzten Dekaden weithin übereinstimmend den *Vorrang individueller (kognitiver und motivationaler) Lernleistungsvoraussetzungen* sowie *unterrichtlicher Qualitätsmerkmale* gegenüber Schulsystem- oder anderen (organisatorischen) Rahmenbedingungen als Einflussgrößen auf den Schulerfolg (für einen Überblick vgl. Wang, Haertel & Walberg, 1993; Helmke & Weinert, 1997; Weinert & Helmke, 1997; Weinert, 2001a; Heller, 2002a/b, 2003a/b; Roeder, 2003 u.a.). Wer diesen Erkenntnisstand ignoriert, wird die virulenten Probleme im Bildungsbereich gewiss nicht lösen.

4. Ausblick

In diesem Kapitel konnten nicht alle Methodenprobleme angesprochen werden. So mussten spezielle Probleme der Aufsatzbeurteilung oder auch von mündlichen Prüfungen (vgl. etwa Schrader & Helmke, 2001) ausgeklammert werden. Ebenso wurden die verschiedenen Fehlertendenzen in Lehrerurteilen nicht behandelt. Deren Verzicht erschien umso eher vertretbar, als diese Themen in der Lehreraus- und -fortbildung weithin curricularer Bestandteil sind.

Hingegen ist der Nachholbedarf im Bereich der Lehr-Lernforschung – vor allem mit Blick auf die internationale Situation – weitaus größer. Hier liegen vorrangige Vermittlungsaufgaben in der Aus- und Fortbildung von Lehrkräften. Die Verbesserung der Unterrichts- und Diagnosekompetenzen von Lehrkräften schließt aber auch die Förderung besonders befähigter Schüler ein. Der Qualifikation von Lehrkräften kommt somit eine Schlüsselrolle bei der Realisierung aktueller Bildungsreformen zu.

Literatur

Baumert, J. & Lehmann, R. u.a. (1997). *TIMSS – Mathematisch-naturwissenschaftlicher Unterricht im internationalen Vergleich.* Opladen: Leske + Budrich.

Baumert, J., Roeder, P.M., Sang, F. & Schmitz, B. (1986). Leistungsentwicklung und Ausgleich von Leistungsunterschieden in Gymnasialklassen. *Zeitschrift für Pädagogik, 32,* 639-660.

Baumert, J., Schmitz, B., Sang, F. & Roeder, P.M. (1987). Zur Kompatibilität von Leistungsförderung und Divergenzminderung in Schulklassen. *Zeitschrift für Entwicklungspsychologie und Pädagogische Psychologie, 19,* 249-265.

Baumert, J. et al. (2001). *PISA 2000 – Basiskompetenzen von Schülerinnen und Schülern im internationalen Vergleich.* Opladen: Leske + Budrich.

Baumert, J. et al. (2002). *PISA 2000 – Die Länder der Bundesrepublik Deutschland im Vergleich.* Opladen: Leske + Budrich.

Baumert, J. et al. (2003). *PISA 2000 – Ein differenzierter Blick auf die Länder der Bundesrepublik Deutschland.* Opladen: Leske + Budrich.

Büscher, P. (1984). Theoretische Ansätze der kriteriumsorientierten Leistungsmessung. In K.A. Heller (Hrsg.), *Leistungsdiagnostik in der Schule* (4. Aufl., S. 99-124). Bern: Huber.

Heller, K.A. (Hrsg.). (1984). *Leistungsdiagnostik in der Schule* (4. Aufl.). Bern: Huber.

Heller, K.A. (1997). Individuelle Bedingungsfaktoren der Schulleistung: Literaturüberblick. In Weinert, F.E. & Helmke, A. (Hrsg.), *Entwicklung im Grundschulalter* (S. 181-201). Weinheim: Beltz/PVU.

Heller, K.A. (1999). Individual (Learning and Motivational) Needs versus Instructional Conditions of Gifted Education. *High Ability Studies, 9,* 9-21.

Heller, K.A. (Hrsg.). (2000). *Begabungsdiagnostik in der Schul- und Erziehungsberatung. Lehrbuch* (2. Aufl.). Bern: Huber.

Heller, K.A. (Hrsg.). (2002a). *Begabtenförderung im Gymnasium. Ergebnisse einer zehnjährigen Längsschnittstudie (G8).* Opladen: Leske + Budrich.

Heller, K.A. (2002b). Die Realschule im gegliederten Schulwesen aus begabungspsychologischer Sicht. *Die Bayerische Realschule, 47,* 35-37.

Heller, K. A. (2003a). Begabungsförderung und Leistungsentwicklung im gegliederten Schulwesen. *Realschule in Deutschland, 111,* 13-18.

Heller, K.A. (2003b). Das Gymnasium zwischen Tradition und modernen Bildungsansprüchen. *Zeitschrift für Pädagogik, 49,* 213-234.

Heller, K.A. & Hany, E.A. (2001). Standardisierte Schulleistungsmessungen. In F.E. Weinert (Hrsg.), *Leistungsmessungen in Schulen* (S. 87-101). Weinheim: Beltz.

Helmke, A. & Weinert, F.E. (1997). Bedingungsfaktoren schulischer Leistungen. In F.E. Weinert (Hrsg.), *Psychologie des Unterrichts und der Schule. Enzyklopädie der Psychologie, Serie Pädagogische Psychologie* (Band 3, S. 71-176). Göttingen: Hogrefe.

Klauer, K.J. (2001). Wie mißt man Schulleistungen? In F.E. Weinert (Hrsg.), *Leistungsmessungen in Schulen* (S. 103-115). Weinheim: Beltz.

Langfeldt, H.-P. & Tent, L. (1999). *Pädagogisch-psychologische Diagnostik, Band 2: Anwendungsbereiche und Praxisfelder.* Göttingen: Hogrefe.

Rheinberg, F. (2001). Bezugsnormen und schulische Leistungsbeurteilung. In F.E. Weinert (Hrsg.), *Leistungsmessungen in Schulen* (S. 59-71). Weinheim: Beltz.

Roeder, P.M. (2003). TIMSS und PISA – Chancen eines neuen Anfangs in Bildungspolitik, -planung, -verwaltung und Unterricht. *Zeitschrift für Pädagogik, 49,* 180-197.

Rosemann, B. (1984). Konstruktion und Auswertung informeller Schulleistungstests (Lernkontrolltests). In K.A. Heller (Hrsg.), *Leistungsdiagnostik in der Schule* (4. Aufl., S. 162-204). Bern: Huber.

Sanders, J.R. (2000). *Handbuch der Evaluationsstandards.* Opladen: Leske + Budrich.

Schrader, F.-W. & Helmke, A. (2001). Alltägliche Leistungsbeurteilung durch Lehrer. In F.E. Weinert (Hrsg.), *Leistungsmessungen in Schulen* (S. 45-58). Weinheim: Beltz.

Treiber, B. & Weinert, F.E. (1985). *Gute Schulleistungen für alle? Psychologische Studien zu einer pädagogischen Hoffnung.* Münster. Aschendorff.

Wang, M.C., Haertel, G.D. & Walberg, H.J. (1993). Toward a knowledge base for school learning. *Review of Educational Research, 63,* 249-294.

Weinert, F.E. (1988). Kann nicht sein, was nicht sein darf? Kritische Anmerkungen zu einer anmerkungsreichen Kritik. *Zeitschrift für Pädagogische Psychologie, 2,* 113-117.

Weinert, F.E. (Hrsg.). (2001a). *Leistungsmessungen in Schulen.* Weinheim: Beltz.

Weinert, F.E. (2001b). Vergleichende Leistungsmessung in Schulen – eine umstrittene Selbstverständlichkeit. In F.E. Weinert (Hrsg.), *Leistungsmessungen in Schulen* (S. 17-31). Weinheim: Beltz.

Weinert, F.E. & Helmke, A. (Hrsg.). (1997). *Entwicklung im Grundschulalter.* Weinheim: Beltz/PVU.

Zimmer, K., Brunner, M., Lüdtke, O., Prenzel, M. & Baumert, J. (2007). Die PISA-Spitzengruppe in Deutschland: Eine Charakterisierung hochkompetenter Jugendlicher. In K.A. Heller & A. Ziegler (Hrsg.), *Begabt sein in Deutschland* (S. 193-208). Berlin: LIT.

TEIL III

Quasi-experimentelle Feldstudien zur Begabungs- bzw. Hochbegabungsentwicklung unter variierten Kontextbedingungen

Einleitender Kommentar

Im Teil III werden verschiedene Längsschnittstudien zur (Hoch-)Begabung bzw. Begabungsentwicklung referiert. Die in Kapitel 9 dargestellte baden-württembergische Feldstudie wurde im Zeitraum von 1965 bis 1968 durchgeführt und hatte sogenannte Begabungsreserven (hidden talents) im Fokus. Da die Fragestellung nach wie vor aktuell ist und die vor vierzig Jahren erstmals in der Begabungsforschung verwendete Klassifikationsmethode zur Ermittlung besonders befähigter Schüler/innen nachhaltige Auswirkungen auf die Begabtenidentifizierung hatte, wurde diese Studie hier mitaufgenommen. Inzwischen hat das verwendete Klassifikationsmodell auch in der Berufseignungsdiagnostik sowie in der medizinischen Diagnostik (z.B. zur Syndromdifferenzierung) Eingang gefunden. Die 1960er Studie lieferte wertvolle Erkenntnisse und methodische Grundlagen für mehrdimensionale Identifikationsansätze, sowohl bei Individualdiagnosen in der Einzelfallhilfe (z.B. Underachievementdiagnose) als auch bei Talentsuchen für bestimmte Hochbegabtenförderprogramme. Beispielhaft wurde dies in der Münchner Längsschnittstudie zur Hochbegabungsentwicklung (1988-1997), die in Kapitel 10 berichtet wird, umgesetzt, ebenso in der Münchner Hochbegabungstestbatterie (MHBT-P und MHBT-S) von Heller und Perleth (2007a/b). Das hierbei entwickelte und in einer Serie von Folgestudien (z.B. Heller, 1992/2001, 2002; Heller, Reimann & Senfter, 2005) erprobte Methoden-Know-how ist somit auf vielfältige Weise für die Hochbegabungsdiagnostik nutzbar. Siehe auch Kapitel 13 in diesem Buch.

In den folgenden Kapiteln werden zunächst zwei Längsschnittevaluationsstudien zu einem Akzelerationsfördermodell (Kapitel 11) und einer im Rahmen eines internationalen Forscherkonsortiums durchgeführten retrospektiven Evaluationsstudie zu den internationalen Schülerolympiaden in Mathematik, Physik und Chemie (Kapitel 12) behandelt. Die seit 2001 laufende MINT-Evaluationsstudie (Kapitel 13) in Nordbaden bezieht sich auf ein anspruchsvolles Enrichmentprogramm zur Förderung gymnasialer Spitzentalente im Bereich von Mathematik, Informatik, Naturwissenschaft und Technik (MINT). Diese drei Studien sollen paradigmatisch den Nutzen von an wissenschaftlichen Standards orientierten Förderprogrammevaluationen aufzeigen und nicht zuletzt dazu anregen, das in der einschlägigen Forschungsliteratur immer wieder beklagte Defizit einer Qualitätskontrolle hochbegabungsspezifischer Identifikations- und Förderprogramme zu reduzieren.

Der Beitrag in Kapitel 11 vermittelt Ziele, Methoden und Ergebnisse der insgesamt zehnjährigen Evaluationsstudie zum baden-württembergischen G8-Modell im Zeitraum von 1992 bis 2001. Hierbei wurden besonders geförderte Gymnasiasten in Spezialklassen des achtjährigen Gymnasiums (G8) mit gleichaltrigen Schülern des damals noch neunjährigen (Regel-)Gymnasiums (G9) in Baden-Württemberg in ihrer Begabungs-, Schulleistungs- sowie Persönlichkeits- und sozialen Entwicklung vom Eintritt ins Gymnasium bis zum Abitur in jährlichen Retestungen untersucht. Da die ersten drei G8-Einschulungsjahrgänge komplett erfasst und bis zu ihrem Abitur (nach acht Jahren) bzw. die G9-Schüler der Parallelklassen (nach neun Jahren) kontinuierlich regetestet wurden, ergab sich insgesamt eine zehnjährige Projektlaufzeit, die umfangreiche Zeitreihenanalysen ermöglichte. Diese Studie fand nicht nur national, sondern auch international große Aufmerksamkeit, was

sich u.a. in zahlreichen deutsch- und englischsprachigen Publikationen nieder-
schlug; vgl. zusammenfassend Heller (2002).

Andauerndes Interesse findet auch die in Kapitel 12 berichtete Studie zu den internationalen Schülerolympiaden in Mathematik, Physik und Chemie. Diese erfasste die Vor- und Endrundenteilnehmer der akademischen Olympiaden im Zeitraum
von 1977-1997, wobei neben den nationalen Befunden auch die kulturvergleichenden Evaluationsbefunde von Interesse sein dürften. Inzwischen wurden 2005/06
Follow-up-Erhebungen in Deutschland, Finnland, Korea und den USA durchgeführt, deren Ergebnisse auf dem AERA-Kongress 2007 in Chicago vorgestellt
wurden. Mit der Wiedergabe verschiedener Vortragstexte u.ä. wird einem vielfachen Wunsch entsprochen.

Der Beitrag in Kapitel 13 ist (auszugsweise) den bisher nicht veröffentlichten 1.
und 2. Zwischenberichten zum MINT-Förderprogramm bzw. Hector-Seminar in
Nordbaden entnommen. Darin werden das Evaluationsmodell sowie Zielstellung,
Methode und Ergebnisse der ersten sechs Untersuchungswellen (2001-2006) dargestellt. Die Pilotphase mit der wissenschaftlichen Begleitung endet 2009; bis dahin werden die „Hectorianer" (MINT-talentierte Gymnasiasten) und Nicht-Hecto-
rianer (Kontrollgruppen) durch regelmäßige Retestungen kontinuierlich bis zum
Abitur in ihrer Gesamtentwicklung beobachtet. Schon jetzt zeichnen sich auf-
schlussreiche Entwicklungsunterschiede zwischen Hectorianern (Fördereffekte)
und (begabungsmäßig in etwa vergleichbaren) Nicht-Hectorianern ab, die für die
Begabungsentwicklung unter variierten Lernangeboten bzw. für die Hochbegabtenförderung im MINT-Bereich wertvolle Erkenntnisse vermitteln. Methodisch sorgfältig angelegte Förderprogramm-Evaluationsstudien sind im deutschsprachigen
und darüber hinaus im europäischen Raum nach wie vor sehr rar, weshalb der Abschlussbericht zum MINT-Evaluationsprojekt 2009 in dieser Schriftenreihe publiziert werden soll.

Literatur

Heller, K.A. (Hrsg.). (1992). *Hochbegabung im Kindes- und Jugendalter* (2., stark erweiterte Aufl. 2001). Göttingen: Hogrefe.

Heller, K.A. (Hrsg.). (2002). *Begabtenförderung im Gymnasium. Ergebnisse einer zehnjährigen Längsschnittstudie*. Opladen: Leske + Budrich.

Heller, K.A. & Perleth, Ch. (2007a). *Münchner Hochbegabungstestbatterie für die Primarstufe (MHBT-P)*. Göttingen: Hogrefe.

Heller, K.A. & Perleth, Ch. (2007b). *Münchner Hochbegabungstestbatterie für die Sekundarstufe (MHBT-S)*. Göttingen: Hogrefe.

Heller, K.A., Reimann, R. & Senfter, A. (2005). *Hochbegabung im Grundschulalter: Erkennen und Fördern*. Münster: LIT.

Kapitel 9

Regionalstudie zu sog. Begabungsreserven (hidden talents) (1965-1968)

Inhalt

Einleitung

Die Thematik steht nicht nur im Brennpunkt aktueller Begabungs- und Bildungsforschung, sie repräsentiert zugleich ein zentrales Anliegen der pädagogischen Psychologie. Solange man Begabung mehr oder weniger ausschließlich als genetisches Potential interpretierte, wurde das Verhältnis Begabung-Schullaufbahn ziemlich einseitig im Sinne unabhängiger (Begabung) versus abhängiger Variablen (Bildungserfolg) gesehen. Heute wissen wir, dass zwischen Begabung und Schulbildung *interdependente* Zusammenhänge bestehen. Die Begabungsentwicklung ist – zu erheblichen Anteilen – durch Lernvorgänge (mit)bestimmt. Andererseits sind Schullaufbahnentscheidung, also die Wahl eines bestimmten Bildungsweges, und Bildungserfolg keineswegs allein durch die Begabungs- oder intellektuellen Lernleistungsvoraussetzungen des Individuums erklärbar; soziale, kulturelle, ökonomische, persönlichkeitspsychologische (besonders motivationale) Faktoren spielen hierbei eine weit größere Rolle, als man lange Zeit anzunehmen bereit war. Berücksichtigt man nun, dass Bildungseinflüsse mannigfacher Art die Begabungsphänomene – hinsichtlich Ausprägung (Höhe) und Differenzierungsgrad (Faktorenstruktur) – determinieren, dann wird die pädagogische Bedeutung des zu erörternden Problemkomplexes vollends deutlich. Im Mittelpunkt unserer Überlegungen stehen deshalb drei Problembereiche: (1) das Problem der Chancen(un)gleichheit im Bildungsgang; (2) Begriff, Determinanten und Formen der Begabung und Schulleistungs- bzw. Schuleignungsentwicklung; (3) Begabung und Bildungsförderung.

1. Das Problem der Chancen(un)gleichheit im Bildungsgang

Die Gleichheit der Bildungschancen wird von den Verfassungen des Bundes und der Länder proklamiert. Es gibt kaum ein anderes bildungspolitisches Problem unserer Tage, das in gleichem Maße virulent wäre. Gleichwohl ist der Chancenungleichheit nach wie vor ein weites Feld überlassen. Hierfür sind in erster Linie motivationale, soziale, geographische, wirtschaftliche und/oder systemimmanente Gründe als Ursachenvariablen anzuführen. Am augenfälligsten lassen sich entsprechende Zusammenhänge am Beispiel der sog. *Begabungs-* oder *Bildungsreserven* aufweisen. Hierunter versteht man im Hinblick auf ihre Begabung oder Schuleignung für weiterführende gehobene und höhere Bildungseinrichtungen noch nicht ausgeschöpfte (also individuell unangemessen geförderte) Schülertalente. Im weiteren Sinne wären alle schulisch und außerschulisch (familiär), d.h. soziokulturell nicht optimal geförderten oder „begabten"[1] Kinder und Jugendlichen als Bildungsreserven anzusprechen. Der Begriff involviert jedoch meistens nur die erste (engere) Bedeutung. Das Postulat der Chancengleichheit im Bildungsgang enthält gleichermaßen gesellschaftspolitische, anthropologische und bildungsökonomische

---

[1] Mit „Begaben" ist hier der soziokulturelle Beitrag zur Begabungsentwicklung, also der gesamte schulische und außerschulische (familiale) Determinationskomplex des Begabens, gemeint.

Aspekte. So legitim *volkswirtschaftliche* Rentabilitätsüberlegungen sein mögen (vgl. Edding, 1963; Leussink et al., 1964; Widmaier, 1966; Riese, 1967), eine ein-seitige Argumentation in Richtung auf sozioökonomische Notwendigkeiten bedeu-tete eine verkürzte Sichtweise des Problems begabungsgerechter Bildungsförde-rung. Sehr viel tragfähiger erweist sich hier die *bürgerrechtliche* Begründung einer Optimalbildung, wie sie Dahrendorf (1966) aufgewiesen hat. Demnach gründet die – verfassungsrechtlich verankerte – Forderung nach begabungsgerechter Bildung und Ausbildung auf dem sozialen Grundrecht jedes einzelnen auf freie und volle Entfaltung seiner Persönlichkeit, dessen Ausübung zudem erst die volle Teilnahme am demokratischen und gesellschaftlichen Leben erlaubt. Die Frage nach der Not-wendigkeit einer umfassenden Aktivierung vorhandener Begabungen erfährt somit eine eindeutig positive Beantwortung, die außerdem unabhängig von bloßen Nütz-lichkeitserwägungen oder aktuellen wirtschaftlichen Bedarfsprognosen entschieden werden kann. Schließlich wäre noch der sozialpolitische Aspekt einer *gerechten* Bildungschance, das heißt von begabungsfremden Einflüssen (z.B. sozialer Her-kunft, finanzieller Lage, Wohnstandort usw.) unabhängigen – nur insofern „glei-chen" – Ermöglichung optimaler Bildungsteilhabe, anzuführen.

Die theoretische Forderung nach Gleichheit der Bildungschancen (Gerechtigkeit für alle) erweist sich freilich in ihrer konkreten Verwirklichung als höchst komple-xes Problem und damit als schwierigeres Unterfangen, als viele wahrhaben wollen. Zugleich rühren wir mit dieser Frage an das Problem der *Erschließung* inaktivierter Begabungen allgemein, zu dessen Lösung Untersuchungsansätze zur Aufdeckung *bildungsentscheidender* vs. *bildungshemmender* Wirkfaktoren erste wichtige Bei-träge lieferten (Arnold, 1968; Baur, 1969; Hitpaß, 1965; Lemberg & Roeder, 1966; Loehrke & Gebauer, 1965 u.a.). Neben *geographischen* und *wirtschaftlichen* Fak-toren (Geipel, 1965; Peisert, 1967), die jedoch wegen der allgemeinen wirtschaftli-chen Aufwärtsentwicklung, der Verbesserung von Verkehrsverbindungen auch entlegener Wohnregionen wie überhaupt der Infrastruktur zunehmend geringeren Einfluss ausüben, scheinen *soziale* und *motivationale* Beweggründe als Hauptursa-chen heutiger Schulbesuchsentscheidung für oder gegen Realschule und Gymnasi-um versus Hauptschule in Frage zu kommen. So sind beispielsweise die Arbeiter und Bauern nach wie vor oft nur sehr *mangelhaft* über Anforderungen und Ziele gehobener und höherer Schulbildung *informiert*. In den unteren Sozialschichten findet sich eine mehr oder weniger ausgeprägte Diskrepanz zwischen der Bildungs-ideologie des Gymnasiums und dem familiären Bildungsdenken im weiteren Sinne, also dem häuslichen Kulturmilieu, oft gepaart mit inadäquaten Vorstellungen über den persönlichen, sozialen und beruflichen Wert einer qualifizierteren Bildung bzw. Ausbildung. Verhältnismäßig geringes Interesse für längerfristige Ausbil-dungsziele („verkürzte Zeitperspektive") oder fehlendes Bildungsinteresse über-haupt, ungenügend entwickelte Leistungsmotivation, aber auch Ratlosigkeit und mangelnde Selbstbestimmung in der Vorbereitung des Bildungsentschlusses, häu-fig noch getragen von sozialen Vorurteilen, Traditionalismus usw., bewirken nur allzu oft eine emotional getönte oder affektiv aufgeladene *Bildungsdistanz* beim einzelnen und seinem Familienverband, so dass man in diesem Zusammenhang direkt von „Mentalitätssperren" (in den Hauptformen der *affektiven* und *sozialen*

Distanz) gesprochen hat (Korn, 1957; Dahrendorf, 1965; Erlinghagen, 1965; Grimm, 1966; Paul, 1967; Aurin et al., 1968). Dem stehen auf der anderen Seite prestigeorientierte Überbewertung eigener vs. Unterbewertung fremder Bildungs- ansprüche gegenüber (Aurin, 1966), vielfach durch Selektionswirkungen des be- stehenden Bildungssystems selbst unterstützt. Auf dem skizzierten soziokulturellen Hintergrund erscheint nun die Problematik der sog. Bildungsreserven besonders deutlich, insofern gerade diesen Schülertalenten die Chancengleichheit wie kaum einer anderen Gruppe verwehrt blieb. Betroffen sind hiervon neben den *Mädchen* und *Katholiken* (deren Situation sich allerdings in den letzten Dezennien nachhaltig verbessert hat) vorab die *Arbeiter-* und *Bauern*kinder, die nachweislich die größten Bildungsdefizite in Deutschland – analoge Ergebnisse zeichnen sich im internatio- nalen Vergleich ab (Halsey, 1961) – aufweisen. Umgekehrt vermutete man gerade in den bildungsmäßig unterprivilegierten Bevölkerungsgruppen ein größeres Poten- tial inaktivierter Begabungen. Die Erschließung dieser Bildungsreserven leistet demnach einen wichtigen Beitrag zum Abbau des sozialen und regionalen Bil- dungsgefälles und damit eine Verbesserung der Bildungschancen allgemein.

2. Ausmaß der Begabungsreserven in den 1960er Jahren

Über das Ausmaß aktivierbarer Begabungen für den Bildungsweg des Gymnasi- ums und der Realschule gibt eine Untersuchung von Heller (1968, 1970a/b) im Auftrag des baden-württembergischen Kultusministeriums interessante Aufschlüs- se. Demnach befanden sich Ende der 1960er Jahre auf der Hauptschule (in den Klassen 6 bis 8) durchschnittlich 4,5% inaktivierte Gymnasialeignungen und 10,5% Realschuleignungen – jeweils bezogen auf die Erfolgswahrscheinlichkeit „Mittlere Reife". Entsprechend wies (damals) rund ein Viertel der Realschulpopu- lation aktuelle Gymnasialeignung aus. Für gezielte Fördermaßnahmen ist darüber hinaus die Kenntnis etwaiger Verteilungsunterschiede bezeichneter Schuleignungs- reserven für Gymnasium und Realschule von großer Bedeutung. Die Relationen kommen am prägnantesten in einem Quotienten zum Ausdruck, in dem sich das Verhältnis von empirisch aufweisbaren Gymnasial- oder Realschulbegabungen innerhalb der Hauptschule und deren sozialen bzw. demographischen Schichtantei- ligkeit widerspiegelt. Ein *Begabungsreservenquotient*[2] von 1,0 würde demnach merkmalsanteilige Gymnasial- und Realschuleignungsverhältnisse in der Haupt- schulpopulation anzeigen, während Werte darüber oder darunter entsprechende Über- vs. Unterrepräsentierung von Begabungsanteilen, d.h. hier von Begabungs- reserven[3], andeuteten.

---

[2] Begabungsreservenquotient = %-Anteil an der G- bzw. R-Eignung / %-Anteil des betr. Merkmals (jeweils auf die H-Stichprobe bezogen). G = Gymnasium, R = Realschule, H = Hauptschule.
[3] Wie in den meisten Bundesländern liegt auch im Untersuchungsland Baden-Württemberg die eigentliche Übertrittsphase nach G und R am Ende einer vierjährigen Grundschule bzw. (in Ausnahmefällen) nach dem 5. Schuljahr. Ab dem 6. Schuljahr in der Hauptschule ver- bliebene G/R-Eignungen können demnach als Bildungsreserven (für Gymnasium oder Realschule) im früher definierten Sinne angesprochen werden.

An der *Gymnasial*eignungsreserve stellten in den 1960er Jahren die Mädchen den Hauptanteil, gefolgt von den Arbeiterkindern der Repräsentativstichprobe sowie den Katholiken, einfachen und mittleren Angestellten/Beamten, selbstständigen Handwerkern und Bauern, die besonders in den Landregionen teilweise größere Begabungsreserven aufwiesen. Erst ein Quotient um 0,0 würde darauf hinweisen, dass in der betreffenden Zielgruppe praktisch keine mobilisierbaren Schülerbegabungen für die Bildungswege des Gymnasiums und der Realschule mehr vorhanden sind. Siehe Tabelle 1[4].

Tabelle 1: Soziale und regionale Verteilung gegenwärtiger Bildungsreserven in der Hauptschule, formuliert im „Begabungsreservenquotienten" (n. Heller, 1970b, S. 233).

Merkmal	G-Eignungsreserven in der		R-Eignungsreserven in der	
	Repräsentativ-stichprobe	Regional-stichprobe	Repräsentativ-stichprobe	Regional-stichprobe
1. *Geschlecht*				
männlich	0,5	0,4	1,0	0,7
weiblich	1,4	1,6	1,0	1,3
2. *Konfession*				
evangelisch	1,0	1,0	1,0	1,0
katholisch	1,0	1,1	1,0	1,1
sonstige	1,6	--	1,3	1,4
3. *Vaterberuf*				
Arbeiter	1,1	0,8	0,9	1,1
selbstständige Handwerker	0,6	1,5	1,6	1,2
Bauern	0,5	0,9	0,5	0,8
einf./mittl. Angestellte/Beamte	1,0	1,8	1,2	1,0
Akademiker	0,0	0,7	0,9	1,4
4. *Schulortkategorie*				
Land (unter 2000 EW)	0,5	0,9	0,5	1,0
Kleinstadt (2000-10000 EW)	1,6	1,3	1,7	0,9
Mittelstadt (10000-100000 EW)	0,8	--	0,6	--
Großstadt (über 100000 EW)	1,3	--	1,4	--

Die Rangreihe der *Realschul*eignungsreserve wird dagegen durch die Gruppe der selbstständigen Handwerker und einfachen/mittleren Beamten/Angestellten, gefolgt von den Mädchen (in den Landregionen) angeführt. Insgesamt offenbaren die Befunde eine beträchtliche *Mädchen*begabtenreserve für Gymnasium und Realschule und eine überrepräsentative *Handwerker*begabungsreserve für die Realschule bei in etwa schichtanteiligen Reservevorkommen der *Arbeiter* und *Bauern* (hier nur in den Landregionen) sowie der *einfachen und mittleren Angestellten/Beamten*.

---

[4] Die gesamte Hauptschulstichprobe (N=2664) wurde für bestimmte Auswertungszwecke in zwei Gruppen unterteilt: in eine für das Bundesland Baden-Württemberg gültige *Repräsentativ*stichprobe (N=1252) und eine für bestimmte baden-württembergische Landregionen geringerer Bildungsdichte (nach Peisert) repräsentative *Regional*stichprobe (N=1412).

Die geringsten Reservequoten (wenigstens für den gymnasialen Bildungsweg) fanden sich – erwartungsgemäß – in der Akademikerschicht. Die Konfessionsanteile sind ziemlich ausgeglichen, nur in den Landregionen war die *Katholiken*reserve Baden-Württembergs geringfügig überrepräsentiert.

Dass die relativ umfangreicheren Begabungsreserven in den *Klein-* und *Groß*städten und nicht etwa in den kleineren Landorten gefunden wurden, stellt vielleicht auf den ersten Blick ein Überraschungsphänomen dar. Bei genauerem Zusehen erhellen diese Befunde aufs neue die große Bedeutung differenzierter Bildungsangebote für die Entwicklung von Begabung und Schuleignung. Sie deuten ferner an, dass in bestimmten Stadtregionen bzw. Sozialschichten (Arbeiter, Handwerker, einfache/mittlere Angestellte und Beamte) offenbar mehr aktivierbare Bildungsreserven vorhanden sind, als vielfach angenommen wurde. In den Orten der Mittelstadtkategorie (10000 bis 100000 Einwohner), in denen allerdings fast zwei Drittel der baden-württembergischen Bevölkerung ihren Wohnsitz haben, scheinen die meisten G/R-Bildungsreserven bereits ausgeschöpft zu sein, wenngleich Quotienten von 0,8 und 0,6 auch hier noch keine „Auspowerung der Hauptschule" im strengen Sinne bedeuten. Dies gilt vor allem, wenn man die absoluten Zahlenverhältnisse in Rechnung stellt. Erst dadurch offenbaren ja die mitgeteilten Werte ihr tatsächliches Gewicht. So repräsentiert beispielsweise ein „Arbeiter"-Quotient um 1 absolut betrachtet eine dreimal größere Bildungsreserve als ein gleicher Quotient der Angestellten/Beamten, sofern die in der Hauptschule vorgefundene Relation zwischen den Arbeiterkindern (Anteil 60%) und den Kindern der einfachen und mittleren Angestellten/Beamten (Anteil 20%) in Ansatz gebracht wird.

Analog müsste man die standortdifferenzierten Verteilungsparameter gewichten, um zu wirklichkeitsangemessenen Vorstellungen über die regionale Dichte aktueller Bildungsreserven bzw. das Ausmaß nach wie vor bestehender Chancenungleichheit zu gelangen. Dass die erörterten Phänomene auch außerhalb der Bundesrepublik Deutschland eine Rolle spielen, haben einschlägige statistische Untersuchungen über den relativen Schulbesuch (längere Bildungswege) und deren soziodemographische Hintergründe, vorab durch die OECD angeregt, immer wieder gezeigt (vgl. Floud, Halsey & Martin, 1956; Mierke, 1963; von Carnap & Edding, 1966; Heß, Latscha & Schneider, 1966; Sonnleitner et al., 1966; Ferrez, 1967; Floud, 1967).

Andererseits wiesen internationale Vergleiche bezüglich der Bildungseffizienz, hier der Abiturientenquote 1960, 25% erfolgreiche Oberschulabgänger in den USA und 20% in der UdSSR gegenüber knapp 6% in der Bundesrepublik Deutschland auf. Selbst eine strengere Berücksichtigung der Systemunterschiede im Sekundarschulwesen, beispielsweise ein innereuropäischer Vergleich (OECD, 1963), sowie der inzwischen allgemein erhöhten Bildungschancen veränderte die relative Position der Bundesrepublik nur unwesentlich. Nach einer Berechnung von Hitpaß (1970, S. 22), der die *Abiturientenzahlen* der sechs EWG-Mitgliedstaaten zum Stand 1972/73 neu zusammenstellte, ergab sich folgende Rangreihe (%-Anteile am Altersjahrgang): Belgien 24,5%, Luxemburg 16,4%, Frankreich 15,0%, Bundesrepublik 11,9%, Niederlande 10,5%, Italien 5,7%. In einigen nordischen Ländern, zum Beispiel Schweden, lagen die betreffenden Quoten sogar über der des Spitzenreiters Belgien. Eine Extrapolation dieser Zahlen auf die aktuelle Situation 2007 ist freilich kaum möglich, zumal die Schulstandards sich vielfach veränderten.

Vorausgesetzt, dass zwischen den aufgeführten Staaten keine Unterschiede bezüglich vorhandener Begabungs-(Leistungs-)potentiale bestehen, lassen sich jetzt im Hinblick auf unsere Themenerörterung zwei wichtige Erkenntnisse aus den mitgeteilten Quoteninformationen ableiten: (1) Den Bürgern der einzelnen Staaten eröffnen sich vergleichsweise unterschiedliche Bildungschancen (im Sekundarschulbereich), deren Ursachen möglicherweise zunächst in den – unterschiedlichen – Bildungssystemen und weniger in soziodemographischen Strukturen einzelner Länder zu suchen sind. Eine solche Ätiologie wird durch die bestehende Homologie soziodemographischer Strukturen qua Determinanten der Begabungs- und Schuleignungsentwicklung (Halsey, 1961) einerseits sowie das internationale Bildungsgefälle andererseits zusätzlich gestützt. (2) Die höchsten bisher erzielten Abiturientenquoten deuten an, welche Zukunftsmöglichkeiten für alle Gruppen bereitliegen. Perspektiven dieser Art verleihen der bisher vorwiegend unter negativen Vorzeichen behandelten Problematik der Chancen(un)gleichheit durchaus positive Züge. Unter bildungspolitischen oder schulpädagogischen Gesichtspunkten erhebt sich somit die Frage nach Umfang und Ausmaß der zu fördernden Begabungen im Sekundarschulbereich, also nach der *konkreten* Verwirklichung von Bildungschancen überhaupt. Bezogen auf die Schulbildungsverhältnisse des Landes Baden-Württemberg errechnete Heller (1970a, S. 120) die in Tabelle 2 wiedergegebenen Eignungsparameter dreier Altersjahrgänge. Diese unabhängig von Schul- und Lehrerurteilen gewonnenen, unter Einsatz psychologischer Tests und bei Verwendung des IBM-Programms AUKL[5] ermittelten Jahrgangsparameter können als Richtquoten aktivierbarer Schulbegabungen aufgefasst werden. Damit aber steht ein Modell zur Gewinnung *realistischer* Aussagen (Prognosen) über Umfang und Bewährungswahrscheinlichkeit aktueller Begabungs- und Schulleistungspotentiale – generalisierbar auf bundesrepublikanische Bildungsverhältnisse – zur Verfügung.

Tabelle 2: Schuleignungsanteile dreier Altersjahrgänge eines Bundeslandes (Baden-Württemberg) nach Hochrechnung der via AUKL ermittelten „reinen" Eignungsquoten (Statistiken) bei 4068 Sekundarstufenschülern – Stand 1965/66.

Altersschul-jahrgang	N (%-Basis)	Eignung in % für Bildungswege		
		Hauptschule	Realschule	Gymnasium
6	103 500	56	24	20
7	100 696	59	25	16
8	83 881	55	23	22

Dem Tabelleninhalt ist zu entnehmen, dass im Schnitt eines Altersjahrgangs rund 20% Gymnasialeignungen und knapp 25% Realschuleignungen, zusammen

---

[5] Die Automatische Klassifikation (AUKL) stellt eine auf der multiplen Diskriminanzanalyse basierende Klassifikationstechnik dar, mit deren Hilfe heterogene Gruppengesamtheiten (hier diverse Schuleignungsgruppen) optimal getrennt werden können. Siehe dazu ausführlicher Heller (1970a, S. 104ff.) sowie Allinger und Heller (1975).

also eine generell aktivierbare Begabungsquote in Höhe von rund 45% für 6- beziehungsweise 9jährige (gehobene bzw. höhere) Bildungsgänge veranschlagt werden können. Unter der Voraussetzung nun, dass alle betroffenen Schüler eine ihrer Begabung entsprechende optimale Schulbildung (im Sinne bestehender gegliederter Schulsysteme) erfahren würden, bedeutete dies nicht nur ein rasches Aufholen bundesrepublikanischer „Bildungsdefizite" im internationalen Vergleich, zugleich würden dadurch die im gegenwärtigen Sekundarschulsystem gelegenen Bildungschancen weitgehend ausgeschöpft sein. Ob dann durch vermehrte individuelle und pädagogische Anstrengungen (des Begabens) weitere Begabungspotentiale entwickelt werden können, bleibt vorerst genauso ungewiss wie die Frage, welche Auswirkungen durchgreifende Schulreformen im Hinblick auf die Vergrößerung des Begabungspotentials insgesamt – qua Ergebnis (erhoffter) optimaler Bildungsförderung – zeitigen werden. Husén (1967), der solche Auswirkungen für möglich hielt und in einem ersten Kontrollansatz auch untersuchte, kam zwar zu interessanten (zunächst für Schweden gültigen) Detailergebnissen; in seinem Resümee beschränkte er sich dann aber auf mehr oder weniger stringente bildungspolitische Postulate.

In Tabelle 1 oben wurden die Begabungsreservequotienten für die Hauptschule unter soziogeographischen Bedingungsmustern dargestellt. Die nach AUKL errechneten G/R-Begabungs- bzw. Bildungsreservequoten variieren jedoch auch in Abhängigkeit von der angestrebten Schulabschlussqualifikation. Aus den Dateninformationen in Tabelle 3 wird ersichtlich, dass die G-/R-Reservequoten beim Anforderungsmaßstab „Mittlere Reife" (MR) in der Repräsentativstichprobe – erwartungsgemäß – niedriger ausfallen als im Altersklassen-Anforderungsmaßstab (AK).

Für die Regionalstichprobe trifft dies zwar auch für die R-Reservequote in der Hauptschule zu, nicht jedoch für die entsprechende G-Reservequote, wo eine gegenläufige Tendenz erkennbar wird. Dieser Befund korrespondiert insoweit mit den in Tabelle 1 wiedergegebenen geschlechtsspezifischen G-Begabungsreservequotienten, als sich dort eine größere Mädchenbegabtenreserve vor allem in der Regionalstichprobe abzeichnete. Möglicherweise sind damit aber auch weitere Faktoren wie familiäre bzw. berufliche Sozialisationsbedingungen konfundiert; siehe die Vaterberufskategorien „selbst. Handwerker" und „einf./mittl. Angestellte/Beamte" in Tabelle 1 oben.

Quasi als Nebeneffekt des geschilderten Klassifikationsansatzes fielen auch die Hauptschuleignungsquoten auf dem Gymnasium und in der Realschule an. Wertungsfrei müsste man hier von G-/R-„Bildungsreserven" für die Hauptschule sprechen. Ihre Anteile vermindern sich – im Gegensatz zu den in Tabelle 3 dokumentierten Trends – mit zunehmendem Bildungserfolg der betr. Schüler auf G und R. So sinkt die H-Eignungsquote in der Realschule von rd. 22% in der 6. Klasse auf rd. 8% in der 10. (Abschluss-)Klasse. Die entsprechenden H-Eignungsquoten im Gymnasium „schrumpfen" von rd. 10% in der 6. Klassenstufe auf 5,4% in der 10. Klassenstufe. Als „zwischenzeitliches Geschehen" dürften dafür vor allem Dropout-Quoten verantwortlich sein. Ausführlicher vgl. Heller (1970b, S. 229ff.).

Tabelle 3: AUKL-Schuleignungsquoten in der Hauptschule (G/R-Bildungsreserven kursiv)[6].

Schuljahr	Repräsentativstichprobe Eignung in % für			Regionalstichprobe Eignung in % für			AUKL-Maßstab
	G	R	H	G	R	H	
6	5,3	17,1	77,6	4,1	18,2	77,7	Alters-klassen (AK)
7	2,9	16,2	80,9	2,5	14,6	82,9	
8	6,6	18,0	75,4	3,5	18,2	78,3	
6	3,9	7,4	88,7	3,9	8,7	87,4	Mittlere Reife (MR)
7	2,5	10,5	87,0	4,8	10,6	84,6	
8	6,6	14,2	79,2	5,5	11,7	82,9	

Legende: Beim AK-Vergleichsmaßstab wurden Kl. 6 H mit Kl. 6 R und Kl. 6 G, ferner Kl. 7 H mit Kl. 7 R und Kl. 7 G sowie Kl. 8 H mit Kl. 8 R und Kl. 8 G zusammen verrechnet. Beim Maßstab MR wurde jede H-Schuljahrsklasse (6, 7, 8) einzeln mit Kl. 10 R und Kl. 10 G verrechnet.

3. Konzeptuelle und methodische Untersuchungsprobleme

Bisher wurden die Begriffe Begabung und Schuleignung relativ unkritisch gebraucht oder genauer: ihr richtiges Verständnis beim Leser vorausgesetzt. Vorsichtshalber seien einige terminologische Klärungen hier nachgeholt. In Anlehnung an die Ergebnisse der Begabungsforschung (Mierke, 1963; Roth, 1969; Lückert, 1969a/b) können wir *Begabung* als das Insgesamt personaler (intellektueller) und soziokultureller Lern- und Leistungsvoraussetzungen definieren. Demnach wäre Begabung immer nur von der Begabungs*leistung* her zu erschließen. Sofern in diesem Zusammenhang die spezifische Eigenschafts- oder Fähigkeitsstruktur des Schülers im Blick auf konkrete Bildungsziele (z.B. der Hauptschule, der Realschule, des Gymnasiums) thematisiert wird, spricht man auch von *Eignung* bzw. Schuleignung. Schuleignung meint hier also eine mehr oder weniger hohe Wahrscheinlichkeit der *Begabung für* die Anforderungen einer bestimmten schulischen Bildungsform. Andererseits muss Begabung in ihrer Einbettung in ein sehr komplexes Wirksystem gesehen werden. Bloom (1964) schlug deshalb folgende Funktionsformel vor, die hier nach Heller (1969, S. 380) und Lückert (1969a, S. 155) um den Faktor PMV erweitert wiedergegeben wird[7]: Bg = f (GP + SMK + PMV). Begabung bzw. Begabungsleistungen stellen somit ein Interaktionsprodukt dar. Im Hinblick auf den Schuleignungsaspekt bedeutet dies, dass die angesprochenen „Phänomene" (Begabung und Schuleignung) keine fixen Größen, sondern konstruktbezogene „Variablen" in einem umfassenden sozialen und kulturellen Bedingungs-

---

[6] Diese Tabelle wurde – gekürzt – dem ZEPP-Artikel des Autors (Heller, 1970b, S. 229) entnommen.

[7] Bg = Begabung oder Begabungsleistung; f = Funktion von; GP = Genetische Potentiale; SKM = Soziokulturelles Milieu; PMV = Persönlichkeits-/Motivationsvariable.

gefüge darstellen, die beispielsweise durch einschneidende äußere und innere Reformmaßnahmen (integrierte Gesamtschule, Individualisierung des Unterrichts u.ä.) mehr oder minder modifiziert werden können. Vorerst freilich sind solche Begabungsvariationen nur sehr vage abzuschätzen. Deshalb und im Hinblick auf die überwiegenden Verhältnisse unseres gegenwärtigen Bildungssystems stehen die Begabungsformen der Gymnasial-, Real- und Hauptschuleignung im Mittelpunkt nachfolgender Erörterungen.

Eine Beschreibung bestimmter *Begabungsformen* setzt die Kenntnis ihrer Merkmale (Begabungskriterien) voraus. Die Gewinnung von Schuleignungskriterien stellt zuallererst ein *methodisches* Problem dar, das wohl nirgendwo so virulent wurde wie in der Frage der sogenannten Übertrittsauslese. Die Literatur hierzu ist Legion (vgl. u.a. Undeutsch, 1969; Tent, 1969; Heller, 1969 und 1970a). Kontrolluntersuchungen haben ziemlich übereinstimmend ergeben, dass vollstandardisierte Intelligenz- und Schulleistungstests treffsicherere Schuleignungsprognosen ermöglichen als Lehrerurteile (Zensuren) oder Grundschulgutachten. Doch sind nun bei der Verwendung von Tests keineswegs alle Methodenprobleme beseitigt. Dazu bedarf es einiger Erläuterungen. Diese sind gerade im Hinblick auf die Interpretation der weiter unten beschriebenen (operational gewonnenen) Eignungskriterien von Bedeutung, wie überhaupt jede wissenschaftliche Aussage (Erkenntnis) nur soviel wert ist wie die Methode, mit der sie gewonnen wurde. Die Forderung nach Angebbarkeit der Methode beziehungsweise Kontrollierbarkeit der Ergebnisse gilt also allgemein.

Alle Diagnosen, auch Begabungs-(Leistungs-)Diagnosen oder Schuleignungsprognosen, gehen von zwei Grundannahmen aus: von der Annahme einer gewissen *intraindividuellen Konstanz* menschlichen Verhaltens und von der Annahme *interindividueller Differenzen* menschlicher Eigenschaften. Ohne diese Prämissen der *intra*individuellen Invarianz bestimmter Persönlichkeitseigenschaften, zum Beispiel der innerhalb gewisser Variationsgrenzen auch über längere Zeiträume hinweg gedachten Beständigkeit individueller Lernleistungsvoraussetzungen, sowie der *inter*individuellen Persönlichkeitsdifferenzen, also der Tatsache, dass sich die Individuen hinsichtlich des Ausprägungsgrades solcher Eigenschaften mehr oder weniger deutlich voneinander unterscheiden, wären Diagnosen bzw. Prognosen weder möglich noch sinnvoll. Während die unterschiedliche Ausprägung individueller kognitiver Persönlichkeitseigenschaften, zu denen Intelligenz, Begabung im Sinne von Schuleignung, Motive, Interesse, Leistungsemotionen und ähnliche Merkmale gerechnet werden müssen, wohl nie ernstlich in Zweifel gezogen wurde – freilich wurden kontroverse Meinungen zur Ätiologie vertreten –, standen die von Bloom (1964) zusammengetragenen Forschungsergebnisse zur Untersuchung der Merkmalskonstanz unter kritischem Beschuss. So hat Hopf (1973) neben methodologischen Bedenken vor allem die bei Bloom mitgeteilten Halbzeitwerte kognitiver Entwicklung anhand eigener Berechnungen bzw. auf der Basis multifaktorieller Intelligenzkonzepte in Frage gestellt. Daraus folgt nun nicht, dass Phänomene kognitiver Merkmalskonstanz überhaupt fehlen; vielmehr ergibt sich die Notwendigkeit, seitherige Konstanzannahmen zu relativieren, das heißt ein gegenüber dem Bloomschen Ansatz erweitertes Spektrum kognitiver Entwicklungsverläufe und deren größere Variabilität im Zeitkontinuum anzunehmen (Heller 1972a/b). Im Hinblick auf die psychodiagnostische Problemerörterung wären somit kontinuierliche Testuntersuchungen qua Kontrolle etwaiger Begabens- vs. soziokultureller Deprivationseffekte zu fordern.

Bei der *diagnostischen Erfassung der Schuleignung* rücken zwei Aspekte in den Vordergrund: einmal je bestimmte intellektuelle und persönlichkeitspsychologische Eigenschaften des Schülers, zum anderen von den Bildungszielen und Aufgaben fraglicher Bildungseinrichtungen (Hauptschule, Realschule, Gymnasium) her je konkrete Lernleistungsanforderungen, auf die bezogen konkrete Eigenschafts- und Fähigkeitsstrukturen qua individuelle Voraussetzung schulischen Bildungserfolgs empirisch aufzuweisen sind. Da jedoch Termini wie Begabung oder Schuleignung letztlich nur theoretische Konstrukte eines wie auch immer sich manifestierenden Leistungsverhaltens repräsentieren, bedeutet dies für ihren operationalen Zugriff, dass vom jetzigen (aktuellen) Leistungsverhalten des Schülers auf sein zukünftiges (potentielles) Leistungsverhalten geschlossen werden muss. Somit lässt sich nun präzisierend der Begriff der *Schuleignung* im Sinne von operational bestimmbaren schulischen *Erfolgs-* oder *Bewährungswahrscheinlichkeiten* definieren.

Valide und reliable Schuleignungsprognosen, hier also treffsichere Schulleistungsvoraussagen im Hinblick auf den Schulerfolg im Gymnasium, in der Real- und Hauptschule, sind ohne hinreichend gesicherte Beurteilungs*maßstäbe* (Eignungs-/Anforderungskriterien) kaum denkbar. Die Maßstabsfestlegung wird somit zum Hauptproblem treffsicherer Schuleignungsprognosen. Dabei helfen weit verbreitete, mehr oder weniger verbindliche Vorstellungen über die den einzelnen Bildungswegen angemessenen Eignungsanforderungen zunächst sehr wenig. So muss „vom künftigen Gymnasialschüler gegenüber dem künftigen Mittelschüler [d.h. Realschüler; d. Verf.] ein deutliches Mehr an Begabung, die bessere Befähigung im Erfassen theoretischer Zusammenhänge und Erkennen der ihnen zugrunde liegenden Gesetzmäßigkeiten, die größere Fähigkeit zu sprachlicher Differenzierung gefordert wie auch in Anbetracht der längeren Zeitdauer des Bildungsganges eine auf fernere Ziele gerichtete Lernmotivation (Zeitperspektive) und größere Ausdauer vorausgesetzt werden. Aber auch vom Mittelschüler wird eine gewisse ,Befähigung zu höherer Bildung' (Busemann), Interesse an geistigen Zusammenhängen ebenso wie ein gewisses Maß an theoretischem Verständnis zu fordern sein. In Anbetracht der bestehenden Schwierigkeiten, zu einer exakten psychologischen Abgrenzung und Charakterisierung bestehender Schulanforderungen zu gelangen, stellt die Gewinnung *empirischer* Beurteilungsmaßstäbe eine unerlässliche Voraussetzung für eine Schuleignungsvorhersage dar, zumal auch die Verwendung von Schulnoten als einzigen Voraussagekriterien – wie bereits näher ausgeführt wurde – problematisch ist" (Aurin, 1966, S. 27).

Operationale Versuche, objektive Eignungsmaßstäbe für die Schullaufbahnberatung zu gewinnen, wurden am häufigsten mit Hilfe der sog. *Grenzwertmethode* (de Wolff & Härnquist, 1961) oder einer ihrer zahlreichen Varianten (Sonnleitner et al., 1966; Aurin et al., 1968) angestellt. Ein mehr oder minder willkürlich – zumeist unter Berufung auf entsprechende Schulgruppen-Mittelwerte – festgesetzter cut-off score auf der Intelligenztest- oder Schulleistungsskala entscheidet hier darüber,

welche Schüler der Gymnasial-, Realschul- oder Hauptschuleignungsgruppe zuzuordnen sind. So werden beispielsweise alle Schüler mit einem IQ-Wert über 115
dem Gymnasium, alle Schüler mit einem IQ-Wert zwischen 105 und 115 der Realschule und alle Schüler mit IQ-Punkten zwischen 85 und 105 der Hauptschule zu-
gewiesen. Die Nachteile dieses Verfahrens liegen auf der Hand. Die zum Teil be-
trächtlichen und empirisch leicht nachweisbaren *Überlappungen* („overlapping")
der Test- bzw. Schulleistungskennbereiche[8] werden hierbei zum Kardinalproblem.
In den vom Verfasser durchgeführten Untersuchungen zur Schuleignungsermittlung (Heller, 1966, 1967, 1968, 1970a/b, 1975) wurde deshalb ein anderes Modell
(AUKL) erprobt.

Das von uns benutzte IBM-Programm AUKL (Automatische Klassifikation)
basiert auf der multiplen Diskriminanzanalyse. Die Funktion des Klassifikations-
modells wurde unter anderen von Cooley und Lohnes (1966) sowie von Janke
(1964) beschrieben. Die Vorteile dieses Operationsansatzes erweisen sich vor allem in der optimalen Trennung heterogener Merkmalsgesamtheiten beziehungsweise der „Zuordnung fraglicher Elemente zu einer der Gesamtheiten" (Weber,
1967). Das in diesem Zusammenhang wichtigste Ergebnis der ausgedruckten
AUKL-Informationen sind die für jeden Probanden ermittelten *Eignungswahr-
scheinlichkeiten* für die einzelnen Bildungswege, zum Beispiel 0,823 für Gymnasium, 0,176 für Realschule, 0,001 für Hauptschule oder 0,316 für Gymnasium,
0,681 für Realschule, 0,003 für Hauptschule oder 0,013 für Gymnasium, 0,022 für
Realschule, 0,965 für Hauptschule. Der AUKL-Effekt einer optimalen Gruppen-
trennung, das heißt hier einer maximalen Reduzierung der Überlappungsbereiche
verschiedener Begabungsformen, beruht praktisch auf der Maximierung der Varianz zwischen den zu klassifizierenden (Begabungs-)Gruppen bei gleichzeitiger
Minimalisierung der Varianzverhältnisse innerhalb dieser (Schuleignungs-)Grup-
pen. Damit aber reduziert sich das seitherige Kardinalproblem des „overlapping"
deutlich. Ferner verbindet dieser Ansatz die Vorteile einer von mehr oder weniger
unzuverlässigen Außenkriterien (z.B. Lehrerurteilen) unabhängigen, objektiven,
zugleich rationellen und ökonomischen Eignungsklassifikation und somit die
Möglichkeit einer zuverlässigen Bestimmung von Eignungskennmerkmalen. Entscheidende Operationsbasen sind einmal hinreichend *valide* (mehrfaktorielle) Testbatterien (siehe Legende zu Abbildung 1) zur Erfassung geforderter Begabungs-
und Schulleistungsdimensionen, zum anderen die damit eng verknüpfte Notwendigkeit *repräsentativer Maßstabsgruppen*, hier also repräsentative Gymnasial-,
Real- und Hauptschulleistungsgruppen. Kontrollnachweise hierzu finden sich bei
Heller (1970a, S. 85ff.) sowie Allinger und Heller (1975).

---

[8] Die Grenzwertmethode kann prinzipiell bei vorhandenen Testdaten oder Schulnoten eingesetzt werden, wenngleich sich ihre Nachteile (Überlappung einzelner Schulgruppen) am
stärksten bei Verwendung der im allgemeinen unzuverlässigeren Zensuren (Rupprecht,
1965; Weingardt, 1964), in geringerem Maße bei Verwendung *normalisierter* Schulnoten
(Orlik, 1967) bemerkbar machen.

4. Empirische Befunde

Aus den in Abbildung 1 dargestellten Mittelwertsprofilen der *empirischen* (vor der Klassifikation gewonnenen, d.h. hic et nunc antreffbaren) und der AUKL-Testleistungswerte von 811 Gymnasiasten, 523 Realschülern und 2664 Hauptschülern lassen sich nun die wichtigsten Kennmerkmale für G-, R- und H-Eignung bestimmen.

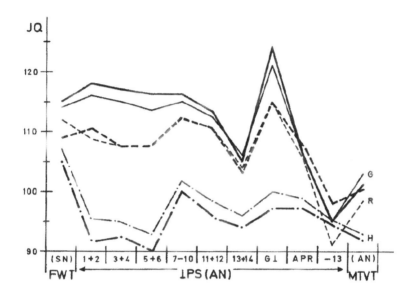

Abbildung 1: Mittelwertsprofile repräsentativer G-, R- und H-Leistungsgruppen (dünne Kurvenlinien) und entsprechender AUKL-Schuleignungsgruppen (breite Kurvenlinien).

Legende: FWT = Frankfurter Wortschatztest WST 5-6 bzw. 7-8 von Anger und Bargmann; LPS = Leistungsprüfsystem von W. Horn; MTVT = Mechanisch-technischer Verständnistest von Lienert. SN = Schulnormen; AN = Altersnormen.

Die vorgenannte *Testbatterie* erfasst folgende *Persönlichkeits-/Leistungsdimensionen:* FWT = Verbal comprehension, verbal reasoning; Wort- und Begriffsschatz, sprachliches bzw. sprachlogisches Verständnis, Analogiedenken u.ä. LPS 1+2 = Verbal factor; Allgemeinbildung („Bildungsstandard"), Rechtschreibkenntnisse, Begriffsschatz; LPS 3+4 = Reasoning factor; allgemeine (relativ sprachfreie und bildungsunabhängige) Denkfähigkeit, logisches und schlussfolgerndes Denken; LPS 5+6 = Word fluency; Worteinfall und Wortflüssigkeit, mehr assoziative, relativ inhalts- bzw. sinnunabhängige sprachliche Reproduktionsleistung; LPS 7-10 = Space 1 und 2, closure 2; technische Begabung, Raumvorstellung, technisch-konstruktives Denken, mehr theoretisch-technische Begabung; LPS 11+12 = Closure, closure 1; Ratefähigkeit, visuelle (optische) Gestaltauffassung, Erkennen unvollständiger Figurationen und Symbole; LPS 13+14 = Perceptual speed, accuracy; Wahrnehmungstempo, Fehlerbemerken, Richtigkeit des Reagierens; LPS (APR) = Number factor; Rechenfertigkeit; Ausdauer, Konzentration, Belastbarkeit; Güte der Arbeitsleistung; LPS - 13 = Fehlerleistung, Arbeitsqualität; LPS (GL) = Gesamtleistung: Intelligenz- und Begabungsniveau. MTVT = Mechanisch-technisches Verständnis, praktisch-technische Begabung („praktische Intelligenz"). – Zur weiteren Explikation von Intelligenz-Faktorenmodellen siehe Jäger (1967).

Tent (1965, 1969), der das LPS bei hessischen Volksschülern der 4. Klasse erprobte und die Ergebnisse faktorenanalysierte, kommt zu folgenden *Erfassungsdimensionen* (in Klammern die Subtestbezeichnungen des LPS): 1. Sprachliche Leistungsfähigkeit (1, 2, 12, 5, 6); 2. Schlussfolgerndes Denken (3, 4, 13, 8, 15); 3. Räumliches Vorstellen (8, 11, 10, 9); 4. Leistungsmotiviertheit (14, 15); 5. Wiedererkennen von Symbolen (7, 12, 5); 6. Schulisches Lernen (15, 9, 6). Die Subtests sind in der Rangfolge ihrer Ladungsgewichte aufgeführt.

Eine ausführliche Beschreibung der via AUKL ermittelten *Schuleignungskriterien* findet sich bei Heller (1970a, S. 127ff.), so dass hier knappe Interpretationshinweise genügen. Insgesamt liegen die Leistungskurven, besonders im LPS, der nach AUKL bestimmten Schuleignungsgruppen weiter auseinander als die der empirischen (nicht durch AUKL getrennten) Schulgruppen; dies gilt vorab für einen Vergleich der „Extrem"-Gruppen G und H, wohingegen das Niveau der R-Leistungskurve durch AUKL nur geringer verändert wird. Das bedeutet, dass ein nach dem AUKL-Modell vorgenommener (hier aber fiktiver) Schüleraustausch zwischen den drei Schularten G, R und H – unter dem Kriterium wahrscheinlicher Schuleignung – für die Schülergruppe des Gymnasiums (nach Abzug der „nichtgeeigneten" Gymnasiasten) eine gewisse Niveauanhebung und für die Hauptschulpopulation (nach Entzug der G/R-Eignungsreserven) eine leichte Niveausenkung mit sich bringen würde. Vor allem gälte dies für die spezifischen Testleistungsunterschiede in den sprachlichen und Reasoning-Dimensionen. Die größte diakritische Funktion hinsichtlich der Schuleignungsgruppen G, R und H ermittelten wir für die nachstehenden, ihrem Gewicht zufolge geordneten LPS-Prädiktoren: 1+2, GL, 5+6, 3+4, 11+12, 7-10. Dies bedeutet beispielsweise, dass Schüler mit hohen Ausprägungen in den genannten LPS-Dimensionen (IQ-Punkten um 117 oder darüber) eindeutig der Gymnasialeignungsgruppe zuzuordnen sind. Entsprechend markieren die Mittelwertprofile der anderen Schulgruppen die (durchschnittlichen) Eignungsmerkmale für Real- und Hauptschule. Für die Individualdiagnose ist darüber hinaus die Kenntnis der Eignungs*kennbereiche* (z.B. M ± 1 Sigmabereich, absolute Dispersion) von Bedeutung, da diese über bloße Mittelwertsvergleiche hinaus den Variationsbereich anzeigen, innerhalb dessen sich schulische Eignung bewähren beziehungsweise Begabung entfalten kann. Ausführliche Darstellungen hierzu finden sich wiederum in Heller (1970a, S. 143ff.).

Den aufgezeigten Leistungsdimensionen entsprechen bei den einzelnen Schulgruppen (G, R, H) nicht ganz so deutliche *Interessenprofile*, wie Abbildung 2 zu entnehmen ist. Dies mag teilweise am Diagnostikum selbst liegen, dessen berufliche Orientierungsfunktion offenbar stärker zu veranschlagen ist als seine schuleignungsdiakritische. Immerhin lassen sich folgende Charakteristika benennen. Die *Gymnasiasten*, die die ausgeprägteste Interessenstruktur aufweisen, haben ihre Interessendominanten in GH und LG, wobei mit zunehmendem Alter (aufsteigender Klassenstufe) literarisch-geistige Interessen die Führung übernehmen. Es folgen Neigungen für ernährungshandwerkliche, technisch-naturwissenschaftliche und sozial-erzieherische Tätigkeiten, während technisch-handwerkliche, Verwaltungs- und kaufmännische Berufe am wenigsten gefragt sind. Die *Realschüler* verfügen über die vergleichsweise geringste Interessenstrukturierung. Ihre Hauptinteressen liegen in gestalterischen und ernährungshandwerklichen sowie abgeschwächter in technischen, literarisch-geistigen und sozial-erzieherischen Betätigungen. Die *Hauptschüler* endlich haben ihren eindeutigen Interessenschwerpunkt in gestaltenden Handwerksberufen; ferner sind Bevorzugungen der ernährungshandwerklichen, kaufmännischen, Verwaltungs-, sozialen und technisch-handwerklichen Tätigkeiten zu erkennen.

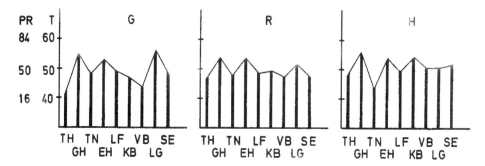

Abbildung 2: M-Profile im Berufs-Interessen-Test (BIT) von Irle bei den AUKL-Eignungs-
gruppen für Gymnasium, Real- und Hauptschule.

TH = Technisches Handwerk; GH = Gestalterisches Handwerk; TN = Technisch-naturwissenschaftliche Berufe; EH = Ernährungshandwerk; LF = Landwirtschaft und Forsten; KB = Kaufmännische Berufe; VB = Verwaltungsberufe; LG = Literarisch-geistige Tätigkeiten; SE = Sozial-erzieherische Tätigkeiten.

Im Hinblick auf die Begabungs- und Interessenstrukturierung der in der Hauptschule angetroffenen G/R-Eignungs*reserven* müssen nun zwei konkurrierende Profilierungstendenzen, nämlich die der Herkunftsschulart (aktuelles Bildungsmilieu) und die der sub specie Eignung in Frage kommenden Schulart (Interessenprofil der betr. „Zielgruppe") angenommen werden. Jedenfalls legen die empirisch gewonnenen Testleistungs- und Interessenprofile der via AUKL erfassten Bildungsreserven eine solche Hypothese nahe. Dabei scheinen die Faktoren der sog. Sekundärintelligenz (Interessen, Konzentration, Ausdauer, Belastbarkeit, Arbeitssorgfalt, Lernmotivierung usw.) stärker als die Faktoren der Kern- oder Grundintelligenz (Denken sensu Mierke) von dieser Profilierungsinterdependenz gekennzeichnet. Sofern sich die akzentuierte Konvergenzfunktion von Begabungs*anlage* und Bildungs*milieu* in der angedeuteten Richtung vollzieht, könnten hieraus wichtige Erkenntnisse hinsichtlich notwendiger kognitiver Fördermaßnahmen abgeleitet werden. Vor der abschließenden Erörterung solcher Fragen soll in aller Kürze noch auf einige Bedingungskomponenten der Begabung und Schuleignungsentwicklung eingegangen werden.

Durch den Vergleich variierter Verteilungsphänomene in den empirisch erfassten Gymnasial-, Real- und Hauptschulgruppen sowie den durch AUKL ermittelten „reinen" Schuleignungsgruppen erhofften wir uns wichtige Aufschlüsse über den

familiären und schulischen Bildungshintergrund des Begabens. Vorweg sei angemerkt, dass der *soziokulturelle Einfluss* insgesamt sich stärker bei der *Schulbesuchsentscheidung* bemerkbar macht, wohingegen seine begabungs- oder eig-
nungskonstituierende Funktion offenbar etwas zurücktritt. Im einzelnen zeichnen
sich aufgrund unserer differentiellen Analysen der soziodemographischen Vari-
ablenstrukturen (zwischen den empirischen und AUKL-Schulgruppen) folgende
Ergebnisse ab.

Konfessions- und Geschlechtszugehörigkeit (der Schüler) sowie Familiengröße
und Berufstätigkeit der Mutter stehen in keinem direkt aufweisbaren Wirkungs-
zusammenhang zur Begabungs- und Schuleignungsentwicklung; sie übernehmen
jedoch eine wichtige Rolle bei der *Schulbesuchsentscheidung*. Im Gegensatz dazu
erhält der sozioökonomische Status der Kindesfamilie, nämlich Vaterberuf, Schulbildung der Eltern sowie die Variablen Wohn- und Schulortsgröße, eine unüber-
sehbare *Bestimmungsfunktion* sowohl im Hinblick auf den Ausbildungsgang der
Kinder *(Schullaufbahn)* als auch bei der Ausprägung von *Intelligenz* und *Schuleignung*. Das häusliche Kulturmilieu, aber auch Bildungswunsch und Berufsziel des
Jugendlichen selbst formen in entscheidender Weise die *Begabungsentwicklung*, an
deren Konkretion immer auch die äußere und innere Schulsituation, zum Beispiel
Organisationsmodus, Lehrerwechsel, sozialpädagogisches Klima, Erziehungs- und
Unterrichtsstil, Leistungsbewertung, Lernmotivierung usw., beteiligt sind. In die-
sem weiten soziokulturellen Bedingungskomplex entstehen nun die Phänomene
aktueller (d.h. mit einer gewissen Erfolgswahrscheinlichkeit sofort aktivierbarer)
und *potentieller* (bei Verbesserung des sozialen und kulturellen Anregungsmilieus
noch zu fördernder) Schulbegabungen. Diese (vor vier Jahrzehnten ermittelten)
Befunde weisen in vielen Aspekten erstaunliche Übereinstimmungen zu aktuellen
PISA-Befunden auf (Baumert et al., 2001, 2002; Baumert & Schümer, 2001, 2002;
Prenzel et al., 2004a/b, 2005; Zimmer et al., 2007). Thesen zu einer optimalen Begabungsförderung sollen deshalb die Ausführungen beschließen.

5. Begabung und Bildungsförderung

Die Verbesserung der Chancengleichheit im Bildungsgang ist unabdingbar an die
Forderung einer *umfassenden* Begabtenförderung geknüpft. Hier gewinnen Themen wie Elternschulung und Erwachsenenbildung, Vorschulerziehung und Grund-
schulreform, Modellerprobungen im Bereich weiterführender Schulbildung, Einrichtung ländlicher Bildungszentren, Differenzierung des Sonderschulwesens, Reform der beruflichen Ausbildung, Ausbau der Fachhochschulen, Institutionalisie-
rung der Bildungsberatung (Schullaufbahn- und Studienberatung) vorrangige Bedeutung. Ergänzend hierzu werden verkehrsgeographische und wirtschaftliche
Erschließungsvorhaben, besonders peripherer Wohngebiete (siehe Peisert-Regio-
nen), notwendig sein, um sozioökonomisch und kulturell integrierte Besiedlungs-
räume auch außerhalb der Städtezonen entstehen zu lassen (Halsey, 1961; Wolfle,
1961; Aurin, 1966; Heller, 1970a/b u.a.).

Diesen mehr äußeren Maßnahmen müssen pädagogisch-psychologisch-didakti-
sche Konzepte entsprechen. Die Aufgabe des „Begabens" ist gleichermaßen der

Schule wie der Familie als Bildungsauftrag im weiteren Sinne mitgegeben. Interessenweckung, Anspruchsniveausetzung, Aufbau der Lern- und Leistungsmotivation, intensive Sprachpflege und dergleichen mehr sind solche Möglichkeiten der Begabungsförderung, wie sie vorwiegend der *Familie* und *vorschulischen Bildungseinrichtungen* zufallen (Heckhausen, 1969; Lückert, 1969a/b; Nickel, 1969; Spitzmüller, 1969; Gebauer, Müller & Sagi, 1971). Vom *Lehrer* beziehungsweise der *Schule* werden hier vielfach pädagogisch-didaktische Anstrengungen besonderer Art abverlangt, um die ungleichen schulischen Startchancen der Schüler aus „bildungsfernem" Milieu kompensatorisch zu mildern (Bloom et al., 1965; Bernstein, 1967; Oevermann, 1969; Niepold, 1970). Sprachliche Entwicklungsprogramme und Förderkurse in Einzelfächern, zum Beispiel Elaboration sprachlicher Verhaltensstile auf lexikalischer und grammatisch-syntaktischer Ebene, Rechtschreibkurse und Fremdsprachentraining im Sprachlabor, individualisierende Unterrichtstechniken, didaktische Hilfen und schulpädagogische Konzepte mannigfacher Art, wie sie etwa Flechsig et al. (1969) aufgezeigt haben, werden neben einem zu fordernden Maß an sozialpädagogischem Engagement der Lehrkräfte wesentlich zur Erschließung der „verdeckten" Begabungsreserven („hidden talents") beitragen.

Eine optimale Begabtenförderung ist nur im Zusammenspiel pädagogisch-psychologischer Initiativen und bildungsorganisatorischer Voraussetzungen möglich. Dass hier noch vieles im argen liegt, ist bekannt. Sicherlich wäre eine entscheidende Situationsverbesserung durch den Auf- und Ausbau der *Bildungsberatung*, zum Beispiel nach baden-württembergischem Vorbild, in absehbarer Zeit zu erreichen. Die Erfahrungen institutionalisierter Schullaufbahnberatung haben gezeigt, dass dadurch die Startchancen jedes einzelnen spürbar verbessert werden können. In welchem Maße sich Begabungen schulisch entfalten können, hängt dann freilich weitgehend von der Schule selbst ab. Andererseits dürfen schülerpersönliche Voraussetzungen (Begabung im Sinne bestimmter Schuleignungsvoraussetzungen, Bildungsinteresse, Lernbereitschaft) und familiale Einstellungen zur Schulbildung nicht übersehen werden. Schulerfolg erweist sich letztlich als *hochkomplexes* Kriterium (Süllwold, 1968), das jede (nur) aspekthafte Betrachtungsweise unzureichend erfassen würde. Die Interdependenz von Begabung und Bildungsförderung darf nicht übersehen werden und muss im Fokus bildungspolitischer Bemühungen stehen.

Literatur

Allinger, U. & Heller, K.A. (1972, 1975). Automatische Klassifikation von psychologischen Untersuchungsbefunden. In Kultusministerium Baden-Württemberg (Hrsg.), *Bildungsberatung in der Praxis* (S. 142-169). (= Reihe A, Nr. 29 „Bildung in neuer Sicht"). Villingen: Neckar-Verlag.

Arnold, W. (1968). *Begabung und Bildungswilligkeit*. München: Reinhardt.

Aurin, K. (1966). *Ermittlung und Erschließung von Begabungen im ländlichen Raum*. Villingen: Neckar-Verlag.

Aurin, K. et al. (1968). *Gleiche Chancen im Bildungsgang. Bericht der Bildungsberatungsstellen von Baden-Württemberg über Begabung und Schuleignung*. Villingen: Neckar-Verlag.

Baumert, J. & Schümer, G. (2001). Familiäre Lebensverhältnisse, Bildungsbeteiligung und Kompetenzerwerb. In J. Baumert, E. Klieme, M. Neubrand, M. Prenzel, U. Schiefele, W. Schneider, P. Stanat, K.-J. Tillmann, & M. Weiß (Hrsg.), *PISA 2000. Basiskompetenzen von Schülerinnen und Schülern im internationalen Vergleich* (S. 323-407). Opladen: Leske + Budrich.

Baumert, J. & Schümer, G. (2002). Familiäre Lebensverhältnisse, Bildungsbeteiligung und Kompetenzerwerb im nationalen Vergleich. In J. Baumert, E. Klieme, M. Neubrand, M. Prenzel, U. Schiefele, W. Schneider, P. Stanat, K.-J. Tillmann, & M. Weiß (Hrsg.), *PISA 2000 – Die Länder der Bundesrepublik Deutschland im Vergleich* (S. 159-202). Opladen: Leske + Budrich.

Baumert, J., Klieme, E., Neubrand, M., Prenzel, M., Schiefele, U., Schneider, W., Stanat, P., Tillmann, K.-J. & Weiß, M. (2001). *PISA 2000. Basiskompetenzen von Schülerinnen und Schülern im internationalen Vergleich.* Opladen: Leske + Budrich.

Baumert, J., Klieme, E., Neubrand, M., Prenzel, M., Schiefele, U., Schneider, W., Stanat, P., Tillmann, K.-J. & Weiß, M. (2002). *PISA 2000 – Die Länder der Bundesrepublik Deutschland im Vergleich.* Opladen: Leske + Budrich.

Baur, R. (1969). Die sozialen Determinanten der Schulwahl. In H.R. Lückert (Hrsg.), *Begabungsforschung und Bildungsförderung* (2. Aufl. 1972, S. 196-218). München: Reinhardt.

Bernstein, B. (1967). Sozio-kulturelle Determinanten des Lernens. In F. Weinert (Hrsg.), *Pädagogische Psychologie* (S. 346-371). Köln: Kiepenheuer und Witsch.

Bloom, B.S. (1964). *Stability and Change in Human Characteristics.* New York: Wiley.

Bloom, B.S. et al. (1965). *Compensatory education for cultural deprivation.* New York: Holt, Rinehard and Winston.

Carnap, R. von & Edding, F. (1966). *Der relative Schulbesuch in den Ländern der Bundesrepublik Deutschland 1952-1960* (4. Aufl.). Weinheim: Beltz.

Cooley, W.W. & Lohnes, P.R. (1966). *Multivariate procedures for the behavioral sciences* (4th ed.). New York: Wiley.

Dahrendorf, R. (1965). *Arbeiterkinder an deutschen Universitäten.* Tübingen: Mohr.

Dahrendorf, R. (1966). *Bildung ist Bürgerrecht. Plädoyer für eine aktive Bildungspolitik.* Hamburg: Nannen.

Edding, F. (1963). *Ökonomie des Bildungswesens, Lehren und Lernen als Haushalt und als Investition.* Freiburg i. Br.: Rombach.

Erlinghagen, K. (1965). *Katholisches Bildungsdefizit.* Freiburg i. Br.: Herder.

Ferrez, J. (1961). Regionale Unterschiede in den Bildungsmöglichkeiten. In A.H. Halsey (Ed.), *Ability and Educational Opportunity* (pp. 181-200). Paris: OECD. – Deutsch von H.P. Widmaier (Hrsg.). (1967), *Begabung und Bildungschancen.* Frankfurt a. M.: Diesterweg.

Flechsig, K.H. et al. (1969). Die Steuerung und Steigerung der Lernleistung durch die Schule. In H. Roth (Hrsg.), *Begabung und Lernen* (3. Aufl., S. 449-460). Stuttgart: Klett.

Floud, J.E., Halsey, A.H. & Martin, F.M. (1956). *Social Class and Educational Opportunity.* London: Heinemann.

Floud, J. (1961). Der Einfluß schichtspezifischer Faktoren auf den Schulerfolg. In A.H. Halsey (Ed.), *Ability and Educational Opportunity* (pp. 91-112). Paris: OECD. – Deutsch von H.P. Widmaier (Hrsg.). (1967), *Begabung und Bildungschancen.* Frankfurt a. M.: Diesterweg.

Gebauer, Th., Müller, E. & Sagi, A. (1971). *Begabungsförderung im Vorschulalter.* Stuttgart: Klett.

Geipel, R. (1965). *Sozialräumliche Strukturen des Bildungswesens*. Frankfurt a. M.: Diesterweg.

Grimm, S. (1966). *Die Bildungsabstinenz der Arbeiter. Eine soziologische Untersuchung.* München: Barth.

Halsey, A.H. (Ed.). (1961). *Ability and Educational Opportunity*. Paris: OECD. – Deutsch von H.P. Widmaier (Hrsg.). (1967), *Begabung und Bildungschancen*. Frankfurt a. M.: Diesterweg.

Heckhausen, H. (1969). Förderung der Lernmotivierung und der intellektuellen Tüchtigkeiten. In H. Roth (Hrsg.), *Begabung und Lernen* (3. Aufl., S. 193-228). Stuttgart: Klett.

Heller, K.A. (1966). Der gegenwärtige Stand der Ermittlung und Erschließung von Begabungsreserven unter besonderer Berücksichtigung des psychologischen Beitrages. *Schule und Psychologie, 13,* 321-338.

Heller, K.A. (1967). Wie steht es um die Erforschung der Begabtenreserven? *Die Höhere Schule in Bayern, 1/1967,* 34-45.

Heller, K.A. (1968). *Begabungsbestand in Baden-Württemberg. Abschlußbericht eines Forschungsprojektes im Auftrag des Kultusministeriums Baden-Württemberg.* Heidelberg (unveröffentl.).

Heller, K.A. (1969). Zum Problem der Begabungsreserven. In H.R. Lückert (Hrsg.), *Begabungsforschung und Bildungsförderung* (2. Aufl. 1972, S. 352-430). München: Reinhardt.

Heller, K.A. (1970a). *Aktivierung der Bildungsreserven*. Bern/Stuttgart: Huber/Klett.

Heller, K.A. (1970b). Psychologische Untersuchungen zur Erfassung der Schuleignungsreserven. *Zeitschrift für Entwicklungspsychologie und Pädagogische Psychologie, 2,* 223-240.

Heller, K.A. (1972a). Die Bedeutung der Zeitvariablen für die Entwicklung von Begabung und Lernleistung. In W. Breunig (Hrsg.), *Das Zeitproblem im Lernprozeß* (S. 128-153). München: Ehrenwirth.

Heller, K.A. (1972b). *Intelligenzmessung. Zur Theorie und Praxis der Begabungsdiagnostik in Schule und Sonderpädagogik.* Villingen: Neckar-Verlag.

Heller, K.A. (1975). Untersuchung zur Schuleignungsermittlung in Mannheim. In Kultusministerium Baden-Württemberg (Hrsg.), *Bildungsberatung in der Praxis* (S. 69-107). (= Reihe A, Nr. 29: „Bildung in neuer Sicht"). Villingen: Neckar-Verlag.

Heß, F., Latscha, F. & Schneider, W. (1966). *Die Ungleichheit der Bildungschancen.* Olten/Freiburg i. Br.: Walter.

Hitpaß, J. (1965). *Einstellungen der Industriearbeiterschaft zur höheren Bildung.* Ratingen: Henn.

Hitpaß, J. (1970). *Bildungsboom.* Düsseldorf: Schwann.

Hopf, D. (1973). Entwicklung der Intelligenz und Reform des Bildungswesens. In H. Nickel & E. Langhorst (Hrsg.), *Brennpunkte der pädagogischen Psychologie* (S. 215-231). Bern/Stuttgart: Huber/Klett.

Husén, T. (1961). Verschiedene Schulformen und die Entfaltung von Begabungen. In A.H. Halsey (Ed.), *Ability and Educational Opportunity* (pp. 113-134). Paris: OECD. – Deutsch von H.P. Widmaier (Hrsg.). (1967), *Begabung und Bildungschancen.* Frankfurt a. M.: Diesterweg.

Jäger, A.O. (1967). *Dimensionen der Intelligenz*. Göttingen: Hogrefe.

Janke, W. (1964). Klassifikation. In R. Heiß (Hrsg.), Psychologische Diagnostik (Handbuch der Psychologie, Bd. 6) (S. 901-929). Göttingen: Hogrefe.

Korn, S. (1957/58). Über die Einstellung des Arbeiters zum Studium. *Zeitschrift für Markt- und Meinungsforschung, 1,* 229-238.

Lemberg, E. & Klaus-Roeder, R. (1966). Faktoren, die Bildungsweg und Schulerfolg bestimmen. *MuN des DIPF, 44/45*, 1-21.

Leussink, H. et al. (1964). *Bildungsplanung und Bildungsökonomie*. Göttingen: Schwartz & Co.

Loehrke, Th. & Gebauer, E. (1965). *Gründe für oder gegen die Wahl weiterführender Schulen*. Weinheim: Beltz.

Lückert, H.R. (Hrsg.). (1969a). *Begabungsforschung und Bildungsförderung als Gegenwartsaufgabe* (2. Aufl. 1972). München: Reinhardt.

Lückert, H.R. (1969b). Die basale Begabungs- und Bildungsförderung. In H.R. Lückert (Hrsg.), *Begabungsforschung und Bildungsförderung als Gegenwartsaufgabe* (2. Aufl. 1972, S. 225-279). München: Reinhardt.

Mierke, K. (1963). *Begabung, Bildung und Bildsamkeit*. Bern/Stuttgart: Huber/Klett.

Nickel, H. (1969). Die Bedeutung planmäßiger Übung für die Entwicklung einer differenzierenden visuellen Auffassung im Vorschulalter. *Zeitschrift für Entwicklungspsychologie und Pädagogische Psychologie, 1*, 103-118.

Niepold, W. (1970). *Sprache und soziale Schicht*. Berlin: Spiess.

OECD (Ed.). (1963). *Third international survey on the demand for and supply of scientific and technical personnel*. Paris: OECD.

Oevermann, U. (1969). Schichtenspezifische Formen des Sprachverhaltens und ihr Einfluß auf die kognitiven Prozesse. In H. Roth (Hrsg.), *Begabung und Lernen* (3. Aufl., S. 297-356). Stuttgart: Klett.

Orlik, P. (1967). *Kritische Untersuchungen zur Begabtenförderung*. Meisenheim am Glan: Hain.

Paul, H. (1967). Begabungsreserven bei Arbeiterkindern. In *Bericht 25. Kongress der Deutschen Gesellschaft für Psychologie* (S. 40-49). Göttingen: Hogrefe.

Peisert, H. (1967). *Soziale Lage und Bildungschancen in Deutschland*. München: Piper.

Prenzel, M., Baumert, J., Blum, W., Lehmann, R., Leutner, D., Neubrand, M., Pekrun, R., Rolff, H.-G., Rost, J. & Schiefele, U. (2004a). *PISA 2003. Der Bildungsstand der Jugendlichen in Deutschland – Ergebnisse des zweiten internationalen Vergleichs*. Münster: Waxmann.

Prenzel, M., Carstensen, C.H. & Zimmer, K. (2004b). Von PISA 2000 zu PISA 2003. In M. Prenzel, J. Baumert, W. Blum, R. Lehmann, D. Leutner, M. Neubrand, R. Pekrun, H.-G. Rolff, J. Rost, & U. Schiefele (Hrsg.), *PISA 2003. Der Bildungsstand der Jugendlichen in Deutschland – Ergebnisse des zweiten internationalen Vergleichs* (S. 355-369). Münster: Waxmann.

Prenzel, M., Baumert, J., Blum, W., Lehmann, R., Leutner, D., Neubrand, M., Pekrun, R., Rost, J. & Schiefele, U. (2005). *PISA 2003. Der zweite Vergleich der Länder in Deutschland – Was wissen und können Jugendliche?* Münster: Waxmann.

Riese, H. (1967). *Die Entwicklung des Bedarfs an Hochschulabsolventen in der Bundesrepublik Deutschland*. Wiesbaden: Steiner.

Roth, H. (Hrsg.). (1969). *Begabung und Lernen* (3. Aufl.). Stuttgart: Klett.

Rupprecht, E. (1965). *Bayern überprüft seine Begabtenreserven*. München: Bayerischer Schulbuchverlag.

Sonnleitner, M. et al. (1966). *Die Begabungsreserven des Burgenlandes*. Wien: Ketterl.

Spitzmüller, R. (1969). Die sozialen Determinanten der Begabungsentwicklung und des Leistungsstrebens. In H.R. Lückert (Hrsg.), *Begabungsforschung und Bildungsförderung* (2. Aufl. 1972, S. 184-195). München: Reinhardt.

Süllwold, F. (1968). Begabung, Schulleistung und Interesse. In W. Correl & F. Süllwold (Hrsg.), *Forschung und Erziehung* (S. 7-25). Donauwörth: Auer.

Tent, L. (1965). Das Leistungsprüfsystem (LPS) von W. Horn bei Schülern des vierten Volksschuljahres. *Psychologische Beiträge, 8,* 564-595.

Tent, L. (1969). *Die Auslese von Schülern für weiterführende Schulen.* Göttingen: Hogrefe.

Undeutsch, U. (1969). Zum Problem der begabungsgerechten Auslese beim Eintritt in die Höhere Schule und während der Schulzeit. In H. Roth (Hrsg.), *Begabung und Lernen* (3. Aufl., S. 377-405). Stuttgart: Klett.

Weber, E. (1967). *Grundriß der biologischen Statistik* (6. Aufl.). Stuttgart: Fischer.

Weinert, F.E. (Hrsg.). (1967). *Pädagogische Psychologie.* Köln: Kiepenheuer und Witsch.

Weingardt, E. (1964). *Korrelation und Voraussagewert von Zeugnisnoten bei Gymnasiasten.* München: Reinhardt.

Widmaier, H.P. (1966). *Bildung und Wirtschaftswachstum. Modellstudie zur Bildungsplanung.* Villingen: Neckar-Verlag.

Wolff, P. de & Härnquist, K. (1961). Die Schätzung von Begabungsreserven. In A.H. Halsey (Ed.), *Ability and Educational Opportunity* (pp. 109-152). Paris: OECD. – Deutsch (1967): Frankfurt a. M.: Diesterweg.

Wolfle, D. (1961). Wie kann ein Land seine Begabungen besser nutzen? In A.H. Halsey (Ed.), *Ability and Educational Opportunity* (pp. 153-180). Paris: OECD. – Deutsch von H.P. Widmaier (Hrsg.). (1967), *Begabung und Bildungschancen.* Frankfurt a.M.: Diesterweg.

Zimmer, K., Brunner, M., Lüdtke, O., Prenzel, M. & Baumert, J. (2007). Die PISA-Spitzengruppe in Deutschland: Eine Charakterisierung hochkompetenter Jugendlicher. In K.A. Heller & A. Ziegler (Hrsg.), *Begabt sein in Deutschland.* Bd. 1 der Reihe *Talentförderung – Expertiseentwicklung – Leistungsexzellenz* (S. 193-208). Berlin: LIT.

Kapitel 10

Zielsetzung, Methode und Ergebnisse der Münchner Längsschnittstudie zur Hochbegabungsentwicklung (1985-1997)

Inhalt

Einleitung

Nach einer kurzen Diskussion konzeptueller und theoretischer Begabungsprobleme werden die methodischen Grundlagen und ausgewählte Ergebnisse der Münchner Längsschnittstudie zur Hochbegabungsentwicklung dargestellt. Die Münchner Studie basiert auf einem mehrdimensionalen Begabungskonzept (Intelligenz, Kreativität, soziale Kompetenz, Musikalität, psychomotorische Fähigkeiten). Es wurden sowohl Schulleistungen als auch Freizeitaktivitäten in die Analysen einbezogen sowie neben kognitiven Prädiktoren auch hochbegabungsrelevante motivationale Persönlichkeitsmerkmale und schulische bzw. familiäre Sozialisationsbedingungen untersucht. In der zweiten Projektphase standen Entwicklungsaspekte und Leistungsanalysen bei hochbegabten vs. nicht hochbegabten Schülern im Alter von 6 bis 18 Jahren im Mittelpunkt. Schließlich werden Methodenprobleme der Identifikation hochbegabter Kinder und Jugendlicher sowie Konsequenzen für die Hochbegabtenförderung diskutiert.

1. Intelligenz und Begabung

Sofern in der Psychologie überhaupt zwischen *Intelligenz* und *Begabung* ein begrifflicher Unterschied gemacht wird, kommt der Begabungsbegriff dem psychologischen Eignungsbegriff sehr nahe, z.B. als *Begabung für* das Erlernen eines Musikinstrumentes, die Fähigkeit, Fremdsprachen (leicht) zu lernen, besondere Leistungen im musisch-künstlerischen vs. mathematisch-naturwissenschaftlichen Bereich zu erbringen usw. Hinter solchen Aussagen steckt implizit die Annahme, dass es unterschiedliche Begabungsformen gibt, denen jeweils bestimmte Verhaltens- und Leistungsbereiche zugeordnet werden können. Beispielhaft stehen hierfür die multiple Intelligenztheorie von Gardner (1983) oder das Münchner Klassifikationskonzept (vgl. Abschnitt 2).

Gagné (1985), der ebenfalls ein multifaktorielles Modell favorisiert, unterscheidet zwischen allgemeinen vs. spezifischen Begabungen auf der Dispositionsseite und bereichsspezifischen Talentformen auf der Verhaltens- bzw. Leistungsebene; siehe Gagné (1993, 2000). Interessant ist hierbei die Annahme vermittelnder Faktoren, die er Katalysatoren nennt (z.B. Motive, Interessen, Einstellungen als Persönlichkeitsfaktoren sowie familiale, schulische und andere Sozialisationsfaktoren). Ähnlich hatte bereits Mierke (1963) in seiner Begabungstheorie von Hilfs- und Stützfunktionen der Intelligenz gesprochen, während Heller, Rosemann und Steffens (1978) in ihrer Prognosestudie sog. Moderatoren als vermittelnde Faktoren für die Aufklärung der Prädiktor-Kriteriumsbeziehung einführten.

2. Das Münchner Hochbegabungskonzept

Das im folgenden dargestellte Forschungsprojekt wurde vom Bundesministerium für Bildung und Wissenschaft (BMBW) in Bonn gefördert (Förderungskennzeichen: B 3570.00 B). Es umfasste eine Laufzeit von zweimal zwei Jahren, insgesamt also von über vier Jahren, und fand Ende 1989 einen vorläufigen Abschluss. In den 1990er Jahren konnten zwei Follow-up-Erhebungen durchgeführt werden;

ausführlicher dazu siehe Heller (1992/2001). In der gebotenen Kürze kann hier nur auf die Zielsetzung, das Methodendesign und einige ausgewählte Untersuchungsergebnisse der Hauptuntersuchungsphase (1985-1989) eingegangen werden. Zu den Follow-up-Resultaten vgl. Perleth (2001, S. 357ff.).

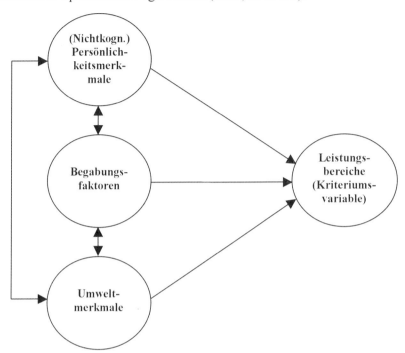

Abbildung 1: Multifaktorielles Bedingungsmodell von Leistungsexzellenz.

Legende:

(Nichtkognitive) Persönlichkeitsmerkmale:
– Leistungsmotivation
– Hoffnung auf Erfolg vs. Furcht vor Misserfolg
– Anstrengungsbereitschaft
– Kontrollüberzeugung
– Erkenntnisstreben
– Stressbewältigungskompetenz
– Selbstkonzept

Begabungsfaktoren:
– Intelligenz
– Kreativität
– Soziale Kompetenz
– Musisch-künstl. Fähigkeiten (z.B. Musikalität)
– Psychomotorik

Umweltmerkmale:
– Anregungsgehalt der häuslichen Umwelt
– Bildungsniveau der Eltern
– Geschwisterzahl und -position
– Stadt-Land-Herkunft
– Unterrichtsklima
– Kritische Lebensereignisse
– Rollenerwartungen bzgl. „Hochbegabung"
– häusliche Leistungsforderungen
– Erfolgs-/Misserfolgserlebnisse

Leistungsbereiche (Kriteriumsvariable):
Exzellente Leistungen Hochbegabter in verschiedenen Bereichen, z.B. in
– Mathematik
– Naturwissenschaften
– Sprachen
– Musik bzw. künstl. Bereich
– Sport usw.

„*Hochbegabung*" definierten wir hier als individuelle kognitive, motivationale und soziale Möglichkeit, Höchstleistungen in einem oder mehreren Bereich/en zu erbringen, z.B. auf sprachlichem, mathematischem, naturwissenschaftlichem vs. technischem oder künstlerischem Gebiet, und zwar bezüglich theoretischer und/ oder praktischer Aufgabenstellungen. In der genannten Studie favorisierten wir somit ein mehrdimensionales Hochbegabungskonzept. Dabei wird Leistungsexzellenz als Produkt der (Hoch-)Begabungsprädiktoren bzw. Persönlichkeitsmoderatoren und Umweltbedingungen aufgefasst (Abbildung 1).

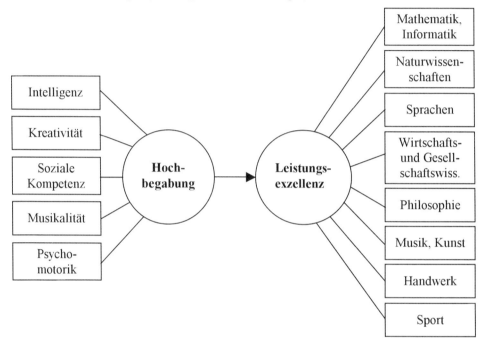

Abbildung 2: Klassifikationskonzept der Hochbegabung bzw. Leistungsexzellenz im Münchner Begabungsmodell (1984; vgl. Heller & Hany, 1986, S. 70).

Das in der Münchner Hochbegabungsstudie verwendete Basismodell umfasst fünf Begabungsformen, denen jeweils bestimmte Leistungsbereiche zugeordnet werden können (Abbildung 2):

– Hochbegabung äußert sich demnach in intellektuellen, kreativen, sozialen, musikalischen und/oder psychomotorischen Anforderungsdomänen.
– Den einzelnen Begabungsdimensionen entsprechen bestimmte schulische und außerschulische Leistungsbereiche.
– Dabei sind neben kognitiven Fähigkeiten verschiedene nicht-kognitive Persönlichkeitsmerkmale (wie Motive, Interessen, Arbeits- und Lernstile) beteiligt.
– Bei den Sozialisationsbedingungen standen hauptsächlich familiäre und schulische Faktoren im Mittelpunkt der Untersuchung.

3. Methodendesign und Ergebnisse der ersten Projektphase

Ausgehend von einer großen überregionalen Stichprobe mit sechs Alterskohorten zwischen 6 und 16 bzw. 18 Jahren, wurden Daten von gut bzw. hochbegabten Schülern zu drei Messzeitpunkten in den Jahren 1986-1988 erhoben. Charakteristisch für die Studie ist ein *längsquerschnittliches* Design. Der gesamte Stichprobenplan wird aus Abbildung 3 ersichtlich; dieser schließt die beiden Follow-ups von 1994 und 1997 ein (vgl. Perleth, 2001).

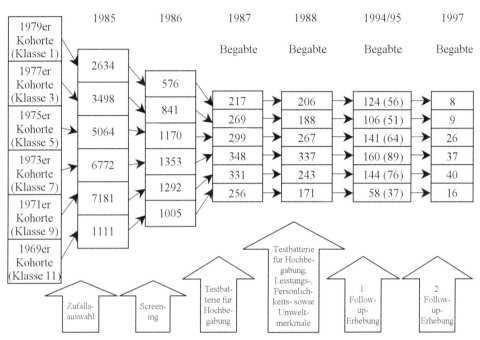

Abbildung 3: Stichprobenplan der Münchner Längsschnittstudie zur Hochbegabungsentwicklung (1985-1997).

Zur Auswahl der Längsschnittstichprobe wurde ein zweistufiges Vorgehen verwendet (mit Ausnahme der „Totalerhebung" von Klasse 11):

– In einem ersten Schritt wurden die Lehrkräfte von mehr als 26000 Schülern gebeten, a) die oberen 5 Prozent, b) die folgenden 10 Prozent und c) die anschließenden 15 Prozent nach den obigen Fähigkeitsdimensionen (im Vergleich mit den Klassenkameraden) einzuschätzen. Obwohl diese Methode die Identifikation von Underachievern reduziert, war dies unter praktischen und ökonomischen Gesichtspunkten die einzige Möglichkeit, eine Stichprobe diesen Umfangs zu bewältigen.

– Im zweiten Schritt wurden ca. 30 Prozent der Ausgangsstichprobe differentiellen Fähigkeitstests und Fragebögen unterzogen, um zu jeder der fünf Begabungsformen die besten zwei bis fünf Prozent der Schüler zu identifizieren.

Die wichtigsten Informationsquellen, die Untersuchungsvariablen und die Messinstrumente – jeweils bezogen auf die fünf Begabungstypen des Münchner Hochbegabungsmodells – sind in Tabelle 1 zusammengefasst. Detailliertere Informationen zu den verwendeten Messverfahren, zum Auswahlalgorithmus der Längsschnittstichprobe usw. finden sich bei Perleth (1992, S. 351-381, bzw. 2001, S. 447-477).

Tabelle 1: Untersuchungsvariablen und Messinstrumente der Münchner Hochbegabungsstudie.

Inhaltsdimensionen	Informationsquellen	
	Bei Schülern erhobene (psychometrische) Test- und Fragebogenskalen	Lehrer-Ratings
Intelligenz	Tests: – KFT (Kognitiver Fähigkeitstest) – ZVT (Zahlenverbindungstest)	Lehrercheckliste: T-Int Schulnoten
Kreativität	Tests: – VWT (Verwendungstest) – VKT (Verbaler Kreativitätstest) Fragebogen: – GIFT/GIFFI (Creative Talent)	Lehrercheckliste: T-Cre
Soziale Kompetenz	Fragebogen: – Soziale Kompetenz	Lehrercheckliste: T-SC
Psychomotorik		Lehrercheckliste: T-PM
Musik		Lehrercheckliste: T-Mus
Nichtkognitive Persönlichkeitsmerkmale	Fragebögen (Selbst-Ratings) – ES (Erkenntnisstreben) – HE (Hoffnung auf Erfolg) – FM (Furcht vor Misserfolg) – Angst – Selbstkonzept – Attribution – Lernstil – MAI (Münchner Aktivitäten-Inventar)	
Umweltmerkmale	Fragebögen: – Familienklima – Schulklima – Kritische Lebensereignisse	

Von der *ersten Untersuchungsphase* (1986-1987) lagen folgende *Ergebnisse* vor:

(1) Die fünf Begabungstypen der Münchner Hochbegabungsstudie (Intelligenz, Kreativität, psychomotorische Fähigkeiten/praktische Intelligenz, soziale Kompetenz, Musikalität) konnten als relativ eigenständige (Hoch-)Begabungsfor-

men nachgewiesen werden. Die Hypothese, dass es *unterschiedliche Formen der Hochbegabung* gibt, kann somit als bestätigt angesehen werden.

(2) Die erprobten *Messinstrumente* (vgl. Tabelle 1) zur Erfassung kognitiver und nicht-kognitiver Persönlichkeitsmerkmale bei Gut- bzw. Hochbegabten sowie relevanter Bedingungen der sozialen Lernumwelt sind hinreichend reliabel, auch auf extremen Begabungsniveaus. Eine Strategie, die sich als besonders nützlich erwies, war die Anwendung von kognitiven Fähigkeitstestaufgaben (z.B. im KFT) bei Hochbegabten, die normalerweise von ein bis drei Jahre älteren Schülern bearbeitet werden; siehe KFT-HB in der MHBT-S von Heller und Perleth (2007b).

(3) Es ergaben sich deutliche Unterschiede zwischen den hoch- und durchschnittlich begabten Schülern in jedem der fünf Talentbereiche (vgl. Abbildung 2 oben). Die *intellektuell (oder schulisch) Begabteren* (sog. Schoolhouse Gifted sensu Renzulli) zeichneten sich besonders durch ihre guten Schulnoten aus; sie waren in ihren Schulleistungen nicht nur besser als die Kreativen (sog. Creative-Productive sensu Renzulli), sondern auch als die sozial oder praktisch Begabten. Die *kreativ Begabten* hingegen zeigten sich in künstlerischen und literarischen Bereichen, die *sozial Begabten* im sozialen Bereich überlegen usw.

(4) Multiple Talente oder vielseitig Hochbegabte fanden sich relativ selten (10-20%) in unserer Längsschnittstichprobe (N=1800). Betrachtet man jedoch diejenigen Schüler (von 6 bis 16 bzw. 18 Jahren), die sowohl intellektuell als auch kreativ hochbegabt sind, so erweisen sie sich allen anderen Schülern in wichtigen Leistungsbereichen überlegen. *Hochbegabungsdiagnostik sollte daher nicht länger eindimensional betrieben werden*, etwa über die Bestimmung eines (einzigen) IQ-Grenzwertes.

(5) *Besonders leistungsfähige Schüler* weisen noch folgende (hohe) Merkmalsausprägungen auf: Leistungswille, Anstrengungsbereitschaft, Ausdauer, Erkenntnisstreben, Forschungsdrang, Erfindungsgabe und Erfolgszuversicht. Diese treten vor allem bei hochkompetenten Schülern in Erscheinung.

4. Ziele und Ergebnisse der zweiten Projektphase

In der *zweiten Projektphase*, der eigentlichen Längsschnittstudie, standen entwicklungspsychologische Aspekte und Analysen (schulischer) Leistungen im Mittelpunkt. Wesentliche *Ziele* dieser Projektphase waren:

(1) Die Ermittlung der prognostischen Validität der Instrumente, die während des ersten (1986), zweiten (1987) und dritten (1988) Messzeitpunktes eingesetzt wurden, um hochbegabte Schüler (1. bis 12. Klasse) zu identifizieren.

(2) Die Ermittlung der Validität typologischer Hochbegabungskonzepte sowie relevanter Beziehungen zwischen unterschiedlichen Begabungs- und Leistungstypen auf verschiedenen Altersstufen.

(3) Evaluation der Auswirkungen von Persönlichkeits- und Umweltfaktoren auf die Leistungen hochbegabter Schüler gemäß des in Abbildung 1 auf Seite 179 dargestellten Bedingungsmodells.

(4) Beobachtung, Beschreibung, Analyse und Erklärung des Entwicklungsverlaufs hochbegabter Kinder und Jugendlicher (Experimental- und Kontrollgruppendesign) bezüglich Merkmalsveränderungen in kognitiven und nicht-kognitiven Bereichen.

(5) Ermittlung und Analyse der Interaktionen zwischen Begabung, Leistung, Persönlichkeit und Umwelt im Zeitverlauf.

Aus Platzgründen muss hier auf die Wiedergabe zahlreicher Einzelbefunde verzichtet werden; ausführlicher vgl. Hany (1992/2001) sowie Perleth und Sierwald (1992/2001). Die folgenden *Ergebnisse* dürften insbesondere im Hinblick auf praktische Identifikations- und Förderungsmöglichkeiten bei hochbegabten Kindern und Jugendlichen von Interesse sein (vgl. auch Heller & Perleth, 1988).

Die meisten Stabilitätskoeffizienten für die Begabungs- und Motivationsvariablen liegen im mittleren Bereich, d.h. zwischen .5 und .7. Um Hinweise über die Stabilität der KFT-Skalen jeder einzelnen Testform zu erhalten (zum zweiten Messzeitpunkt haben die Schüler/innen die jeweilige KFT-Parallelform bearbeitet), wurden getrennt für jede Testform Korrelationen zwischen dem ersten und dem dritten Messzeitpunkt berechnet. Die entsprechenden Koeffizienten sind fast alle höher als jene, die ersten und zweiten Messzeitpunkt miteinander in Beziehung setzen. Daraus kann eine gute Zeitstabilität der KFT-Skalen abgelesen werden.

Die Korrelationsanalyse zur Vorhersagevalidität zeigt, dass besonders die Variable „Allgemeine Intelligenz" (KFT-Gesamtleistung) ein sinnvoller Prädiktor für *schulische Leistungen* darstellt. Die verschiedenen KFT-Dimensionen weisen bereichsspezifisch – erwartungsgemäß – unterschiedlich hohe Zusammenhänge mit den Schulnoten in Deutsch, Mathematik und Englisch auf. Während ebenso plausibel die Skalen der Lehrerchecklisten sehr gute Prädiktoren für schulische Leistungen repräsentieren, war von den anderen Begabungstests betr. soziale Kompetenz, Psychomotorik u.ä. kein bedeutsamer Zusammenhang zur Schulleistung nachweisbar (und auch nicht zu erwarten).

Zur Frage der Vorhersagbarkeit bereichsspezifischer Leistungen für unterschiedliche Hochbegabungsformen wurden noch multiple Korrelationskoeffizienten zwischen verschiedenen Prädiktorenmengen, in die Begabungs-, Lehrerchecklisten- und Motivationsvariablen zum Messzeitpunkt 1 eingingen, sowie Leistungskennwerten als Kriteriumsvariablen zum Messzeitpunkt 2 berechnet. Sowohl die Schulleistungsstatistiken als auch die Lehrerchecklistenvariablen wurden hier nur für Gymnasiasten berücksichtigt, um schultypspezifische Leistungsbewertungsmaßstäbe nicht zu vermengen und somit Referenzrahmeneffekte zu vermeiden, da erfahrungsgemäß Lehrer die Schüler auf der Basis ihrer Erfahrungen mit dem jeweiligen Schulsystem beurteilen. Wegen des Problems der Kollinearität innerhalb unseres Prädiktorensets dürfen die errechneten standardisierten Regressionskoeffizienten nicht überinterpretiert werden.

Insgesamt deuten unsere Untersuchungsergebnisse zur Vorhersagevalidität jedoch darauf hin, dass die Daten unserem Bedingungsmodell des Leistungsverhaltens nicht widersprechen, sondern gut damit übereinstimmen. Demzufolge müssen monokausale Hypothesen, wonach Leistungen mehr oder weniger durch einen einzigen Faktor (z.B. g-Faktor bezüglich Intelligenz oder Kreativität) determiniert sein sollen, zurückgewiesen werden.

Eingehende Datenanalysen erhärten zwar die Annahme verschiedener *Begabungstypen*, ausgesprochene Merkmalscluster Hochbegabter konnten jedoch nicht überzeugend belegt werden. Dies könnte u.a. damit zusammenhängen, dass Hochbegabte sehr seltene individuelle Begabungszüge aufweisen und somit nur schwer (statistisch) zu gruppieren sind.

Mittels zweifaktorieller Varianzanalyse sollte ein Einblick in die Effekte von Intelligenz und Familienmerkmalen u.a. auf folgende Leistungsvariablen gewonnen werden: Notendurchschnitt aus Deutsch, Englisch und Mathematik, (Freizeit-) Aktivitäten im Bereich Literatur und Kunst, auf sozialem Gebiet und im (natur) wissenschaftlichen Bereich. In allen untersuchten Altersgruppen wird ein positiver Einfluss des Intelligenzniveaus (KFT-Gesamtleistung) auf die durchschnittlichen Schulnoten sichtbar. Darüber hinaus konnten sog. nichtkognitive Persönlichkeitsmerkmale (Motive, Interessen u.a.) als Moderatoren, d.h. vermittelnde Faktoren zwischen Intelligenz und Leistung, identifiziert werden.

Bezüglich der Wirkung von *Familienmerkmalen* (Erziehungsstile, Werthaltungen, Sanktionsformen u.a.) konnte nur teilweise – z.B. in der 8. Jahrgangsstufe – ein negativer Einfluss von elterlicher Kontrolle auf die Aktivitäten der Jugendlichen gefunden werden. In der achten Klasse fanden wir weiterhin einen signifikanten Einfluss der Intelligenz auf literarische und künstlerische Aktivitäten. Auch Familienmerkmale wie kulturelles Interesse oder gemeinsame Gestaltung von *Freizeitaktivitäten* haben offenbar einen positiven Effekt auf die Schüleraktivitäten im Bereich von Literatur und Kunst. Dagegen hat ein übertrieben leistungsorientiertes Familienklima einen eher negativen Einfluss auf die genannten Freizeitaktivitäten.

Bezüglich elterlicher *Kontrolle* zeigte sich ein interessanter Interaktionseffekt mit der Intelligenz: Während hochbegabte Schüler aus Familien mit einem geringeren Ausmaß an Kontrolle aktiver im literarischen Bereich sind, tendieren nicht hochbegabte Schüler dazu, mehr Aktivitäten zu entwickeln, wenn sie ihre Eltern als kontrollierend wahrnehmen.

Im Bereich der *sozialen Aktivitäten* fand sich ein negativer Einfluss der Intelligenz bei älteren Schülern (ab der 10. Klasse), was vielleicht nicht ganz überrascht. Bezüglich „Kontrolle" wurde auch hier analog zu oben eine Interaktion ermittelt: Bei durchschnittlich begabten Jugendlichen übt elterliche Kontrolle eher einen positiven Einfluss auf soziale jugendliche Aktivitäten aus, während bei hochbegabten Jugendlichen sich die Situation gewissermaßen umgekehrt darstellt. Insgesamt scheinen allerdings hochbegabte Jugendliche weit weniger vom Familienklima in ihrer Persönlichkeitsentwicklung beeinflusst zu werden als durchschnittlich begabte Jugendliche.

Da wir analoge Ergebnisse auch bezüglich der untersuchten *Schulklimavariablen* wie Leistungsdruck, Kooperation, Unterrichtsstörungen usw. (sowie verschiedener kritischer Lebensereignisse) fanden, liegt der Schluss nahe, dass hochbegabte Jugendliche gegenüber solchen Umwelteinflüssen resistenter in ihrem Verhalten sind als nicht hochbegabte Gleichaltrige. Im Zusammenhang damit wären auch neuere theoretische Annahmen zu sehen, wonach hochbegabte Kinder in viel stärkerem Maße als nicht hochbegabte dazu neigen, ihre soziale Umwelt aktiv eigenen Erfordernissen anzupassen bzw. selbst hierauf gestaltend einzuwirken. Dass solche

Vermutungen nicht ganz unbegründet sind, belegen Aussagen betroffener Eltern, die oft über unersättlichen Explorations- und Wissensdurst ihrer (hochbegabten) Kinder klagen, deren eigenwillige, um nicht zu sagen „sture", Verhaltensweisen oder Arbeitsformen betonen und dgl. mehr. Es mag also durchaus zutreffen, dass hochbegabte Jugendliche viel mehr als nicht hochbegabte dazu fähig sind, Belastungen der Systeme Familie oder Schule zu bewältigen, allein schon deshalb, weil sie „reifer" sind und über ein größeres Repertoire von Copingstrategien verfügen.

Im folgenden sollen nun Untersuchungsergebnisse über die Beziehungen zwischen Begabung und nichtkognitiven Persönlichkeitsmerkmalen sowie verschiedenen (schulischen und außerschulischen) Leistungsvariablen mitgeteilt werden. Abschließend sei dann auf einige geschlechtsspezifische Differenzen eingegangen. Dabei werden die im Hinblick auf eine bestimmte Begabungsdimension 6-10% Besten eines Altersjahrgangs als *„begabt"* oder *„gut begabt"*, die jeweils 3-5% Besten als *„hochbegabt"* und die 1-2% Besten als *„extrem hochbegabt"* bezeichnet. Siehe auch die verschiedenen Begabungsgruppen und deren Definition bei Gagné (1993, 1998, 2000).

Die Datenverarbeitung besorgten dankenswerterweise die damaligen Forschungsassistenten Schulpsychologe Christoph Perleth und Schulpsychologe Wolfgang Sierwald sowie Dipl.-Psych. Dr. Ernst Hany. Zunächst seien Merkmalscharakteristika verschiedener Begabungsgruppen – beispielhaft bei Jugendlichen der 10. Jahrgangsstufe – präsentiert.

Bei den *Intelligenzgruppen* fällt als konsistentestes Ergebnis das signifikant höhere *akademische Selbstkonzept* der hochbegabten (Gymnasial-)Schüler auf, was mit entsprechenden Befunden einer holländischen Studie (Mönks et al., 1986) gut übereinstimmt. Keine Unterschiede zwischen den drei Begabungsgruppen fanden wir – wie auch Mönks et al. – bezüglich des allgemeinen Selbstkonzeptes (Abbildung 4).

Neben der – erwartungsgemäß – signifikant niedrigeren Neigung zur externalen Kausalattribution Hoch- bzw. extrem Hochbegabter (Abbildung 5) unterscheiden sich die verschiedenen Intelligenzgruppen nicht so deutlich in den übrigen Motivationsvariablen (Erkenntnisstreben und Erfolgszuversicht vs. Misserfolgsängstlichkeit). Insgesamt fällt allerdings das stärker ausgeprägte Merkmalsprofil der extrem Hochbegabten im Vergleich zu den übrigen Begabungsgruppen auf.

Dagegen unterscheiden sich normal und gut Begabte einerseits und Hoch- bzw. extrem Hochbegabte andererseits in ihren *Lernstilen* deutlich voneinander. Letztere weisen signifikant niedrigere Werte in den Skalen „Arbeitsplanung und -organisation" (Arb.Einteilg.) und „Motivationskontrolle" nach Kuhl (1983) auf. Offensichtlich haben die Hoch- bzw. Höchstbegabten keine Probleme mit Hausarbeiten, weshalb sie nicht auf die üblichen (einfachen) Techniken zur erfolgreichen Bewältigung der Schularbeiten angewiesen sind. Des weiteren fanden wir, dass Hochbegabte lieber allein arbeiten und nicht so gern in Gruppen mit Klassenkameraden kooperieren. Dies ist angesichts des höheren Lerntempos Hochbegabter kaum überraschend.

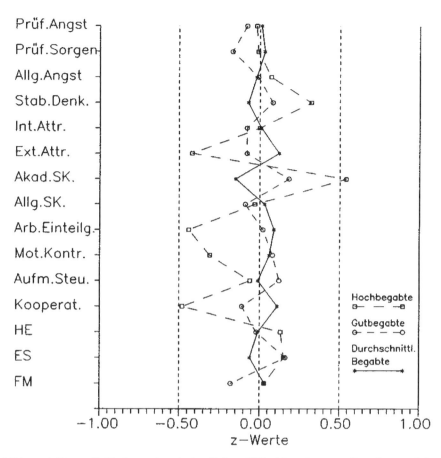

Abbildung 4: Persönlichkeitsmerkmale intellektuell Hochbegabter, gut Begabter und durch-
        schnittlich Begabter in der 10. Klasse.

Legende:

Prüf.Angst	=	Prüfungsangst
Prüf.Sorgen	=	Prüfungssorgen
Allg.Angst	=	Allgemeine Angst
Stab.Denk.	=	Stabilität der Denkabläufe
Int.Attr.	=	Internale Kausalattribution
Ext.Attr.	=	Externale Kausalattributon
Akad.SK.	=	Akademisches (schulisches) Selbstkonzept
Allg.SK.	=	Allgemeines, nicht-akademisches Selbstkonzept
Arb.Einteilg.	=	Arbeitsplanung und -organisation
Mot.Kontr.	=	Motivationskontrolle
Aufm.Steu.	=	Aufmerksamkeitssteuerung
Kooperat.	=	Kooperation mit Gleichaltrigen
HE	=	Hoffnung auf Erfolg
ES	=	Erkenntnisstreben
FM	=	Furcht vor Misserfolg

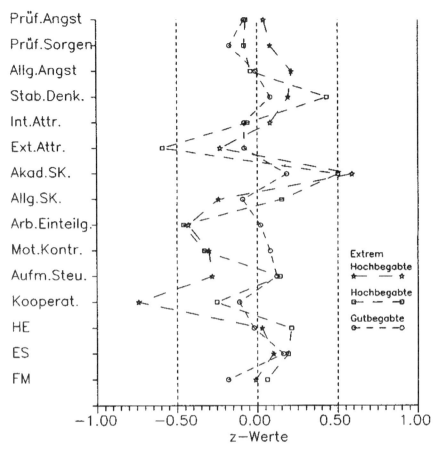

Abbildung 5: Persönlichkeitsmerkmale intellektuell extrem Hochbegabter, Hochbegabter und gut Begabter in der 10. Klasse.

Legende: siehe Abbildung 4.

Bei den *Kreativitätsgruppen* (Abbildung 6) sind die betr. Merkmalsdifferenzen insgesamt schwächer ausgeprägt. Wie aus dem „Psychogramm" kreativ Hochbegabter abzulesen, zeichnen sich (vor allem) ältere Jugendliche wiederum im akademischen Selbstkonzept sowie – abgeschwächt – auch in der Motivationskontrolle und den Motivationsvariablen „Hoffnung auf Erfolg" und „Erkenntnisstreben" aus, ohne dass entsprechende Differenzen zu den Vergleichsgruppen hier (von einzelnen Ausnahmen abgesehen) die Signifikanzgrenze erreichen.

Sehr deutlich unterscheiden sich die *begabten Underachiever* von den begabten Achievern (Abbildung 7). Mit „Underachiever" bezeichnet man jene Schüler/innen, die im Hinblick auf ihre intellektuelle Begabung erwartungswidrig schlechte Schulleistungen erbringen, d.h. – im Gegensatz zu „Achievern" (Schulleistungstüchtigen) – ihr Begabungspotential aus persönlichkeitspsychologischen und/oder sozialen Gründen nicht angemessen aktivieren können.

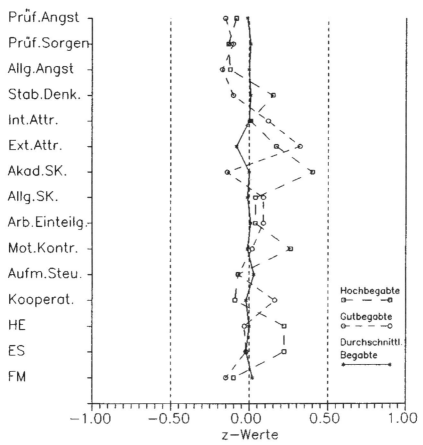

Abbildung 6: Persönlichkeitsmerkmale kreativ Hochbegabter, Begabter und durchschnittlich Begabter in der 10. Klasse.

Legende: siehe Abbildung 4.

Das Underachieverprofil entspricht dem aus der Literatur bekannten Bild. So tendieren Underachiever allgemein dazu, ängstlicher zu sein; ihre Denkabläufe sind in Stresssituationen störungsanfälliger. Sie attribuieren bevorzugt Erfolge external vs. Misserfolge internal (stabil), d.h. führen letztere auf (vermeintlich) mangelnde Begabung bzw. eigene Unfähigkeit zurück. Das akademische Selbstkonzept, also die subjektive Überzeugung eigener Leistungsfähigkeit bezüglich schulischer Anforderungen, ist – ebenso wie das allgemeine Selbstwertgefühl und die Motivationskontrolle – deutlich schlechter als bei den Schulleistungstüchtigen. Auf der Leistungsmotivationsskala erreichen sie den absolut niedrigsten Wert bezüglich der Variable „Hoffnung auf Erfolg" versus einen hohen Wert bezüglich „Furcht vor Misserfolg", so dass ihre Motivationsstruktur sich insgesamt als sehr ungünstig darstellt. Begabte Underachiever sind demnach eine wichtige Beratungsklientel schulpsychologischer Intervention (vgl. die Buchkapitel 19 und 20).

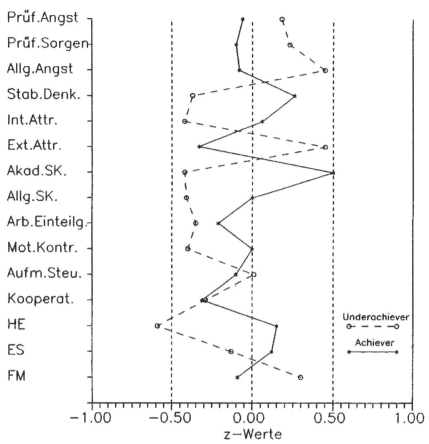

Abbildung 7: Persönlichkeitsmerkmale begabter Underachiever versus Achiever in der 10. Klasse.

Legende: siehe Abbildung 4.

Von besonderem Interesse dürften schließlich einige *geschlechtsspezifische Ergebnisse* sein, die wir hier thesenartig zusammenfassen:

(1) Mädchen werden von den *Lehrern* hinsichtlich der *intellektuellen Fähigkeiten* seltener, hinsichtlich *Musikalität* häufiger als Jungen zu den Besten gerechnet. Diese Aussage wird vor allem durch die Screeningergebnisse belegt.

(2) Auch die *Begabungstestergebnisse* sind vielfach geschlechtsabhängig: Mädchen haben – im Mittel – etwas schlechtere Ergebnisse im Bereich der intellektuellen Fähigkeiten, insbesondere bezüglich *quantitativer* und *praktisch-technischer Kompetenzen*. Wird die Gesamtleistung eines (differentiellen) Intelligenztests als Auswahlkriterium – z.B. für Stichprobenbildungen zu wissenschaftlichen Untersuchungszwecken oder bei Talentsuchen für Förderprogramme – herangezogen, verschärft sich dadurch der geschlechtsspezifische Auswahleffekt (im Bereich der Intelligenz). Hingegen erweisen sich in der traditionellen Hochbegabungsdiagnostik die Mädchen bei der *Informationsverar-*

beitungsgeschwindigkeit sowie in der *(verbalen) Kreativität* ihren gleichaltrigen männlichen Schulkameraden überlegen (Abbildung 8).

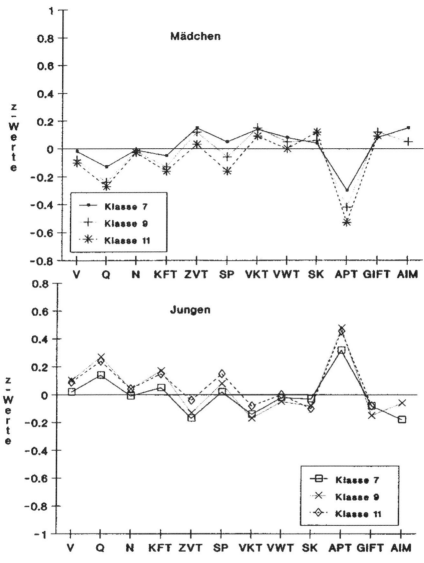

Abbildung 8: Begabungsprofil (z-Werte) der Mädchen und Jungen.

Legende:
Dem z-Wertprofil (abgebildet sind die mittleren z-Werte, standardisiert an der jeweiligen
Klassenstufengesamtstichprobe) liegen folgende Begabungsvariablen zugrunde:

V   =   Verbale Fähigkeiten im KFT-V
Q   =   Quantitative Fähigkeiten im KFT-Q
N   =   Nonverbale Fähigkeiten im KFT-N
KFT =   Gesamtleistungswert im KFT (Heller et al.)
ZVT =   Zahlenverbindungstest (Oswald & Roth)

SP   =   Straßenplan (Raumorientierung)
VKT =   Verbaler Kreativitätstest (n. Schoppe)
VWT =   Verwendungstest (Kreativitätsskala n. Guilford)
SK   =   Soziale Kompetenz (Skalengesamtwert)
APT =   Aufgaben aus Physik und Technik
GIFT =   Group Inventory for Finding Creative Talent (n. S. Rimm)
AIM =   Aiming (Psychomotorikskala)

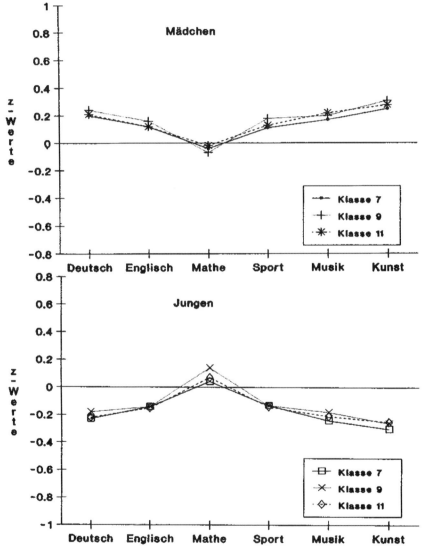

Abbildung 9: Schulnoten (z-Wertprofil) der Mädchen und Jungen.

(3) Auffallend ist nach unseren Untersuchungsergebnissen die *zunehmende Verschlechterung der Mädchen gegenüber den Jungen mit ansteigendem Lebensalter bzw. fortdauernder Beschulung* hinsichtlich der (in die Längsschnittstudie eingegangenen) Begabungsvariablen; vgl. Legende zu Abbildung 8. Da diese Aussage bisher lediglich auf Querschnittsanalysen basiert, müssen mögliche Kohorteneffekte erst noch durch die laufenden Längsschnittanalysen ausgeschlossen werden, bevor man von systematischen Entwicklungseffekten gesichert sprechen kann.

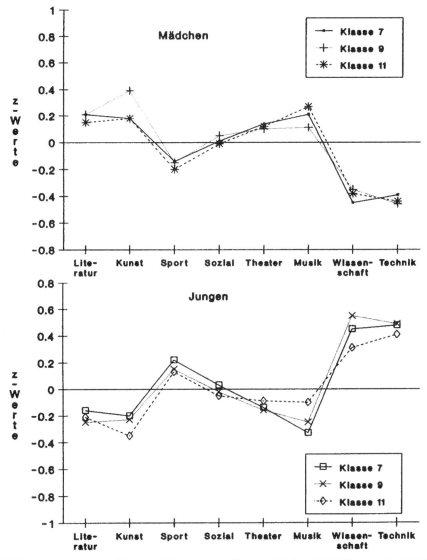

Abbildung 10: Außerschulische Aktivitäten (z-Wertprofil der MAI-Werte) der Mädchen und Jungen.

(4) In den *schulischen Leistungen* (Abbildung 9) sind die Mädchen den Jungen eher überlegen – bis auf Leistungen im mathematisch-physikalischen Bereich, wo die Jungen leistungsmäßig dominieren. Bezüglich *außerschulischer* Aktivitäten bzw. Leistungen (vgl. Abbildung 10 oben) ist eine rollenspezifische Verteilung anzutreffen: Mädchen sind vornehmlich musisch-künstlerisch sowie musikalisch und literarisch sowie in Theater-AGs aktiv, während (natur)wissenschaftlich-technische Aktivitäten bei ihnen eher selten anzutreffen sind. In einer kleinen Interviewstichprobe (N=18) waren beispielsweise Technik und Naturwissenschaften als Tätigkeitsbereiche bei den Mädchen völlig defizient.

(5) In der *Schulleistungsprognose* zeigen sich mehrere geschlechtsspezifische Effekte: Für eine optimale Vorhersage von sehr guten bzw. herausragenden Leistungen in der Schule sind bei Mädchen teilweise andere Prädiktoren erforderlich als bei Jungen (Tabelle 2). Darüber hinaus sind Testaufgaben, die vornehmlich bei Jungen entwickelt wurden, für viele Mädchen zu „schwer", viele mädchenspezifische Items für die Jungen zu leicht. Unabhängig von der Klärung der Frage, ob möglicherweise Mädchen andere Problemlösestrategien zur Erreichung exzellenter Leistungen einsetzen (die von uns variablenmäßig nicht erfasst werden konnten), stellt sich somit das Problem der *Testfairness*. Hier ist jedoch nicht der Ort, auf die in der modernen Testdiagnostik diskutierten – verschiedenen – Fairnessmodelle einzugehen. Immerhin stellt sich im Hinblick auf förderdiagnostische Zwecke bzw. Talentsuchen die Frage nach geschlechtsspezifischen Auswahlverfahren.

Tabelle 2: Prognose der Deutschnote: Vergleich der Diskriminanzanalyseergebnisse zur Ermittlung optimaler Prädiktorengewichte in den Prognosegleichungen für Mädchen (sog. weiblicher Prädiktorensatz) versus für Jungen (sog. männlicher Prädiktorensatz).

a) Vorhersage durch **weiblichen** Prädiktorensatz				b) Vorhersage durch **männlichen** Prädiktorensatz			
Geschlecht	w		m	Geschlecht	w		m
Deutschnote prognostiz.	<= 2	> 2	<= 2	> 2	Deutschnote prognostiz.	<= 2	> 2	<= 2	> 2

a	w (<= 2)	w (> 2)	m (<= 2)	m (> 2)	b	w (<= 2)	w (> 2)	m (<= 2)	m (> 2)
wirklich erreicht					wirklich erreicht				
<= 2	66.0	34.0	28.8	71.2	<= 2	77.1	22.9	78.3	21.7
> 2	26.1	73.9	14.6	85.4	> 2	25.6	74.4	54.9	45.1
Gesamtanteil richtig progn.	**70.6**		**52.0**		Gesamtanteil richtig progn.	**75.9**		**60.3**	

Anmerkung: Anteile richtiger Prognosen sind durch **Fettdruck** gekennzeichnet.
In die Berechnung gingen neben den in der Legende zu Abbildung 8 aufgeführten Begabungsvariablen noch folgende Motivationsvariablen ein: Werte der LM-Skalen „Furcht vor Misserfolg" und „Hoffnung auf Erfolg" sowie des Fragebogens zum Erkenntnisstreben (von Lehwald).

(6) In ihrer *Persönlichkeit* präsentieren sich (hochbegabte) Mädchen eher als misserfolgsängstlich denn als erfolgszuversichtlich. Freilich sind bei diesem (Fragebogen-)Ergebnis Methodenartefakte nicht völlig auszuschließen. Mädchen können in solchen Gruppenuntersuchungen wohl leichter Angst im Fragebogen zugeben als Jungen. Andererseits konveniert dieser Befund recht gut mit anderen – in der Literatur berichteten – Testergebnissen, so dass es schwer fällt, ausschließlich Messfehler hierfür verantwortlich zu machen.

(7) Erste geschlechtsspezifische Auswertungen zu *Umweltvariablen,* hier eines Familienfragebogens, weisen darauf hin, dass in Bezug auf das *selbstperzipierte Familienklima* keine nennenswerten Unterschiede zwischen Jungen und Mädchen in Erscheinung treten. Doch müssen weitere Auswertungsergebnisse abgewartet werden, bevor über geschlechtsspezifische Milieueinflüsse endgültige Aussagen gewagt werden können. Siehe noch Perleth und Sierwald (1992).

(8) Hervorragende *außerschulische Aktivitäten und Leistungen* kommen bei beiden Geschlechtern auf dem Hintergrund ähnlicher Bedingungsgefüge zustande. Dabei liegen die aktiveren Mädchen im Niveau ihrer Leistungen tendenziell näher bei ihren Geschlechtsgenossinnen als bei den männlichen Aktiven. Besondere Leistungen im wissenschaftlich-technischen Bereich können Mädchen offensichtlich nicht so gut in soziale Anerkennung ummünzen wie Jungen (Abbildung 10 oben). Ausführlicher vgl. Perleth und Sierwald (1992 bzw. 2001).

5. Ausblick

Die hier in Ausschnitten referierten Forschungsbefunde – für ausführlichere Informationen vgl. Heller (1992, ^{2}2001) – legen eine Reihe von Konsequenzen nahe, und zwar sowohl für die Konzeptualisierung des Untersuchungsgegenstandes „Hochbegabung" als auch für die Identifikation und Förderung besonders befähigter Kinder und Jugendlicher. Die wichtigsten Folgerungen seien abschließend in sechs Thesen zusammengefasst:

(1) Das *Begabungskonzept* ist unter Berücksichtigung des jeweiligen Verwendungszweckes – seien es Forschungsfragestellungen oder pädagogische und ausbildungsspezifische Erfordernisse – zu bestimmen. Diese Forderung gilt auch im Hinblick auf Begabungsdiagnosen, die neben kognitiven und motivationalen Persönlichkeitsvoraussetzungen unter pädagogischen Aspekten immer auch die Erfassung relevanter Sozialisationsfaktoren einschließen. Diagnostisch abgesicherte Informationen über die Situation des Einzelfalles bilden eine unverzichtbare Ausgangsbasis für präventive Maßnahmen oder auch für die interventive Entwicklungsförderung und psychologische Beratung im Konfliktfall.

(2) Analog sind befriedigende Ergebnisse in der *Hochbegabtenidentifizierung* nur unter Ausschöpfung aller verfügbaren Informationsquellen zu erzielen, d.h. formeller Tests und informeller Instrumente (z.B. Lehrerchecklisten oder Fragebögen). Wir halten nichts von der Verteufelung der sog. Statusdiagnostik. Diese muss allerdings durch Prozessanalysen, z.B. im Rahmen der Lerntest- oder auch experimentellen Diagnostik, ergänzt werden. Eine solche Forderung

gilt insbesondere dann, wenn Bedingungsanalysen erforderlich werden, etwa zu Präventions- und Interventionszwecken in der Begabungsförderung bei Kindern und Jugendlichen.

(3) Einigermaßen zuverlässige *Prognosen* über die Persönlichkeits- und Leistungsentwicklung begabter Kinder und Jugendlicher erfordern neben einem geeigneten Prädiktionsmodell und relevanten Entscheidungsstrategien (sukzessive Urteilsfindung, Klassifikation vs. Platzierung vs. Selektion) empirisch abgesicherte Begabungsindikatoren und brauchbare Kriteriumsvariablen über das individuelle Leistungsverhalten sowie zuverlässige Informationen über entsprechende Kontextbedingungen des sozialen Lernumfeldes. Inzwischen haben Heller und Perleth (2007a/b) die *Münchner Hochbegabungstestbatterie (MHBT)* publiziert, die auf dem oben beschriebenen Münchner Hochbegabungsmodell basiert und eine Auswahl der treffsichersten Messinstrumente der Münchner Hochbegabungsstudie (vgl. Tabelle 1 auf S. 182 oben) repräsentiert. Von der MHBT liegen zwei Versionen vor: MHBT-P für die Primarstufe (Grundschulform) und MHBT-S für die Klassenstufen 5 bis 12 (Sekundarstufenform).

(4) Zu den sog. Risikogruppen, d.h. jenen Jugendlichen, deren Begabung leicht übersehen oder nicht rechtzeitig erkannt wird, gehören neben körperlich oder psychisch *Behinderten* vor allem begabte *Mädchen* sowie die – nach Expertenschätzung nicht kleine Gruppe der – begabten *Underachiever*. Darunter werden jene Schüler/innen subsumiert, die im Hinblick auf ihre intellektuellen Fähigkeiten deutlich in den (Schul-)Leistungen zurückbleiben, also erwartungswidrig schlechter abschneiden; deren psychische und/oder soziale Situation erlaubt es offenbar nicht, ihre Begabungspotentiale in adäquate Verhaltensleistungen umzusetzen. Experten schätzen, dass bis zu 25% der sog. hochbegabten Schüler/innen als Underachiever unerkannt bleiben, somit also keine individuell angemessene Förderung erfahren. Das scheinbar unausrottbare Vorurteil, wonach hochbegabte Kinder und Jugendliche keiner besonderen Unterstützung oder Beratungshilfe bedürfen, gehört inzwischen zu den wissenschaftlich am besten widerlegten Annahmen.

(5) Weitere Untersuchungen deuten darauf hin, dass *Früherkennung* und *Frühförderung* besonders befähigter Kinder vor allem im Hinblick auf die Ermöglichung angemessener Lernumweiten bzw. günstiger Sozialisationsbedingungen außerordentlich wichtig sind. Dabei muss man sich die *Begabungsentwicklung* von Anfang an als Interaktionsprozess vorstellen. Gerade hochbegabte Kinder nehmen sehr früh aktiv und häufig sehr spontan Einfluss auf ihre soziale Umgebung, um ihr ausgeprägtes Lern- und Informationsbedürfnis zu stillen. Neugier, spielerische Kreativität und Wissensdurst (als Basismotiv für Erkenntnisstreben) sind hier wichtige Begabungsindikatoren und Prädiktoren für spätere Leistungsexzellenz (Lehwald & Friedrich, 1987). Begabte Kinder und Jugendliche sind eine interessante gesellschaftliche Herausforderung, der sich Psychologen und Pädagogen, Lehrer und Eltern stellen sollten.

Diese Forderung gilt umso mehr, als die genannten Themen lange Zeit wenig Beachtung in der Psychologie gefunden haben. Neuere Ansätze einer ökologisch orientierten Erziehungs- und Entwicklungspsychologie, die von Nickel (1979, 1989, 1990) entscheidend beeinflusst wurden, könnten einen wichtigen Beitrag zum Erkenntnisgewinn über Formen und Kontextbedingungen der Begabungsentwicklung wie auch der Begabtenförderung leisten. Unter der praktischen Anwendungsperspektive dienten solche Erkenntnisse zuallererst präventiven Zielen. Erziehungspsychologisch relevant wäre die Vermehrung unseres Veränderungswissens im Hinblick auf die Hochbegabtenförderung (unter Einschluss verschiedener Gruppierungen), womit die Interventionsfunktion benannt ist.

(6) Wissenschaftliche Evaluationsergebnisse zur Förderung besonders befähigter Schüler belegen den Nutzen der Begabtenförderung für alle Schüler. Begabtenförderung geht nicht zu Lasten der Behindertenförderung, wie manche Kritiker argwöhnen. Sie ist vielmehr eine notwendige Ergänzung hierzu, wobei nicht selten nützliche Erkenntnisse für den Regelunterricht oder auch die Sonderpädagogik erwartet werden können. Der Rechtsanspruch auf begabungsgerechte Bildungschancen im Sinne individuell angemessener Sozialisationsbedingungen konveniert mit der entwicklungs- und erziehungspsychologischen Begründung der Begabtenförderung.

Literatur

Gagné, F. (1985). Giftedness and talent: Reexamining a reexamination of the definition. *Gifted Child Quarterly, 29*, 103-112.

Gagné, F. (1993). Constructs and Models Pertaining to Exceptional Human Abilities. In K.A. Heller, F.J. Mönks & A.H. Passow (Eds.), *International Handbook of Research and Development of Giftedness and Talent* (pp. 69-87). Oxford: Pergamon Press.

Gagné, F. (1998). A proposal for subcategories within the gifted or talented populations. *Gifted Child Quarterly, 42*, 87-95.

Gagné, F. (2000). Understanding the Complex Choreography of Talent Development Through DMGT-Based Analysis. In K.A. Heller, F.J. Mönks, R.J. Sternberg & R.F. Subotnik (Eds.), *International Handbook of Giftedness and Talent* (2nd ed., pp. 67-79). Oxford: Pergamon Press / Amsterdam: Elsevier Science.

Gardner, H. (1983). *Frames of mind. The theory of multiple intelligences.* New York: Basic Books.

Hany, E.A. (1992). Identifikation von Hochbegabten im Schulalter. In K.A. Heller (Hrsg.), *Hochbegabung im Kindes- und Jugendalter* (S. 37-163) bzw. [2]2001 (S. 41-169). Hogrefe: Göttingen.

Heller, K.A. (Hrsg.). (1992). *Hochbegabung im Kindes- und Jugendalter* (2., stark erweiterte Aufl. 2001). Göttingen: Hogrefe.

Heller, K., Rosemann, B. & Steffens, K. (1978). *Prognose des Schulerfolgs.* Eine Längsschnittstudie zur Schullaufbahnberatung. Weinheim: Beltz.

Heller, K.A. & Hany, E.A. (1986). Identification, Development and Achievement Analysis of Talented and Gifted Children in West Germany. In K.A. Heller & J.F. Feldhusen (Eds.), *Identifying and Nurturing the Gifted* (pp. 67-82). Toronto: Huber Publ.

Heller, K.A. & Perleth, C. (1988). Formen der Hochbegabung bei Schülern. Aktuelle Ergebnisse einer Längsschnittstudie. In B. Grillmayr, W. Hübl & A. Pusch (Hrsg.), *Begabungen gefragt! Needed The Gifted. Bericht der Europäischen Konferenz vom 26. bis 28. September 1988 in Salzburg* (S. 56-61).

Heller, K.A. & Perleth, Ch. (2007a). *Münchner Hochbegabungstestbatterie für die Primarstufe (MHBT-P)*. Göttingen: Hogrefe.

Heller, K.A. & Perleth, Ch. (2007b). *Münchner Hochbegabungstestbatterie für die Sekundarstufe (MHBT-S)*. Göttingen: Hogrefe.

Kuhl, J. (1983). *Motivation, Konflikt und Handlungskontrolle*. Berlin: Springer.

Lehwald, G. & Friedrich, G. (1987). *Entwicklungspsychologische Probleme der Früherkennung von Begabungen*. Special Issue von Psychologie für die Praxis (S. 5-12). Berlin: Dt. Verlag d. Wiss.

Mierke, K. (1963). *Begabung, Bildung und Bildsamkeit*. Bern/Stuttgart: Huber/Klett.

Mönks, F.J., van Boxtel, H.W., Roelofs, J.J.W. & Sanders, M.P.M. (1986). The Identification of Gifted Children in Secondary Education and a Description of their Situation. In K.A. Heller & J.F. Feldhusen (Eds.), *Identifying and Nurturing the Gifted* (pp. 39-65). Toronto: Huber Publ.

Nickel, H. (1979). *Entwicklungspsychologie des Kindes- und Jugendalters, Bd. II* (3. Aufl.). Bern: Huber.

Nickel, H. (Hrsg.). (1989). *Wege, Aufgaben und Ziele einer interdisziplinären prä-, peri- und postnatalen Entwicklungsforschung*. Bericht über die gleichnamige Diskussionsgruppe auf dem 36. DGfPs-Kongress in Berlin 1988. Düsseldorf: Univ.-Reihe.

Nickel, H. (1990). Pränatales und postnatales Engagement von Vätern und das Verhalten ihrer neun Monate alten Kinder in einer Trennungssituation. *Psychologie in Erziehung und Unterricht, 37*, 26-32.

Oswald, W.D. & Roth, E. (1978). *Der Zahlenverbindungstest (ZVT)*. Göttingen: Hogrefe.

Perleth, Ch. (1992). Zur Methodik der Münchner Hochbegabungsstudie. In K.A. Heller (Hrsg.), *Hochbegabung im Kindes- und Jugendalter* (S. 351-381) bzw. ^{2}2001 (S. 447-477). Göttingen: Hogrefe.

Perleth, Ch. (2001). Follow-up-Untersuchungen zur Münchner Hochbegabungsstudie. In K.A. Heller (Hrsg.), *Hochbegabung im Kindes- und Jugendalter* (2. Aufl., S. 357-446). Göttingen: Hogrefe.

Perleth, C. & Sierwald, W. (1992). Entwicklungs- und Leistungsanalysen zur Hochbegabung. In K.A. Heller (Hrsg.), *Hochbegabung im Kindes- und Jugendalter* (S. 165-350) bzw. ^{2}2001 (S. 171-355). Göttingen: Hogrefe.

Rimm, S.B. (1980). *Group Inventory for Finding Creative Talent (GIFT)*. Watertown, WI: Educational Assessment Service.

Schoppe, K.-J. (1975). *Verbaler Kreativitätstest (VKT)*. Göttingen: Hogrefe.

Kapitel 11

Evaluationsbefunde zum baden-württembergischen Akzelerationsmodell „Achtjähriges Gymnasium (G8) mit besonderen Anforderungen" (1992-2001)

Inhalt

Einleitung

Mit Beginn des Schuljahres 1991/92 wurde in Baden-Württemberg der Schulmodellversuch „Achtjähriges Gymnasium mit besonderen Anforderungen" (G8) – zunächst – an vier Schulstandorten gestartet: in Meersburg (Droste-Hülshoff-Gymnasium), in Stuttgart (Karls-Gymnasium), in Kirchzarten (Marie-Curie-Gymnasium) und in Rastatt (Tulla-Gymnasium). Inzwischen sind weitere (ca. 30) Schulstandorte hinzugekommen, die das „Gymnasium mit achtjährigem Bildungsgang" (so die jetzige Bezeichnung) landesweit anbieten.

Das baden-württembergische Kultusministerium beauftragte den Autor mit der wissenschaftlichen Begleitung bzw. Evaluation des G8-Schulmodellversuchs an den genannten vier Schulstandorten.

Diese setzte 1992 ein und umfasste die ersten drei kompletten Einschulungsjahrgänge am G8 jeweils bis zum Abitur (1. Einschulungsjahrgang 1999, 2. Einschulungsjahrgang 2000, 3. Einschulungsjahrgang 2001). Somit ergab sich die in Deutschland seltene Gelegenheit, durch jährliche Retestungen drei komplette G8-Jahrgangspopulationen in einer insgesamt zehnjährigen Längsschnittanalyse in ihrer Entwicklung bis zum Abitur kontinuierlich zu beobachten. Ausführlicher vgl. Heller (2002).

1. Stichprobenplan und Untersuchungsdesign

Zu Vergleichszwecken wurden zwei neunjährige Kontrollgymnasien (G9) im Zeitraum von 1997 bis 1999 in die Untersuchung einbezogen, wobei der Stichprobenplan hier ein kombiniertes Querschnitt/Längsschnitt-Design (Sequenzmodell) erlaubt. Außerdem wurden auf Wunsch der betr. Schulen einzelne spätere Einschulungsjahrgänge in die Evaluationsstudie einbezogen, so die Kohorte 4 (4. Einschulungsjahrgang) am Stuttgarter Karls-Gymnasium und die Kohorte 5 (5. Einschulungsjahrgang) in Kirchzarten. Die Datenerhebungen fanden jährlich im Februar, die Ergebnisrückmeldungen (aus Datenschutzgründen nur gruppenstatistische Befunde) an die betr. Lehrkräfte, Eltern und Schüler jeweils im April statt. Darüber hinaus wurden den beteiligten Schülern und deren Eltern individuelle Beratungen (mit zusätzlichen Dateninformationen zu den betr. Einzelfällen) angeboten, wovon in den ersten Jahren mehr als zwei Drittel der Schülereltern Gebrauch machten.

Nachstehend sind in Tabelle 1 die Strichprobenpläne der Untersuchung im G8 (Tabelle 1a) und im G9 (Tabelle 1b) wiedergegeben. Geschlechterverteilung und Stichprobengröße (Gesamtstichprobe) sind Tabelle 2 zu entnehmen.

Die im Laufe von 10 Jahren eingesetzten zahlreichen Tests und Fragebögen sind Heller (2002, S. 68ff.) zu entnehmen. Durchgehend auf allen Klassenstufen 5 bis 12 bzw. 13 eingesetzt wurde die 2. Auflage des Kognitiven Fähigkeits-Tests (KFT 4-13) von Heller, Gaedike und Weinläder (1985). Darüber hinaus wurde u.a. auf einzelne Verfahren von der Münchner Hochbegabungsstudie (vgl. Kapitel 10 oben) zurückgegriffen, die auch in der später veröffentlichten MHBT-Sekundarstufenform enthalten sind (Heller & Perleth, 2007).

Tabelle 1a: **G8**-Stichprobenplan (Zeitraum 1992-1998).

	Februar 1992	Februar 1993	Februar 1994	Februar 1995	Februar 1996	Februar 1997	Februar 1998
Messzeit-punkt	1	2	3	4	5	6	7
1. Kohorte	Klasse 5	Klasse 6	Klasse 7	Klasse 8	Klasse 9	Klasse 10	Klasse 11
2. Kohorte		Klasse 5	Klasse 6	Klasse 7	Klasse 8	Klasse 9	Klasse 10
3. Kohorte			Klasse 5	Klasse 6	Klasse 7	Klasse 8	Klasse 9
4. Kohorte				Klasse 5	Klasse 6	Klasse 7	Klasse 8
5. Kohorte					Klasse 5	Klasse 6	Klasse 7

Tabelle 1b: **G9**-Stichprobenplan (Kontrollgruppe) für den Zeitraum 1997-1999.

Jahrgang (Kohorte)	**1997**	**1998**	**1999**
1. Jahrgang (0. Kohorte)	11. Klasse	12. Klasse	13. Klasse
2. Jahrgang (2. Kohorte)	9. Klasse	10. Klasse	11. Klasse
3. Jahrgang (4. Kohorte)	7. Klasse	8. Klasse	9. Klasse
4. Jahrgang (6. Kohorte)	5. Klasse	6. Klasse	7. Klasse

Anmerkung: Jeweils eine Klasse pro Klassenstufe und Schulstandort, d.h. bei zwei Schulen 2 Klassen je Zelle/2 Klassen pro Jahrgang. In Klammer die korrespondierenden Kohorten des achtjährigen Gymnasiums.

Tabelle 2: Geschlechterverteilung in der **G8**- bzw. **G9**-Stichprobe.

Datenbasis aller Erhebungen (*mit* Mehrfachmessung)			
	G8	**G9**	zusammen
Jungen	728	260	988
Mädchen	523	374	897
zusammen	1251	634	1885
Datenbasis je Schüler (*ohne* Mehrfachmessung)			
	G8	**G9**	zusammen
Jungen	148	99	247
Mädchen	116	144	260
zusammen	264	243	507

Quelle: Heller, Reimann und Rindermann (2002, S. 60).

Im Folgenden werden aus dem 8. Zwischenbericht (Heller & Reimann et al., 1999) ausgewählte Befunde wiedergegeben. Der Abschlussbericht ist 2002 erschienen (Heller, 2002) und enthält weitere Detailinformationen, insbesondere auch zur Entwicklung kognitiver Schülerkompetenzen im G8 vs. G9 der ersten drei Einschulungskohorten bis zum Abitur.

2. Evaluationsbefunde

2.1 Entwicklung nicht-kognitiver Schülermerkmale

Über alle Klassenstufen hinweg bis zur 10. Klasse wurde auch der AFS (Angstfragebogen für Schüler) von Wieczerkowski et al. (1981) eingesetzt. Er erhebt u.a. Schulunlust und Prüfungsängstlichkeit. Daneben wurden Kausalattributionsskalen (Erklärungen von Erfolg und Misserfolg aus Schülersicht), Skalen zur Arbeitshaltung (Anstrengungsvermeidung, Pflichteifer), Selbstkonzeptskalen (u.a. zur Erfassung von Entwicklungszielen) und spezifische Entwicklungsskalen (z.B. zur Messung der sozialen Beziehungen zu Gleichaltrigen oder zu Familienmitgliedern) verwendet.

Bei den jüngeren Kohorten zeigten sich 1998 im Durchschnitt günstige motivationale Muster. Die Prüfungsangst ist schwach ausgeprägt, Misserfolge werden primär auf fehlende Anstrengung oder Pech (und nicht auf mangelnde Begabung) und Erfolge bevorzugt auf die eigene Tüchtigkeit zurückgeführt. In diesem Sinne kann von einem motivationsförderlichen und selbstwertstabilisierenden Attributionsschema gesprochen werden. Sehr niedrige Prüfungsängstlichkeit kann jedoch auch anstrengungsbremsend wirken. Wie bei den meisten Persönlichkeitsmerkmalen sind extreme Ausprägungen als eher ungünstig zu werten. Im Selbstkonzeptfragebogen bestätigen sich die optimistischen Kompetenzselbsteinschätzungen. Im schulischen, sozialen und generellen Selbstkonzept sind keine problematischen Ergebnisse zu beobachten. Mit dem Älterwerden nehmen bei den Schülern der 3. Kohorte Prüfungssorgen und -ängstlichkeit ab. Die Schüler des achtjährigen Gymnasiums fühlen sich also schulisch nicht überfordert. In den Selbstkonzeptskalen äußert sich ein gesundes Selbstvertrauen der Schüler. Negative emotionale Auswirkungen der hohen schulischen Anforderungen im G8 sind nicht feststellbar. In der 4. Kohorte sind die sehr günstig ausgeprägten Selbstkonzeptwerte und die im Vergleich zum Regelgymnasium sehr geringe Stigmatisierung guter Schüler besonders auffällig.

Ähnlich wie bei den Fähigkeiten haben sich in der 5. Kohorte (nur Kirchzarten) sehr positive Veränderungen im Vergleich zur 5. und 6. Klasse ergeben. Die Schüler sind weniger ängstlich, führen Erfolge eher auf eigene Begabung und Misserfolge auf fehlende Anstrengung zurück, sie sind in der 7. Klasse deutlich günstiger motiviert und selbstsicherer. Allerdings darf nicht übersehen werden, dass 1998 nur 69% (9 von 13 Schülern) an der Untersuchung teilgenommen haben, Veränderungen sind also hier möglicherweise auf Stichprobeneffekte zurückzuführen. Auffällig ist hier der leicht erhöhte Stigmatisierungswert bei guten Schülern.

Auch bei Schülern des Regelgymnasiums sind positive Veränderungen im Vergleich zum Vorjahr beobachtbar. Sie können größtenteils auf altersgemäße Reifungsprozesse oder angemessene Reaktionen auf neue Leistungsanforderungen in der Oberstufe zurückgeführt werden. Die Veränderungen fallen jedoch im Vergleich zum achtjährigen Gymnasium geringer aus. Beim Vergleich zwischen G8 und G9 fällt auf, dass die Schüler des achtjährigen Gymnasiums weniger ängstlich sind, sie empfinden weniger Schulunlust, haben ein höheres Fähigkeitsselbstkonzept und ein etwas besseres Selbstwertgefühl als die Schüler im neunjährigen

Gymnasium. Sie sehen sich weniger durch Stigmatisierungsprozesse betroffen als die „Extraschüler" des Regelgymnasiums. Die „Extraschüler" (besonders befähigte Schüler aus Parallelklassen des Regelgymnasiums) zeichnen sich im Vergleich zu den nicht ausgelesenen Schülern des G9 teils durch günstigere, teils durch ungünstigere Persönlichkeitsmerkmale aus: Sie sind weniger extravertiert und sozial kompetent (Selbsteinschätzung in der 12. Klasse), attribuieren Misserfolge und Erfolge motivationsförderlicher und selbstwertstützender, verfügen über ein günstigeres Fähigkeitsselbstkonzept, je nach Klassenstufe sind sie aber ängstlicher oder weniger ängstlich als ihre Mitschüler im G9. Die G9-Schüler sind eher unauffällig, d.h. durchschnittlich ängstlich, ebenso in ihrem Attributionsmuster und in den Selbstkonzeptskalen.

Zwischen den Schulstandorten des G8 bestehen klassenübergreifend keine systematischen Unterschiede in den Persönlichkeitstestwerten. Je nach Klassenstufe sind unterschiedliche Schulstandortausprägungen beobachtbar. Bei relativ kleinen Stichprobenumfängen können jedoch wenige Ausreißer das Gesamtbild stärker beeinträchtigen, was bei der Interpretation dieser Befunde zu berücksichtigen ist.

Ebenso sind die Heidelberger und Sinsheimer Schüler des G9 einander ziemlich ähnlich. Die Unterschiede sind in den meisten Skalen nur gering. Systematische, über verschiedene Klassenstufen konstante Schulstandorteffekte sind kaum beobachtbar. Auffällig ist jedoch die leicht höhere Ängstlichkeit in den unteren Klassen in Heidelberg (ähnlich 1997) und die günstigere Motivationsstruktur der Heidelberger Zwölftklässler. Diese Unterschiede lassen sich nicht durch unterschiedliche Geschlechterverteilungen in den Klassen erklären. Zwischen Jungen und Mädchen beider Gymnasialformen ergeben sich über alle Klassenstufen und Testverfahren hinweg einige charakteristische Unterschiede in den Persönlichkeitsskalen. Mädchen sind besser an die schulische Aufgabensituation angepasst. In den Skalen, die unterschiedliche Kompetenzen und Präferenzen für Sprachen und Mathematik wiedergeben, sind bedeutsame geschlechtsrollenkonforme Mittelwertdifferenzen aufgetreten. In den meisten Bereichen fallen die Unterschiede jedoch gering aus.

2.2 Schulische Lernumweltbedingungen (aus Schüler-, Eltern- und Lehrersicht)

Schüler, Eltern und Lehrer wurden gebeten, zu mehreren Aspekten des Unterrichts und ihren schulischen Erfahrungen Stellung zu nehmen. Dazu zählen schulische Anforderungen, Interessantheit des Unterrichts, Störungen, Unterrichtstechniken, Schülerverhalten und -fähigkeiten u.ä. Die Instrumente unterscheiden sich je nach Beobachterperspektive und Urteilskompetenz. So nahmen z.B. nur Lehrer differenziert zu einzelnen Unterrichtstechniken Stellung. 1998 wurden zum ersten Mal bei allen drei Informationsquellen (Lehrer, Schüler, Eltern) umfangreiche Skalen zum Schul- und Klassenklima eingesetzt. Besonders relevante Fragen aus dem 1997er Interview zum achtjährigen Gymnasium wurden in die Eltern- und Lehrerfragebögen aufgenommen. Sie erwiesen sich als aufschlussreich für die Formulierung von Lob, Kritik und Verbesserungsvorschlägen. Aus Zeitgründen konnten 1997 nicht alle Eltern und Lehrer interviewt werden; Durchführung und Auswertung der Interviews waren sehr arbeitsaufwendig. Auch können in den Ergebnissen der Inter-

views subjektive oder Zufalls-Faktoren eine größere Rolle spielen als bei Fragebo-
genresultaten. Deshalb wurden 1998 ausgewählte offene und geschlossene Fragen
allen Eltern im Elternfragebogen zur Beantwortung vorgelegt. Im neunjährigen
Gymnasium wurden die Fragen analog zum achtjährigen formuliert.

Im acht- wie im neunjährigen Gymnasium überwiegt aus *Schülersicht* die Unterrichtsmethode der direkten Instruktion, d.h. der schülerzentrierte lehrergeleitete
Unterricht. Die Anforderungen werden in beiden Gymnasialformen als angemessen
erlebt. Die Schüler fühlen sich durch die höheren Anforderungen im achtjährigen
Gymnasium nicht überfordert. Auch die Wettbewerbsmotivation ist im Schulmodellversuch nicht höher, vielmehr zeigen sich eher gegenteilige Tendenzen über
verschiedene Klassenstufen hinweg. Dieses Ergebnis war so nicht zu erwarten. So
wird häufig befürchtet, dass durch die Akzeleration im G8-Bildungsgang, entsprechend geringere Wiederholungsmöglichkeiten und komplexere Unterrichtsinhalte
auch bei überdurchschnittlich begabten Kindern eine Überforderung eintreten
könnte. Zudem wird oft ein übertriebener Ehrgeiz bei den Schülern des achtjährigen Gymnasiums durch erhöhte Wettbewerbsmotivation unterstellt, was jedoch
durch unsere Resultate nicht belegbar ist. Das Wettbewerbsmuster ist im Regelgymnasium (G9) – entgegen der Erwartung – sogar etwas höher ausgeprägt. Akzentuierte Fächerpräferenzen ließen sich nicht beobachten. Je nach Klassenstufe
und Schulform (sowie Schulstandort) äußern die Schüler geringfügig unterschiedli-
ches Interesse für die einzelnen Fächer bzw. Fächergruppen. Dieses Interesse ist
nicht unabhängig vom jeweils unterrichtenden Lehrer. Im Durchschnitt liegen die
Resultate etwas über dem Skalenmittel. Interesse für ein Unterrichtsfach hat Auswirkungen auf die Aufmerksamkeit, Konzentration, aktive Unterrichtsteilnahme,
das Lernverhalten und die selbstständige Beschäftigung mit Unterrichtsthemen.
Die im acht- und neunjährigen Gymnasium von den Schülern berichteten Werte
zeigen eine günstige Motivstruktur.

In beiden Gymnasialformen wird die Kooperationsfähigkeit zwischen Schülern
und seitens der Lehrer von den Schülern günstig beurteilt. Unterrichtsstörungen
treten aus Sicht der Schüler relativ selten auf. Konkurrenz und Leistungsdruck sind
nicht sehr hoch. Zwischen acht- und neunjährigem Gymnasium bestehen nur geringe Unterschiede. Anforderungen und Leistungsorientierung werden im Regelgymnasium durch die Schüler stärker empfunden, dort treten auch Unterrichtsstörungen und körperliche Auseinandersetzungen geringfügig häufiger auf. Zwar wird
im achtjährigen Gymnasium das Lehrerverhalten günstiger beurteilt (Beziehung zu
Schülern, schülerorientierter Unterricht), dagegen wird das interne Klima zwischen
den Schülern etwas kritischer gesehen.

In beiden Gymnasialtypen wird die Kooperation zwischen den Schülern untereinander bzw. zwischen Schülern und Lehrern von Seiten der Schüler positiv empfunden. Diese Einschätzung wird sowohl von Eltern als auch von Lehrern geteilt.
Ein Vergleich der Eltern- und Lehrereinschätzungen zeigt, dass die Lehrer den
Konkurrenzdruck unter den Schülern höher, dagegen Unterrichtsstörungen eher
geringer einschätzen als die Eltern. Die Eltern sind jedoch in viel stärkerem Maße
der Meinung, dass im Unterricht der Schwerpunkt auf der Stoffbewältigung liegt.
Ein Vergleich der Aussagen der Lehrer der vier achtjährigen Gymnasialstandorte

belegt ferner, dass in Meersburg die geringsten Disziplinschwierigkeiten auftreten. Dieses Urteil wird von den Meersburger Schülereltern und Schülern bestätigt.

Die *Eltern* sind mehrheitlich mit dem acht- und neunjährigen Gymnasium zufrieden. Mit Ausnahme des Klassenklimas geben die Eltern der G8-Schüler günstigere Einschätzungen zum Gymnasium, speziell gegenüber Lehrern und Unterricht, ab. Über- und Unterforderungen kommen in etwa gleich oft vor, wobei die überwiegende Mehrheit die schulischen Anforderungen als angemessen erlebt. Freie Antworten zu positiven Aspekten überwiegen zahlenmäßig freie Antworten zu negativen Aspekten im Gymnasium. Hinsichtlich der Lehrer und des Unterrichts wurde vereinzelt Kritik geübt (einzelne Lehrer, Ausbildung, Didaktik); insgesamt sind die Eltern aber mit den Lehrern und dem Unterricht zufrieden. Trotz dieser hohen Akzeptanz sind kritische Antworten und Verbesserungsvorschläge von besonderem Interesse, weil sich hier Möglichkeiten zur weiteren Optimierung der schulischen Situation zeigen. So werden für das achtjährige Gymnasium größere Klassen, die Verwendung neuer Unterrichtsformen und ein verbessertes Image des Bildungsganges gewünscht, im neunjährigen Regelgymnasium werden dagegen kleinere Klassen, mehr (und jüngere) Lehrer, weniger Unterrichtsausfälle und neue didaktische und pädagogische Methoden gefordert.

Da uns 1998 nur fünf Lehrerfragebögen aus dem Regelgymnasium vorlagen, stützt sich die Auswertung ausschließlich auf *Lehrereinschätzungen* aus dem achtjährigen Gymnasium. Allerdings konnten die G8-Lehrer einen internen Vergleich mit dem neunjährigen Regelgymnasium vornehmen, da sie meist zugleich im G8 und im G9 unterrichteten.

Die Lehrer schätzen bei einem solchen Vergleich vor allem die intellektuelle Entwicklung, das Interesse und Engagement der Schüler, ihre eigene Freude und Zufriedenheit mit dem Unterricht, Anforderungshöhe und Einsatz selbstständigen Lernens besonders hoch ein. Überforderte Schüler, Störungen und Sanktionierungsmaßnahmen wären wesentlich seltener. Das Lösen von Disziplin- oder Lernproblemen nimmt wenig Raum ein. Unterrichtstechniken der direkten Instruktion, die sich bei der strukturierten und raschen Stoffvermittlung bewährt haben, werden öfter verwendet als Methoden des entdeckenden oder selbstständigen Lernens, die vor allem Tiefenverarbeitung, Motivation und Lerntechniken fördern. Mit der Konzeption und Realisation des achtjährigen Gymnasiums zeigen sich die Lehrer überwiegend zufrieden, mit den politischen Rahmenbedingungen des G8 jedoch weniger (Ende der 1990er Jahre wurden in der Öffentlichkeit widersprüchliche Informationen über die Zukunft des G8 in der hier evaluierten Form kolportiert, was für Unruhe bei den am G8 beteiligten Schulen und Schülereltern sorgte). Das Alter der Lehrer hatte keinen Einfluss auf die Beurteilung des Unterrichts, das Geschlecht jedoch: Lehrerinnen beurteilen ihren Unterricht günstiger als Lehrer.

Auch bei der Analyse der offenen Antworten zeigte sich, dass die Lehrer von der besonderen Begabung der Schüler im G8 überzeugt sind: Sie sprechen hier vor allem die hohe Motivation und Leistungsbereitschaft an. Der G8-Zug zeichnet sich durch seine überdurchschnittlich interessierten und befähigten Schüler aus (Auffassungsgabe, Selbstständigkeit, Ideenreichtum usw.). Kritisch werden vereinzelt Sozialverhalten und Klassengemeinschaft angesprochen. Allerdings überwiegen

die positiven Nennungen zahlenmäßig eindeutig die negativen. Am neuen achtjährigen Gymnasium – inzwischen existieren über 50 G8-Züge in Baden-Württemberg
– wird vor allem das fehlende Aufnahmeverfahren und die befürchtete Absenkung
des Niveaus kritisiert. Dementsprechend plädieren die Lehrer für ein objektiveres
Aufnahmeverfahren. *Anmerkung:* Zu Beginn des 21. Jahrhunderts wurde das G8 in
Baden-Württemberg als Regelgymnasium eingeführt, dessen Schülerpopulation
allerdings nicht bzw. nur sehr eingeschränkt mit den von uns 1992-2001 evaluierten G8-Klassen vergleichbar ist. Ausführlicher vgl. Heller (2002).

2.3 Schulische Leistungen

Hier wurde untersucht, ob sich die unterschiedlichen Lernvoraussetzungen der
Schülerschaft im acht- und neunjährigen Gymnasium in unterschiedlichen Schulleistungen niederschlagen. Die schulischen Leistungen in Form von Jahresend-
zeugnisnoten unterscheiden sich zwischen acht- und neunjährigem Gymnasium
weniger, als es die Unterschiede in Fähigkeitstestresultaten und Fremdeinschätzun-
gen hinsichtlich Motivation und Interesse seitens der Lehrer erwarten ließen. Im
achtjährigen Gymnasium erreichen die Schüler besonders gute Noten in der 5.
Klasse (Eintritt ins Gymnasium) und in der 11. Klasse (Beginn der Kollegstufe).
Mit dem Eintritt in die Kollegstufe steigen die Noten. Nur in Sport sinken bei G8-
Schülern die Schulnoten mit Eintritt in die Kollegstufe. Dies wird durch Referenzrahmeneffekte erklärt: Lehrer vergleichen die schulischen Leistungen innerhalb
einer Klasse miteinander, der Durchschnittswert darf insgesamt nicht zu hoch oder
niedrig liegen. Dies führt bei einer Klasse mit vielen guten Schülern dazu, dass die
Notenstandards etwas strenger werden, in Klassen mit vielen schwachen Schülern,
dass sie milder werden. Individualnoten und Klassenschnitte sind somit negativ
korreliert – ein Phänomen, das schon oft beobachtet wurde.

Bis zur Kollegstufe sind diese etwas strengeren Standards im G8 pädagogisch
durchaus sinnvoll. So können sie zu besserer Leistung und höherem Engagement
motivieren. Spätestens beim Abiturzeugnis, mit dem die Schüler sich später bewer-
ben müssen und es keinen G8-Bonus gibt, wären solche Referenzrahmeneffekte
jedoch unerwünscht und sogar ungerecht. Hier ließ sich allerdings beobachten, dass
mit Eintritt in die Kollegstufe die Noten der G8-Schüler wieder steigen – vor allem
in Sprachen, Mathematik und Physik. 1999 konnten zum ersten Mal Abiturnoten-
schnitte von G8- und G9-Schülern miteinander verglichen werden.

In Nebenfächern werden in beiden Bildungsgängen bessere Noten erzielt als in
Hauptfächern, die schwächsten Noten liegen aus Mathematik und Physik vor.
Mädchen weisen in allen Fächern bis auf Mathematik und Physik bessere Zeugnisnoten auf. Dies lässt sich vor allem auf unterschiedliche Arbeitseinstellungen zurückführen, wobei geschlechtsspezifische Notenstandards auf Lehrerseite grundsätzlich nicht ausgeschlossen werden können. Nicht nur in den jährlich erfassten
KFT-Befunden, sondern auch in den Abiturzeugnisnoten aller drei Einschulungsjahrgänge von 1991/92 bis 1993/94 schnitten die G8-Schüler durchschnittlich um
eine 3/4 Standardabweichung (eine knappe Notenstufe) besser ab als die G9-Abitu-
rienten; ausführlicher vgl. Reimann (2002, S. 120ff.). Dies ist umso bemerkenswer-

ter, wenn man die verkürzte Schulzeit und das inhaltlich anspruchsvollere G8-Programm gegenüber dem G9-Bildungsgang bedenkt. Die G8/G9-Abiturnotenvergleiche unterliegen wegen des Zentralabiturs in Baden-Württemberg keinem Referenzrahmeneffekt, sind also ohne Relativierung aussagekräftig.

3. Bildungsempfehlungen

3.1 Aufnahmeverfahren

Im achtjährigen (Schulmodell-)Gymnasium (G8) zeigt sich im Vergleich zum neunjährigen (Regel-)Gymnasium (G9) eine insgesamt günstigere Ausprägung soziokultureller Hintergrundvariablen. Zwar bestehen größere Unterschiede zwischen Gymnasiasten und Realschülern bzw. Hauptschülern, das günstigere Anregungspotential im Elternhaus der G8-Schülerschaft ist aber unübersehbar. Um hier selektiven Bevorzugungen oder Benachteiligungen auf Lehrer- oder Elternseite bei der Übertrittsentscheidung vorzubeugen und um klassen- und schulspezifische Standards auszugleichen, sollten Grundschulzeugnisse der 4. Klasse durch zentral vorgegebene Arbeiten ergänzt werden. Ergebnisse aus zentralen Orientierungs- oder Probearbeiten könnten wichtige Informationen beisteuern, vor allem bei solchen Kindern, bei denen Entscheidungen aufgrund bisheriger Leistungen zweifelhaft sind. Sie könnten auch von den G8-Kollegien zur Begutachtung und Auswahl von Kindern herangezogen werden. Insbesondere dienten sie dazu, hoch befähigte Kinder aus bildungsferneren Schichten für das achtjährige Gymnasium zu gewinnen. Zentrale Orientierungsarbeiten tragen dazu bei, leistungs- und fähigkeitsangemessenere sowie individuell gerechtere Entscheidungen hinsichtlich des weiteren Bildungsganges zu fällen.

Viele Lehrer und Eltern im (damaligen) achtjährigen Gymnasium sahen es als kritisch an, dass die Entscheidung für den Besuch des „neuen" G8 in der zweiten Hälfte der 1990er Jahre allein bei den Eltern liegen soll. Einige sehen die Gefahr, dass Kinder auch aus Prestigegründen auf das G8 geschickt werden könnten. Formal ist jetzt zwar die Entscheidung den Eltern vorbehalten, durch das Beratungsgespräch am aufnehmenden Gymnasium ließen sich jedoch grobe Fehlentscheidungen reduzieren. Die kontinuierliche Beobachtung der Kinder im fünften Schuljahr am G8 erlaubt darüber hinaus ein frühzeitiges Eingreifen bei eventuell auftretenden Überforderungen und einen Wechsel ins Regelgymnasium. Aus pädagogisch-psychologischer Sicht wären zusätzliche Informationen neben dem Grundschulzeugnis und einem Gespräch mit dem Kind aus (bei allen Kindern durchzuführenden) *Orientierungsarbeiten* oder *Schulleistungs-* und *Fähigkeitstests* nützlich.

3.2 Abitur, Kollegstufe

Da der Abschluss am achtjährigen Gymnasium keine neuen, institutionell abgesicherten Bildungschancen eröffnet, die Schüler aber mit anderen Abiturienten, einschließlich jener, die aufgrund ihres Fähigkeitsniveaus das achtjährige Gymnasium hätten besuchen können, um Studien- bzw. Ausbildungsplätze konkurrieren, müssen diese in den Klassen 11 und 12 mit den gleichen (lernzielorientierten) Leis-

tungsmaßstäben benotet werden wie Schüler in der 12. und 13. Klasse des neunjährigen Regelgymnasiums. Hier dürfen keine unterschiedlichen Notenstandards an-
gewendet werden. Bei gemischten Oberstufen oder bei der gemeinsamen Oberstufe
wie im neuen G8 dürfte dies kein Problem sein. In der Unter- und Mittelstufe erscheinen unterschiedliche Notenstandards aus pädagogischen Gründen sinnvoll. Da
der Abiturschnitt jedoch Weichenstell- und Kontrollfunktion aufweist, sollten auch
hier gleiche Bewertungsmaßstäbe verwendet werden.

Allerdings entfällt bei dieser Variante der Fördereffekt in der Kollegstufe. Es
wäre deshalb zu überlegen, ob G8-Schüler nicht generell – in den Anfangsjahren
des G8-Schulversuchs ohnehin obligatorisch – drei oder vier Leistungskurse belegen sollten (und die überzähligen nachträglich als Grundkurse werten lassen).
Grundsätzlich wäre es sinnvoll, wenn viele Gymnasiasten eine möglichst breite
Allgemeinbildung erhielten, um in späteren Ausbildungsgängen auf einem soliden
Fundament an Grundkenntnissen und -fertigkeiten aufbauen zu können.

3.3 Grundschule

Unterforderung in der Grundschule führt sehr oft zu schulaversiven Einstellungen
und behindert die kognitive Entwicklung, statt sie zu fördern. Im achtjährigen
Gymnasium wird immer wieder von Lehrern beobachtet, dass besonders begabte
Kinder mit unzureichender Arbeitshaltung oder mit Abneigung gegen die Schule
aus Grundschulen angemeldet werden. Die Grundschullehrerschaft müsste deshalb
in der Aus- und Fortbildung auch für Hochbegabtenfragen sensibilisiert und für die
Hochbegabtenförderung qualifiziert werden.

Schulinterne *Differenzierungsmaßnahmen* tragen dazu bei, Langeweile und
Desinteresse bei hochbegabten Grundschulkindern vorzubeugen und durch besonders anspruchsvolle Aufgaben diese in ihrer kognitiven und motivationalen Entwicklung zu fördern. Klasseninterne Maßnahmen der Freiarbeit und inneren Differenzierung sowie AGs reichen aber oft nicht aus, um hochbegabte Kinder angemessen zu fördern. Ferner lassen sich diese Unterrichtskonzepte nur zeitlich begrenzt realisieren, wobei individuelle Freiarbeit noch zu Vereinzelung führen kann.
So ist es oft im Interesse des Kindes besser, eine *Klassenstufe* (2., 3. oder 4. Klasse
am Ende oder im Laufe eines Schuljahres) zu *überspringen.* Vor allem in denjeni-
gen Fällen, bei denen Probleme mit Mitschülern und Lehrern oder Entwicklungsprobleme aufgrund der Unterforderung erkennbar sind, sollte das Überspringen von
Klassen erwogen werden. In der Regel findet sich das hochbegabte Kind in der
neuen Klasse genauso gut zurecht wie in der früheren, das Leistungsniveau bleibt
trotz des jüngeren Alters überdurchschnittlich (vgl. Heinbokel, 2004).

Wie das Überspringen wird auch die *vorzeitige* Einschulung noch zu selten als
Maßnahme zur Förderung besonders begabter Kinder ergriffen. Hier sollten Stich-
tage flexibilisiert werden. Die Einschulung müsste weniger von der altersdefinier-
ten „Schulreife", als vielmehr von der persönlichen, entwicklungsorientierten
Schulfähigkeit abhängig gemacht werden. Hochbegabte Kinder sollten auch mit
fünf Jahren oder zum Schulhalbjahr eingeschult werden können (was inzwischen in
Baden-Württemberg und einigen anderen Bundesländern möglich ist).

Eine für alle Schüler besonders geeignete Form der individuellen Förderung stellen jahrgangsgemischte Eingangsstufen dar, wie sie zur Zeit an baden-württembergischen Grundschulen erprobt werden. Hier werden die ersten beiden Schuljahre flexibilisiert: Durchschnittlich begabte Schüler besuchen diese wie gewohnt in zwei Jahren, schwächere in drei Jahren und begabte in einem Jahr. Abrupte Bezugsgruppenwechsel werden so für „Sitzenbleiber" oder „Überspringer" verhindert, da immer ca. 50% der Schüler in der gemischten Klasse verbleiben. Zusätzliche Maßnahmen wie Einschulung zum Schulhalbjahr und Erleichterung vorzeitiger Einschulung berücksichtigen individuelle Entwicklungsverläufe und Begabungen. Dieses Modell verspricht aufgrund seiner Flexibilität besondere Fördermöglichkeiten, vor allem wenn es dazu beiträgt, in der Grundschule fähigkeitshomogenere (altersgemischte) Gruppen zu bilden. Zudem werden damit Rückstellungsquoten gesenkt und der Überalterung von Grundschülern begegnet. Das neue Grundschulmodell dient somit nicht nur der Begabtenförderung, sondern auch der Breitenförderung und der Integration leistungsschwächerer Schüler.

4. Diskussion der G8-Evaluationsbefunde

Dieser (Zeitschriften-)Beitrag löste nach seiner Erstpublikation zahlreiche Stellungnahmen (vgl. Heller, Reimann & Rindermann, 2000, S. 7ff. bzw. 15ff.) aus, wozu nachstehend unsere Replik (S. 33ff.) wiedergegeben wird. Dabei wurden hier formale Kritikpunkte zugunsten inhaltlicher weggelassen. Die inhaltlichen Kritikpunkte sind in 10 Themenblöcke (in Form von Statements) zusammengefasst und jeweils im Kursivdruck der Verfasserantwort vorangestellt.

Die Öffnung des G8 für bildungsfernere Schichten wirkt wie ein Feigenblatt, wenn gleichzeitig ein günstigerer Hintergrund im G8-Elternhaus herausgestellt wird!

Die Öffnung des achtjährigen Gymnasiums für Teile der Bevölkerung, die nicht unmittelbar im Aufmerksamkeitsfokus der Begabtenförderung stehen (z.B. ausländische Arbeitnehmer/innen), stellt eine Forderung dar, demgegenüber der erwähnte „günstige" Hintergrund eine empirische Tatsache des G8 in seiner *jetzigen* Form ist. Wir treffen hierbei keine kausalen Aussagen dahingehend, dass ausschließlich Schüler/innen mit einem *ebensolchen* sozioökonomischen Hintergrund für das G8 geeignet seien. Allerdings muss vor einer häufigen Fehleinschätzung in diesem Zusammenhang, die den soziokulturellen Hintergrundvariablen eine unkritische (einseitige) Rolle zuerkennt, gewarnt werden. Diese Warnung darf nicht als Missachtung berechtigter pädagogischer Ansprüche auf Chancengleichheit in der schulischen (und familiären) Sozialisation verstanden werden; vielmehr soll hier nur unerfüllbaren Erwartungen und somit unvermeidbaren Enttäuschungen vorgebeugt werden. Das bei G8-Schülern gegenüber der G9-Schülerschaft – oder bei Gymnasiasten gegenüber Gleichaltrigen anderer Schulformen – häufig beobachtbare „günstigere" soziale Setting geht vor allem mit folgenden Entwicklungsvoraussetzungen einher: den *interindividuellen Differenzen* (d.h. individuellen Begabungs- und Leistungsunterschieden) sowie dem *kumulativen* Prozess der meisten (komplexeren) Lern- und Wissenserwerbsaktivitäten. „Entwicklung" ist hierbei als Interaktions- oder Wechselwirkungsprozess von personinternen und -externen (sozialen) Einflussfaktoren zu verstehen. Für diese Annahme gibt es zahlreiche empirische Belege und gute theoretische Gründe. So lassen sich damit etwa häufig beobachtete „Schereneffekte" bezüglich der Schulleistungsentwicklung in heterogenen Lerngruppen oder auch häufigere Schullaufbahnbewegungen „von oben nach unten" plausibel erklären. Ausführlicher zu dieser Problematik vgl. Heller (1997, 1998, 1999a/b). Unsere G8-Evaluationsbefunde zur hier diskutierten Problematik korrespondieren also recht gut mit anderen vergleichbaren Untersuchungsbefunden der letzten Jahre, z.B. Gamsjäger und Sauer (1996) oder Sauer und Gamsjäger (1996), Kaiser (1997), Neber und Heller (1997), Hinz (1998), Lehmann, Gänsfuß und Peek (1999) u.a.

Viele Gymnasiasten wissen selbst nach 13 Jahren noch nicht, was sie beruflich machen wollen! Wie ist das erst bei den G8-Schülern, die ein Jahr früher fertig werden? Wäre nicht ein Jahr länger sinnvoll für die „seelische und persönliche Reifung"?

Vermutlich nicht, denn wenn wie gesagt viele Schüler/innen auch nach 13 Jahren sich über ihren weiteren Werdegang noch nicht im Klaren sind, dann hat dieses eine weitere Jahr anscheinend nicht viel zur „Reifung" beigetragen. Ferner ist es so, dass mehr G8-Schüler/innen als solche aus G9 während ihrer Gymnasialzeit ein Jahr im Ausland verbringen. Sie lernen hier eine Fremdsprache und sicherlich profitiert ihre Persönlichkeitsentwicklung von dieser Erfahrung mehr als von einem „normal" verbrachten Jahr. Ausführlichere wissenschaftliche Argumente für eine frühzeitige – auch schulische – Differenzierung finden sich in Heller (1999b).

Die Auswirkungen von vorgeschlagenen Strukturveränderungen werden nicht diskutiert! Erst muss es um die inhaltliche Gestaltung der Schule und um die Sicherung der Rahmenbedingungen gehen, bevor strukturelle Folgerungen möglich sind!

Will man in einem bestimmten System (hier Bildungssystem) Innovationen und neue Ideen etablieren oder das System neueren Entwicklungen anpassen, kann man nicht die Rahmenbedingungen sichern *und* gleichzeitig Strukturen ändern. Dass bei Veränderungen die Effekte auf grundlegende Faktoren (z.B. Beschäftigungsverhältnisse) vorab zu durchdenken sind, versteht sich von selbst. Allerdings ist und war das Erstellen und Analysieren detaillierter Auswirkungsszenarien nicht unsere Aufgabe. Unser Evaluationsauftrag bestand darin, die Entwicklungen innerhalb der Modellschulen zu dokumentieren und aus den Befunden der formativen und summativen Evaluation Optimierungsvorschläge abzuleiten. Zu unserem Evaluationsmodell vgl. 8. Evaluationsbericht von Heller und Reimann (1999, S. 7ff) sowie Heller (2002, S. 48ff).

Die im Artikel geschilderten (idealen) Bedingungen (kleine Schülerzahlen) existieren im G9 nicht!

Das ist richtig! Dieser Punkt trifft nur mehr für die untersuchten Klassen der ersten Kohorten zu, die die Pioniere des Modellversuchs darstellten. Mittlerweile sind die G8-Klassenstärken in den unteren Jahrgängen allerdings vergleichbar mit jenen im G9 (von bis zu 30 Schülerinnen und Schülern). Zu geringe Klassenstärken sind aber offenbar auch nicht optimal.

Der Artikel beantwortet nicht, inwieweit die Module des BLK-Programms „Steigerung der Effizienz des mathematischen-naturwissenschaftlichen Unterrichts" im G8 verwirklicht sind!

Das stimmt, doch sollte man bedenken, dass hier zwei verschiedene Programme angesprochen sind (G8 einerseits und BLK-Programm andererseits). Beide Programme sollten evaluative Prüfungen nachweisen, wobei *wir* das G8-Schulmodell untersuchten. Es ist (schon allein vom Aufwand her) kaum durchführbar und auch nicht sinnvoll, alle Programme und Modellversuche *untereinander* in Beziehung zu setzen und zu testen, inwieweit jeweils das eine die Inhalte der anderen umsetzt, da jeder einzelne Modellversuch die Aufgabe hat, bestimmte Ideen zu erproben.

Der (bildungs)günstige Hintergrund im Elternhaus der G8-Schüler/innen ist die Hauptursache für die berichteten positiven Effekte in den G8-Schulen!

Sicherlich spielt dieser Faktor eine bedeutende Rolle; ob er allerdings die Hauptursache darstellt, lässt sich mit guten Argumenten bezweifeln (vgl. Antwort zum ersten Kritikpunkt oben). Denn erstmal sagt uns die Information des günstigeren Anregungspotentials in den „G8-Familien" nichts, außer *dass* es so ist. Wie bereits weiter oben erwähnt, untersuchten wir die *Pionier*jahrgänge in diesem Modellversuch, und es ist denkbar, dass bestimmte Familien für die G8-Idee aufgeschlossener sind als Familien, die einen anderen Bildungshintergrund besitzen. Somit würden sich in der Anfangszeit eines solchen Schulversuchs zunächst bestimmte Schüler/innen in den Klassen „sammeln". Die Evaluationsbefunde aus der 4. und 5. Kohorte liefern freilich keine Anhaltspunkte für die obige Vermutung. Nun bringt uns diese Überlegung prinzipiell leider nicht weiter bei der Frage, ob der familiäre Hintergrund oder die Schulform ausschlaggebend ist für die positiven Entwicklungen in den G8-Schulen. Streng genommen lässt sich dies erst dann beantworten, wenn sich ein G8-Jahrgang formiert, bei dem Anregungspotential und Bildungshintergrund im Elternhaus vergleichbar sind mit dem eines altersgleichen Jahrgangs im G9. Solche (quasi-)experimentellen Untersuchungsbedingungen sind jedoch in der Realität einer Feldstudie kaum herzustellen und auch ethisch nicht vertretbar.

Die Auswahl geeigneter Schüler/innen ist prinzipiell schwierig: 1) Wenn sich begabte Kinder in der Grundschule tatsächlich aversiv verhalten, dann zeigen sie auch bei Aufnahmetestverfahren eine Verweigerungshaltung und erbringen keine optimalen Leistungen! 2) Für Tests kann geübt werden!

Zu Punkt 1): Ein Auswahlverfahren ist immer mit Unwägbarkeiten behaftet. Auch in der Studien- oder Berufseignungsdiagnostik gibt es keine Möglichkeit, über

einen Zeitraum von 8 Jahren 100%ig treffsicher Erfolg oder Misserfolg zu prognostizieren. Dabei spielen zu viele Faktoren *nach* der Auswahl eine Rolle. Aber es
ist ein vorschneller Schritt, von schulaversivem Verhalten automatisch auf eine
Verweigerungshaltung bei außercurricularen Anforderungen (z.B. Fähigkeitstests)
zu schließen. Charakteristisch für Schulaversion ist eine Motivationslosigkeit *innerhalb* des Schul- und Unterrichtskontextes, außerhalb von diesem beschäftigen
sich die Kinder oftmals engagiert und ausdauernd mit (selbstgewählten) Themen
oder Testaufgaben.

Zu Punkt 2) lässt sich anmerken, dass man sich auf psychologische Testverfahren
der hier verwendeten Art nicht gut vorbereiten kann. Für bestimmte (wenig komplexe) Instrumente mag das zutreffen, in der Regel ist es jedoch kaum möglich. Bei
den meisten Fähigkeitstests hieße eine Vorbereitung, sehr viele Lösungen auswen-
dig zu lernen, was durch die Existenz verschiedener Testversionen zudem erschwert wird. Überspitzt formuliert könnte man sagen: Wer es schafft, diese Anforderungen im Vorfeld zu trainieren *und* zu behalten, der dürfte über intellektuelle
Fähigkeiten verfügen, die eine *Vorbereitung* auf Tests erübrigen.

*Die G8-Lehrkräfte zeichnen ein positiveres Bild, als es die restlichen Einschät-
zungen erkennen lassen! Die Untersuchungsergebnisse enthalten somit evtl.
Artefakte!*

Die Befürchtung von Artefakten ist sicher in jeder empirischen Studie angebracht.
Hier stellt sich jedoch die Frage, welche Artefakte gemeint sind? Artefakte in den
Einschätzungen der Lehrer/innen oder auf Seiten der anderen Informationsquellen?
Dies kommt nicht klar zum Ausdruck und ist vielleicht auch nicht einfach zu beantworten. Allerdings ist es generell schwierig, von Artefakten zu sprechen: Bei
drei verschiedenen Informationsquellen (Schüler, Eltern, Lehrer) wäre es verwunderlich, erhielte man völlig kongruente Ergebnisse. Diese Einschränkung gilt in
stärkerem Maße für sog. subjektive Messmethoden (z.B. Befragung) als für „objektive" Fähigkeits- oder Leistungstests. Schüler/innen urteilen aus einer Subjektper-
spektive, d.h. sie haben einen anderen Maßstab z.B. bei der Frage, in welchem
Ausmaß sie bestimmte Indikatoren für Wettbewerbsverhalten erleben, als Lehrer/
innen, die die Möglichkeit haben, G8- und G9-Klassen unmittelbar zu vergleichen.
Hier geht es demnach vielleicht weniger um Artefakte als vielmehr um die Frage,
welche Informationen die valideren Ergebnisse liefern oder auch welche unterschiedlichen Erlebnis- bzw. Wahrnehmungsperspektiven das Verhalten beeinflussen.

*Mit dem Wissen, dass die Teilnehmer/innen am achtjährigen Gymnasium über-
durchschnittlich begabt sind, ist zu erwarten, dass sich Verhalten und Haltungen
der Lehrkräfte und Eltern ändern!*

Die Einstellungen und das Verhalten im sozialen Umfeld dürften sich sogar ganz
sicher ändern. Aber dies erscheint erstmal unproblematisch, denn Erwartungen und
Haltungen ändern sich ebenfalls in Abhängigkeit davon, ob einer Schülerin oder
einem Schüler in der Grundschule der Gymnasial- oder der Hauptschulbesuch nahe

gelegt wird. Hier ist ein graduelles Problem angesprochen, nicht ein qualitativ anderes, welches gegen das G8 sprechen würde.

Der Artikel gibt keine deutliche Empfehlung für die eine oder andere Schulform!

Es war nie unsere Absicht, für eine der beiden Formen explizit Werbung zu machen und somit für die Vernachlässigung der anderen Form zu plädieren. Im Vordergrund der G8-Evaluation standen die Dokumentation und Analyse der Entwicklung der Schüler/innen im G8 sowie relevanter Schulbedingungen. Insoweit können unsere aus den Evaluationsbefunden abgeleiteten Schlussfolgerungen nur empfehlenden Charakter im Hinblick auf notwendig erscheinende Modifikationen (aus unserer Sicht) haben. Allerdings haben wir uns in keinem der acht inzwischen vorliegenden Evaluationsberichte von Verbesserungsvorschlägen zurückgehalten, wenn die Datenlage diese nahe legte. Weder bei dem Modellversuch noch bei dessen Evaluation geht es um die Ersetzung des bekannten Gymnasiums durch ein anderes, sondern um die Erprobung einer förderungsorientierten Ausdifferenzierung des gymnasialen Systems. Ausführlicher vgl. Heller (2002, S. 217ff. und 235ff.).

Literatur

Gamsjäger, E. & Sauer, J. (1996). Determinanten der Grundschulleistung und ihr prognostischer Wert für den Sekundarschulerfolg. *Psychologie in Erziehung und Unterricht, 43*, 182-204.

Heinbokel, A. (2004). *Überspringen von Klassen* (3. Aufl.). Münster: LIT.

Heller, K.A. (1997). Individuelle Bedingungsfaktoren der Schulleistung. In F.E. Weinert & A. Helmke (Hrsg.), *Entwicklung im Grundschulalter* (S. 182-201). Weinheim: Beltz.

Heller, K.A. (1998). Förderung durch Differenzierung. Für einen realistischen Begabungsbegriff. *Zeitschrift zur politischen Bildung, 35*(1), 34-43.

Heller, K.A. (1999a). Inidividual (Learning and Motivational) Needs versus Instructional Conditions of Gifted Education. *High Ability Studies, 10*(1), 9-21.

Heller, K.A. (1999b). Wissenschaftliche Argumente für eine frühzeitige Schullaufbahnentscheidung. *Schulreport, 3*, 10-13.

Heller, K.A. (Hrsg.). (2002). *Begabtenförderung im Gymnasium. Ergebnisse einer zehnjährigen Längsschnittstudie*. Opladen: Leske + Budrich.

Heller, K.A. & Perleth, Ch. (2007). *Münchner Hochbegabungstestbatterie für die Sekundarstufe (MHBT-S)*. Göttingen: Hogrefe.

Heller, K.A. & Reimann, R. et al. (1999). *Achter Bericht über die wissenschaftliche Evaluation des baden-württembergischen Schulmodellversuchs „Gymnasium mit achtjährigem Bildungsgang"*. Methoden und Ergebnisse der ersten acht Untersuchungswellen (1992-1999) an achtjährigen Gymnasien unter Einschluß dreier Erhebungswellen (1997-1999) an neunjährigen Regelgymnasien. München: LMU / Stuttgart: Ministerium für Kultus, Jugend und Sport.

Heller, K.A., Gaedike, A.-K. & Weinläder, H. (1985). *Kognitiver Fähigkeits-Test (KFT 4-13)* (2. verb. u. erw. Aufl.). Weinheim: Beltz Testgesellschaft.

Heller, K.A., Reimann, R. & Rindermann, H. (2000). Evaluationsbefunde zum Gymnasium mit achtjährigem Bildungsgang in Baden-Württemberg. *Pädagogisches Handeln, 4*, 9-15, 33-36.

Heller, K.A., Reimann, R. & Rindermann, H. (2002). Theoretische und methodische Grundlagen der Evaluationsstudie. In K.A. Heller (Hrsg.), *Begabtenförderung im Gymnasium* (S. 53-80). Opladen: Leske + Budrich.

Hinz, A. (Hrsg.). (1998). *Die integrative Grundschule im sozialen Brennpunkt. Ergebnisse eines Hamburger Schulversuchs.* Hamburg: Feldhaus-Verlag.

Kaiser, A. (Hrsg.). (1997). *Entwicklung und Erprobung von Modellen der Begabtenförderung am Gymnasium mit Verkürzung der Schulzeit.* Mainz: Hase & Koehler.

Lehmann, R.H., Gänsfuß, R. & Peek, R. (1999). *Aspekte der Lernausgangslage und der Lernentwicklung von Schülerinnen und Schülern an Hamburger Schulen (Klassenstufe 7). Bericht über die Untersuchung im September 1998.* Hamburg: Behörde für Schule, Jugend und Berufsbildung (Amt für Schule) / Berlin: HUB.

Neber, H. & Heller, K.A. (1997). *Deutsche Schülerakademie. Ergebnisse der wissenschaftlichen Begleitforschung.* München: LMU / Bonn: BMBF.

Reimann, R. (2002). Persönlichkeits- und Leistungsentwicklung im achtjährigen Gymnasium. In K.A. Heller (Hrsg.), *Begabtenförderung im Gymnasium. Ergebnisse einer zehnjährigen Längsschnittstudie* (S. 81-135). Opladen: Leske + Budrich.

Sauer, J. & Gamsjäger, E. (1996). *Ist Schulerfolg vorhersagbar? Die Determinanten der Grundschulleistung und ihr prognostischer Wert für den Sekundarschulerfolg.* Göttingen: Hogrefe.

Wieczerkowski, W., Nickel, H., Janowski, A., Fittkau, B. & Rauer, W. (1981). *Angstfragebogen für Schüler (AFS)* (6. Aufl.). Braunschweig: Westermann.

Kapitel 12

Schülerolympiaden als Beitrag zur Hochbegabtenentwicklung und -förderung

Retrospektive Evaluationsstudie zu den internationalen Schülerolympiaden in Mathematik, Physik und Chemie (1977-1997)

Inhalt

Einleitung: Kontext und Fragestellung der Studie

Die deutsche Olympiastudie ist Teil einer internationalen retrospektiven Erhebung zur Evaluation der Vor- und Endrundenteilnehmer der Schülerolympiaden in Mathematik, Physik und Chemie innerhalb der letzten zwei Dekaden. Ein internationales Forscherkonsortium aus den USA, Deutschland, Finnland, (Süd-)Korea, China (PRC) und Taiwan (ROC) einigte sich auf folgende *Hauptfragestellungen*:

(1) Leisten die Teilnehmer der Fächer Mathematik, Physik und Chemie wichtige Beiträge in ihren Fachgebieten für die Wissenschaft? Leisten sie einen Beitrag für die Gesellschaft im Allgemeinen? ("Do they fulfill their high potential?")

(2) Welche Faktoren können die Entwicklung der spezifischen Begabung im mathematisch-naturwissenschaftlichen Bereich beeinflussen?

Nachstehend werden die wichtigsten Resultate der deutschen Studie präsentiert.

1. Stichprobe der Befragung

Die Rücklaufquote der deutschen Olympioniken und Vorrundenteilnehmer in Mathematik, Physik und Chemie, die an den Wettbewerben seit den 1970er Jahren teilgenommen haben, betrug 40%. Davon haben 30% an mehreren Olympiaden teilgenommen. Die Stichprobe bestand aus 100 Endrundenteilnehmern und 135 Vorrundenteilnehmern. Das Durchschnittsalter der 1998 befragten Gruppe war 27,8 Jahre, der jüngste Teilnehmer war 19 Jahre, der älteste 42 Jahre alt; die Mehrzahl der Teilnehmer war zwischen 21 und 34 Jahre alt. Die Teilstichprobe der Vorrundenteilnehmer enthielt in Mathematik zwei Frauen und in Chemie fünf Frauen. Es war nur eine Frau in einer Olympiamannschaft (Endrunde) vertreten, und zwar im Fach Chemie. Die Rücklaufquote der Elternfragebögen war wesentlich niedriger. Nur 64% der Eltern der Teilnehmer unserer Studie haben die Fragen beantwortet.

2. Evaluationsbefunde

2.1 Der familiäre Hintergrund und die Entwicklung eines Talents

Deutlich mehr Teilnehmer stammten aus Familien mit hohem Bildungsniveau sowie einer mittleren bis gehobenen beruflichen Stellung. Darüber hinaus kam die überwiegende Mehrheit der Befragten aus intakten Familien mit 2 bis 3 Kindern. Knapp die Hälfte der Teilnehmer gab an, ihre Mutter sei nicht berufstätig gewesen. Die besondere Begabung war in allen Gruppen am häufigsten im Alter von 7-8 Jahren erkannt worden. Die Eltern aller Teilstichproben gaben an, dass der Umgang mit dem eigenen Kind sowohl in der Grundschulzeit als auch später auf der Sekundarstufe stärker durch psychologische Unterstützung als durch die Ausübung von Leistungsdruck gekennzeichnet gewesen sei.

2.2 Zur Rolle der Motivation

In offen und strukturierten Fragen gab die Mehrzahl der Befragten an, dass ihre eigene Initiative, ihre Neugierde und der spielerische Umgang mit dem Gegenstand bei der Entwicklung ihres Talents eine große Rolle spielten. Über 75% der Teilnehmer haben an mindestens einem weiteren Wettbewerb teilgenommen. Wir können deshalb annehmen, dass die Wettbewerbssituation nicht als aversiv erlebt wurde. Alle Teilnehmer tendierten dazu, Leistungserfolge stärker auf Begabung als auf Anstrengung zurückzuführen. Misserfolge dagegen wurden vor allem ungenügender Anstrengungsbereitschaft zugeschrieben. Zur Erhebung der Leistungsmotivation wurde auf Heckhausens Differenzierung der Motive „Furcht vor Misserfolg" und „Hoffnung auf Erfolg" zurückgegriffen. Vorrundenteilnehmer und Olympioniken waren eher durch Hoffnung auf Erfolg und weniger durch Furcht vor Misserfolgen motiviert. Allerdings wiesen Vorrundenteilnehmer eine signifikant geringere Ausprägung auf der Skala „Furcht vor Misserfolg" auf als die Endrundenteilnehmer, was wohl der Prüfungssituation in der Endrunde zuzuschreiben ist.

2.3 Faktoren, die zur Begabungsentwicklung der Olympiateilnehmer beigetragen haben

Die deutschen Teilnehmer haben ebenso wie die Teilnehmer aus Finnland und Amerika eine förderliche häusliche Atmosphäre als entscheidenden begabungsfördernden Faktor bezeichnet. Beinahe ebenso wichtig fanden deutsche Teilnehmer und in geringerer Ausprägung auch deren Eltern, dass die Verfügbarkeit von Büchern eine wichtige Komponente bei der Begabungsentwicklung war. Für weniger bedeutsam hielten deutsche Teilnehmer und ihre Eltern stimulierende schulische Einflüsse, wohingegen die Teilnehmer der finnischen Studie diese an zweiter Stelle nannten. Bezüglich schulischer Barrieren wurden von den Teilnehmern begabungsspezifische Hindernisse wie Unterforderung und Probleme mit Lehrern gegenüber schulsystemimmanenten Hindernissen, die alle Schüler betreffen können, als wesentlich bedeutsamer erachtet.

2.4 Ausbildungsverlauf, berufliche Laufbahn und derzeitige Position

Erwartungsgemäß zeigte sich, dass die Teilnehmer in ihrer Olympiadisziplin bessere Abiturnoten erreichten (Note: 1,04) als in den anderen Fächern, in denen aber das Leistungsniveau mit einer Durchschnittsnote von 1,44 immer noch sehr hoch war. Etwa 77% der Vorrundenteilnehmer und 82% der Olympioniken waren unter den 10% Besten des Abiturjahrgangs. Etwa 4% der Befragten gaben an, in einem nichtakademischen Beruf zu arbeiten. Knapp 3% befanden sich zum Zeitpunkt der Befragung noch im Gymnasium. Rund 36% waren Studierende. Gut 10% bereiteten ihre Promotion vor, 31% waren bereits promoviert. Knapp 1% bereitete zum Zeitpunkt der Befragung die Habilitation vor. Rund 2% waren bereits habilitiert. Immerhin 3% hatten Hochschulabschlüsse im Ausland erworben. Knapp 17% waren in der Industrie beschäftigt (5% der Gesamtstichprobe in leitender Tätigkeit), 29% haben eine Hochschullaufbahn eingeschlagen. Der Anteil der Teilnehmer, deren derzeitige Tätigkeit ganz oder teilweise im Zusammenhang mit der Olympiadisziplin steht, ist mit 38% der Vorrundenteilnehmer (Mathematik: 61%, Physik: 46%, Chemie: 24%) und 53% der Olympiateilnehmer (Mathematik: 60%, Physik: 53%, Chemie: 56%) erheblich. Der Unterschied, welcher sich hier in Chemie zwischen Vorrunden- und Endrundenteilnehmern abzeichnet, mag damit zusammenhängen, dass der Arbeitsmarkt für Chemiker kleiner ist und es eventuell besonderer Ermunterung (z.B. durch die Olympiateilnahme) bedarf, diesen Weg einzuschlagen. Der Anteil der Befragten, die einen Teil ihres Studiums im Ausland absolviert hatten, lag in den Teilstichproben zwischen 7% und 33% und damit erheblich über dem Anteil von 2% aller Studierenden, den das Bundesministerium für Bildung und Forschung in den „Grund- und Strukturdaten 1997/1998" für die Jahre 1980 bis 1995 angegeben hatte. Etwa 71% der Befragten gaben eigene Publikationen, Patente u.ä. an. Zum Vergleich mit dem durchschnittlichen Anteil verschiedener Publikationen wurden die Publikationsraten von Personen, die an amerikanischen Colleges und Universitäten in den Jahren 1987 bis 1992 in der Lehre naturwissenschaftlicher Fächer tätig waren (Kirshstein, Matheson & Jing, 1997) herangezogen. Es fällt auf, dass die Vorrundenteilnehmer der deutschen Stichprobe, die in Forschung und Lehre tätig waren, mehr publizierten. Vorrunden- und Endrundteilnehmer in Physik gaben mehr Zeitschriftenartikel, Berichte, Präsentationen und Software-Entwicklungen an als die Mathematikteilnehmer und die Chemieteilnehmer. Diese Verteilung hatte nichts mit der Altersverteilung in den Gruppen zu tun. Der Anteil verheirateter Olympia- bzw. Vorrundenteilnehmer ist im Vergleich mit der Gesamtbevölkerung insbesondere in den beiden Gruppen der 21-30jährigen und der 31-40jährigen deutlich geringer. Dies könnte vielleicht mit einer stärkeren Karriereorientierung gegenüber einer geringeren (oder auch später einsetzenden) Familienorientierung im Vergleich zum Bevölkerungsdurchschnitt erklärt werden. Die Befragten scheinen sich bezüglich des späten Familiengründungsalters nicht von anderen akademischen Fördergruppen wie (Alt-)Stipendiaten der Studienstiftung des deutschen Volkes oder vergleichbarer Förderwerke zu unterscheiden (Heller, Viek et al., 1997; Heller & Viek, 2000). Allerdings erwiesen sich die Männer der Olympiastichprobe im Vergleich zu den Teilnehmern der erwähnten Tertiär-Stichprobe ebenfalls als stärker karriere- und weniger familienorientiert, was tendenziell auch für die acht Frauen der Olympiastudie im Vergleich mit den Frauen der Tertiärstudie gilt. Die meisten Teilnehmer waren fortgesetzt mit der Verbesserung ihrer Wissenskompetenzen in ihrem Fachgebiet beschäftigt – sowohl während der Schul- und Studienzeit, als auch in ihrem beruflichen Leben. Die eigene Karriere war somit ein wichtiges Lebensziel dieser Gruppe.

2.5 Computererfahrung

Ein Computer wurde von 87% der Befragten benutzt (82% der Vorrundenteilnehmer und 91% der Olympioniken; Mathematik: 79%; Physik: 94%; Chemie: 84%). Ihr Computerwissen schätzten die Teilnehmer aller Gruppen als gut ein. Eine Email-Adresse wurde von 54% der Befragten angegeben. Das bedeutet, dass mindestens 54% der Befragten Zugang zum Internet haben. Der Anteil dürfte jedoch tatsächlich höher sein, da die Angabe der Email-Adresse freigestellt war. Ferner ist das inzwischen 10 Jahre zurückliegende Erhebungsdatum bei der Interpretation der referierten Befunde zu berücksichtigen, d.h. die aktuellen Quoten dürften insgesamt noch höher ausfallen.

2.6 Unterschiede zwischen Vorrunden- und Endrundenteilnehmern

Es ergaben sich viele Hinweise darauf, dass die Aufnahme in die Gruppe der End-rundenteilnehmer kein zuverlässiges Kriterium dafür ist, Personen mit sehr guten versus mit exzellenten Leistungen zu unterscheiden. Hinsichtlich des Ausbildungs-stands bzw. der beruflichen Position wurden keine Unterschiede zwischen Vor- und Endrundenteilnehmern und keine Fachgruppendifferenzen festgestellt. Dieses Ergebnis bestätigt die Befunde Heilmanns (1999), die ebenfalls keine Unterschiede zwischen den Teilnehmern der beiden letzten Runden des Bundeswettbewerbs Mathematik feststellte. Ebenso haben Heller und Viek (2000) keine Unterschiede bezüglich der Leistungsmerkmale von Stipendiaten und jenen Kandidaten, die erst in der letzten Auswahlgruppe für ein Stipendium abgelehnt worden waren, feststellen können. Dennoch weisen Endrundenteilnehmer einige Vorteile gegenüber den Vorrundenteilnehmern auf. Ein Unterschied besteht darin, dass 94% der Olympio-niken (Mathe: 96%; Physik: 95%; Chemie: 94%), aber „nur" 63% der Vorrunden-teilnehmer (Mathe: 70%; Physik: 61%; Chemie: 57%) ein Stipendium erhielten. Dies hängt wahrscheinlich damit zusammen, dass die Endrundenteilnehmer auto-matisch in die Studienstiftung des deutschen Volkes aufgenommen werden. Die Teilnehmer und ihre Eltern wurden auch gefragt, für wie bedeutsam sie die Olym-pia-Erfahrung hielten. Von Olympioniken und ihren Eltern wurde die Olympiateil-nahme als bedeutsam für den Verlauf der Karriere eingeschätzt. Bei Vorrunden-teilnehmern und deren Eltern war diese Einschätzung weniger verbreitet. Die An-erkennung des eigenen Talents, die Einschätzung durch andere sowie das Wissen über Ausbildungsmöglichkeiten war nach Ansicht der meisten Befragten durch die Teilnahme verbessert worden.

3. Desiderata

Eine der Hauptfragen, die sich auf Grund der vorliegenden Befunde ergibt, ist die nach den Ursachen der geringen Teilnahmerate von Mädchen (nicht nur in der deutschen Stichprobe). Wir stellten uns deshalb die Frage, ob dies in irgendeinem Zusammenhang mit der Rekrutierung der Teilnehmer stehen könnte. Zur Klärung dieser und weiterer Fragen führten wir eine Reihe von Tiefeninterviews mit drei weiblichen und 20 männlichen Teilnehmern der oben beschriebenen Stichprobe durch (Lengfelder & Heller, 2002). Die Mehrzahl der Befragten war der Meinung, dass der geringe Anteil von Wettbewerbsteilnehmerinnen nicht dem tatsächlichen Anteil mathematisch-naturwissenschaftlich begabter Mädchen entspricht. Vielmehr wurden Erwartungen (der Eltern und vor allem der Lehrer), gesellschaftliche Rol-lenzuschreibungen und geschlechtstypische Einstellungen gegenüber Konkurrenz und Wettbewerb als wahrscheinliche Gründe für die Unterrepräsentierung von Mädchen genannt. Als wichtigste Instrumente zur Verbesserung der Situation wur-den Unterrichtsimpulse zur Unterstützung und Ermunterung von Mädchen in der Schule benannt. Die Hälfte der Befragten war allerdings der Meinung, dass es ge-nerell nur eine sehr geringe Chance für begabte Schüler – Mädchen und Jungen – gebe, mit Wettbewerben wie den Internationalen Schülerolympiaden in Kontakt zu kommen. Somit wäre auch eine Verbesserung durch gezielte Informationen über

Ziel und Zweck der genannten Wettbewerbe, Teilnahmebedingungen usw. – sowohl auf Schüler- als auch auf Lehrerseite – angezeigt.

4. Fazit

Die Mehrzahl der Teilnehmer unserer Studie führt ein erfolgreiches Leben. Darüber hinaus zeigte eine große Zahl der Befragten ein breites Interessenspektrum, was sich etwa in Freizeitaktivitäten äußert. Die Teilnahme am olympischen Programm war für fast alle Teilnehmer mit positiven Effekten verbunden. Eigeninitiative und ein positives Familienklima wurden als wichtigste Determinanten der Begabungsförderung bezeichnet. Bei der Interpretation der vorliegenden Ergebnisse ist angesichts der Tatsache, dass fast 60% der ehemaligen Teilnehmer ihre Fragebögen nicht zurückgesandt haben, einige Vorsicht geboten. Über die Gründe, warum manche Teilnehmer ihre Fragebögen ausgefüllt zurücksandten und andere nicht, können wir nur spekulieren. Eine systematische Verzerrung derart, dass jene Personen, die weniger erfolgreich sind, auch weniger geneigt waren, die Fragen zu beantworten, ist nicht völlig auszuschließen. Die Verbesserung der Informationen über die Olympia-Programme, die Vorbereitung und pädagogische Unterstützung der Teilnahme an den Wettbewerben sowie verstärkte Aufmerksamkeit und Ermutigung von Mädchen zur Teilnahme an den genannten Schülerolympiaden sind im Lichte der skizzierten Evaluationsbefunde die Hauptdesiderata.

5. Resümee in zehn Thesen zum Erkenntnisgewinn der Olympiastudie

These 1: Mädchen sind in den Olympiamannschaften und der Vorrunde deutlich unterrepräsentiert. Dies gilt für alle vier Untersuchungsstichproben aus Taiwan, USA, Finnland und Deutschland. Jedoch ist dieses Missverhältnis in der deutschen Stichprobe relativ am stärksten ausgeprägt.

These 2: Die Teilnehmer der Olympiastudie erwiesen sich als sehr erfolgreich sowohl im Hinblick auf ihre schulischen und beruflichen Leistungen als auch im Hinblick auf ihre wissenschaftlichen Produkte (Publikationszahlen, Patente u.ä.). Weit mehr als die Hälfte ist noch im Fachgebiet tätig.

These 3: Die Wettbewerbsteilnahme und ihre Konsequenzen wurden von Teilnehmern und Eltern einhellig positiv bewertet. Die deutschen Teilnehmer berichteten sehr selten über negative Erfahrungen oder Burnout-Gefühle im Zusammenhang mit der Olympiateilnahme.

These 4: Hinsichtlich ihrer schulischen und ihrer beruflichen Leistungen unterscheiden sich Vorrundenteilnehmer und Olympioniken kaum. Vorrundenteilnehmer erhalten jedoch weniger Stipendien und kommen eher durch Bewerbung als durch Empfehlung zu ihrer ersten beruflichen Stelle.

These 5: Auch zwischen den Wettbewerbsteilnehmern der drei Fächer Mathematik, Physik und Chemie zeigten sich nur geringe Unterschiede.

These 6: Die Olympiateilnehmer und deren Eltern stimmten darin überein, dass das Familienklima und die Verfügbarkeit von Büchern in der Familie die Entwicklung der Begabung mehr gefördert hätten als schulische Bedingungen. Finnische und taiwanesische Teilnehmer sahen diesen Zusammenhang eher umgekehrt.

These 7: Anders als amerikanische und taiwanesische Teilnehmer führten die deutschen Teilnehmer Erfolge eher auf Begabung als auf Anstrengung zurück. Entsprechend geringer war ihre Neigung, Handlungskontrollstrategien einzusetzen. Ihr Handeln war eher durch Hoffnung auf Erfolg als durch Furcht vor Misserfolg motiviert.

These 8: Bei den Lebenszielen spielte die Verfolgung der eigenen Karriere eine übergeordnete Rolle.

These 9: Neben den fachlichen Interessen zeigten die Wettbewerbsteilnehmer auch vielfältige andere Interessen (z.B. musikalischer oder musisch-kreativer Art).

These 10: Ein Teil der Unterschiede, die der Kulturvergleich erbracht hat, sind auf Unterschiede in den Ausbildungsbedingungen zurückzuführen (z.B. bezüglich der eingeschätzten Bedeutung schulischer Fördermaßnahmen, der besuchten Universität oder der Rolle von Mentoren).

6. Vorschläge der Teilnehmer/innen zur Verbesserung der akademischen Schülerolympiaden

Vorschlag 1: Es wurde die Notwendigkeit betont, mehr Aufmerksamkeit auf die Ermutigung von Mädchen zur Teilnahme an Wettbewerben zu richten. Dabei sei zu bedenken, dass Erwartungen von Lehrern und Eltern ebenso eine Rolle spielen können wie erworbene Einstellungen der Mädchen.

Vorschlag 2: Da die Quote der am Wettbewerb teilnehmenden Mädchen in Deutschland besonders niedrig ist, stellt sich die Frage, ob nicht schon allein durch bestimmte Maßnahmen bei der Rekrutierung mehr Mädchen gewonnen werden könnten.

Vorschlag 3: Eine Verbesserung der Informationen über die Olympia-Programme, die Vorbereitung und pädagogische Unterstützung der Teilnahme an den Wettbewerben wurde vielfach als wünschenswert betrachtet.

Vorschlag 4: Bei der Talententwicklung spielt nach Meinung der befragten Olympioniken Eigeninitiative eine entscheidende Rolle. Deshalb sollten den Schülern vermehrt Angebote zu selbstständiger Auseinandersetzung mit fachbezogenen Themen gemacht werden.

Vorschlag 5: Da kaum Unterschiede bezüglich der Leistungen von Vor- und Endrundenteilnehmern feststellbar waren, erscheint es ein Gebot der Fairness, zukünftig auch Vorrundenteilnehmer automatisch für die Studienstiftung des deutschen Volkes vorzuschlagen.

Vorschlag 6: Kontinuität im Informations- und Erfahrungsaustausch wäre auch nach der Wettbewerbsteilnahme in allen Fächern wünschenswert. Die ehemaligen Teilnehmer sollten dazu Gelegenheit für weitere fachliche Vertiefung der in der Olympiade behandelten Problemstellungen sowie zu sozialen Kontakten analog zu den Schülerakademien erhalten, wobei im Sinne von Synergieeffekten eine Kooperation der beiden vom BMBF geförderten Einrichtungen nützlich erscheint; vgl. Neber und Heller (1997).

7. Diskussion der Ergebnisse im Kontext der internationalen Begabungsforschung

Die im vorliegenden Bericht ausführlich dargestellten Evaluationsbefunde zu den internationalen akademischen Schülerolympiaden (in Mathematik, Physik und Chemie) sollen abschließend im Lichte einschlägiger – nationaler und internationaler – Forschungsergebnisse bewertet werden. Dabei rücken fünf Fragestellungen in den Mittelpunkt des Interesses: (1) der durch die Schülerolympiaden erfasste *Begabungstyp*, (2) das Rekrutierungs- bzw. *Auswahlverfahren* zur Olympiateilnahme, (3) spezifische *Fördereffekte*, (4) unerwünschte *Nebeneffekte* und (5) *Konsequenzen für die Begabtenförderung* aufgrund nationaler und internationaler Erfahrungen.

7.1 Welcher Begabungstyp wird mit den internationalen akademischen Schülerolympiaden in Mathematik, Physik und Chemie angesprochen? Welche (begabten) Jugendlichen werden damit nicht erreicht?

Der typische Teilnehmer der akademischen Schülerolympiaden weist folgendes „Psychogramm" auf: hohe bzw. sehr hohe Leistungsfähigkeit und Leistungsbereitschaft (Lern- und Leistungsmotivation, Anstrengungsbereitschaft), starke Eigeninitiative und (Fach-)Interessen, breites Interessenspektrum (Freizeitaktivitäten), Bedürfnis nach eigenständiger, spielerischer und/oder wissenschaftlicher Auseinandersetzung mit individuell herausfordernden Fragestellungen und Problemen, sehr gute Schulnoten im betr. Wettbewerbsfach bei sehr guten bis guten Noten in den übrigen (Kern-)Fächern usw. Auffällig ist ferner die *Geschlechterdisparität*, insbesondere im Fach Physik. Diese tritt auch international deutlich in Erscheinung, wo folgende Teilnehmerrelationen von Mädchen : Jungen im Vierländervergleich ermittelt wurden: 1:10 (Taiwan), 1:13 (USA), 1:22 (Finnland), 1:30 (Deutschland). Dass solche Disproportionen der Geschlechterteilhabe an den akademischen Schülerwettbewerben nicht durch geschlechtsspezifische Fähigkeitsunterschiede zu erklären sind, wurde in neueren Begabungsstudien häufig dokumentiert. Die Hauptursachen für diese unerwünschte bzw. ärgerliche Situation dürften zum einen in persönlichkeitspsychologischen Faktoren (Begabungsselbstkonzept, Ursachenzuschreibung eigener Erfolge vs. Misserfolge, Interessen, Lernstrategien usw.) und zum anderen in Sozialisationsfaktoren (Einstellungen, Erwartungshaltungen, Verstärkungsmechanismen, Fremdattribuierungen, Rollenklischees, implizite Begabungstheorien usw.) zu suchen sein. Ausführlicher vgl. Beerman, Heller und Menacher (1992), Heller & Ziegler (1996, 2001).

Darüber hinaus wurde wiederholt beobachtet, dass hochbegabte Mädchen und Frauen im Gegensatz zu ihrem männlichen Counterpart kooperative Lern- und Wissensaneignungsstrategien gegenüber kompetitiven bevorzugen. Entsprechende Konsequenzen für die akademischen Schülerolympiaden werden in den Abschnitten 7.2 und 7.5 unten diskutiert. Zusammenfassend kann festgehalten werden, dass von den akademischen Schülerolympiaden vor allem männliche Jugendliche mit ausgeprägten mathematisch-naturwissenschaftlichen Fähigkeiten und Interessen sowie sehr guten (Schul-)Leistungen insbesondere in Mathematik, Physik und Chemie angesprochen werden. Darüber hinaus zeichnen sich diese durch eigenständige Aufgabenbearbeitung bei schwierigen, das Individuum herausfordernden Problemen und Fragestellungen aus, wobei den männlichen Hochbegabten offensichtlich der Wettbewerbscharakter der Schülerolympiaden entgegenkommt. Im Gegensatz zu kompetitiven Herausforderungen bevorzugen weibliche Hochbegabte eher kooperative Lern- und Arbeitsformen, was zumindest einen Teil der Geschlechterdisparität der Olympiateilnahme erklären mag. Als weitere Ursachen kommen vor allem selbstkonzeptbezogene und motivationale Faktoren, nicht selten durch Sozialisationsbedingungen vermittelt, in Betracht.

7.2 Wie könnte das Rekrutierungs- bzw. Auswahlverfahren zur Teilnahme an den internationalen Schülerolympiaden in den Fächern Mathematik, Physik und Chemie – vor allem auch unter der Geschlechterperspektive – noch verbessert werden?

Zweifellos werden für die Teilnahme an den internationalen Schülerolympiaden besonders leistungsfähige und für Mathematik, Physik und Chemie interessierte bzw. lernmotivierte Jugendliche – vor allem männlichen Geschlechts – angesprochen. Diese Aussage wird durch die überwiegend sehr guten Abiturnoten in der Olympiadisziplin (Durchschnitt: 1,04) sowie in den übrigen Prüfungsfächern (Durchschnitt: 1,44) eindrucksvoll bestätigt. Auch die Tatsache, dass 77% der Vorrundenteilnehmer und sogar 82% der Endrundenteilnehmer zu den 10% Besten des betr. Abiturjahrgangs gehörten, kann als Beleg hierfür angeführt werden. Weitere Erfolgskriterien der akademischen Berufsausbildung und -tätigkeit, obgleich mit möglichen (erwünschten) Fördereffekten der Olympiateilnahme konfundiert, bestätigen vorstehende Aussage. Unabhängig von der Frage nach der Auswahl*fairness* gegenüber mathematisch-naturwissenschaftlich begabten Schülerinnen stellt sich jedoch die Frage, ob die derzeitige Rekrutierung der Teilnehmer der internationalen akademischen Schülerolympiaden wirklich *alle* geeigneten Kandidaten berücksichtigt. Evaluationsbefunde zur Deutschen Schülerakademie (Neber & Heller, 1997), zum Tertiärprojekt (Heller & Viek, 2000), aber auch zum G8-Modell in Baden-Württemberg (siehe Kapitel 11 in diesem Band) sowie Kulturvergleichsanalysen der an den akademischen Olympiastudien beteiligten internationalen Forschergruppe legen Verbesserungsmöglichkeiten nahe, die im Folgenden kurz skizziert seien. So wurde von den hier befragten Olympiateilnehmern der letzten beiden Dekaden häufiger moniert, dass schulische Informationsdefizite bezüglich der Olympiateilnahmevoraussetzungen oder auch mitunter mangelnde Unterstützung durch die Lehrkräfte, insbesondere in Physik und Chemie, eine breitere Beteiligung von Anfang an erschweren. Weiterhin wurden Begabungsvorurteile gegenüber Mädchen als Hinderungsfaktoren genannt. Dass die oben skizzierten Geschlechterdisparitäten im internationalen Vergleich teilweise deutlich geringer ausfallen (wenngleich nicht ganz verschwinden), deutet ebenfalls indirekt auf bisher nicht ausgeschöpfte Verbesserungsmöglichkeiten des Auswahlverfahrens hin. Auch wenn die Klientel der durch die Deutsche Schülerakademie und die Internationalen

Schülerolympiaden erfassten Jugendlichen sich teilweise hinsichtlich des Interessen- und Fähigkeitsspektrums unterscheiden mag, so wäre für die Rekrutierung der Olympiateilnehmer doch zu überlegen, ob die bei der Schülerakademie angewandte Strategie zur Balance von männlichen und weiblichen Aufnahmekandidaten nicht wenigstens teilweise – vielleicht zunächst im Rahmen eines Pilotprojekts – übernommen werden kann. Weitere Maßnahmen zur Aktivierung vor allem weiblicher Olympiakandidaten wären von einer verbesserten Lehrerfortbildung zu erwarten, worauf einige der befragten Olympiateilnehmer selbst hinwiesen. Und sicherlich können die Organisatoren der akademischen Olympiaden aufgrund ihrer spezifischen Erfahrungen noch weitere Optimierungsempfehlungen an die Schulen und die betr. Lehrkräfte im mathematisch-naturwissenschaftlichen Bereich weitergeben (Lengfelder & Heller, 2002).

Dass sich die Vor- und Endrundenteilnehmer hinsichtlich der wichtigsten Schulleistungs- und Studien- bzw. Berufserfolgskriterien nicht wesentlich unterscheiden, ist methodisch zwar unbefriedigend, aber auch in der Zukunft wohl kaum zu ändern. Hochselegierte (Sub-)Gruppen lassen sich allenfalls partiell einigermaßen treffsicher mit den verfügbaren Auslesemethoden unterscheiden. Diese Feststellung ist nicht nur durch praktische Erfahrungen (beispielsweise im Hochleistungssport), sondern auch durch wissenschaftlich kontrollierte Auswahlverfahren (beispielsweise bei der Deutschen Schülerakademie oder der Stipendienvergabe im Tertiärbereich) hinreichend dokumentiert. So entscheiden vielfach Tagesform bzw. Zufälle über die in einer bestimmten Situation erzielten Leistungskriterien *innerhalb* hochselegierter Merkmalsgruppen, während *zwischen* diesen und den nicht- oder vorselegierten Gruppenmitgliedern gewöhnlich eine ausreichende Trennschärfe erreicht wird (vgl. noch Heilmann, 1999). Immerhin erzielten die Olympioniken gegenüber den Vorrundenteilnehmern leichte Vorteile im Abiturabschluss – mit Ausnahme des betr. Olympiafaches, wo sich keine Gruppenunterschiede manifestierten. Auch bezüglich des Zusammenhangs von Olympiafach und späterem Studienfach bzw. Berufsfeld zeigten sich lediglich in Physik schwächere (53% vs. 46%) und in Chemie stärkere (56% vs. 24%) Differenzen zwischen Olympioniken und Vorrundenteilnehmern. Sofern man aus organisatorischen Gründen nicht beide Gruppen – Vor- und Endrundenteilnehmer – an den Olympiaausscheidungen beteiligen lassen kann, wären vielleicht für die Vorrundenteilnehmer äquivalente Alternativabschlüsse oder andere Gratifikationen zu überlegen.

7.3 Welche spezifischen Fördereffekte sind von den internationalen Schülerolympiaden in Mathematik, Physik und Chemie zu erwarten?

Auch wenn bei retrospektiven Befragungsstudien keine direkten Ursachen-Wirkungsanalysen möglich sind, lassen sich doch indirekt unter Beachtung der „Mess"-Zeitpunkte solche Effekte zumindest grob abschätzen. Demnach sind – erwartungsgemäß – die Fördereffekte auf den Schul- und Studienerfolg deutlicher als im Hinblick auf spätere Berufserfolge, wo sich aber immer noch eine sehr beeindruckende Leistungsbilanz offenbart. Auch hier konnten kaum mehr Unterschiede zwischen Vor- und Endrundenteilnehmern nachgewiesen werden. Die „objektiven" Erfolgskriterien oder Fördereffekte manifestieren sich etwa in der Publikations- und Patentrate (71%), Universitätskarriere (knappes Drittel, darunter vier Lehrstuhlinhaber), Promotionsrate (knapp 40%) und Habilitationsrate (3%). Rund 3% der Vor- und Endrundenteilnehmer hatten Hochschulabschlüsse im Ausland erworben, zwischen 7% und 33% (im Vergleich zu 2% bei allen Studierenden) studierten teilweise im Ausland. Diese hohe Mobilität ist neben der Exzellenz im Studium (21% gewannen Auszeichnungen bzw. Preise) und in der beruflichen Karriere eines der hervorstechendsten Merkmale der Vor- und Endrundenteilnehmer, die sich damit ähnlich wie die Ehemaligen der Deutschen Schülerakademie und die Altstipendiaten (der Studienstiftung u.a. Förderwerke) deutlich von der Durchschnittsgruppe der ehemaligen Studierenden abheben. Zu den „subjektiven" Fördereffekten wären vor allem die tendenzielle Stärkung des Begabungsselbstkonzeptes und der damit verbundenen eigenen versus sozialen Karriereerwartungen, der Vielseitigkeit der Interessen trotz fachlicher Spezialisierung in der Olympiadisziplin und eine deutlich höhere Auslandsorientierung im beruflichen Bereich zu nennen. Schließlich überwiegen Karriereinteressen (bei beiden Geschlechtern) gegenüber einer geringeren oder später einsetzenden Familienorientierung, worin sich die Olympiateilnehmer wiederum den (Alt-)Stipendiaten und Schülerakademieteilnehmern ähneln. Entsprechende Unterscheidungsmerkmale hinsichtlich des Interessenspektrums, der bevorzugten Freizeitaktivitäten oder auch in Bezug auf schulisches bzw. universitäres Mentoring lassen andererseits – teilweise – komplementäre Förderwirkungen erkennen, was die Notwendigkeit der Vielfalt von Begabtenförderansätzen (nicht zuletzt unter der Geschlechterperspektive) unterstreicht.

7.4 Treten mit der Teilnahme an den internationalen mathematisch-naturwissenschaftlich ausgerichteten Schülerolympiaden unerwünschte Nebeneffekte auf?

Diese Frage kann weitgehend verneint werden. Sowohl aus der Sicht der Teilnehmer als auch aus Eltern- und Lehrersicht werden sehr selten negative Effekte wie Burnout-Symptome oder manifeste Vorurteile gegenüber (vor allem weiblichen) Olympiateilnehmern berichtet. Als karrierehinderlich erwies sich wiederum vor allem das Geschlecht der Teilnehmer, was jedoch eher als Antezedenzbedingung (siehe oben) denn als Effekt der Wettbewerbsteilnahme zu interpretieren ist. Dies gilt auch für gelegentlich berichtete Feindseligkeiten der sozialen Umgebung. Die mitunter in der öffentlichen Diskussion der Begabtenförderung geäußerten Befürchtungen einer sozialen Isolierung, einer Interessenverengung oder auch einer emotionalen Verkümmerung durch Maßnahmen der Begabtenförderung konnten weder hier noch in den erwähnten Evaluationsstudien zur Schülerakademie und zur Klientel der Förderwerke bestätigt werden. Ergänzend siehe u.a. die Befunde der Münchner Längsschnittstudie zur (Hoch-)Begabungsentwicklung (Kapitel 10 in diesem Buch) sowie einschlägige internationale Erfahrungen (Goldstein & Wagner, 1993; Heilmann, 1999; Campbell, Wagner & Walberg, 2000; Heller & Viek, 2000).

7.5 Welche Konsequenzen für die familiäre und schulische Begabtenförderung in Deutschland ergeben sich aus den vorliegenden Untersuchungsergebnissen einschließlich der Kulturvergleichsanalyse?

Die Mehrzahl der erfolgreichen Olympiateilnehmer in Mathematik, Physik und Chemie stammt aus Familien mit einem günstigen Erziehungs- und Lernumfeld, d.h. einem anregenden Elternhaus. Dieses ist gekennzeichnet durch hohes Bildungsniveau der Eltern, einen gehobenen Berufsstatus (zumeist des Vaters), wobei die Hälfte der Mütter nicht (mehr) berufstätig war. Familienklima und Erziehungsstil sind durch anregende Vielfalt und talentförderliche Unterstützung der Eigeninitiative, weniger durch Leistungsdruck geprägt. Knapp 90% stand ein PC zur Verfügung, und mehr als die Hälfte hatte Email-Zugang; aktuell dürften diese Raten noch deutlich höher liegen. Schulischerseits wurden vor allem Informationsdefizite bezüglich der Schülerolympiaden sowie Leistungsunterforderung moniert. Daraus resultiert die Notwendigkeit einer stärkeren Unterrichtsdifferenzierung (Heller, 1999). Vielfach wird eine bessere Lehrerunterstützung für die Teilnahme an den Olympiawettbewerben gefordert. In der Sechsländer-Vergleichsanalyse (siehe S. 216 oben) ergaben sich Übereinstimmungen bezüglich des familiären Sozialisationsmilieus, dem – mit Ausnahme der taiwanesischen und finnischen Stichproben – in allen Beteiligungsländern die größere Bedeutung bei der Erkennung (durchschnittlich im Alter von 7 bis 8 Jahren) und Förderung des mathematisch-naturwissenschaftlichen Talents gegenüber der Schule zuerkannt wurde, sowie der Familiengröße (mit 2 bis 3 Kindern). Im interkulturellen Vergleich ergaben sich jedoch einige interessante Unterschiede. So legen offenbar amerikanische und deutsche Eltern mehr Wert auf psychologische Unterstützung ihrer Kinder im Vergleich zu den ostasiatischen Teilnehmern, während deutsche und finnische Familien die Förderung der Eigeninitiative ihrer Kinder besonders betonen.

Demgegenüber kontrollieren deutsche Eltern Umfang und Inhalt des Fernsehkonsums stärker als amerikanische Eltern und haben – relativ betrachtet – auch eine positivere Einstellung gegenüber Leistungsanforderungen. In Übereinstimmung mit den TIMSS-Befunden der Drei-Länder-Studie (Deutschland, USA, Japan) tendieren auch hier die deutschen Olympiateilnehmer mehr als die taiwanesischen (ostasiatischen) Teilnehmer dazu, eigene Erfolge vs. Misserfolge stärker auf Begabung als auf Anstrengung zurückzuführen (Baumert, Lehmann et al., 1997). Dagegen stimmen hierin die amerikanischen Attributionsmuster mit jenen der taiwanesischen überein, was den TIMSS-Befunden insoweit widerspricht; siehe auch Campbell, Heller und Feng (2004). Die Anzahl der Publikationen liegt bei den deutschen Olympiateilnehmern um knapp ein Drittel höher als bei den US-amerikanischen (und den übrigen) Teilnehmern. Dagegen findet sich wieder eine relativ gute Übereinstimmung zwischen amerikanischen und deutschen Olympiateilnehmern in Bezug auf die Wahl des (späteren) Studienortes: Beide bevorzugen in der Mathematik die jeweils landesweit im betr. Fach renommierteren Universitäten, was den Prozess der Akkumulation der Chancen sensu Merton (1968, 1973) unterstützt. Schließlich fällt auf, dass der Anteil der von Mentoren beeinflussten Publikationen in der amerikanischen Stichprobe deutlich höher ist als in der deutschen Stichprobe. Hier profitierten nur die Teilnehmer am Mathematikwettbewerb von Mentoren ihres Faches bei späteren Publikationen. Mentoring scheint überhaupt eine der wirksamsten Formen der Begabtenförderung zu sein (Zorman, 1993), die auch im Rahmen der Olympiateilnahme – nicht zuletzt mathematisch-naturwissenschaftlich begabter Schüler*innen* – stärker genutzt werden sollte. Neben anderen Formen der Begabtenförderung haben sich somit die Olympiawettbewerbe im mathematisch-naturwissenschaftlichen Bereich bewährt. Verbesserungsmöglichkeiten erscheinen vor allem im Hinblick auf die Rekrutierung talentierter weiblicher Teilnehmer wünschenswert.

Literatur

Baumert, J., Lehmann, R. et al. (1997). *TIMSS – Mathematisch-naturwissenschaftlicher Unterricht im internationalen Vergleich. Deskriptive Befunde.* Opladen: Leske & Budrich.

Beerman, L., Heller, K.A. & Menacher, P. (1992). *Mathe: nichts für Mädchen? Begabung und Geschlecht am Beispiel von Mathematik, Naturwissenschaft und Technik.* Bern: Huber.

Bundesministerium für Bildung, Wissenschaft, Forschung und Technologie (Hrsg.). (1997). *Grund- und Strukturdaten 1997/98.* Magdeburg: Gebr. Carloff GmbH.

Campbell, J.R., Wagner, H. & Walberg, H.J. (2000). Academic Competitions and Programs Designed to Challenge the Exceptionally Talented. In K.A. Heller, F.J. Mönks, R.J. Sternberg & R.F. Subotnik (Eds.), *International Handbook of Giftedness and Talent* (rev. 2nd ed. 2002, pp. 523-535). Oxford: Pergamon Press.

Campbell, J.R., Heller, K.A. & Feng, A.X. (2004). Restructuring Attribution Research with Cross-cultural Data. In J.R. Campbell, K. Tirri, P. Ruohotie & H. Walberg (Eds.), *Cross-cultural Research: Basic Issues, Dilemmas, and Strategies* (pp. 61-79). Hämeenlinna, Finland: Research Centre for Vocational Education / University of Tampere, Finland.

Goldstein, D. & Wagner, H. (1993). After school programs, competitions, school olympics, and summer programs. In K.A. Heller, F.J. Mönks & A.H. Passow (Eds.), *International handbook of research and development of giftedness and talent* (pp. 593-604). Oxford: Pergamon.

Heilmann, K. (1999). *Begabung – Leistung – Karriere: Die Preisträger im Bundeswettbewerb Mathematik 1971-1995.* Göttingen: Hogrefe.

Heller, K.A. (Ed.). (1992). *Hochbegabung im Kindes- und Jugendalter* (2., stark erweiterte Aufl. 2001). Göttingen: Hogrefe.

Heller, K.A. (1999). Individual (Learning and Motivational) Needs versus Instructional Conditions of Gifted Education. *High Ability Studies, 9,* 9-21.

Heller, K.A. & Neber, H. (Gast-Hrsg.). (2004). Hochbegabtenförderung auf dem Prüfstand. Themenheft. *Psychologie in Erziehung und Unterricht, 51,* 1-51.

Heller, K.A. & Viek, P. (2000). Support for the gifted university students: Individual and social factors. In C.F.M. van Lieshout & P.G. Heymans (Eds.), *Talent, resilience and wisdom across the life span* (pp. 299-321). Hove: Psychology Press / Philadelphia: Taylor & Francis.

Heller, K.A., Viek, P. et al. (1997). *Explorationsstudie zur Begabtenförderung im Tertiärbereich. Abschlussbericht an das BMBF in Bonn.* München: LMU.

Heller, K.A. & Ziegler, A. (1996). Gender Differences in Mathematics and the Natural Sciences: Can Attributional Retraining Improve the Performance of Gifted Females? *Gifted Child Quarterly, 40,* 200-210.

Heller, K.A. & Ziegler, A. (2001). Mit Reattributionstraining erfolgreich gegen Benachteiligung. Mädchen und Mathematik, Naturwissenschaft und Technik. *Profil. Das Magazin für Gymnasium und Gesellschaft, 9/2001,* 20-25.

Kirshstein, R., Matheson, N. & Jing, Z. (1997). *National Center for Education Statistics: Instructional Faculty and staff in higher education institutions: fall 1987 and fall 1992. Statistical Analysis Report.*

Lengfelder, A. & Heller, K.A. (2002). German Olympiad Studies: Findings from a Retrospective Evaluation and from In-Depth Interviews. Where Have all the Gifted Females Gone? *Journal of Research in Education, 12,* 86-92.

Merton, R.K. (1968). The Matthew effect in science. *Science, 159,* 56-63.

Merton, R.K. (1973). *The sociology of science.* Chicago: University Press.

Neber, H. & Heller, K.A. (1997). *Deutsche SchülerAkademie. Ergebnisse der wissenschaftlichen Begleitforschung.* Bonn: BMBF.

Zorman, R. (1993). Mentoring and Role Modeling Programs for the Gifted. In K.A. Heller, F.J. Mönks & A.H. Passow (Eds.), *International Handbook of Research and Development of Giftedness and Talent* (pp. 727-741). Oxford: Pergamon Press.

Kapitel 13

Das Hector-Seminar zur Förderung hochbegabter Gymnasiasten im Bereich von Mathematik, Informatik, Naturwissenschaft und Technik (MINT)

Evaluationsbefunde zu einem Enrichmentprogramm im MINT-Bereich (2001-2008)

Inhalt

Einleitung

Das Enrichmentprogramm „Hector-Seminar" fördert besonders befähigte Gymnasialschüler/innen im Bereich von Mathematik, Informatik, Naturwissenschaften und Technik (MINT). Die Idee zu diesem extracurricularen Fördermodell entstand in mehreren Gesprächsrunden zu Beginn des Jahres 2000, angeregt vom privaten Förderer Dipl.-Math. Dr. h.c. Hans-Werner Hector (Mitbegründer von SAP). Diese fanden am wbk-Institut für Produktionstechnik der Universität (TH) Karlsruhe unter Beteiligung des Lehrstuhlinhabers Prof. Dr.-Ing. Hartmut Weule sowie des (damaligen) Präsidenten des Oberschulamts Nordbaden in Karlsruhe Dr. Friedrich Hirsch, von Min.-Dirig. Dr. Peter Pauly als Vertreter des Stuttgarter Ministeriums für Kultus, Jugend und Sport sowie des Verfassers statt. Nach Abwägung verschiedener alternativer Förderprogramme einigte man sich schließlich auf das in diesem Kapitel dargestellte Modell, das in einer Pilotphase (von maximal zweimal vier, also insgesamt acht Jahren) wissenschaftlich evaluiert werden sollte. Ferner war eine landesweite Implementierung des neuen Begabtenförderprogramms für den Fall nachweislicher Fördereffekte avisiert. Eine endgültige Entscheidung darüber ist für 2009 – nach der Abschlussevaluation – zu erwarten.

Inzwischen liegen zwei Zwischen-Evaluationsberichte (2004 und 2006) vor. Der Abschlussbericht wird als Buchpublikation (im LIT-Verlag, Berlin) im Sommer 2009 allen Interessenten zugänglich sein und detaillierte Evaluationsbefunde über die gesamte Pilotphase 2001-2008 enthalten. Nachstehend berichtete Befunde beziehen sich auf die ersten sechs – von insgesamt acht – Untersuchungswellen und repräsentieren somit 75% der Pilotphase.

1. Zur Struktur des Hector-Seminars

Die kürzlich von der Geschäftsstelle des Hector-Seminars vorgelegte Broschüre „Begabung braucht Entwicklungschancen" informiert auf 35 Seiten ausführlicher über dieses innovative Fördermodell. Interessenten können diese Broschüre (kostenlos) beim Leiter der Geschäftsstelle Dr. Jan Erichsen per E-mail anfordern (erichsen@hector-seminar.de) oder aktuelle Informationen aus dem Internet abrufen: www.hector-seminar.de

Die Struktur des Fördermodells „Hector-Seminar" ist in Abbildung 1 dargestellt. Für die Betreuung der (bisher insgesamt 21) Hector-Kurse stehen 18 Fachlehrkräfte (Gymnasiallehrer/innen für MINT) zur Verfügung. Die 18 Arbeitskreis-Leiter (AK-Leiter) erhalten für ihre Arbeit im Hector-Seminar jeweils eine Deputatsermäßigung von 50%, zu deren Kompensation im gleichen Umfang Gymnasiallehrkräfte von der Hector-Stiftung finanziert werden. Somit entsteht kein Defizit im Unterrichtsangebot des betr. Gymnasiums, an dem die AK-Leiter weiterhin 50% ihres Pflichtdeputats im Regelunterricht bestreiten.

Der Löwenanteil der benötigten Fördersumme entfällt auf Personalkosten für die AK-Leiter (Trainer im Hector-Seminar) bzw. deren Ersatzlehrkräfte. Hinzu kommen Sachkosten für Kursmaterialien, Reisekosten für Exkursionen (zu Forschungseinrichtungen an Hochschulen und Betrieben usw.) sowie Personal- und

Sachkosten für die wissenschaftliche Evaluation, die von einem Forscherteam unter Leitung des Verfassers am Zentrum für Begabungsforschung der Universität (LMU) München durchgeführt wird. Das Gesamtfördervolumen für die Pilotphase (2001-2008) inkl. Programmevaluation liegt bei über EUR 3,5 Mio.

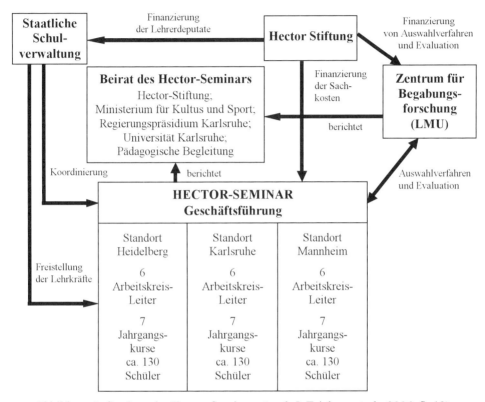

Abbildung 1: Struktur des Hector-Seminars (nach J. Erichsen et al., 2006, S. 13).

Zu den Aufgaben der wissenschaftlichen Begleitforschung (Programmevaluation) gehört auch die Erprobung eines standardisierten Auswahlverfahrens für die jährlichen Talentsuchen an den nordbadischen Gymnasien. In einem zweistufigen Auswahlverfahren werden jährlich aus rd. 7500 Gymnasiasten, d.h. dem nordbadischen Kollektiv zum Ende des ersten Schuljahrs im Gymnasium, die knapp 1% Testbesten (1% MINT-Begabtesten) für das Hector-Seminar an den drei Standorten in Heidelberg, Mannheim und Karlsruhe) als sog. Hectorianer ausgewählt. Während der achtjährigen Pilotphase kommen zusätzlich die nächstplatzierten 1% Testbesten in die Kontrollgruppe. Die Kontrollgruppenschüler werden – wie die Hectorianer – in die jährlichen Retestungen einbezogen, erhalten jedoch keine Förderung im Hector-Seminar. Allerdings erhalten sie bzw. ihre Eltern wie die Hectorianer bzw. die Trainingsgruppe (TG) eine individuelle Ergebnisrückmeldung zu den Test- bzw. Retestbefunden sowie relevante Informationen über die Schülerentwicklung. Dieses Beratungsangebot ist für die Hectorianer-Eltern obligatorisch, für die Eltern der Kontrollgruppenschüler (KG) fakultativ – wovon jedoch über 90%

Gebrauch machen. Zusätzlich erhalten alle Testschüler (beider Gruppen) eine sog. Elternbroschüre ausgehändigt. Diese enthält – aus Datenschutzgründen – keine individuellen Testbefunde, sondern nur Gruppentestprofile. Damit können die Schüler und ihre Eltern die Schülerentwicklung intraindividuell und interindividuell, d.h. am Maßstab der Bezugsgruppe (TG vs. KG) bewerten. Dieses Verfahren hat sich auch in anderen Talentsuchen bewährt; zusätzlich dient es der „Stichprobenpflege" bei Längsschnittstudien wie dem achtjährigen Pilotprojekt zum Hector-Seminar. Ausführlicher vgl. das Buchkapitel 7 oben.

2. Förderprogramm-Evaluationsmodelle

Die Qualität der MINT-Talentförderung im Hector-Seminar hängt – wie auch bei anderen Förderprogrammen (z.B. VanTassel-Baska, 2006) – vor allem von vier Komponenten ab, die von jeder nach wissenschaftlichen Standards durchgeführten Programmevaluation zu berücksichtigen sind: (1) Kontextevaluation, (2) Inputevaluation, (3) Prozess- oder Treatmentevaluation, (4) Produkt- oder Outputevaluation. Dies wird in Abbildung 2 veranschaulicht. Für ausführlichere Informationen über Förderprogrammevaluationen und deren Anforderungsstandards siehe u.a. Heller (2002b) bzw. Heller und Neber (2004).

2.1 Struktur- vs. Prozessmodell

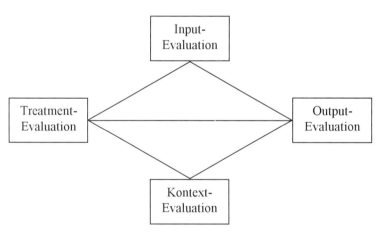

Abbildung 2: Allgemeines Strukturmodell der (Förder-)Programmevaluation (nach Heller, 2002a, S. 50).

Bei der *Kontext*evaluation steht die Frage im Zentrum, ob bzw. inwieweit die Intentionen des Förderprogramms realisiert werden (konnten). Zu untersuchende Komponenten sind hier der Förderbedarf und die Ziele für die Hector-Förderkurse. Entsprechende Teilfunktionen sind die Definition von Beurteilungskriterien zur Erfassung relevanter Programmziele sowie die Auswahl der Untersuchungsvariablen und deren Operationalisierung, d.h. Festlegung der Messinstrumente (Tests und Fragebögen).

Die *Input*evaluation zielt auf die Erfassung von Informationen über a) Kompetenzen und Lernvoraussetzungen der zu fördernden Individuen (hier „Hectorianer") einschließlich soziokultureller Bedingungsvariablen für die Talententwicklung und b) materielle, personelle und inhaltliche Ressourcen des Förderprogramms einschließlich didaktischer und pädagogischer Methodenstrategien.

Implementierung, Programmablauf sowie Inhalte und Charakteristika (z.B. Kurspädagogik und Didaktik) der Förderkurse einschließlich institutioneller Rahmenbedingungen und Umsetzung formativer Evaluationsbefunde zur weiteren Programmoptimierung sind Gegenstand der *Prozess-/Treatment*evaluation.

In der *Produkt-* bzw. *Output*evaluation stehen schließlich nachweisbare Fördereffekte bzw. Zielerreichungen einschließlich der Identifizierung unerwünschter Nebeneffekte im Fokus.

Alle vier Komponenten müssen bei einer Förderprogrammevaluation angemessen berücksichtigt werden. Dies sei beispielhaft im Hinblick auf die *Treatmentevaluation* der Hector-Seminare im Folgenden etwas detaillierter behandelt.

Kennzeichnend für die *Organisation* sind:
– *Früher Einstieg* in die Förderung junger Talente im MINT-Bereich (Thema: Naturphänomene). Der Erstunterricht in Physik und Chemie erfolgt schulischerseits meistens viel zu spät, so dass eine frühzeitige Behandlung von Naturphänomenen und Technikproblemen – im interdisziplinären Ansatz – bei hoch begabten Gymnasiasten indiziert ist.
– *Kontinuierliche Förderung* besonders befähigter und interessierter Gymnasiasten im MINT-Bereich während der gesamten Schulzeit (5./6. bis 12. Klasse).
– *Systematischer Wissens- und Expertiseaufbau*, was kumulative Lernprozesse im MINT-Bereich nachhaltig unterstützt.
– *Begabungs- und relativ leistungshomogene Gruppierungen* bei Tolerierung einer gewissen Interessen- bzw. Leistungsheterogenität in den Hector-Seminargruppen.

Kennzeichnend für die *Kursinhalte* sind u.a.:
– *Anspruchsvolle*, den besonderen Interessen, Lern- und Denkfähigkeiten hoch begabter Gymnasialschüler/innen angemessene *Kursthemen*, die die „Hectorianer" herausfordern. Prinzip: Förderung durch Forderung!
– An das *Vorwissen* und die *Vorerfahrungen* (z.B. im physikalischen und technischen Bereich) anknüpfende Aufgabenstellungen.
– *Geschlechterfaire Themenauswahl*, d.h. nicht nur Jungen sondern auch Mädchen interessierende Kursinhalte bzw. Problembearbeitungen.
– *Interdisziplinärer* Ansatz bei der Themenerarbeitung.

Kennzeichnend für die *Kurspädagogik* sind:
– *Motivations- und Interessenförderung* für MINT unter besonderer Berücksichtigung auch von *begabten Mädchen*.
– Anwendung *begabungsgerechter Instruktions-, Lern- und Arbeitsmethoden* zur Förderung entdeckenden – selbstgesteuerten – Lernens, z.B. durch Projektarbeit, Produktpräsentationen, Wettbewerbe usw.

- Förderung *kognitiver Fähigkeiten* und *Fachkompetenzen* im MINT-Bereich: Wissen und Können.
- Förderung sogenannter *metakognitiver Kompetenzen*, die für die selbstständige Handlungsplanung, Handlungssteuerung und Handlungskontrolle von Bedeutung sind.
- Förderung von *Schlüsselqualifikationen* wie Medienkompetenz und Teamfähigkeit – ergänzend zur kognitiven Leistungsförderung und integriert in den Lernprozess, *nicht* aber als Ersatz für fachliches Wissen und Können!
- Unterstützung der Kursarbeit, insbesondere in der Nachbereitungsphase, durch *(Schüler-)Tutoren.*
- *Hospitationen* bei bzw. *Exkursionen* zu wissenschaftlichen Institutionen (z.B. an der Universität Karlsruhe und der PH Heidelberg) und einschlägigen Firmen bzw. Labors in der Region (z.B. BASF), Besuch von Technikmuseen usw.

Die Hector-Seminare sind somit ein sehr anspruchsvolles Förderprogramm, das viele innovative Züge trägt und aus pädagogisch-psychologischer Sicht ein höchst desiderables Vorhaben darstellt. Ausführlicher siehe Heller (2001).

Komplementär zum oben skizzierten Strukturmodell der Programmevaluation ist das in Abbildung 3 wiedergegebene *Prozess*modell zu sehen. Neben der summativen Evaluation und den daraus abgeleiteten Konsequenzen für die Hochbegabtenförderung im MINT-Bereich spielt die *formative* Evaluation während der gesamten Erprobungs- bzw. Pilotphase eine wichtige Rolle. Hierbei steht die *kontinuierliche* Optimierung – im Beispielfall der Hector-Seminare sowohl der Talentsuche (Auswahl geeigneter Förderschüler/innen als Komponente der Input- und Kontextevaluation) als auch der Treatmentevaluation – des Förderprogramms im Vordergrund; siehe § 6 der Vereinbarung zwischen dem OSA Karlsruhe und der Hectorstiftung (2000).

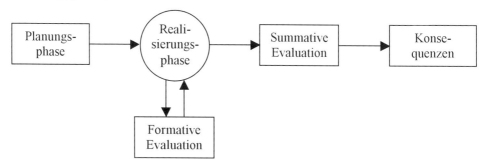

Abbildung 3: Allgemeines Prozessmodell der (Förder-)Programmevaluation nach Heller (2002a, S. 50).

2.2 Das Evaluationsmodell zum Hector-Seminar

Der wissenschaftlichen Begleituntersuchung zum Hector-Seminar lag das in Abbildung 4 wiedergegebene Evaluationsmodell zugrunde. Neben der Gestaltung der Hector-Förderkurse (Organisation, Inhalte, Kurspädagogik) als Gegenstand der Treatmentevaluation stehen die Fördereffekte des Hector-Seminars im Zentrum der

Produkt- oder Outputevaluation. Diese sind jedoch nicht ohne Bezug auf die Aus-
gangsbedingungen der Hectorianer und der Kontrollgruppenschüler zu bestimmen.
Deshalb müssen in der *Input*evaluation die individuellen Lernleistungsvoraussetzungen beider Gruppen (Hectorianer und Kontrollgruppen) sowie in der *Kontext*-
evaluation deren Lernumweltbedingungen hinreichend differenziert erfasst werden.
Das in Kapitel 10 (Abbildungen 1 und 2 auf S. 179f.) oben dargestellte (Hoch-)Be-
gabungsmodell verdeutlicht die begabungs- bzw. lern- und leistungspsychologi-
schen Zusammenhänge im psychometrischen Paradigma.

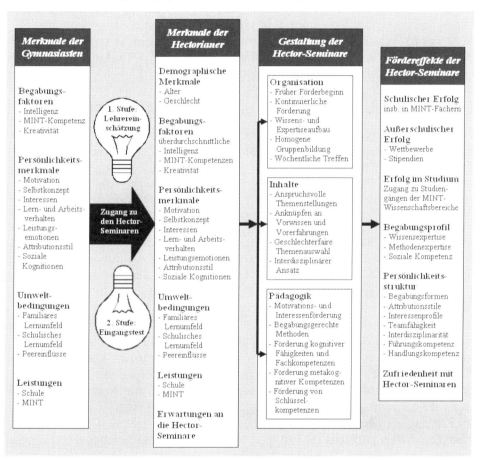

Abbildung 4: Evaluationsmodell zum Hector-Seminar.

In der Tradition der Münchner Begabungsforschung wird *Begabung* bzw.
Hochbegabung als *mehrdimensionales Fähigkeitskonstrukt* in einem Netz von
kognitiven Fähigkeitsprädiktoren, nichtkognitiven (z.B. motivationalen und leistungsemotionalen) und sozialen Moderatorvariablen sowie kriterialen Leistungsbe-
zugskriterien konzipiert. Auf der Begabungsdimension werden dabei *kontinuierli-*
che Übergänge zwischen guter, sehr guter oder hoher Begabung postuliert, d.h. die
genannten Begabungskategorien markieren keine diskreten Abstufungen auf den

Testskalen zur Intelligenz-, Kreativitäts- oder Sozialkompetenzmessung usw. Im Münchner (Hoch-)Begabungsmodell werden verschiedene (Hoch-)Begabungsformen postuliert, z.B. mathematische, naturwissenschaftliche, technische oder sprachliche, musikalische, sportliche Talente. Diese sind – so die Kernhypothese – jeweils eingebettet in ein kognitives bzw. volitionales und soziales Bedingungsgefüge, das für die Begabungsentwicklung und die Umsetzung individueller Fähigkeitspotentiale in entsprechendes Leistungsverhalten bzw. fachliche Expertise charakteristisch ist. Die (Hoch-)Begabungs*entwicklung* wird hierbei als *Interaktion* (Wechselwirkung) bzw. die zu einem bestimmten Zeitpunkt gemessene Begabungs*ausprägung* als Interaktions*produkt* von personinternen (kognitiven und motivationalen) Faktoren und personexternen Sozialisationsbedingungen aufgefasst; siehe hierzu das im Buchkapitel 8 (Abbildung 1 auf S. 139) dargestellte Bedingungsmodell des Schulerfolgs.

3. Evaluationsbefunde zum Hector-Seminar (Stand: 2001-2006)

Im Folgenden werden Evaluationsbefunde, soweit sie bis Ende 2006 vorlagen, in repräsentativer Auswahl berichtet. Ausführlicher finden sich diese im 1. und 2. Zwischenbericht (Heller & Übele, 2004; Heller, Senfter & Linke, 2006) sowie im Abschlussbericht (Heller et al., in Vorbereitung).

3.1 Ausgangslage (Begabungsprofile) der Förder- vs. Kontrollgruppenschüler

Das zweistufige Auswahlverfahren zur Hectorianer-Rekrutierung hat sich insgesamt bewährt. So zeigen sich in den ersten fünf Testjahrgängen die Hectorianer (Förderschüler) sowohl im kognitiven Fähigkeitsniveau als auch im MINT-relevanten Kompetenzprofil gegenüber dem gymnasialen Jahrgangsstufendurchschnitt, der beim T-Wert 50 liegt, deutlich überlegen. Siehe (beispielhaft für die bisher vorliegenden Eingangstestergebnisse aus den Jahren 2001 bis 2007) die Resultate zum Eingangstest von 2001 und 2002 in den Abbildungen 5a und 6a unten. Ein ähnliches Bild zeichnet sich – etwas abgeschwächt – auch für den Vergleich mit den Kontrollgruppenschülern ab. Hier sind die TG/KG-Kompetenzunterschiede im Eingangs- bzw. Auswahltest erwartungsgemäß geringer, da die Kontrollgruppen jeweils die nächstplatzierten 60-65 Schüler/innen eines Kursjahrgangs bilden, also im Ranking der jährlich rd. 750 getesteten Gymnasiasten sehr weit oben rangieren. Und diese bilden ja bereits die knapp 10% Besten der vorausgewählten Gymnasiasten eines nordbadischen Jahrgangs (N = ca. 7500).

Etwas uneinheitlicher fallen die Differenzen im Eingangstest zwischen den späteren Hectorianern in der Trainingsgruppe (TG) und den Schülern in der Kontrollgruppe (KG) hinsichtlich Space-Faktoren wie Raumwahrnehmung, Raumorientierung bzw. räumlichen Denkkompetenzen einerseits und dem Eingangstest „Aufgaben aus Physik und Technik" (APT) andererseits aus. Ersteres dürfte auf die hohe Sättigung der Space-Faktoren mit genetischen Anlagepotentialen zurückzuführen sein, letztes darauf, dass auf der 5. bzw. zu Beginn der 6. Klassenstufe Physik und Technik noch keine Bestandteile des gymnasialen Unterrichts sind – im Gegensatz zu Mathematik; siehe Abbildung 3b in Kapitel 7 auf S. 134 in diesem Buch.

Mutatis mutandis gilt diese Feststellung auch für die nichtkognitiven Persönlichkeitsmerkmale bzw. entsprechende – teilweise beobachtete – TG/KG-Differenzen. Diese waren jedoch nicht Bestandteil des Auswahlverfahrens, sondern dienten lediglich entwicklungspsychologischen bzw. förderungsrelevanten Fragestellungen der Programmevaluation; siehe dazu Abschnitt 3.2 unten.

3.2 Fördereffekte des Hector-Seminars

Das Hauptinteresse im Kontext dieses Kapitels gilt den Fördereffekten des Hector-Seminars. Deren Erfassung basiert hier auf einem quasi-experimentellen Treatment-Kontrollgruppen-Design. Im Hinblick auf mögliche Fördereffekte des Hector-Seminars interessierte zunächst die Frage nach der weiteren *Entwicklung MINT-relevanter Fähigkeiten*. Signifikante Veränderungen bei den Hectorianern (TG) gegenüber den Nichtteilnehmern am Hector-Seminar (KG) könnten erste Hinweise auf Fördereffekte liefern. Tatsächlich fallen die beobachteten „Entwicklungsgewinne" der Hectorianer am deutlichsten bei den MINT-relevanten Fähigkeitskompetenzen aus, während bei den Space-Faktoren und in den weniger MINT-relevanten Faktoren der sog. kristallisierten Intelligenz die Zuwächse teilweise geringer ausfallen und TG/KG-Differenzen seltener signifikant werden. Dafür gibt es eine plausible Erklärung: Cattell (1963, 1973) unterscheidet in seiner Zweifaktoren-Theorie der Intelligenz zwischen einem sog. fluiden Generalfaktor und einem sog. kristallinen Generalfaktor. Während die *flüssige* Intelligenz sich vor allem auf genetische Anlagepotentiale bezieht, repräsentiert die *kristallisierte* Intelligenz jene Fähigkeiten, die sich im Laufe der Sozialisation aus der flüssigen Intelligenz durch entsprechende Erziehungs- und Fördermaßnahmen entwickelt bzw. ausgebildet haben. „Die kristallisierte Intelligenz ist gewissermaßen das Endprodukt dessen, was flüssige Intelligenz und Schulbesuch gemeinsam hervorgebracht haben" (Cattell, 1973, S. 268). Bei den im Hector-Seminar geförderten Gymnasiasten müssten also, sofern entwicklungsförderliche Effekte auftreten, diese gegenüber den ebenfalls gut bis sehr gut begabten Gymnasiasten in der Kontrollgruppe gerade im MINT-relevanten Kompetenzbereich am deutlichsten in Erscheinung treten.

Diese Erwartungshypothese lässt sich durch die vorliegenden Evaluationsbefunde tatsächlich bestätigen. Ebenso zeigen sich die Hectorianer in den objektiven Kreativitätstests des BIS-HB Kontrollgruppenschülern tendenziell überlegen, während sich diese in der subjektiven Selbsteinschätzskala (KRT-S) gegenüber den Hectorianern teilweise kreativer beurteilen – ein Befund, der sich auch in anderen Evaluationsstudien (z.B. bei den Vor- und Endrundenteilnehmern der Internationalen Schülerolympiaden in Mathematik, Physik und Chemie) beobachten ließ. Stellvertretend für alle bisherigen sechs Testjahrgänge siehe die Profildarstellungen in den Abbildungen 5a bis 5d bzw. 6a bis 6d sowie Abbildung 7 für die BIS-HB-Befunde von 2006. Der Berliner Intelligenzstrukturtest für Hochbegabte (BIS-HB) von Jäger et al. (2006) konnte erstmals 2006 eingesetzt werden.

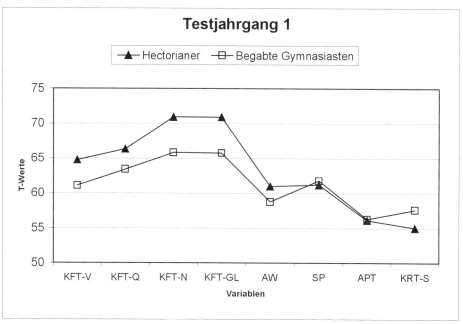

Abbildung 5a: *Eingangstest*-Ergebnisse vom Testjahrgang 1 im TG/KG-Gruppenvergleich.

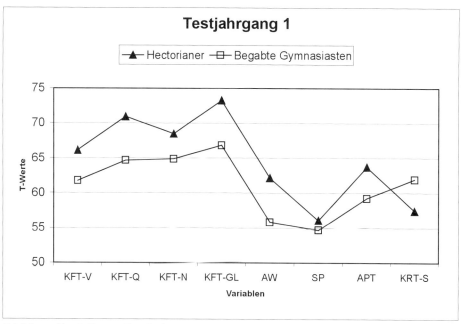

Abbildung 5b: *1. Retest*-Ergebnisse vom Testjahrgang 1 im TG/KG-Gruppenvergleich.

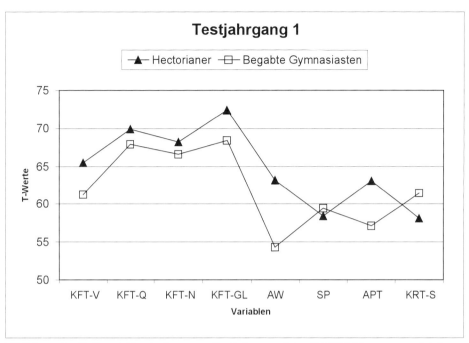

Abbildung 5c: *2. Retest*-Ergebnisse vom Testjahrgang 1 im TG/KG-Gruppenvergleich.

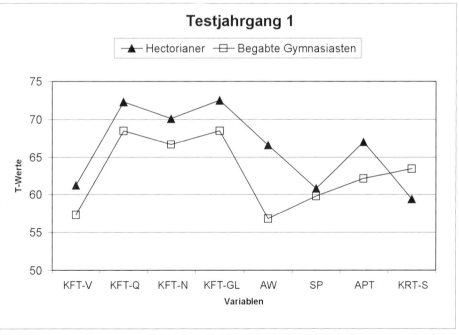

Abbildung 5d: *3. Retest*-Ergebnisse vom Testjahrgang 1 im TG/KG-Gruppenvergleich.

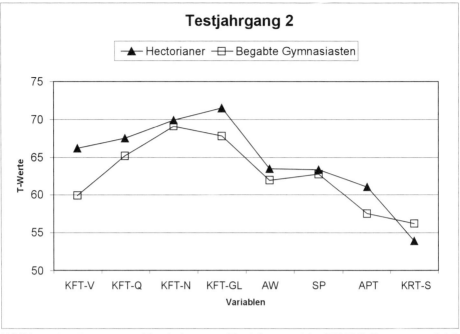

Abbildung 6a: *Eingangstest*-Ergebnisse vom Testjahrgang 2 im TG/KG-Gruppenvergleich.

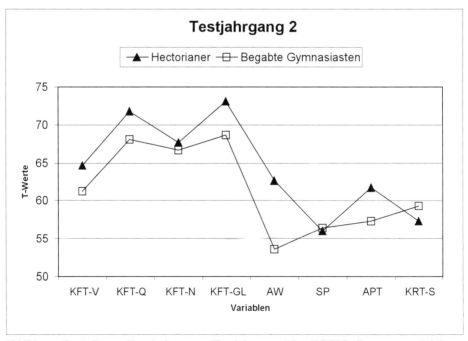

Abbildung 6b: *1. Retest*-Ergebnisse vom Testjahrgang 2 im TG/KG-Gruppenvergleich.

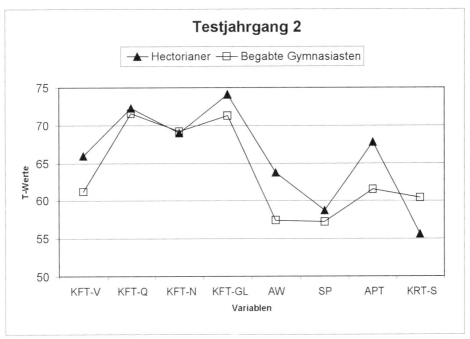

Abbildung 6c: *2. Retest*-Ergebnisse vom Testjahrgang 2 im TG/KG-Gruppenvergleich.

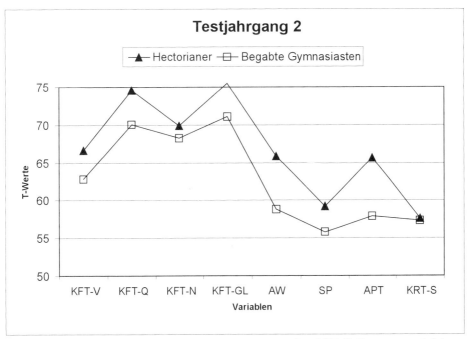

Abbildung 6d: *3. Retest*-Ergebnisse vom Testjahrgang 2 im TG/KG-Gruppenvergleich.

Die (ausgewählten) vier BIS-HB-Skalen dienten vor allem der Validitätskontrolle der Selbstratings im KRT-S, wo etwas überraschend die Kontrollgruppenschüler tendenziell (leicht) bessere Werte als die Hectorianer erzielten (siehe oben). Im „objektiven" BIS-HB zeichnet sich jedoch eher die gegenteilige Tendenz ab (Abbildung 7), was sich vielleicht so interpretieren lässt: Die Hectorianer beurteilen ihre Kreativität realistischer als die Kontrollgruppenschüler. Im Bewusstsein des guten Abschneidens in den vorausgegangenen Begabungstests (KFT-HB) und dem sehr schwierigen Mathe-Leistungstest mussten sie sich im KRT-S nicht mehr „beweisen", während die Kontrollgruppenschüler in der Selbsteinschätzung ihrer Kreativität dann etwas zur Selbstüberschätzung neigten (was objektiv durch die BIS-HB-Befunde „nach unten" korrigiert werden muss). Insgesamt unterscheiden sich die Hectorianer und Kontrollgruppenschüler hinsichtlich kreativer Kompetenzen allerdings nur wenig. Siehe auch die entsprechenden Befunde aus der Münchner Hochbegabungsstudie, etwa auf S. 41ff. und S. 188f. in diesem Buch.

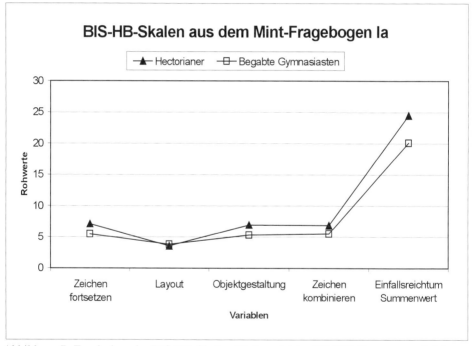

Abbildung 7: Ergebnisse der BIS-HB-Skalen (Rohwerte) im TG/KG-Gruppenvergleich (2006).

Da es sich bei den an den Retests teilnehmenden Nicht-Hectorianern ebenfalls um Spitzenschüler/innen handelt, werden diese in den folgenden Abbildungen „Begabte Gymnasiasten" zur Unterscheidung von den in den Hector-Seminaren geförderten „Hectorianern" bezeichnet. Schließlich seien noch die in den Abbildungen verwendeten *Testkürzel* (aus der MHBT-S von Heller & Perleth) mit den betr. Erfassungsdimensionen erläutert:

KFT-HB-V   (Wortschatz und Wortklassifikationen) misst verbale Denkfähigkeiten.

KFT-HB-Q   (Mengenvergleiche und Gleichungsbilden) misst quantitative bzw. mathematische Denkfähigkeiten.

KFT-HB-N   (Figurenklassifikation und Figurenanalogien) misst nichtsprachliche bzw. figurale (technisch-konstruktive) Denkfähigkeiten.

KFT-GL   (Gesamtleistung im Kognitiven Fähigkeits-Test für Hochbegabte [KFT-HB]) erfasst das kognitive Fähigkeitsniveau einer Person.

AW   (Abwicklungsaufgaben) und

SP   (Spiegelbilder) erfassen räumliches Vorstellungsvermögen sowie räumliches Wahrnehmen und Denken.

APT   (Physik/Technik-Aufgaben) erfassen physikalisch-technische Problemlösekompetenzen.

KRT-S   (Kreatives Talent bei Sekundarstufenschülern) bezieht sich auf verschiedene Kreativitätsaspekte. Im Gegensatz zu den vorgenannten objektiven Testskalen repräsentiert KRT-S eine auf Selbstratings basierte Fragebogenskala.

Die erwartungskonformen Kompetenzsteigerungen im MINT-Bereich bedeuten jedoch nicht ohne weiteres auch vergleichbare Schulnotenverbesserungen. Zum einen ist das Notenniveau der hier untersuchten Schülergruppen (TG und KG) ziemlich hoch und somit in vielen Fällen nicht gravierend mehr zu steigern, zum andern war und ist es erklärtes Ziel der AK-Leiter/innen, im Hector-Seminar keine Inhalte zu behandeln, die sich mit dem schulischen Curriculum überschneiden. Selbstverständlich sind trotzdem Transfereffekte von der Arbeit im Hector-Seminar zu erwarten, was sich jedoch nicht unbedingt in Schulnoten niederschlagen muss. Umso bemerkenswerter sind die in Kapitel 7 (in den Abbildungen 3a bis 4 auf S. 133f. oben) dargestellten Testbefunde, sowohl zur Hectorianerauswahl als auch zur Identifizierung relevanter Fördereffekte im Hector-Seminar.

Schließlich sollten auch *nicht-kognitive (z.B. motivationale) und soziale Aspekte der Persönlichkeitsentwicklung* in die Programmevaluation einbezogen werden. Dies erschien allein schon deshalb erforderlich, um eventuell unerwünschte Nebeneffekte durch die Teilnahme am Hector-Förderprogramm frühzeitig zu erkennen. Die bisher vorliegenden Befunde weisen allerdings keine negativen Fördereffekte auf. Allgemein kann sowohl in der TG als auch in der KG von entwicklungsförderlichen Persönlichkeitsvoraussetzungen der betr. Teilnehmer/innen ausgegangen werden, was angesichts der strengen Auswahl – sowohl für die TG als auch für die KG – kein unerwartetes Ergebnis darstellt und sich mit den Befunden anderer Studien im Bereich der Hochbegabtenförderung (siehe etwa die Buchkapitel 11 und 12) deckt.

4. Fazit

Zusammenfassend lässt sich somit festhalten, dass die vorliegenden Evaluationsbefunde deutliche Fördereffekte in den MINT-relevanten Kompetenzbereichen bestätigen. Unerwünschte Nebeneffekte der Teilnahme an den Hector-Seminaren konnten bisher nicht identifiziert werden. MINT-Talente werden nach den Erfahrungen der ersten fünf bzw. sechs Förderjahre durch die Hector-Seminare nicht nur in ihren Begabungs- und Kompetenzschwerpunkten, sondern auch in ihrer Gesamtpersönlichkeitsentwicklung nachhaltig gefördert.

Literatur

Cattell, R.B. (1963). Theory of Fluid and Crystallized Intelligence: A Critical Experiment. *Educational Psychology, 54*, 1-22.

Cattell, R.B. (1973). *Die empirische Erforschung der Persönlichkeit.* Weinheim: Beltz.

Erichsen, J. et al. (Hrsg.). (2006). *Hector-Seminar. Begabung braucht Entwicklungschancen.* Heidelberg: Hector-Seminar (Geschäftsstelle).

Heller, K.A. (2001). Hochbegabtenförderung im nationalen und internationalen Bereich. *Labyrinth, 24, Nr. 68,* 4-10. – Dieser Einführungsvortrag auf dem Hector-Kolloquium „Hochbegabtenförderung im MINT-Bereich" an der TU Karlsruhe (8.12.2000) ist ebenfalls erschienen in *LVH aktuell Baden-Württemberg, Nr. 6* (Mai 2001), 3-8.

Heller, K.A. (Hrsg.). (2002a). *Begabtenförderung im Gymnasium. Ergebnisse einer zehnjährigen Längsschnittstudie.* Opladen: Leske + Budrich.

Heller, K.A. (Guest Ed.). (2002b). Program Evaluation. *European Journal of Psychological Assessment, 18,* Issue 3 (Special Section), 187-241.

Heller, K.A. & Neber, H. (Gast-Hrsg.). (2004). Themenheft „Hochbegabtenförderung auf dem Prüfstand". *Psychologie in Erziehung und Unterricht, 51,* 1-51.

Heller, K.A. & Perleth, Ch. (2007). *Münchner Hochbegabungstestbatterie für die Sekundarstufe (MHBT-S).* Göttingen: Hogrefe.

Heller, K.A. & Übele, A. (2004). *Erster Evaluationsbericht zum MINT-Projekt Nordbaden.* München: Zentrum für Begabungsforschung der Universität (LMU) München.

Heller, K.A., Senfter, A. & Linke, S. (2006). *Zweiter Evaluationsbericht zum MINT-Projekt Nordbaden. Methoden und Ergebnisse der ersten fünf Untersuchungswellen (2001-2006) zu den Hector-Seminaren und deren Kontrollgruppen.* München: Zentrum für Begabungsforschung der Universität (LMU) München.

Heller, K.A. et al. (in Vorbereitung). *Begabtenförderung im MINT-Bereich. Evaluationsbefunde zum Hector-Seminar (2001-2008).* Berlin: LIT.

Jäger, A.O., Holling, H., Preckel, F., Schulze, R., Vock, M., Süß, H.-M. & Beauducel, A. (2006). *Berliner Intelligenzstrukturtest für Jugendliche: Begabungs- und Hochbegabungsdiagnostik (BIS-HB).* Göttingen: Hogrefe.

VanTassel-Baska, J. (2006). A Content Analysis of Evaluation Findings Across 20 Gifted Programs: A Clarion Call for Enhanced Gifted Program Development. *Gifted Child Quarterly, 50,* 199-215.

TEIL IV

Hochbegabungsspezifische Förderkonzepte

Einleitender Kommentar

Das Thema „Hochbegabung" gewann in den letzten Jahrzehnten zunehmend an Interesse. Dies ist umso erstaunlicher, als lange Zeit entsprechende Fragestellungen sowohl in der öffentlichen als auch in der fachwissenschaftlichen Diskussion hierzulande tabuisiert worden waren. Während Behindertenprobleme und die Förderung sog. benachteiligter Bevölkerungsgruppen – zurecht – die politische und nicht selten auch die sozialwissenschaftliche Szene seit langem beherrschen, erkannte man erst relativ spät (wieder), dass auch Hochbegabungen eine Herausforderung an die Gesellschaft darstellen.

Systematische Untersuchungen der damit verbundenen individuellen und sozialen Probleme sind freilich erst in jüngster Zeit in größerem Umfang zu beobachten und werden zudem durch folgende Bedingungen erschwert: erstens das weitverbreitete Misstrauen gegenüber sog. Eliten und mannigfache Vorurteile, z.B. dass hochbegabte Kinder und Jugendliche auch ohne fremde Hilfe oder besondere Unterstützung der Eltern und Lehrkräfte sich optimal entwickeln und im Leben erfolgreich sein werden; zweitens die (irrige) Annahme, wonach Hochbegabtenförderung zu Lasten der Behindertenförderung gehen müsse und mit unserem modernen Demokratieverständnis unvereinbar sei. Hinzu kommt drittens die rasch anwachsende Zahl formeller und informeller Aktivitäten mit dem Anspruch der Förderung hochbegabter Kinder und Jugendlicher – häufig jedoch ohne wissenschaftliche Evaluation solcher Fördermaßnahmen, d.h. ohne hinreichend gesicherte Kenntnisse darüber, was mit diesen Aktionen ausgelöst und pädagogisch-psychologisch bewirkt wird, ganz abgesehen von nicht erfassten (unerwünschten) Nebenwirkungen.

Eine (internationale) Trendwende markieren – neben dem frühen Sputnik-Schock (1958) – die ersten beiden World Conferences on Gifted and Talented Children 1975 in London und 1977 in San Francisco. Mit dem üblichen time-lag fand erstmalig in Deutschland 1985 in Hamburg die 6. Weltkonferenz mit über 1000 Teilnehmern statt; nahezu 2000 Teilnehmer verzeichnete die 7. Weltkonferenz im August 1987 in Salt Lake City, Utah. Schließlich soll nicht unerwähnt bleiben, dass im Herbst 1986 auf dem 35. Kongress der Deutschen Gesellschaft für Psychologie in Heidelberg das Thema „Hochbegabungsforschung" (zum ersten Mal) in einer ganztägigen Arbeitsgruppe mit zwölf Einzelreferaten behandelt und unter lebhafter Anteilnahme diskutiert wurde. Soviel zur „Trendwende" in den 1980er Jahren.

Die folgenden Kapitel in Teil IV behandeln zentrale Probleme und Konzepte bzw. Modelle der Hochbegabtenförderung. Zunächst wird in Kapitel 14 das Differenzierungsproblem aspektiert, das sowohl pädagogische bzw. unterrichtspsychologische als auch bildungspolitische Konsequenzen impliziert. Differenzierung ist das „Zauberwort" in der (Hoch-)Begabtenförderung, das freilich nicht selten als Alibifunktion dient, um dem Zeitgeist zu frönen und unbequemen Konsequenzen pädagogischer und/oder bildungspolitischer Art aus dem Weg zu gehen. Das 3W-Modell zur Differenzierung schulischer Lehr-/Lernangebote kann als Orientierungsrahmen für die praktische Arbeit der Begabtenförderung dienen.

Während im Hinblick auf „innere" bzw. unterrichtsbezogene Differenzierungsmaßnahmen heute weithin Konsens unter Pädagogen und Bildungspolitikern besteht, ist die Notwendigkeit „äußerer" bzw. schulischer Differenzierungsmaßnahmen nach wie vor Gegenstand heftiger Kontroversen. In Kapitel 15 werden deshalb

gängige Mythen zur Begabungs- und Leistungsentwicklung bzw. Schülerpersön-
lichkeitsförderung angesprochen und entsprechende – durch wissenschaftliche
Forschungsbefunde belegte – Fakten zum Zusammenhang von Schullaufbahnentscheidung und Bildungserfolg präsentiert. Schließlich werden bildungspolitische
Konsequenzen zur Verbesserung deutscher Schülerleistungen unter Bezug auf die
internationalen Schulleistungsvergleichsstudien TIMSS und PISA diskutiert.

Elitebildung und Universität ist Thema von Kapitel 16. Nach kurzen Begriffs-
klärungen wird der Weg von der (alten) Genieforschung über die (traditionelle)
Hochbegabungsforschung zur (modernen) Expertiseforschung skizziert. Ausführlicher wird auf die Eliteförderung im Tertiärbereich und den Matthäuseffekt in der
Wissenschaft eingegangen, bevor eine Reihe konkreter Fördermaßnahmen innerhalb und außerhalb der Universität diskutiert wird. Ein Exkurs zur technischen
Kreativität illustriert die Notwendigkeit domänspezifischer Talentfördermaßnah-
men im Jugend- und Erwachsenenalter.

Die beiden letzten Kapitel von Teil IV thematisieren geschlechtsspezifische
Probleme der (Hoch-)Begabtenförderung. Zunächst werden in Kapitel 17 Pro- und
Contra-Argumente zur Koedukation im Hinblick auf die Mädchenförderung im
Bereich von Mathematik, Informatik, Naturwissenschaften und Technik (MINT)
unter Bezug auf einschlägige Forschungsbefunde diskutiert. Als Ausweg aus der
unter dem Gesichtspunkt der Geschlechterfairness vielfach als unvermeidlich be-
trachteten Konsequenz zur monoedukativen Unterrichtung in den MINT-Fächern
wird in Kapitel 18 das RAT-Modell vorgeschlagen. Bei diesem Reattributionstraining (RAT) handelt es sich um ein koedukatives, unterrichtsintegriertes Modell zur
Begabungs- und Motivationsförderung im MINT-Bereich. Dazu liegen inzwischen
umfangreiche quasi-experimentelle Untersuchungs- bzw. Validierungsbefunde vor,
die den RAT-Einsatz im Regelunterricht der Fächer Mathematik, Physik und Chemie rechtfertigen, d.h. deren Nutzen (Fördereffekte) belegen. Entsprechende Pra-
xisempfehlungen beschließen deshalb dieses Kapitel.

Kapitel 14

Hochbegabtenförderung durch Differenzierung

Inhalt

Einleitung

Individuell unterschiedliche Begabungs- und Lernvoraussetzungen erfordern differenzierte schulische Curricula und Unterrichtsstrategien. Die bildungspolitische Konsequenz heißt somit „Differenzierung" schulischer Lehr-/Lernangebote. Entsprechende Realisierungsmöglichkeiten werden anhand des 3W-Modells (wozu/weshalb, wann/wo, wie soll differenziert werden?) aufgezeigt und aktuelle Fragen der Begabungs-, Lern- und Unterrichtspsychologie diskutiert. Schließlich werden einige bildungspolitische Maßnahmen zur Differenzierungsproblematik erörtert.

1. Begriffsklärungen

In der aktuellen Begabungsforschung dominieren mehrdimensionale oder typologische Fähigkeitskonzepte. Dahinter steht die – theoretisch und empirisch – begründete Auffassung, dass es unterschiedliche Begabungsformen gibt, d.h. Fähigkeiten unterschiedlichen Ausprägungsgrades für sprachliche, mathematische, naturwissenschaftliche und technische oder musikalische, soziale, motorische (z.B. sportliche und tänzerische) und andere Leistungen. Jenseits bereichsspezifischer Begabungsformen findet sich in neueren Fähigkeitsmodellen (wieder) die Einteilung in theoretische und praktische Begabungen (Begabungsschwerpunkte) oder Intelligenz versus Kreativität usw. Beherrschend in fast allen innerhalb der letzten 20 Jahre konzipierten Begabungsmodellen ist die Vorstellung von *Begabung* als *Fähigkeitspotential für bestimmte Leistungen* in einer oder mehreren Domäne/n. So wird etwa „Hochbegabung" als – zumeist bereichsspezifisches – Fähigkeitspotential für außergewöhnliche Leistungen (Leistungsexzellenz) in einem oder – seltener – mehreren Bereich/en definiert. Analog spricht man von Schachbegabung, Musik-, Sport-, Sprach- oder Mathematikbegabung usw. Ausführlicher vgl. Sternberg und Davidson (1986 bzw. [2]2005) oder Perleth und Ziegler (1999).

Während die (Hoch-)Begabungsforschung traditionellerweise von Fähigkeitspotentialen auf (erwartete) Leistungsexzellenz in der individuellen Schul- oder Berufskarriere im Sinne der Schul-, Studien- oder Berufserfolgsprognose schließt, geht man in der Expertiseforschung den umgekehrten Weg. Im sog. Experten-Novizen-Paradigma (d.h. Vergleich von Experten und Anfängern, z.B. Schachexperten und -anfängern oder Physikexperten (Physiklehrern) und -anfängern (Schülern im beginnenden Physikunterricht) sollen zentrale Bedingungen des Wissens- oder Expertiseerwerbs retrospektiv erfasst werden, womit der zunächst auf Vorhersagen basierende Ansatz in der Begabungsforschung sinnvoll ergänzt wird. Jedenfalls resultieren aus der erst in jüngster Zeit versuchten Kombination beider Forschungsparadigmen wichtige Einsichten in schulische Wissenserwerbsprozesse und deren Interaktion mit effektiven, „kreativen" Lernumwelten. Zugleich wird damit die lange Zeit steril geführte Debatte um die Vorherrschaft von Begabung oder Motivation als Determinanten von (auch außergewöhnlichen) Schulleistungen theoretisch begründet und praktisch (über Differenzierungsmaßnahmen) realisierbar beantwortet; vgl. Heller (1992 bzw. [2]2001, 2002), Perleth und Ziegler (1999) oder Heller, Perleth und Lim (2005).

Die oft gestellte Frage, ob Begabung oder Motivation bzw. Anstrengung und Fleiß für schulische (oder Studien-)Leistungen wichtiger seien, lässt sich mit einer simplen Alltagserfahrung theoretisch durchaus stimmig verknüpfen: „Wodurch wird der Kaffee süß, durch den zugefügten Zucker oder durch Umrühren?" Sofern man Zucker durch „gift" bzw. giftedness (Begabungsanlage) und Umrühren durch „Sich-Rühren" (Motivation usw.) ersetzt, werden die Zusammenhänge schlagartig klar: Beides ist notwendig, wobei bestimmte Fähigkeitsvoraussetzungen eine notwendige, aber eben keine hinreichende Bedingung für entsprechende Leistungsnachweise darstellen. Zur Transformation individueller Fähigkeitspotentiale in adäquate (Schul-)Leistungen sind stets auch motivationale und andere nichtkognitive Lernbedingungen erforderlich. Umgekehrt kann nicht erwartet werden, dass bei mäßigen oder sehr geringen Fähigkeitspotentialen Höchstleistungen (auch bei größter Anstrengung) erbracht werden können. Am ehesten können überdurchschnittliche Leistungen durch günstige Motivationsbedingungen im mittleren und oberen Begabungsbereich verwirklicht werden, womit zugleich die Grenzen unseres Kaffee-Tassen-Modells zur Erklärung der Zusammenhänge von Begabung und Motivation als Leistungsbedingungen aufgezeigt wären. Auf die Rolle sozialer Faktoren in der Schülerförderung wird später noch einzugehen sein.

2. Das 3W-Modell

2.1 Wozu und weshalb soll differenziert werden?

Nur wenige Erkenntnisse sind so eindeutig in der Forschung belegt wie die *Existenz individueller Unterschiede* nicht nur in den Schulleistungen, sondern auch in den entsprechenden Lern- und Leistungsvoraussetzungen. Daraus lässt sich die pädagogische Fragestellung nach den individuell angemessenen, d.h. für die jeweilige Schülerpersönlichkeit erforderlichen Bildungsmaßnahmen ableiten. Die aktuelle Expertenmeinung hierzu lautet: *Differenzierung* der schulischen Lernumwelt, womit die Forderung nach der Passung individueller Lernbedürfnisse und Lernmöglichkeiten mit den Unterrichts- und Förderbedingungen angesprochen ist. Dies beinhaltet eine doppelte Zielsetzung: die Transformation individueller Lernpotentiale in entsprechende Schülerleistungen (Funktion der Persönlichkeitsentwicklung) und die Maximierung dieser Lernpotentiale durch Befähigung zum selbstständigen Lernen (Funktion lebenslangen Lernens).

Diese pädagogischen Aufgaben entsprechen den Zielen sog. adaptiven (individuell angepassten) Unterrichts, nämlich Unfähigkeit bei Schülern zu verhindern und persönliche Fähigkeitspotentiale zu maximieren. Indem Lernprozesse durch individuell angemessene Leistungsanforderungen (Aufgabenschwierigkeiten) angeregt und optimiert werden, sollen Unterforderung bei den einen und Überforderung bei den anderen vermieden werden. Wie die Erfahrung lehrt, kann dies nur durch „innere" (unterrichtsintegrierte) und „äußere" (schulische) Differenzierungsmaßnahmen einigermaßen zufriedenstellend erreicht werden. Dabei können Schüler mit Wissenslücken oder sog. Vorkenntnisdefiziten erfolgreicher gefördert werden als solche mit Begabungsschwächen, die insgesamt eine ungünstigere Erfolgsbilanz aufweisen. In Übereinstimmung damit wurde wiederholt beobachtet, dass begabungsschwache Grundschüler auch in der Sekundarstufe gewöhnlich zu den Leistungsschwächeren gehören. Dies ist lernpsychologisch recht gut erklärbar, da schulische Lernprozesse zunehmend durch kumulative Leistungszuwächse gekennzeichnet sind, die Chancen „aufzuholen" für Begabungsschwache in der undifferenzierten Lerngruppe somit zunehmend geringer werden (Helmke, 1988). Die *Notwendigkeit unterrichtsdifferenzierender Maßnahmen im Sinne der Gestaltung adaptiver schulischer Lernumwelten* wird damit unterstrichen. Wie aber lässt sich dieses Ziel praktisch verwirklichen? Hierauf sowie auf weitere Aspekte der Differenzierungsthematik sei im folgenden eingegangen.

Der individuelle Anspruch auf gleiche Bildungschancen beinhaltet mindestens zwei Facetten gesellschaftlicher Verantwortung: ein ausreichendes Spektrum von entwicklungsstimulierenden (das Individuum herausfordernden) schulischen Lernanforderungen und soziale Ausgleichsbemühungen im Einzelfall anzubieten. Letzteres kann z.B. notwendig sein bei sog. Underachievern, also Schülern, die deutlich weniger leisten als aufgrund ihrer Begabung zu erwarten wäre, und im Falle von Sozialisationsdefiziten. Dieser pädagogische Anspruch ist am ehesten durch differenzierte schulische Lernumwelten einlösbar. Die entwicklungspsychologische Begründung hierfür liegt in der vielfach nachgewiesenen *Wechselwirkung* von kognitiven und sozial-emotionalen individuellen Lernbedingungen einerseits und entsprechenden sozialen Lernumwelten andererseits. Diese Interaktion ist als Prozess gegenseitiger Beeinflussungsmöglichkeiten zu verstehen. Vererbte Begabungsanlagen werden dabei vor allem für die individuelle Auswahl und konkrete Nutzung der durch die familiäre und schulische Lernumwelt gebotenen Lernmöglichkeiten wirksam. Die Anlage-Umwelt-Debatte erhält somit eine neue Dimension durch die Annahme einer *differentiellen Entwicklungsdynamik:* Das Individuum entwickelt sich durch aktive Mitgestaltung seiner sozialen Umwelt, mit der es ein dynamisches System bildet. In welche Richtung diese Entwicklung verläuft, hängt freilich entscheidend von den soziokulturellen Lernumweltbedingungen ab, d.h. aber auch von den schulischen Lernangeboten und der dadurch ermöglichten (oder versäumten) Begabungsförderung. Siehe auch das Buchkapitel 4 oben.

2.2 Wann und wo soll differenziert werden?

Binnendifferenzierende Maßnahmen werden bereits im *Grundschulunterricht* erforderlich, insbesondere bei leistungsschwachen und leistungsstarken Schülern. Damit soll bei schwächeren Schülern remediales (nachhelfendes) Lernen ermöglicht und bei den leistungsstärkeren Schülern durch Akzelerations- und/oder Enrichmentmaßnahmen, also durch Beschleunigung bzw. Anreicherung des Lernprogramms, Langeweile verhindert werden. Eine Individualisierung des Unterrichts kann weiterhin durch Übernahme von Mentorfunktionen bei langsamer Lernenden durch besonders befähigte Schüler oder eine flexible Unterrichtsorganisation erfolgen, z.B. lernbereichsbezogene Arbeitsgruppen oder Akzelerationsmaßnahmen „sanfter Art" durch zeitweilige Bildung homogener Lerngruppen (Pull-out-Programm), ohne dass die Zugehörigkeit zum Klassenverband aufgegeben werden muss. Ferner sollte eine flexible Einschulungs- und Versetzungspraxis bereits im

Grundschulalter individuell unterschiedlichen Entwicklungsgeschwindigkeiten organisatorisch ausreichend Rechnung tragen; vgl. Weinert und Helmke (1997). Diese Forderung gilt erst recht für Differenzierungsmaßnahmen im *Sekundarstufenalter*, wo Binnendifferenzierungsmaßnahmen häufig nicht mehr zur Optimierung individueller Lernprozesse ausreichen. Siehe u.a. noch Heller (2002, 2003).

Am Ende der vierjährigen Grundschulzeit bieten deshalb – ergänzend zu unterrichtsintegrierten Differenzierungsmaßnahmen – mehr oder weniger homogenisierte *begabungsprofilbezogene Schultypen* für viele Schüler effektivere Lernumwelten als heterogene Lerngruppen. Dies gilt insbesondere auch im Hinblick auf unterschiedliche individuelle Begabungsschwerpunkte und deren Stimulation durch spezifische schulische Anforderungsprofile. Theoretisch wären entsprechende Differenzierungsmaßnahmen zwar auch im heterogenen Klassenverband möglich, praktisch wird eine solche Aufgabe jedoch enorm erschwert oder gar unmöglich gemacht, wie die Erfahrung mit undifferenzierten Gesamtschulsystemen offenbart. Die Verwirklichung eines adaptiven Unterrichts in heterogenen Lerngruppen stellt enorm hohe Anforderungen an die Unterrichtskompetenz, denen die Mehrzahl der Lehrkräfte – zumal unter den derzeitigen schulischen Rahmenbedingungen – kaum gewachsen ist, wie auch internationale Vergleichsstudien belegen. Somit kann auf „äußere" Differenzierungsmaßnahmen ohne Qualitätseinbußen im Bildungsbereich nicht verzichtet werden.

Die in der Öffentlichkeit oft kontrovers diskutierte *Frage nach dem „richtigen" Zeitpunkt solcher schulischen Differenzierungsmaßnahmen* lässt sich entwicklungs- und lernpsychologisch dahingehend beantworten, dass für die meisten Grundschüler eine Übertrittsentscheidung nach vier Schulbesuchsjahren am günstigsten ist. Jedenfalls bringt ein zeitlicher Aufschub dieser Entscheidung erwiesenermaßen nicht die erhofften Vorteile für die leistungsschwächeren Grundschüler, wohl aber Nachteile für viele leistungsstärkere Schüler. Und entgegen populären (sowie häufig geäußerten pädagogischen) Erwartungen lässt sich die Schulerfolgsprognose ein oder zwei Jahre später *nicht* verbessern, wie auch jüngere Untersuchungen erneut bestätigten (Heller, Rosemann & Steffens, 1978; Gamsjäger & Sauer, 1996 bzw. Sauer & Gamsjäger, 1996; Köller, Baumert & Schnabel, 1999; Köller, Watermann, Trautwein & Lüdtke, 2004). Dies mag pädagogisch unbefriedigend sein, sollte aber nicht zu utopischen Schlüssen verleiten, die sowohl kognitive als auch (berechtigte) soziale Entwicklungsziele gefährden. Die Förderung einer optimalen Persönlichkeitsentwicklung Jugendlicher schließt ja stets soziale Kompetenzen und soziales Handeln als Erziehungsziele ein. Dieser Erziehungsauftrag der Schule kann nicht nur in heterogenen, sondern auch in homogenisierten Lerngruppen (die immer noch genügend Leistungsvarianz aufweisen) eingelöst werden. Damit sei zur nächsten Frage übergeleitet.

2.3 Wie soll bzw. kann differenziert werden?

Die Differenzierung schulischer Lernumwelten kann auf unterschiedliche Weise realisiert werden. Gewöhnlich wird zwischen „*innerer*" (unterrichtsintegrierter) und „*äußerer*" *Differenzierung* (z.B. über Schultypen) unterschieden. Ziel ist die

Homogenisierung von Lerngruppen in der (berechtigten) Erwartung, dass dadurch Unterricht besser an das individuelle Lerntempo bzw. Leistungsniveau angepasst werden kann. Die Gestaltung von adaptivem Unterricht folgt zwei – alternativen – Grundprinzipien (die erforderlichenfalls auch kombiniert werden können): der Akzeleration versus dem Enrichment. Während das *Akzelerationsprinzip* vor allem am individuellen Lerntempo ansetzt, zielt das *Enrichmentprinzip* auf eine Anreicherung individueller Lernumwelten. Individualisierung des Unterrichts im Sinne des Akzelerationsprinzips lässt sich etwa durch Komprimierung der zu vermittelnden Basisfertigkeiten (curriculum compacting), angepasst an das individuelle (hohe) Lerntempo, erreichen. Die dadurch eingesparte Lern- und Übungszeit kann entweder der Vertiefung, z.B. einer interdisziplinären Verknüpfung, oder einer Erweiterung im Sinne des Enrichmentprinzips, z.B. einer stärkeren Berücksichtigung individueller – auch außercurricularer – Interessen, dienen, wie sie etwa in freiwilligen Schülerarbeitsgemeinschaften oder Schülerwettbewerben sinnvoll realisiert werden.

Auf diese Weise werden besonders befähigte Schüler stimuliert, ihre denk- und organisatorischen Kompetenzen bei der Bewältigung komplexer, schwieriger Probleme zu erproben und nach kreativen Lösungswegen sowie originellen Problemlösungen zu suchen. Für schwächere Schüler hingegen lässt sich adaptiver Unterricht effektiver über remediales (nachhelfendes) oder auch kompensatorisches (ausgleichendes) Lernen verwirklichen. Hierbei werden verstärkt individuelle Lernhilfen angeboten und einzelne Übungs- bzw. Trainingsphasen ausgedehnt, um den schulischen Bildungserfolg zu sichern. Beispiele für den remedialen Ansatz sind Nachhilfestunden und Förderunterricht. Die kompensatorischen Ausgleichsbemühungen könnte man als „pädagogische Krücken" bezeichnen, da die betr. Lernschwächen damit selten beseitigt, sondern nur durch Hilfen unterstützt bzw. überbrückt werden. Haben z.B. einzelne Schülerinnen und Schüler trotz intensiver Bemühungen hartnäckige Schwierigkeiten mit der Rechtschreibung oder dem Wortschatz im Fremdsprachenunterricht, wird ihnen die ständige Benutzung eines Dudens bzw. eines Wörterbuchs erlaubt. Da dieser Unterricht erheblich mehr Zeit beansprucht und die schneller lernenden Schüler (in derselben Lerngruppe) langweilen würde, sind die skizzierten Differenzierungsmaßnahmen erforderlich. Für einzelne Schüler sind darüber hinaus *organisatorische Akzelerationsmaßnahmen* angezeigt, etwa in der Form vorzeitiger Einschulung oder des Überspringens einer Klassenstufe bzw. ihrer Wiederholung (als Umkehrung des Akzelerationsgedankens), um die Passung zwischen dem „sachstrukturellen" individuellen Entwicklungsstand und „effektiven" bzw. „kreativen" Lernumwelten zu optimieren.

Dabei ist natürlich das Prinzip der Durchlässigkeit in beiden Richtungen zu beachten, sofern sich im Einzelfall dramatische Lernfort- bzw. -rückschritte abzeichnen. Das Problem der „Durchlässigkeit" ist jedoch im modernen Bildungssystem organisatorisch weithin gelöst, und zwar unabhängig von der äußeren Differenzierungsform. Dass praktisch die Durchlässigkeit „nach oben" seltener beobachtet wird als in umgekehrter Richtung, wird sehr oft fälschlicherweise der Schultypdifferenzierung angelastet. Tatsächlich ist in Gesamtschulsystemen eine analoge Tendenz vom höheren Leistungskursniveau zum niedrigeren in wissenschaftlichen

Evaluationsstudien nachgewiesen worden. Dies ist lernpsychologisch und weniger schulorganisatorisch zu erklären und hängt mit dem kumulativen Wissenszuwachs bzw. der ansteigenden Komplexität der Lerngegenstände mit zunehmendem Qualitätsanspruch im Bildungsprozess zusammen. Insofern ist Differenzierung immer auch mit Selektionsprozessen aus der subjektiven Perspektive begleitet, wenngleich unter der Annahme unterschiedlicher Begabungsschwerpunkte das Klassifikationsmodell im Rahmen schulischer Differenzierungsmaßnahmen objektiv angemessener wäre. Beim *Klassifikationsmodell* werden – im Gegensatz zum Selektionsmodell – unterrichtliche oder schulische Programm*alternativen* angeboten, z.B. verschiedene Gymnasial-, Real- oder Hauptschulformen, wobei auf größtmögliche Passung zwischen individuellen Eignungsvoraussetzungen und schulischen Anforderungsprofilen geachtet wird.

Trotz der angebotenen Programmvielfalt werden schulische Übertrittsentscheidungen oder leistungsbezogene Differenzierungsmaßnahmen subjektiv sehr häufig als „Selektion" erlebt. Dies hängt wohl vor allem mit der unkritischen Betrachtung der Schule als bildungs- bzw. berufsqualifizierender Sozialisationsinstanz zusammen; unkritisch ist diese Sichtweise insofern, als dabei vielfach die erforderliche Deckung von individuellem Können (nachgewiesener Kompetenz) und Anspruch (Berechtigungsfunktion) außerhalb der Überlegung bleibt. In anderen Bereichen wie in der Musik oder im Sport wird dieser Zusammenhang allgemein sehr viel leichter akzeptiert als im schulisch-akademischen Bereich. Dies lässt sich vielleicht plausibel mit dem engen Zusammenhang von (intellektueller) Begabung und dem Begabungsselbstkonzept erklären, wobei Selbstkonzept und Identität einer Person durchaus als Interaktionsprodukt von individuellen Anlagepotentialen und jeweiligen Sozialisationsbedingungen bzw. individuellen Leistungserfolgen vs. -misserfolgen aufzufassen sind.

Daraus resultiert auch die schulische Verantwortung im Sinne des Chancenausgleichsprinzips für Kinder und Jugendliche, die unter ungünstigen Sozialisationsbedingungen aufwachsen. Dies kann und darf jedoch nicht zum omnipotenten Bildungsprinzip hochstilisiert werden: Dabei würde man nämlich zum einen gegen das im Art. 3 GG verbriefte Grundrecht *aller* auf individuell angemessenen Bildungsanspruch verstoßen, zum anderen würden die schulischen Möglichkeiten des Chancenausgleichs bei weitem überschätzt. Im Elternhaus bzw. in der familiären Erziehung versäumte Anreize oder gar schädliche Entwicklungseinflüsse können nicht ohne weiteres von der schulischen Sozialisationsinstanz (völlig) kompensiert werden, so schmerzlich und bedauerlich dies im Einzelfall auch sein mag. Diese Erkenntnis entbindet natürlich nicht die Schule vom pädagogischen Auftrag entsprechender Ausgleichsbemühungen, doch sollte man neben dieser Aufgabe die anderen Belange schulischer Bildung nicht verkümmern lassen. Damit wäre niemandem gedient.

3. Bildungspolitische Konsequenzen

Abschließend werden mit Blick auf besonders virulente Schulprobleme, soweit diese mit der erörterten Differenzierungsthematik zusammenhängen, einige bildungspolitische Konsequenzen diskutiert. Die Überlegungen seien hier in fünf Thesen zusammengefasst:

(1) *Begabung* erscheint zunächst als relativ unspezifisches *individuelles Fähigkeitspotential, dessen Entwicklung mit der sozialen Lernumwelt* (Erziehungs- und Sozialisationseinflüssen) *interagiert.* Das Ergebnis dieser Wechselwirkung wird im Schulalter entscheidend von der Qualität schulischer Lernumwelten beeinflusst, wobei aufgrund individueller Lern- und Leistungsunterschiede nur ein ausreichendes Spektrum unterrichtlicher und schulischer Differenzierungsmaßnahmen die Effektivität schulischer Anregungsbedingungen garantieren kann. Nichts ist ineffektiver und im Sinne des Art. 3 GG „ungerechter" als die gleiche schulische Behandlung ungleicher Schülervoraussetzungen.

(2) Das in allen Leistungsbereichen sehr gut bestätigte *Phänomen interindividueller Begabungsunterschiede* erfordert aus theoretischen und praktisch-pädagogischen Überlegungen hinreichend differenzierte soziale Lernumwelten. Im Hinblick auf die Situation der *Grundschule* bedeutet dies, dass im Interesse einer maximalen Balance zwischen individueller kognitiver Förderung und sozialen Ausgleichsbemühungen in Bezug auf soziokulturell benachteiligte Schüler unterrichtsintegrierte Differenzierungsmaßnahmen (z.B. Curriculum Compacting, Pull-out- und AG-Programme, flexible Organisationsmaßnahmen) Vorrang vor „äußeren" Differenzierungsmaßnahmen haben sollten. Da sich die individuelle Leistungsposition in der (identischen) Altersbezugsgruppe ab dem 4. Schuljahr in den meisten Fällen nicht mehr gravierend verändert (was natürlich weder einzelne Ausnahmen von dieser Erfahrungsregel noch gar *intraindividuelle* Lern- und Leistungsfortschritte in den folgenden Schuljahren ausschließt), wäre ein *Aufschub schulischer Differenzierungsmaßnahmen über die vierjährige Grundschulzeit hinaus weder pädagogisch sinnvoll noch schuleignungsdiagnostisch erforderlich.*

(3) Die von den Befürwortern späterer Übertrittsentscheidungen ins Feld geführten Argumente einer besseren schulischen Förderung in heterogenen Lerngruppen und/oder treffsicherer Schuleignungsprognosen zu einem späteren Zeitpunkt (z.B. nach der Orientierungsstufe) erscheinen vielleicht nicht unplausibel. Sie haben nur den Nachteil, dass sie trotz jahrzehntelanger intensiver wissenschaftlicher und praktischer Bemühungen national und international nicht bestätigt werden konnten. Somit ergibt sich als logische Konsequenz im Hinblick auf das deutsche Schulsystem die Forderung, zusätzlich zur möglichst breit verwirklichten unterrichtlichen bzw. schulischen Binnendifferenzierung auch „äußere" Differenzierungsmöglichkeiten in ausreichendem Maße anzubieten, um der Begabungsvielfalt von Schülern eines Altersjahrgangs schulpädagogisch Rechnung zu tragen. Eine Schultypdifferenzierung nach vierjähriger Gesamtschulzeit erscheint nicht nur theoretisch (d.h. entwicklungs-, begabungs- und lernpsychologisch) gerechtfertigt, sondern auch unter dem Aspekt pädagogischer Realisierungsmöglichkeiten notwendiger Differenzierungsmaßnahmen in vielen Fällen zwingend geboten. Auch allerjüngste Längsschnittuntersuchungen im deutschsprachigen Raum konnten nicht die vielfach behaupteten Vorteile späterer schulischer Differenzierungsmaßnahmen bestätigen. Eher

sind – unerwünschte – nachteilige Folgen sowohl im Leistungsbereich als auch im sozialen Verhalten und in der gesamten Persönlichkeitsentwicklung zu erwarten. Siehe auch Weinert und Helmke (1997).

(4) Die erneut in den Vordergrund der öffentlichen Diskussion gerückte *Koedukationsdebatte* ergänzt die angesprochene Differenzierungsproblematik um einen weiteren (nichtkognitiven) Aspekt. Offenbar werden viele (begabte) Mädchen und Frauen im Mathematik-/Informatikunterricht oder in sog. harten Naturwissenschaften und im Technikbereich nicht in der Weise differenziert gefördert, dass sie dort vergleichbare Leistungen wie Jungen oder Männer erbringen. Die in diesen Domänen beobachteten Leistungsunterschiede liegen erwiesenermaßen nicht (oder weniger) in geschlechtsspezifischen Begabungsunterschieden als vielmehr in nichtkognitiven (motivationalen und selbstkonzeptbezogenen) und/oder sozialen Lernumwelt-Bedingungen, die wiederum mit unzureichenden unterrichtlichen Differenzierungsmaßnahmen konfundiert sind. Auch hier erscheint eine spürbare Reduzierung pädagogisch unerwünschter Leistungsunterschiede nur über angemessene Differenzierungsmaßnahmen aussichtsreich. So können z.B. auf einzelne Schülerinnen und Schüler abgestimmte Informationsrückmeldungen im Unterricht zum Abbau leistungshemmender Gedanken, wie Selbstzweifeln, oder zur Stärkung individueller Handlungskompetenzen beitragen. Ausführlicher vgl. Beerman, Heller und Menacher (1992), Heller und Ziegler (1996, 1998), Ziegler und Heller (1998) u.a.

(5) Unterrichtliche und schulische Differenzierungsmaßnahmen müssen also allen Schülern bzw. Schülergruppen – wenn auch auf unterschiedliche Weise – nützen. Da herkömmlicher Unterricht meist auf den breiten Durchschnitt einer Lerngruppe fokussiert ist, besteht die Gefahr, dass besonders befähigte (oder auch behinderte) Schüler in heterogenen Lerngruppen vernachlässigt werden. Diese Gefahr besteht auch gegenüber sog. Risikogruppen, z.B. mathematisch oder naturwissenschaftlich hochbegabten Schülerinnen oder hochbegabten Underachievern. Da diese ein erhöhtes Risiko aufweisen, in ihrer besonderen Begabung unerkannt zu bleiben und entsprechend im Unterricht unterfordert bzw. in ihren Leistungsmöglichkeiten unterschätzt zu werden, spricht man hier von „*Risiko*"-*Gruppen*.

Daneben erfordern natürlich alle Formen der Behinderung im Schulalter je nach dem Grad von Beeinträchtigung mehr oder weniger intensive schulische und/oder unterrichtliche Differenzierungsmaßnahmen. Die Erkenntnis hierüber ist jedoch – im Gegensatz zu früheren Epochen – erfreulicherweise weithin unbestritten, so dass entsprechende Programme etwa im sonderpädagogischen Bereich kaum mehr eigens begründet werden müssen. Allerdings soll hier einem weitverbreiteten Vorurteil begegnet werden, nämlich der Auffassung, dass die Förderung besonders befähigter Schüler nicht nur überflüssig sei (weil diese sich ohnehin in der Schule gut zurechtfinden würden), sondern zwangsläufig auch zu Lasten der Behindertenförderung gehe. Beide Einstellungen sind nachweislich falsch. Schulische oder unterrichtliche *Differenzierungsmaßnahmen zielen* letztlich immer *darauf ab, die individuelle Persönlichkeitsentwicklung möglichst umfassend pädagogisch zu un-*

terstützen. Dass diese Aufgabe nur durch hinreichende „Passung" zwischen der sozialen (familiären und schulischen) Lernumwelt und den jeweiligen individuellen Bedürfnisse und Leistungsvoraussetzungen der Jugendlichen einigermaßen befriedigend zu bewältigen ist, sollte mit diesem Beitrag verdeutlicht werden. Siehe auch das folgende Kapitel 15.

Literatur

Beerman, L., Heller, K.A. & Menacher, P. (1992). *Mathe: nichts für Mädchen? Begabung und Geschlecht am Beispiel von Mathematik, Naturwissenschaft und Technik.* Bern: Huber.

Gamsjäger, E. & Sauer, J. (1996). Determinanten der Grundschulleistung und ihr prognostischer Wert für den Sekundarschulerfolg. *Psychologie in Erziehung und Unterricht, 43,* 182-204.

Heller, K.A. (Hrsg.). (1992). *Hochbegabung im Kindes- und Jugendalter* (2., stark erweiterte Aufl. 2001). Göttingen: Hogrefe.

Heller, K.A. (Hrsg.). (2002). *Begabtenförderung im Gymnasium. Ergebnisse einer zehnjährigen Längsschnittstudie.* Opladen: Leske + Budrich.

Heller, K.A. (2003). Das Gymnasium zwischen Tradition und modernen Bildungsansprüchen. *Zeitschrift für Pädagogik, 49,* 213-234.

Heller, K.A. & Ziegler, A. (1996). Gender Differences in Mathematics and the Natural Sciences. *Gifted Child Quarterly, 40,* 200-210.

Heller, K.A. & Ziegler, A. (1998). Motivationsförderung im Unterricht: Zur Einführung in das Themenheft. *Psychologie in Erziehung und Unterricht, 45,* 161-167.

Heller, K.A., Rosemann, B. & Steffens, K. (1978). *Prognose des Schulerfolgs. Eine Längsschnittstudie zur Schullaufbahnberatung.* Weinheim: Beltz.

Heller, K.A., Perleth, Ch. & Lim, T.K. (2005). The Munich Model of Giftedness designed to identify and promote gifted students. In R.J. Sternberg & J.E. Davidson (Eds.), *Conceptions of Giftedness* (2nd ed., pp. 147-170). New York: Cambridge University Press.

Helmke, A. (1988). Leistungssteigerung und Ausgleich von Leistungsunterschieden in Schulklassen: unvereinbare Ziele? *Zeitschrift für Entwicklungspsychologie und Pädagogische Psychologie, 10,* 45-76.

Köller, O., Baumert, J. & Schnabel, K. (1999). Wege zur Hochschulreife: Offenheit des Systems und Sicherung vergleichbarer Standards. Analysen am Beispiel der Mathematikleistungen von Oberstufenschülern an integrierten Gesamtschulen und Gymnasien in Nordrhein-Westfalen. *Zeitschrift für Erziehungswissenschaft, 2,* 385-422.

Köller, O., Watermann, R., Trautwein, U. & Lüdtke, O. (Hrsg.). (2004). *Wege zur Hochschulreife in Baden-Württemberg. TOSCA – Eine Untersuchung an allgemein bildenden und beruflichen Gymnasien.* Opladen: Leske + Budrich.

Perleth, Ch. & Ziegler, A. (Hrsg.). (1999). *Pädagogische Psychologie. Grundlagen und Anwendungsfelder.* Bern: Huber.

Sauer, J. & Gamsjäger, E. (1996). *Ist Schulerfolg vorhersagbar?* Göttingen: Hogrefe.

Sternberg, R.J. & Davidson, J.E. (Eds.). (1986). *Conceptions of Giftedness* (2nd ed. 2005). New York: Cambridge University Press.

Weinert, F.E. & Helmke, A. (Hrsg.). (1997). *Entwicklung im Grundschulalter.* Weinheim: Beltz/PVU.

Ziegler, A. & Heller, K.A. (1998). Motivationsförderung mit Hilfe eines Reattributionstrainings. *Psychologie in Erziehung und Unterricht, 45,* 216-229.

Kapitel 15

Schullaufbahnentscheidung und Bildungserfolg

Mythen und Fakten

Inhalt

Einleitung

„Was wir über unsere Gesellschaft, ja über die Welt, in der wir leben, wissen, wissen wir durch die Massenmedien" (Luhmann, 1996, S. 9). An dieses Statement des Soziologen Luhmann wird man unwillkürlich erinnert, wenn man die öffentliche Rezeption der Untersuchungsergebnisse zu LAU, DESI, IGLU, TIMSS, PISA und anderen nationalen und internationalen Schulleistungsvergleichsstudien in der Medienlandschaft betrachtet. Dabei drängt sich der Verdacht auf, dass viele der an den öffentlichen Diskussionsrunden beteiligten Bildungspolitiker/innen und selbsternannten Experten die betr. Untersuchungsberichte überhaupt nicht gelesen oder nur „medienvermittelt" zur Kenntnis genommen haben. Wie sonst wären die zahlreichen Mythen, die sich um TIMSS, PISA bzw. PISA-E usw. ranken, zu erklären? Hier sei nur auf einige wenige, besonders resistente Mythen eingegangen. Im Vordergrund stehen dabei begabungs- und lern- bzw. unterrichtspsychologische Argumente. Die wissenschaftlichen Fakten sprechen klar gegen die genannten Mythen. Bei der Erörterung der wissenschaftlichen Faktenlage rücken drei Fragen in den Fokus:

(1) Mit welchen Vor- und Nachteilen ist für die einzelnen Schüler beim Verzicht auf schulische Differenzierung und zentrale Leistungsprüfungen inkl. der Evaluation von Bildungsabschlussqualifikationen zu rechnen?

(2) Was bedeutet das Postulat der Differenzierung schulischer Lernumwelten inkl. adaptiver Unterrichtsmaßnahmen für eine optimale Entwicklung der Schülerpersönlichkeit?

(3) Welche schulpädagogischen Konsequenzen ergeben sich aus dem sog. Matthäuseffekt (Merton, 1968)?

1. Mythos Nr. 1: Frühzeitige Schullaufbahnentscheidungen verhindern optimale individuelle Bildungserfolge.

Viele Befürworter einer späteren Schullaufbahnentscheidung sind von der pädagogischen Hoffnung oder Annahme geleitet, damit „den Einfluss der sozialen Herkunft auf schulische Selektionsprozesse zu minimieren. Angesichts des generellen Zusammenhangs zwischen Sozialstatus und Schulleistung ist freilich zu erwarten, dass ein solcher Effekt nur schwach sein dürfte" (Roeder, 1997, S. 405). Zum Beleg dieser Annahme verweisen Roeder (1997) bzw. Roeder und Sang (1991) auf eine dänische Untersuchung aus dem Jahr 1991 und auf Beobachtungen in der DDR seit den 1970er Jahren. So fand Dohn (1991, S. 415) bei der Ursachenanalyse von vorzeitigen Abgängen an dänischen High Schools, dass „weder familiäre Verhältnisse noch Einflüsse im erzieherischen Bereich für die Entscheidung, die Schule zu verlassen, maßgeblich waren. Eines der wichtigsten Ergebnisse der Untersuchung war, dass der Schulabgang mit einem *Mangel an Motivation und Leistung der Schüler* zusammenhing." In der Schulpraxis trifft also eher das Gegenteil dessen zu, was Befürworter später Schullaufbahnentscheidungen erwarten. Dies soll im folgenden noch detaillierter begründet werden.

2. Mythos Nr. 2: Nur die gemeinsame Beschulung auch in der Sekundarstufe I garantiert maximale Chancengerechtigkeit.

Die – in allen Schulsystemen – häufiger beobachtete Durchlässigkeit „nach unten" im Vergleich zu jener „nach oben" ist weniger systembedingt als vielmehr lernpsychologisch mit dem sog. Matthäuseffekt (Merton, 1968) zu erklären. Der *Matthäuseffekt* bezeichnet – in Anlehnung an die neutestamentliche Parabel bei Mt. 25, 14-28 („Wer hat, dem wird – noch mehr – gegeben") – eine uralte Menschheitserfahrung in unterschiedlichen Domänen. Im schulischen Kontext ist damit die *Kumulierung* von Lern- und Wissenszuwächsen bzw. nach Merton (1973) ein „Prozess der Akkumulierung der [individuellen] Chancen" gemeint.

Da Schulleistungen vor allem im späteren Kindes- und Jugendalter durch *kumulative* – auf dem Vorwissen aufbauende – Lern- und Wissenszuwächse gekennzeichnet sind, werden die Chancen „aufzuholen" für Begabungsschwache in undifferenzierten Lerngruppen zunehmend geringer. Eine Optimierung individueller Entwicklungschancen erfordert somit zwingend ausreichende unterrichtliche und schulische Differenzierungsmaßnahmen. Dieses Postulat gilt auch im Hinblick auf die Chancengerechtigkeit im Schulwesen. Die Annahme (und verständliche pädagogische Hoffnung), dass in begabungs- und leistungsheterogenen Schulklassen eine Divergenzminderung bei gleichzeitiger Schulleistungsförderung aller möglich sei, wurde bereits in den 1980er Jahren widerlegt (z.B. von Treiber & Weinert, 1982, 1985 bei Hauptschülern und von Baumert et al., 1986 bei Gymnasiasten) und neuerdings auch in der Hamburger LAU-Studie (Lehmann et al., 1997, 1999), in der PISA-Studie (z.B. Baumert & Schümer, 2002) oder in der baden-württembergischen G8-Studie (Heller, 2002). Vergleichbare US-Erfahrungen äußerte jüngst Dr. James Comer von der Yale Universität, der im Septemberheft 2004 von *APA-Monitor on Psychology (Vol. 35, No. 8)* auf Seite 67 resümiert: „While desegregation was good social policy, it was not good educational policy. The implementation was flawed and fragmented and ignored what children need to be successful." Somit ist Paul F. Brandwein zuzustimmen, der konstatierte: „Nichts ist ungerechter als die gleiche Behandlung Ungleicher". Diese Aussage findet auch in der Widerlegung von Mythos Nr. 3 indirekt ihre Bestätigung.

3. Mythos Nr. 3: Sozialer Chancenausgleich und individuelle Bildungserfolge gelingen in Einheitsschulsystemen besser als im gegliederten (Sekundar-)Schulwesen.

Nach den empirischen Untersuchungsergebnissen von Treiber und Weinert (1982, 1985) bei Hauptschülern und jenen von Baumert et al. (1986) bei Gymnasiasten war in über 90 % der erfassten Lerngruppen (Schulklassen) diese Annahme nicht zu bestätigen. „Divergenzminderung und Leistungsentwicklung verhalten sich auch im Gymnasium tendenziell gegenläufig; ein Ausgleich von Leistungsunterschieden ist nicht ohne weiteres mit optimaler Qualifikation zu vereinbaren" (loc. cit., S. 654). Ähnliche Beobachtungen werden in der jüngsten PISA-Studie berichtet (z.B. Baumert & Schümer, 2002, S. 170ff.). So fanden auch Köller und Baumert (2001,

S. 108) in Bezug auf die Mathematikleistung in der Sekundarstufe I, dass „die Entscheidung für die eine oder andere Schulform bedeutsame Effekte auf die Leistungsentwicklung hat [...]. Für die konkrete Entscheidung von Eltern eines begabten Kindes weisen die Ergebnisse darauf hin, dass der [frühe] Übergang zum Gymnasium wichtig im Hinblick auf eine günstige individuelle Förderung im Leistungsbereich ist". In die gleiche Richtung tendieren die Hamburger LAU-Evaluationsbefunde von Lehmann et al. (1997, 1999) und mutatis mutandis die G8-Befunde in Baden-Württemberg (Heller, 2002).

Schließlich sei noch auf die Untersuchungsergebnisse einer Arbeitsgruppe am Max-Planck-Institut für Bildungsforschung in Berlin hingewiesen, die in ihrem 1994er Bericht „Das Bildungswesen in der Bundesrepublik Deutschland" zu folgendem Resümee kommt: „Bei einem Vergleich der Schulleistungen (von Gymnasiasten der 7. Jahrgangsstufe) in Mathematik, Englisch und Deutsch zeigten sich hier beträchtliche *Leistungsnachteile* bei den Kindern, die eine sechsjährige Grundschule (Berlin und Bremen) besucht hatten, im Unterschied zu den Übergängern nach Klasse 4 in den anderen Bundesländern; diese Unterschiede hatten sich auch am Ende der 7. Klasse noch nicht ausgeglichen. Nach Roeder (1997, S. 407f.) betrug der Leistungsabstand in Mathematik und Englisch jeweils eine, in Deutsch immerhin noch eine halbe Standardabweichung" (loc. cit., S. 338). Ausführlicher vgl. Roeder und Sang (1991) sowie Köller und Baumert (2002).

Ein direkter Vergleich auf *internationaler* Ebene, etwa Deutschlands mit Finnland oder Schweden, ist hier nicht ohne weiteres möglich, da u.a. die Immigrationsquoten stark variieren und vergleichbare vs. unterschiedliche kulturelle Settings berücksichtigt werden müssten. So ist die Situation in Skandinavien mit relativ niedrigen Einwanderungsquoten (zudem meist aus den angrenzenden Nachbarländern) eine völlig andere als in Deutschland mit hohen Ausländeranteilen aus fremden Kulturen und Entwicklungsländern. Aber selbst im *innerdeutschen* Ländervergleich wie bei der PISA-E-Studie schneidet das gegliederte Schulwesen nicht schlechter ab als Einheitsschulen, meistens sogar besser. So gelingt die *soziale und schulische Integration der Ausländerkinder* in den Bundesländern mit überwiegend dreigliedrigem Schulsystem (z.B. Bayern und Baden-Württemberg) deutlich besser als in Bundesländern mit hohem Gesamtschulanteil; siehe auch Kraus, Schmoll und Gauger (2003). Somit können für die in der PISA-Studie beobachteten sozialen Integrationsprobleme nicht *Schulsystem*unterschiede verantwortlich gemacht werden. Eher sind hierfür Versäumnisse in der Vor- und Grundschulzeit zu reklamieren, insbesondere bezüglich sprachlicher Eingliederungsmaßnahmen. Hier könnte Finnland tatsächlich eine Vorbildfunktion für uns übernehmen, indem die sprachlichen Anforderungen bereits im Vor- und Grundschulalter konsequent – für alle Kinder – durchgehalten werden. „Everything goes" ist jedenfalls die falsche Parole!

4. Mythos Nr. 4: Schuleignungsprognosen sind am Ende der vier-jährigen Grundschule weniger treffsicher als nach der sechsten Jahrgangsstufe (Orientierungs- oder Förderstufe).

Die immer wieder aufgewärmte Behauptung, dass „bei vielen Kindern aus ent-wicklungspsychologischen Gründen eine Eignung (für Realschule oder Gymnasi-um) erst im 5./6. Schuljahr feststellbar ist", entbehrt jeder empirischen Grundlage. So konnten Weinert und Helmke (1997) in der SCHOLASTIK-Studie erneut das seit langem bekannte Phänomen bestätigen, wonach spätestens ab der 4. Jahrgangs-stufe die *interindividuellen Leistungsunterschiede* bei der Mehrzahl der Grund-schüler sich auch in den kommenden Schuljahren nicht mehr dramatisch verän-dern, d.h. die individuelle Leistungsposition in der sozialen Bezugsgruppe (bei identischem Referenzrahmen) nur in Ausnahmefällen noch stärkeren Veränderun-gen unterliegt. Veränderungen sind vor allem bei sog. Underachievern (Schülern mit deutlich schlechteren Schulleistungen als aufgrund ihrer Fähigkeitspotenziale zu erwarten wäre) mit ungünstigen familiären Sozialisationsbedingungen und/oder fehlender Motivation bzw. Anstrengungsbereitschaft u.ä. nicht auszuschließen. Für diese Zielgruppe könnten schulpsychologische Eignungsuntersuchungen und Schullaufbahnberatungen am Ende der 4. Jahrgangsstufe die Schuleignungsprog-nose – in Verbindung mit individuellen Fördermaßnahmen – verbessern. Um ku-mulativen Vorkenntnisdefiziten vorzubeugen, wären hier sogar frühere Begabungs-untersuchungen angezeigt. Spätere Schuleignungsuntersuchungen bzw. Schullauf-bahnentscheidungen (etwa nach der 5. oder 6. Jahrgangsstufe) würden bei diesen Schülern wegen der inzwischen angewachsenen Lern- und Leistungsrückstände eher kontraproduktiv sein.

Sowohl nach älteren Untersuchungsbefunden (z.B. Heller, Rosemann & Stef-fens, 1978) als auch nach jüngeren Erhebungen, etwa in Salzburg (Sauer & Gams-jäger, 1996), sind Schuleignungsprognosen am Ende der 4. Jahrgangsstufe für die 25-30% Leistungsbesten und das untere Leistungsviertel oder -drittel allein auf-grund der Schulnoten (Lehrerurteile) relativ zuverlässig und gültig möglich. Für die (breite) Durchschnittsgruppe kann die Schulerfolgsprognose in der 4. Jahr-gangsstufe unter Einbezug von Begabungstests sowie durch die Berücksichtigung motivationaler und sozialer Bedingungsfaktoren der Schulleistung im Einzelfall noch verbessert werden. Somit sind am Ende der 4. Jahrgangsstufe einigermaßen treffsichere Schulerfolgsprognosen bei immerhin 60-70% der Grundschüler mög-lich. Diese Quote ließe sich durch vermehrten diagnostischen Untersuchungs- und beratungspsychologischen Aufwand zwar noch geringfügig steigern, was aber kaum eine realistische Praxisperspektive darstellt.

Bislang existieren keine Studien, die höhere Trefferquoten nach einer fünf- oder sechsjährigen Grundschulzeit nachweisen konnten. Auch hier sind pädagogische Wunschvorstellungen der Ausgangspunkt für die Forderung nach Aufschub schuli-scher Differenzierungsmaßnahmen, ohne dass entsprechende Vorteile belegt wer-den können. Aus methodischer Sicht ist eine weitere Erhöhung der Trefferquoten über 70% kaum mehr zu erwarten und aus pädagogischen Überlegungen wohl auch nicht wünschenswert (weil damit ja die Erfolglosigkeit der kognitiven Kompetenzförderung praktisch „zementiert" wäre). Bei der Diskussion dieser Trefferquoten bzw. entsprechender Methodenkritik wird selten darauf hingewiesen, dass Alternativen wie die alleinige Elternentscheidung oder der völlig freie Zugang zum Gymnasium kaum Trefferquoten außerhalb des Zufallsbereichs ermöglichen (ausführlicher vgl. Heller, 1997, S. 195f.).

Somit ergeben sich bei späteren Schullaufbahnentscheidungen bei der Mehrzahl der Schüler mehr Nachteile als Vorteile, weil das Risiko, individuell schulisch nicht angemessen gefördert (d.h. unter- vs. überfordert) zu werden, wächst.

5. Mythos Nr. 5: Lern- und Leistungskontrollen beeinträchtigen – vor allem in der Grundschule – die Lernfreude und Leistungsmotivation der Schüler.

Wie falsch diese Annahme ist, zeigt sich – jenseits schulsystembezogener Aussagen – beim Blick auf im Schulbildungsbereich besonders erfolgreiche Länder. Hauptmerkmale für schulische Bildungserfolge sind nach den jüngsten nationalen und internationalen Schulleistungsvergleichsstudien (MARKUS, TIMSS, PISA u.a.) vorrangig, d.h. vor systembedingten oder organisatorischen Elementen, folgende Bedingungen:

*   *Individuell genutzte Lerngelegenheiten* (in und außerhalb der Schule), was häufig – jedoch nicht immer – mit dem Unterrichtsvolumen korreliert. Neben der Quantität ist vor allem auch die Qualität der Lernaktivitäten von entscheidender Bedeutung für den Bildungserfolg, wie TIMSS/II und TIMSS/III erneut bestätigten. Nach den Berechnungen von Helmut Fend (Universität Zürich) erklärt das akkumulierte Unterrichtsvolumen 40% der PISA-Leistungsunterschiede zwischen den einzelnen Ländern (persönliche Mitteilung an den Verf.). Zum qualitativen Aspekt sei insbesondere auf die Ergebnisse der Expertiseforschung, z.B. *Deliberate Practice*-Konstrukt (vgl. Ericsson, 1996; Schneider, 2000) oder *Akkumulierungseffekt* bzw. sog. Matthäuseffekt (s.o.), verwiesen. Danach ist Leistungsfähigkeit auf hohem Niveau (Expertise) nur durch qualitativ hochwertige, lang andauernde (Zehn-Jahres-Regel der Expertiseforschung) Lern- und Trainingsphasen in einer bestimmten Domäne zu erzielen, wobei höhere Expertisierungsgrade den genannten Akkumulierungseffekten unterliegen.
*   *Unterrichtsqualität* und unterrichtliche bzw. schulische *Differenzierungsmaßnahmen* (Helmke & Weinert, 1997; Heller, 1998, 1999).
*   *Muttersprachliche Kompetenz* als Basis für Allgemeinbildung bzw. Voraussetzung für Wissenskernbereiche.
*   *„Sekundärtugenden"* wie Selbstdisziplin, Zuverlässigkeit, Ausdauer sowie andere Arbeitsqualitäten und Subroutinen (auch im Sinne metakognitiver Kompetenzen) als unverzichtbare Elemente von Basiskompetenzen und Expertiseerwerb in unterschiedlichen Domänen.
*   *Lernmotivation und Anstrengungsbereitschaft* der (Sekundarstufen-)Schüler (Stevenson & Stigler, 1992; Randel, Stevenson & Witruk, 2000; Stevenson, Hofer & Randel, 2000).

- *Hochbegabtenförderung*, z.B. Einstellungen, Identifikation und Fördermaßnahmen (vgl. Heller & Hany, 1996; Heller, Mönks, Sternberg & Subotnik, 2000/ 2002; Borland et al., 2002).

- *Förderung begabter Underachiever* und anderer Risikogruppen (vgl. Peters, Grager-Loidl & Supplee, 2000; Kaufmann & Castellanos, 2000; Kerr, 2000).

- *Diagnosekompetenz von Lehrkräften* als Voraussetzung für gezielte Fördermaßnahmen (vgl. Weinert, 2001). Die Vermittlung entsprechender Methodenkenntnisse müsste Pflichtbestandteil im Curriculum für die Lehreraus- und Lehrerfortbildung sein. Siehe hierzu Kapitel 8 in diesem Buch.

- *Schulische Lern- und Leistungskontrollen* im Sinne formativer *und* summativer Evaluationen: Optimierungsfunktion und Qualitätskontrolle einschließlich zentraler Abschlussprüfungen, z.B. (standardisierte) Orientierungsarbeiten und Zentralabitur. Aufschlussreich ist in diesem Zusammenhang, dass in fast allen Ländern außerhalb Deutschlands, gerade auch in den PISA-„Siegerländern" einschließlich Finnland, kontinuierliche Lernleistungskontrollen bereits in den ersten Grundschuljahren obligatorisch sind – für deutsche Grundschulpädagogen nicht selten eine Horrorvorstellung, zumal wenn Lernleistungskontrollen nur auf normative Messungen und summative Evaluationen (z.B. Zeugnisnoten) reduziert betrachtet werden; ausführlicher vgl. Heller und Hany (2001).

- *Kombination unterschiedlicher Instruktionsmethoden*, z.B. von schülerzentriertem lehrergesteuertem Unterricht und schülerreguliertem entdeckendem Lernen, Entwicklung und Förderung metakognitiver Kompetenzen sowie kreativer Problemlösungskompetenzen, systematischer Erwerb von Fachkenntnissen im Sinne „intelligenten" Wissens zur Unterstützung von Transferleistungen usw. (Helmke & Weinert, 1997).

- *Kooperation von Schule und Elternhaus*, insbesondere auch bei erforderlichen schulischen Förderungs- und flankierenden familiären Unterstützungsmaßnahmen (vgl. Zimmermann & Spangler, 2001; Baumert & Schümer, 2002).

- *Wertschätzung schulischer Bildung und Lernleistungen* in der Gesellschaft.

6. Mythos Nr. 6: Der schulische Umgang mit dem Differenzierungsproblem gelingt an integrierten Gesamtschulen besser als im (in Deutschland traditionellen) dreigliedrigen Schulsystem.

Unterrichtliche oder schulische Differenzierungsmaßnahmen sollen die individuelle Persönlichkeitsentwicklung *aller* Kinder und Jugendlichen pädagogisch unterstützen, indem eine „Passung" zwischen der schulischen Lernumwelt und den jeweiligen Lern- und Leistungsvoraussetzungen der Schüler angestrebt wird. Hinter solchen Bemühungen steht die theoretisch (ATI-Modell[*]) und empirisch gut fundierte Annahme einer Wechselwirkung individueller und sozialer Entwicklungsbedingungen. Die Gestaltung adaptiver schulischer Lernumwelten verfolgt eine dop-

---

[*] **ATI** = **A**ptitude **T**reatment **I**nteraction; zur Modellkonzeption vgl. Corno und Snow (1986) bzw. Snow und Swanson (1992).

pelte Zielsetzung: die Transformation individueller Lernpotenziale in entsprechende Schülerleistungen (Funktion der Persönlichkeitsentwicklung) und die Maximierung dieser Lernpotenziale durch die Befähigung zum selbstständigen Lernen (Bedeutung für das lebenslange Lernen).

In Übereinstimmung damit zielt der adaptive (an das individuelle Fähigkeits- und Leistungsniveau angepasste) Unterricht darauf ab, Unfähigkeit bei Schülern zu verhindern und persönliche Fähigkeitspotenziale voll zu entwickeln. Indem Lernprozesse durch individuell angemessene Leistungsforderungen (Aufgabenschwierigkeiten) angeregt und optimiert werden, sollen Unterforderung bei den einen und Überforderung bei den anderen vermieden werden. Wie oben bereits angesprochen, sind schulische Lernprozesse gewöhnlich durch kumulative Leistungszuwächse gekennzeichnet. Die Chancen „aufzuholen" werden dabei für Begabungsschwache in undifferenzierten Lerngruppen zunehmend geringer. Die Optimierung individueller Entwicklungschancen erfordert deshalb zwingend ausreichende unterrichtliche und schulische Differenzierungsmaßnahmen.

Die in diesem Zusammenhang von Gegnern des gegliederten Sekundarschulsystems vorgebrachten Argumente, dass die internationalen Spitzenländer in TIMSS und PISA überwiegend Gesamtschulsysteme bis zur 10. Jahrgangsstufe praktizieren, sind aus mehreren Gründen nicht schlüssig.

Zum einen fehlen in den reklamierten Gesamtschulländern wie Finnland, Schweden oder Japan und Korea die Vergleichsgruppen eines gegliederten Schulsystems, wie es in Deutschland, Österreich und der Schweiz u.a. im europäischen Raum oder in Singapur (mit vier Tracks!) in Ostasien praktiziert wird. Das Beispiel Singapur entspricht hinsichtlich der dortigen TIMSS-Erfolge auch schulleistungsmäßig voll den Erwartungen an ein hinreichend differenziertes Schulsystem, ähnlich wie in Österreich und der Schweiz. Zum Spezialfall Finnland vgl. v. Freymann (2002).

Zum andern erfüllt die PISA-E-Studie zumindest die Anforderungen an ein quasi-experimentelles Design, indem hier – wenn auch zunächst vorwiegend auf deskriptiver Datenbasis – Bundesländer *mit* versus *ohne* Gesamtschulen zur Verfügung stehen. Solche Target Group/Comparison Group-Designs ermöglichen Trendaussagen über die Leistungsfähigkeit *deutscher Gesamtschulen* im Vergleich zum *deutschen gegliederten Sekundarschulsystem*. Die in PISA-E beobachteten (enormen) Leistungsvorsprünge allgemein jener Bundesländer mit einem ausgeprägten gegliederten Sekundarschulsystem und im Besonderen auch der gymnasialen Schulform (sofern hier einigermaßen verbindliche Leistungsstandards eingehalten werden) sprechen für sich.

Auch das „Musterbeispiel" Finnland kann nicht die „Heilserwartungen" erfüllen, die sich jüngst deutsche Bildungspolitiker auf ihren „Pilgerreisen" gen Norden versprachen. Die dortige Gesamtschule wurde vor allem aus ökonomischen Gründen implementiert und unterscheidet sich in ihrer Struktur (u.a. mit systematischen Leistungskontrollen und umfassenden Differenzierungsmaßnahmen) gewaltig von deutschen Gesamtschulen. Dies bestätigt auch Thelma von Freymann (2002, S. 29ff.), gebürtige Finnin und viele Jahre in Deutschland im Bildungsbereich tätig, die abschließend auszugsweise etwas ausführlicher zitiert sei.

„Die deutschen Lehrkräfte sind keineswegs schlechter als die finnischen ... Ihnen PISA anzulasten, ist grob ungerecht ... Die finnische Pädagogik hat die gesamte Reformpädagogik glatt verschlafen. Der Unterricht läuft normalerweise rein frontal, was man schon allein daran sieht, dass in den meisten Klassen Einzelpulte – nicht Tische! – auf das immer noch erhöht platzierte Katheder hin ausgerichtet sind ... Warum hat dann Finnland so gut abgeschnitten? Dank bestimmter soziokultureller Bedingungen, die es anderswo so nicht gibt ... Im Übrigen gilt für das Schulsystem insgesamt, dass es zwar für ausländische Beobachter, die keine der beiden Landessprachen verstehen, nach Gleichheit aussieht, dass dies aber eine Art optischer Täuschung ist. In Finnland ist jede Schule verpflichtet, ihr eigenes Schulprofil zu entwerfen und zu realisieren. Dies führt dazu, dass die Unterschiede zwischen den rein formal einheitlichen Schulen ganz enorm sind – unvergleichlich viel größer als die Unterschiede zwischen Schulen gleichen Schultyps innerhalb eines Bundeslandes in Deutschland. Und über Eliteschulen, die offiziell nicht existieren, de facto aber durchaus, könnte ich Ihnen einiges erzählen, was Sie in der Literatur nicht finden – es zu publizieren, gilt in Finnland nicht als politically correct. So ist zumindest in Ballungsgebieten auch dafür gesorgt, dass Hochbegabte nicht zwischen schwachen Schülern verkümmern ...“ (loc. cit.).

7. Fazit

Eine Verschiebung der Schullaufbahnentscheidung in die Sekundarstufe würde für die meisten Schüler keine Vorteile, wohl aber erhebliche Nachteile mit sich bringen. Diese betreffen nicht nur Leistungsaspekte, sondern tangieren die gesamte Persönlichkeitsentwicklung der Jugendlichen und damit letztendlich auch deren Zukunftschancen. Dass gleiche schulische Behandlung ungleicher individueller Lern- und Leistungsvoraussetzungen nachweislich zur Vergrößerung und nicht zur Verringerung von – unerwünschten und auch ärgerlichen – Begabungs- und Leistungsunterschieden in der Schule führt, ist inzwischen eine psychologische Binsenweisheit, die jedoch noch längst nicht bei allen Bildungspolitikern (zum Schaden unserer Kinder und Jugendlichen) verinnerlicht worden ist.

Literatur

Arbeitsgruppe Bildungsbericht am MPI für Bildungsforschung (J. Baumert et al.). (1994). *Das Bildungswesen in der Bundesrepublik Deutschland. Strukturen und Entwicklungen im Überblick*. Hamburg: Rowohlt.

Baumert, J. & Schümer, G. (2002). Familiäre Lebensverhältnisse, Bildungsbeteiligung und Kompetenzerwerb im nationalen Vergleich. In Deutsches PISA-Konsortium (Hrsg.), *PISA 2000* (S. 159-202). Opladen: Leske + Budrich.

Baumert, J., Roeder, P.M., Sang, F. & Schmitz, B. (1986). Leistungsentwicklung und Ausgleich von Leistungsunterschieden in Gymnasialklassen. *Zeitschrift für Pädagogik, 32*, 639-660.

Borland, J.H. et al. (Guest Eds.) (2002). A quarter century of ideas on ability grouping and accelerations. Special issue. *Roeper Review, 24*, 100-177.

Corno, L. & Snow, R.E. (1986). Adapting teaching to individual differences among learners. In M.C. Witt-rock (Eds.), *Handbook of research on teaching* (3rd ed., pp. 605-629). New York: Macmillan.

Dohn, H. (1991). Drop-out in the Danish High School (Gymnasium): An Investigation of Psychological, Sociological and Pedagogical Factors. *International Review of Education, 37,* 415-428.

Ericsson, K.A. (Ed.) (1996). *The road to excellence: The acquisition of expert performance in the arts and sciences, sports, and games.* Hillsdale, NJ: Erlbaum.

Freymann, Th. v. (2002). PISA-Ergebnisse differenzierter betrachten. *Profil 3/2002,* 29-31.

Heller, K.A. (1997). Individuelle Bedingungsfaktoren der Schulleistung: Literaturüberblick. In F.E. Weinert & A. Helmke (Hrsg.), *Entwicklung im Grundschulalter* (S. 182-201). Weinheim: Beltz/PVU.

Heller, K.A. (1998). Förderung durch Differenzierung. Für einen realistischen Begabungsbegriff. *Zeitschrift für politische Bildung, 35,* 34-43.

Heller, K.A. (Ed.) (1999). Individual (learning and motivational) needs versus instructional conditions of gifted education. *High Ability Studies, 9,* 9-21.

Heller, K.A. (Hrsg.) (2002). *Begabtenförderung im Gymnasium. Ergebnisse einer zehnjährigen Längsschnittstudie.* Opladen: Leske + Budrich.

Heller, K.A. & Hany, E.A. (1996). Psychologische Modelle der Hochbegabtenförderung. In F.E. Weinert (Hrsg.), *Psychologie des Lernens und der Instruktion, Bd. 2 der Pädagogischen Psychologie (Enzyklopädie der Psychologie)* (S. 477-513). Göttingen: Hogrefe.

Heller, K.A. & Hany, E.A. (2001). Standardisierte Schulleistungsmessungen. In F.E. Weinert (Hrsg.), *Leistungsmessungen in Schulen* (S. 87-101). Weinheim: Beltz.

Heller, K.A., Rosemann, B. & Steffens, K. (1978). *Prognose des Schulerfolgs. Eine Längsschnittstudie zur Schullaufbahnberatung.* Weinheim: Beltz.

Heller, K.A., Mönks, F.J., Sternberg, R.J. & Subotnik, R.F. (Eds.) (2000). *International handbook of giftedness and talent* (2nd ed., rev. reprint 2002). Oxford/Amsterdam: Pergamon/Elsevier.

Helmke, A. & Weinert, F.E. (1997). Bedingungsfaktoren schulischer Leistungen. In F.E. Weinert (Hrsg.), *Psychologie des Unterrichts und der Schule, Bd. 3 der Pädagogischen Psychologie (Enzyklopädie der Psychologie)* (S. 71-176). Göttingen: Hogrefe.

Kaufmann, F.A. & Castellanos, F.X. (2000). Attention deficit/hyperactivity disorder in gifted students. In K.A. Heller, F.J. Mönks, R.J. Sternberg & R.F. Subotnik (Eds.), *International handbook of giftedness and talent* (2nd ed., pp. 621-632). Amsterdam: Elsevier.

Kerr, B. (2000). Guiding gifted girls and young women. In K.A. Heller, F.J. Mönks, R.J. Sternberg & R.F. Subotnik (Eds.), *International handbook of giftedness and talent* (2nd ed., pp. 649-657). Amsterdam: Elsevier.

Köller, O. & Baumert, J. (2001). Leistungsgruppierungen in der Sekundarstufe I – Ihre Konsequenzen für die Mathematikleistung und das mathematische Selbstkonzept der Begabung. *Zeitschrift für Pädagogische Psychologie, 15,* 99-110.

Köller, O. & Baumert, J. (2002). Entwicklung schulischer Leistungen. In R. Oerter & L. Montada (Hrsg.), *Entwicklungspsychologie* (5. Aufl., S. 756-784). Weinheim: Beltz/PVU.

Kraus, J., Schmoll, H. & Gauger, J.-D. (2003). *Von TIMSS zu IGLU. Eine Nation wird vermessen.* Zukunftsforum Politik, Nr. 56. Sankt Augustin: Konrad-Adenauer-Stiftung.

Lehmann, R.H., Gänsfuß, R. & Peek, R. (1999). *Aspekte der Lernausgangslage und der Lernentwicklung von Schülerinnen und Schülern an Hamburger Schulen – Klassenstufe 7.* Berlin: Humboldt Universität.

Lehmann, R.H., Peek, R. & Gänsfuß, R. (1997). *Aspekte der Lernausgangslage von Schülerinnen und Schülern der fünften Klassen an Hamburger Schulen.* Berlin: Humboldt Universität.

Luhmann, N. (1996). *Die Realität der Massenmedien.* Opladen: Westdeutscher Verlag.

Merton, R.K. (1968). The Matthew effect in science. *Science, 159,* 56-63.

Merton, R.K. (1973). *The sociology of science.* Chicago: University Press.

Peters, W.A.M., Grager-Loidl, H. & Supplee, P. (2000). Underachievement in gifted children and adolescents: Theory and practice. In K.A. Heller, F.J. Mönks, R.J. Sternberg & R.F. Subotnik (Eds.), *International handbook of giftedness and talent* (2nd ed., pp. 609-620). Amsterdam: Elsevier.

Randel, B., Stevenson, H.W. & Witruk, E. (2000). Attitudes, beliefs, and mathematics achievement of German and Japanese high school students. *International Journal of Behavioral Development, 24,* 190-198.

Roeder, P.M. (1997). Entwicklung vor, während und nach der Grundschulzeit: Literaturüberblick über den Einfluß der Grundschulzeit auf die Entwicklung in der Sekundarstufe. In F.E. Weinert & A. Helmke (Hrsg.), *Entwicklung im Grundschulalter* (S. 405-421). Weinheim: Beltz/PVU.

Roeder, P.M. & Sang, F. (1991). Über die institutionelle Verarbeitung von Leistungsunterschieden. *Zeitschrift für Entwicklungspsychologie und Pädagogische Psychologie, 23,* 159-170.

Sauer, J. & Gamsjäger, E. (1996). *Ist Schulerfolg vorhersagbar?* Göttingen: Hogrefe.

Schneider, W. (2000). Giftedness, expertise, and (exceptional) performance: A developmental perspective. In K.A. Heller, F.J. Mönks, R.J. Sternberg & R.F. Subotnik (Eds.), *International handbook of giftedness and talent* (2nd ed., pp. 165-177). Amsterdam: Elsevier.

Snow, R.E. & Swanson, J. (1992). Instructional psychology: Aptitude, adaptation, and assessment. *Annual Review of Psychology, 43,* 583-626.

Stevenson, H.W. & Stigler, J.W. (1992). *The learning gap. Why our schools are failing and what we can learn from Japanese and Chinese education.* New York: Summit Books.

Stevenson, H.W., Hofer, B.K. & Randel, B. (2000). Mathematics achievement and attitudes about mathematics in China and the West. *Journal of Psychology in Chinese Societies, 1,* 1-16.

Treiber, B. & Weinert, F.E. (Hrsg.) (1982). *Lehr-Lernforschung. Ein Überblick in Einzeldarstellungen.* München: Urban & Schwarzenberg.

Treiber, B. & Weinert, F.E. (1985). *Gute Schulleistungen für alle? Psychologische Studien zu einer pädagogischen Hoffnung.* Münster: Aschendorff.

Weinert, F.E. (Hrsg.). (2001). *Leistungsmessungen in Schulen.* Weinheim: Beltz.

Weinert, F.E. & Helmke, A. (Hrsg.) (1997). *Entwicklung im Grundschulalter.* Weinheim: Beltz/PVU.

Zimmermann, P. & Spangler, G. (2001). Jenseits des Klassenzimmers. Der Einfluss der Familie auf Intelligenz, Motivation, Emotion und Leistung im Kontext der Schule. *Zeitschrift für Pädagogik, 47,* 461-479.

Kapitel 16

Elitebildung und Universität

Inhalt

Einleitung

Mit dem *Elite*-Begriff wird eine – meist in einer bestimmten Domäne – führende Schicht bezeichnet. So spricht man von Wirtschaftseliten, Handwerkseliten, politischen Eliten, Militäreliten, früher auch von Herkunftseliten, Ordenseliten usw. Im Kontext dieses Vortrags sind vor allem *Leistungseliten im akademischen Bereich* in und außerhalb der Hochschule angesprochen. Das Thema dieses Vortrags wurde mit Bedacht im Hinblick auf das zentrale Ereignis dieser akademischen Veranstaltung gewählt: die Ehrenpromotion von Herrn Dipl.-Math. Hans-Werner Hector. Seine Ausbildungs- und berufliche Karriere kann als exemplarisch für qualifizierte Leistungseliten im Bereich der Mathematik bzw. Informationstechnologie und Unternehmensgründung gelten.

Im folgenden soll nun auf universitäre Möglichkeiten der Förderung von Spitzentalenten in verschiedenen Disziplinen unter besonderer Berücksichtigung der Bereiche von Mathematik, Informatik, Naturwissenschaft und Technik (MINT) näher eingegangen werden. Zuvor seien kurz jene konzeptuellen und theoretischen Grundlagen der Talententwicklung und Eliteförderung dargestellt, die für das Thema dieses Kapitels besonders relevant sind.

1. Von der Genie- über die Hochbegabungs- zur Expertiseforschung

In der Tradition der Genieforschung in der Psychiatrie bzw. der Intelligenzforschung in der Psychologie wurden bis weit ins letzte Jahrhundert hinein „Genie" oder „Hochbegabung" über einen IQ-Grenzwert (z.B. IQ-Punkt 160 zur Geniedefinition oder IQ-Punkt 140 zur Hochbegabungsdefinition – so Terman in seiner 1925 in Kalifornien gestarteten Hochbegabten-Längsschnittstudie) definiert. Solche eindimensionalen, linearen Hochbegabungskonzepte sind in den letzten beiden Dezennien durch mehrdimensionale Modelle abgelöst worden. So legte Tannenbaum (1983) ein typologisches Hochbegabungsmodell vor. Mit Bezug auf unser Vortragsthema ist dabei die Unterscheidung von „Überflusstalenten" (*surplus talents*) und „Raritätstalenten" (*scarcity talents*) von besonderem Interesse. Zu den Überflusstalenten rechnet Tannenbaum z.B. Talente im musisch-künstlerischen Bereich, zu den seltenen Talenten jene im Bereich von Mathematik, Informatik, Naturwissenschaft und Technik. Dass solche Talente nicht nur allein angeborene Potentiale repräsentieren, sondern deren Entwicklung zu fachlicher Expertise auch gezielt gefördert werden muss, dürfte spätestens seit Bekanntwerden von TIMSS (Third International Mathematics and Science Study) und PISA (Programme for International Student Assessment) unbestritten sein.

Die *regionale Ungleichverteilung* von MINT-Expertise impliziert nicht zuletzt ein ökonomisches Problem mit weitreichenden Konsequenzen für den technologischen Forschungsstand eines Landes und dessen Beschäftigungs- vs. Arbeitslosenzahlen. Beispielhaft sei dies anhand der Publikation von Ebenrett, Hansen und Puzicha (2003, S. 26) demonstriert. Die in Abbildung 1 wiedergegebene Kartierung verdeutlicht den regionalen Zusammenhang von Humankapital und Arbeitslosigkeit auf der Datenbasis von 83 Kreiswehrersatzämtern, d.h. den Intelligenztestleistungen von 248 727 Männern im Alter von 18 bis 22 Jahren im Rahmen der bundesweiten Musterung 1998. Bayern, Baden-Württemberg (insbesondere im Großraum Stuttgart) und etwas abgeschwächt Sachsen, Thüringen und Schleswig-Holstein mit den höchsten Humankapital-Reserven, d.h. höchsten Durchschnitts-Intelligenztestwerten, stehen Bremen, Sachsen-Anhalt, Brandenburg und Mecklenburg-Vorpommern mit den niedrigsten gegenüber. Während Ebenrett et al. in der Wehrpflichtigenpopulation *keine* Korrelationen zwischen dem mittleren IQ-Wert und dem Prozentsatz der Abiturienten eines Bundeslandes fanden, konnten sie jedoch mehr oder weniger deutliche Zusammenhänge zwischen dem länderspezifischen Humankapital (mittleren IQ-Wert) und der länderspezifischen Arbeitslosenquote sowie innerdeutschen Brain-Drain-Effekten (Binnenwanderung der Fähigeren zu Arbeitsplätzen hin) nachweisen (vgl. Abbildung 2).

In rohstoffarmen Ländern wie der Bundesrepublik Deutschland kommt also dem Humankapital – den Human Resources – eine besondere Bedeutung zu (siehe auch Gabriel, Neuss & Rüther, 2004). Die Entwicklung bzw. Förderung dieser Human Resources bzw. der Leistungseliten im MINT-Bereich impliziert neben den erforderlichen Fachkompetenzen auch pädagogische, soziale und organisatorisch-institutionelle Rahmenbedingungen. Zunächst sei auf die *individuellen* Voraussetzungen fachlicher Expertiseentwicklung im Sinne von Leistungseliten eingegangen. Dabei sollen die zentralen Begriffe im Kontext des hier behandelten Themas aus begabungs- und lernpsychologischer Perspektive noch etwas genauer bestimmt werden.

Allgemein lässt sich „Hochbegabung" (giftedness, high ability) oder der meistens synonym verwendete Begriff „Talent" (talent) als *individuelles Fähigkeitspotential für Leistungsexzellenz* definieren. Sofern sich dieses Fähigkeitspotential auf ein mehr oder weniger eng definiertes Gebiet bezieht, spricht man von Spezialbegabungen oder (einseitigen) Talenten. Bei Fähigkeitspotentialen für exzellente Leistungen in mehreren Domänen sind die Bezeichnungen „Universalbegabung" oder „Multitalent" gebräuchlich. Während die sozialpsychologisch orientierten Hochbegabungstheorien den Bedingungen der sozialen und kulturellen Lernumwelt eine wichtige Rolle bei der Hochbegabungs*entwicklung* bzw. Umsetzung von Begabungspotentialen in entsprechende Hochleistungen zuerkennen, fokussiert die lernpsychologisch basierte Expertiseforschung auf die individuelle Nutzung von Lerngelegenheiten und sieht dementsprechend in der Lern- und Leistungsmotivation bzw. in persönlichen Neigungen und Interessen den Angelpunkt für individuelle Leistungserfolge oder *Expertise*, d.h. Fachkompetenzen auf hohem Niveau. Das „*Deliberate Practice*"-Konzept und die *Zehnjahresregel* der Expertiseforschung bringen zum Ausdruck, dass Expertise auf höchstem Niveau a) qualitativ anspruchsvolle Wissensaneignungs- oder Trainingsphasen (deliberate practice) in der betr. Domäne und b) langfristige (ca. 10 Jahre andauernde) Lern- und Übungsphasen erfordert. Zugleich wird damit eine möglichst *frühe Talentförderung* postuliert, deren Erfolg allerdings altersabhängig und bereichsspezifisch variieren kann. Frühe Entwicklungs- bzw. Fördereffekte sind vor allem aus der Musik, der Mathematik, dem Schachspiel oder auch aus bestimmten sportlichen Disziplinen bekannt.

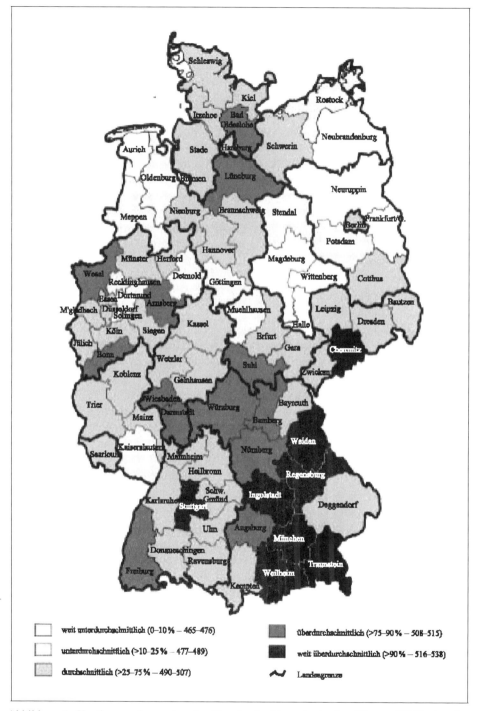

Abbildung 1: Kartierung der regionalen Durchschnittswerte der Intelligenz (83 Kreiswehr-
ersatzamts-Bereiche, 1998) nach Ebenrett, Hansen und Puzicha (2003, S. 26).

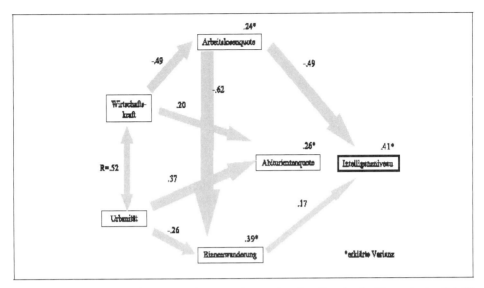

Abbildung 2: Pfadmodell – Determinanten der regionalen Durchschnittswerte der Intelligenz.

Quelle: Heinz-J. Ebenrett et al. (2002). „Brain drain" in deutschen Regionen: Effekte von Arbeitslosigkeit und innerdeutscher Migration, Arbeitsberichte Psychologischer Dienst 1/2002, hrsg. vom Bundesministerium der Verteidigung, PSZ III 6.

Anmerkungen: Dieses Modell visualisiert den Einfluss wichtiger regionaler Strukturmerkmale auf die regionalen Unterschiede im Intelligenzniveau junger Männer. Je dicker ein Pfeil ist, umso gewichtiger ist der Einfluss des jeweiligen Merkmals. Numerisch wird der jeweilige Zusammenhang durch Korrelationskoeffizienten dargestellt. Im Fall des dicksten Pfeils in der Grafik (r = .62): Je niedriger die Arbeitslosenquote in einer Region ist, desto höher ist der „Verlust" an Humankapital durch Abwanderung.

Neben den individuellen (kognitiven und motivationalen) Voraussetzungen von Leistungsexzellenz berücksichtigen sog. synthetische Modelle *(synthetic approaches)* vor allem noch soziale und/oder situationale Kontextbedingungen der Hochbegabtenförderung. Zentrale Begriffe sind hier „effektive" oder „kreative" Lernumwelten (vgl. Amabile, 1983; Tannenbaum, 1983; Gruber, 1986; Gruber & Davis, 1988; Csikszentmihalyi & Csikszentmihalyi, 1993; Csikszentmihalyi & Wolfe, 2000). Hiermit sind nicht nur stimulierende soziale Lern- und Arbeitsbedingungen (Experimentiermöglichkeiten, Freizeitressourcen, verfügbare Informationsquellen sowie materielle und institutionelle Ressourcen in der Familie, Schule, Universität oder im Labor bzw. am Arbeitsplatz) angesprochen, sondern vor allem auch Experten in ihrer Rolle als „kreative" Modelle. So zeichnen sich „effektive" Hochschullehrer/innen nach amerikanischen Untersuchungen durch eine positive Einstellung gegenüber ihren hochbegabten Studierenden aus. Wegen deren Bedeutung für die Förderung von Leistungseliten im akademischen und beruflichen Bereich sei hierauf im Folgenden noch näher eingegangen.

2. Prozesskomponenten der Eliteförderung und der Matthäuseffekt in der Wissenschaft

Wechselwirkungen zwischen individuellen Voraussetzungen und sozialen entwicklungsförderlichen Lern- und Arbeitsumwelten wurden vor allem durch retrospektive Befragungsstudien im Erwachsenenalter bestätigt. So konnte Zuckerman (1967, 1992) in ihrer biographischen Analyse nordamerikanischer Nobelpreisträger der Physik, Chemie und Biologie im Zeitraum von 1901 bis 1980 u.a. folgende gemeinsame *Karrieremerkmale* aufzeigen:

- Die Laureaten wiesen überwiegend (aber nicht ausschließlich) eine höhere soziale Herkunft auf und profitierten von den beruflichen bzw. wissenschaftlichen Erfahrungen ihrer Väter. Dieser Befund bezüglich des sozioökonomischen Familienstatus' wurde häufig in der Literatur bestätigt, so jüngstens auch wieder in den *Cross-National Retrospective Studies of Mathematics, Physics and Chemistry Olympians* (Campbell, 1996; Heller & Lengfelder, 1999, 2000) oder in der Evaluationsstudie zur Deutschen Schüler-Akademie (Neber & Heller, 1997). Entsprechende positive Sozialisationseinflüsse auf die Hochbegabungs- bzw. Hochleistungsentwicklung scheinen dabei stärker über die *Prozess*komponenten wirksam als von entsprechenden Familien- oder schulischen Strukturmerkmalen abhängig zu sein. Solche Prozesskomponenten sind beispielsweise Erziehungs- und Kommunikationsstile in der Familie oder Lern- und Problemlösestrategien im Unterricht.

- Das zweite hervorstechende Karrieremerkmal der untersuchten Laureaten ist für die Hochbegabtenförderung im Tertiärbereich unmittelbar relevant: Mehr als die Hälfte der Nobelpreisträger erwarb den Doktorgrad an nur fünf Universitäten. Egal, ob dies als Rekrutierungseffekt der betr. Universitäten und/oder als Selbstselektionseffekt der Kandidaten zu interpretieren ist, deutet dieser Befund auf die enorme Bedeutung eines intensiven Wissens- und Erfahrungsaustauschs zwischen älteren Experten und jüngeren Semiexperten bzw. Nachwuchstalenten hin. Diese Interpretation wird noch durch einen weiteren Befund unterstrichen, wonach 45 % der Laureaten bei früheren Preisträgern gearbeitet hatten. Solche Begegnungen setzen mindestens zweierlei voraus: die Fähigkeit der älteren Wissenschaftler (hier der Laureaten), außergewöhnliche Talente zu entdecken und zu fördern („Trüffelhunde"), und einen entsprechend ausgeprägten Spürsinn der Jungwissenschaftler. Aufgrund ihrer biographischen Analysen konnte Zuckerman belegen, dass durch diese Begegnung bei den Nachwuchstalenten vor allem der Sinn für wissenschaftliches Denken und für Forschungsstandards geformt wurde. Entgegen der Vermutung hatte der direkte Kontakt mit den Nobelpreisträgern keinen Einfluss auf den *Zeitpunkt der Preiszuerkennung*, sondern lediglich auf den *Zeitpunkt, zu dem die preiswürdige Forschungsarbeit durchgeführt* worden war.

- Darüber hinaus wurde von den jüngeren Preisträgern die Bedeutung der Konfrontation mit gleichaltrigen hochtalentierten Wissenschaftlern während des Studiums bzw. Postdoc-Forschungsaufenthaltes am betr. Labor hervorgehoben, die über die sozialen Vergleichsprozesse die Herausbildung eigener Gütestandards erst ermöglichte. Dieser Befund konnte von uns im Rahmen der genannten Schülerakademiestudie durch eine retrospektive Befragung der „Ehemaligen" sowie eine umfangreiche Untersuchung der aktuellen und ehemaligen Stipendiaten der zehn bundesrepublikanischen Förderwerke im Tertiärbereich bestätigt werden. Die Begegnung hochbegabter Jugendlicher und junger Erwachsener mit gleichbegabten und interessierten sowie aufgabenmotivierten Alterspeers scheint für die gesamte Persönlichkeitsentwicklung, insbesondere auch die Entwicklung eines realistischen Begabungsselbstkonzepts, von außerordentlicher Bedeutung zu sein (Neber & Heller, 1997; Heller, Viek, Becker & Schober, 1997; Heller & Viek, 2000). Dieser Effekt ist umso bemerkenswerter, da er häufig – etwa im Rahmen von Wettbewerben oder einmaliger (dreiwöchiger) Akademieteilnahme – durch relativ kurze, freilich sehr intensive Begegnungen ausgelöst wird (vgl. Goldstein & Wagner, 1993; Campbell, Wagner & Walberg, 2000). Ähnliche Ergebnisse berichteten u.a. noch Subotnik und Steiner (1994) oder Subotnik und Arnold (1994, 2000) sowie Milgram und Hong (1994) – hier mit dem Fokus auf entsprechende Freizeitaktivitäten.

Versucht man eine zusammenfassende theoretische Erklärung für die referierten Befunde, so drängt sich der von Merton (1968) – in Anlehnung an eine Stelle im Matthäusevangelium (Mt 25:29 – „Wer hat, dem wird – noch mehr – gegeben") – formulierte „Matthäuseffekt" auf, der einen „Prozess der Akkumulation der Chancen" unterstellt (Merton, 1973). Insoweit wissenschaftliche Qualifizierungsprozesse auf hohem Anspruchsniveau durch einen kumulativen Wissensaufbau und eine flexible, kreative Anwendung bzw. Transferkompetenz charakterisiert sind, wäre der Matthäuseffekt tatsächlich mehr als nur eine Beschreibungsmetapher.

3. Konsequenzen für die universitäre Eliteförderung

Im Hinblick auf die Talentförderung, speziell im wissenschaftlichen Bereich, sollten bei der Identifizierung (z.B. Auswahl für ein Studienstipendium) und Förderung akademisch Hochbegabter folgende Voraussetzungen beachtet werden:

- Die Variationsbreite und Vielfalt der Talente erfordert mehrdimensionale, multimethodale Identifikationsinstrumente und – zur Verbesserung der Prognosegültigkeit – sukzessive Entscheidungsstrategien (vgl. Heller, 1989, 1991/2000, 2001; Hany, 1993; Feldhusen & Jarwan, 2000; Trost, 2000). In solchen *Talentsuchen* kommt dem fachlichen Vorwissen (also den bisherigen Studienleistungen) und kreativen Problemlösekompetenzen eine Schlüsselrolle zu, die durch gezielte Beobachtungen, Arbeitsproben und/oder im Assessment-Center möglichst genau und valide zu bestimmen sind. Siehe auch das Buchkapitel 7 oben!
- Neben Begabungsvoraussetzungen im Sinne individueller Fähigkeitspotentiale sind ausgeprägte Interessen, kognitive Neugier sowie eine starke Aufgabenmotivation, Beharrlichkeit und Ausdauer beim Verfolgen anspruchsvoller Ziele für den Expertiseerwerb auf hohem oder sehr hohem Niveau erforderlich (Zehnjahresregel der Expertiseforschung!).
- Leistungsexzellenz ist jedoch auch von einer Reihe sozialer Unterstützungssysteme, insbesondere im Jugend- und jüngeren Erwachsenenalter, abhängig. So

konnten Subotnik und Steiner (1994) bzw. Subotnik und Arnold (1994) in Übereinstimmung mit Befunden aus der Expertiseforschung in ihrem Überblick über einschlägige Längsschnittstudien einschließlich eigener Untersuchungen recht gut belegen, dass in *frühen Stadien* der Talententwicklung neben der Beschäftigungsmotivation hervorstechende Interessen für eine bestimmte Domäne oder ein konkretes Thema von ausschlaggebender Bedeutung sind. *Später* werden dann die Qualität der Hochschullehre und anregende Hochschullehrer bzw. Mentoren im Sinne „kreativer" Modelle immer wichtiger. Während also am Anfang der Expertiseentwicklung vor allem individuelle Lern- und Leistungsvoraussetzungen wie Denkfähigkeiten, kognitive und metakognitive Kompetenzen, das (Begabungs-)Selbstkonzept, Kontrollüberzeugungen, Stressbewältigungskompetenzen und Motivationen als „Einstiegsbedingungen" wichtig sind, werden im weiteren Verlauf bei der intensiven, andauernden Beschäftigung mit anspruchsvollen, das Individuum herausfordernden Problemstellungen und Methoden volitionale Merkmale und Persistenzeigenschaften zunehmend bedeutsamer.

Eine exzellente *Wissensbasis* ist zwar eine notwendige, aber häufig noch keine hinreichende Bedingung für den Aufbau von Expertise im Hinblick auf die kreative Bewältigung anspruchsvoller, komplexer Aufgabenstellungen. Retrospektive Studien bestätigten *„kreative" Lern- und Arbeitsumwelten* als besonders förderliche soziale Bedingungen von Leistungsexzellenz. Für die Erklärung der Biographie herausragender Wissenschaftler oder Forscherkarrieren werden gelegentlich auch Zufallseinflüsse oder kritische Lebensereignisse geltend gemacht.

Die in der aktuellen Diskussion um den Wert sog. *Schlüsselqualifikationen* für Leistungseliten häufig erhobenen oder einseitig forcierten Forderungen greifen allerdings dann zu kurz, wenn die Aufmerksamkeit für domänspezifische Wissensgrundlagen und Fertigkeiten im Sinne verfügbarer Subroutinen oder von fachlichem Können in den Hintergrund treten. Diese Feststellung gilt cum grano salis auch für die Beziehung von Intelligenz und Kreativität oder von allgemeinen vs. bereichsspezifischen Wissens- und Handlungskompetenzen, deren Bedeutung komplementär und nicht alternativ zu sehen ist.

Ein wichtiges Bindeglied zwischen individuellen Fähigkeitspotentialen und motivationalen Voraussetzungen für Leistungsexzellenz ist nach Auffassung prominenter Hochbegabungs- und Leistungsmotivationsforscher das individuelle *(Fähigkeits-)Selbstkonzept*. Dieses tritt besonders bei hochbegabten Mädchen und Frauen – häufiger als bei hochbegabten Jungen und Männern – als schwächeres Selbstvertrauen und verminderte Zielverfolgung in Erscheinung, so dass Subotnik und Arnold (1994) das Geschlecht als universell bedeutsame Variable im Hinblick auf individuelle Karrieremuster betrachten (vgl. auch Eccles, Jacobs & Harold, 1992). Neuere Studien zur geschlechtsspezifischen Talententwicklung belegen fast immer die Leistungsüberlegenheit (z.B. in Form besserer Noten) der Mädchen und Frauen bis zum Ende der Sekundarschulzeit. Diese Bilanz ändert sich jedoch beim Übergang in den Tertiärbereich dahingehend, dass hochbegabte Frauen seltener als hochbegabte Männer die Hochschulstudienberechtigung nutzen oder sich (trotz vorhandener naturwissenschaftlicher Begabung) viel seltener für mathematisch-naturwissenschaftliche oder technische Studienfächer bzw. Berufsfelder entscheiden (Giesen, Gisbert, Gold & Kloft, 1992; Milgram & Hong, 1994). Um solchen Tendenzen wirksam zu begegnen, kommt motivationalen und selbstkonzeptbezogenen Merkmalen (z.B. dem Erwerb funktionaler versus dem Abbau dysfunktionaler Kognitionen) in Kombination mit Mentoring eine herausragende Bedeutung zu. So fand Rudnitski (1994) die stärksten Fördereffekte auf die wissenschaftliche Karriere der Teilnehmer/innen eines Graduiertenprogramms in bezug auf die Mentorbeziehung und das Bewusstsein, als zukünftige Führungsperson bzw. als Stipendiat ausgewählt worden zu sein (vgl. auch Heller & Viek, 2000). Es scheint, dass für die Talentförderung der Schlüssel zum Erfolg vor allem im Motivations- und Selbstkonzeptbereich liegt, ohne die sozialen und institutionellen bzw. organisatorischen Rahmenbedingungen der Eliteförderung ausblenden zu wollen.

Eng damit verknüpft sind die Selbst- und Systemerkenntnis, etwa bei kreativen Problemlöseprozessen oder innovativen Erfindungen im technischen Bereich (vgl. Heller & Facaoaru, 1986). Für detailliertere Informationen hierzu siehe S. 22ff. und S. 36ff. in diesem Buch.

4. Exkurs: Technische Kreativität

Für die Lösung technischer Probleme werden von Lochner (1988) zwei unterschiedliche, sich aber ergänzende Leistungsdispositionen unterschieden: *Technische „Intelligenz"* im Sinne der „Befähigung zur Bildung, Umstrukturierung und Speicherung technischer Wissensstrukturen" und „zur raschen Erkennung der wesentlichen Eigenschaften eines gegebenen Problems in ihren Zusammenhängen" sowie *Technische „Kreativität"*, definiert als die „Befähigung zum Entwickeln, Variieren und Abbilden technischer Lösungsideen". Für Kreativitätsprodukte im MINT-Bereich werden Problemlösestrategien auf der Basis guter Technik- bzw. Technologiekenntnisse postuliert, die mit Grundlagenwissen in einzelnen Naturwissenschaften (z.B. Physik, Chemie) und/oder Mathematik und Informatik interagieren und in der Auseinandersetzung mit diesen individuell etabliert werden.

Technische Kreativität als Produktqualität beruht demnach auf verschiedenen intraindividuellen Voraussetzungen wie technischem Verständnis, technischem Interesse und technischem Wissen. Analoge Eigenschaften ließen sich für kreative Produkte im Bereich der angewandten Mathematik und/oder Informatik benennen. Allgemein ist der Denkprozess, der kreativen Leistungen hypothetisch zugeschrieben wird, gekennzeichnet durch Assoziationsstrategien auf der Basis induktiver Denkformen (Gegenstand der Transferforschung), verschiedene kognitive Stile (z.B. systematische Wechsel zwischen Impulsivität und Reflexivität) und sog. metakognitive Kompetenzen, etwa zeitweiliges Ausblenden der Selbstbewertung, kontrollierte „Regression" zu primären oder auch bildhaften Denkprozessen usw.

Kreative bzw. innovative Problemlösungen sind somit ein Interaktionsprodukt von *individuellen* (kognitiven und motivationalen) Persönlichkeitsvoraussetzungen einerseits und *sozialen* (das Individuum herausfordernden) „kreativen" Lern- und Arbeitsumwelten andererseits.

5. Ausblick

Zusammenfassend seien abschließend sechs Thesen zur Elitebildung diskutiert. Dabei wird – unter Berücksichtigung des Genius loci – auf kreativitätsförderliche Bedingungen im MINT-Bereich fokussiert.

(1) Vergleicht man nachweislich stimulierende Hochschulinstitute oder Forschungslabors mit solchen ohne oder geringerer Wirkung, dann fallen folgende Charakteristika auf: hohes Maß an Aufgabenorientierung und überdurchschnittliches Anspruchsniveau, verbunden mit Aufgeschlossenheit gegenüber neuen Ideen; offene und zugleich kritisch-konstruktive Diskussionsbereitschaft sowie eine ausbalancierte Gruppendynamik zwischen Solidarität und Wettbewerbsstreben der Teamangehörigen (Amabile, 1983; Weinert, 1990).

(2) Da es offensichtlich weder eine einzige kreativitätsspezifische Denkform noch den einheitlichen Kreativitätstyp gibt, andererseits bereichsspezifische Wissensbasen gerade auch für kreative Problemlösungen unerlässlich sind, müssen wir davon ausgehen, dass jeweils bestimmte Konstellationen individueller und situationaler Komponenten unterschiedliche Kreativitätsprozesse auslösen. Unter der Förderungsperspektive betrachtet bedeutet dies, offen zu bleiben gegenüber vielfältigen Erscheinungsformen der Kreativität – auch innerhalb ein und desselben Problembereichs. Ausführlicher vgl. noch Kapitel 2 und 3 in diesem Buch.

(3) Kreativität lässt sich in dem umfassenderen Konzept der *kognitiven Kompetenz* begreifen. Diese bezieht sich auf komplexe Leistungsformen der Problemwahrnehmung, Informationsverarbeitung und Problemlösung durch Lerntransfer und divergent-konvergente Denkprozesse in unterschiedlichen Anforderungssituationen, wobei sich Kreativität im technischen Bereich vor allem in originellen Verfahrensweisen, neuen Methoden, nützlichen Erfindungen bzw. wertvollen Produkten manifestiert. Aufgabe der Hochschulausbildung ist es deshalb, jungen Talenten die Voraussetzungen hierfür zu schaffen, indem das notwendige fachliche Wissen vermittelt und aufgezeigt wird, wie dieses flexibel bzw. intelligent zu nutzen und auch unkonventionell in individuell herausfordernden Situationen anzuwenden ist.

(4) Systematische Variationen bei der Kombination einzelner Elemente und Komponenten können als Problemlösestrategien aufgefasst werden. Sofern sich hierin Hochkreative von weniger Kreativen oder auch verschiedene Altersgruppen unterscheiden, könnte man vom intelligenz- oder altersabhängigen Strategiengebrauch auf *qualitative* Unterschiede in der Informationsverarbeitung schließen. In einer Reihe von empirischen Studien hierzu, so von Sternberg und Mitarbeitern (Sternberg & Davidson, 1983, 1986; Davidson & Sternberg, 1984; Sternberg, 1985, 1988) oder Klix (1983); Feldhusen (1986), wurde tatsächlich eine deutliche *Komplexitätspräferenz* intelligenterer Probanden bei der Bearbeitung von Testaufgaben, die induktives Denken erfordern, nachgewiesen. Ebenso berichtet Weinert (1990, S. 37ff.) von Untersuchungen, in denen alterskorrelierte Fähigkeitsveränderungen vor allem divergenter Denkproduktionen ermittelt wurden. Auch wenn aus heutiger Sicht methodisch einiges

zu bemängeln ist, dürften die wesentlichen Befunde aus der Studie von Lehmann (1953) nach wie vor Gültigkeit beanspruchen. Demnach erzielten die
meisten der untersuchten kreativen Wissenschaftler ihre bemerkenswertesten
Forschungsbeiträge *vor* dem 40. Lebensjahr, wobei vor allem die Originalität
mit zunehmendem Alter betroffen zu sein scheint. Ausnahmen von dieser Regel scheinen besonders in der Philosophie, den historischen Disziplinen sowie
Teilen der Medizin vorzukommen.

(5) Eine offene, partnerschaftliche Kooperation von jüngeren und älteren Wissenschaftlern birgt wohl die größte Chance für wechselseitige Stimulierung,
fruchtbaren Gedankenaustausch und wünschenswerte Kompensationseffekte
bezüglich unterschiedlicher Erfahrungen und Kenntnisse. Im Idealfall ist davon
eine Kumulierung individueller Expertisen zu erwarten. Sofern zwischen den
Gruppenmitgliedern ein Grundkonsens bezüglich Forschungsgegenstand, Forschungsideologie sowie Wissensstruktur und methodologischer Voraussetzungen besteht, bilden *intra*disziplinär heterogen bzw. *inter*disziplinär zusammengesetzte Forschungsteams die günstigsten Bedingungen für kreative For-
schungsleistungen. Hauptvorteil ist hierbei neben der Expertisemaximierung
der dadurch ermöglichte ständige Perspektivenwechsel, der ja eine wichtige
Bedingung für kreative Problemlösungen darstellt. Ferner sollten die Risikobereitschaft einzelner von der Gesamtgruppe, besonders aber den erfahreneren
Mitarbeitern, mitgetragen und der Mut zu unkonventionellen Lösungsversuchen unterstützt werden.

(6) In forschungsprojektbezogenen (Post-)Graduiertenkollegs scheint trotz gegenwärtig restriktiver Ausbildungsbedingungen an überfüllten deutschen Hochschulen produktive Forschungsarbeit mit dem Qualifizierungsauftrag für besonders befähigte Nachwuchswissenschaftler durchaus noch möglich zu sein.
Ein prominentes Beispiel hierfür ist das neue *International Department* der
Universität Karlsruhe. Dieses auf die Initiative von Professor Weule und Kollegen konzipierte und mit erheblichen Fördermitteln der Hector-Stiftung reali-
sierte Qualifizierungsprogramm für hochtalentierten Technikernachwuchs er-
fuhr eine sinnvolle Ergänzung durch die *Hector-Seminare* in Karlsruhe, Mannheim und Heidelberg. Durch die gezielte, nachhaltige Förderung von MINT-
Spitzentalenten bereits im Gymnasialalter leistet die Hector-Stiftung einen weiteren mutigen Beitrag zur Eliteförderung, speziell im nordbadischen Raum;
siehe Buchkapitel 13 oben.

Das Hector-Projekt zur Förderung gymnasialer Spitzentalente für den MINT-
Bereich ist eine angemessene Antwort auf die in den jüngsten TIMSS- und PISA-
Befunden belegten Leistungsdefizite deutscher Schüler im Sekundarschulalter. Die
Hector-Seminare im nordbadischen Raum (inzwischen existieren 21 solcher
MINT-Förderkurse, zu denen jährlich drei weitere Kurse hinzukommen) sind sowohl in der Breite der behandelten Themen (Kursinhalte) und der Tiefe ihrer Bearbeitung (Kurspädagogik) als auch hinsichtlich der Nachhaltigkeit (langfristige,
kontinuierliche Schülerförderung bis zum Abitur) in der Bundesrepublik Deutschland zur Zeit einmalig. Sie werden für andere Bundesländer, die sich für eine *effi-*

ziente Förderung junger MINT-Talente interessieren, Maßstäbe setzen. Und à la longue, dessen bin ich sicher, wird auch die Universität (TH) Karlsruhe von dieser gymnasialen Talentförderung im nordbadischen Einzugsgebiet bei der Rekrutierung exzellenter Studienkandidaten profitieren.

Literatur

Amabile, T.M. (1983). *The social psychology of creativity*. New York: Springer.

Campbell, J.R. (1996). Development of exceptional academic talent: International research studies. *International Journal of Educational Research, 25*, 479-484.

Campbell, J.R., Wagner, H. & Walberg, H.J. (2000). Academic competitions and programs designed to challenge the exceptionally talented. In K.A. Heller, F.J. Mönks, R.J. Sternberg & R.F. Subotnik (Eds.), *International handbook of giftedness and talent* (2nd ed., pp. 523-535). Amsterdam: Elsevier.

Csikszentmihalyi, M. & Csikszentmihalyi, I.S. (1993). Family influences on the development of giftedness. In G.R. Bock & K. Ackrill (Eds.), *The origins and development of high ability* (pp. 187-206). Chichester: Wiley.

Csikszentmihalyi, M. & Wolfe, R. (2000). New conceptions and research approaches to creativity: Implications of a systems perspective for creativity in education. In K.A. Heller, F.J. Mönks, R.J. Sternberg & R.F. Subotnik (Eds.), *International handbook of giftedness and talent* (2nd ed., pp. 81-93). Amsterdam: Elsevier.

Davidson, J.E. & Sternberg, R.J. (1984). The role of insight in intellectual giftedness. *Gifted Child Quarterly, 28*, 58-64.

Ebenrett, H.J., Hansen, D. & Puzicha, K.J. (2003). Verlust von Humankapital in Regionen mit hoher Arbeitslosigkeit. *Aus Politik und Zeitgeschichte, B 6-7*, 25-31.

Eccles, J.S., Jacobs, J.E. & Harold, R. (1992). Gender role stereotypes, expectancy effects, and parents socialization of gender differences. *Journal of Social Issues, 46*, 183-201.

Feldhusen, J.F. (1986). A conception of giftedness. In K.A. Heller & J.F. Feldhusen (Eds.), *Identifying and nurturing the gifted. An international perspective* (pp. 33-38). Toronto: Huber.

Feldhusen, J.F. & Jarwan, F.A. (2000). Identification of gifted and talented youth for educational programs. In K.A. Heller, F.J. Mönks, R.J. Sternberg & R.F. Subotnik (Eds.), *International handbook of giftedness and talent* (2nd ed., pp. 271-282). Amsterdam: Elsevier.

Gabriel, O.W., Neuss, B. & Rüther, G. (Hrsg.). (2004). *Konjunktur der Köpfe? Eliten in der modernen Wissensgesellschaft*. Düsseldorf: Droste Verlag.

Giesen, H., Gisbert, K., Gold, A. & Kloft, C. (1992). *Geschlechtsspezifische Selektion und Sozialisation im tertiären Ausbildungsverlauf*. Frankfurt/M.: Institut für Internationale Pädagogische Forschung.

Goldstein, D. & Wagner, H. (1993). After school programs, competitions, school Olympics, and summer programs. In K.A. Heller, F.J. Mönks & A.H. Passow (Eds.), *International handbook of research and development of giftedness and talent* (pp. 593-604). Oxford: Pergamon.

Gruber, H.E. (1986). The self-construction of the extraordinary. In R.J. Sternberg & J.E. Davidson (Eds.), *Conceptions of giftedness* (pp. 247-263). New York: Cambridge University Press.

Gruber, H.E. & Davis, S.N. (1988). Inching our way up Mount Olympus: The evolving-systems approach to creative thinking. In R.J. Sternberg (Ed.), *The nature of creativity* (pp. 243-270). New York: Cambridge University Press.

Hany, E.A. (1993). Methodological problems and issues concerning identification. In K.A. Heller, F.J. Mönks & A.H. Passow (Eds.), *International handbook of research and development of giftedness and talent* (pp. 209-232). Oxford: Pergamon.

Heller, K.A. (1989). Perspectives on the diagnosis of giftedness. *German Journal of Psychology, 13*, 140-159.

Heller, K.A. (Hrsg.). (2000). *Begabungsdiagnostik in der Schul- und Erziehungsberatung. Lehrbuch* (2. vollst. überarb. Aufl.). Bern: Huber.

Heller, K.A. (Hrsg.). (2001). *Hochbegabung im Kindes- und Jugendalter* (2., stark erweiterte Aufl.). Göttingen: Hogrefe.

Heller, K.A. & Facaoaru, C. (1986). Selbst- und Systemerkenntnis. In DABEI (Hrsg.), *DABEI-Handbuch für Erfinder und Unternehmer* (S. 45-54). Düsseldorf: Verlag des Vereins Deutscher Ingenieure (VDI).

Heller, K.A. & Lengfelder, A. (1999). *Wissenschaftliche Evaluation der Internationalen Schülerolympiaden in Mathematik, Physik und Chemie* (1977-1997). Abschlußbericht an das BMBF in Bonn. München: LMU.

Heller, K.A. & Lengfelder, A. (2000). *German Olympiad Study on Math, Physics and Chemistry.* Invited Paper for the AERA Annual Meeting 2000 in New Orleans (USA), April 24-28, 2000.

Heller, K.A. & Viek, P. (2000). Support for university students: Individual and social factors. In C.F.M. van Lieshout & P.G. Heymans (Eds.), *Developing talent across the life span* (pp. 299-321). Hove: Psychology Press.

Heller, K.A. & Viek, P., Becker, U. & Schober, B. (1997). *Explorationsstudie zur Begabtenförderung im Tertiärbereich.* München: LMU / Bonn: BMBF.

Klix, F. (1983). Begabungsforschung – ein neuer Weg in der kognitiven Intelligenzdiagnostik? *Zeitschrift für Psychologie, 191*, 360-386.

Lehmann, H.C. (1953). *Age and achievement.* Princeton/NJ: Princeton University Press.

Lochner, S. (1988). Zur Indikation der vorwissenschaftlich-technischen Begabung bei Schülern mittleren Schulalters – ein Beitrag zur Entwicklung einer Theorie der technischen Begabung. *Mathematisch-naturwissenschaftliche Reihe, 24*, 124-134.

Merton, R.K. (1968). The Matthew effect in science. *Science, 159*, 56-63.

Merton, R.K. (1973). *The sociology of science.* Chicago: University of Chicago Press.

Milgram, R.M. & Hong, E. (1994). Creative thinking and creative performance of creative attainments in adults: A follow-up study after 18 years. In R.F. Subotnik & K.D. Arnold (Eds.), *Beyond Terman: Contemporary longitudinal studies of giftedness and talent* (pp. 212-228). Norwood, NJ: Ablex.

Neber, H. & Heller, K.A. (1997). *Deutsche Schüler-Akademie: Ergebnisse der Wissenschaftlichen Begleitforschung.* München: LMU / Bonn: BMBF.

Rudnitski, R.A. (1994). A generation of leaders in gifted education. In R.F. Subotnik & K.D. Arnold (Eds.), *Beyond Terman: Contemporary longitudinal studies of giftedness and talent* (pp. 349-374). Norwood, NJ: Ablex.

Sternberg, R.J. (1985). *Beyond IQ: A triarchic theory of human intelligence.* Cambridge, MA: Cambridge University Press.

Sternberg, R.J. (Ed.). (1988). *The nature of creativity.* New York: Cambridge University Press.

Sternberg, R.J. & Davidson, J.E. (1983). Insight in the gifted. *Educational Psychologist, 18*, 51-57.

Sternberg, R.J. & Davidson, J.E. (Eds.) (1986). *Conceptions of giftedness.* New York: Cambridge University Press.

Subotnik, R.F. & Arnold, K.D. (Eds.). (1994). *Beyond Terman: Contemporary longitudinal studies of giftedness and talent*. Norwood, NJ: Ablex.

Subotnik, R.F. & Arnold, K.D. (2000). Addressing the most challenging questions in gifted education and psychology: A role best suited to longitudinal research. In K.A. Heller, F.J. Mönks, R.J. Sternberg & R.F. Subotnik (Eds.), *International handbook of giftedness and talent* (2nd ed., pp. 243-251). Amsterdam: Elsevier.

Subotnik, R.F. & Steiner, C. (1994). Adult manifestations of adolescent talent in science: A longitudinal study of 1983 Westinghouse science talent search winners. In R.F. Subotnik & K.D. Arnold (Eds.), *Beyond Terman: Contemporary longitudinal studies of giftedness and talent* (pp. 52-76). Norwood, NJ: Ablex.

Tannenbaum, A.J. (1983). *Gifted children: Psychological and educational perspectives*. New York: Macmillan.

Trost, G. (2000). Prediction of excellence in school, higher education, and work. In K.A. Heller, F.J. Mönks, R.J. Sternberg & R.F. Subotnik (Eds.), *International handbook of giftedness and talent* (2nd ed., pp. 317-327). Amsterdam: Elsevier.

Weinert, F.E. (1990). Der aktuelle Stand der psychologischen Kreativitätsforschung (und einige daraus ableitbare Schlußfolgerungen für die Lösung praktischer Probleme). In P.H. Hofschneider & K.U. Mayer (Hrsg.), *Generationsdynamik und Innovation in der Grundlagenforschung* (S. 21-44). München: MPI-Berichte und Mitteilungen, Heft 3/90.

Zuckerman, H. (1967). The sociology of the Nobel prizes. *Scientific American, 217*, 25-33.

Zuckerman, H. (1992). The scientific elite: Nobel laureates' mutual influences. In R.S. Albert (Ed.), *Genius and eminence* (2nd ed., pp. 157-169). Oxford: Pergamon.

Kapitel 17

Minderung der Bildungschancen hochbegabter Mädchen im MINT-Bereich durch Koedukation?

Inhalt

Einleitung

In den letzten Jahrzehnten haben wir uns an zahlreiche Wendemanöver im Bildungsbereich (fast schon) gewöhnt, die nicht selten vollmundig „Innovationen" zwecks individueller Chancenverbesserung verkündeten. Beispielhaft sei hier auf die Diskussion um Abschaffung der Schulzensuren, die Fragwürdigkeit schulischer Leistungsforderungen überhaupt (wofür der aktuelle Rechtsstreit um die Hausaufgaben für Schüler symptomatisch sein mag), die Infragestellung sonderpädagogischer Einrichtungen oder auch die als Fortschritt – nahezu einhellig – gefeierte Einführung der Koedukation im öffentlichen Bildungswesen verwiesen.

Die neuerliche Koedukationsdebatte ist vor allem durch empirische Forschungsbefunde zur (Hoch-)Begabung und (familiären vs. schulischen) Sozialisation sowie die in den letzten Jahren verstärkt in Erscheinung tretende sog. Frauenforschung ausgelöst worden. Handelt es sich dabei nur um eine vorübergehende Aufregung oder um andauernde, berechtigte Kritik? Erinnern wir uns, dass mit der Verwirklichung der Koedukation im Bildungswesen vor zwei bis drei Jahrzehnten der Anspruch auf formale Gleichbehandlung von Mädchen und Jungen verknüpft war, der nun in eine „substantielle Ungleichbehandlung" (Hagemann-Witte) zu Lasten der Mädchen zu kippen droht. So ist es kaum mehr verwunderlich, dass der „Ausstieg aus der Koedukation" oder die „Einrichtung einer autonomen Mädchenbildung" und ähnliche Parolen von eilfertigen Reformern immer häufiger als Forderung erhoben werden. Ob hiervon tatsächlich „Lösungen" erwartet werden können, soll im folgenden näher untersucht werden.

Nach einem kurzen Rückblick in die Bildungsgeschichte der Frauen, insbesondere im naturwissenschaftlich-technischen Bereich, werden neuere Ergebnisse der Sozialisations- und Begabungsforschung dargestellt. Die Diskussion geschlechtsspezifischer Befunde unter der ätiologischen Perspektive verspricht zugleich Anhaltspunkte zur Beseitigung individueller und sozialer Barrieren auf dem Wege angestrebter Chancengerechtigkeit auch für Mädchen und Frauen. Dabei wird der Akzent nicht so sehr auf in der aktuellen bildungspolitischen Diskussion hervorgehobene institutionelle bzw. organisatorische Rahmenbedingungen – die nicht unterschätzt werden dürfen – als vielmehr auf bislang stark vernachlässigte individuelle (psychologische) Möglichkeiten der „Emanzipation" gerichtet.

1. Zur aktuellen Situation der Frauen im naturwissenschaftlich-technischen Bereich

Parallel zum Einzug neuer Technologien in das allgemeinbildende Schulwesen (z.B. durch Einführung von Informatikkursen) traten unerwünschte geschlechtsspezifische Einstellungen und Verhaltensweisen, die mit der Koedukation als überwunden galten, erneut in Erscheinung. Vor allem in zukunftsweisenden, arbeitsplatzsichernden Bereichen von Naturwissenschaft und Technik werden traditionelle Geschlechtsrollenstereotype wirksam, was bildungspolitisch und in der Frauenforschung Engagierte gleichermaßen ärgert. So sind Mädchen und Frauen in mathematisch-naturwissenschaftlichen Gymnasien oder auch entsprechenden Leistungskursen und universitären Studiengängen gegenüber ihren männlichen Kollegen deutlich unterrepräsentiert, was Faulstich-Wieland (in Pfister, 1988, S. 121) mit der historischen Förderung vs. Behinderung des Kompetenzerwerbs von Frauen in den sog. exakten Naturwissenschaften und im Technikbereich in Verbindung bringt. Dies ist zweifellos für das 18. und 19. sowie beginnende 20. Jahrhundert berechtigt. Ob der historische Ausbildungs- und berufliche Sozialisationsvorsprung der Männer allerdings zur Erklärung geschlechtsspezifischer Disparitäten im Bereich von Mathematik, Informatik, Naturwissenschaft/en und Technik (MINT) in der heutigen Situation ausreicht, darf bezweifelt werden. Immerhin stehen spätestens seit Ende des Zweiten Weltkriegs (vielfach bereits schon früher) alle Ausbildungsgänge und Studienrichtungen auch für weibliche Interessenten offen. Warum werden bzw. wurden diese Chancen von Mädchen und Frauen gerade im MINT-Bereich bisher so wenig genutzt?

Der Verdacht, dass hierbei individuelle und soziale Gründe ausschlaggebender sind als institutionelle Angebote oder organisatorische Rahmenbedingungen, erhärtet sich vor allem dann, wenn man tatsächliche Veränderungen in anderen Bereichen zur Kenntnis nimmt. So ist das noch in den 1960er Jahren beobachtete „Bildungsdefizit" der Mädchen im Sinne deutlicher Unterrepräsentierung auf dem Gymnasium und der Realschule (vgl. Heller, 1970) inzwischen völlig egalisiert; und der Anteil weiblicher Studienanfänger im SS 1989 betrug immerhin 40% gegenüber noch 33% im Studienjahr 1984/85 (vgl. Huber, 1989; Beerman, Heller & Menacher, 1992). Nichtsdestotrotz hat sich die Situation im MINT-Bereich im gleichen Zeitraum kaum verändert, wie folgende Statistiken belegen: Die männliche Abiturientenquote von mathematisch-naturwissenschaftlichen Gymnasien übertraf die weibliche 1990 in Bayern um das Doppelte, während sich an neusprachlichen Gymnasien der umgekehrte Trend ergab. Entsprechend hat sich der Anteil jener Schülerinnen, die 1990 die Abiturprüfung in Bayern bestanden und Ergebnisse aus den mathematisch-naturwissenschaftlichen Leistungskursen in die Gesamtqualifikation einbrachten, gegenüber 1986 nur geringfügig verändert, wie folgende Zahlen belegen: Mathematik 35,8% (1990) vs. 35,2% (1986), Physik 11,2% vs. 8,8%, Chemie 26,8% vs. 25,4%, Biologie 66,2% vs. 64,5% (Beerman et al., 1992, S. 18ff.). Analog sind die Frauen in den universitären Studiengängen in Physik und Astronomie mit 9,6%, in Informatik mit 14,7%, in Chemie mit 28,6% (worunter sich nach Metz-Göckel (1987) wegen des numerus clausus viele „verhinderte" Pharmaziestudentinnen befinden) oder in Elektrotechnik mit 3,1% und Maschinenbau mit 8,7% stark unterrepräsentiert. Ausnahmen bilden die Studienfächer Biologie (52,8% Anteil Frauen) und Pharmazie sowie Medizin, wo der Frauenanteil bei knapp 40% liegt (a.a.O.). Diese Statistiken können als weitgehend repräsentativ nicht nur für deutsche, sondern auch für internationale Verhältnisse – vor allem bezüglich gehobener und höherer Qualifikationsstufen – gelten. Was hindert Frauen – weltweit – daran, sich stärker sog. harten Naturwissenschaften zuzuwenden, zumal doch gerade hierin beträchtliche Entwicklungs- und somit Zukunftschancen gesehen werden? Damit in Zusammenhang stehen Fragen nach eventuellen geschlechtsspezifischen Sozialisationsbedingungen, wozu vor allem von der kulturvergleichenden Forschung Antworten erwartet werden, sowie möglichen Geschlechtsunterschieden in der Begabungs- und Interessenentwicklung Jugendlicher. Wenden wir uns zunächst der Sozialisationsforschung zu.

2. Die Koedukationsdebatte vor dem Hintergrund neuer Befunde der Sozialisationsforschung

Während bis vor kurzem die meisten Erzieher (Eltern, Lehrer/innen) und Bildungspolitiker im koedukativen Unterricht den idealen Ansatz zur Verwirklichung (berechtigter) emanzipatorischer Zielvorstellungen sahen (vgl. Hurrelmann et al., 1986), haben neuere geschlechtsspezifische Sozialisationsdaten zu einer erheblichen Verunsicherung beigetragen. In Deutschland ist in diesem Zusammenhang etwa die Studie zum „Studienverlauf und Berufseinstieg von Frauen in Naturwissenschaft und Technologie", die im Auftrag des nordrhein-westfälischen Wissenschaftsministeriums an der Dortmunder Universität von 1985 bis 1986 durchgeführt wurde, bekannt geworden. Im Mittelpunkt dieser Untersuchung standen Fragen nach der Zuwendung vs. Distanz junger Frauen zu Naturwissenschaften und Technik (Roloff et al., 1987). Weniger die ermittelten Frauenquoten im Chemiestudium in Dortmund und Aachen (1/3) und in Darmstadt (1/5) oder im Informatikstudiengang (15-18% in Dortmund und Aachen sowie 10-15% in Darmstadt) überraschten dabei als vielmehr ein völlig unerwartetes (Neben-)Ergebnis: ein hoher Prozentsatz der Chemie- und Informatikstudentinnen an Mädchenschulabsolventen, nämlich rd. 36% – bei einem Anteil der Mädchenschulen in Nordrhein-Westfalen von nur 5% (Roloff et al., 1987, S. 13). Die Autoren ziehen daraus folgende Schlussfolgerungen (a.a.O.):

„Moderne Mädchenschulen unterstützen bzw. fördern bei ihren Schülerinnen ein breiteres Interessenspektrum. In einem rein weiblichen Bezugsrahmen verläuft die Interessenentwicklung von Mädchen für Mathematik und Naturwissenschaften ohne Konkurrenz zu Jungen. Die zunehmend in den Schulen eingeführten Informatik-Arbeitsgemeinschaften und Informatikkurse werden – in koedukativen Schulsystemen – rasch zu reinen Jungendomänen und halten damit die Mädchen von einer entsprechenden Studienentscheidung ab. Damit verengen sich für die Schülerinnen die Einstiegsmöglichkeiten für ein Informatikstudium."

Neben anderen denkbaren Ursachen, etwa besserer Arbeitsdisziplin an (zumeist privaten) Mädchenschulen und höheren Leistungsanforderungen gerade auch in kritischen Fächern sowie damit einhergehenden vermehrten Lerngelegenheiten zum Kompetenzerwerb in Mathematik und Naturwissenschaft, spielen hierfür offenbar persönlichkeits- und sozialpsychologische Gründe eine ausschlaggebende Rolle. Diese Annahme wird durch eine Reihe weiterer Befunde gestärkt. So hatten 10 von insgesamt 17 Teilnehmerinnen am 4. Bundeswettbewerb Informatik reine Mädchenschulen besucht.

Sowohl erfolgreiche als auch erfolglose Wettbewerbsteilnahme bereitet aber den Mädchen nach eigenen Aussagen Schwierigkeiten: Durch Erfolg erhöhte sich das Risiko, zur Außenseiterin zu werden („untypische Frau"); Misserfolg bestätigte das Vorurteil, wonach MINT Männerdomänen seien. Hinzu kommt ein vielfach beobachtetes – im Vergleich zu Männern – geringeres Selbstvertrauen, was sich vor allem im direkten Kontakt mit männlichen Schulkameraden oder Kommilitonen nachteilig für Mädchen und Frauen auswirkt. Ferner reklamieren Sozialisationsforscher nach wie vor wirksame Rollenklischees in unserer Gesellschaft, fehlende weibliche Identifikationsmöglichkeiten durch „heimliche Lehrpläne" oder einseitig männlich orientierte curriculare Inhalte (z.B. Pfister, 1988). Vieles hiervon ist vorerst Spekulation. So konnte beispielsweise die Rollendefizithypothese in neueren empirischen Untersuchungen nicht bestätigt werden (vgl. Beerman et al., 1992, S. 54ff.).

Tabelle 1: Vor- und Nachteile der Koedukation (Quelle: Prengel et al., 1987, S. 158f.) n. Beerman et al. (1992, S. 67).

Pro	Contra
Unterrichtstoff: Beide Geschlechter bekommen das gleiche Wissen vermittelt (keine Fächer des „Frauenschaffens", kein „Puddingabitur").	**Unterrichtsstoff:** Der Stoff ist überwiegend an männlichen Interessen ausgerichtet und bietet nur geringe und eingeschränkte Identifikationsmöglichkeiten für Mädchen. In Mathematik/Naturwissenschaften zeigen die Jungen die größeren Interessen.
Interaktion: Mädchen und Jungen lernen, Kameradschaft miteinander zu halten, den gleichberechtigten Umgang miteinander. Dies ist wichtig für den späteren Beruf und das Familienleben.	**Interaktion:** Jungen werden mehr beachtet, gelobt, getadelt, Mädchen erhalten nur geringe Aufmerksamkeit und müssen unter der Dominanz der Jungen (Disziplinprobleme) leiden.
Sexualität: Die sexuellen Spannungen, insbesondere in der Pubertät, werden normalisiert. Übertriebene erotische Phantasien werden auch in Bezug auf Schwärmereien für Lehrerinnen und Lehrer vermieden.	**Sexualität:** Insbesondere die Mädchen geraten unter sexuellen Leistungsdruck. Die sexuelle Liberalisierung und die allgemeine Verfügbarkeit der Verhütung zwingen sie oft zu frühem Geschlechtsverkehr, um die Anerkennung der Jungen, aber auch der Mädchen, nicht zu verlieren.
Lehrperson: Die Orientierung an weiblichen und männlichen Lehrpersonen bietet für beide Geschlechter vielfältige Erfahrungen und eine Identifizierungsmöglichkeit.	**Lehrperson:** Lehrerinnen und Lehrer haben implizite Geschlechtsstereotype (interessanter, kluger Junge gegen fleißige, angepasste Schülerin) und bestätigen durch ihr Verhalten und ihre Äußerungen diese Stereotypen. Frauen sind in der schulischen Hierarchie überwiegend auf dem unteren Level zu finden.
Folgen: Mädchen haben bessere Noten und zunehmend bessere Schulabschlüsse, Mädchen und Jungen lernen außerdem, konkurrenzfähiger gegeneinander zu werden.	**Folgen:** Jungen reagieren ihre Unterlegenheitsgefühle durch erhöhte Aggression gegenüber Schülerinnen und Lehrerinnen ab. Mädchen haben ein geringeres Anspruchsniveau und neigen zu eingeschränkten Berufswahlen (Frauenberufe).

Aufschlussreicher scheinen kognitionspsychologische Analysen der Interessenentwicklung, der Motivationsgrundlagen (z.b. Kausalattribution) oder der Studienbzw. Berufswahlentscheidung zu sein. Hierauf wird später noch eingegangen. In Tabelle 1 oben sind die Vor- und Nachteile koedukativer Schulerziehung stichwortartig aufgelistet. Bereits an dieser Stelle kann als Fazit festgehalten werden, dass eine Geschlechtertrennung als durchgängiges Prinzip im schulischen Bildungswesen keine Garantie für Mädchen und Frauen bedeutet, legitime Bildungsrechte emanzipatorisch zu verwirklichen. Vielmehr müsste nach Faulstich-Wieland (1987, S. 177f.) eine Modifikation der Rahmenbedingungen innerhalb des koedukativen Systems ins Auge gefasst werden. Dazu gehört eine erhöhte Sensibilisierung für die Lehrinhalte, vorab in Mathematik und im naturwissenschaftlichen Unterricht, damit begabte Mädchen und Frauen auch in diesem Bereich ihre Interessen entwickeln und entsprechende Leistungen erbringen können (vgl. Beerman et al., 1992, S. 64ff.). Bevor auf geschlechtsspezifische Unterschiede in der Interessen- und Motivationslage näher eingegangen wird, sei zuvor noch die Frage nach Begabungsunterschieden zwischen Jungen und Mädchen untersucht.

3. Begabungs- und Interessenunterschiede von Jungen und Mädchen: Fiktion oder Realität?

Aus geschlechtsspezifischer Bildungsteilhabe an bestimmten Fächern, vor allem im MINT-Bereich, wurden Rückschlüsse auf unterschiedliche Begabungsschwerpunkte von Jungen und Mädchen gezogen. Intelligenzuntersuchungen scheinen entsprechende Vermutungen zu bestätigen, insbesondere wenn man die (Teil-)Gruppe der Hochbegabten betrachtet. Jungen erweisen sich gegenüber Mädchen gewöhnlich in Leistungstests zur Erfassung mathematischer und räumlicher Fähigkeiten überlegen, wobei sich diese Unterschiede mit ansteigendem Begabungsniveau noch vergrößern. In einer amerikanischen Längsschnittstudie (Benbow & Stanley, 1980) wurde für durchschnittlich begabte College-Anwärter im Scholastic Aptitude Test for Mathematics (SAT-M) eine Jungen/Mädchen-Relation von 2:1 gefunden, während die Relation bei den oberen 15% 4:1 und bei den 2% besten sogar 13:1 betrug (Benbow & Minor, 1986). In der Hamburger Hochbegabungsstudie zur Mathematik (Wieczerkowski & Jansen, 1990; Birx, 1988) wurden mit der deutschen Version des SAT-M zwar ähnliche Ergebnisse ermittelt; im Hamburger Test für mathematische Begabung (HTMB), der als (zeitlich nicht begrenzter) Powertest gilt und bei der Aufgabenbearbeitung kreativere Lösungen als der SAT-M erlaubt, schnitten jedoch die Mädchen tendenziell besser ab. Somit sind mathematische – wie andere – Fähigkeits- und Leistungsmessungen im Ergebnis nicht methodenunabhängig zu interpretieren. Diese Einschränkung gilt analog für testdiagnostische Untersuchungen zur Raumwahrnehmung, Raumorientierung bzw. -vorstellung und zum räumlichen Denken, worin sich Männer und Frauen in vielen Untersuchungen auf allen Altersstufen signifikant unterschieden (vgl. Maccoby & Jacklin, 1974; Merz, 1979; Hyde, 1981; Heller, 1986, 1991).

Über daraus abgeleitete Hypothesen zu anlagebedingten geschlechtsabhängigen Begabungsunterschieden ist in den letzten Jahren oft und – verständlicherweise –

sehr kontrovers diskutiert worden. Wegen berechtigter Methodenkritik bezüglich der Verfahrens- und Stichprobenabhängigkeit (Problem der Testfairness) wurde in statistischen Metaanalysen versucht, ein klareres Bild über geschlechtsspezifische Begabungsunterschiede in den angesprochenen kritischen Bereichen zu gewinnen. Darüber informiert ausführlich das neue Sachbuch „Begabung und Geschlecht" (Beerman et al., 1992, S. 29ff.). Demnach ist die *pauschale* Hypothese anlagebedingter Geschlechtsunterschiede hinsichtlich der mathematischen Befähigung und des räumlichen Denkens kaum länger aufrechtzuerhalten, wenngleich systematische Geschlechtsdifferenzen in Teilbereichen gut belegt sind. Offensichtlich benötigen Mädchen durchschnittlich mehr Zeit zum erfolgreichen Lösen mathematischer Probleme sowie bei räumlichen Aufgaben als Jungen. Sofern ihnen genügend Zeit eingeräumt wird, sind ihre Leistungen nicht schlechter, wie Goldstein et al. (1990) nachweisen konnten. Damit wären auch die oben berichteten Ergebnisse im HTMB erklärbar. Übereinstimmend dazu fanden Metz-Göckel (1987) bzw. Metz-Göckel et al. (1991) durch Videoaufzeichnungen im Mathematikunterricht heraus, dass Mädchen länger als Jungen überlegen und die Aufgabenstruktur zu erfassen versuchen, bevor sie an die eigentliche Lösung herangehen, während Jungen mehr ausprobieren und schneller Lösungsversuche unternehmen.

Geschlechtsunterschiede in der Raumwahrnehmung und -orientierung werden häufig im Zusammenhang mit geringeren weiblichen Fähigkeiten und Interessen für mathematisch-naturwissenschaftliche und technische Probleme diskutiert. Auch hierzu bietet die gegenwärtige Forschungslage kein einheitliches Bild. Zwar sind korrelative Beziehungen aufweisbar, ohne dass daraus jedoch schon *Kausal*analysen abgeleitet werden können. Auch sind die korrelativ ermittelten Zusammenhänge zwischen mathematischen und räumlichen oder gar technischen Anforderungen keineswegs so eng, wie Laienmeinungen oft unterstellen. Ferner zeigte sich in einschlägigen Metaanalysen, z.B. von Stumpf und Klieme (1989), dass sich innerhalb von zehn Jahren (1978-1988) die geschlechtsspezifischen Leistungsunterschiede von Abiturienten bezüglich der Raumwahrnehmung bzw. -orientierung deutlich verringerten, was auf zusätzliche epochale Effekte hinweist. Eng damit verbunden ist die Frage nach der Trainierbarkeit räumlicher Fähigkeiten, die u.a. von Connor und Serbin (1985) sowie Goldstein et al. (1990) untersucht wurde. Danach erscheint ein Training zumindest in Teilaspekten möglich, vor allem wenn genügend Übungszeit zugestanden und mangelnde spezifische Erfahrungen der Mädchen in Bezug auf anwendungsorientierte Aufgabenstellungen – in naturwissenschaftlichtechnischen Kontexten – berücksichtigt werden (Liben & Golbeck, 1984). Insgesamt betrachtet sind jedoch die Geschlechtsunterschiede im räumlichen Vorstellungs- und Orientierungsvermögen über die Altersstufen hinweg relativ konsistent und durch empirische Daten überzeugender belegt als im Hinblick auf mathematische Denkfähigkeiten. Somit ist die Annahme von der Anlagedominanz des Space-Faktors vorerst nicht widerlegt.

Die bisher skizzierten Begabungsunterschiede werden auch durch die Befunde der Münchner Hochbegabungsstudie (Heller, 1992/2001) bestätigt. Auf allen Altersstufen signifikant sind dabei allerdings nur die Geschlechtsunterschiede bezüglich mathematischer und räumlicher Fähigkeitsaspekte sowie physikalisch-technischer Kompetenzen, und zwar zugunsten der Jungen. Dagegen sind Mädchen den Jungen in der Informationsverarbeitungsgeschwindigkeit, in der Handmotorik und in den Kreativitätstestergebnissen tendenziell überlegen. Bei Betrachtung der Alterskurven fällt auf, dass sich die skizzierten Geschlechtsunterschiede mit zunehmender Beschulungsdauer eher noch vergrößern, was mit anderen Untersuchungsbefunden gut übereinstimmt.

In der Literatur werden immer wieder bessere Schulnoten der Mädchen berichtet. Diese Erfahrung bestätigte sich auch in der Münchner Hochbegabungsstudie. Lediglich in Mathematik und im Fach Physik erzielen Jungen bessere Zensuren. Diese Differenzen sind in der 9. Jahrgangsstufe am ausgeprägtesten; ausführlicher siehe Kapitel 10 (Abschn. 4) oben.

Aufgrund jahrelanger Beobachtungen an der Johns Hopkins Universität in Baltimore, USA, fasst Fox (1976, 1982; vgl. auch Fox & Denham, 1974) die Situation mathematisch talentierter Schülerinnen folgendermaßen zusammen: Diese zeigen im Vergleich zu mathematisch begabten männlichen Schulkameraden weniger Selbstvertrauen, schätzen den Wert und Nutzen von Mathematik für sich als geringer ein, haben seltener klare Zukunftsvorstellungen und erfahren seitens ihrer Eltern, Lehrer und Freunde insgesamt weniger Unterstützung bei der Karriereplanung und beruflichen Überlegungen.

Hinzu kommt, dass (auch talentierte) Mädchen in geringerem Maße bereit sind, intellektuelle und schulische Risiken einzugehen. Ihre Wertvorstellungen sowie ihre Erwartungen und Interessen entsprechen weniger gut den tatsächlichen Fähigkeiten als bei den männlichen Schulkameraden. Solche und ähnliche Berichte deuten bereits an, dass im Hinblick auf die Interaktion von Begabung und Geschlecht bzw. hier die Wechselwirkung von kognitiven und nichtkognitiven Persönlichkeitsmerkmalen sehr differenzierte Sozialisationsbedingungen erforderlich sind, um Bildungsgerechtigkeit im Sinne von Chancengerechtigkeit auch für Mädchen zu erzielen. Inwieweit dazu wissenschaftliche Erklärungsversuche über die Verursachung geschlechtsspezifischer Differenzen einen Beitrag zu leisten vermögen, soll im folgenden Abschnitt untersucht werden.

4. Biologische vs. psychologische Erklärungsversuche geschlechtsspezifischer Differenzen im Bereich von Mathematik, Informatik, Naturwissenschaft/en und Technik

Veränderungen im hier erörterten Problemkontext sind pädagogisch-psychologisch nur dann sinnvoll, wenn diese a) als wünschenswert bzw. erzieherisch wertvoll erkannt wurden und b) realisierbar erscheinen. Da der erste Frageaspekt unstrittig sein dürfte, wenden wir uns sogleich dem zweiten zu. Hierbei interessieren vor allem veränderungssensitive Persönlichkeilsmerkmale, d.h. psychologische Entwicklungsbedingungen. Zuvor sei jedoch kurz auf *biologische* Theorien eingegangen, da diese in der Auseinandersetzung um die Aufklärung von (psychologischen) Geschlechtsunterschieden immer wieder Aufsehen in der Öffentlichkeit erregen. Ausgangspunkt ist dabei u.a. die von der Baltimore-Gruppe (Stanley & Benbow, 1982; Benbow, 1986, 1988, 1990; Benbow & Stanley, 1980, 1982, 1988; Benbow

& Minor, 1986) vertretene Hypothese, wonach mathematische Hochbegabung erblich sei und mit dem (männlichen) Geschlecht, mit Linkshändigkeit, erhöhter Allergieanfälligkeit sowie Kurzsichtigkeit zusammenhänge.

Benbow nimmt in ihrer Argumentation Bezug auf die Lateralisierungshypothese der Hirnforscher, die von der Spezialisierung der Großhirnhälften ausgeht und deren Auswirkung auf verschiedene psychische Funktionen zu erklären versucht. Bekanntlich besteht eine Kreuzverbindung der Nervenbahnen derart, dass die linke Hirnhemisphäre die rechte Körperseite und die rechte Hirnhemisphäre die linke Körperseite kontrolliert. Die *psychologische* Lateralisierungshypothese unterstellt nun, dass z.B. Sprache von der linken Hirnhälfte verarbeitet wird, während für Musik und nichtsprachliche Funktionen wie Raumorientierung oder mathematische Denkkompetenzen die rechte Hirnhemisphäre zuständig sein soll. Entsprechend müssten Linkshänder (mit einer Dominanz der rechten Hirnhemisphäre) beim räumlichen und mathematischen Denken Rechtshändern überlegen sein. Tatsächlich fand Benbow in ihrer Hochbegabtenstichprobe (n=305) 15,1% Linkshänder gegenüber 7,2% in der Normalbevölkerung. Darunter waren wiederum 16,4% Jungen und 11,4% Mädchen. Benbow schlussfolgert daraus, dass Linkshänder im allgemeinen höher begabt seien und über bessere mathematische Fähigkeiten verfügten als Rechtshänder (Benbow, 1988, 1990). Dieser Schluss ist jedoch nicht zwingend, da immer noch 85% der Untersuchungsstichprobe rechtshändig *und* hochbegabt waren. Andererseits gibt es weitere statistische Belege, wonach Linkshänder in folgenden Berufsgruppen (beiderlei Geschlechts) überrepräsentiert sind: bei Professoren, Hochschulstudierenden, Musikern, Künstlern, Astronauten und Architekten. Ausführlicher vgl. Beerman et al. (1992).

Als weitere Bestätigung für ihre Hypothese verweist Benbow (a.a.O.) auf die Theorie von Geschwind und Behan (1982). Diese geht davon aus, dass ein pränatal erhöhter Testosteronspiegel das Wachstum der linken Hirnhemisphäre behindere, weshalb die in diesem Fall stärker ausgebildete rechte Hemisphäre Denkfunktionen unterstütze. Da Testosteron auch die Entwicklung des Immunsystems behindert, würde damit die erhöhte Allergieanfälligkeit erklärbar. Tatsächlich fand Benbow in ihrer Hochbegabtengruppe 55% (gegenüber 25% in der Normalpopulation), die angaben, unter Allergien und Asthma zu leiden.

Weiterhin beobachtete Benbow, dass 57% ihrer Hochbegabtenstichprobe kurzsichtig waren, während es in der Normalbevölkerung nur 15% sind. Da Myopie erblich zu sein scheint und 55% der betr. Eltern ebenfalls unter Kurzsichtigkeit litten, wäre damit ein Zusammenhang zwischen Myopie und Hochbegabung nachweisbar unter der Bedingung, dass die Begabung der betr. Eltern kontrolliert wird (was in der vorliegenden Untersuchung nicht geschah).

Benbow und Benbow (1987) bzw. Benbow (1990) präsentieren schließlich noch Korrelationsstatistiken, aus denen ein Zusammenhang zwischen Hochbegabung und dem Geburtsmonat bzw. vermuteten Konzeptionszeitraum abgeleitet wird (vgl. Abbildung 1). Lewy et al. (1980) konnten nachweisen, dass das Tageslicht die Funktion der Zirbeldrüse, deren Hormon die Geschlechtsentwicklung hemmt, beeinflusst. Dies wird als Erklärung dafür angeführt, dass die höchsten Anteilsraten

Hochbegabter auf die Geburtsmonate April bis Juni (mit entsprechend lichtstarken Konzeptionsmonaten Juli bis September) entfallen.

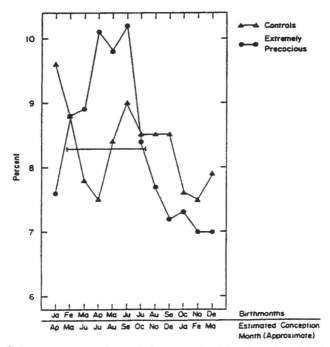

Abbildung 1: Geburtsmonate mathematisch extrem hochbegabter (top 1 in 10.000) Schüler (N = 440) und einer entsprechenden Kontrollgruppe nach Benbow (1990, S. 107).

Im Zusammenhang damit wird eine weitere, bereits von Maccoby et al. (1979) aufgestellte Hypothese diskutiert: Danach seien *Erstgeborene* einem höheren Testosteronspiegel ausgesetzt als Nachgeborene. Diese Hypothese könnte die seit längerem bekannte Beobachtung erklären, wonach sich unter den Hochbegabten mehr Erstgeborene befinden (in Benbows Stichprobe waren 62% Erstgeborene gegenüber 48% in der Kontrollgruppe). Ob damit der Einfluss des männlichen Keimdrüsenhormons Testosteron auf mathematische und/oder räumliche Denkfähigkeit zweifelsfrei geklärt ist, mag hier dahin stehen. Immerhin wären auch nichtbiologische Erklärungsgründe für die beobachteten Phänomene denkbar, z.B. der herausragende Status Erstgeborener in der Familie und/oder Erziehungs- bzw. sozialpsychologische Effekte (ausführlicher vgl. Beerman et al., 1992, S. 39ff.)

So interessant die oben referierten Ergebnisse auch sein mögen und unabhängig davon, wie methodisch zuverlässig sie jeweils gewonnen wurden, erfolgversprechender im Hinblick auf mögliche Veränderungsansätze erscheinen *psychologische* Erklärungsversuche. Das hierfür notwendige *Veränderungswissen* erwarten wir vor allem von der Kognitionspsychologie, der differentiellen Entwicklungspsychologie sowie der Erziehungs- und Sozialpsychologie. Darauf soll im folgenden detaillierter eingegangen werden.

Eine Reihe von Untersuchungsbefunden spricht dafür, dass Mädchen ein breiteres Interessenspektrum aufweisen als Jungen (vgl. auch Abbildung 10 in Kapitel 10 auf S. 193 oben). Pollmer (1991) u.a. folgern daraus, dass es Mädchen deshalb schwerer haben als Jungen, ihre Leistungen – z.B. in Mathematik – mit ansteigender Aufgabenschwierigkeit auf vergleichbarem Niveau zu den Jungen zu halten. Interessen als individuelle Person-Gegenstands-Beziehungen tragen somit wesentlich zur Entwicklung von Fähigkeiten bei (Perleth & Sierwald, 1992, S. 246ff.). Im Zusammenhang damit stehen weiterhin Untersuchungen zum Selbstkonzept und zur Kausalattribution bzw. Kontrollüberzeugung, wobei hier vor allem geschlechtsspezifische Unterschiede im MINT-Bereich interessieren.

Es gibt mehrere Formen der *Kausalattribution,* d.h. subjektiven Ursachenzuschreibung von Erfolg vs. Misserfolg. Rotter (1966) schlug eine eindimensionale Klassifizierung vor, die er als *Kontrollüberzeugung* (locus of control) bezeichnet. Ein Handlungsergebnis kann demnach als „internal" (von der Person selbst) oder „external" (außerhalb der Kontrolle des Individuums) verursacht erlebt werden. In dem bekannten Kausalattributionsmodell von Weiner (1979) ist als weitere Kausalitätsdimension die Stabilität vs. Instabilität enthalten. Somit können Erfolge vs. Misserfolge auf a) Begabung (internal/stabil), b) Anstrengung (internal/variabel), c) Aufgabenschwierigkeit (external/stabil) oder d) Zufall (external/variabel) zurückgeführt werden. Mädchen attribuieren nun häufiger als Jungen Erfolge im mathematisch-naturwissenschaftlichen oder technischen Bereich external (Glück oder Aufgabenleichtigkeit) und entsprechende Misserfolge internal/stabil (mangelnde Begabung), während Jungen bevorzugt Erfolge der eigenen Fähigkeit und/oder Anstrengung (internal) und Misserfolge mangelnder Anstrengung (internal/variabel) oder Pech (external/variabel) zuschreiben. Es leuchtet ohne weiteres ein, dass das männliche Attributionsmuster selbstwertdienlicher ist als das weibliche. Männliche Individuen weisen dementsprechend die für weitere Leistungen günstigere Kontrollüberzeugung auf, was sich nicht zuletzt auch auf die Leistungsmotivation und die Interessenentwicklung auswirkt. Demgegenüber führen ungünstigere Attributionsmuster in Verbindung mit häufigeren Misserfolgserlebnissen zunehmend zu „erlernter Hilflosigkeit" (Seligman, 1975), die sich besonders verhängnisvoll für Mädchen und Frauen im MINT-Bereich äußert. Sofern noch Erfahrungs- und Vorkenntnisdefizite hinzukommen, werden damit recht gut weibliche Minderleistungen, insbesondere in den „harten" Naturwissenschaften und im technischen Bereich, erklärbar – ohne auf die Hypothese kognitiver Fähigkeitsdefizite zurückgreifen zu müssen. Die skizzierten Zusammenhänge sind in vielen (internationalen) Studien der letzten Jahre untersucht worden; zusammenfassend vgl. wiederum Beerman et al. (1992, S. 44ff.) sowie Heller und Ziegler (1996) und das folgende Kapitel 18.

Nicht so eindeutig wie die zuletzt angesprochenen Befunde sind die Ergebnisse bezüglich der Auswirkungen männlicher vs. weiblicher *Geschlechtsrollenidentität.* Untersuchungen mit dem Bem Sex Role Inventory (BSRI) erbrachten Belege dafür, dass Mädchen und Frauen mit einer androgynen oder maskulinen Geschlechtsrollenorientierung sich häufiger für technische Berufe interessieren als jene mit femininem Rollenkonzept (Bem, 1974, 1981; Edwards & Spence, 1987; vgl. auch

Hoffmann, 1988a; Chipman & Thomas, 1987; Birx, 1988 sowie Kelly, 1988). Solche und ähnliche Befunde (z.B. Krampen et al., 1990) stehen in Einklang mit Kohlbergs (1966) Theorie, wonach mit dem Selbst konsistent erscheinende bzw. vereinbare Informationen schneller und besser verarbeitet und weniger vergessen werden, was deren Identifikationswert steigert. Entsprechende empirische Untersuchungsdaten fallen allerdings stark methodenabhängig aus, d.h. je nachdem ob man uni- oder bipolare Mess-Skalen zur Geschlechtsrollen-(Selbst-)Einschätzung verwendet, resultieren unterschiedliche Ergebnisse (Bilden, 1980; Sieverding, 1990). In verschiedenen Meta-Analysen (z.B. Sieverding, 1990; Hyde et al., 1990) ließ sich ein Trend dahingehend erfassen, dass Mädchen und jüngere Frauen in ihrer Geschlechtsrollenorientierung stärker verunsichert sind (als ältere) und eher dazu neigen, im Sinne traditioneller Geschlechtsrollen zu stereotypisieren. Dieser Befund wird gewöhnlich als Geschlechtsrollendruck in der Pubertät bzw. als Rollenkonflikt interpretiert, der oft noch durch die soziale Umgebung und die männlichen Peers (unbewusst) verstärkt wird.

Solche Mechanismen haben natürlich Auswirkungen auf das weibliche *Selbstkonzept,* insbesondere im MINT-Bereich. Dabei sind verschiedene Formen des Selbstkonzeptes anzunehmen (Marsh et al., 1985). Bereits ab der 3. Klassenstufe sind geschlechtsspezifische Selbstkonzepte zu beobachten. So bewerten nach Marsh et al. (1984, 1985) männliche Grundschulkinder ihre körperlichen und sportlichen Fähigkeiten, gleichaltrige Mädchen hingegen (nur) ihre Fähigkeit im Lesen als sehr hoch. Obwohl letztere in der 5. Klasse gegenüber den Jungen die besseren Noten in Lesen und Mathematik aufwiesen, war die Selbsteinschätzung ihrer eigenen Kompetenz lediglich in Bezug auf die Leseleistung derjenigen der Jungen überlegen. Zu ähnlichen Ergebnissen gelangten Eccles (1986), Hannover (1991) sowie in einer Meta-Analyse von acht Studien (Stichprobenumfang: 3902 Versuchspersonen) Beerman und Heller (1990).

Die Entscheidung über die Teilnahme von schulischen Leistungskursen oder Ausbildungsgängen im MINT-Bereich wird darüber hinaus von *Einstellungen* (Zu- vs. Abneigung) und *Emotionen* (z.B. Mathematikangst) bestimmt. Untersuchungen darüber liegen von Steinkamp und Maehr (1983), Stage et al. (1985), Chipman und Thomas (1987), Hannover et al. (1989) und Hyde et al. (1990) vor. Zwei Ergebnisse seien hier festgehalten: 1) die Gefahr, dass z.B. Angst vor Mathematik als weiblich stereotypisiert wird, und 2) der nach den bisherigen Ausführungen etwas überraschende Befund, wonach Mädchen und Frauen in Teilgebieten durchaus mit Jungen und Männern vergleichbare MINT-Interessen entwickeln, etwa für Atomphysik, Akustik und Optik. Astrophysik und Naturphänomene interessieren nach einer Untersuchung von Hoffmann und Lehrke (1986) Mädchen sogar stärker als Jungen. MINT-Inhalte scheinen für Frauen und Mädchen besonders dann attraktiv zu sein, wenn für sie ein *sozialer* und/oder *lebenspraktischer* Bezug erkennbar wird. Daraus sollten für die schulische Lehrplan- und Unterrichtsgestaltung Konsequenzen gezogen werden, worauf im nächsten Abschnitt noch näher eingegangen wird.

Gegenüber den bisher erörterten Ansätzen weisen erziehungs- und sozialpsychologische Theorien sozialen *Rollenmodelleinflüssen* die Hauptbedeutung für die Bildung von Geschlechtsstereotypen (Kohlberg, 1966) bzw. die familiäre und schulische Sozialisation zu, wobei das Lernen am Modell nach Bandura und Walters (1963) relevant wird. Im hier diskutierten Kontext wird vor allem der Mangel an weiblichen Rollenmodellen im MINT-Bereich reklamiert. Die Untersuchungsergebnisse zur Vorbilddefizithypothese sind jedoch höchst widersprüchlich (vgl. Casserly & Rock, 1979; Boswell, 1980 oder Brody & Fox, 1980). Neben persönlicher Unterstützung durch Bezugspersonen scheint der subjektive Wert von Mathematik, naturwissenschaftlichen oder technischen Inhalten am stärksten die Entscheidung für entsprechende Ausbildungsangebote zu beeinflussen (Lantz & Smith, 1981; Alt, Wolf & Arndt, 1988; Rimele-Petzold, 1986; Hellmann & Schiersmann, 1991).

Den Einfluss männlicher Einstellungen zu weiblichen Karriereentscheidungen untersuchte Hawley (1972), wobei sich auch in anderen Studien (z.B. Scheu, 1977) folgende „double-bind"-Dilemmasituation bei jungen Frauen abzeichnete: Sie stehen häufig vor der Wahl zwischen der „Entfremdung von ihrer Geschlechtsrolle" und der „Entfremdung von eigenen Interessen und Fähigkeiten".

Von Bedeutung sind hier auch elterliche Kausalattributionen bezüglich Erfolgen vs. Misserfolgen ihrer Söhne und Töchter. So neigen viele Eltern und auch Lehrer (beiderlei Geschlechts) dazu, Erfolge von Jungen mit Begabung bzw. Misserfolge mit „Faulheit" zu erklären, wohingegen Mädchen häufiger damit rechnen müssen, dass die Fremdattribuierung von Erfolg auf Glück oder „Fleiß" und von Misserfolg auf mangelnde Fähigkeiten erfolgt (Holloway, 1986; Yee & Eccles, 1988).

Interessant ist ein Experiment von Parsons et al. (1982a/b) zur *Rollenmodellhypothese* in Verbindung mit *Elternerwartungen* in Bezug auf die Fähigkeiten ihrer Töchter und Söhne und deren Selbstkonzeptentwicklung. Für die Rollenmodellhypothese ließen sich keine ausreichenden Belege sammeln, während die *Erwartungshypothese* durch eine Reihe signifikanter Befunde gestützt werden konnte, wobei sich ein Zusammenhang zwischen elterlichen Erwartungen und den Einstellungen der Kinder andeutet. Eltern beeinflussen demnach die Leistungen (vorab im MINT-Bereich) weniger durch Rollenmodellverhalten als durch geäußerte Erwartungshaltungen in Bezug auf die Begabung der Kinder.

Die Überprüfung der differentiellen Sozialisationshypothese von Visser (1987 a/b) erbrachte analoge Ergebnisse; ähnliche Attributionsmuster wurden bei (männlichen und weiblichen) *Lehrern* identifiziert (z.B. Chipman & Thomas, 1987; Hoffmann, 1988b; Malcolm, 1988). Die Interaktionsstruktur im Unterricht und deren Einfluss auf das Selbstkonzept und Attributionsverhalten von Schülerinnen wurde von Reis und Callahan (1989) sowie Enders-Dragässer und Fuchs (1988) erforscht, worauf oben im Zusammenhang mit der Frage geschlechtsspezifischer Unterschiede in der Mathematikbegabung bereits eingegangen wurde. Die förderliche Wirkung reiner Mädchenschulen auf die Interessenentwicklung speziell im mathematisch-natur-wissenschaftlichen Unterricht konnten Holz-Ebeling und Hansel (1993) in einer Studie an der Universität Marburg nachweisen. Ob diese und ähnliche Ergebnisse jüngeren Datums generalisierbar sind, muss jedoch der Klärung durch weitere Untersuchungen überlassen werden.

5. Ansätze zur Verbesserung der Ausbildungschancen von Mädchen und Frauen in für diese untypischen Berufsfeldern

Wenn die Annahmen zutreffen, wonach als Hauptursachen für mangelndes weibliches Interesse und Engagement bezüglich Mathematik und naturwissenschaftlicher (vor allem Physik) sowie technischer Aufgabenstellungen fehlendes Selbstvertrauen und für das Selbstkonzept ungünstige Kausalattributionsstile in Frage kommen, dann müssten entsprechende Interventionsmaßnahmen hier ansetzen. Als theoretische Bezugsbasis bietet sich nach den vorhergehenden Ausführungen zunächst die Kausalattribuierungstheorie an. Daran anknüpfend könnten Prozessmodelle zur Entstehung von Geschlechtsunterschieden in Bezug auf mathematisch-naturwissenschaftlich-technische Interessen und Leistungen entwickelt werden. Diese müssten die zentrale Hypothese beinhalten, dass Misserfolgserfahrungen im MINT-Bereich geschlechtsabhängig, also unterschiedlich von Mädchen und Jungen verarbeitet werden. Demnach würde man erwarten, dass Mädchen und Frauen Misserfolg hier bevorzugt internal und stabil attribuieren, d.h. auf ihre (vermeintlich) unzureichende Begabung zurückführen (vgl. Ryckman & Peckham, 1987; Weary, Stanley & Harvey, 1989). Da Mädchen z.B. für den Physikunterricht oft geringere Vorkenntnisse bzw. weniger außerschulische Erfahrungen hierzu mitbringen als Jungen, werden von ihnen entsprechende schulische Leistungsanforderungen nicht selten als überfordernd bzw. unkontrollierbar erlebt. Daraus resultiert mit der Zeit erlernte Hilflosigkeit (nach Seligman), die mit Kuhl als Defizit der Absichtsregulation interpretiert werden kann. Andauerndes Leistungsversagen aber beeinträchtigt das Begabungsselbstkonzept, was wiederum zu Motivations- und Selbstkontrollmängeln führt (Meyer, 1987).

Ähnlich wie die Attributionstheorie im Rahmen der Leistungsmotivationsforschung betonen die Theorien zur Handlungskontrolle die Rolle subjektiv wahrgenommener Erfolgs- vs. Misserfolgserlebnisse. Dabei liegt der Akzent auf den *Konsequenzen* der konkreten Handlungsausführung, womit die Attributionstheorie um einen wichtigen Aspekt ergänzt wird. Kuhls *Theorie der Handlungskontrolle* (Kuhl, 1981, 1983, 1987) wird in die „Absichtskontrolle" (siehe oben) und die „Ausführungskontrolle" ausdifferenziert. Letztere ist durch das Maß bestimmt, in dem die Realisierung einer Handlung gerade bei auftretenden Schwierigkeiten durchgesetzt wird.

Im *Absichtsregulationsmodell* von Dörner (1986) wird schließlich davon ausgegangen, „dass Verhalten und Erleben in komplexen Situationen abhängig sind von der Wichtigkeit der einzelnen Absichten, ihrer Dringlichkeit und der Kompetenz, die man im Hinblick auf die Lösung des Problems zu haben glaubt" (Stäudel, 1988, S. 136).

Diese theoretischen Hinweise mögen genügen um anzudeuten, wie subtil man sich das Zusammenspiel der psychosozialen Mechanismen vorstellen muss, sofern an einer psychologischen Erhellung der hier thematisierten Probleme ein echtes Interesse besteht. Erklärungs- und Veränderungsmodelle sind dabei weitgehend strukturhomolog, d.h. aus dem Erklärungswissen erwächst das notwendige Veränderungswissen. So verwundert es kaum, dass eine Reihe von Integrationsmodellen in den letzten Jahren entwickelt worden ist, um sowohl das Entscheidungsverhalten von Frauen und Mädchen im angesprochenen MINT-Kontext motivationspsychologisch bzw. handlungstheoretisch zu erklären als auch konkrete Förderungsmaßnahmen damit zu begründen. Abschließend seien deshalb einige dieser Modelle kurz skizziert. Zur ausführlicheren Information sei noch einmal auf das Sachbuch von Beerman et al. (1992, S. 69ff.) verwiesen, wo darüber hinaus konkrete Maßnahmen für Eltern und Lehrer sowie institutionelle Forderungen detailliert behandelt werden.

Sowohl das Einstellungs-Verhaltens-Modell von Kulm (1980) als auch das Modell des autonomen Lernens von Fennema und Peterson (1983a/b) berücksichtigen internale Person- und externale soziale Umgebungs-Faktoren, wobei deren Zusammenwirken (und im Kulm-Modell zusätzlich vermittelnde Faktoren) den Analysegegenstand bilden. Im autonomen Lernmodell steht die Wechselbeziehung zwischen dem Lernumfeld der Schulklasse (etwa im Mathematikunterricht), der Schüler/in-Motivation und dem autonomen Lernverhalten (wobei die Variable „selbstständiges Lernen" von zentraler Bedeutung ist) in ihrer Auswirkung auf geschlechtsspezifisches Leistungsverhalten im Mittelpunkt.

Wesentlich komplexere Modelle wurden von Eccles (1984, 1985) und von Chipman und Thomas (1987) vorgelegt. Beide gehen von individuellen Erfolgserwartungen sowie Kosten-Nutzen-Abschätzungen aus und basieren auf kognitionspsychologischen Annahmen der Kausalattributionstheorie, der Leistungsmotivationstheorie und der Entscheidungstheorie. Neben der Erklärungsfunktion wird damit explizit die Hoffnung verknüpft, auf der Grundlage dieser Integrationsmodelle das Entscheidungsverhalten begabter Mädchen und Frauen zur Ausbildungsteilhabe im MINT-Bereich positiv zu beeinflussen.

Schließlich sei noch ein auf deutsche Schulverhältnisse hin konzipiertes Modell von Hoffmann und Lehrke (1986) angesprochen. Damit sollen vor allem (weibliche) Schülerinteressen an Physik und Technik unterstützt werden. Das Modell berücksichtigt verschiedene Persönlichkeitsmerkmale (Begabungs- und Leistungsselbstkonzept, erlebte Bedeutung von Physik und Technik, Berufserwartungen usw.), Unterrichtsmerkmale und vor- bzw. außerschulische Bedingungen, die das allgemeine Sachinteresse an Physik und Technik (Gebiete, Kontexte, Tätigkeiten), aber auch Interesse am Schulfach Physik wecken und fördern. Es handelt sich um ein sehr differenziertes Modell, in dem auch der Freizeitbereich als Stimulations- und Aktivitätsfeld Berücksichtigung findet.

Für die Begabungs- und Interessenförderung junger Frauen und Mädchen existieren also unterschiedliche Ansätze, von denen hier nur ein kleiner Ausschnitt geboten werden konnte. Die Vielfalt menschlicher Begabungen und deren Beziehungsgeflecht erfordern differenzierte Erziehungs- und Fördermaßnahmen. In dieser Forderung sind sich die meisten Experten einig. Um die Ausbildungs- und Berufschancen von Mädchen und Frauen auch in den hier angesprochenen Tätigkeitsfeldern nachhaltig zu verbessern, werden zusätzliche Anstrengungen erforderlich. Dazu sind nicht nur die Bildungspolitiker, sondern alle Erziehungsagenten (vor allem Lehrer und Eltern) sowie nicht zuletzt die betr. Jugendlichen selbst aufgerufen, wobei natürlich beide Geschlechter in der Verantwortung stehen.

6. Zusammenfassung und Ausblick

Die Bildungsgeschichte der Frauen verzeichnet in diesem Jahrhundert zum Teil erstaunliche Erfolge. So sind heute Frauen im allgemeinbildenden Schulwesen auf allen Ebenen paritätisch vertreten, und Studentinnen stellen an den Wissenschaftlichen Hochschulen bereits die Hälfte aller Studierenden. Getrübt wird diese Bilanz durch zwei Ärgernisse: Erstens sind Frauen auf den oberen beruflichen Qualifikationsstufen nach wie vor unterrepräsentiert gegenüber Männern. Zweitens entscheiden sich Mädchen und Frauen viel seltener als männliche Jugendliche für bestimmte Ausbildungs- und Berufslaufbahnen im mathematisch-naturwissenschaftlichen und technischen Bereich. Entsprechende geschlechtsspezifische Disparitäten und deren psychosozialen Ursachen waren Gegenstand der Ausführungen in diesem Kapitel. Deren Aufdeckung erscheint dem Verfasser vorrangig gegenüber – als unterstützende Maßnahmen durchaus sinnvollen – institutionellen und organisatorischen Reformen, wie sie in der gegenwärtigen sozial- und bildungspolitischen Diskussion nicht selten dominieren. Aus psychologischer Sicht sind jedoch Zweifel und Skepsis angebracht, ob solche (notwendigen) Veränderungen auch als hinreichende Bedingungen ausreichen werden. Umso dringlicher wird die psychologische und pädagogische Auseinandersetzung in der aktuellen Diskussion erachtet, wozu auch das folgende Buchkapitel beitragen soll.

Literatur

Alt, C., Wolf, B. & Arndt. H. (1988). *Thesen zur Erschließung gewerblich-technischer Ausbildungsberufe für Mädchen. Berichte zur beruflichen Bildung.* Berlin: Bundesinstitut für Berufsbildung.

Bandura, A. & Walters, R.H. (1963). *Social Learning and Personality Development.* New York: Holt, Rinehard & Winston.

Beerman, L. & Heller, K.A. (1990). *Technik, Mathematik and Naturwissenschaften: Erweiterung der Berufsperspektiven für begabte und interessierte Mädchen? Literaturrecherche und bewertende Synopse.* Abschlußbericht an den Bundesminister für Bildung und Wissenschaft. Bonn: BMBW.

Beerman L., Heller, K.A. & Menacher, P (1992). *Mathe – nichts für Mädchen? Begabung und Geschlecht am Beispiel von Mathematik, Naturwissenschaft und Technik.* Bern: Huber.

Bem, S.L. (1974). The measurement of psychological androgyny. *Journal of Consulting and Clinical Psychology, 42,* 155-162.

Bem, S.L. (1981). Gender schema theory: A cognitive account of sex typing. *Psychological Review, 88,* 354-364.

Benbow, C.P. (1986). Psychological correlates of extreme intellectual precocity. *Neuropsychologia, 24,* 719-725.

Benbow, C.P. (1988). Sex differences in mathematical reasoning ability in intellectually talented preadolescents: Their nature, effects and possible causes. *Behavioral and Brain Sciences, 11,* 169-232.

Benbow, C.P. (1990). Mathematical Talent and Females: From a Biological Perspective. In W. Wieczerkowski & T.M. Prado (Hrsg.), *Hochbegabte Mädchen* (S. 95-113). Bad Honnef: Bock.

Benbow, C.P. & Benbow, R.M. (1987). Extreme mathematical talent: A hormonally induced ability? In D. Ottoson (Ed.), *Duality and Unity of the Brain* (pp. 147-157). Houndsmills, Engl.: Mac Millan.

Benbow, C.P. & Minor, L.L. (1986). Mathematically talented males and females and achievement in the high school science. *American Educational Research Journal, 23,* 425-436.

Benbow, C.P. & Stanley, J.C. (1980). *Academic Precocity: Aspects of its Development.* Baltimore: The Johns Hopkins University Press.

Benbow, C.P. & Stanley, J.C. (1982). Intellectually talented boys and girls: Educational profiles. *Gifted Child Quarterly, 26,* 82-88.

Benbow, C.P. & Stanley, J.C. (1988). Sex differences in mathematical ability: Fact or artifact. *Science, 210,* 1262-1264.

Bilden, H. (1980). Geschlechtsspezifische Sozialisation. In K. Hurrelmann (Hrsg.), *Handbuch der Sozialisationsforschung* (S. 777-812). Weinheim, Basel: Beltz.

Birx, E. (1988). *Mathematik und Begabung.* Hamburg: Krämer.

Boswell, S.L. (1980). *Women and mathematics: The development of stereotypic attitudes.* Boulder, CO: Institute for Research on Social Problems (ERIC Document Reproduction Service No. ED 186477).

Brody, L. & Fox, L.H. (1980). An accelerated intervention program for mathematically gifted girls. In L.H. Fox, L. Brody & D. Tobin (Eds.), *Woman and the mathematical mystique* (pp. 15-25). Baltimore: The Johns Hopkins University Press.

Casserly, P.L. & Rock, D. (1979). *Factors related to young women's persistence and achievement in mathematics with special focus on the sequence leading to and through advanced placement mathematics.* Princeton, NJ: Educational Testing Service.

Chipman, S.F. & Thomas, V.G. (1987). The participation of women and minorities in mathematical, scientific, and technical fields. In E.Z. Rothkopf (Ed.), *Review of Research in Education, 14* (pp. 387-429). Washington, DC: American Educational Research Association.

Connor, J.M. & Serbin, L.A. (1985). Visual-spatial skill: Is it important for mathematics? Can it be taught? In S.F. Chipman, L.R. Brush & D.M. Wilson (Eds.), *Women and Mathematics: Balancing the Equation* (pp. 151-174). Hillsdale, NJ: Lawrence Erlbaum Associates.

Dörner, D. (1986). Intention memory and intention regulation. In F. Klix & H. Hagendorf (Eds.), *Human memory and cognitive capability* (pp. 929-939). North-Holland: Elsevier.

Eccles, J. (1984). Sex differences in mathematics participation. In M. Steinkeim & M. Maehr (Eds.), *Women in Science* (pp. 1-52). Greenwich: JAI Press.

Eccles, J. (1985). Why doesn't Jane run? Sex differences in educational and occupational patterns. In F.D. Horowotz & M. O'Brien (Eds.), *The Gifted and Talented: Development Perspectives* (pp. 251-291). Washington, DC: APA.

Eccles, J. (1986). Gender-roles and women's achievement. *Educational Researcher, 15,* 15-19.

Edwards, V.J. & Spence, J.T. (1987). Gender related traits, stereotypes, and schemata. *Journal of Personality and Social Psychology, 53,* 146-154.

Enders-Dragässer, U. & Fuchs, C. (1988). *Interaktionen und Beziehungsstrukturen in der Schule.* Frankfurt/Wiesbaden: Unveröffentlichter Bericht des Feministischen Interdisziplinären Forschungsinstituts.

Faulstich-Wieland, H. (1987). *Abschied von der Koedukation?* Frankfurt am Main: Fachhochschule.

Fennema, E. & Peterson, P.L. (1983a). Autonomous learning behavior: A possible explanation. Paper presented at the annual meeting of the American Educational Research Association, Montreal, April 1983.

Fennema, E. & Peterson, P.L. (1983b). Autonomous learning behavior: A possible explanation of gender. Related differences in mathematics. In L.S. Wilkinson & C.B. Marrett (Eds.), *Gender influences in classroom interaction* (pp. 17-36). New York: Academic Press.

Fox, L.H. (1976). Women and the career relevance of mathematics and science. *School Science and Mathematics, 26*, 347-353.

Fox, L.H. (1982). Die Zeiten ändern sich – die Erziehung hochbegabter Mädchen. In K.K. Urban (Hrsg.), *Hochbegabte Kinder* (S. 183-193). Heidelberg: Schindele.

Fox, L.H. & Denham, A. (1974). Values and career interests of mathematically and scientifically precocious youth. In J.C. Stanley, D.P. Keating & L.H. Fox (Eds.), *Mathematical talent: Discovery, description and development* (pp. 140-175). Baltimore: The Johns Hopkins University Press.

Geschwind, N. & Behan, P. (1982). Left-handedness: Association with immune disease, migraine, and developmental learning disorders. *Proceedings of the National Academy of Science, 79*, 5097-5100.

Goldstein, D., Haldane, D. & Mitchell, C. (1990). Sex differences in visual-spatial ability: The role of performance factors. *Memory and Cognition, 18*, 546-550.

Hannover, B. (1991). Zur Unterrepräsentanz von Mädchen in Naturwissenschaften und Technik: Psychologische Prädiktoren der Fach- und Berufswahl. *Zeitschrift für Pädagogische Psychologie, 5*, 169-186.

Hannover, B. et al. (1989). *Mehr Mädchen in Naturwissenschaft und Technik. Abschlußbericht über ein Forschungsprojekt.* Bonn: BMBW.

Hawley, P. (1972). Perceptions of male models of femininity related to career choice. *Journal of Counseling Psychology, 19*, 308-313.

Heller, K.A. (1970). *Aktivierung der Bildungsreserven.* Bern/Stuttgart: Huber/Klett.

Heller, K.A. (1986). Psychologische Probleme der Hochbegabungsforschung. *Zeitschrift für Entwicklungspsychologie und Pädagogische Psychologie, 18*, 335-361.

Heller, K.A. (1991). Geschlechtsspezifische Probleme der Begabtenförderung. In U. Schmidt-Denter & W. Manz (Hrsg.), *Entwicklung und Erziehung im ökopsychologischen Kontext* (S. 121-135). München: Reinhardt.

Heller, K.A. (Hrsg.). (1992). *Hochbegabung im Kindes- und Jugendalter* (2. stark erweiterte Aufl. 2001). Göttingen: Hogrefe.

Heller, K.A. & Ziegler, A. (1996). Gender Differences in Mathematics and the Natural Sciences: Can Attributional Retraining Improve the Performance of Gifted Females? *Gifted Child Quarterly, 40*, 200-210.

Hellmann, U. & Schiersmann, C. (1991). Berufsübergang und berufliche Situation gewerblich-technisch ausgebildeter Frauen. In Bundesminister für Bildung und Wissenschaft (Hrsg.), *Gewerblich-technisch ausgebildete Frauen* (= Schriftenreihe Studien zu Bildung und Wissenschaft, Nr. 93). Bad Honnef: Bock.

Hoffmann, L. (1988a). Mädchen/Frauen und Naturwissenschaft/Technik. In S.I. Giesche & D. Sachse (Hrsg.), *Frauen verändern Lernen* (S. 2-14). Kiel: Hypatra.

Hoffmann, L. (1988b). Möglichkeiten zur Förderung des Interesses von Schülerinnen an naturwissenschaftlicher Bildung im Sekundarbereich I am Beispiel Physik. In D. Janshen & H. Rudolph (Hrsg.), *Frauen gestalten Technik: Ingenieurinnen im internationalen Vergleich* (S. 27-31). Pfaffenweiler: Centaurus-Verlagsgesellschaft.

Hoffmann, L. & Lehrke, M. (1986). Eine Untersuchung über Schlüsselinteressen an Physik und Technik. *Zeitschrift für Pädagogik, 32*, 189-204.

Holloway, S.D. (1986). The relationship of mother's beliefs to children's mathematics achievement: Some effects of sex differences. *Merrill-Palmer Quarterly, 32*, 231-250.

Holz-Ebeling, F. & Hansel, S. (1993). Gibt es Unterschiede zwischen Schülerinnen in Mädchenschulen und koedukativen Schulen? Ein Beitrag zur „Koedukationsdebatte". *Psychologie in Erziehung und Unterricht, 40*, 21-33.

Huber, I. (1989). *Koedukation: Kritische Überlegungen zu einer schulischen Organisationsform* (Unveröffentlichtes Manuskript).

Hurrelmann, K., Rodax, K., Spitz, N. et al. (1986). *Koedukation: Jungenschule auch für Mädchen?* Opladen: Leske & Budrich.

Hyde, J.S. (1981). How large are cognitive gender differences? *American Psychologist, 36*, 892-901.

Hyde, J.S., Fennema, E. & Lamon, S.J. (1990). Gender Differences in Mathematics Performance: A Meta-Analysis. *Psychological Bulletin, 107*, 139-155.

Hyde, J.S., Fennema, E., Ryan, M., Frost, L.A. & Hopp, C. (1990). Gender Comparison of Mathematics Attitudes and Affect. *Psychology of Women Quarterly, 14*, 299-324.

Kelly, A. (1988). Sex stereotypes and school science: A three year follow-up. *Educational Studies, 14*, 151-163.

Kohlberg, L. (1966). A cognitive-developmental analysis of childrens sex-role concepts and attitudes. In E.E. Maccoby (Ed.), *The development of sex differences* (pp. 80-173). Stanford, CA: Stanford University Press.

Krampen, G., Effertz, B., Jostock, U. & Müller, B. (1990). Gender differences in personality: Biological and/or psychological? *European Journal of Personality, 4*, 303-317.

Kuhl, J. (1981). Motivational and functional helplessness: The moderating effect of state versus action orientation. *Journal of Personality and Social Psychology, 40*, 155-170.

Kuhl, J. (1983). *Motivation, Konflikt und Handlungskontrolle.* Berlin: Springer.

Kuhl, J. (1987). Action control: The maintenance of motivational states. In F. Halisch & J. Kuhl (Eds.), *Motivation, intention, and volition* (pp. 279-292). Berlin: Springer.

Kulm, G.L. (1980). Research on mathematics attitude. In R.J. Shumway (Ed.), *Research in mathematics education.* Reston, VA: National Council of Teachers of Mathematics.

Lantz, A.E. & Smith, G.P. (1981). Factors influencing the choice of nonrequired mathematics courses. *Journal of Educational Psychology, 73*, 825-837.

Lewy, A.J., Wehr, T.A., Goodwin, F.K., Newsome, D.A. & Markey, S.P. (1980). Light suppresses melatonin in humans. *Science, 210*, 1267-1369.

Liben, L.S. & Golbeck, S.L. (1984). Performance and Piagetian horizontality and verticality tasks: Sex-related differences in knowledge of relevant physical phenomena. *Development Psychology, 30*, 595-606.

Maccoby, E.E. & Jacklin, C.N. (1974). *The psychology of sex differences.* Stanford: Stanford University Press.

Maccoby, E.E., Doeting, C.H., Jacklin, C.N. & Kraemer, H. (1979). Concentrations of sex hormones in umbilical-cord blood: Their relation to sex and birth order of infants. *Child Development, 50*, 632-642.

Malcom, S. (1988). *Brilliant women for science, mathematics and engineering: Getting more than we deserve?* Paper presented al the Huricon Association for the Advancement of Science: Duke University. Durham: National Science Foundation, 28/30. March 1988.

Marsh, H.W., Smith, I.D. & Barnes, J. (1985). Multidimensional self-concepts: Relations with sex and academic achievement. *Journal of Educational Psychology, 77*, 581-596.

Marsh, H.W., Barnes, J., Cairns, L. & Tidman, M. (1984). Self-description questionnaire: Age and sex effects in the structure and level of self-concept for preadolescent children. *Journal of Educational Psychology, 76,* 940-956.

Merz, F. (1979). *Geschlechtsunterschiede und ihre Entwicklung.* Göttingen: Hogrefe.

Metz-Göckel, S. (1987). Licht und Schatten der Koedukation. *Zeitschrift für Pädagogik, 33,* 455-474.

Metz-Göckel, S., Frohnert, S., Hahn-Mausbach, G. & Kauermann-Walter, J. (1991). *Mädchen, Jungen und Computer* (= Sozialverträgliche Technikgestaltung, Nr. 24). Opladen: Westdeutscher Verlag.

Meyer, W.-U. (1987). Perceived ability and achievement-related behavior. In F. Halisch & J. Kuhl (Eds.), *Motivation, intention, and volition* (pp. 73-86). Berlin: Springer.

Parsons, J.E., Adler, T.F. & Kaczala, C.M. (1982a). Socialization of achievement attitudes and beliefs: Parental influences. *Child Development, 53,* 310-321.

Parsons, J.E., Meece, J.L., Adler, T.F. & Kaczala, C.M. (1982b). Sex differences in attribution and learned helplessness. *Sex Roles, 8,* 421-431.

Perleth, Ch. & Sierwald, W. (1992). Entwicklungs- und Leistungsanalysen zur Hochbegabung. In K.A. Heller (Hrsg.), *Hochbegabung im Kindes- und Jugendalter* (S. 165-352). Göttingen: Hogrefe.

Pfister, G. (1988). *Zurück zur Mädchenschule? Beiträge zur Koedukation.* Pfaffenweiler: Centaurus-Verlagsgesellschaft.

Pollmer, K. (1991). Was hindert hochbegabte Mädchen, Erfolge im Mathematikunterricht zu erreichen? *Psychologie in Erziehung und Unterricht, 38,* 28-36.

Prengel, A., Schmid, P., Sitals, G. & Willführ, C. (1987). *Schulbildung und Gleichberechtigung.* Frankfurt: Goethe-Universität.

Reis, S.M. & Callahan, C.M. (1989). Gifted Females: They've come a long way – or have they? *Journal for the Education of the Gifted, 12,* 99-117.

Rimele-Petzold, U. (1986). Mädchen und Berufswahl: Technik alleine macht es nicht! In Bundesministerium für Bildung und Wissenschaft (Hrsg.), *Studien – Bildung – Wissenschaft, Nr. 37.* Bad Honnef: Bock.

Roloff, C., Metz-Göckel, S., Koch, C. & Holzrichter, E. (1987). *Nicht nur ein gutes Examen: Forschungsergebnisse aus dem Projekt „Studienverlauf und Berufseinstieg von Frauen in Naturwissenschaft und Technologie".* Dortmund: Hochschuldidaktisches Zentrum.

Rotter, J.B. (1966). Generalized expectancies for internal versus external control of reinforcement. *Psychological Monographs, 80,* 1-28.

Ryckman, D.B. & Peckham, P. (1987). Gender differences in attributions for success and failure situations across subject areas. *Journal of Educational Research, 81,* 120-125.

Scheu, U. (1977). *Wir werden nicht als Mädchen geboren – wir werden dazu gemacht.* Frankfurt/M.: Fischer.

Seligman, M.E.P. (1975). *Helplessness: On depression, development, and death.* San Francisco: Freeman.

Sieverding, M. (1990). *Psychologische Barrieren in der beruflichen Entwicklung von Frauen. Das Beispiel der Medizinerinnen.* Stuttgart: Enke.

Stage, E.K., Kreinberg, N., Eccles, J.R. & Becker, J.R. (1985). Increasing the participation and achievement of girls and women in mathematics, science, and engineering. In S. Klein (Ed.), *Handbook for Achieving Sex Equity through Education* (pp. 237-269). Baltimore: The Johns Hopkins University Press.

Stanley, J.C. & Benbow, C.P. (1982). Huge sex rations at upper end. *American Psychologist, 37,* 972.

Stäudel, T. (1988). Der Kompetenzfragebogen: Überprüfung eines Verfahrens zur Erfassung der Selbsteinschätzung der heuristischen Kompetenz, belastenden Emotionen und Verhaltenstendenzen beim Lösen komplexer Probleme. *Diagnostica, 34,* 136-148.

Steinkamp, M.W. & Maehr, M.L. (1983). Affect, ability, and science achievement: A quantitative synthesis of correlational research. *Review of Educational Research, 53,* 369-396.

Stumpf, H. & Klieme, E. (1989). *Geschlechtsspezifische Unterschiede im Räumlichen Vorstellungsvermögen: Eine Metaanalyse.* Vortrag auf der 2. Arbeitstagung der Fachgruppe Pädagogische Psychologie der DGPs, München, September 1989.

Visser, D. (1987a). Sex differences in adolescent mathematics behavior. *South African Journal of Psychology, 17,* 137-144.

Visser, D. (1987b). The relationship of parental attitudes and expectations to children's mathematics achievement behaviour. *Journal of Early Adolescence, 7,* 1-12.

Weary, G., Stanley, M.A. & Harvey, J.H. (1989). *Attribution.* New York: Springer.

Weiner, B. (1979). A theory of motivation for some classroom experiences. *Journal of Educational Psychology, 71,* 3-25.

Wieczerkowski, W. & Jansen, J. (1990). Mädchen und Mathematik: Geschlechtsunterschiede in Leistung und Wahlverhalten. In W. Wieczerkowski & T.M. Prado (Hrsg.), *Hochbegabte Mädchen* (S. 134-151). Bad Honnef: Bock.

Yee, D.K. & Eccles, J.S. (1988). Parent perceptions and attributions for children's math achievement. *Sex Roles, 19,* 217-333.

Kapitel 18

Reattributionstraining (RAT)

Ein unterrichtsintegrierter (koedukativer) Ansatz zur Begabungs- und Motivationsförderung

Inhalt

Einleitung

Ein neu entwickeltes Reattributionstraining kann zur Beseitigung der Unterschiede zwischen Jungen und Mädchen im mathematisch-naturwissenschaftlichen Unterricht mehr und dauerhafter beitragen als die in der Koedukationsdebatte vielfach geforderte Rückkehr zum monoedukativen Unterricht. Während monoedukativer Unterricht die Benachteiligung der Mädchen im mathematisch-naturwissenschaftlichen Bereich nur ansatzweise und vorübergehend positiv beeinflusst, verspricht das pädagogisch-psychologische Konzept des Reattributionstrainings eine dauerhafte Verbesserung.

Zu diesem Ergebnis kommen Ziegler (1997) bzw. Ziegler und Heller (1998a/b, 2000a/b/c) nach umfangreichen Forschungsprojekten zur Situation von Mädchen im Bereich von Mathematik, Informatik, Naturwissenschaft und Technik (MINT). Die folgenden Ausführungen erläutern zentrale empirische Befunde, skizzieren die im MINT-Bereich festgestellten Geschlechtsunterschiede und beleuchten die Pros und Contras der darüber geführten Koedukationsdebatte. Das neu entwickelte Reattributionstraining kann dabei über die Reduzierung von Geschlechtsunterschieden im mathematisch-naturwissenschaftlichen Unterricht hinaus generell für die schulische Förderung der Lernmotivation von Bedeutung sein.

1. Geschlechtsunterschiede im MINT-Bereich

In der einschlägigen Forschungsliteratur lassen sich konsistent Unterschiede zwischen Jungen und Mädchen im MINT-Bereich belegen, die hier stichpunktartig zusammengefasst seien (ausführlicher vgl. Kapitel 17 in diesem Buch):
(1) Mädchen weisen weniger Selbstvertrauen auf als Jungen.
(2) Mädchen haben ein niedrigeres Selbstwertgefühl als Jungen.
(3) Mädchen haben ein schlechteres Fähigkeitsselbstkonzept, d.h. konkret, dass sie sich für weniger begabt halten als Jungen oder glauben, sie müssten mehr Aufwand investieren, um den gleichen Lernerfolg zu erzielen wie Jungen.
(4) Mädchen attribuieren ihre Erfolge und Misserfolge weniger selbstwertdienlich als Jungen. Sie führen ihre Erfolge häufig auf große Anstrengung oder auf extreme Faktoren wie Glück zurück; Misserfolge erklären sie eher internal stabil als mangelnde Fähigkeit. Dagegen attribuieren Jungen Erfolge bevorzugt auf eigene Fähigkeit und Misserfolge bevorzugt external (z.B. auf Pech) oder auf ungenügende Anstrengung, also internal variabel.
(5) Die Aspirationen der Mädchen sind niedriger als bei Jungen. Sie geben sich bereits mit mittleren Leistungen zufrieden, was bedeutet, dass insbesondere begabte Mädchen ihr Leistungspotential nicht ausschöpfen.
(6) Mädchen haben ein geringeres Interesse am MINT, was u.a. dazu führt, dass Mädchen Fächer aus dem MINT-Bereich in der Oberstufe seltener als Leistungsfach wählen oder ganz abwählen und entsprechende Berufsziele kaum anstreben.

(7) Mädchen erbringen schlechtere Fachleistungen im MINT-Bereich als Jungen, wobei sich die Leistungsunterschiede im Laufe der Schulzeit mit Ausnahme des Faches Chemie sogar verschärfen.

(8) Relevante Bezugspersonen (Lehrkräfte, Eltern) schreiben Mädchen weniger Begabung für MINT zu als Jungen und erwarten von ihnen darin auch geringere Leistungen.

2. Das Janusgesicht des (physikalischen) Vorwissens

Für die Erklärung der geschilderten Geschlechtsunterschiede ist zunächst festzustellen, dass die lang etablierte Annahme, wonach Jungen über bessere allgemeine kognitive Fähigkeiten verfügen, angesichts neuerer Forschungsergebnisse unhaltbar geworden ist. Moderne Erklärungsansätze, die sich von der These der höheren kognitiven Fähigkeiten der Jungen gelöst haben, reichen von sozial- und kognitionspsychologischen bis hin zu integrativen Erklärungsansätzen, die eine Vielzahl von Bedingungsfaktoren berücksichtigen.

Sozialisationserfahrungen, Anregungsniveau der Umwelt und gemachte physikalisch-technische Erfahrungen schlagen sich allesamt im physikalischen Vorwissen nieder, über das Schülerinnen und Schüler vor Beginn des Physikunterrichts verfügen. Im „physikalischen Vorwissen" sollten Defizite, die durch geschlechtsspezifische Sozialisation entstehen, klar zum Ausdruck kommen. In der Tat konnten auch wir feststellen, dass Mädchen über weniger einschlägige Vorerfahrungen bzw. Vorerfahrungen in der Physik als Jungen verfügen. Erklärt dieser Befund jedoch ihre schlechteren Physiknoten?

Physikalisches Vorwissen ist oft unvollständig und fehlerbehaftet, woraus für vorwissensreichere Schüler und Schülerinnen häufig die Notwendigkeit zu einem Umlernen resultiert. Beispielsweise glauben einige Schüler, dass Strom gelb sei, weil Elektrizität oftmals durch einen gelben Blitz symbolisiert wird. Konsistent mit dieser ambivalenten Einschätzung des Vorwissens haben gerade vorwissensreiche Schüler und Schülerinnen im ersten Unterrichtsjahr Physik Probleme gehabt, ihre Kenntnisse in gute Leistungen umzumünzen. Dies galt insbesondere für die vorwissensreicheren Begabten, bei denen auch motivationale Schwierigkeiten auftraten. Zwei Aspekte dieser Ergebnisse seien hier festgehalten:

(1) Vorwissensunterschiede, die sich durchaus nachweisen ließen, erklären nicht hinreichend die Geschlechtsunterschiede im Physikunterricht, da dieses Vorwissen (sofern fehlerhaft) sich auch als Ballast erweist.

(2) Es sollte darauf geachtet werden, dass von Anfang an physikalische Vorerfahrungen wissenschaftlich adäquat erworben werden.

3. Koedukation vs. Monoedukation: Pygmalion im Mädchenkopf

Obwohl im MNT-Bereich in den letzten Jahren große Anstrengungen zu einer besseren Förderung der Mädchen unternommen wurden, treten trotz des vermeintlich gleichen Bildungsangebots im koedukativen Unterricht bei Kurs-, Studien- und Berufswahlen massive Geschlechtsunterschiede auf. Es wurde daher verschiedentlich versucht, Jungen und Mädchen in diesen Fächergruppen getrennt zu unterrichten. Verschiedene Studien zeigen, dass dieser Versuch für begabte Mädchen offensichtlich Leistungsvorteile bietet. Dennoch bereitet es ein gewisses Unbehagen, die Geschlechtertrennung, die aus guten pädagogischen Gründen lange vehement bekämpft worden war, wieder einzuführen. Auch ist nicht zu leugnen, dass Koedukation ein wichtiges Prinzip moderner Unterrichtsgestaltung ist, das sich insgesamt bewährt hat. In unserem Forschungsprojekt wendeten wir uns deshalb auch der Frage zu, worauf die bislang festgestellten positiven Wirkungen des monoedukativen Unterrichts gegenüber dem koedukativen eigentlich beruhen (Ziegler, Broome & Heller, 1997). Siehe auch Kapitel 17 (Abschnitte 2 bis 4) oben.

In einer Teilstudie wurden zu diesem Zweck Erwartungs- vs. Erfahrungseffekte koedukativen und monoedukativen Physikanfangsunterrichts untersucht. Erhoben wurden u.a. Attributionen und Fähigkeitsselbstkonzept im Bereich Physik, das physikalische Motivationsset und Interesse an der Physik vor Beginn des erstmaligen Physikunterrichts (am Ende der 7. Gymnasialklasse) sowie nach einem halben Jahr Physikunterrichtserfahrung (in der 8. Jahrgangsstufe).

Den Probanden war am Ende der 7. Jahrgangsstufe mitgeteilt worden, dass sie entweder einen mono- oder einen koedukativen Physikunterricht erhalten werden. Die Ankündigung des monoedukativen Unterrichts reichte dabei schon aus, bei den betreffenden Mädchen deutlich günstigere Erwartungen in Bezug auf den bevorstehenden Physikunterricht auszulösen im Vergleich zu Mädchen, die einen koedukativen Unterricht erwarteten. Ihr Motivationsset sowie ihr Selbstvertrauen und ihr Interesse wurden dadurch erfreulich verbessert. Diese Unterschiede blieben auch nach einem halben Jahr Unterrichtserfahrung relativ stabil. Entscheidend war aber, dass die positiven Wirkungen des monoedukativen Unterrichts nach einem halben Jahr Unterrichtserfahrung fast ausschließlich auf diese Erwartungseffekte vor Beginn des Physikunterrichts zurückzuführen waren, der monoedukative Unterricht selbst dagegen keine nennenswerten Auswirkungen zeigte. Sollte sich dieser Pygmalioneffekt in künftigen Studien absichern lassen, d.h. dass allein die Erwartung einer monoedukativen Unterrichtsform die positiven Wirkungen verursacht, kann man einigermaßen optimistisch sein, dass sich solche positiven Erwartungen auch hinsichtlich eines bevorstehenden koedukativen Unterrichts wecken lassen.

4. Reattributionstraining als pädagogisch-psychologische Antwort

Die bisherigen Ausführungen haben gezeigt, dass Geschlechtsunterschiede hauptsächlich auf ungünstige selbstbezogene Kognitionen der Mädchen zurückzuführen sind, die sich unter anderem in einem wenig motivations- und selbstwertförderlichen Attributionsstil, mangelndem Selbstvertrauen und geringerem Fachinteresse ausdrücken. Als pädagogisch-psychologische Antwort auf diese Befundlage entwickelten wir ein speziell auf die Situation der Mädchen zugeschnittenes Reattributionstraining, dessen Wirksamkeit in mehreren Studien sowohl bei Schülern und Schülerinnen als auch bei Universitätsstudentinnen bestätigt werden konnte.

Im Reattributionstraining werden zwei Kommentierungstechniken kombiniert eingesetzt: ein schriftliches und ein verbales Reattributionstraining.

5. Verbales und schriftliches Reattributionstraining im Unterricht

(Kausal-)Attributionen sind Ursachenerklärungen von Handlungsergebnissen, wobei hier die Ursachenerklärungen eigener Leistungsergebnisse der Schüler/innen von besonderem Interesse sind. Als Analyseschema entwarf Weiner (1974) eine Vier-Felder-Tafel, in der durch Kreuzung der beiden Dimensionen Lokalität und Stabilität die wichtigsten Ursachen der Ergebnisse von Leistungshandlungen benannt sind (siehe untenstehende Tabelle 1). Als stabiler, interner Verursachungsfaktor gilt die Begabung einer Schülerin bzw. eines Schülers, während die Anstrengung intern und variabel ist. Entsprechend wird die Schwierigkeit einer Aufgabe als eine externe, stabile Größe gesehen, während der Zufall eine variable externe Größe darstellt.

Tabelle 1: Klassifikationsschema der Determinanten des Leistungsverhaltens nach Weiner (1974).

Stabilität	Lokalität	
	Internal	External
Stabil	Fähigkeit	Aufgabenschwierigkeit
Variabel	Anstrengung	Zufall

Es ist mittlerweile abgesichert, dass Attribuierungsmuster erlernbar sind. Reattributionstrainings im Klassenzimmer basieren darauf, dass die Lehrkräfte (vorher) über geschlechtsspezifische Attributionsstile aufgeklärt sind und die bewährte Strategie einsetzen, Misserfolge variabel oder external, Erfolge aber internal zu attribuieren. Allerdings darf den Schülerinnen bzw. Schülern kein unrealistisches Fähigkeitsselbstkonzept suggeriert werden. Zwar sollen leistungsförderliche Einstellungen vermittelt werden, nicht aber unrealistisch überhöhte Leistungserwartungen, die sich ebenso dysfunktional auswirken können wie zu tief angesetzte Leistungserwartungen. Das *verbale* oder *mündliche* Reattributionstraining im Unterricht soll nun inhaltlich an einem Beispiel illustriert werden (ausführlicher vgl. Heller & Ziegler, 1996, 1997, 2001; Ziegler & Schober, 1997; Ziegler & Heller, 1998b; Heller, 2003, 2004).

Die selbstinitiierten oder respondenten Unterrichtsbeiträge der Schüler werden durch die Lehrkräfte im Sinne des Reattributionstrainings kommentiert. Dabei kann es sich um spontane Unterrichtsbeiträge wie auch um Beantwortungen von Lehrerfragen nach Aufruf handeln.

War der Unterrichtsbeitrag erfolgreich, kann die Lehrkraft:

- direkt die Fähigkeiten bzw. Begabung der Schülerin oder des Schülers herausstreichen (z.B.: „Das Thema liegt Dir offensichtlich");
- der Schülerin/dem Schüler Konsistenzinformation geben (z.B.: „Das hast Du wieder gut gemacht");

- der Schülerin/dem Schüler Konsensusinformation geben und damit den Erfolg besonders betonen (z.B.: „Damit haben die meisten Schüler/innen Schwierigkeiten").

War der Unterrichtsbeitrag nicht erfolgreich, hat die Lehrkraft ebenfalls die Option zwischen verschiedenen Möglichkeiten. Sie kann:

- auf mangelnde Anstrengung verweisen (z.B.: „Das musst Du Dir nochmals durchlesen");
- Konsensusinformation geben und damit dem Misserfolg die Bedeutung nehmen (z.B.: „Damit haben die meisten Schüler/innen Schwierigkeiten");
- der Schülerin/dem Schüler Distinktheitsinformation geben (z.B.: „Das andere Thema liegt Dir wohl besser").

Beim schriftlichen Reattributionstraining soll wie beim mündlichen Reattributionstraining im Klassenrahmen durch geeignete Kommentierungen der Attributionsstil der Schüler/innen verbessert werden. Es werden also die gleichen Informationsklassen zurückgemeldet wie beim mündlichen Reattributionstraining.

Beim schriftlichen Reattributionstraining kann beispielsweise der Unterricht mit Klassenarbeiten oder kurzen Leistungstests am Ende einer Unterrichtseinheit gekoppelt werden. In der darauffolgenden Unterrichtsstunde erhalten die Schüler/innen schriftlich Rückmeldung. Diese enthält neben den korrekten Lösungen auch geeignetes Attributionsfeedback.

Das folgende Beispiel veranschaulicht das *schriftliche* Reattributionstraining anhand einer Aufgabe zu Sammellinsen. Am Ende der Unterrichtsstunde erhalten die Schüler und Schülerinnen eine Aufgabe zur Bearbeitung.

Eine Konvexlinse erzeugt von einem zwei cm großen Gegenstand, der sich acht cm von der Linse entfernt befindet, ein Bild in 20 cm Abstand. Wie groß ist das Bild?

Die Schüler und Schülerinnen werden nach ihrer subjektiv wahrgenommenen Erfolgsaussicht und ihrem Attributionsstil befragt. Das Reattributionstraining bezieht sich auf die gefundenen Lösungen wie auch auf die selbstbezogenen Kognitionen. Dazu zwei Beispiele:

(1) Rückmeldung für eine Schülerin oder einen Schüler, die/der die Aufgabe erfolgreich bearbeitete, aber eine geringe Erfolgszuversicht hatte:
   Obwohl Du nicht sehr zuversichtlich warst, dass Du die Aufgabe lösen kannst (Anspielung auf die falsche Erwartung), hast Du auch diese Übungsaufgabe wieder vollkommen richtig gelöst (Konsistenzinformation). Das Thema „Optik" liegt Dir offensichtlich (Fähigkeitszuschreibung).

(2) Rückmeldung für eine Schülerin oder einen Schüler, die/der die Aufgabe nicht erfolgreich bearbeitete und als wahrscheinlichen Grund, warum sie/er die Aufgabe nicht lösen könne, mangelnde Fähigkeit angab:
   Du hast wie einige andere nicht die richtige Formel gewählt (Konsensusinformation). Schaue Dir das Übungsbeispiel und die Beispiele im Buch nochmals an! Rechne die Beispielaufgaben durch, dann wird Dir die Berechnung der Bildgröße schnell klar werden (Aufforderung zur Anstrengung, wodurch die Kompetenz erreichbar ist).

6. Zusammenfassung

In unseren Forschungsprojekten über geschlechtsspezifische Differenzen im MINT-Bereich (vgl. Beerman, Heller & Menacher, 1992; Dresel et al., 1998, 2001; Heller, 1998; Heller, Finsterwald & Ziegler, 2001; Ziegler, Broome, Dresel & Heller, 1996; Ziegler et al., 1996, 1997, 1999) konnten wir das Bild von der Benachteiligung der Mädchen im MINT-Bereich bestätigen. Allerdings sind dafür weniger ihre Vorerfahrungsdefizite, wie oft vermutet, verantwortlich. Ihr dysfunktionales schulbezogenes Handeln resultiert vielmehr aus ineffektiven (unrealistischen) Kognitionen. Beispielsweise halten sie sich für weniger begabt als Jungen und passen ihr schulbezogenes Handeln diesem Selbstbild an. Durch einen Rückkopplungseffekt wirken wiederum schlechtere Leistungen, geringere Interessen etc. als Bestätigung dieses ungünstigen Selbstbildes. Will man diesen Kreislauf durchbrechen, ist es notwendig, Mädchen ein veridikales Selbstkonzept ihrer Kompetenzen zu vermitteln. Die (vorausgegangene) mono- vs. koedukative Vergleichsstudie zeigte, dass sich dieses Ziel zumindest ansatzweise durch einen monoedukativen Unterricht erzielen lässt. Allerdings war dessen positive Wirkung hauptsächlich auf die Weckung positiver Erwartungen beschränkt. Das von uns entwickelte, unter variierten (quasi-)experimentellen Versuchsbedingungen in verschiedenen Unterrichtskontexten erprobte und validierte Reattributionstraining führte dagegen zu einer dauerhaften Verbesserung selbstbezogener Kognitionen der Mädchen. Siehe abschließend noch Ziegler, Heller, Schober und Dresel (2006).

Literatur

Beerman, L., Heller, K.A. & Menacher, P. (1992). *Mathe: nichts für Mädchen? Begabung und Geschlecht am Bespiel von Mathematik, Naturwissenschaft und Technik*. Bern: Huber.

Dresel, M., Heller, K.A., Schober, B. & Ziegler, A. (2001). Geschlechtsunterschiede im mathematisch-naturwissenschaftlichen Bereich: Motivations- und selbstwertschädliche Einflüsse der Eltern auf Ursachenerklärungen ihrer Kinder in Leistungskontexten. In C. Finkbeiner & G.W. Schnaitmann (Hrsg.), *Lehren und Lernen im Kontext empirischer Forschung und Fachdidaktik* (S. 270-288). Donauwörth: Auer.

Dresel, M., Ziegler, A., Broome, P. & Heller, K.A. (1998). Gender differences in science education: The double-edged role of prior knowledge in physics. *Roeper Review, 20,* 101-106.

Heller, K.A. (1998). Gender differences in performance and attributional styles among the gifted. In R. Zorman & N. Krongold (Eds.), *Nurturing Gifted Girls in the Natural Sciences* (pp. 9-37 engl. und 9-24 hebr.). Jerusalem: Szold.

Heller, K.A. (2003). Attributional Retraining as an Attempt to Reduce Gender-Specific Problems in Mathematics and the Sciences. *Gifted and Talented, 7,* 15-21.

Heller, K.A. (2004). Reattributionstraining (RAT) – ein unterrichtsintegriertes Modell der Begabtenförderung in mathematisch-naturwissenschaftlichen Fächern. In Fischer, Ch., Mönks, F.J. & Grindel, E. (Hrsg.), *Curriculum und Didaktik der Begabtenförderung* (S. 304-329). Münster: LIT.

Heller, K.A. & Ziegler, A. (1996). Gender differences in mathematics and the natural sciences: Can attributional retraining improve the performance of gifted females? *Gifted Child Quarterly, 40*, 200-210.

Heller, K.A. & Ziegler, A. (1997). Gifted females: A cross-cultural study. In R. Li, J. Chan & J. Spinks (Eds.), *Maximizing Potential: Lengthening and Strengthening our Stride. Proceedings of the 11th World Conference on gifted and talented children* (pp. 242-246). Hong Kong: Social Science Research Unit, the University of Hong Kong.

Heller, K.A. & Ziegler, A. (1998). Zur Einführung in das Themenheft „Motivationsförderung". *Psychologie in Erziehung und Unterricht, 45*, 161-168.

Heller, K.A. & Ziegler, A. (2001). Attributional Retraining: A Classroom-Integrated Model for Nurturing Talents in Mathematics and the Sciences. In N. Colangelo & S.G. Assouline (Eds.), *Talent Development, Vol. IV. Proceedings from the 1998 Henry B. and Jocelyn Wallace National Research Symposium on Talented Development* (pp. 205-217). Scottsdale, AZ: Great Potential (Gifted Psychology) Press.

Heller, K.A., Finsterwald, M. & Ziegler, A. (2001). Implicit Theories of German Mathematics and Physics Teachers on Gender Specific Giftedness and Motivation. *Psychologische Beiträge, 43*, 172-189.

Weiner, B. (1974). *Achievement Motivation and Attribution Theory.* Morristown, NJ: Sage.

Ziegler, A. (1997). Weibliche Benachteiligung im mathematisch-naturwissenschaftlichen Bereich: Fakten, Gründe und ein Interventionskonzept. In Deutscher Akademikerinnenbund (Hrsg.), *Mitteilungsblatt. Koedukation* (S. 208-218). Heilbronn: Friedrichshaller.

Ziegler, A. & Heller, K.A. (1998a). An Attribution Retraining for Self-Related Cognitions among Women. *Gifted and Talented International, 12*, 36-41.

Ziegler, A. & Heller, K.A. (1998b). Motivationsförderung mit Hilfe eines Reattributionstrainings. *Psychologie in Erziehung und Unterricht, 45*, 216-230.

Ziegler, A. & Heller K.A. (2000a). Approach and Avoidance Motivation as Predictors of Achievement Behavior in Physics Instructions Among Mildly and Highly Gifted 8th Grade Students. *Journal for the Education of the Gifted, 23*, 343-359.

Ziegler A. & Heller, K.A. (2000b). Conditions for Self-Confidence Among Boys and Girls Achieving Highly in Chemistry. *The Journal of Secondary Gifted Education, 11*, 144-151.

Ziegler, A. & Heller, K.A. (2000c). Effects of an Attribution Retraining With Female Students Gifted in Physics. *Journal for the Education of the Gifted, 23*, 217-243.

Ziegler, A. & Schober, B. (1997). *Reattributionstraining.* Regensburg: Roderer.

Ziegler, A., Broome, P. & Heller, K.A. (1997). Pygmalion im Mädchenkopf. Erwartungs- und Erfahrungseffekte koedukativen vs. geschlechtshomogenen Physikanfangsunterrichts. *Psychologie in Erziehung und Unterricht, 44*, 252-268.

Ziegler, A., Broome, P. & Heller, K.A. (1999). Golem und Enhancement: Elternkognitionen und das schulische Leistungshandeln in Physik. *Zeitschrift für Pädagogische Psychologie, 13*, 135-147.

Ziegler, A., Heller, K.A. & Broome, P. (1996). Motivational preconditions of gifted and highly gifted girls in physics. *High Ability Studies, 7*, 129-143. – Eine spanische Übersetzung erschien im *Magazine Ideaccion, 11, Oktober 1997*, 21-28.

Ziegler, A., Heller, K.A. & Stachl, S. (1998). Comparison of the general school related motivational set of average, gifted and highly gifted boys or girls. *Gifted and Talented International, 13*, 58-65.

Ziegler, A., Kuhn, C. & Heller, K.A. (1998). Implizite Theorien von gymnasialen Mathematik- und Physiklehrkräften zu geschlechtsspezifischer Begabung und Motivation. *Psychologische Beiträge, 40*, 271-287.

Ziegler, A., Broome, P., Dresel, M. & Heller, K. (1996). Physikalisch-technische Vorerfahrungen von Jungen und Mädchen. *Physik in der Schule, 34*, 163-167.

Ziegler, A., Dresel, M., Broome, P. & Heller, K.A. (1997). Geschlechtsunterschiede im Fach Physik. Das Janusgesicht physikalischen Vorwissens. *Physik in der Schule, 35*, 252-256.

Ziegler, A., Heller, K.A., Schober, B. & Dresel, M. (2006). The actiotope: A heuristic model for the development of a research program designed to examine and reduce adverse motivational conditions influencing scholastic achievement. In D. Frey, H. Mandl & L. v. Rosenstiel (Eds.), *Knowledge and action* (pp. 143-173). Göttingen: Hogrefe & Huber Publ.

TEIL V

Hochbegabtenberatung

Einleitender Kommentar

Zunächst werden in Kapitel 19 typische Beratungsanlässe dokumentiert, mit denen Hochbegabten-Beratungseinrichtungen konfrontiert sind. Beispielhaft mögen hierfür die im Zeitraum von 1988 bis 1994 systematisch erhobenen Dateninformationen der Begabungspsychologischen Beratungsstelle an der Universität (LMU) München stehen. Spätere Follow-up-Erhebungen bestätigten im großen und ganzen die hier dargestellten Befunde, weshalb hierauf nicht näher eingegangen wird. Stattdessen werden die referierten Münchner Erfahrungswerte mit jenen anderer einschlägiger Einrichtungen (im gleichen Zeitraum) in Beziehung gesetzt, um generalisierbare Aussagen zu gewinnen bzw. die Münchner Dateninformationen hinsichtlich ihrer allgemeinen Gültigkeit abschätzen zu können. Wie spätere Buchpublikationen – z.B. von Holling und Kanning (1999), Stapf (2003) oder Wittmann (2003) – bestätigten, dürfte die in Kapitel 19 beschriebene Situation cum grano salis auch aktuell weithin unverändert gültig sein.

Demnach variiert die Inanspruchnahme von Hochbegabtenberatungseinrichtungen nicht nur abhängig von den jeweils vorgebrachten Problemen (Beratungsanlässen), sondern auch abhängig vom Beratungsangebot der aufgesuchten Beratungsstelle. Darüber hinaus sind alters-, geschlechts- und intelligenzabhängige Problemmuster der Inanspruchnahmepopulation zu beobachten. Die empirischen Befunde dazu werden nachstehend detailliert dargestellt und beratungspsychologisch interpretiert. Schließlich werden Konsequenzen für die praktische Beratungsarbeit diskutiert sowie relevante Forschungsdesiderata aufgezeigt.

Im nächsten (letzten) Kapitel 20 stehen neben konzeptuellen und methodischen Problemen der Hochbegabtenberatung deren Hauptaufgabenfelder im Zentrum der Erörterung. Zu den diagnostischen Aufgaben der Hochbegabtenberatung gehören zum einen *Talentsuchen* für spezielle Förderprogramme bzw. Fördermaßnahmen und zum andern *individuelle Hochbegabungsdiagnosen* als Funktion der pädagogisch-psychologischen bzw. erziehungspsychologischen Einzelfallhilfe oder auch klinisch-psychologischer Präventionen und Interventionen. *Beratungspsychologische Aufgabenfelder* i.e.S. sind vor allem auf entwicklungspsychologische Aspekte (z.B. Akzelerationsprobleme) sowie Lern- und Leistungsprobleme hochbegabter Kinder und Jugendlicher fokussiert, während Verhaltens- vs. Erziehungsprobleme und soziale Konflikte oft auch klinisch-psychologische Interventionen erfordern – insbesondere wenn psychosomatische Beschwerden hinzukommen. So sind hochbegabte Anorektikerinnen beispielsweise eine stark gefährdete Risikogruppe, die auf fachliche klinisch-psychologische Therapiemaßnahmen angewiesen sind (vgl. Detzner & Schmidt, 1986).

Wichtige Komponenten einer umfassenden Konzeption der Hochbegabtenberatung sind neben problemspezifischen Beratungs- bzw. Interventionsmethoden die Beratungszielgruppen und die Beratungsagenten. Zu den *Zielgruppen* rechnet Perleth (1997) in seinem Modell der Hochbegabtenberatung hochbegabte Kinder und Jugendliche sowie deren Eltern und Lehrkräfte. Als *Beratungsagenten* fungieren für Hochbegabtenfragen qualifizierte Diplom- bzw. Schulpsychologen und Erziehungsberater, Beratungslehrkräfte sowie Pädiater, Kinder-/Jugendpsychiater u.a. Da nicht ohne weiteres entsprechende Qualifizierungsangebote in der ersten Ausbildungsphase für die genannten Beratungsagenten angenommen werden können, kommt hier Fort- und Weiterbildungsmaßnahmen (begleitend zur Berufstätigkeit) eine Schlüsselrolle zu. Der Qualifizierung des Beratungspersonals ist deshalb ein eigener Abschnitt gewidmet. Dabei dürften die – beispielhaft für Beratungslehrkräfte einerseits und für Schulpsychologen bzw. Erziehungsberater sowie Pädiater u.ä. andererseits skizzierten – Curriculum-Module zur Qualifizierung für Hochbegabtenfragen von besonderem Interesse sein. Schließlich sollte die (formative und summative) *Evaluation* der praktischen Arbeit im Kontext der Hochbegabtenberatung nicht vernachlässigt werden, worauf abschließend noch kurz eingegangen wird. Ausführlicher hierzu vgl. Hany (2007) und Heller (2005).

Literatur

Detzner, M. & Schmidt, M.H. (1986). Are Highly Gifted Children and Adolescents Especially Susceptible to Anorexia Nervosa? In K.A. Heller & J.F. Feldhusen (Eds.), *Identifying and Nurturing the Gifted. An International Perspective* (pp. 149-162). Toronto: Huber Publ.

Hany, E.A. (2007). Hochbegabtenförderung auf dem Prüfstand: Evaluationsbefunde und Desiderata. In K.A. Heller & A. Ziegler (Hrsg.), *Begabt sein in Deutschland* (S. 171-190). Berlin: LIT.

Heller, K.A. (2005). Education and Counseling of the Gifted and Talented in Germany. *International Journal for the Advancement of Counselling, 27*, 191-210.

Holling, H. & Kanning, U.P. (1999). *Hochbegabung. Forschungsergebnisse und Fördermöglichkeiten*. Göttingen: Hogrefe.

Perleth, Ch. (1997). *Zur Rolle von Begabung und Erfahrung bei der Leistungsgenese. Ein Brückenschlag zwischen Begabungs- und Expertiseforschung*. Habilitationsschrift. München: LMU, Dept. Psychologie.

Stapf, A. (2003). *Hochbegabte Kinder*. München: C.H. Beck.

Wittmann, A.J. (2003). *Hochbegabtenberatung. Theoretische Grundlagen und empirische Analysen*. Göttingen: Hogrefe.

Kapitel 19

Beratungsanlässe und Probleme der Hochbegabtenberatung

Inhalt

Einleitung

In diesem Kapitel wird die Beratungsklientel der Hochbegabtenberatungsstelle der Universität (LMU) München, die seit 1988 besteht, nach einschlägigen psychosozialen Merkmalen beschrieben. Dazu wurden die Beratungsanlässe in Abhängigkeit vom Beratungsangebot, vom Alter und Geschlecht der Probanden, vom Berufsstatus der Eltern sowie vom Intelligenzniveau der Kinder und Jugendlichen analysiert. Es zeigen sich jeweils charakteristische Beratungsanlassprofile. Diese werden dargestellt und interpretiert sowie ihre Implikationen für die Anforderungen an Hochbegabtenberater/innen und entsprechende Zielsetzungen der Hochbegabtenberatung abschließend diskutiert.

1. Zur Geschichte der Hochbegabtenberatung

Die noch junge Geschichte der Hochbegabtenberatung kann – erwartungsgemäß – nicht sehr viele wissenschaftliche Veröffentlichungen vorweisen (St. Clair, 1989). Immerhin existiert inzwischen eine Reihe deutschsprachiger Publikationen, z.B. Mönks (1987), Feger und Prado (1989), Keller (1990, 1992), Prado und Wieczerkowski (1990), Stapf (1990), Perleth und Sierwald (1992), Wieczerkowski (1994), Elbing und Heller (1996), Heller (1998/[3]2006, 2005), Elbing (2000), Wittmann und Holling (2001), Mönks, Peters und Pflüger (2003a/b) bzw. die englischsprachige Publikation von Mönks und Pflüger (2005) oder Heller und Perleth (2007) – abgesehen von der kaum mehr überschaubaren Ratgeberliteratur. Ferner liegen umfangreiche Berichte über zwei Pilotprojekte vor, die mit finanzieller Förderung des BMBW in Hamburg (Kalinowski-Czech et al., 1988) und in München (Heller, 1991, 1993; Geisler, 1991; Ströbl, 1992) durchgeführt worden sind.

Hochbegabungsspezifische Beratungsanlässe entstehen meistens dann, wenn die individuelle Begabungs- und Leistungsentwicklung behindert wird. Hierfür kommen neben persönlichkeitspsychologischen Ursachen, z.B. Entwicklungsakzeleration im kognitiven Bereich oder auch Dyssynchronie (Terrassier, 1985), ungünstigen Kausalattributionen und motivationalen Barrieren, vor allem widrige Sozialisationsbedingungen in Betracht. Aufgrund nationaler und internationaler Erfahrungen zur Hochbegabtenberatung ergibt sich ein relativ heterogener Katalog von Beratungsanlässen (vgl. Colangelo, 1991; Silverman, 1993; Colangelo & Assouline, 2000). Diese variieren u.a. in Abhängigkeit vom (regionalen) Beratungsangebot, vom Alter der Klientel bzw. von hochbegabungsspezifischen Entwicklungsproblemen, vom Geschlecht der Probanden, teilweise auch vom Intelligenzniveau und der besuchten Schulform, von schulischen und familiären Sozialisationsbedingungen, von sozialen (Peer-)Beziehungen u.ä.

Obwohl mit dieser Einteilung Konfundierungen im Einzelfall nicht ausgeschlossen werden können, gewinnt man auf diese Weise doch einen einigermaßen repräsentativen Überblick über vorherrschende Trends der Beratungsnachfrage versus Defizite im Beratungsangebot für hochbegabte Kinder und Jugendliche einschließlich deren Sozialisationsagenten (Eltern, Lehrer). Sie dient auch für die folgende Darstellung als Ordnungsschema. Die hier mitgeteilten Erfahrungswerte basieren zum einen auf dem vom BMBW in Bonn geförderten Münchner Pilotprojekt (1987-1991), zum anderen auf den Falldaten der seit 1992 am Institut des Verfassers weitergeführten Beratungsstelle für Hochbegabtenfragen. In die Auswertung gingen über 200 Einzelfalldaten ein. Somit dürfte die Datenbasis hinreichend zuverlässige Informationen über den augenblicklichen Beratungsbedarf liefern.

2. Fünf Thesen zur Hochbegabtenberatung

2.1 Beratungsanlässe in der Hochbegabtenberatung variieren in Abhängigkeit vom Beratungsangebot.

Obwohl die Einzelfallberatung im Münchner Pilotprojekt nicht im Vordergrund stand (Hauptziel war die Entwicklung und Evaluation verschiedener Enrichmentprogramme zur Förderung technischer Kreativität bei Jugendlichen; vgl. Heller, 1991), wurden im Zeitraum von Mai 1988 bis Dezember 1991 insgesamt 168 Einzelfälle beraten und in einer Diplomarbeit (Ströbl, 1992) statistisch analysiert. Für unsere Zwecke auswertbare Daten lagen von 103 männlichen und 33 weiblichen Probanden im Alter von 6 bis 21 Jahren vor (Geisler, 1991); vgl. Tabelle 1a. Sie wurden ergänzt durch die (statistisch erfasste) Klientel der Münchner Hochbegabtenberatungsstelle für den nachfolgenden Zeitraum von Mai 1992 bis August 1994 (57 Jungen und 22 Mädchen), wobei die Altersstreuung hier von 3-17 Jahren reicht; vgl. Tabelle 1b. Zu tendenziell ähnlichen Beratungsschwerpunkten kamen Kalinowski-Czech et al. (1988, S. 183) in ihrer Statistik zur Hamburger Pilotstudie.

Tabelle 1a: Die 10 häufigsten Beratungsanlässe (z.T. Mehrfachnennungen) für (103) Jungen und (33) Mädchen – Beratungsklientel der Projektphase (1988-1991); N=136.

Jungen		Mädchen	
1. Suche nach Fördermöglichkeiten	(43,7%)	1. Suche nach Fördermöglichkeiten	(54,5%)
2. Schulische Leistungsprobleme	(31,1%)	2. Hochbegabungsdiagnose	(45,5%)
3. Hochbegabungsdiagnose	(31,1%)	3. Erziehungsberatung	(24,2%)
4. Langeweile in der Schule	(22,3%)	4. Überspringen einer Klasse	(21,2%)
5. Ärztliche Überweisung	(12,6%)	5. Schulische Leistungsprobleme	(15,2%)
6. Überspringen einer Klasse	(11,7%)	6. Langeweile in der Schule	(12,1%)
7. Verhaltensprobleme	(11,7%)	7. Ärztliche Überweisung	(6,1%)
8. Diskrepanz zwischen intellektueller und sozialer Entwicklung	(10,7%)	8. Diskrepanz zwischen intellektueller und sozialer Entwicklung	(6,1%)
9. Erziehungsberatung	(8,7%)	9. Psychische Probleme	(6,1%)
10. Konzentrationstraining	(4,9%)	10. Diskrepanz zwischen intellektueller und motivationaler Entwicklung	(3,1%)

Tabelle 1b: Die 10 häufigsten Beratungsanlässe (z.T. Mehrfachnennungen) für (57) Jungen und (22) Mädchen – Beratungsklientel der LMU-Beratungsstelle 1992-1994; N=79.

Jungen		Mädchen	
1. Probleme im Sozialverhalten *)	(40,4%)	1. Hochbegabungsdiagnose	(40,9%)
2. Hochbegabungsdiagnose	(35,1%)	2. Suche nach Fördermöglichkeiten	(36,4%)
3. Unterforderung, Langeweile	(31,6%)	3. Probleme im Sozialverhalten *)	(31,8%)
4. Suche nach Fördermöglichkeiten	(26,3%)	4. Unterforderung, Langeweile	(27,3%)
5. Laufbahnberatung, vorzeitige Einschulung	(26,3%)	5. Laufbahnberatung, vorzeitige Einschulung	(18,2%)
6. Verhaltensprobleme	(22,8%)	6. Gutachten	(18,2%)
7. Aggressives Verhalten	(21,1%)	7. Erziehungsberatung	(13,6%)
8. Schulunlust	(14,0%)	8. Motivationsprobleme	(9,1%)
9. Konzentrationsprobleme	(14,0%)	9. Aggressives Verhalten	(9,1%)
10. Motivationsprobleme	(12,3%)	10. Schulunlust	(4,5%)

*) neu hinzugekommene Kategorie

Beim Vergleich der Tabellen 1a und 1b fällt auf, dass sich die relativen Häufigkeiten der einzelnen Beratungsanlässe in der hochschuleigenen Beratungsstelle (Tabelle 1b) gegenüber der Beratungsarbeit in der Projektphase (Tabelle 1a) teilweise verschieben. Die Nachfrage nach individuellen Fördermöglichkeiten hat neuerdings sowohl bei den Jungen als auch bei den Mädchen nicht mehr die ursprüngliche Priorität. Vielmehr dominieren jetzt bei den Eltern der Mädchen Wünsche nach einer Hochbegabungsdiagnose, gefolgt von der Nachfrage nach individuellen Fördermöglichkeiten und Hilfe bei sozialen Verhaltensproblemen.

Bei den Jungen rangiert nunmehr die Nachfrage nach einer Hochbegabungsdiagnose an zweiter Stelle, wohingegen der erste Platz durch Probleme im Sozialverhalten besetzt ist. Diese Akzentverschiebung ist allerdings teilweise durch die neu aufgenommene Kategorie „Sozialverhalten" bedingt. Insgesamt erweist sich das Nachfrageprofil als einigermaßen zeitstabil. Relativ häufig wird nach wie vor Langeweile in der Schule als Beratungsanlass genannt, während der Wunsch nach Überspringen einer Klassenstufe in den letzten Jahren als Beratungsanlass weniger deutlich in Erscheinung trat (was mit dem 1989 gestarteten bayerischen Schulversuch zur Erleichterung des Überspringens im Gymnasium zusammenhängen dürfte).

Dass hiervon abgesehen für die Verschiebung einzelner Beratungsanlässe weniger Epochaleffekte als vielmehr spezifische Beratungsangebote verantwortlich sind, wird auch durch die von Keller (1990, 1992) dokumentierte Prioritätenliste zur Hochbegabtenberatung an einer baden-württembergischen Bildungsberatungsstelle belegt. Danach dominieren mit 50% Lern- und Leistungsprobleme, gefolgt von Entscheidungsproblemen mit 30% und Verhaltensstörungen mit 20% als Beratungsanlässe (Keller, 1992, S. 54). Diese Statistik wird verständlich, wenn man sich die Hauptaufgabe der baden-württembergischen Bildungsberatungsstellen vergegenwärtigt: Schullaufbahn- und Studienberatung. Dies bestätigen auch Befunde von Müller (1992), wonach Eltern hochbegabter Schüler vom Schulpsychologen fachliche Unterstützung 1) bei Verhaltensproblemen, 2) bei Lern- und Leistungsschwierigkeiten und 3) bei kognitiver Unterforderung als Folge einer Hochbegabung erwarten (vgl. auch Prado & Wieczerkowski, 1990).

Fazit: Obwohl das von unterschiedlichen Quellen stammende Spektrum hochbegabungsspezifischer Beratungsanlässe weitgehend identische Probleme beinhaltet, ergibt sich je nach Besonderheit des lokalen Beratungsangebots ein mehr oder weniger verändertes Nachfrageprofil. Die Nachfragestruktur wird also durch die Spezifität des Beratungsangebots mit beeinflusst. Beim weiteren Ausbau des Beratungsangebots sollte deshalb darauf geachtet werden, dass Grundbedürfnissen der Adressaten der Hocbegabtenberatung durch einen hinreichend differenzierten Service Rechnung getragen wird.

2.2 Hochbegabungsspezifische Beratungsanlässe sind in hohem Maße altersabhängig.

Zur Überprüfung dieser These fassten wir die Daten der Klientel unserer Institutsberatungsstelle mit den von Geisler (1991) vorgelegten Befunden zusammen und bildeten gemäß der Geislerschen Vorgabe zwei Altersklassen: Altersklasse 1 umfasst das Kindergarten- und Grundschulalter, Altersgruppe 2 die Sekundarstufe. In Tabelle 2 sind die entsprechenden Häufigkeiten der Beratungsanlässe dargestellt; sie basieren auf einer Stichprobe von N=196.

Tabelle 2: Prozentuale Anzahl der Beratungsanlässe bei Vorschul- und Primarstufenkindern (Altersstufe 1) und Kindern der Sekundarstufe (Altersstufe 2) – zusammengefasste Daten der Stichprobe von Geisler (1991) und der Klientel der LMU-Beratungsstelle vom Mai 1992 bis August 1994; N=196.

Beratungsanlässe	Altersstufe 1	Beratungsanlässe	Altersstufe 2
Suche nach Fördermöglichkeiten	41,9%	Suche nach Fördermöglichkeiten	47,2%
Hochbegabungsdiagnose	35,7%	Leistungsschwierigkeiten	43,4%
Unterforderung, Langeweile	28,7%	Hochbegabungsdiagnose	22,6%
Leistungsstörungen	14,7%	Unterforderung, Langeweile	18,9%
Erziehungsberatung	14,0%	Gutachten	13,2%
Überspringen	14,0%	Erziehungsberatung	11,3%
Verhaltensprobleme	11,2%	Überspringen	9,0%
Aggressives Verhalten	9,8%	Konzentrationsstörungen	7,5%
Gutachten	7,0%	Motivationsprobleme	5,7%
Konzentrationsstörungen	6,3%	Verhaltensprobleme	3,8%
Motivationsprobleme	4,9%	Aggressives Verhalten	1,9%
Anzahl der Pbn	N=143	Anzahl der Pbn	N=53
Prozentanteil aus N=196	73%	Prozentanteil aus N=196	27%

Informationsbedürfnisse, wie die Suche nach Fördermöglichkeiten oder der Wunsch nach diagnostischer Abklärung, stellen in beiden Altersbereichen vorrangige Beratungsanlässe dar. Unterforderung und Langeweile spielen in der Vor- und Grundschulzeit offensichtlich eine größere Rolle als in der Sekundarstufe. Hier avancieren zunehmend Leistungsstörungen zum Beratungsanlass, offenbar aufgrund struktureller Merkmale des Schulsystems, das den individuellen Lernbedürfnissen und den oft stark ausgeprägten Interessen hochbegabter Schüler – z.B. wegen unzureichender Lehrerqualifikation für die Begabtenförderung im regulären Unterricht oder auch zu hoher Klassenfrequenzen – nicht gerecht wird.

Eine differenziertere Analyse mit drei Altersstufen (Vorschulalter, Primarstufe und Sekundarstufe) auf der Basis der Daten unserer gegenwärtigen Beratungsklientel (N=79) zeigt, dass Unterforderung und Langeweile sowie (als Folge?) aggressives Verhalten nicht nur im Zusammenhang mit Schule beklagt werden, sondern bereits im Kindergarten und im vorschulischen häuslichen Umfeld deutlich ausgeprägt sind. Abbildung 1 verdeutlicht den hohen Anteil aggressiven Verhaltens im Vorschulalter sowie das dominante Ausmaß an Unterforderung in der Primarstufe (Elbing & Heller, 1996).

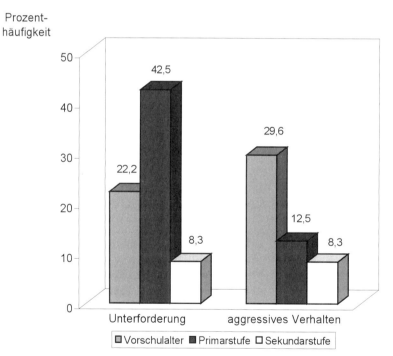

Abbildung 1: Alterseinflüsse bei den Beratungsanlässen „Aggressives Verhalten" und „Unterforderung".

In der praktischen Beratungsarbeit entsteht bisweilen der Eindruck, dass manche Eltern hochbegabter Kinder Unterforderung und Langeweile in der Schule geradezu erwarten bzw. ihren Kindern einzureden scheinen, was verbunden mit der

Hilflosigkeit von Eltern und Lehrern und tatsächlich erfahrener Unterforderung die hohen Werte in der Primarstufe erklären könnte (Elbing, 2000).

In der Dominanz aggressiven Verhaltens in der Vorschulzeit deuten sich Lerndefizite der Kinder hinsichtlich normativer Verbindlichkeiten sowie insbesondere bezüglich des Umgangs mit Barrieren und Enttäuschungen an, die aus der Erfahrung resultieren, dass die eigene Hochbegabung bzw. das Anderssein als der Durchschnitt keineswegs nur Vorteile haben. Auf die Erfahrung von Ablehnung, Unverständnis und sozialem Ausschluss wird der eigene (Mit-)Bedingungsanteil oft negiert und mit gesteigerter Wut, zunehmendem Trotz und stark affektivem oder aggressivem Verhalten reagiert. Hier deuten sich erzieherische Defizite insbesondere in Bezug auf Selbstkontrolle, soziale Differenzierungsfähigkeit und anzustrebender Unabhängigkeit der Kinder bezüglich der jeweiligen einschränkenden Einflussfaktoren an.

Eine detaillierte Altersanalyse ergibt bei Eltern mit Kindern des Vorschulalters als dominierende Beratungsanlässe: Wünsche nach Hochbegabungsdiagnose (40,7%) nach „Laufbahnberatung" im Sinne der Suche von geeigneten Kindergärten und Alternativen zur Regelschule (44,4%) sowie nach Informationen bezüglich individueller Fördermöglichkeiten (37%).

Als Forderung an die Berater folgt aus obigen Befunden, dass sie einerseits kompetent sein sollten in der Vermittlung von Arbeits- und Lernstrategien sowie im Umgang mit diversen Formen der Leistungsbeeinträchtigung. Andererseits müssen sie über erziehungsberaterische Interventionen bzw. Informationen verfügen, die den Eltern und dem Kind helfen, auf die Unterforderungs- und Langeweileerfahrung in konstruktiver statt in aggressiver Weise zu reagieren. Der Verunsicherung vieler Eltern im Hinblick auf eine notwendige und angemessene Förderung und Forderung ihrer hochbegabten Kinder ist durch Informationen über vielfältige eigene Fördermöglichkeiten sowie durch Anregungen zum Aufbau von Selbstvertrauen und Eigenständigkeit in der Suche nach Fördermöglichkeiten und Umgangsalternativen mit Barrieren und Normabweichungen zu begegnen. Die Entwicklung der Selbstverantwortung sowohl auf Seiten der Kinder als auch auf Seiten der Eltern ist eine wichtige Beratungsaufgabe. Sie ist zu ergänzen durch offene Auseinandersetzung mit der eigenen normativen Orientierung Hochbegabter, worauf auch Colangelo (1991, S. 279) hinweist. Ausführlicher vgl. Elbing (2000), Mönks und Ypenburg (1998/⁺2005), Lang (2004).

Dass Unterforderung als Beratungsanlass in der Sekundarstufe an Bedeutung verliert, dürfte durch die erhöhten Anforderungen weiterführender Schulen erklärt werden. Tabelle 2 zeigt ferner, dass der Wunsch nach Begutachtung in der Sekundarstufe einen etwas höheren Rangplatz einnimmt. Dies dürfte auf eine unterschiedliche Funktionalität der Hochbegabungsdiagnose in beiden Altersstufen verweisen, die sich wohl damit erklären lässt, dass die Diagnose einer möglichen Hochbegabung in der Sekundarstufe meist Teil eines bereits eingeleiteten Entscheidungsprozesses ist, etwa beim Wechsel der Schulart, beim Überspringen einer Klassenstufe oder im Hinblick auf die Zulassung zu Förderkursen.

Hingegen überwiegt in der jüngeren Altersstufe das grundsätzliche Interesse, zuverlässig von einer Fachautorität zu erfahren, wie es denn nun mit der vermuteten Hochbegabung des eigenen Kindes steht. Hierfür ist ein formelles Gutachten nicht nötig. Wird es dennoch von den Eltern verlangt, sollten die Berater darauf achten, ob sie nicht von den Eltern bezüglich der häufig im Hintergrund stehenden Auseinandersetzung mit Kindergarten und Schule zur Stärkung der Elternposition ungewollt instrumentalisiert werden. Für die Berater folgt hieraus, dass sie neben fundierten Kompetenzen zur Diagnose und Begutachtungsarbeit hinreichende Sensibilität auch für den zuletzt genannten Aspekt entwickeln sollten.

2.3 Die Klientel der Hochbegabtenberatung ist männlich dominiert.

Das Verhältnis zwischen Jungen (72%) und Mädchen (28%) ist in der jüngeren Beratungsklientel (Mai 1992 bis August 1994) zugunsten der Jungen verzerrt. Das Geschlechterverhältnis ist nahezu identisch mit den von Geisler (1991) berichteten Werten (75% Jungen, 25% Mädchen) sowie mit andernorts publizierten Statistiken (z.B. Kalinowski-Czech et al., 1988; Prado & Wieczerkowski, 1990; Stapf, 1990; Wittmann, 2003).

Dies resultiert aus bekannten Einstellungen der Eltern, wonach eher bei den Söhnen das Vorliegen einer überdurchschnittlichen Begabung vermutet oder erkannt wird als bei den Töchtern und gute Bildung und Ausbildung bei Jungen implizit immer noch als wichtiger erachtet werden als bei Mädchen. Jedenfalls müssen Mädchen offenbar in der Regel eindeutigere Hinweise auf eine mögliche Hochbegabung liefern, damit sie von den Eltern in der Beratungsstelle vorgestellt werden. Diese schärfere Selektionspraxis von Seiten der Eltern hat zur Folge, dass im Bereich intellektueller Hochbegabung die an unserer Beratungsstelle vorgestellten und getesteten Mädchen im Mittel höhere Werte aufweisen als die Jungen. Dieser Befund steht im Gegensatz zu Ergebnissen aus repräsentativen Erhebungen, die oft von höheren Intelligenztest-Werten der Jungen, vor allem im quantitativen und räumlichen Denkbereich, berichten (vgl. Heller & Neber, 1994, S. 42; Heller, 1990, S. 96; 1995, S. 6-36; hingegen Rost, 1993, S. 14). Die vielfach belegte Dominanz der Knaben im Bereich mathematischen Denkens bildet sich in unserer Datenlage insofern ab, als im KFT-Untertest Rechnerisches Denken kein signifikanter Unterschied der Geschlechter auszumachen ist. Die auf Gesamtniveau und in den KFT-Subtests V und N signifikant besseren Mädchen sinken hier auf das Niveau der Knaben ab (s. Abbildung 2). Für die Beratung ergeben sich hieraus u.a. folgende Konsequenzen. Zum einen ist bei Intelligenzuntersuchungen auf psychometrischer Basis bei Mädchen noch stärker als bei Jungen mit Deckeneffekten zu rechnen. Zum anderen sollte im Beratungsgespräch mit den Eltern auf mögliche Implikationen geschlechtsbezogener Einstellungen eingegangen werden. Des weiteren muss damit gerechnet werden, dass man bei Jungen mit höherer Wahrscheinlichkeit Kindern begegnet, die – entgegen den elterlichen Erwartungen – zumindest im Bereich intellektueller Fähigkeiten (nur) durchschnittliche Testwerte erzielen. Auf die damit verbundenen Enttäuschungsreaktionen sollten Berater sich einstellen. Es bedarf besonderer Wachsamkeit und Sensibilität, um zu erkennen, ob Eltern das Etikett „Hochbegabung" zur (entlastenden) Erklärung von Leistungs- und Verhaltensproblemen ihrer Söhne benutzen (vgl. noch Elbing, 2000).

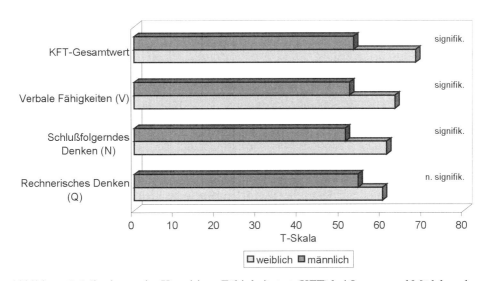

Abbildung 2: Mittelwerte im Kognitiven Fähigkeitstest (KFT) bei Jungen und Mädchen der LMU-Beratungsklientel vom Mai 1992 bis August 1994; N=79.

Tabelle 3: Häufigkeiten der Beratungsanlässe nach Geschlechtern getrennt – Zusammenfassung der Daten von Geisler (1991) und der LMU-Beratungsklientel vom Mai 1992 bis August 1994; N=215.

Beratungsanlässe	Jungen	Mädchen
Suche nach Fördermöglichkeiten	37,5%	47,3%
Hochbegabungsdiagnose	28,8%	40,0%
Unterforderung, Langeweile	25,6%	18,2%
Leistungsschwierigkeiten	22,5%	14,5%
Überspringen	11,3%	14,5%
Verhaltensprobleme	11,3%	3,6%
Erziehungsberatung	10,0%	20,0%
Konzentrationsschwierigkeiten	8,1%	0,0%
Aggressives Verhalten	8,1%	3,6%
Gutachten	8,1%	10,9%
Motivationsprobleme	5,0%	3,6%
Anzahl der Pbn (Prozent)	160 (74%)	55 (26%)

Wie die Unterschiede der Häufigkeiten in Tabelle 3 auf der Basis von 215 Beratungsfällen ausweisen, stellen in der Hochbegabtenberatung Konzentrationsschwierigkeiten, Verhaltensprobleme und Langeweile typisch männlich akzentuierte Beratungsanlässe dar, während bei Mädchen Bedürfnisse nach Diagnose, Erziehungsberatung und Suche nach individuellen Fördermöglichkeiten dominieren. Die relativ hohe Nachfrage nach erziehungsberaterischer Unterstützung bei Mädchen widerspricht den gängigen Erwartungen und Erfahrungen, wonach bei Jungen vermehrt Erziehungsprobleme auftreten. Hier scheint die oben angesprochene geschlechtsspezifische Bevorzugung der Jungen hinsichtlich Begabungserwartungen und Ausbildungsniveau im Verbund mit den höheren (nicht hinreichend beachteten) Fähigkeitspotentialen der Mädchen (vgl. Abbildung 2) zu erzieherischen Friktionen zu führen. Beratung sollte gegebenenfalls Eltern diese mögliche Bedingungskonstellation verdeutlichen (Elbing & Heller, 1996).

2.4 Hochbegabungsspezifische Beratungsanlässe interagieren mit Familienstatusmerkmalen.

Als Indikator für den Familienstatus wurden hier die Berufe der Eltern herangezogen. Betrachten wir die familiäre Herkunft der Kinder und Jugendlichen unserer Beratungsstelle, so zeigt sich eine klare Dominanz akademischer Berufe der Eltern. Kinder, deren Väter akademische Berufe ausüben, werden am häufigsten in der Beratungsstelle vorgestellt. Mit deutlichem Abstand folgen Kinder aus Familien, deren Väter Berufe mit mittleren Abschlussvoraussetzungen aufweisen. Kinder aus Familien von Selbstständigen, Handwerkern sowie von Vätern mit künstlerischen und gestaltenden Berufen nehmen (in unserer Beratungsklientel) mit je 5-6% den Schlussrang ein. Siehe auch die Befunde von Wittmann (2003).

Zu knapp 60% geben Mütter explizit als Beruf Hausfrau an (Hausmänner finden sich nicht), auch wenn sie einen höherwertigen Beruf erlernt haben. Die Hälfte dieser Hausfrauen arbeitet in Teilzeit, der Rest ist ganztägig Hausfrau. Ob die Mutter ganztägig zu Hause oder teilzeitbeschäftigt war, hatte keine Auswirkungen auf das Ausmaß und die Art der Beratungsanlässe.

Innerhalb der akademischen Berufe sind die Naturwissenschaftler und hierbei wiederum die Diplom-Ingenieure (väterlicherseits) die am stärksten vertretene Berufsgruppe in unserer Beratungsklientel, gefolgt von den Sozialwissenschaftlern und Lehrberufen. Juristen, Ärzte und sonstige Akademiker sind relativ selten vertreten. Hieraus folgt für die Beratungspraxis, dass sich Berater einerseits häufiger Eltern gegenübersehen, die in naturwissenschaftlichen Denkkategorien zu argumentieren gewohnt sind. Andererseits begegnen ihnen aber auch Eltern mit pädagogischer, psychologischer und sozialpädagogischer Bildung, die dennoch Probleme mit ihrem Erziehungs- und Förderungsverhalten haben. Dies erfordert besondere Empathie und Flexibilität der Berater für die jeweilige Denkpräferenz und Problemlage der ratsuchenden Eltern.

Das Verhältnis der erlernten und ausgeübten Berufe der Väter und Mütter im Bereich der akademischen Berufe stellt sich für Väter und Mütter unterschiedlich dar. Während die Väter überwiegend in ihrem erlernten Beruf auch tätig sind, gilt dies für die Mütter nicht in gleicher Weise. Der Schwerpunkt der Mütterberufe liegt im Bereich sozialwissenschaftlicher Tätigkeiten bzw. der Lehrberufe. Welche Zusammenhänge bestehen nun zwischen Beratungsanlass und Berufsstatus? Tabelle 4 enthält die Rangfolge der Beratungsanlässe in Relation zum Berufsstatus der Väter.

Tabelle 4: Zusammenhänge zwischen Berufsstatus des Vaters und Beratungsanlässen.

Beratungsanlässe: **Akademische Berufe (der Väter)**		Beratungsanlässe: **Berufe mit mittlerem Bildungsabschluss**		Beratungsanlässe: **Handwerker, Selbstständige, Künstler**	
Hochbegabungs-diagnose	47,7%	Probleme im Sozialverhalten	35,7%	Probleme im Sozialverhalten	50,0%
Unterforderung, Langeweile	36,4%	Unterforderung, Langeweile	35,7%	Aggressives Verhalten	28,5%
Probleme im Sozialverhalten	34,0%	Hochbegabungs-diagnose	28,6%	Verhaltens-probleme	28,5%
Suche nach Fördermöglichkeiten	31,8%	Aggressives Verhalten	28,6%	Suche nach Fördermöglichkeiten	28,5%
Laufbahnberatung	29,5%	Verhaltens-probleme	21,4%	Hochbegabungs-diagnose	21,4%
Gutachten	15,9%	Suche nach Fördermöglichkeiten	21,4%	Motivations-probleme	21,4%
Probleme im Arbeitsverhalten	13,6%	Erziehungsberatung	14,3%	Unterforderung, Langeweile	21,4%
Konzentrations-probleme	11,4%	Gutachten	14,3%	Erziehungsberatung	14,3%
Motivations-probleme	9,0%	Laufbahnberatung	14,3%	Konzentrations-probleme	14,4%
Erziehungsberatung	9,0%	Arbeitsprobleme	14,3%	Arbeitsprobleme	14,4%
Überspringen	9,0%	Motivationsprob-leme	14,3%	Leistungsprobleme	7,1%
Verhaltensprobleme	6,8%	Leistungsprobleme	7,1%	Gutachten	7,1%
Aggressives Verhalten	4,5%	Überspringen	0,0%	Überspringen	7,1%

Demnach lassen sich bei den akademischen Berufsgruppen informative Interessen als vorrangige Beratungsanlässe ausmachen. Bei der Berufsgruppe mit mittleren Abschlüssen sowie bei der Handwerker- und Künstlergruppe erweisen sich Erziehungs- und Verhaltensprobleme primär als Anlässe für Beratungskontakte. Es zeigt sich ein systematischer Anstieg der Beratungsanlässe erziehlicher Art mit abnehmendem Berufsstatus. Dies darf aber nicht dahingehend verstanden werden, dass nicht auch bei den Kindern aus Akademikerfamilien Probleme, insbesondere im Sozialverhalten sowie im Motivations- und Leistungsbereich, anzutreffen sind. Derartige Probleme werden nur von diesen Eltern weniger als Beratungsgrund angegeben. Im Beratungsgespräch selbst werden sie durchaus deutlich (Elbing & Heller, 1996).

2.5 Hochbegabungsspezifische Beratungsanlässe variieren intelligenzabhängig.

Splittet man unsere Beratungsklientel nach dem KFT-Gesamtwert in durchschnittlich und überdurchschnittlich Intelligente (cut-off-Wert: T=60), so ergeben sich,

auf der Basis unserer Beratungsklientel 1992-1994 (N=79), prozentuierte Rangord-
nungen der Beratungsanlässe, von denen in Abbildung 3 diejenigen aufgeführt
sind, die die größten Unterschiede zwischen den Gruppen mit durchschnittlichen
und überdurchschnittlichen Intelligenzscores aufweisen. Diese Beratungsanlässe
lassen sich in zwei Gruppen ordnen.

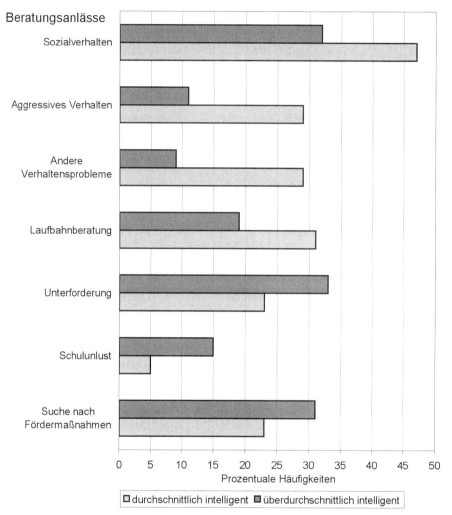

Abbildung 3: Ausgewählte Beratungsanlässe in Abhängigkeit vom Intelligenzniveau (KFT-
             Gesamtwert: T-Wert 40 bis 60 = durchschnittlich intelligent; T-Wert > 60 =
             überdurchschnittlich intelligent.

Eine Gruppe umfasst Beratungsanlässe, die vorrangig aus Defiziten im Verhal-
tens- und Sozialbereich (Aggressionen, Verhaltensschwierigkeiten, soziale Defizite) erwachsen; sie sind mit deutlichem Bedürfnis nach Laufbahnberatung (einschließlich vorzeitiger Einschulung und Suche nach Alternativen zur öffentlichen
Schule) verbunden. Dieser Anlasstyp wird verstärkt von der Klientel mit durch-

schnittlicher Intelligenzleistung der vorgestellten Kinder (gemessen am KFT-Gesamtwert) nachgefragt und aufgrund der höheren Anzahl dieser Kinder in der Beratungsklientel an Gewicht gewinnen.

Die andere Gruppe von Beratungsanlässen umfasst die typische Problemlage der Hochbegabten: Unterforderung, Schulunlust, Suche nach Fördermöglichkeiten, verbunden mit dem Wunsch nach Begutachtung. Dieser Problemkreis wird mit leichtem Übergewicht von der Gruppe der überdurchschnittlich intelligenten Probanden in die Beratung eingebracht.

Differenziert man die Gruppe der überdurchschnittlich intelligenten (KFT-Gesamtwert über T=60) des weiteren in „Begabte" (T>60 und <70) und „Hochbegabte" (T≥70), so heben sich die „Hochbegabten" lediglich durch stärkere Nachfrage nach Begutachtung ab. Diese Gruppe benötigt in stärkerem Maße als die anderen die Begutachtung für bestimmte Entscheidungsprozesse (z.B. Teilnahmevoraussetzung für Enrichment-Kurse, Spezialklassen für Hochbegabte, Voraussetzung für Klassenüberspringen oder Schulwechsel). Zudem deutet sich eine Tendenz dahingehend an, dass die Nachfrage nach Beratung umso geringer wird, je deutlicher ausgeprägt die intellektuelle Hochbegabung ist.

In der Hochbegabtenberatung hat man also verstärkt mit der Nachfrage nach Informationen zur individuellen Entwicklungsförderung sowie mit Verhaltens- und Erziehungsproblemen im Zusammenhang mit Unterforderung und Erziehungsdefiziten zu tun. Kinder mit T-Werten über 70 im Intelligenztest machen naturgemäß nur einen kleineren Teil der Nachfragepopulation aus, zumal diese von vornherein einen geringeren bzw. einfacher strukturierten Beratungsbedarf aufweisen (Elbing & Heller, 1996).

Ob diese Situation auch für andere vergleichbare Industrienationen charakteristisch ist, kann aufgrund fehlender Vergleichsdaten hier nicht entschieden werden. Mit Sicherheit verschieben sich manche Beratungsanlassgewichte in den Entwicklungsländern oder auch bezüglich der von unserer Inanspruchnahmepopulation eher selten erfassten sog. Risikogruppen (z.B. behinderte Hochbegabte, hochbegabte Kinder ausländischer Arbeitnehmer u.a.); vgl. dazu Butler-Por (1993), Frasier (1993), Yewchuk und Lupart (1993, 2000), Kaufmann und Castellanos (2000) oder Peters, Grager-Loidl und Supplee (2000).

Generell ist im Auge zu behalten, dass die dargestellten Befunde auf dem Hintergrund der Besonderheit unserer Stichprobe zu sehen sind, die wahrscheinlich nicht für die Bedürfnislage der gesamten Elternschaft repräsentativ ist, sondern nur für jenen Teil der Eltern, die von sich aus in der Lage sind, Beratungsangebote wahrzunehmen. Während die Geislerschen Daten auf einer Stichprobe basieren, die – vorwiegend über die Schule vermittelt – das Förderangebot nutzen wollte und deren Einzugsbereich relativ begrenzt war, rekrutiert sich die Klientel unserer Beratungsstelle im Zeitraum 1992-1994 in etwas anderer Weise. Seltener über die Schule vermittelt, vorrangig über Mundpropaganda und mediengetragene Informationen angeregt, werden von Eltern vielfältige Beratungsleistungen nachgefragt, die zusammengefasst als Unterstützung des generellen Erziehungs- und Bildungsauftrages gelten können, wobei der Einzugsbereich sehr stark streut (von Bonn bis

Wien). Auf die Verzerrung unserer Stichprobe hinsichtlich Schicht- und Alterseinflüsse wurde oben bereits eingegangen.

3. Ausblick

Das in diesem Beitrag vorgestellte Spektrum von Beratungsanlässen beleuchtet nur die eine – wenn auch sehr wichtige – Seite der Medaille: die Bedürfnisse der Ratsuchenden. Dem stehen auf der anderen Seite die Beratungsziele als Ausdruck programmatischer Reflexionen einer Beratungspsychologie gegenüber. So listet etwa Silverman (1993, S. 644) am Ende ihres Übersichtsreferats nicht weniger als 20 Beratungsziele auf. Diese reichen von moralischem Mut (moral courage) über Verantwortlichkeit, Selbstverwirklichung und Verpflichtung gegenüber der Gesellschaft bis hin zu Kreativität, Autonomie und Weisheit. An diesen Beispielen wird bereits deutlich, dass Beratungsziele zwar als Beratungsfunktionen – teilweise – aus aktuellen Beratungsanlässen bzw. individuellen Beratungsbedürfnissen ableitbar sind, keineswegs aber damit schon eine hinreichende Legitimation erfahren. Hierzu bedarf es übergeordneter Sozialisationsziele, wie sie z.B. Mönks (1987), Wieczerkowski (1994) oder Colangelo und Assouline (2000) artikuliert haben. Sofern man Hochbegabtenförderung allgemein als Hilfe zur individuellen Persönlichkeitsentwicklung versteht, müssen letztlich alle Beratungsaktivitäten auf dieses Ziel hin ausgerichtet sein.

Trotz vereinzelter Ansätze (z.B. Colangelo & Assouline, 2000; Wittmann, 2003) fehlt bislang noch eine umfassende Theorie der Hochbegabtenberatung. So nennt Colangelo (1991, S. 282) für die Konzeption einer solchen Theorie der Hochbegabtenberatung sechs Komponenten: (1) eine explizite Begründung der Hochbegabtenberatung; (2) ein an den kognitiven, motivationalen und sozial-emotionalen Bedürfnissen begabter Jugendlicher orientiertes Beratungsprogramm; (3) sowohl allgemein beratungspsychologisch qualifizierte als auch im Hinblick auf Begabung und Hochbegabung kompetente Berater; (4) Kontakt bzw. Zusammenarbeit mit rehabilitativen und therapeutischen Einrichtungen sowie Fokussierung auf individuelle Schüler-, Familien- und Lehrerberatung; (5) Beteiligung von Lehrern, Schulverwaltung, Eltern und Schülern; (6) kontinuierliche Fort- und Weiterbildung des Beratungspersonals über die neueste Begabungsforschung, Beratungspsychologie und aktuelle Beratungsbedürfnisse begabter Jugendlicher. Gerade zu diesem letzten Punkt sollen die vorstehenden Ausführungen nützliche Informationen beisteuern. Siehe ergänzend Colangelo und Assouline (2000) sowie Wittmann (2003).

Das von Perleth, Schmidt und Hoffmann (1988) bzw. Perleth und Heller (1992) oder Perleth und Sierwald (2001) vorgestellte Mediatorenmodell der Hochbegabtenberatung greift wesentliche Elemente der Programmatik von Colangelo auf. Die Aufgabe der Hochbegabtenberatung wird in diesem Integrationsmodell als Kooperation verschiedener Beratungsinstanzen einerseits sowie als Erfahrungs- und Informationsaustausch zwischen Beratungspraxis und (Begabungs-)Forschung andererseits konzipiert. Ähnlich wie im Komponentenansatz von Colangelo wird auch im Perleth-Modell der Schule eine Schlüsselrolle bei der Identifizierung und Förderung bzw. Beratung hochbegabter Jugendlicher zuerkannt, wobei sowohl ältere Schüler-„Experten", die mit jüngeren Schülern arbeiten, als auch schulexterne Fachleute, die ihr Wissen an einzelne Schüler, etwa als Leiter von extracurricularen Arbeitsgemeinschaften oder von Förderkursen für besonders befähigte Jugendliche, weitergeben, Tutorenfunktion übernehmen könnten. Ebenso wird in der wissenschaftlichen Evaluation von Beratungs- und Fördermaßnahmen eine wichtige Aufgabe gesehen. Hochbegabtenberatung wird somit in einem erweiterten Verständnis als integratives Element individueller Schülerhilfe zur Persönlichkeitsentwicklung begriffen. Siehe auch das folgende Buchkapitel.

Literatur

Butler-Por, N. (1993). Underachieving gifted students. In K.A. Heller, F.J. Mönks & A.H. Passow (Eds.), *International Handbook of Research and Development of Giftedness and Talent* (pp. 649-668). Oxford: Pergamon.

Colangelo, N. (1991). Counseling gifted students. In N. Colangelo & G.A. Davis (Eds.), *Handbook of gifted education* (pp. 271-284). Boston: Allyn and Bacon.

Colangelo, N. & Assouline, S.G. (2000). Counseling Gifted Students. In K.A. Heller, F.J. Mönks, R.J. Sternberg & R.F. Subotnik (Eds.), *International Handbook of Giftedness and Talent* (2nd ed., pp. 595-607). Oxford: Pergamon / Amsterdam: Elsevier.

Elbing, E. (2000). *Hochbegabte Kinder. Strategien für die Elternberatung*. München: Reinhardt.

Elbing, E. & Heller, K.A. (1996). Beratungsanlässe in der Hochbegabtenberatung. *Psychologie in Erziehung und Unterricht, 43*, 57-69.

Feger, B. & Prado, T.M. (1989). Probleme hochbegabter Schüler in Waldorfschulen. *Psychologie in Erziehung und Unterricht, 36*, 216-228.

Frasier, M.M. (1993). Issues, problems and programs in nurturing the disadvantaged and culturally different talented. In K.A. Heller, F.J. Mönks & A.H. Passow (Eds.), *International Handbook of Research and Development of Giftedness and Talent* (pp. 685-692). Oxford: Pergamon.

Geisler, H.J. (1991). *Vierter Zwischenbericht zur Beratung hochbegabter Kinder und Jugendlicher und ihrer Bezugspersonen*. München: Ludwig-Maximilians-Universität (LMU).

Heller, K.A. (1990). Zielsetzung, Methode und Ergebnisse der Münchner Längsschnittstudie zur Hochbegabung. *Psychologie in Erziehung und Unterricht, 37*, 85-100.

Heller, K.A. (1991). Förderangebote für technisch besonders kreative Jugendliche. In M.W.M. Heister (Hrsg.), *Techno-ökonomische Kreativität* (S. 114-123). Bonn: Köllen.

Heller, K.A. (Hrsg.). (1992). *Hochbegabung im Kindes- und Jugendalter* (2. Aufl. 2001). Göttingen: Hogrefe.

Heller, K.A. (1993). Identifying and counseling the gifted students. In E.G. Demetropoulos et al. (Eds.), *Europe 2000 – Tendencies and perspectives in counseling and guidance*. International conference proceedings (pp. 48-62). Athens: Hellenic Society of Counseling and Guidance.

Heller, K.A. (1995). Begabungsdefinition, Begabungserkennung und Begabungsförderung im Schulalter. In H. Wagner (Hrsg.), *Begabung und Leistung in der Schule. Modelle der Begabungsförderung in Theorie und Praxis* (S. 6-36). Bad Honnef: Bock.

Heller, K.A. (1998). Bildungsberatung. In D.H. Rost (Hrsg.), *Handwörterbuch Pädagogische Psychologie* (S. 43-48 bzw. 3. Aufl. 2006, S. 63-71). Weinheim: Beltz.

Heller, K.A. (2005). Education and Counseling of the Gifted and Talented in Germany. *International Journal for the Advancement of Counselling, 27,* 191-210.

Heller, K.A. & Neber, H. (1994). *Evaluationsstudie zu den Schülerakademien 1993.* Bericht an das BMBW. München: LMU.

Heller, K.A. & Perleth, Ch. (2007a). *Münchner Hochbegabungstestbatterie für die Primarstufe (MHBT-P) und Sekundarstufe (MHBT-S).* Göttingen: Hogrefe.

Kalinowski-Czech, M. et al. (1988). *Beratungsstelle für Hochbegabtenprobleme Hamburg.* Abschlussbericht über ein Modellprojekt. Bonn: BMBW.

Kaufmann, F.A. & Castellanos, F.X. (2000). Attention Deficit/Hyperactivity Disorder in Gifted Students. In K.A. Heller, F.J. Mönks, R.J. Sternberg & R.F. Subotnik (Eds.), *International Handbook of Giftedness and Talent* (2nd ed., pp. 621-632). Oxford: Pergamon / Amsterdam: Elsevier.

Keller, G. (1990). Aufgaben der Bildungsberatung bei der Förderung hochbegabter Schüler. *Psychologie in Erziehung und Unterricht, 37,* 54-57.

Keller, G. (1992). Schulpsychologische Hochbegabtenberatung. *Psychologie in Erziehung und Unterricht, 39,* 125-132.

Lang, A. (2004). *Begabte Kinder – beim Schulanfang im toten Winkel? Begabungsförderung in der Grundschule unter besonderer Berücksichtigung des Anfangsunterrichts.* Berlin: Tenea.

Mönks, F.J. (1987). Beratung und Förderung besonders begabter Schüler. *Psychologie in Erziehung und Unterricht, 34,* 214-222.

Mönks, F.J. & Pflüger, R. (2005). *Gifted education in 21 European countries: Inventory and perspective.* Bonn: BMBF.

Mönks, F.J. & Ypenburg, I.H. (1998). *Unser Kind ist hochbegabt* (4. Aufl. 2005). München: Reinhardt.

Mönks, F.J., Peters, W.A.M. & Pflüger, R. (2003a). *Schulische Begabtenförderung in Europa – Bestandsaufnahme und Ausblick. Band I: Länderdarstellung.* Bonn: BMBF.

Mönks, F.J., Peters, W.A.M. & Pflüger, R. (2003b). *Schulische Begabtenförderung in Europa – Bestandsaufnahme und Ausblick. Band II: Thematische Darstellung.* Bonn: BMBF.

Müller, E.A. (1992). Fragestellungen praktischer Schulpsychologie bei intellektueller Hochbegabung. *Psychologie in Erziehung und Unterricht, 39,* 49-56.

Perleth, Ch. & Heller, K.A. (1992). Results and implications of the Munich Study of Giftedness. In J. Kotaskova (Ed.), *Proceedings of the 6th Prague International Conference. Psychological development and personality formative processes* (pp. 366-376). Prag: Institute of Psychology, Czechoslovak Academy of Sciences.

Perleth, Ch. & Sierwald, W. (1992). Entwicklungs- und Leistungsanalysen zur Hochbegabung. In K.A. Heller (Hrsg.), *Hochbegabung im Kindes- und Jugendalter* (S. 165-350 bzw. 2. Aufl. 2001, S. 171-355). Göttingen: Hogrefe.

Perleth, Ch., Schmidt, H. & Hoffmann, U. (1988). *Causes and Possibilities for Guiding Gifted Pupils.* Paper presented at the XI. International School Psychology Colloquium in Bamberg.

Peters, W.A.M., Grager-Loidl, H. & Supplee, P. (2000). Underachievement in Gifted Children and Adolescents: Theory and Practice. In K.A. Heller, F.J. Mönks, R.J. Sternberg & R.F. Subotnik (Eds.), *International Handbook of Giftedness and Talent* (2nd ed., pp. 609-620). Oxford: Pergamon / Amsterdam: Elsevier.

Prado, T.M. & Wieczerkowski, W. (1990). Mädchen und Jungen in einer Beratungsstelle für Hochbegabtenfragen: Ergebnisse, Beobachtungen, Erfahrungen. In W. Wieczerkowski & T.M. Prado (Hrsg.), *Hochbegabte Mädchen* (S. 9-80). Bad Honnef: Bock.

Rost, D.H. (1993). *Lebensumweltanalyse hochbegabter Kinder*. Göttingen: Hogrefe.

Silverman, L.K. (1993). Counseling needs and programs for the gifted. In K.A. Heller, F.J. Mönks & A.H. Passow (Eds.), *International Handbook of Research and Development of Giftedness und Talent* (pp. 631-647). Oxford: Pergamon.

Stapf, A. (1990). Hochbegabte Mädchen: Entwicklung, Identifikation und Beratung, insbesondere im Vorschulalter. In W. Wieczerkowski & T.M. Prado (Hrsg.), *Hochbegabte Mädchen* (S. 45-58). Bad Honnef: Bock.

St. Clair, K.L. (1989). Counseling Gifted Students: A Historical Review. *Roeper Review, 12*, 98-102.

Ströbl, B. (1992). *Entwicklungsverläufe besonders begabter Kinder und Jugendlicher, dargestellt an der Klientel der Psychologischen Beratungsstelle für Hochbegabtenfragen in München* (unveröffentl. Diplomarbeit). München: LMU.

Terrassier, J.G. (1985). Dyssynchrony – uneven development. In J. Freeman (Ed.), *The psychology of gifted children* (pp. 256-274). New York: John Wiley.

Wieczerkowski, W. (1994). Spirale der Enttäuschungen eines musikalisch talentierten Kindes. *Psychologie in Erziehung und Unterricht, 41*, 272-281.

Wittmann, A.J. (2003). *Hochbegabtenberatung*. Göttingen: Hogrefe.

Wittmann, A.J. & Holling, H. (2001/²2004). *Hochbegabtenberatung in der Praxis*. Göttingen: Hogrefe.

Yewchuk, C. & Lupart, J.L. (1993). Gifted handicapped: a desultory duality. In K.A. Heller, F.J. Mönks & A.H. Passow (Eds.), *International Handbook of Research and Development of Giftedness and Talent* (pp. 709-726). Oxford: Pergamon.

Anschrift der LMU-Beratungsstelle:

Begabungspsychologische Beratungsstelle an der Universität (LMU) München, Department Psychologie
Leopoldstr. 13, D-80802 München

Wiss. Leitung:
Prof. Dr. Kurt A. Heller (bis 2001)
Prof. Dr. Eberhard Elbing (bis 2005)
Prof. Dr. Reinhard Pekrun (seit 2002)

Wiss. Mitarbeiter/in:
Dipl.-Psych. Dr. Alfred Schlesier
Dipl.-Psych. Dietrich Arnold
N. N.

Tel.: (089) 2180-6333
Fax: (089) 2180-5250 oder -5153
Internet: http://www.psy.lmu.de/pbi/Beratungsstelle.html

Kapitel 20

Aufgabenfelder der Hochbegabtenberatung

Inhalt

Einleitung

Allgemein lässt sich *Hochbegabtenberatung* im Sinne der Einzelfallhilfe als *individuumbezogene Entwicklungs-, Orientierungs- und Entscheidungshilfe bei der (familiären und schulischen) Sozialisation besonders befähigter Kinder und Jugendlicher* definieren. Die Fokussierung auf das hochbegabte Individuum darf jedoch niemals die ökopsychologischen oder ökosystemischen Grundlagen menschlicher Entwicklung außer acht lassen, sondern muss diese bei der Ätiologie und Intervention im konkreten Beratungsfall stets miteinbeziehen; vgl. Rüppell (1981), Nickel (1982), Mönks (1990, 1992), Käser (1991, 1993), Oerter (1992), Wieczerkowski und Prado (1993) bzw. Wieczerkowski (1994) u.a. Eine entsprechende Paradigmendiskussion wurde bereits in den 1970er Jahren zwischen Vertretern der Schulpsychologie (z.B. Stobberg, 1975) und der Bildungsberatung (z.B. Aurin, 1975; Gaude, 1975; Reichenbecher, 1975) um das sog. medizinische Modell versus den systemischen Ansatz in der Beratung und Intervention geführt.

Bei der Strukturierung des Aufgabenfeldes der Hochbegabtenberatung müssen folgende Rahmenbedingungen bzw. Komponenten beachtet werden:

(1) *Beratungsanlässe* und *Zielgruppen* der Hochbegabtenberatung. Hierauf wurde im vorstehenden Kapitel 19 ausführlicher eingegangen. Adressatenbezogen wird in diesem Zusammenhang in der Literatur (z.B. Schwarzer, 1997) zwischen Schüler-, Eltern- und Lehrerberatung unterschieden.

(2) *Beratungsagenten* und deren Qualifizierung für Hochbegabtenfragen. Aktuelle Bestandsaufnahmen dazu hat unlängst Wittmann (2003) vorgelegt. Die Verfasserin hat im Rahmen ihrer Dissertation Anfang dieses Jahrhunderts einschlägige Helfer- und Beratergruppen (Laien, Semiexperten und Professionelle) befragt. Erwartungsgemäß variieren die Beratungskonzepte und Beraterkompetenzen sehr stark in Abhängigkeit vom eigenen Erfahrungshintergrund bzw. Betroffenheitsgrad der betr. Agenten sowie selbstverständlich auch oder sogar vorrangig von einschlägigen pädagogischen und/oder psychologischen Fachkompetenzen, die im Rahmen universitärer Aus- bzw. Fortbildungsmaßnahmen erworben wurden. In jüngsten Erhebungen wurden beispielsweise bei Grundschullehrkräften (Heller, Reimann & Senfter, 2005) erhebliche Wissens- und Handlungsdefizite bezüglich der Erkennung (Identifikation) und Beratung besonders befähigter Kinder ermittelt. Die Situation im Sekundarstufenalter dürfte kaum besser sein, wenn auch in den letzten Jahren eine Reihe bemerkenswerter Aktivitäten zu verzeichnen ist; vgl. den aktuellen Überblick von Vock, Preckel und Holling (2007). Beratungssettings und Beraterkompetenzen sind offensichtlich in einem interdependenten Abhängigkeitsverhältnis zu sehen (Heller, 2003b).

(3) Die Hochbegabtenberatung verfolgt – analog zur Erziehungs- oder Schulberatung allgemein – *drei Funktionsziele*: Information bzw. *Orientierungshilfe* bei Hochbegabtenfragen, *Prävention* zur Vorbeugung bzw. Verhinderung möglicher Entwicklungs-, Erziehungs- und Unterrichtsprobleme aufgrund von Hochbegabung, d.h. soweit diese im Zusammenhang mit Hochbegabung vermutet bzw. erkannt wurden. Einschlägige Präventions- und Interventionsmaßnahmen

sollen nachstehend bei den einzelnen Aufgabenfeldern der Hochbegabtenberatung detaillierter erörtert werden, womit zum Hauptthema dieses Kapitels übergeleitet wird.

(4) Die in den Abschnitten 2.1 bis 2.5 dargestellten *Aufgabenfelder* der Hochbegabtenberatung repräsentieren ein Klassifikationskonzept ohne Anspruch auf Vollständigkeit. Dabei stehen inhaltliche und methodische Aspekte der beratungspsychologischen Arbeit im Vordergrund. Ausgewählte Fallbeispiele sollen die Ausführungen illustrieren.

Abschließend wird kurz auf die – nach wie vor oft vernachlässigte – Evaluation der Hochbegabtenberatung (unter Beachtung wissenschaftlicher Standards) eingegangen. Im Ausblick werden einige Forschungsdesiderate im Kontext der Hochbegabtenberatung diskutiert.

1. Begabtenförderung als pädagogische Aufgabe

Allgemein lässt sich *Begabung* im Sinne außergewöhnlicher (intellektueller, kreativer, sozialer, psychomotorischer, musikalischer u.a.) Fähigkeiten als *individuelles Potential für Leistungsexzellenz* in bestimmten Domänen (Sprachen, Mathematik und Informatik, Musik usw.) definieren. Entwicklungspsychologisch betrachtet manifestiert sich Begabung zunächst als relativ unspezifisches individuelles Leistungspotential, das von Anfang an mit der sozialen (familiären, schulischen und außerschulischen) Lernumwelt interagiert. Dieser Wechselwirkungsprozess ist als gegenseitige Beeinflussung kindlichen Verhaltens und elterlicher Erziehungsziele bzw. Erziehungspraktiken zu verstehen. Vererbte Anlagebedingungen werden hierbei vor allem für die individuelle Auswahl und Nutzung der durch die soziale Umwelt gebotenen Lernmöglichkeiten wirksam (Scarr & McCartney, 1983; Thompson & Plomin, 1993; Sternberg & Grigorenko, 1997). So deuten Frühindikatoren der Hochbegabung (im Sinne außergewöhnlicher Leistungsfähigkeit) wie kognitive Neugier oder ein ausgeprägter Explorationsdrang darauf hin, dass diese Kinder bereits im ersten Lebensjahr die für ihre Befriedigung kognitiver und sozialemotionaler Grundbedürfnisse erforderliche Lernumwelt aktiv zu beeinflussen versuchen. Die Anlage-Umwelt-Diskussion erhält somit durch die Annahme einer differentiellen Entwicklungsdynamik eine neue Dimension: Danach entwickelt sich das Individuum durch aktive Mitgestaltung seiner sozialen Umwelt, mit der es ein dynamisches System bildet. In welche Richtung diese Entwicklung verläuft, hängt freilich entscheidend von den soziokulturellen Lernumweltbedingungen, d.h. aber auch von den schulischen Lernangeboten und der dadurch ermöglichten – oder versäumten – Begabungsförderung, ab.

Individuell unterschiedliche Begabungsvoraussetzungen und Lernbedürfnisse erfordern differenzierte schulische Curricula und Unterrichtsstrategien. Dieses Postulat basiert auf der theoretischen Annahme, dass zwischen den kognitiven Lernvoraussetzungen (aptitudes) der Schülerpersönlichkeit einerseits und der sozialen Lernumwelt der Schule bzw. der Unterrichtsmethode (treatment) andererseits spezifische Wechselwirkungen bestehen (Aptitude-Treatment-Interaction oder kurz ATI-Modell). Demnach wären nicht alle Unterrichtsmethoden gleichermaßen für alle Schüler geeignet. Beispielsweise ist für jüngere oder ängstlichere sowie für weniger intelligente Schüler eine stärker strukturierte Unterrichtsform effektiver, während eine offene Unterrichtsform, die Gelegenheit zum entdeckenden Lernen bietet, sich im allgemeinen für ältere sowie – allgemein – für intelligentere Schüler als vorteilhaft erweist (Cronbach & Snow, 1977; Corno & Snow, 1986; Neber, 1998; Heller, 1999b; Fischer, 2004b). Daraus folgt, dass auf die intellektuell begabteren Schüler und deren Lernbedürfnisse und Interessen genauso spezifisch einzugehen ist wie beispielsweise auf jene der mehr praktisch und/oder sozial Begabten versus auf die Erfordernisse einzelner Behindertengruppen. Im Hinblick auf potentielle Gymnasiasten führen länger andauernde Unterforderungen – etwa in undifferenzierten, heterogenen Begabungsgruppen – nachweislich zu Entwicklungsbeeinträchtigungen oder gar Verhaltensstörungen als Reaktion auf ungenügende individuelle Leistungsforderung. Diese Gefahr besteht in besonderer Weise für die 10-20% Begabtesten unter den Gymnasiasten. Diese zeichnen sich häufig durch kognitive Neugier, Originalität, unstillbaren Wissensdurst sowie eine (nicht unbedingt schulfachbezogene) Interessenprofilierung aus. Deren hohes Lerntempo und besonders effektive Informationsverarbeitungs- und Gedächtnisstrategien, zusammen mit ausgeprägter Aufgabenmotivation gerade bei schwierigen, das Individuum herausfordernden Leistungssituationen, erfordern entsprechend offene und reichhaltige Lernumwelten (ausführlicher vgl. Heller, 2002a). Wodurch sind solche „kreativen" bzw. sogenannte effektive schulische Lernumwelten charakterisiert?

Diese Frage wurde empirisch dadurch zu beantworten versucht, dass man besonders erfolgreiche Lehrer mit weniger erfolgreichen verglich. Demnach zeichnen sich erstere durch hohe Flexibilität und stärker akzeptierende Haltung gegenüber ihren Schülern aus. Im Vergleich zu weniger erfolgreichen Kollegen weisen „effektive" Lehrer eine positivere Einstellung zu den besonders befähigten Schülern auf. Daraus resultiert auch ein verändertes Rollenverständnis. „Die Positionen Lehrer-Schüler sind im Vergleich zum üblichen Unterricht oftmals vertauscht. Der Lehrer findet sich in der Rolle des Mitlernenden in einem Kurs, den die Schüler zumindest teilweise selbst gestalten" (Grotz, 1990, S. 17).

Das Ziel, die Selbstständigkeit der Schüler im Denken, Lernen und Problemlösen zu fördern, lässt sich sehr gut mit dem Konzept des entdeckenden Lernens verbinden. Entdeckendes Lernen im Unterricht bedeutet nach Neber (1998), dass dem Schüler der Lernstoff nicht als ein fertiges Produkt dargeboten wird, sondern geeignete Lernumwelten die Wissenserwerbsprozesse beim Lernenden auslösen. Ziel des entdeckenden Lernens ist somit die Förderung der Selbstständigkeit des Lernenden. Die Schüler sollen auf diese Weise flexibel nutzbares Wissen erwerben.

Im Kontext der schulpädagogischen Beratung hochbegabter Kinder und Jugendlicher stellen sich prinzipiell folgende Fragen: 1) *Wozu*, d.h. mit welchem Ziel soll gefördert werden? 2) *Was* soll gefördert werden (Spezialwissen oder Grundfertigkeiten vs. umfassende Persönlichkeitsbildung)? 3) *Wie* soll gefördert werden (Akzeleration vs. Enrichment)? 4) *Wo* soll gefördert werden (Regelschule vs. Spezialklassen/-schulen für Hochbegabte)?

Während zur Beantwortung der ersten Frage vor allem die Pädagogik zuständig ist, sind für die übrigen Fragen von der Psychologie wichtige Beiträge zu erwarten.

Hierauf soll im folgenden näher eingegangen werden (ausführlicher vgl. Heller & Hany, 1996; Heller, 2005).

Nach klinisch-psychiatrischer Auffassung finden sich Genie und Wahnsinn eng beieinander. Hochbegabung bedeutet demzufolge hochgradige Gefährdung einer harmonischen Entwicklung (Hypothese der Disharmonie). So findet sich in der älteren Literatur immer wieder die Vermutung, dass Hochbegabte leicht zu Außenseitern unter den Gleichaltrigen werden und auch bei den Eltern oft Unbehagen und Ängste auslösen, woraus dann Entwicklungsschäden resultieren. Kritisch wäre hier einzuwenden, dass Hochbegabung an sich nicht gefährdend ist (siehe auch Rost, 1993); vielmehr können sich unangemessene Reaktionen von Eltern, Erziehern bzw. Lehrern und Gleichaltrigen auf hochbegabte Kinder und Jugendliche als sehr belastend erweisen. Ausführlicher siehe Feger und Prado (1988), Silverman (1993), Heller (1993, 1996, 1999a), Perleth und Ziegler (1999), Mönks und Ypenburg (2000), Webb, Meckstroth und Tolan (2002) oder Stapf (2003).

Das schwierigste Problem für hochbegabte Kinder ist der meist enorme Unterschied zwischen ihrer reifen Intelligenz und ihren „unreifen" Gefühlen, die ihrem chronologischen Alter entsprechen (Terrassier, 1985). Hochbegabte Kinder sind sich ihrer Außergewöhnlichkeit durchaus bewusst und fühlen sich häufig isoliert und ausgeschlossen (Csikszentmihalyi, Rathunde & Whalen, 1993). Die Eltern talentierter Kinder klagen häufig darüber, dass ihre Kinder anders seien als sog. normale Kinder, oft ungeduldig und hyperaktiv. Damit diese und ähnliche Verhaltensmodi keine zu große Belastung werden, sind rechtzeitige Diagnosen und Beratungshilfen erforderlich. Siehe Fallbeispiel in Abschnitt 2.1 unten.

Ebenso tauchen emotionale Probleme im schulischen Bereich auf. Einige Kinder äußern diese in Verhaltens- und Kontaktstörungen, andere, indem sie zu Underachievern werden, d.h. in ihrer Schulleistung deutlich hinter den Erwartungen (in Bezug auf ihre Intelligenz) zurückbleiben. Spezifische Probleme ergeben sich für hochbegabte Mädchen aufgrund der Geschlechtsrollenstereotypisierung (vgl. Wieczerkowski & Prado, 1990, 1992; Beerman, Heller & Menacher, 1992) und für Kinder aus sozial benachteiligten Schichten vor dem Hintergrund ungünstiger familiärer Sozialisationsbedingungen (Freeman, 1993). Deshalb ist eine gezielte Beratung hochbegabter Kinder und Jugendlicher sowie deren Eltern notwendig. Vor allem sollten Eltern und Erzieher bzw. Lehrer darauf aufmerksam gemacht werden, dass für schwierig gehaltene Kinder auch hochbegabt sein können.

Hochbegabungsspezifische Beratungsanlässe entstehen meistens dann, wenn die individuelle Begabungs- und Leistungsentwicklung dysfunktional verläuft. Hierfür kommen neben persönlichkeitspsychologischen Ursachen, z.B. Entwicklungsakzeleration im kognitiven Bereich (vgl. Heinbokel, 2002) oder auch Dyssynchronie (Terrassier, 1985), ungünstigen Kausalattributionen und motivationalen Barrieren (Beerman et al., 1992), vor allem widrige Sozialisationsbedingungen in Betracht. Aufgrund internationaler Erfahrungen zur Hochbegabtenberatung ergibt sich ein relativ heterogener Katalog von Beratungsanlässen (vgl. Silverman, 1993; Colangelo, 1997; Colangelo & Assouline, 2000). Diese variieren in Abhängigkeit vom (regionalen) Beratungsangebot, vom Alter der Klientel bzw. von hochbegabungsspezifischen Entwicklungsproblemen, vom Geschlecht der Probanden, teilweise auch vom Intelligenzniveau und der besuchten Schulform, von schulischen und familiären Sozialisationsbedingungen, von sozialen (Peer-)Beziehungen u.ä.; siehe Kapitel 19 in diesem Buch.

Umfangreiche Erhebungen an Grundschulen (Heller, Reimann & Senfter, 2005) belegen Kompetenzdefizite im Erkennen und Fördern besonders befähigter (hier der 5% begabtesten) Grundschulkinder durch Lehrkräfte. Im Sekundarstufenalter dürfte die Situation kaum günstiger sein. Neben Vorurteilen gegenüber hochbegabten Kindern und Jugendlichen, die in den letzten Jahren zunehmend auch Gegenstand öffentlicher Diskussionen sind, dürften vor allem curriculare Defizite in der Aus- und Fortbildung von Lehrkräften hierfür verantwortlich sein. So gaben 85% der befragten (Grundschul-)Lehrkräfte an, keine Anleitung und Hilfen zum Umgang mit hochbegabten Schülern im Rahmen ihrer Ausbildung erhalten zu haben. Jüngere Lehrkräfte (unter 30 Jahren) fühlten sich am wenigsten kompetent, während älteren Lehrkräften die größere Berufserfahrung zugute kommt – sofern hochbegabten Kindern und Jugendlichen (keineswegs immer) vorurteilsfrei begegnet wird. Heller et al. (2005, S. 79ff.) schlagen deshalb eine Reihe von Maßnahmen inkl. deren Evaluation zur praktischen Verbesserung der Diagnose- und Förderkompetenzen von (Beratungs-)Lehrkräften im Hinblick auf hochbegabte Schüler/innen vor. Diese sollen nicht nur die Lehrkräfte im Unterrichten besonders befähigter Schüler/innen hochbegabungsdidaktisch besser qualifizieren, sondern sie auch zur Lern- und Erziehungsberatung von Eltern hochbegabter Kinder und Jugendlicher befähigen (vgl. Elbing, 2000). Unerlässliche Voraussetzung hierfür ist eine vertrauensvolle Kooperation von Schule und Elternhaus. Diese Forderung gilt allgemein, im besonderen aber bei hochbegabten (und behinderten) Kindern und Jugendlichen, erforderlichenfalls flankiert durch beratungspsychologische Hilfe.

2. Beratungspsychologische Aufgabenfelder im Kontext der Hochbegabtenförderung

Wie im Buchkapitel 19 oben dargestellt, sind die Beratungserwartungen der Inanspruchnahmepopulation von Hochbegabtenberatungseinrichtungen sehr vielfältig. Die häufigsten Beratungsprobleme werden nachstehend inhaltlich fünf großen Aufgabenfeldern zugeordnet. Diese Klassifikation steht prototypisch für beratungspsychologische Themenbereiche, soweit Hochbegabung in irgendeiner Form impliziert ist. Für weitere Klassifikationen siehe etwa Wittmann und Holling (2001).

2.1 Individuelle Entwicklungs- und Lernberatung

Dieses Aufgabenfeld überschneidet sich inhaltlich mit den unter Abschnitt 1 oben skizzierten Beratungskompetenzen von Lehrkräften. Hier soll jedoch die *beratungspsychologische* Kompetenz akzentuiert werden. Die Entwicklungsproblematik eines hochbegabten Kindes stellt sich häufig als Circulus vitiosus dar. Dies soll beispielhaft am Modell „Spirale der Enttäuschungen" (von Wieczerkowski & Prado, 1993) näher erläutert werden. Dass bzw. wie der Entwicklungsprozess bei manchen hochbegabten Kindern vulnerabel verläuft, wird am Beratungsfall „Melanie" deutlich, den Wieczerkowski (1994, S. 274ff.) beschreibt. Melanie wurde erstmals im Alter von 4;8 Jahren der Beratungsstelle für Hochbegabtenfragen an der Universität Hamburg vorgestellt. Auszug aus dem Eltern-Anamneseprotokoll:

„Unsere Tochter zeigt vielseitiges Interesse, ist sehr wissensdurstig und hat eine gute Auffassungsgabe. Sie langweilt sich sehr oft, ist aggressiv und ungeduldig, wenn etwas nicht sofort klappt oder wenn die Eltern keine Zeit haben, ihren Wissensdurst zu stillen bzw. sich nicht pausenlos mit ihr beschäftigen können. Dann hat sie auch keine Lust, allein weiter zu machen. Seit einem Jahr spielt sie Geige, übt oft sehr lange, manchmal täglich bis zu drei Stunden. Rechnen hat sie sich zum Teil selbst beigebracht; mit dem Lesen hat sie begonnen, wobei Lesen ihr mehr Spaß macht als Schreiben. Nun möchte sie Schach lernen.

Drei Fragen haben wir: Wie erkennen wir, ob Melanie hochbegabt ist? Wie können wir sie zu Hause fördern? Wie kann die Mutter dabei entlastet werden, da wir noch eine drei Jahre jüngere Tochter haben?"

Um die Fragen der Eltern beantworten und ihnen konkrete Hilfen zur Entwicklungsförderung ihrer Tochter anbieten zu können, wurde eine ausführliche biographische Analyse zur vorschulischen Entwicklung Melanies (im Alter von 0;4 bis 4;7 J.) durchgeführt. Dazu waren die Eltern in der diagnostischen Befragung um detaillierte Informationen inkl. Tagebuchaufzeichnungen gebeten worden. Demnach erfolgten die motorische und sprachliche Entwicklung Melanies in den ersten beiden Lebensjahren stark akzeleriert im Vergleich zu Gleichaltrigen. Die beschleunigte Entwicklung hält auch in den folgenden zweieinhalb Jahren an, was insbesondere in den kognitiven Fähigkeiten und einer altersunüblichen Interessenausprägung zum Ausdruck kommt. Der anschließend durchgeführte *Hannover-Wechsler-Intelligenztest für das Vorschulalter* (HAWIVA) bestätigte mit IQ-Werten zwischen 130 und 137 (Prozentrang von jeweils 97,9 im Verbal- und Handlungsteil sowie von 99,4 im Rechnerischen Denken) die intellektuelle Hochbegabung Melanies.

Insoweit hätte eine vorzeitige Einschulung Melanies nahegelegen. Einer entsprechenden informellen Anfrage an die zuständige Grundschule des Wohnortes (Kleinstadt in der Nähe von Hamburg) wurde jedoch ablehnend begegnet, sodass die Einschulung regulär erfolgte (zumal die Eltern mit der Schulleitung keinen Streit provozieren wollten). Bereits nach wenigen Monaten im ersten Grundschuljahr langweilte sich Melanie erneut – ähnlich wie zuvor im Kindergarten – und äußerte typische Frustrationsreaktionen wie aggressives Verhalten „nach innen" (z.B. Nägelkauen) vs. „nach außen" (Eltern und Mitschülern bzw. Lehrkräften gegenüber), Langeweile bzw. Desinteresse an schulischen Lernanforderungen (die sie bereits beherrschte) usw. Der Vorschlag ihrer Klassenlehrerin, sogleich in die 2. Grundschulklasse zu springen, wurde zunächst vom Lehrerkollegium und der Klassenlehrerin der 2. Grundschulklasse abgelehnt und stattdessen (häuslicher) „Mutterunterricht" – neben einer intensivierten musikalischen Talentförderung – empfohlen. Nur schulischerseits widerstrebend durfte dann Melanie im zweiten Schulhalbjahr in die 2. Grundschulklasse springen (zu den Fördermöglichkeiten und -grenzen des Klassenüberspringens vgl. Heinbokel, 2004). Im Fallbericht steht dazu folgende Bemerkung:

„Der insgesamt positive Gesamteindruck nach dem Überspringen in die 2. Grundschulklasse täuscht darüber hinweg, dass Melanie erfahrene Enttäuschungen nur unvollständig
verarbeiten konnte. Ihr fehlten, wie die Klassenlehrerin beobachtete, häufig eine „innere
Ruhe und Konzentration, und sie reagierte auf Kritik und Misserfolg vielfach sehr heftig"
(Wieczerkowski, 1994, S. 278).

Die (auch) in der Grundschulzeit andauernde Vernachlässigung von Melanies
kognitiven Lernbedürfnissen im Sinne einer echten individuellen Herausforderung,
einhergehend mit unangemessenem sozial-emotionalen Umgang vor allem auch im
schulischen Kontext drängte die Schülerin zunehmend in eine „Spirale der Enttäuschungen", wie sie in Abbildung 1 schematisch dargestellt ist.

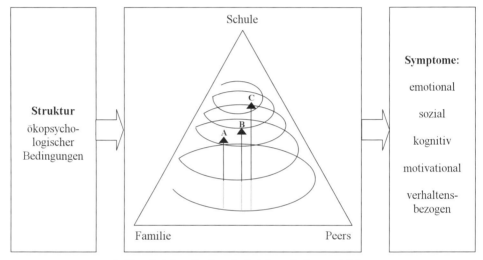

A: Vorschulalter, B: Grundschulalter, C: Gymnasialalter

Abbildung 1: „Spirale der Enttäuschungen" nach Wieczerkowski (1994, S. 273).

Solche Spiralen der Enttäuschungen beinhalten nach Wieczerkowski und Prado
(1993) drei konstituierende Elemente: (1) *Erlebte Diskrepanz zwischen Erwartung
und Erfüllung.* Im Fall Melanie wurden die an den Besuch des Kindergartens und
später der (Grund-)Schule gehegten Erwartungen in der Realität nicht oder nur
unzureichend erfüllt. Dies führte dann vermehrt zu Enttäuschungen und Frustration
bei der Schülerin. (2) *Erfahrene Diskrepanz zwischen Lernfähigkeit und (durch die
Schule) erzwungenem Lerntempo.* Die Anpassung eines hochbegabten Kindes an
das langsamere Lerntempo einer Regelschulklasse mit sehr heterogenen Fähigkeiten bzw. Lernleistungsvoraussetzungen der betr. Schüler und relativ hohen
Übungs- und Wiederholungsanteilen im Unterricht führte bei Melanie zur Langeweile und Demotivation bei der Erfüllung schulischer Leistungsanforderungen auf
Durchschnittsniveau. (3) *Erzwungene Diskrepanz zwischen Anstrengungsbereitschaft und Anforderung.* Lehrkräfte sind – ohne zusätzliche Unterrichtsassistenz
oder Mentorship – durchweg überfordert, sowohl den Lernbedürfnissen besonders
befähigter als auch den remedialen Lernbedürfnissen der schwächer begabten
Schüler in heterogenen Lernleistungsgruppen hinreichend gerecht zu werden. Dies

führt häufig dazu, dass den leistungsschwächeren Schülern mehr und den leistungsstärkeren Schülern weniger Aufmerksamkeit und Zuwendung zuteil wird. Über den Lehrplan hinausgehende Lernwünsche hochbegabter Schüler werden deshalb häufig von der Schule abgeblockt und stoßen nicht selten auf Unverständnis oder gar Ablehnung, sowohl seitens der Lehrkräfte als auch nicht selten seitens der Mitschüler und deren Eltern. Die betr. Schüler stehen dann im Konflikt zwischen dem Anschlussmotiv (Gefahr sozialer Isolierung) und dem Leistungsmotiv (Gefahr, als Streber in der Peergroup bzw. Klassengemeinschaft zu gelten). Dieses Dilemma erlebte auch Melanie.

Immerhin stabilisierte sich der Leistungszustand Melanies in den Folgejahren bis zum Übertritt ins Gymnasium im Alter von 8;10 Jahren. Sie wählte ein Gymnasium mit Musikzweig und Latein als erster Fremdsprache, was zunächst auch gut ging. Vor allem konnte Melanie hier ihr musikalisches Talent voll entfalten. So singt sie im Schulchor und spielt erfolgreich Violine und Klavier im Schulorchester sowie darüber hinaus im „Jungen Streichorchester" einer Musikschule. Nach einem 2. Preis für Violine im Regionalwettbewerb (im Alter von 6;4 Jahren) folgten zwei 1. Preise für Violine, ein 3. Preis für Klavier, ein 1. Preis für Klavierbegleitung und zwei 3. Preise im Landeswettbewerb für Violine.

Leider verlief die Leistungsentwicklung in den übrigen Schulfächern nicht so beständig auf vergleichbarem Niveau wie in der Musik, was aufgrund der intellektuellen Hochbegabung Melanies erwartet worden war. Hinzu kamen in der 6. Klasse deutliche Symptome einer Anorexie, sodass Melanie wegen ihrer Magersucht (zu Beginn der Pubertät) in fachärztliche Behandlung kam. Sie war mit sich und ihrer sozialen Umgebung (Eltern, Lehrkräften und Mitschülern) unzufrieden und drohte mehrmals von zu Hause bzw. der Schule wegzulaufen. In dieser Situation waren die schul- und erziehungspsychologischen Beratungs- bzw. Interventionskompetenzen zunächst erschöpft, weshalb eine psychotherapeutische Behandlung vorgeschlagen wurde. Über Zusammenhänge von Hochbegabung und Anorexie, insbesondere bei jungen Mädchen, und deren erhöhtes Suizidrisiko vgl. Schmidt (1977, 1981) oder Detzner und Schmidt (1986). Über die psychotherapeutischen Behandlungserfolge und die weitere schulische Entwicklung von Melanie wird von Wieczerkowski (1994) nichts mehr berichtet, sodass die Kasuistik an dieser Stelle beendet werden muss.

2.2 Karriereberatung bei hochbegabten Schülern

Hierbei stehen meist Fragen nach der richtigen Schulform, einer Spezialklasse oder Spezialschule für Hochbegabte, Fragen einer vorzeitigen Einschulung oder des Klassenüberspringens u.ä. im Vordergrund der schulpsychologischen Beratung; für einen Überblick vgl. Tabelle 1.

Inzwischen gibt es zwar eine Reihe von speziellen Beratungsangeboten für Hochbegabte (vgl. etwa Wittmann & Holling, 2001; Preckel, 2002; Stapf, 2003, oder auch BMBF, 2002), doch ist das Beratungspersonal nicht immer hinreichend für hochbegabungs- bzw. schuleignungsdiagnostische Methodenanforderungen qualifiziert und erfahren.

Tabelle 1: Schulpsychologische Erfordernisse einer Karriereberatung bei hochbegabten Schülern nach Greene (2003, S. 71).

1. Gifted and talented students require appropiate and adequate career counseling.
   - Schools should provide career education for high ability, Honors, IB, and AP students.
   - Career planning must address the nonacademic components of career choices, such as personality type, values, desired lifestyle, and societal trends.
2. The traditional definitions of career and career counseling should be broadened for gifted and talented students.
   - Career is a part of identity, and can be defined as meaning or direction in life, as a career is not merely a job.
   - Career counseling is an extension of talent development and should be action oriented, constructivist, and related to other aspects of school and life.
   - Career planning is a lifelong process, and therefore career counseling should take a lifespan approach, regarding potential and creativity over time.
3. Career counseling for gifted and talented students should be individualized and differentiated. Aptitude, Ability, and Interest Assessments:
   - Tests/Inventories that are normed to the typical population are not appropriate.
   - Tests that require rapid, repetitive tasks do not reflect higher order thinking abilities.
   - Ability tests must extend beyond math and verbal, including spatial and mechanical assessment, for example.
   - Forced choice format, rather than ranked interests, can provide more discrimination for students with many interests.
   Exploration:
   - Self-reflection and experiential learning should be stressed.
   - Unconventional careers and career paths should be explored.
   - Future trends should be studied to examine possibilities for brand-new careers.
4. Career counseling for gifted and talented students should be multidimensional. Combinations of the following can be effective:
   - Small groups with age/grade level peers and/or with other gifted and talented students.
   - Informal discussion opportunities with members of same subgroup (e.g., ethnic minority, females).
   - Personal interviews with a career/guidance counselor with training in gifted education.
   - Personal assessment of abilities and/or interests.
   - Exposure to world of work through career fairs, guest speakers, mentorships, campus visits, and the like.
5. Guidance counselors should not be solely responsible for career counseling.
   - Students themselves must be taught to take personal responsibility for career planning.
   - Counsclors, parents and in particular, educators of gifted and talented students should collaborate in their career counseling efforts.
   - Educators, whether of gifted programs, Honors, IB, or AP classes, or regular classroom teachers should try to relate school subjects and/or concepts to careers.
   - Educators should keep up-to-date with career trends in their own fields (e.g., best training facilities, scholarship or summer opportunities, trends in the field).

Gleiches gilt für entsprechende Schullaufbahnberatungskompetenzen. Interessenten seien hier auf die einschlägige Lehrbuch- bzw. Fachliteratur verwiesen, z.B. Hany (1992, 1993), Heller (2000a/b).

Nachstehende Fallbeispiele sind (gekürzt) dem Manual zur MHBT-P bzw. zur MHBT-S entnommen (vgl. Heller & Perleth, 2007a/b). Die KFT-HB-Skalen (KFT-Form für Hochbegabte) und MHBT-Inventarskalen sind bereits seit 2001 in Anwendung. Die MHBT-Verkaufsversion inkl. Auswertungssoftware (CD-ROM) liegt jedoch erst seit 2007 vor. Zur Erläuterung der Testskalen und deren Erfassungsdimensionen siehe die Manuale zur MHBT-P (S. 11ff.) bzw. MHBT-S (S. 11ff.). Die Fallbeispiele stammen aus der Klientel der Begabungspsychologischen Beratungsstelle an der LMU München. Aus Gründen der Anonymität sind die Namen der betr. Personen hier verändert wiedergegeben.

Die folgenden beiden Fallbeispiele stehen paradigmatisch für die Schulkarriereberatung. Im ersten Fall sollte die Gymnasialeignung für den Besuch einer Hochbegabtenklasse geklärt werden, im zweiten Fall wurde um Orientierungshilfe für die Kurswahlentscheidung in der Kollegstufe nachgefragt.

Die Viertklässlerin *Silvia* (10;0 J.) wurde der Hochbegabtenberatungsstelle vorgestellt, um die Eignungsvoraussetzungen für den eventuellen Besuch eines Spezialgymnasiums für Hochbegabte oder einer alternativen Schullaufbahn diagnostisch abzuklären. Somit wurde eine individuelle Bildungsberatung gewünscht.

Der Schulübertritt wurde von den Eltern Silvias für Herbst 2003 erwogen, wobei zunächst die Intention des Kindes unklar blieb. Die Zwischenzeugnisnoten der 4. Grundschulklasse sind überwiegend „gut" mit Ausnahme von der Rechtschreibnote „befriedigend". Auf Nachfrage, ob die Grundschule diesen Elternwunsch unterstütze, antworten die Eltern etwas ausweichend: Die Klassleiterin halte Silvia zwar prinzipiell für gymnasialgeeignet, rate aber vom Besuch einer Spezialklasse für Hochbegabte ab. Silvia sei noch „zu verspielt" und ihre Arbeitshaltung „etwas unstetig" und oft „oberflächlich". Sie sei durchaus ehrgeizig und sozial gut in die Klassengemeinschaft integriert. Nach Meinung der Lehrkraft sei Silvia mehr ein „kreativer Typ" als ein intellektueller und auch praktisch sehr gut veranlagt.

Zur begabungsdiagnostischen Abklärung wurde mit Silvia der KFT-HB 4 (Form B) durchgeführt. Darüber hinaus bearbeitete die Schülerin die Skalen aus dem MHBT-Inventar für die Grundschule. Die testdiagnostischen Untersuchungsbefunde lassen sich folgendermaßen zusammenfassen. Im Vergleich zur (unausgelesenen) Jahrgangsgruppe der Viertklässler ist Silvia bezüglich der sprachlichen Fähigkeiten (T-Wert von 52 auf den KFT-V-Skalen) und der mathematischen Kompetenzen (T-Wert von 50 auf den KFT-Q-Skalen) durchschnittlich begabt. In der KFT-N-Dimension, die als Indikator für die flüssige (eher angeborene) Intelligenz sensu Cattell gelten kann, erzielte Silvia mit einem T-Wert von 57 Punkten ein etwas besseres Ergebnis, das im Vergleich zur Viertklassgruppe im oberen Durchschnittsbereich (jedoch nicht überdurchschnittlich) einzuordnen wäre. Diese Interpretation gilt auch bezüglich Silvias Intelligenzniveau (KFT-GL = 56 T). Somit wäre das intellektuelle Begabungsprofil der Schülerin im guten (oberen) Durchschnittsbereich der Viertklasskinder einzuordnen.

Hingegen bewegen sich alle KFT-Werte im HB-Maßstab, d.h. im Vergleich zu intellektuell hochbegabten, hochleistenden (altersgleichen) Schülern, unterhalb des

-1 Sigma-Wertes, womit die Zugehörigkeitswahrscheinlichkeit zu dieser Gruppe praktisch auszuschließen ist (da nur 16 bis 17% der Vergleichsgruppe in diesem Bereich platziert sind). Mit einem T-Wert von 65 Punkten auf der Kreativitätsskala (einem auch im HB-Maßstab überdurchschnittlichen Wert), wird die Einschätzung der Grundschullehrerin bestätigt. Für den Schulerfolg im Gymnasium stellen jedoch erfahrungsgemäß intellektuelle Fähigkeiten bzw. sprachliche und mathematische Kompetenzen zuverlässigere und validere Prädiktoren dar als Kreativitätsindikatoren, zumal diese hier im KRT-P auf weniger zuverlässigen Selbstratings basieren. Deshalb muss im vorliegenden Beratungsfall den Intelligenzprädiktoren ein deutlich höheres Gewicht als dem Kreativitätsprädiktor zugemessen werden. Diese Aussage gilt analog zu den Sozialen Kompetenzskalen im MHBT-Inventar. Das Testprofil Silvias im SK-S ist zudem sehr heterogen: Der sehr gut ausgeprägten Konfliktlösefähigkeit (mit T=72 Punkten auf der KL-Skala) steht eine relativ schwach ausgeprägte Kooperationsfähigkeit (mit T=40 Punkten auf der KOOP-Skala) gegenüber. Die übrigen Dimensionen der Sozialkompetenz liegen im (unauffälligen) Mittelbereich.

Ebenso weisen die nichtkognitiven Moderatorvariablen uneinheitliche Profilausprägungen auf. So ist Silvia wenig erfolgszuversichtlich (T=39 Punkte in der HE-Dimension der Leistungsmotivationsskala. Schulerfolge erklärt Silvia vor allem mit eigener Anstrengung (T=71 Punkte auf der Kausalattributionsskala EFFO) und insoweit leistungsmotivationsförderlich. Ihr Vertrauen in die eigenen kognitiven Fähigkeiten ist jedoch sehr gering, was den niedrigen ABILITY-Werten im Kausalattributionsfragebogen (T=36 bzw. 45) im Erfolgsfall versus dem entsprechenden höheren ABILITY-Wert (T=57) im Misserfolgsfall als Indikator für erlebte Unfähigkeit zu entnehmen ist. Silvia führt schulische Misserfolge bevorzugt auf zu hohe Aufgabenschwierigkeiten und tendenziell auf zu geringe Fähigkeiten (vor allem auch im mathematischen Anforderungsbereich) zurück.

Zusammenfassend kann somit festgehalten werden, dass Silvias nichtkognitive Leistungsbedingungen (Moderatorausprägungen) zum Teil nur suboptimal entwickelt sind. Somit wären gezielte Beratungs- bzw. Interventionsmaßnahmen zur Motivations- und vor allem auch Selbstwertstärkung indiziert, um bei (nur) gut durchschnittlichen Fähigkeitsvoraussetzungen die erhöhten Anforderungen eines Gymnasiums erfolgreich bewältigen zu können. Die Eignung für den erfolgreichen Besuch einer Spezialklasse für Hochbegabte kann zumindest vorläufig ausgeschlossen werden.

Die skizzierten Befunde wurden zuerst mit den Eltern und dann unter Hinzuziehung der Schülerin besprochen. Im Beratungsgespräch wurden Überlegungen diskutiert, wie einzelne suboptimal entwickelte Moderatoren verbessert werden könnten. Hierbei wurde eine Kooperation mit Silvias Lehrkräften angeregt, die erforderlichenfalls nach dem Übertritt ins (Regel-)Gymnasium dort eine Zeitlang weiterverfolgt werden sollte. Im Einverständnis mit allen Beteiligten (Silvia und ihren Eltern sowie ihrer Grundschulklassleiterin) wurden konkrete Maßnahmen zur Verbesserung von Silvias Arbeits- und Lerntechniken im Sinne einer „konzertierten Aktion" vereinbart. Darüber hinaus wurden der Lehrkraft und den Eltern Informations- und Arbeitsmaterialien zum Münchner Motivationstraining (MMT) bzw.

Reattributionstraining (RAT) sowie eine begleitende Supervision bei der RAT-bzw. MMT-Anwendung angeboten; siehe Abschnitt 2.5 unten.

Der Übertritt in eine Spezialklasse für Hochbegabte war zum Schuljahrwechsel hinfällig, da diese wegen unzureichender Nachfrage (zunächst) nicht zustande kam. Silvia ist dann von der Grundschule in ein Privatgymnasium übergetreten. Über die weitere Schulkarriere liegen der Beratungsstelle keine Informationen mehr vor. Wegen des Datenschutzgesetzes und des Freiwilligkeitsprinzips, das mehr oder weniger für jede Beratungsklientel gilt, sind Katamnesen in der Beratungspraxis nur selten möglich.

Beim zweiten Fallbeispiel ging die Initiative zum Aufsuchen der Begabungs-psychologischen Beratungsstelle vom Probanden selbst aus. *Markus* (16;4 J., Schüler der 10. Klasse im Gymnasium) war sich im Hinblick auf die bevorstehende Kurswahl in der Kollegstufe sehr unsicher und erhoffte sich von einer fachpsychologischen Beratung Entscheidungshilfen. Obwohl er sich in der Schule nicht besonders anstrenge, seien seine Leistungen überwiegend im guten Bereich, in Mathematik meistens sogar sehr gut. Besondere Fächerneigungen konnte er bisher bei sich nicht ausmachen, weshalb er sich von einer Testuntersuchung Aufschlüsse darüber erhoffte, welche Leistungskursfächer für ihn in der Kollegstufe und ein anschließendes Hochschulstudium wohl am erfolgversprechendsten seien. Am ehesten noch interessiere ihn Freizeitsport. Aber er lese auch gern Zeitschriften und Bücher, vor allem mit naturwissenschaftlichem und historischem Inhalt. Neuerdings beschäftige er sich auch mit Astronomie.

Mit seinen Eltern und (jüngeren) Geschwistern streite er sich öfters. Trotzdem würde die Familie immer zusammenhalten, wenn es darauf ankomme. So würden sie auch vieles gemeinsam unternehmen wie Fußballspiele und (technische) Museen besuchen. Bezüglich der Kurswahlentscheidung in der gymnasialen Oberstufe könne er aber von seiner Familie kaum Unterstützung erfahren. Seine Eltern verweisen vielmehr darauf, dass er selbst für sich entscheiden müsse, zumal ihm ja das Lernen leicht falle und somit viele Berufe für ihn später offen stünden. Immerhin regten sie an, sich bei der LMU-Beratungsstelle, deren Adresse sie über die Beratungslehrkraft an der Schule erfahren hatten, um eine Beratung zu bemühen.

Nach der Kontaktnahme und einer ersten Exploration wurde ein Termin für die testpsychologische Untersuchung zu Beginn des neuen Schuljahres vereinbart. Dazu wurden die kompletten Skalen aus dem Inventar zur MHBT-S sowie zum KFT-HB 10 (Form B) durchgeführt.

Kurzinterpretation der Untersuchungsbefunde: Die Fähigkeitstest-Ergebnisse (im KFT-HB 10) weisen den Schüler als hochbegabt aus, obwohl er (und angeblich auch seine Eltern) daran nie gedacht hätten. Natürlich wisse er um seine guten Lernfähigkeiten, aber er sei „kein Streber" und gut in die schulische Lerngruppe integriert. Auch habe er Freunde, mit denen er zusammen öfters Fußball spiele. Dies bereite ihm viel Spaß, obwohl er sportlich allenfalls im oberen Drittel seiner Kameraden einzuordnen sei. Vielleicht werde er gerade deshalb von den Freunden voll akzeptiert, zumal er „nicht heraushänge", dass ihm das Lernen in der Schule keine besonderen Anstrengungen abverlange. Solidarität sei für ihn – wie auch für seine Familie – ganz wichtig, was durch die FAM- und SCHUL-Befundmuster zur familiären und schulischen Lernumwelt sowie den SK-S-Befund zur sozialen Kompetenz des Schülers im MHBT-Inventar bestätigt wird.

Das Interessenprofil ((im IFB des MHBT-Inventars) ist tatsächlich nicht so eindeutig ausgeprägt. Abgesehen von schwachen musikalischen Interessen sowie geringeren Präferenzen für (nicht-sportliche) Spiele und handwerkliche bzw. künstlerische Aktivitäten werden überdurchschnittliche Präferenzen (bemerkenswerte hohe Kompetenzen nur für naturwissenschaftlich-technische Themen (T=63 in der IFB-Dimension TECH) sowie T=61 bzw. T=57 (geschlechtsspezifische Norm) im APT und im KFT-N bzw. KFT-Q) erkennbar. Letztere sind zwar Kompetenz-Indikatoren, doch sind im Jugend- und Erwachsenenalter Kompetenzen und Interessen häufig konfundiert – so wohl auch hier.

In die gleiche Richtung weist der relativ hohe FES-Wert als Indikator für Erkenntnisstreben. Das in der Exploration vom Probanden geäußerte Geschichtsinteresse findet im IFB keine adäquate Indikatorisierung, konnte deshalb hier auch nicht bestätigt (aber auch nicht widerlegt) werden.

Hingegen gibt es mehrere Belege für die Äußerung von Markus, er sei „kein Streber“: den nur durchschnittlich (T=49) ausgeprägten Wert für Leistungsstreben im LM-S sowie die positiven Befunde zur erlebten Lehrer- und Schülerkooperation, zu Wettbewerb und Konkurrenz sowie dem in der Schulklasse erlebten Leidensdruck mit jeweils niedrigen T-Werten (37 bzw. 40), was hier positiv zu interpretieren ist, im Schulklima-Fragebogen.

Die in den Befunden zum AV-S erkennbaren Kausalattributions- und Selbstkonzept-Muster können als selbstwertdienlich und auch motivationsförderlich interpretiert werden. Dafür sprechen vor allem die überdurchschnittlich hohen AV-S-Werte (T=60) in den Dimensionen des schulischen Selbstkonzeptes und der internalen Ursachenzuschreibung schulischer Erfolge vs. die niedrigen AV-S-Werte für Prüfungsangst (T=33), Prüfungssorgen (T=39) und Allgemeine Ängstlichkeit (T=36). Der niedrige T-Wert von 31 für Instabilität der Denkabläufe ist natürlich ebenfalls positiv zu interpretieren.

Im abschließenden Beratungsgespräch wurden die testdiagnostischen Untersuchungsbefunde mit dem Jugendlichen eingehend besprochen. Über die extrem hohen KFT-HB-Befunde – danach wäre er bei den 1 bis 2% Begabtesten seiner Referenzgruppe (Gymnasiasten) einzuordnen – zeigte er sich etwas überrascht, obwohl er sich seiner Stärken durchaus bewusst war. Im Hinblick auf den Beratungsanlass waren vor allem jedoch die Befunde zum APT und IFB in Kombination mit dem KFT-HB-Profil von Nutzen. So zog Markus am Ende des Beratungsgesprächs für sich den (vorläufigen) Schluss, Mathematik als eines der Leistungskursfächer in der Kollegstufe zu wählen. Als zweites Leistungskursfach zog er Englisch in die engere Wahl, da – so seine Überlegung – im späteren Studium und Beruf auch im MINT-Bereich (Mathematik, Informatik, Naturwissenschaft, Technik) gute Englischsprachkenntnisse unentbehrlich seien.

Katamnese: Der Schüler kam ein halbes Jahr später noch einmal in die Beratungsstelle, um kurz über seine definitive Kurswahlentscheidung im oben angedeuteten Sinne zu berichten. Er zeigte sich sehr erleichtert über diesen Schritt und bedankte sich für die Hilfe bei der Entscheidungsfindung. Außerdem versprach er, sich ein Jahr später noch einmal zu melden und über seine weitere Schulkarriere zu berichten, falls dies den Schulpsychologen interessiere (was selbstverständlich bejaht wurde).

2.3 Beratung bei hochbegabungsspezifischen Verhaltensproblemen und sozialen Konflikten

Nicht selten werden den auf Hochbegabung spezialisierten Beratungsstellen Schüler mit Verhaltensauffälligkeiten in der Schule und/oder Familie bzw. sozialen Problemen vorgestellt, deren Ursachen in einer Hochbegabung vermutet werden. Nach den Erfahrungen der LMU-Beratungsstelle für Hochbegabte treffen solche Vermutungen jedoch höchstens bei der Hälfte der betr. Beratungsklientel zu. Es ist natürlich allzu verständlich, wenn Lehrer und vor allem Eltern auftretende Erziehungs- und Verhaltensprobleme als hochbegabungsspezifisch (im Sinne des sog. medizinischen Modells) attribuieren, da man sich davon nicht selten eine „Entlastung" oder zumindest keine Mitverantwortung erhofft.

Verhaltensstörungen und soziale Konflikte sind fast immer multikausal verursacht. Insofern greift jede eindimensionale Ursachenerklärung zu kurz. Das nachstehend beschriebene Fallbeispiel kann wiederum nur prototypisch die Komplexität solcher Erscheinungs- und Verursachungsformen im Kontext der Hochbegabtenberatung abbilden; für einen Überblick vgl. etwa Wittmann und Holling (2001, S. 105ff.). Da die hier und im folgenden Abschnitt 2.4 behandelten Beratungsprobleme „männlich dominiert" sind (vgl. die Statistiken im vorstehenden Kapitel 19), wurden jeweils Jungen zur Veranschaulichung der Fallarbeit in diesen Aufgabenfeldern ausgewählt.

Klaus (12;2 J., Schüler der 7. Gymnasialklasse) wurde der Begabungspsychologischen Beratungsstelle vorgestellt, um abzuklären, ob „seine" schulischen Verhaltensstörungen auf eine – von den Eltern vermutete – Hochbegabung zurückzuführen bzw. durch andauernde Unterforderung im Unterricht bedingt seien. Zu diesem Zweck wurden die Subtests zum KFT-HB 7 (Form A) und die Skalen aus dem MHBT-Inventar für Sekundarstufenschüler eingesetzt.

Nachstehend findet sich die *Kurzinterpretation* der Untersuchungsbefunde zum Fall Klaus.

Klaus' sprachliche Fähigkeiten (im KFT-V erzielte er einen T-Wert von 68 Punkten, was einem Prozentrang von 96 entspricht, d.h. nur 4% der Siebtklässler erzielen in den vom KFT-HB gemessenen verbalen Fähigkeiten einen noch besseren Testwert, 96% aber einen niedrigeren) sind deutlich überdurchschnittlich ausgeprägt. In der mathematischen und nichtsprachlichen (figuralen) Intelligenz erzielte Klaus im KFT-HB mit T=48 bzw. 47 Punkten nur knapp durchschnittliche Testwerte, wohingegen er im APT (der anspruchsvolle physikalisch-technische Kompetenzen misst) mit einem T-Wert von 63 bzw. Prozentrang 90 wieder deutlich über dem Durchschnitt der Siebtklässler liegt. Dies ist umso bemerkenswerter, als der Physikunterricht im Gymnasium in der Regel erst auf der 8. Klassenstufe einsetzt, also zum Zeitpunkt der Testung noch keine Fördereffekte durch schulischen Physikunterricht erwartet werden können. Insgesamt kann Klaus somit eine gut durchschnittliche (GL-Wert im KFT-HB = 54 T) Gymnasialbegabung, mit deutlichen Fähigkeitsschwerpunkten im sprachlichen und physikalisch-technischen Bereich (der Vater ist Redakteur bei einer Zeitung, die Mutter med.-technische Angestellte); von Hochbegabung kann jedoch im klassischen Verständnis nicht gesprochen werden. So stellt sich die Frage, ob in dem etwas bizarren Begabungsprofil des Schülers – in der Wechselwirkung mit individuellen und sozialen Moderatorvariablen – die Ursachen für seine Verhaltensauffälligkeiten zu suchen sind. Zur weiteren Problemklärung wurden deshalb noch die Merkmalsausprägungen der Moderatoren genauer analysiert.

Das Interessenprofil von Klaus weist sehr schwache Interessen für sportliche Betätigungen und Wettkämpfe, Vereinsarbeit, Mit-Freunden-Zusammensein sowie Spiele und Musikhören auf. Herausragende Interessen fehlen. Am ehesten interessiert sich der Schüler noch für naturwissenschaftliche und künstlerische Betätigungen sowie Buchlektüre, wenngleich diese Präferenzen nur im oberen Durchschnittsbereich liegen.

Sowohl in der Sozialen Kompetenz- als auch in der Leistungsmotivationsskala liegen alle Variablenwerte deutlich unterhalb des Durchschnittsbereichs, was nur bei FM (Furcht vor Misserfolg) positiv gewertet werden kann. Das Erkenntnisstreben von Klaus ist knapp durchschnittlich ausgeprägt. Im AV-S zeigen sich erneut niedrige Angstwerte (EMOT, WORRY), was eher günstig zu bewerten ist; optimale Lernleistungsbedingungen wären allerdings *mittlere* emotionale Merkmalsausprägungen, während zunehmend extreme Emotionen leistungshinderlich werden. Hingegen sind die niedrigen Werte in der Arbeitseinteilung und im Selbstvertrauen (WERT-Dimension) natürlich als ungünstige Lernleistungsbedingungen zu interpretieren.

Die Lehrkräfte erlebt Klaus wenig kooperativ, während die übrigen Variablen des Schulklimas durchschnittlich, d.h. als unauffällig eingeschätzt werden. Im Familienklima-Fragebogen werden der Zusammenhalt, die Offenheit, die Organisation und die dem Schüler zugestandene Selbstständigkeit niedrig bewertet. Stärkere, aber noch unterhalb der oberen Durchschnittsgrenze – also ≤ T = 60 – lokalisierte Bewertungen erhalten die FAM-Variablen KO (Kulturelle Orientierung) und KON (Konfliktneigung). Für die FAM-Variable LO (Leistungsorientierung) und die SCHUL-Variable ENGA (Engagement der Mitschüler) lagen keine verwertbaren Schülerantworten vor.

Der *Gesamtbefund* offenbart somit ein Persönlichkeitsbild des Schülers, das diskrepante Züge sowohl in der kognitiven Fähigkeitsstruktur als auch in den nichtkognitiven (vor allem motivationalen) Lernleistungsbedingungen aufweist. Ferner werden die schulische, aber auch die familiäre Lernumgebung im Hinblick auf Unterstützung und Offenheit sowie die familiäre Organisation und Selbstständigkeitserziehung als defizitär erlebt.

Im abschließenden Beratungsgespräch wurden zunächst die Begabungsschwerpunkte von Klaus aufgezeigt, aber auch die problematischen Diagnosebefunde erläutert und darauf hingewiesen, dass sich Kinder und Jugendliche nicht unabhän-

gig von familiären und schulischen Sozialisationseinflüssen entwickeln. Umgekehrt haben auch Kinder und Jugendliche Einfluss auf die Sozialisationsprozesse,
weshalb man Entwicklung immer als Wechselwirkungsprozess betrachten muss.
Dabei tragen Jugendliche mit zunehmendem Alter Mitverantwortung, weshalb in
der Entwicklungspsychologie auch von „Entwicklungsaufgaben der Jugendlichen"
die Rede ist. Da die Begabungsschwerpunkte von Klaus sicherlich nicht allein die
Ursache für seine Verhaltensprobleme im Unterricht sind, müssten Interventionsmaßnahmen auf die Einsichtsfähigkeit und Eigenverantwortung des Jugendlichen
fokussieren. Andererseits sollten die Lehrkräfte auf die Spezialbegabung von Klaus
im sprachlichen und naturwissenschaftlich-technischen Bereich aufmerksam gemacht werden, um diese im Unterricht stärker (etwa durch Sonderaufgaben) zu
berücksichtigen. Wahrscheinlich werden durch verständnisvolleren Umgang und
Beachtung der Stärken von Klaus seitens der Lehrkräfte und der Mitschüler die
Verhaltensprobleme von Klaus allmählich abnehmen. Die Eltern sollten ihrerseits
dazu beitragen, dass Klaus in der Familie die Unterstützung für selbstständiges und
effizientes Lernen findet, wozu eine verstehend-fordernde Erziehungshaltung in
einem stabilen organisatorischen Rahmen am besten beiträgt. Schließlich wurde ein
gemeinsames Beratungsgespräch mit allen Beteiligten (Klaus, dessen Eltern und
Lehrkräfte) unter Hinzuziehung des zuständigen Schulpsychologen der Schule
vereinbart. Dies sollte dazu beitragen, dass die skizzierten Fördermaßnahmen tatsächlich umgesetzt und eventuellen Schwierigkeiten dabei mit Hilfe des Schulpsychologen möglichst schon im Entstehen wirksam begegnet werden kann.

2.4 Diagnose und Intervention bei Lern- und Leistungsproblemen (z.B. Under-
achievement, ADHD) hochbegabter Schüler

Underachievement (im Hinblick auf die guten oder sehr guten intellektuellen Fähigkeiten erwartungswidrig schlechte Schulleistungen) und das Aufmerksamkeits-
defizit-/Hyperaktivitäts-Syndrom (AD/HS) bzw. die als Attention Deficit/Hyper-
activity Disorder (AD/HD) in der englischsprachigen Literatur bezeichnete Störung
gehören zu den relativ häufigen Anlässen der Einzelfallhilfe in der Hochbegabtenberatung; vgl. Butler-Por (1993), Colangelo (1997) bzw. Colangelo und Assouline
(2000), Kaufmann und Castellanos (2000), Peters, Grager-Loidl und Supplee
(2000), Fischer (2004a, 2006). Diese Thematik soll hier paradigmatisch am Beispiel eines hochbegabten Underachievers behandelt werden. Für ausführlichere
Informationen zu AD/HS bzw. AD/HD vgl. Wittmann und Holling (2001, S.
2005ff.), wo sich weitere – deutschsprachige – Literatur zur Aufmerksamkeitsdefi-
zit- bzw. Hyperaktivitätsstörung bei Kindern und Jugendlichen findet.

Die Ursachen für *Underachievement* sind meistens in Motivations- und/oder In-
teressendefiziten zu suchen. Sie können aber auch durch ineffektive Lern- bzw.
Arbeitsstile und dadurch verursachte Wissenslücken im schulischen Lernstoff bedingt sein sowie in dysfunktionalen Leistungsemotionen und Kausalattributions-
mustern sowie natürlich auch in ungünstigen familiären und schulischen Sozialisationsbedingungen liegen, die mit der Entwicklung individueller (nichtkognitiver)
Persönlichkeitsmerkmale interagieren.

Beratungsanlass: Gerd (14;8 J., Schüler der Gymnasialklasse 9) kam zusammen mit seiner Mutter (alleinerziehend und als Verwaltungsangestellte beruflich tätig) in die Begabungspsychologische Beratungsstelle an der LMU in München zur Abklärung des Underachievementverdachts.

Grund der Vorstellung waren Gerds Schulleistungsprobleme in den Fremdsprachen trotz vermuteter Hochbegabung des Schülers (aufgrund früherer Intelligenztestergebnisse am Ende der Grundschulzeit). Die Mutter konnte sich die ab der 7. Jahrgangsstufe beobachteten Leistungsprobleme ihres Sohnes nicht erklären. Die Klassleiterin schätzt die Denkfähigkeiten Gerds, insbesondere in den Fächern Mathematik und Physik (die von ihr unterrichtet werden), sehr hoch ein. Auch im Deutschunterricht gebe es wohl keine Leistungsprobleme. Dagegen beklagten sich die Fremdsprachenlehrkräfte über Gerds zunehmende Leistungsprobleme in ihren Fächern (Englisch, Französisch), was sie auf mangelnde Leistungsbereitschaft des Schülers (z.B. Vokabellernen) und eine gewisse Ängstlichkeit im Umgang mit fremdsprachlichen Anforderungen zurückführten. Die Hausaufgaben erledige er unregelmäßig. Offenbar sei er zu Hause viel sich selbst überlassen, da die alleinerziehende Mutter ganztägig berufstätig sei. Sein soziales Verhalten in der Schulklasse sei unauffällig. Einen „dicken" Freund scheine er aber unter den Klassenkameraden nicht zu haben. Er gehöre eher zu den „stillen Typen" und wirke manchmal etwas „lustlos", sei aber kein unangenehmer Schüler.

Die Klassleiterin machte sich Sorgen, weil Gerds Leistungen deutlich hinter den schulischen Erwartungen zurückbleiben. Sie vermutete „Underachievement" als Ursache für die zunehmenden Lernprobleme, vor allem in den Fremdsprachen, teilweise aber auch in den sog. Lernfächern, und empfahl eine fachpsychologische Untersuchung.

In der Anamnese wurde deutlich, dass Gerd (der keine Geschwister hat) in der Grundschulzeit und den ersten beiden Gymnasialschuljahren offensichtlich keine (nennenswerten) Lernschwierigkeiten hatte. Da sie (die Mutter) voll berufstätig sei, könne sie sich erst abends um ihren Sohn kümmern. Er sei ihres Erachtens aber sehr selbstständig. Er habe ihr gegenüber nur andeutungsweise von seinen (nach Lehrerauskunft schon einige Zeit andauernden) Schulleistungsproblemen gesprochen. Mutter und Sohn hätten immer ein herzliches Verhältnis gehabt. Allerdings sei er seit etwa einem Jahr auffallend streitsüchtig, was sie auf die Pubertät zurückführte und deshalb nicht als besorgniserregend interpretierte. Zu seinem leiblichen Vater habe er im Vorschul- und beginnenden Grundschulalter regelmäßig Kontakt gehabt. Seit der Vater jedoch wieder ständig im Ausland lebe, sei der Kontakt mit ihm bis auf gelegentliche Briefwechsel „ziemlich eingeschlafen". Sie vermute nicht, dass der Junge darunter sehr leide.

In der Freizeit habe Gerd früher öfters mit seinen „Kumpels" Fußball gespielt. In der letzten Zeit sitze er zunehmend häufiger in seinem Zimmer vor dem PC. Was er da „treibe", wisse sie nicht genau, da ein Vierzehnjähriger nach ihrer Auffassung nicht ständig kontrolliert und vor allem das Vertrauensverhältnis zwischen ihnen nicht gestört werden sollte. Nach besonderen Interessen gefragt äußerte die Mutter nach einigem Nachdenken, dass sie keine auffallenden Interessen ihres Sohnes benennen könne. Er lese viel und könne sich gut mit sich selbst beschäftigen. Sport interessiere ihn vielleicht noch am meisten, was für Jungen in diesem Alter wohl doch normal sei.

Zur Klärung des Underachievement-Verdachts wurde mit Gerd ein Untersuchungstermin in der folgenden unterrichtsfreien Woche vereinbart. An der Beratungsstelle wurden dann vormittags die Subtests zum KFT-HB 9 sowie (nach einer 20minütigen Pause) die drei *Testskalen AW, SP und APT* aus dem MHBT-Inventar mit dem Schüler durchgeführt. Am Nachmittag desselben Tages bearbeitete Gerd, der eine größere Mittagspause in seiner – in der Nähe der Beratungsstelle gelegenen – häuslichen Wohnung verbrachte, die *Fragebögen* aus dem MHBT-S-Inventar.

Kurzinterpretation der Testbefunde: Auffällig im KFT-HB-Profil sind zunächst die hohen Fähigkeitswerte im Q-und N-Bereich (also in den mathematischen und technisch-konstruktiven Denkkompetenzen) sowie das extrem hohe Intelligenzniveau (GL); hierin gehört er zu den 1-2% Begabtesten seines Schuljahrgangs. Auch hinsichtlich der (mutter-)sprachlichen Fähigkeiten wäre Gerd noch unter den besten 4% seiner Klassengruppe einzuordnen. Insoweit wäre also der Underachieververdacht im Hinblick auf die Schulleistungsprobleme in den Fremdsprachen zu bestätigen, zumal die Schülertestwerte im AW, SP und APT – womit räumliches Denken und technische Begabung erfasst werden – auch im oberen Bereich der 15% Besten (im APT-Jungenvergleich knapp darunter) liegen. Die Kreativitäts- und sozialen Kompetenzwerte (KRT-S und SK-S) bewegen sich ebenfalls im oberen Durchschnittsbereich der Jahrgangsvergleichsgruppe. Worin sind dann aber die Ursachen für die erwartungswidrig schlechten Noten (in Englisch schwanken diese zwischen 3 und – mit zunehmender Tendenz – 4 bzw. in Französisch um eine 4) zu suchen? Dazu sollte man sich die Ausprägung der sog. Moderatorvariablen im MHBT-Profil genauer ansehen und mit den (hier nicht wiedergegebenen) UA-Standards im Manual zur MHBT-S (Heller & Perleth, 2007b, S. 121) vergleichen.

In Anbetracht des hohen Begabungsniveaus wirkt das Interessenprofil des Schülers mit nur wenigen Pendelausschlägen nach „oben" (Sportwettkampf) und „unten" (Mit-Freunden-Zusammensein), die jedoch noch im – unauffälligen – Durchschnittsbereich liegen, insgesamt etwas blass. Das Profil lässt keine besonders ausgeprägten, freilich auch keine sehr schwachen Interessen erkennen. Das Erkenntnismotiv (FES) ist ebenfalls nur durchschnittlich entwickelt, was bei hochbegabten Jugendlichen eher selten der Fall ist. Hingegen ist die Erfolgszuversicht (HE) deutlich schwächer ausgeprägt als die Misserfolgsängstlichkeit (FM), was für begabte Underachiever nicht untypisch ist. Das AV-S-Profil des Schülers entspricht ziemlich genau den UA-Standards, wobei vor allem der hohe Wert für „Instabilität der Denkabläufe" sowie die ungünstige Kausalattribuierung im Misserfolgsfall (wiederum typisch für begabte Underachiever) auffallen. Ebenso ist der relativ niedrige Wert für die Arbeitseinteilung suboptimal. Der Wert für das *allgemeine* Selbstkonzept (WERT = 51 T-Punkte) deutet auf eine unauffällige Selbstsicherheit hin, während das schulische Begabungsselbstkonzept (SELBST = 56 T-Punkte) relativ gut ausgeprägt ist.

Während das Profil zum (erlebten) Schulklima insgesamt unauffällig ist, sind im Familienklima-Profil zwei Befunde auffällig: die relativ starke Konfliktneigung (KON-Wert) und das Organisationsdefizit (ORG-Wert). Daraus lassen sich Ansatzpunkte für die Familienberatung – zusätzlich zur Schülerberatung – ableiten.

In dem mit der Mutter und dem Sohn verabredeten Beratungsgespräch wurde zunächst ausführlicher der positive Testbefund zu Gerds kognitiven Fähigkeiten erörtert. Es wurde klar gemacht, dass die in den Fremdsprachen und einigen „Lernfächern" aufgetretenen Schulleistungsprobleme nicht durch unzureichende Fähigkeiten verursacht sein können. Vielmehr seien wohl Interessen- und Motivationsprobleme dafür verantwortlich zu machen. Es wurden konkrete Vorschläge zur Verbesserung der Arbeitseinteilung (beim Erledigen der Hausaufgaben) und einer systematischen Beseitigung der Defizite im englischen und französischen Wortschatz im Laufe der kommenden drei Monate diskutiert. Nach einigem Zögern erklärte sich die Mutter bereit, den Sohn dabei (z.B. durch regelmäßiges Abhören der Vokabeln) zu unterstützen. Für die sog. Lernfächer wollte Gerd selbst die für ihn effizientesten Arbeitstechniken ausprobieren, wobei an seine kreativen Fähigkeiten appelliert worden war. Schließlich wurden noch die KON- und ORG-Befunde im Familienklimafragebogen angesprochen. Mutter und Sohn vereinbarten, bei auftretenden Konflikten diese künftig ausführlicher zu besprechen und auch erforderliche Verhaltenskonsequenzen „nicht zu unterdrücken". Beide Seiten wollten sich um eine konstruktive Konfliktbewältigung bemühen. Die Mutter räumte von sich aus ein, dass „Familienmanagement" nicht ihre Stärke sei; sie bat ihren Sohn um konkrete Vorschläge, wie der Haushalt und das Familienleben besser organisiert werden könnten. Beide Seiten wollten ihr Bestes dazu beitragen.

Abschließend wurde ein Katamnese-Termin noch vor Schuljahrende (ein Vierteljahr später) vereinbart. Sohn und Mutter wollten dann berichten, wie sich in der Zwischenzeit die schulische und die familiäre Situation verändert haben und ob die aktuellen Schulleistungsprobleme reduziert bzw. beseitigt werden konnten. Auf Wunsch Gerds sollten die testpsychologischen Untersuchungsergebnisse (vorerst) nicht den Lehrkräften mitgeteilt werden. Er wollte selbst mit der Klassleiterin sprechen und war zuversichtlich, die im Beratungsgespräch diskutierten Maßnahmen innerhalb des vereinbarten Zeitraums erfolgreich umsetzen zu können. Tatsächlich konnte der Schüler bis zum Schuljahrende seine Noten in Englisch und Französisch auf 3 verbessern (mit ansteigender Tendenz auch in den „Fleißfächern").

2.5 Beratung sog. Risikogruppen in der Hochbegabtenförderung

Im Kontext der Hochbegabtenförderung werden in der Literatur sog. Risikogruppen (at-risk groups) definiert, weil bei diesen Hochbegabung leicht übersehen wird und in der Folge dann auch keine angemessene individuelle Entwicklungsförderung erfolgt. Angehörige dieser Risikogruppe sind vor allem hochbegabte Mädchen, die beispielsweise auch in der Beratungsklientel einschlägiger Beratungsstellen unterrepräsentiert sind; siehe dazu Kapitel 19 in diesem Buch. Das Risiko, keine angemessenen Förderhilfen in der familiären und schulischen Sozialisation zu erhalten, besteht auch bei hochbegabten Behinderten (z.B. Körperbehinderten, Hör-

und Sehgeschädigten, sog. Erziehungsschwierigen und Verhaltensgestörten) sowie bei hochbegabten Kindern und Jugendlichen ausländischer Arbeitnehmer bzw. Immigranten, aber auch bei Hochbegabten aus sozio-ökonomisch unterprivilegierten und/oder sozial-emotional deprivierten Familien bzw. Sozialschichtgruppen. Entsprechende Beratungs- und Förderprobleme werden in der einschlägigen Literatur mehr oder weniger empirisch fundiert behandelt, z.B. bei Frasier (1993), Yewchuk und Lupart (1993, 2000), Colangelo (1997), Winner (1998), Borland und Wright (2000) oder Colangelo und Assouline (2000). Über Spezialprobleme wie sog. Wunderkinder oder das Idiot-Savant-Syndrom u.ä. informieren sehr gut (mit zahlreichen Fallbeispielen) Morelock und Feldman (1993, 2000). Auf das Identifikationsrisiko sog. Hidden Talents wurde in Kapitel 9 dieses Buches ausführlich eingegangen. Wer sich für intellektuell extrem Hochbegabte und deren Entwicklungsprobleme bzw. Karrieren interessiert, sei auf Gross (1993, 1994, 2000) verwiesen. Stellvertretend für die skizzierten Risikoprobleme seien nachstehend einige Beratungsprobleme und Interventionsmöglichkeiten bei hochbegabten Mädchen in den Blickpunkt gerückt.

In den Buchkapiteln 17 und 18 wurden bereits ausführlich geschlechtsspezifische Förderprobleme behandelt. Um Redundanzen zu vermeiden, sei hier vor allem auf *beratungspsychologische* Aspekte der Förderung hochbegabter Mädchen eingegangen. Ein in diesem Zusammenhang häufig beobachtetes Phänomen ist die erlernte Hilfslosigkeit von (auch hochbegabten) Mädchen, vor allem im Bereich von Mathematik, Naturwissenschaft und Technik (MNT); siehe dazu Kapitel 12 oben. Das Hilfslosigkeitssyndrom (bei Mädchen) lässt sich folgendermaßen beschreiben:

- Mädchen weisen weniger Selbstvertrauen als Jungen auf.
- Mädchen haben ein niedrigeres Selbstwertgefühl als Jungen.
- Mädchen haben auch ein schlechteres Fähigkeitsselbstkonzept als Jungen, d.h. sie halten sich für weniger begabt als Jungen und glauben, dass sie – etwa im MNT-Bereich – mehr Arbeitsaufwand investieren müssen, um den gleichen Lernerfolg zu erzielen wie Jungen.
- Mädchen attribuieren ihre Erfolge vs. Misserfolge weniger selbstwertdienlich (und auch weniger motivationsförderlich) als Jungen. So attribuieren sie Erfolge häufig auf große Anstrengung oder auch auf person-externale Faktoren wie Glück. Misserfolge erklären sie dagegen eher mit mangelnden bzw. unzureichenden Fähigkeiten (vorab in Mathematik, den „harten" Naturwissenschaften und im Technikbereich). Demgegenüber attribuieren Jungen ihre Erfolge bevorzugt auf eigene Fähigkeit und Misserfolge bevorzugt external (Pech) oder internal auf ungenügende Anstrengung.
- Die MNT-Aspirationen der Mädchen sind – trotz vielfach besserer Berufschancen in diesem Bereich – deutlich niedriger als bei Jungen. Sie geben sich bereits mit mittleren Leistungen zufrieden, was bedeutet, dass für MNT talentierte Mädchen ihr Leistungspotential häufig nicht ausschöpfen.
- Mädchen haben auch ein geringeres Interesse für (harte) Naturwissenschaften und Technik, was u.a. dazu führt, dass Mädchen Physik als Leistungskurs seltener belegen oder (später) ganz abwählen, noch seltener dieses Fach an der Uni-

versität oder Technischen Hochschule studieren und kaum entsprechende Berufsgruppen besetzen.

• Mädchen erzielen durchschnittlich schlechtere Fachnoten in Mathematik und Physik als Jungen, wobei sich die Noten- bzw. Leistungsunterschiede im Laufe der Schulzeit sogar noch verschärfen – im Gegensatz zu den übrigen Schulfächern, in denen die Noten der Mädchen meist besser sind als jene der Jungen.

• Relevante Bezugspersonen – vor allem Eltern und Lehrkräfte (beiderlei Geschlechts) – schreiben Mädchen in Mathematik und vorab im Fach Physik geringere Begabungen und Talente zu als Jungen. Entsprechend erwarten sie auch von Mädchen in diesen Fächern geringere Leistungen als von Jungen (auch bei objektiv gleichen Begabungsvoraussetzungen).

Beratungspsychologisch stellt sich dabei natürlich die Frage nach den *Ursachen* für solche geschlechtsspezifischen Einstellungen und Haltungen. Nach einer Serie von quasi-experimentellen Studien in unterschiedlichen Ausbildungskontexten (Schule, Universität) kam die Münchner Forschergruppe unter Leitung des Verfassers zu dem Schluss, dass die beobachteten Geschlechtsunterschiede – auch im MNT-Bereich – weniger in unterschiedlichen Fähigkeitsvoraussetzungen von Jungen und Mädchen ihre Ursachen haben als vielmehr in ungünstigen Kognitionen (Selbsteinschätzungen von Begabung und Leistungsfähigkeit), in dysfunktionalen Handlungs- und Problemlösestrategien sowie in leistungsabträglichen Motivationen. Genau an diesen Faktoren setzen die im Rahmen der DFG-Forschergruppe „Wissen und Handeln" an der LMU in München entwickelten und validierten Interventionsprogramme an: das Reattributionstraining (RAT) bzw. das Münchner Motivationstraining (MMT). Ausführlicher vgl. Heller und Ziegler (1996, 1998, 1999, 2001a/b); Ziegler und Heller (1998, 2000a/b/c/d); Dresel, Heller, Schober und Ziegler (2001); Schober und Ziegler (2001); Schober (2002); Heller (2003a, 2004) u.a.

Das in Abschnitt 2.2 oben dargestellte Fallbeispiel impliziert – neben der dort behandelten Karriereberatung (Beratungsanlass) – auch deutliche Symptome von erlernter Hilflosigkeit, weshalb der Beratungsfall „Silvia" noch einmal kurz aufgegriffen werden soll. Zur Veranschaulichung des Hilflosigkeitssyndroms werden hier nur die dafür relevanten *nichtkognitiven Moderatoren* im MHBT-Profil, die als Hauptursachen für Hilflosigkeitsreaktionen gelten können (siehe oben), angesprochen.

Demnach ist bei Silvia die Misserfolgsängstlichkeit deutlich stärker ausgeprägt als Erfolgszuversicht; der Abstand beträgt über eine Standardabweichung (11 T-Punkte). Schulische Erfolge werden von der Schülerin in starkem Maße der eigenen Anstrengung (T=71 auf der EFFOS-Skala) vs. sehr selten der eigenen Begabung (T=36 auf der ABILS-Skala) zugeschrieben. Damit korrespondieren ein relativ hoher Ängstlichkeitswert (T=58 auf der Angstskala), aber keine erhöhten Prüfungssorgen (T=50) sowie eine gute Konzentrationsfähigkeit und Arbeitseinteilung – was Silvias gute Noten in der Grundschule erklären dürfte. Das Kausalattributionsmuster im Misserfolgsfall ist jedoch wiederum nur suboptimal. So erklärt sie Misserfolg häufiger mit unzureichender Begabung (T=57) – was objektiv nach den

Befunden im KFT-HB 4 ja nicht zutrifft – als mit mangelnder Anstrengung (T=48). Silvia war somit eine Kandidatin für das Reattributionstraining (siehe die Fallbesprechung in Abschnitt 2.2 oben). Zur Illustration des Hilflosigkeitssyndroms und entsprechend indizierter Interventionsmaßnahmen mögen diese knappen Ausführungen hier genügen. Im Huber-Sachbuch von Beerman et al. (1992) sind weitere Beratungs- und Interventionsansätze beschrieben. Speziell zur Beratung und Behandlung von Angstproblemen sowie psychosomatischen Beschwerden vgl. noch Wittmann und Holling (2001, S. 215ff.).

3. Beratungssettings und Beraterkompetenzen

Die wechselseitige Abhängigkeit von (speziellen) Beratungsangeboten und Beratungsanlässen (als Indikatoren der Beratungsnachfrage) wurde bereits in Kapitel 19 ausgeführt. Offensichtlich existieren unterschiedliche Beratungssettings. Die Interdependenz zwischen der Kompetenz der Beratungsagenten und ihrer jeweiligen Beratungsklientel betont auch Wittmann (2003), die mit finanzieller Förderung des BMBF in Bonn im Zeitraum 1999-2000 umfangreiche Datenerhebungen zur aktuellen Situation der Hochbegabtenberatung in Deutschland durchgeführt hat. Zu entsprechenden Bestandsaufnahmen auf europäischer Ebene vgl. Mönks, Peters und Pflüger (2003a/b) bzw. Mönks und Pflüger (2005).

Die Umfragebefunde Wittmanns (2003, S. 98ff.) bestätigen erwartungsgemäß – siehe auch entsprechende Statistiken der Münchner Begabungspsychologischen Beratungsstelle an der LMU (Geisler, 1991; Ströbl, 1992; Heller, 1993; Elbing & Heller, 1996) – unterschiedliche Beratungssettings bei der Hochbegabtenberatung durch die Deutsche Gesellschaft für das hochbegabte Kind (DGhK), durch Schulpsychologen und durch (Beratungs-)Lehrkräfte. So dominieren bei der DGhK-Klientel folgende zehn Beratungsanlässe (in absteigender Häufigkeit; zum Vergleich sind in Klammern die entsprechenden Rangpositionen bei der Schulpsychologen-Klientel mitaufgeführt): 1. Erziehungsschwierigkeiten (1); 2. Wahl geeigneter Fördermaßnahmen (4); 3. Langeweile bzw. Unterforderung (5); 4. Motivationsprobleme (2); 5. Probleme im Sozialverhalten (6); 6. psychosomatische Beschwerden, ADHS, Suizidalität usw. (11); 7. Isolation (7); 8. Erkennen (Identifikation) von Hochbegabung (3); 9. Eltern-Lehrer-Interaktionsprobleme (12); 10. Arbeitsverhaltensprobleme (8). Das von den Lehrkräften erfasste Beratungsproblem-Profil zeigt eine größere Ähnlichkeit zu jenem der DGhK-Klientel als zur Inanspruchnahmeklientel der Schulpsychologischen Beratung (Wittmann, 2003, S. 177). Dies ist unter dem Aspekt der Beraterkompetenz durchaus plausibel, da sich die DGhK-Berater (81% Frauen mit einem hohen Akademikeranteil) überwiegend aus Laien-Selbsthilfegruppen rekrutieren und somit allenfalls Semiprofessionals repräsentieren. Unter den Schulpsychologen, die Hochbegabtenberatung betreiben, sind allerdings auch nicht alle ausgewiesene Experten der Identifikation von Hochbegabung bzw. Hochbegabtenberatung; siehe noch Heller (2003b).

Eine Verbesserung der momentanen Situation bezüglich der Qualifikation von Hochbegabtenberatern erfordert die Aufnahme hochbegabungsspezifischer Inhalte in das Aus- und Fortbildungscurriculum von Schulpsychologen und (Beratungs-)

Lehrkräften; ein entsprechendes Modulsystem wurde vom Verfasser bereits vor 15 Jahren erstmals vorgeschlagen (Heller, 1992, S. 34ff.) und zwischenzeitlich in einer Reihe von Aus- und Fortbildungsveranstaltungen (z.B. Workshops) sowie mehreren Modellprojekten praktisch erprobt (vgl. Heller et al., 2005, S. 80ff.).

Zur Qualifizierung für die vier in Abschnitt 2 oben dargestellten Aufgabenfelder der Hochbegabtenberatung (im Schulalter) könnte folgendes Kompetenzstufenmodell in Abbildung 2 als Orientierungsrahmen dienen. Darin werden unterschiedliche Kompetenzstufen postuliert, die hierarchisch angeordnet sind. Über die „Sockel"-Kompetenz A sollten alle Lehrkräfte und Laien-Selbsthilfegruppen verfügen. Die weiterführende, also Kompetenzstufe A einschließende, Kompetenzstufe B wäre etwa eine Zielperspektive für Beratungslehrkräfte, die über zusätzlich zur Lehramtsqualifikation erworbene pädagogisch-psychologische Diagnostik- und Beratungskompetenzen verfügen und sich mit einschlägigen Methoden der Hochbegabungsdiagnostik und Hochbegabtenberatung intensiver befasst haben. In die Kompetenzstufe 3 fallen schließlich typische Aufgabenfelder der Hochbegabtenberatung, soweit dafür „überschießende" (fachpsychologische) Wissens- und Handlungskompetenzen erforderlich sind. Selbstverständlich schließt die Kompetenzstufe 3 die beiden anderen Kompetenzstufen mit ein, was in der graphischen Darstellung durch verschiedene (sich überlappende) Schraffierungen veranschaulicht werden soll.

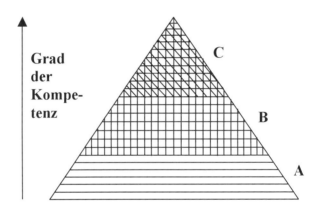

Abbildung 2: Kompetenzstufenmodell für die Hochbegabtenberatung.

Mit finanzieller Unterstützung der Karg-Stiftung wurde das in Abbildung 2 wiedergegebene Modell in einem Pilotprojekt an bayerischen Grundschulen erprobt. Im Vordergrund stand dabei die Qualifizierung von Grundschul- und Beratungslehrkräften für Hochbegabtenfragen (Sensibilisierung) sowie die Identifikation und Förderung besonders befähigter Grundschüler/innen; zur ausführlicheren Information sei hier auf das ISB-Paket „Besondere Begabungen an bayerischen Grundschulen finden und fördern", das vom Staatsinstitut für Schulqualität und Bildungsforschung München (2004) herausgegeben und von einer Projektgruppe mit erfahrenen Schulpsychologen (mit Expertise für die im Abschnitt 2 oben beschriebenen Aufgabenfelder der Hochbegabtenberatung) erarbeitet wurde, verwiesen. Zu den einzelnen Curriculumbausteinen (Modulsystem) sowie zur Evaluation solcher Maßnahmen zur Beraterqualifikation vgl. Heller et al. (2005, S. 80ff. und S. 93ff.). Einige in diesem Zusammenhang auftretende Methodenprobleme zur Qualitätssicherung der Hochbegabtenberatung werden im folgenden Abschnitt diskutiert.

4. Evaluation der Hochbegabtenberatung

Das Evaluationsdefizit der (Hochbegabten-)Beratung, soweit diese wissenschaftlichen Methodenstandards genügen soll, wurde schon des öfteren beklagt (z.B. Hany, 2000). Die Ursachen dafür sind wohl vor allem mit der geringen Vertrautheit vieler in der Hochbegabtenberatung tätigen Agenten mit dem methodischen Knowhow zur Planung inhaltlich angemessener Untersuchungsdesigns sowie dem Einsatz erforderlicher Messinstrumente zu erklären. Hier soll nur kurz auf konzeptuelle und messmethodische Probleme bei der Evaluation von Beratungs- und Interventionsmaßnahmen eingegangen werden; zur Programmevaluation in der Hochbegabtenförderung vgl. u.a. die Buchkapitel 11 bis 13 oben sowie Heller (2002b) bzw. Heller und Neber (2004).

Das Grunddesign für die Evaluation von Beratungs- und Interventionsmaßnahmen in der Einzelfallhilfe hat bereits Barkey (1976) in Anlehnung an Jones' Artikel „Design and Analysis Problems in Evaluation" (1974, ibid. 1-31) skizziert. Idealerweise verwendet man ein Pretest-Treatment-Posttest-Design unter Einschluss einer Kontrollgruppe. In der Praxis der Beratungsevaluation müssen jedoch häufig Abstriche von diesem Idealdesign gemacht werden. So ist z.B. nicht immer eine echte Kontrollgruppenbildung möglich. Für eine zuverlässige und gültige Bestimmung von Beratungs- und Interventions- bzw. Fördereffekten sind aber Vergleiche von Experimental- bzw. Treatmentgruppen *und* Kontrollgruppen unerlässlich. Ausführlicher vgl. noch Mittag und Hager (1998) sowie Holling und Gediga (1999).

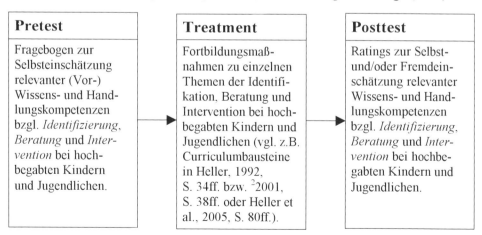

Pretest	Treatment	Posttest
Fragebogen zur Selbsteinschätzung relevanter (Vor-) Wissens- und Handlungskompetenzen bzgl. *Identifizierung, Beratung* und *Intervention* bei hochbegabten Kindern und Jugendlichen.	Fortbildungsmaßnahmen zu einzelnen Themen der Identifikation, Beratung und Intervention bei hochbegabten Kindern und Jugendlichen (vgl. z.B. Curriculumbausteine in Heller, 1992, S. 34ff. bzw. ²2001, S. 38ff. oder Heller et al., 2005, S. 80ff.).	Ratings zur Selbst- und/oder Fremdeinschätzung relevanter Wissens- und Handlungskompetenzen bzgl. *Identifizierung, Beratung* und *Intervention* bei hochbegabten Kindern und Jugendlichen.

Abbildung 3: Evaluationsmodell zur Qualitätssicherung von Aus- und Fortbildungsmaßnahmen in der Hochbegabtenberatung.

Analog lassen sich Aus- und Fortbildungsmaßnahmen zur Hochbegabtenberatung evaluieren. In Anlehnung an Heller et al. (2005, S. 95) wird in Abbildung 3
oben ein entsprechendes Evaluationsmodell wiedergegeben. Die Pretest-Posttest-
Differenzen können dabei als Indikatoren für den individuellen Aus- oder Fortbil-
dungserfolg (summative Evaluation) versus die Qualitätssicherung des Aus- oder
Fortbildungsprogramms (formative Evaluation) herangezogen werden. Die Evaluation der Beratungsarbeit und der Beraterqualifikation sollte essentieller Bestandteil
auch der Hochbegabtenberatung sein.

5. Desiderata und Ausblick

Im Hinblick auf die praktischen Erfordernisse einer Hochbegabtenberatung seien
abschließend zusammenfassend drei Thesen formuliert:
(1) Eine gezielte Begabungsförderung ist ohne hinreichend gesicherte diagnostische Informationen wenig erfolgversprechend. Dies gilt in besonderem Maße
für die Erziehung und Förderung bzw. Ausbildung hochbegabter Kinder und
Jugendlicher.
(2) Die Bedingungen individueller und psychosozialer Entwicklungsverläufe
Hochbegabter sind in den letzten Dekaden nur in wenigen Längsschnittstudien
systematisch erforscht worden (z.B. Heller, 1992/2001; Perleth & Heller, 1994;
Rost, 1993, 2000; zum internationalen Überblick vgl. Subotnik & Arnold,
1993, 1994, 2000). Deren Befunde sind jedoch für die Entwicklung und effektive Anwendung individuell angemessener Förderungs- und Erziehungsmaßnahmen eine unerlässliche Voraussetzung. Darüber hinaus sind hiervon wichtige Hinweise zur Sozialisation bzw. für präventive Maßnahmen zu erwarten.
Ausführlicher vgl. noch Heller (2003b).
(3) Neben der weiteren Entwicklung und Erprobung von Beratungskonzepten für
Hochbegabte wären die Elternberatung sowie die psychologische Berateraus-
und -fortbildung im Hinblick auf praktische Erfordernisse der Hochbegabtenberatung zu forcieren. Dabei müssten wissenschaftliche Erkenntnisse über das
Erleben und Verhalten Hochbegabter sowie die hemmenden versus förderli-
chen Entwicklungs- und Sozialisationsbedingungen ebenso curricularer Bestandteil sein wie die Kenntnis über angemessene Strategien und Methoden im
sozialen und erzieherischen Umgang mit hochbegabten Kindern und Jugendlichen. Diese Ziele könnten nach einem Vorschlag von Perleth (1997; siehe auch
Perleth & Sierwald, 2001) am besten in einem Mediatorenmodell realisiert
werden. Eine aktuelle Fassung des Perleth-Modells der Hochbegabtenberatung
findet sich in Heller und Perleth (2007c, S. 158).

Literatur

Aurin, K. (1975). Bildungsberatung und Bildungsreform. In K.A. Heller (Hrsg.), *Handbuch
der Bildungsberatung, Bd. 2* (S. 365-378). Stuttgart: Klett.
Barkey, P. (1976). Möglichkeiten der Evaluation von Beratungsmodellen. In K.A. Heller
(Hrsg.), *Handbuch der Bildungsberatung, Bd. 3: Methoden der Bildungsberatung und
Bildungsforschung* (S. 985-996). Stuttgart: Klett.

Beerman, L., Heller, K.A. & Menacher, P. (1992). *Mathe: nichts für Mädchen? Begabung und Geschlecht am Beispiel von Mathematik, Naturwissenschaft und Technik.* Bern: Huber.

Borland, J.H. & Wright, L. (2000). Identifying and Educating Poor and Under-Represented Gifted Students. In K.A. Heller, F.J. Mönks, R.J. Sternberg & R.F. Subotnik (Eds.), *International Handbook of Giftedness and Talent* (2nd ed., pp. 587-594). Oxford, UK: Pergamon Press / Amsterdam: Elsevier Science.

Bundesminister für Bildung und Forschung (Hrsg.). (2002). *Begabte Kinder finden und fördern. Ein Ratgeber für Eltern und Lehrer* (5. Aufl.). Bonn: BMBF.

Butler-Por, N. (1993). Underachieving Gifted Students. In K.A. Heller, F.J. Mönks & A.H. Passow (Eds.), *International Handbook of Research and Development of Giftedness and Talent* (pp. 649-668). Oxford, UK: Pergamon Press.

Colangelo, N. (1997²). Counseling gifted students: Issues and practices. In N. Colangelo & G.A. Davis (Eds.), *Handbook of gifted education* (pp. 353-365). Boston: Allyn and Bacon.

Colangelo, N. & Assouline, S.G. (2000). Counseling Gifted Students. In K.A. Heller, F.J. Mönks, R.J. Sternberg & R.F. Subotnik (Eds.), *International Handbook of Giftedness and Talent* (2nd ed., pp. 595-607). Oxford, UK: Pergamon Press / Amsterdam: Elsevier Science.

Corno, L. & Snow, R.E. (1986³). Adapting teaching to individual differences among learners. In M.C. Wittrock (Ed.), *Handbook of research on teaching* (pp. 605-629). New York: Macmillan.

Cronbach, L.J. & Snow, R.W. (1977). *Aptitudes and Instructional Methods: A Handbook for Research on Interactions.* New York: Irvington.

Csikszentmihalyi, M., Rathunde, K. & Whalen, S. (1993). *Talented Teenagers. The Roots of Success and Failure.* Cambridge: Cambridge University Press.

Detzner, M. & Schmidt, M.H. (1986). Are highly gifted children and adolescents especially susceptible to anorexia nervosa? In K.A. Heller & J.F. Feldhusen (Eds.), *Identifying and nurturing the gifted. An international perspective* (pp. 149-162). Toronto: Huber Publ.

Dresel, M., Heller, K.A., Schober, B. & Ziegler, A. (2001). Geschlechtsunterschiede im mathematisch-naturwissenschaftlichen Bereich: Motivations- und selbstwertschädliche Einflüsse der Eltern auf Ursachenerklärungen ihrer Kinder in Leistungskontexten. In C. Finkbeiner & G.W. Schnaitmann (Hrsg.), *Lehren und Lernen im Kontext empirischer Forschung und Fachdidaktik* (S. 270-288). Donauwörth: Auer.

Elbing, E. (2000). *Hochbegabte Kinder. Strategien für die Elternberatung.* München: Reinhardt.

Elbing, E. & Heller, K.A. (1996). Beratungsanlässe in der Hochbegabtenberatung. *Psychologie in Erziehung und Unterricht, 43,* 57-69.

Feger, B. & Prado, T.M. (1988). *Hochbegabung. Die normalste Sache der Welt.* Darmstadt: Primus.

Fischer, Ch. (2004a). Hochbegabung und Lernschwierigkeiten. *Journal für Begabtenförderung, 2,* H. 2, 21-29.

Fischer, Ch. (2004b). Selbstreguliertes Lernen in der Begabtenförderung. In Ch. Fischer, F.J. Mönks & E. Grindel (Hrsg.), *Curriculum und Didaktik der Begabtenförderung* (S. 83-95). Münster: LIT.

Fischer, Ch. (2006). Teilleistungsschwierigkeiten und Underachievement bei besonders begabten Kindern: Bedingungsfaktoren und Lösungsansätze. In K. Uhrlau (Hrsg.), *Hochbegabte Kinder* (S. 33-46). Oldenburg: Universitätsverlag.

Frasier, M.M. (1993). Issues, Problems and Programs in Nurturing the Disadvantaged and Culturally Different Talented. In K.A. Heller, F.J. Mönks & A.H. Passow (Eds.), *International Handbook of Research and Development of Giftedness and Talent* (pp. 685-692). Oxford, UK: Pergamon Press.

Freeman, J. (1993). Parents and Families in Nurturing Giftedness and Talent. In K.A. Heller, F.J. Mönks & A.H. Passow (Eds.), *International Handbook of Research and Development of Giftedness and Talent* (pp. 669-683). Oxford: Pergamon.

Gaude, P. (1975). Möglichkeiten und Grenzen interner und externer Systemberatung im Raum der Schule. In K.A. Heller (Hrsg.), *Handbuch der Bildungsberatung, Bd. 2: Theoretische Grundlagen und Problembereiche der Praxis* (S. 571-587). Stuttgart: Klett.

Geisler, H.J. (1991). *Vierter Zwischenbericht zur Beratung hochbegabter Kinder und Jugendlicher und ihrer Bezugspersonen.* München: LMU, Dept. Psychologie.

Greene, M. (2003). Gifted Adrift? Career Counseling of the Gifted and Talented. *Roeper Review, 25,* 66-72.

Gross, M.U.M. (1993). Nurturing the Talents of Exceptionally Gifted Individuals. In K.A. Heller, F.J. Mönks & A.H. Passow (Eds.), *International Handbook of Research and Development of Giftedness and Talent* (pp. 473-490). Oxford, UK: Pergamon Press.

Gross, M.U.M. (1994). Radical acceleration: Responding to academic and social needs of extremely gifted adolescents. *The Journal of Secondary Gifted Education, 5,* 27-34.

Gross, M.U.M. (2000). Issues in the Cognitive Development of Exceptionally and Profoundly Gifted Individuals. In K.A. Heller, F.J. Mönks, R.J. Sternberg & R.F. Subotnik (Eds.), *International Handbook of Giftedness and Talent* (2nd ed., pp. 179-192). Oxford, UK: Pergamon Press / Amsterdam: Elsevier Science.

Grotz, P. (1990). Arbeitsgemeinschaften für besonders befähigte Schüler. Erfahrungen mit einem Förderprogramm an Schulen in Baden-Württemberg. In H. Wagner (Hrsg.), *Begabungsförderung in der Schule* (S. 13-28). Bad Honnef: Bock.

Hany, E.A. (1992). Identifikation von Hochbegabten im Schulalter. In K.A. Heller (Hrsg.), *Hochbegabung im Kindes- und Jugendalter* (S. 37-163). Göttingen: Hogrefe.

Hany, E.A. (1993). Methodological Problems and Issues Concerning Identification. In K.A. Heller, F.J. Mönks & A.H. Passow (Eds.), *International Handbook of Research and Development of Giftedness and Talent* (pp. 209-232). Oxford, UK: Pergamon Press.

Hany, E.A. (2000). Begabtenförderung in Deutschland als Scheinbehandlung? – Ein freundschaftlicher Frontalangriff. In H. Joswig (Hrsg.), *Begabungen erkennen – Begabungen fördern* (S. 133-144). Rostock: Univ. Rostock.

Heinbokel, A. (2002). *Hochbegabte: Erkennen, Probleme, Lösungswege* (2. Aufl.). Münster: LIT.

Heinbokel, A. (2004). *Überspringen von Klassen* (3. Aufl.). Münster: LIT.

Heller, K.A. (Hrsg.). (1992a). *Hochbegabung im Kindes- und Jugendalter* (2. Aufl. 2001). Göttingen: Hogrefe.

Heller, K.A. (1993). Identifying and Counselling the Gifted Students. In E.G. Demetropoulos et al. (Eds.), *Europe 2000 – Tendencies and Perspectives in Counselling and Guidance. International Conference Proceedings* (pp. 48-62). Athens: Hellenic Society of Counselling and Guidance (HE.S.CO.G).

Heller, K.A. (1996). Erkennen und Fördern hochbegabter Kinder und Jugendlicher. In H. Kretz (Hrsg.), *Lebendige Psychohygiene* (S. 207-240). München: Eberhard.

Heller, K.A. (1999a). Hochbegabung als psychologische Herausforderung. In H. Viquerat (Hrsg.), *Klinische Kinder- und Jugendlichen-Psychologie* (S. 300-316). Bonn: Deutscher Psychologen Verlag.

Heller, K.A. (1999b). Individual (Learning and Motivational) Needs versus Instructional Conditions of Gifted Education. *High Ability Studies, 9*, 9-21.

Heller, K.A. (2000a). Hochbegabungsdiagnostik. In K.A. Heller (Hrsg.), *Begabungsdiagnostik in der Schul- und Erziehungsberatung* (2. Aufl., S. 241-258). Bern: Huber.

Heller, K.A. (2000b). Schuleignungsdiagnose und Schulerfolgsprognose. In K.A. Heller, *Begabungsdiagnostik in der Schul- und Erziehungsberatung* (2. Aufl., S. 217-240). Bern: Huber.

Heller, K.A. (Hrsg.). (2002a). *Begabtenförderung im Gymnasium*. Opladen: Leske + Budrich.

Heller, K.A. (Guest Editor). (2002b). Program Evaluation. *European Journal of Psychological Assessment, 18*, Issue 3 (Special Section), 187-241.

Heller, K.A. (2003a). Attributional Retraining as an Attempt to Reduce Gender-Specific Problems in Mathematics and the Sciences. *Gifted and Talented, 7*, 15-21.

Heller, K.A. (2003b). Psychologie in der Begabtenförderung. In A. Schorr (Hrsg.), *Psychologie als Profession. Das Handbuch* (S. 125-137). Bern: Huber.

Heller, K.A. (2004). Reattributionstraining (RAT) – ein unterrichtsintegriertes Modell der Begabtenförderung in mathematisch-naturwissenschaftlichen Fächern. In Ch. Fischer, F.J. Mönks & E. Grindel (Hrsg.), *Curriculum und Didaktik der Begabtenförderung* (S. 304-329). Münster: LIT.

Heller, K.A. (2005). Education and Counseling of the Gifted and Talented in Germany. *International Journal for the Advancement of Counselling, 27*, 191-210.

Heller, K.A. & Hany, E.A. (1996). Psychologische Modelle der Hochbegabtenförderung. In F.E. Weinert (Hrsg.), *Psychologie des Lernens und der Instruktion*, Bd. 2 der Pädagogischen Psychologie (Enzyklopädie der Psychologie) (S. 477-513). Göttingen: Hogrefe.

Heller, K.A. & Neber, H. (Gast-Hrsg.). (2004). Hochbegabtenförderung auf dem Prüfstand. Themenheft. *Psychologie in Erziehung und Unterricht, 51*, 1-51.

Heller, K.A. & Perleth, Ch. (2007a). *Münchner Hochbegabungstestbatterie für die Primarstufe (MHBT-P)*. Göttingen: Hogrefe.

Heller, K.A. & Perleth, Ch. (2007b). *Münchner Hochbegabungstestbatterie für die Sekundarstufe (MHBT-S)*. Göttingen: Hogrefe.

Heller, K.A. & Perleth, Ch. (2007c). Talentförderung und Hochbegabtenberatung in Deutschland. In K.A. Heller & A. Ziegler (Hrsg.), *Begabt sein in Deutschland* (S. 139-170). Berlin: LIT.

Heller, K.A. & Ziegler, A. (1996). Gender Differences in Mathematics and the Natural Sciences: Can Attributional Retraining Improve the Performance of Gifted Females? *Gifted Child Quarterly, 40*, 200-210.

Heller, K.A. & Ziegler, A. (1998). Motivationsförderung im Unterricht: Zur Einführung in das Themenheft. *Psychologie in Erziehung und Unterricht, 45*, 161-167.

Heller, K.A. & Ziegler, A. (1999). Gender Differences in Mathematics and the Sciences: Can Attributional Retraining improve the Performance of Gifted Females? *Foreign Psychology, 11*, 30-40. Russian Academy of Sciences, Institute of Psychology, Moscow (GUS).

Heller, K.A. & Ziegler, A. (2001a). Attributional Retraining: A Classroom-Integrated Model for Nurturing Talents in Mathematics and the Sciences. In N. Colangelo & D.G. Assouline (Eds.), *Talent Development, Vol. IV* (pp. 205-217). Scottsdale, AZ: Great Potential (Gifted Psychology) Press.

Heller, K.A. & Ziegler, A. (2001b). Mit Reattributionstraining erfolgreich gegen Benachteiligung. Mädchen und Mathematik, Naturwissenschaft und Technik. *Profil. Das Magazin für Gymnasium und Gesellschaft, 9/2001*, 20-25.

Heller, K.A., Reimann, R. & Senfter, A. (2005). *Hochbegabung im Grundschulalter. Erkennen und Fördern.* Münster: LIT.

Holling, H. & Gediga, G. (Hrsg.). (1999). *Evaluationsforschung.* Göttingen: Hogrefe.

Kaufmann, F.A. & Castellanos, F.X. (2000). Attention-Deficit/Hyperactivity Disorder in Gifted Students. In K.A. Heller, F.J. Mönks, R.J. Sternberg & R.F. Subotnik (Eds.), *International Handbook of Giftedness and Talent* (2nd ed., pp. 621-632). Oxford, UK: Pergamon Press / Amsterdam: Elsevier Science.

Käser, R. (1991). A Change in Focus ... Without Losing Sight of the Child. An Ecological-Systems Approach. *School Psychology International, 14,* 5-19.

Käser, R. (1993). *Neue Perspektiven in der Schulpsychologie. Handbuch der Schulpsychologie auf ökosystemischer Grundlage.* Bern: Haupt.

Mittag, W. & Hager, W. (1998). Entwurf eines integrativen Konzeptes zur Evaluation pädagogisch-psychologischer Interventionen. In M. Beck (Hrsg.), *Evaluation als Maßnahme der Qualitätssicherung: Pädagogisch-psychologische Interventionen auf dem Prüfstand* (S. 13-40). Tübingen: dgvt.

Morelock, M.J. & Feldman, D.H. (2000). Prodigies, Savants and Williams Syndrome: Windows Into Talent and Cognition. In K.A. Heller, F.J. Mönks, R.J. Sternberg & R.F. Subotnik (Eds.), *International Handbook of Giftedness and Talent* (2nd ed., pp. 227-241). Oxford, UK: Pergamon Press / Amsterdam: Elsevier Science.

Mönks, F.J. (1990). Hochbegabtenförderung als Aufgabe der Pädagogischen Psychologie. *Psychologie in Erziehung und Unterricht, 37,* 243-250.

Mönks, F.J. (1992). Ein interaktionales Modell der Hochbegabung. In E.A. Hany & H. Nickel (Hrsg.), *Begabung und Hochbegabung* (S. 17-22). Bern: Huber.

Mönks, F.J. & Pflüger, R. (2005). *Gifted education in 21 European countries: Inventory and perspective.* Bonn: BMBF.

Mönks, F.J. & Ypenburg, I.H. (2000). *Unser Kind ist hochbegabt. Ein Leitfaden für Eltern und Lehrer* (3. Aufl.). München: Reinhardt.

Mönks, F.J., Peters, W.A.M. & Pflüger, R. (2003a). *Schulische Begabtenförderung in Europa – Bestandsaufnahme und Ausblick. Band I: Länderdarstellung.* Bonn: BMBF.

Mönks, F.J., Peters, W.A.M. & Pflüger, R. (2003b). *Schulische Begabtenförderung in Europa – Bestandsaufnahme und Ausblick. Band II: Thematische Darstellung.* Bonn: BMBF.

Neber, H. (1998). Entdeckendes Lernen. In D.H. Rost (Hrsg.), *Handwörterbuch Pädagogische Psychologie* (S. 86-90). Weinheim: Beltz/PVU.

Nickel, H. (1982). Schuleingangsberatung auf der Grundlage eines ökopsychologischen Schulreifemodells. In K.A. Heller & H. Nickel (Hrsg.), *Modelle und Fallstudien zur Erziehungs- und Schulberatung* (S. 81-88). Bern: Huber.

Oerter, R. (1992). Ökologische Perspektiven der Entwicklung von Hochbebegabten. In E.A. Hany & H. Nickel (Hrsg.), *Begabung und Hochbegabung* (S. 23-38). Bern: Huber.

Perleth, Ch. (1997). *Zur Rolle der Begabung und Erfahrung bei der Leistungsgenese. Ein Brückenschlag zwischen Begabungs- und Expertiseforschung.* Habilitationsschrift. München: LMU, Dept. Psychologie.

Perleth, Ch. & Heller, K.A. (1994). The Munich Longitudinal Study of Giftedness. In R.F. Subotnik & K.D. Arnold (Eds.), *Beyond Terman: Contemporary Longitudinal Studies of Giftedness and Talent* (pp. 77-114). Norwood, NJ: Ablex.

Perleth, Ch. & Sierwald, W. (2001). Entwicklung und Leistungsanalysen zur Hochbegabung. In K.A. Heller (Hrsg.), *Hochbegabung im Kindes- und Jugendalter* (2. Aufl., S. 171-355). Göttingen: Hogrefe.

Perleth, Ch. & Ziegler, A. (Hrsg.). (1999). *Pädagogische Psychologie. Grundlagen und Anwendungsfelder*. Bern: Huber.

Peters, W.A.M., Grager-Loidl, H. & Supplee, P. (2000). Underachievement in Gifted Children and Adolescents: Theory and Practice. In K.A. Heller, F.J. Mönks, R.J. Sternberg & R.F. Subotnik (Eds.), *International Handbook of Giftedness and Talent* (2nd ed., pp. 609-620). Oxford, UK: Pergamon Press / Amsterdam: Elsevier Science.

Preckel, F. (2002). *Internetguide für begabte Kinder und Jugendliche*. Münster: LIT.

Reichenbecher, H. (1975). Bildungsberatung in der Bundesrepublik Deutschland. In K.A. Heller (Hrsg.), *Handbuch der Bildungsberatung, Bd. 2: Stand und Planung der Bildungsberatung im In- und Ausland* (S. 41-73). Stuttgart: Klett.

Rost, D.H. (Hrsg.). (1993). *Lebensumweltanalyse hochbegabter Kinder*. Göttingen: Hogrefe.

Rost, D.H. (Hrsg.). (2000). *Hochbegabte und hochleistende Jugendliche: Neue Ergebnisse aus dem Marburger Hochbegabtenprojekt*. Münster: Waxmann.

Rüppell, H. (1981). Ein ökologisches Förderungsmodell für Hochbegabte. Eine Modifikation des Bonner Lehr- und Lernsystems. In W. Wieczerkowski & H. Wagner (Hrsg.), *Das hochbegabte Kind* (S. 171-181). Düsseldorf: Schwann.

Scarr, S. & McCartney, K. (1983). How people make their own environments: A theory of genotype-environment effect. *Child Development, 54*, 424-435.

Schmidt, M.H. (1977). *Verhaltensstörungen bei Kindern mit sehr hoher Intelligenz*. Bern: Huber.

Schmidt, M.H. (1981). Psychiatrische Aspekte der Hochbegabung. In W. Wieczerkowski & H. Wagner (Hrsg.), *Das hochbegabte Kind* (S. 38-51). Düsseldorf: Schwann.

Schober, B. (2002). *Entwicklung und Evaluation des Münchner Motivationstrainings (MMT)*. Regensburg: Roderer.

Schober, B. & Ziegler, A. (2001). Das Münchner Motivationstraining (MMT): Theoretischer Hintergrund, Förderziele und exemplarische Umsetzung. *Zeitschrift für Pädagogische Psychologie, 15*, 166-178.

Schwarzer, Ch. (1997). Beratung in der Schule. In F.E. Weinert (Hrsg.), *Psychologie des Unterrichts und der Schule. Bd. 3 der Pädagogischen Psychologie (Enzyklopädie der Psychologie)* (S. 771-804). Göttingen: Hogrefe.

Silverman, L.K. (1993). Counseling Needs and Programs for the Gifted. In K.A. Heller, F.J. Mönks & A.H. Passow (Eds.), *International Handbook of Research and Development of Giftedness and Talent* (pp. 631-647). Oxford, UK: Pergamon Press.

Staatsinstitut für Schulqualität und Bildungsforschung München (Hrsg.). (2004). *Besondere Begabungen an bayerischen Grundschulen finden und fördern*. München: ISB.

Stapf, A. (2003). *Hochbegabte Kinder: Persönlichkeit, Entwicklung, Förderung*. München: C.H. Beck.

Sternberg, R.J. & Grigorenko, E.L. (Eds.). (1997). *Intelligence, Heredity, and Environment*. New York: Cambridge University Press.

Stobberg, E. (1975). Der Ort der Schulpsychologie in der Bildungsberatung. In K.A. Heller (Hrsg.), *Handbuch der Bildungsberatung, Bd. 2* (S. 593-600). Stuttgart: Klett.

Ströbl, B. (1992). *Entwicklungsverläufe besonders begabter Kinder und Jugendlicher, dargestellt an der Klientel der Psychologischen Beratungsstelle für Hochbegabtenfragen in München* (unveröffentl. Diplomarbeit). München: LMU.

Subotnik, R.F. & Arnold, K.D. (1993). Longitudinal Studies of Giftedness: Investigating the Fulfillment of Promise. In K.A. Heller, F.J. Mönks & A.H. Passow (Eds.), *International Handbook of Research and Development of Giftedness and Talent* (pp. 149-160). Oxford: Pergamon.

Subotnik, R.F. & Arnold, K.D. (Eds.). (1994). *Beyond Terman: Contemporary Longitudinal Studies of Giftedness and Talent*. Norwood, NJ: Ablex.

Subotnik, R.F. & Arnold, K.D. (2000). Addressing the Most Challenging Questions in Gifted Education and Psychology: A Role Best Suited to Longitudinal Research. In K.A. Heller, F.J. Mönks, R.J. Sternberg & R.F. Subotnik (Eds.), *International Handbook of Giftedness and Talent* (2nd ed., pp. 243-251). Oxford, UK: Pergamon Press / Amsterdam: Elsevier Science.

Terrassier, J.G. (1985). Dyssynchrony - uneven development. In J. Freeman (Ed.), *The psychology of gifted children* (pp. 256-274). New York: John Wiley.

Thompson, L.A. & Plomin, R. (1993). Genetic Influence on Cognitive Ability. In K.A. Heller, F.J. Mönks & A.H. Passow (Eds.), *International Handbook of Research and Development of Giftedness and Talent* (pp. 103-113). Oxford: Pergamon.

Vock, M., Preckel, F. & Holling, H. (2007). *Förderung Hochbegabter in der Schule. Evaluationsbefunde und Wirksamkeit von Maßnahmen*. Göttingen: Hogrefe.

Webb, J.T., Meckstroth, E.A. & Tolan, St. S. (2002). *Hochbegabte Kinder – ihre Eltern, ihre Lehrer. Ein Ratgeber* (3. Aufl.). Bern: Huber.

Wieczerkowski, W. (1994). Spirale der Enttäuschungen eines musikalisch talentierten Kindes. Melanie – ein Fallbeispiel. *Psychologie in Erziehung und Unterricht, 41*, 272-281.

Wieczerkowski, W. & Prado, T.M. (Hrsg.). (1990). *Hochbegabte Mädchen*. Bad Honnef: Bock.

Wieczerkowski, W. & Prado, T.M. (1992). Begabung und Geschlecht. In E.A. Hany & H. Nickel (Eds.), *Begabung und Hochbegabung* (S. 39-57). Bern: Huber.

Wieczerkowski, W. & Prado, T.M. (1993). Spiral of disappointment: Decline in achievement among gifted adolescents. *European Journal of High Ability, 4*, 126-141.

Winner, E. (1998). *Hochbegabt – Mythen und Realitäten von außergewöhnlichen Kindern*. Stuttgart: Klett.

Wittmann, A.J. (2003). *Hochbegabtenberatung. Theoretische Grundlagen und empirische Analysen*. Göttingen: Hogrefe.

Wittmann, A.J. & Holling, H. et al. (2001). *Hochbegabtenberatung in der Praxis*. Göttingen: Hogrefe.

Yewchuk, C. & Lupart, J.L. (1993). Gifted Handicapped: A Desultory Duality. In K.A. Heller, F.J. Mönks & A.H. Passow (Eds.), *International Handbook of Research and Development of Giftedness and Talent* (pp. 709-725). Oxford, UK: Pergamon Press.

Ziegler, A. & Heller, K.A. (1998). Motivationsförderung mit Hilfe eines Reattributionstrainings. *Psychologie in Erziehung und Unterricht, 45*, 216-229.

Ziegler, A. & Heller, K.A. (2000a). Approach and Avoidance Motivation as Predictors of Achievement Behavior in Physics Instructions among Mildly and Highly Gifted 8th Grade Students. *Journal for the Education of the Gifted, 23*, 343-359.

Ziegler, A. & Heller, K.A. (2000b). Conceptions of Giftedness from a Meta-Theoretical Perspective. In K.A. Heller, F.J. Mönks, R.J. Sternberg & R.F. Subotnik (Eds.), *International Handbook of Giftedness and Talent* (2nd ed., pp. 3-21). Oxford/Amsterdam: Pergamon/Elsevier.

Ziegler, A. & Heller, K.A. (2000c). Conditions for Self-Confidence Among Boys and Girls Achieving Highly in Chemistry. *The Journal of Secondary Gifted Education, 11*, 144-151.

Ziegler, A. & Heller, K.A. (2000d). Effects of an Attribution Retraining With Female Students Gifted in Physics. *Journal for the Education of the Gifted, 23*, 217-243.

Autoren- und Quellenverzeichnis

Prof. em. Dr. Kurt A. Heller lehrte und forschte an den Universitäten Heidelberg, Bonn, Köln und (ab 1982) München. Er ist Gründungsdirektor des 1998 an der LMU eingerichteten (englischsprachigen) internationalen Masterstudiengangs „Psychology of Excellence" sowie Mitglied zahlreicher nationaler und internationaler Fachgesellschaften, u.a. der Deutschen Gesellschaft für Psychologie, der Deutsch-Japanischen Gesellschaft für Sozialwissenschaften, der New York Academy of Sciences (Sektion Psychologie), der Humboldt-Gesellschaft für Wissenschaft und Kunst (Akad. Rat), Ehrenmitglied der Spanischen Gesellschaft für Hochbegabungsforschung sowie der Singapore Psychological Society. Von 1998 bis 2006 war er im Wiss. Beirat der nationalen Projektmanager für die OECD-Studien PISA I-III, DESI u.a. tätig. 2003 erhielt er für seine Verdienste um die Begabungs- und Bildungsforschung den Bayerischen Staatspreis.

Hellers Publikationsliste umfasst rund 500 Titel, darunter das *International Handbook of Giftedness and Talent* (Mitherausgeber Franz J. Mönks, Robert J. Sternberg & Rena F. Subotnik), dessen 1. Auflage 1993 bzw. die 2. Auflage 2000 (revised reprint 2002) bei Pergamon Press in Oxford erschienen ist und 2001 mit dem Choice-Award „Book of the Year" ausgezeichnet wurde. Zu den jüngsten Buchpublikationen gehört „Begabt sein in Deutschland" (Mitherausgeber Albert Ziegler), 2007 beim LIT Verlag in Berlin erschienen. Ebenfalls 2007 erschien (Co-Autor Christoph Perleth) die Münchner Hochbegabungstestbatterie für die Primarstufe (MHBT-P) und für die Sekundarstufe (MHBT-S) im Hogrefe-Verlag, Göttingen. Von 1978 bis 1996 war Heller Mitherausgeber u.a. der DGPs-Organ-Zeitschrift *Psychologie in Erziehung und Unterricht* (E. Reinhardt), seit 1996 ist er noch Co-Editor des ECHA-Journals *High Ability Studies* (Taylor & Francis).

Seit seiner Emeritierung Ende 1999 war bzw. ist Heller noch an mehreren Langzeitprojekten beteiligt, so an der von der DFG geförderten LMU-Forschergruppe „Wissen und Handeln" (1995-2002), an der bayerischen Grundschulstudie zur Hochbegabtenförderung (2001-2003 von der Karg-Stiftung gefördert) und als Mitglied (Principal Investigator of the German Olympiad Study) eines internationalen Forscherkonsortiums „Cross-cultural Academic Olympiad Studies in Mathematics, Physics and Chemistry", das die Vor- und Endrundenteilnehmer/innen 1977-1997 untersuchte (Förderer: BMBF) und zur Zeit (2005-2007) Follow-up-Erhebungen durchführt; siehe www.olympiadprojects.com.

Ferner leitet Heller noch die MINT-Evaluationsstudie (2001-2009) zur „Förderung besonders talentierter Gymnasialschüler/innen in Mathematik, Informatik, Naturwissenschaft und Technik (MINT)" in Nordbaden (Förderer: Hector-Stiftung). Zusammen mit seinem Lehrstuhlnachfolger Prof. Dr. Reinhard Pekrun leitet er das (1999-2001 mit einer Anschubfinanzierung des Bayerischen Forschungsministeriums geförderte) LMU-Zentrum für Begabungsforschung.

Für weitere Informationen inkl. der vollständigen Projekt- und Publikationsliste siehe   www.psy.lmu.de/pde/Mitarbeiter/Professoren/Prof--Dr--Kurt-A--Heller--Emeritus-.html.

Im *Quellenverzeichnis* sind zu jedem der 20 Buchkapitel die Originalia aufgeführt. Mitunter werden mehrere Originalquellen für dasselbe Buchkapitel benannt, wobei diese (soweit bereits früher publiziert) für die vorliegende Veröffentlichung gekürzt und aktualisiert wurden. Die Buchbeiträge zu Kapitel 7, 8 und 13 sind bisher unveröffentlicht.

Kapitel 1: Heller, K.A. (1991). Zur Problematik eines konsensfähigen Begabungsbegriffs aus psychologischer Sicht. In J.-D. Gauger (Hrsg.), *Bildung und Erziehung* (S. 128-134). Bonn: Bouvier.

Kapitel 2: Heller, K.A. (1992). Zur Rolle der Kreativität in Wissenschaft und Technik. *Psychologie in Erziehung und Unterricht, 39*, 133-148.

Kapitel 3: Heller, K.A. (1994). Können wir zur Erklärung außergewöhnlicher Schul-, Studien- und Berufsleistungen auf das hypothetische Konstrukt „Kreativität" verzichten? *Empirische Pädagogik, 8*, 361-398.

Kapitel 4: Heller, K.A. (2006). Hochbegabtenförderung im Lichte der aktuellen Hochbegabungs- und Expertiseforschung: Pädagogische und bildungspolitische Erfordernisse. *Labyrinth, 29*, Nr. 87: 4-11 (Teil 1) und Nr. 88: 4-11 (Teil 2).

Kapitel 5: Heller, K.A. (1987). Perspektiven einer Hochbegabungsdiagnostik. *Zeitschrift für Differentielle und Diagnostische Psychologie, 8*, 159-172.

Kapitel 6: Heller, K.A. (1987). Möglichkeiten und Grenzen der Diagnostik von Hochbegabung. In F.E. Weinert & H. Wagner (Hrsg.), *Die Förderung Hochbegabter in der Bundesrepublik Deutschland: Probleme, Positionen, Perspektiven* (S. 106-120). Bad Honnef: Bock.

Kapitel 7: Abschn. 2.2.1 bis 2.2.3 vom (bisher unveröffentlichten) 1. Evaluationsbericht zum MINT-Projekt Nordbaden (2004): *Methode der Schülerrekrutierung* (S. 12-14) von K.A. Heller & A. Übele sowie Abschn. 2.2 bis 2.5 vom (ebenfalls unveröffentlichten) 2. Evaluationsbericht zum MINT-Projekt Nordbaden (2006): *Rekrutierung der Hectorianer und Kontrollgruppenschüler* (S. 13-21) von K.A. Heller, A. Senfter & S. Linke. München: LMU-Zentrum für Begabungsforschung am Department Psychologie.

Kapitel 8: Heller, K.A. (2003). Diagnosekompetenz von Lehrkräften: Funktionen, Methodenprobleme und Verbesserungsmöglichkeiten. Unveröffentl. Vortrag auf dem 37. BAK-Kongress *Orientierung – Aneignung von Wissen und Werten* am 25.9.2003 in Erfurt.

Kapitel 9: Heller, K.A. (1973). Schullaufbahn und Begabung. In H. Nickel & E. Langhorst (Hrsg.), *Brennpunkte der pädagogischen Psychologie* (S. 232-247, 404-407). Bern und Stuttgart: Huber/Klett. – Dito Auszüge vom Autor-Artikel „Psychologische Untersuchungen zur Erfassung der Schuleignungsreserven" in der *Zeitschrift für Entwicklungspsychologie und Pädagogische Psychologie, 2* (1970), 223-240.

Kapitel 10: Heller, K.A. (1990). Zielsetzung, Methode und Ergebnisse der Münchner Längsschnittstudie zur Hochbegabung. *Psychologie in Erziehung und Unterricht, 37*, 85-100.

Kapitel 11: Heller, K.A., Reimann, R. & Rindermann, H. (2000). Evaluationsbefunde zum Gymnasium mit achtjährigem Bildungsgang in Baden-Württemberg. *Pädagogisches Handeln, 4*, 9-15, 33-36.

Kapitel 12: Heller, K.A. & Lengfelder, A. (2000). Evaluationsbefunde zu den internationalen Schülerolympiaden in Mathematik, Physik und Chemie (1977-1997). In H. Joswig (Hrsg.), *Begabungen erkennen – Begabte fördern* (S. 65-74). Universität Rostock (Phil. Fak.): Universitätsdruckerei. – Wegen der anhaltend starken Nachfrage dieses Plenarvortrags des Erstautors auf der wissenschaftlichen ABB-Tagung vom 20. bis 22. Oktober 1999 in Rostock ist eine aktualisierte Revisionsfassung auch in der DGhK-Zeitschrift *Labyrinth, 27* (2004), Nr. 80, 4-10 erschienen.

Kapitel 13: Kapitel 1, 2, 4 und 5 aus dem bisher unveröffentlichten 1. Evaluationsbericht (Co-Autorin: Schul-Psych. Dr. Alexandra Übele) zum MINT-Projekt in Nordbaden (2004, S. 5-27 und S. 71-74) sowie Teile aus dem ebenfalls unveröffentlichten 2. Evaluationsbericht zum MINT-Projekt (Co-Autorinnen: M.A. Psych. Angelika Senfter & Dipl.-Päd. Sandra Linke) zum MINT-Projekt (2006, S. 7ff.). München: LMU-Zentrum für Begabungsforschung am Department Psychologie.

Kapitel 14: Heller, K.A. (1998). Förderung durch Differenzierung. Für einen realistischen Begabungsbegriff. *Zeitschrift zur politischen Bildung, 35*, 34-43.

Kapitel 15: Das Thesenpapier „Schullaufbahnentscheidung und Bildungserfolg im Lichte von TIMSS und PISA: Mythen und Fakten" wurde vom Verfasser für die interne Anhörung „Bildungsqualität" bzw. die Podiumsdiskussion „Schullaufbahnentscheidung" der FDP-Landtagsfraktion in Hannover am 3.11.2004 vorbereitet bzw. vorgetragen. Das Thesenpapier ist u.a. in *Profil. Das Magazin für Gymnasium und Gesellschaft, Heft 12/2004*, 16-22, erschienen.

Kapitel 16: Festvortrag auf der Jahresfeier 2003 der Fakultät für Mathematik der Universität (TH) Karlsruhe am 21.11.2003. Abgedruckt u.a. in der DGhK-Zeitschrift *Labyrinth, 27* (2004), Nr. 81, 4-11.

Kapitel 17: Heller, K.A. (1992). Koedukation und Bildungschancen der Mädchen. *Bildung und Erziehung, 45*, 5-30.

Kapitel 18: Heller, K.A. & Ziegler, A. (2001). Mit Reattributionstraining erfolgreich gegen Benachteiligung. Mädchen und Mathematik, Naturwissenschaft und Technik. *Profil. Das Magazin für Gymnasium und Gesellschaft, 9/2001*, 20-25.

Kapitel 19: Auszüge aus:
Heller, K.A. & Klauer, K.J. (1995). Evaluation von Förderprogrammen zur kognitiven Entwicklung. In K. Pawlik (Hrsg.), *Bericht über den 39. Kongreß der DGPs in Hamburg 1994* (S. 799-801). Göttingen: Hogrefe.
Elbing, E. & Heller, K.A. (1996). Beratungsanlässe in der Hochbegabtenberatung. *Psychologie in Erziehung und Unterricht, 43*, 57-69.
Heller, K.A. (1999). Begabungspsychologische Beratungsstelle an der Universität München. DGhK-Zeitschrift *Labyrinth, 59*, 20-22.

Kapitel 20: Auszüge aus:
Heller, K.A. (1993). Identifying and Counselling the Gifted Students. In E.G. Demetropoulos et al. (Eds.), *Europe 2000 – Tendencies and Perspectives in Counselling and Guidance. International Conference Proceedings* (pp. 48-62). Athens: Hellenic Society of Counselling and Guidance (HE.S.CO.G).
Heller, K.A. (1996). Erkennen und Fördern hochbegabter Kinder und Jugendlicher. In H. Kretz (Hrsg.), *Lebendige Psychohygiene* (S. 207-240). München: Eberhard.
Heller, K.A. (1999). Hochbegabung als psychologische Herausforderung. In H. Viquerat (Hrsg.), *Klinische Kinder- und Jugendlichen-Psychologie* (S. 300-316). Bonn: Deutscher Psychologen Verlag.

Anschrift des Verfassers

Prof. Dr. Kurt A. Heller
Universität (LMU) München, Department Psychologie
Leopoldstr. 13, D-80802 München
Tel.: +49-89-2180-6289
Fax: +49-89-2180-13999
E-Mail: heller@edupsy.uni-muenchen.de

Sachregister